[개정판]

[판례중심]

형법총론

원형식 저

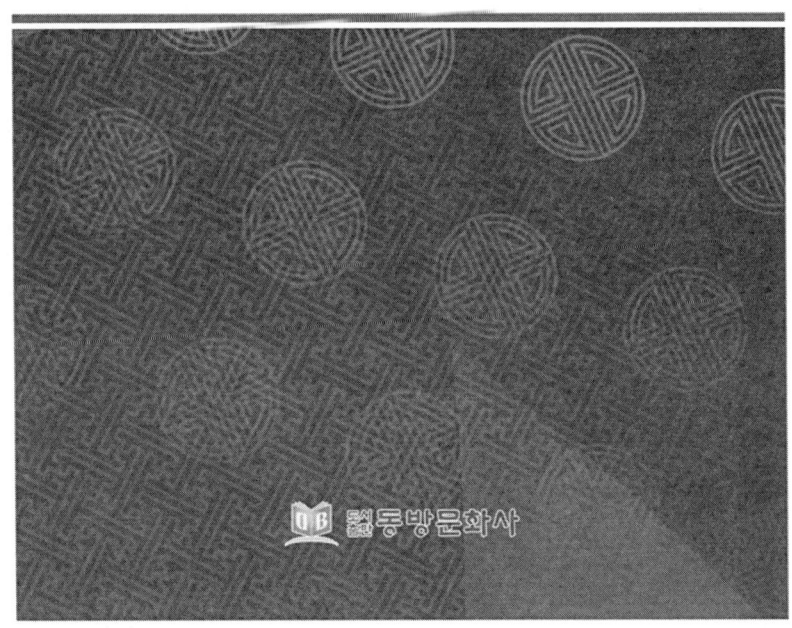

동방문화사

[개정판] 머 리 말

　형법이 2020. 12. 8. 개정되어 2021. 12. 9.부터 시행되었는데, 개정형법에 내용상 변화는 없지만 여기에 사용된 용어나 문장표현에는 의미있는 변화가 있었다. 개정이유에 나타나 있듯이 이전의 형법에 사용된 법률용어 가운데 일본식 표현이나 어려운 한자어를 알기 쉬운 우리말로 변경하였고, 법률문장의 어순구조를 다시 배열하여 알기 쉬운 법률 문장으로 개정하였다. 예컨대 제14조(과실)에 "정상의 주의를 태만함으로 인하여"를 "정상적으로 기울여야 할 주의를 게을리하여"로, 제23조(자구행위)에 "법정절차"를 "법률에서 정한 절차"로, 제53조 제목인 작량감경을 "정상참작감경"으로 그리고 제66조 이하에 "형무소"를 의 "교정시설"로 변경하였다.

　개정판에서는 개정형법에 맞추어 용어를 변경하였으며, 그 외에도 초판 발행 이후에 5회 가량의 형법 개정이 있었는데, 총론과 관련된 부분은 다음과 같다: (1) 2017. 12. 12. 개정된 형법 제 78조제5호 및 제6호는 각각 형의 시효를 '5년'에서 '7년'으로, '3년'에서 '5년'으로 연장하였다. (2) 2018. 12. 18. 개정된 형법 제10조제2항은 기존의 "형을 감경한다"(필요적 감경규정)에서 "형을 감경할 수 있다"(임의적 감경규정)로 개정되었다. 이는 감형 여부를 법관의 재량에 의하도록 함으로써 일부 범죄자들이 심신미약을 감형의 수단으로 악용하는 것을 방지하기 위한 것이다.

　그 외에도 새로운 판례 가운데 이론상 중요한 것들을 추가하였고, 외국 학설 가운데 상당 부분을 삭제하여 교과서의 분량이 늘지 않도록 유의하였다.

2024년 1월

저자 씀

머 리 말

본서는 형법을 처음 공부하는 초학자가 형법총론을 단시일에 쉽게 이해할 수 있도록 기술하였다. 따라서 형법이론의 기초를 이루는 법철학적 이론이나 국내에서 주장되고 있지 않은 외국의 학설에 대해서는 우리나라 판례나 학설을 이해하기 위하여 필요한 범위에서만 소개하였으며, 그 이외의 외국학설에 대한 설명은 배제하였다.

형법총론을 포함한 대부분의 법학과목은 실용학문이며 따라서 이에 대한 강의나 공부도 그 목적에 맞추어 이루어져야 한다. 시험준비를 하는 학생이건 실무가이건 아니면 이론을 연구하는 학자이건 불문하고 형법총론을 배우거나 연구하는 궁극적인 목적은 어떤 사례가 주어지거나 형사사건이 발생하였을 때 그 사례나 사건에 대하여 형법을 적용하여 행위자의 행위가 범죄에 해당하는가의 여부를 판단하기 위해서이다. 본서도 이러한 목적에 맞추어 판례의 대상이 된 사례를 중심으로 기술하였다.

형법이론을 쉽고 정확하게 이해하기 위해서는 그와 관련된 판례나 사례에 대한 학습이 병행되어야 한다. 사례를 통한 구체적인 이해가 없이 추상적으로만 이해한 이론은 정확하지 못하며 학습한 내용도 오래가지 못한다. 따라서 본서에서는 이론에 대한 설명과 함께 그와 관련된 국내의 판례를 사례로 만들어 정리해 놓았으며, 국내의 판례가 없는 경우에는 독일판례나 다른 교과서의 사례를 예로 들어 설명하였다.

본서가 독자들에게 어려운 형법이론을 이해하는데 도움이 되고, 독자들이 이를 통하여 원하는 성과를 얻기를 희망한다.

본서가 출간되는데 많은 조언과 도움을 주신 선후배와 동료들께 감사드리며, 본서의 출간을 수락해 주신 동방문화사의 조형근 사장님과 직원 여러분께도 감사를 드린다.

2017년 12월

저자 씀

차 례

제1편 형법의 기본이론

제1절 형법의 개념 및 성격 ·· 3
   I. 형법의 의의 ·· 3
   II. 형법의 성격 ··· 4

제2절 형법의 기능 ·· 5
   I. 보호적 기능 ·· 5
   II. 보장적 기능 ··· 6

제3절 형법이론 ··· 8
   I. 의의 및 연혁 ·· 8
   II. 범죄이론 ·· 8
   III. 형벌이론 ··· 9
   IV. 현대의 형법이론 ··· 10

제4절 죄형법정주의 ·· 13
   I. 의의 ··· 13
   II. 근거 ·· 13
   III. 파생원칙 ··· 14

제5절 형법의 적용범위 ·· 30
   I. 형법의 시간적 적용범위(구법과 신법의 관계) ············· 30
   II. 형법의 장소적 적용범위 ·· 35

제2편 범죄론

제1장 서론 ··· 43
   I. 범죄의 개념 및 성립조건 ·· 43
   II. 범죄체계 ·· 44

제2장 행위론 ··· 46
  I. 인과적 행위론 ··· 46
  II. 목적적 행위론 ·· 47
  III. 사회적 행위론 ··· 47
  VI. 결론 ··· 48

제3장 구성요건론 ·· 53
 ### 제1절 서 론 ·· 53
  I. 구성요건의 개념 ··· 53
  II. 구성요건해당성의 판단 ·· 54
 ### 제2절 행위의 주체 ·· 58
  I. 일반범과 신분범 ··· 58
  II. 법인의 범죄능력 ·· 58
 ### 제3절 인과관계와 객관적 귀속 ·· 65
  I. 조건설 ·· 66
  II. 상당인과관계설 ·· 76
  III. 객관적 귀속론 ··· 83
 ### 제4절 구성요건적 고의 ··· 98
  I. 고의의 체계적 지위 ·· 98
  II. 구성요건적 고의의 본질 ··· 100
  III. 구성요건적 고의의 종류 ·· 101
 ### 제5절 사실의 착오 ·· 110
  I. 착오의 개념과 종류 ·· 110
  II. 사실의 착오의 의의, 종류 및 효과 ······························· 111

제4장 위법성론 ·· 131
 ### 제1절 서 론 ·· 131
  I. 위법성의 의의 ··· 131
  II. 형식적 위법성과 실질적 위법성 ···································· 132
  III. 행위반가치와 결과반가치 ·· 133
  IV. 위법성의 평가방법 ·· 137

  V. 위법성조각사유 ·· 137
제2절 정당행위 ·· 141
  I. 의의 ··· 141
  II. 법령에 의한 행위 ·· 141
  III. 업무로 인한 행위 ··· 148
  IV. 기타 사회상규에 위배되지 아니하는 행위 ··················· 149
제3절 정당방위 ·· 159
  I. 개념 ··· 159
  II. 기본사상(인정근거) ··· 159
  III. 성립요건 ··· 160
제4절 긴급피난 ·· 180
  I. 개념 및 종류 ··· 180
  II. 인정근거(기본사상) ··· 181
  III. 성립요건 ··· 181
제5절 자구행위 ·· 197
  I. 의의 및 법적 성격 ··· 197
  II. 성립요건 ·· 198
제6절 피해자의 승낙 ·· 203
  I. 의의 ··· 203
  II. 양해와 승낙의 구분 ·· 203
  III. 양해의 법적 성격 및 성립요건 ···································· 205
  IV. 승낙의 법적 성격 및 성립요건 ···································· 208
제7절 추정적 승낙 ·· 217
  I. 의의 및 유형 ··· 217
  II. 법적 성격 ·· 218
  III. 성립요건 ··· 218

제5장 책임론 ·· 223
제1절 책임이론 ·· 223
  I. 책임의 의의 ··· 223
  II. 책임의 근거 ·· 223

Ⅲ. 책임판단의 대상 ··· 224
　　Ⅳ. 책임판단의 척도 ··· 225
　　Ⅴ. 책임의 구성요소 ··· 226
　제2절　책임능력 ··· 227
　　Ⅰ. 의의 ·· 227
　　Ⅱ. 책임능력의 결함 ··· 228
　　Ⅲ. 원인에 있어서 자유로운 행위 ··· 231
　제3절　책임형태 ··· 241
　　Ⅰ. 고의책임과 과실책임 ··· 241
　　Ⅱ. 위법성조각사유의 전제사실의 착오 ··· 242
　제4절　위법성의 인식 ·· 248
　　Ⅰ. 의의 및 내용 ·· 248
　　Ⅱ. 위법성의 인식의 체계적 지위 ··· 250
　　Ⅲ. 법률의 착오 ·· 252
　제5절　기대가능성 ··· 264
　　Ⅰ. 의의 ·· 264
　　Ⅱ. 체계적 지위 및 기능 ··· 264
　　Ⅲ. 판단기준 ·· 265
　　Ⅳ. 기대불가능성을 근거로 한 면책사유 ······································· 267

제6장　처벌조건 ··· 283
　　Ⅰ. 의의 ·· 283
　　Ⅱ. 종류 ·· 283
　　Ⅲ. 처벌조건과 범죄성립조건·소송조건과의 구분의 실익 ············ 284
　　Ⅳ. 소추조건 ·· 285

제7장　특수한 유형의 범죄 ·· 288
　제1절　과실범 ··· 288
　　Ⅰ. 서론 ·· 288
　　Ⅱ. 성립요건 ·· 291
　　Ⅲ. 관련문제 ·· 304

제2절 결과적 가중범 ··· 305
- I. 서론 ··· 305
- II. 성립조건 ··· 308
- III. 관련문제 ··· 310

제3절 부작위범 ··· 315
- I. 서론 ··· 315
- II. 부진정부작위범의 성립조건 ··· 318
- III. 관련문제 ··· 343

제8장 미수론 ··· 349

제1절 미수범 ··· 349
- I. 서론 ··· 349
- II. 성립요건 ··· 352
- III. 관련문제 ··· 358

제2절 중지미수 ··· 361
- I. 개념 및 법적 성격 ··· 361
- II. 성립요건 ··· 363
- III. 관련문제 ··· 371

제3절 불능미수 ··· 376
- I. 의의 ··· 376
- II. 성립요건 ··· 376

제4절 예비죄 ··· 385
- I. 의의 ··· 385
- II. 법적 성격 ··· 386
- III. 성립요건 ··· 386
- IV. 관련문제 ··· 388

제9장 정범과 공범의 이론 ··· 390

제1절 기초이론 ··· 390
- I. 범죄참가형태 ··· 390
- II. 정범과 공범의 구분 ··· 397

제2절 간접정범 · 407
I. 의의 · 407
II. 성립요건 · 408
III. 간접정범의 처벌 · 416
IV. 관련문제 · 417

제3절 공동정범 · 422
I. 의의 및 본질 · 422
II. 성립요건 · 423
III. 공동정범의 처벌 · 438
IV. 관련문제 · 439

제4절 공 범 · 443
I. 서론 · 443
II. 교사범 · 447
III. 종범 · 461

제5절 공범과 신분 · 473
I. 신분의 연대성과 개별화 · 473
II. 신분범의 의의 · 474
III. 제33조의 해석 · 477
IV. 신분자가 비신분자의 범행에 가공한 경우 · 482
V. 소극적 신분과 공범 · 482

제10장 죄수론 · 487

제1절 서 론 · 487
I. 죄수론의 의의 · 487
II. 일죄와 수죄의 종류 · 488
III. 죄수결정의 기준 · 488

제2절 일 죄 · 496
I. 서론 · 496
II. 포괄일죄 · 496
III. 법조경합 · 504

제3절 수 죄 · 512

Ⅰ. 상상적 경합 ··· 512
　　Ⅱ. 실체적 경합 ··· 521

제3편 형사제재론

제1장 형벌론 ·· 533
제1절　형사제재의 체계 ·· 533
제2절　형벌의 종류 ··· 534
　　Ⅰ. 사형 ··· 534
　　Ⅱ. 자유형 ·· 535
　　Ⅲ. 재산형 ·· 535
　　Ⅳ. 명예형 ·· 540
제3절　형의 경중 ·· 542
　　Ⅰ. 형의 경중의 판단의 필요성 ·· 542
　　Ⅱ. 형의 경중의 판단기준 ··· 542
제4절　형의 양정 ·· 544
　　Ⅰ. 의의 ··· 544
　　Ⅱ. 형의 양정의 단계 ·· 544
　　Ⅲ. 형의 가중·감경 ·· 545
　　Ⅳ. 양형 ··· 548
제5절　형의 면제, 판결선고전 구금일수의 산입 판결의 공시 ········ 550
　　Ⅰ. 형의 면제 ·· 550
　　Ⅱ. 판결선고전 구금일수의 산입 ·· 550
　　Ⅲ. 판결의 공시 ··· 551
제6절　누　범 ··· 552
　　Ⅰ. 서론 ··· 552
　　Ⅱ. 누범가중의 요건 ··· 553
　　Ⅲ. 누범의 효과 ··· 555
　　Ⅳ. 판결선고 후의 누범발각 ·· 555
제7절　집행유예·선고유예·가석방 ·· 556

  I. 집행유예 ·· 556
  II. 선고유예 ·· 560
  III. 가석방 ·· 564
 제8절 형의 시효·소멸·기간 ·· 568
  I. 형의 시효 ·· 568
  II. 형의 소멸·실효·복권·사면 ····································· 569
  III. 형의 기간 ·· 573

제2장 보안처분론 ··· 575
 제1절 기초이론 ·· 575
  I. 의의 및 종류 ·· 575
  II. 보안처분의 법적 성질 ·· 576
  III. 보안처분의 정당성과 요건 ··································· 577
 제2절 현행법상의 보안처분 ·· 579
  I. 개관 ··· 579
  II. 치료감호 등에 관한 법률상의 보안처분 ············· 579
  III. 기타 보안처분 ·· 583

판례색인 ·· 585
사항색인 ·· 592

주요참고문헌

1. 국내문헌

김일수, 한국형법 I, 개정판, 박영사, 1996
김일수, 한국형법 II, 개정판, 박영사, 1997
김일수/서보학, 새로 쓴 형법총론, 제12판, 박영사, 2014
배종대, 형법총론, 제7판, 홍문사, 2017
손동권/김재윤, 형법총론, 율곡출판사, 2011
신동운, 형법총론, 제8판 보정판, 법문사, 2015
원형식, 형법총론, 동방문화사, 2018
원형식, 형법각론, 개정판, 동방문화사, 2022
유기천, 형법학(총론강의), 개정20판, 일조각, 1980
이재상/장영민/강동범, 형법총론, 제9판, 박영사, 2017
이형국, 형법총론, 개정판, 법문사, 1998
정영석, 형법총론, 제5전정판, 1987
황산덕, 형법총론, 제7정판, 방문사, 1982

2. 독일문헌

Baumann/Weber/Mitsch, Strafrecht, Allgemeiner Teil, 10. Aufl., 1995
Münchner Kommentar, Strafgesetzbuch, Band I, 2003(MünchKomm/Bearbeiter)
Roxin, Claus, Strafrecht, Allgemeiner Teil II, 2003
Schönke/Schröder, Strafgesetzbuch, Kommentar, 26. Aufl., 2001(Sch/Sch/Bearbeiter)
Welzel, Hans, Das deutsche Strafrecht, 11. Aufl., 1969

제 1 편

형법의 기본이론

제 1 절 　형법의 개념 및 성격
제 2 절 　형법의 기능
제 3 절 　형법이론
제 4 절 　죄형법정주의
제 5 절 　형법의 적용범위

한국어

기초학습

제1절 형법의 개념 및 성격

I. 형법의 의의

　형법은 범죄와 형벌간의 관계를 규율한 법이다. 형법상의 처벌규정은 범죄의 내용을 규정한 부분(법률요건)과 그 범죄에 대한 형벌을 규정한 부분(법률효과)으로 구성되어 있다. 예컨대 살인죄를 규정하고 있는 형법 제250조는 "사람을 살해한 자는 사형, 무기 또는 5년 이상의 징역에 처한다"고 규정하고 있는데, 이 규정에서 "사람을 살해한 자"의 부분은 형법이 규정하고 있는 살인죄의 범죄내용이며, "사형, 무기 또는 5년 이상의 징역"의 부분은 살인죄에 대한 법률효과로서 부과되는 형벌이다. 이처럼 형법의 규정은 범죄의 내용을 규정한 부분과 그 범죄에 대하여 부과되는 형벌의 부분으로 구성되어 있다. 이러한 의미에서 형법을 범죄와 형벌간의 관계를 규율한 법이라고 정의하는 것이다.

　제250조(살인)　<u>사람을 살해한 자는</u>　<u>사형, 무기 또는 5년 이상의 징역에 처한다.</u>
　　　　　　　　　범죄내용(법률요건)　　　　　형벌(법률효과)

　형법은 일반적으로 1953년 9월 18일 법률 제293호로 공포된 형법이라는 명칭이 붙여진 형법전을 말한다. 이를 협의의 형법 또는 형식적 의미의 형법이라고 한다. 이러한 형법선을 포함하여 범죄와 형벌의 관계를 규율하는 모든 법을 총괄하여 광의의 형법 또는 실질적 의미의 형법이라고 한다. 예컨대 폭력행위 등 처벌에 관한 법률, 특정범죄 가중처벌 등에 관한 법률, 특정경제범죄 가중처벌 등에 관한 법률 등과 같은 특별형법과 도로교통법, 환경법, 건축법, 의료법 등의 처벌규정과 같은 행정형법 그리고 군형법, 국가보안법 등이 이에 해당한다.

　형법전은 제1편 총칙(제1조부터 제86조까지), 제2편 각칙(제87조부터 제372조까지) 그리고 부칙으로 구성되어 있다. 총칙은 살인, 상해, 절도, 사기 등 모든 범죄에 공동으로 적용되는 규정을 말한다. 이에 대하여 각칙은 살인, 상해 등과 같은 개별범죄를 규정하고 있는 부분을 말한다. 형법전이 총칙과 각칙으로 나뉘어 있는 것에 상응하여 대학에서도 형법과목을 형법총론과 형법각론으로 나누어 강의하고 있다.

II. 형법의 성격

법을 공법과 사법으로 분류한다면 형법은 국가와 개인간의 관계를 규율한 법이므로 공법에 해당한다. 또한 법을 실체법과 절차법으로 분류하면 형법은 국가 형벌권의 발생근거인 법률요건과 법률효과인 형벌에 대하여 규정한 법으로서 권리의무의 실체를 규정하고 있으므로 실체법에 속한다. 이에 대하여 형사소송법은 실체법인 형법을 실현하기 위한 절차를 규정한 법으로서 절차법에 속한다. 살인죄를 범하였다고 해서 그에게 바로 형법 제250조에 규정된 형벌이 부과, 집행되는 것은 아니며, 다만 국가 형벌권이 발생할 뿐이다. 형법에 의하여 발생한 국가 형벌권이 실현되기 위해서는 수사, 공판절차 등과 같은 일정한 형사절차에 의하여 사건의 진상이 규명되어 유죄가 인정되고 이에 따라 판사가 선고한 형을 검사가 집행하여야 한다. 형사소송법은 국가 형벌권을 실현하기 위한 형사절차를 규정한 법으로서 절차법에 속한다. 그리고 형법과 형사소송법을 총괄하여 형사법이라고 한다.

▶ 법의 체계에 있어서 형법의 지위

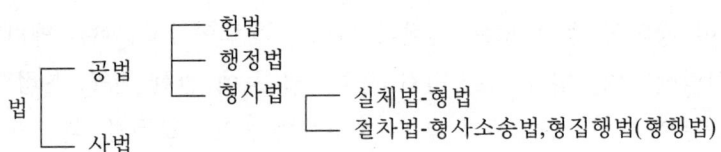

제 2 절 형법의 기능

형법의 기능에는 보호적 기능과 보장적 기능이 있다.

I. 보호적 기능

형법의 보호적 기능에는 ① 법익보호적 기능과 ② 사회윤리적 행위가치의 보호기능이 있다. 형법은 법익을 침해하는 행위를 범죄로 규정하여 형벌을 가함으로써 장래에 법익에 대한 침해행위가 발생하는 것을 억제하고자 한다. 이러한 기능을 형법의 법익보호적 기능이라고 한다. 또한 형법은 법익과 함께 사회윤리적 행위가치를 보호하는 기능을 하는데 이를 형법의 사회윤리적 행위가치[1]의 보호기능이라고 한다. 여기서 행위가치란 예컨대 타인의 생명, 신체, 재산을 존중해야 하는 것과 같은 사회윤리적 의무를 말한다. 형법은 이러한 의무에 위반하는 행위를 처벌함으로써 행위가치를 보호하는 것이다.

형법의 법익보호적 기능과 사회윤리적 행위가치의 보호기능 중에 어느 것이 주된 것인가에 대하여 약간의 견해차이는 있지만 두 가지 모두 형법의 중요한 기능이라는 점에 대하여는 이견이 없다. 이 두 가지 기능의 관계를 이해하기 위해서는 먼저 행위가치와 결과가치의 개념을 이해해야 한다. 인간의 행위를 평가하는 데는 두 가지 측면이 고려된다. 인간의 행위는 첫째로 그 행위가 초래한 결과에 의하여 평가되며, 둘째로는 결과와 관계없이 그 행위 자체에 의하여 평가된다. 예컨대 어느 법대생이 형법총론을 수강했는데 출석도 성실히 하고 예습, 복습도 철저히 해서 시험결과 A+의 학점을 받았다고 하자. 그 학생의 행위는 한편으로는 좋은 결과에 의하여 긍정적인 평가를 받게 될 것이며, 다른 한편으로는 그 결과에 못지않게 성실하고 열심히 공부한 행위 자체에 의하여 긍정적인 평가를 받게 된다. 여기서 결과의 측면에서 내리는 긍정적인 평가를 결과가치(Erfolgswert)라고 하며, 결과와는 별도로 행위자체에

---

[1] 사회윤리적 심정가치나 사회윤리규범이라는 용어도 사회윤리적 행위가치와 같은 의미로 사용된다.

대하여 내리는 긍정적인 평가를 행위가치(Handlungswert)라고 한다. 앞에서 든 예와는 반대로 공부를 게을리한 학생이 시험에서 F학점을 받았다면 반대의 평가가 내려질 것이다. 여기서 F학점의 결과에 대한 부정적인 평가를 결과반가치(Erfolgsunwert)라고 하며, 학생의 본분을 다하지 못한 태만한 행위에 대한 부정적 평가를 행위반가치(Handlungsunwert)라고 한다. 이 개념을 형법에 적용하면 사람의 생명이나 재산과 같은 보호법익이 결과가치가 되며, 타인의 생명과 재산을 존중함으로써 사회윤리적 의무에 충실한 행위를 행위가치라고 할 수 있다. 반대로 살인행위의 경우에는 보호법익을 침해하였으므로 결과반가치(결과불법)[2]가 인정되며, 사람의 생명을 존중하라는 사회윤리적 의무에 위반하여 행위하였으므로 행위반가치(행위불법)도 인정된다.[3] 요컨대 범죄행위의 불법 = 결과불법 + 행위불법이라고 할 수 있다. 이러한 개념에 대한 이해를 가지고 형법의 기능을 다시 살펴보면 법익보호적 기능은 형법의 기능을 결과가치의 측면에서 파악한 것이며, 사회윤리적 행위가치의 보호기능은 행위가치의 측면에서 파악한 것이라고 이해할 수 있다. 타인의 생명과 재산을 존중하라는 행위가치는 궁극적으로는 사람의 생명이라고 하는 결과가치를 보다 효율적으로 보호하기 위한 수단이라고 할 수 있다. 결국 법익보호적 기능과 행위가치의 보호기능은 목적과 수단의 관계로 이해할 수 있을 것이다.

II. 보장적 기능

형법은 범죄와 형벌의 내용을 엄격히 규정하여 국가의 형벌권이 부당하게 행사되지 못하도록 제한함으로써 국민의 자유와 권리를 보장하는 기능을 갖는다. 즉 ① 형법에 범죄의 내용을 명확하게 규정해 놓으면 국가는 어떤 행위가 아무리 반사회적인 것이라고 하더라도 형법에 범죄로 규정되어 있지 않는 한은 처벌할 수 없으며, ② 처벌할 수 있는 경우에도 형법에 규정된 형벌의 범위

---

[2] 결과반가치의 내용은 법익에 대한 침해와 위험이다.
[3] 행위반가치의 내용에는 주관적 요소와 객관적 요소가 있는데, 주관적 요소에는 고의·과실·목적·불법영득의사 등과 같은 주관적 불법요소가 있으며, 객관적 요소에는 범행의 수단방법과 같은 행위태양과 객관적 행위자요소(신분범에서 신분)가 있다.

내에서만 처벌이 가능하다. 그 외에도 형법의 기능으로서 규율적(규제적, 진압적) 기능, 사회보호적 기능, 예방적 기능 등을 드는 견해가 있다. 이러한 기능들은 궁극적으로는 법익보호를 위한 것으로서 형법의 보호적 기능과는 목적-수단의 관계에 있으므로 형법의 주된 기능은 법익보호에 있다고 할 수 있다.[4]

---

4) 김일수/서보학, 총론, 16면.

제3절 형법이론

I. 의의 및 연혁

형법이론이란 범죄와 형벌의 기본관념에 대한 법철학적 이론을 말한다. 형법이론에는 범죄이론과 형벌이론이 있다. 전자는 범죄의 본질에 관한 이론이며, 후자는 형벌의 본질과 목적에 관한 이론이다.

범죄와 형벌의 본질에 관하여 19세기 말부터 20세기 초에 독일의 형법학계에서는 고전학파(구파)와 근대학파(신파)의 논쟁이 있었다. 고전학파는 인간의 이성과 자유의사를 중시하는 계몽주의의 영향에 의하여 18세기 말부터 형성되기 시작한 학파다.[5] 따라서 고전학파는 인간의 자유의사를 형법이론의 출발점으로 삼았다(자유의사론, 비결정론). 즉 범죄는 인간이 자유의사를 가진 이성인으로서 도덕률에 따라 행위할 수 있음에도 불구하고 도덕률에 위배한 행위이고, 형벌은 도덕률위반에 대한 응보적 해악이라고 한다.

근대학파는 경험적 관찰과 실험을 중시하는 자연과학적 사고방식(실증주의)의 영향에 의하여 19세기 후반에 등장한 학파다.[6] 근대학파는 과학적으로 입증이 불가능한 인간의 자유의사를 부정하고, 범죄는 개인의 유전적 소질과 사회적 환경에 의하여 결정되는 것이며(결정론), 형벌은 범죄자를 개선·교화하여 재사회화함으로써 범죄자로부터 사회를 방위하려는 데에 그 목적이 있다고 한다.

II. 범죄이론

고전학파와 근대학파의 논쟁은 범죄이론에서 객관주의와 주관주의의 대립으로 나타났다. 객관주의는 형사책임의 근거를 범죄의 외부적 측면, 즉 행위

---

[5] 이 학파는 이태리의 베까리아(Cesare Beccaria), 독일의 칸트(Immanuel Kant), 헤겔(Friedrich Hegel), 포이에르바하(Anselm v. Feuerbach) 등에 의하여 주장되었다.
[6] 이 학파는 이태리의 롬브로조(Cesare Lombroso), 페리(Enrico Ferri), 가로팔로(Raffaele Garofalo), 독일의 리스트(Franz v. Liszt) 등에 의하여 주장되었다.

와 결과에 두고, 형벌의 종류와 경중도 이에 상응하여야 한다고 한다(행위형법). 형벌의 본질을 응보적 해악으로 파악하는 고전학파의 입장이다.

주관주의는 형사책임의 근거를 범죄행위에 의하여 징표되는 범죄자의 사회적 위험성에 있다고 보고, 형벌의 종류와 경중은 범죄자의 사회적 위험성의하여 결정된다고 한다(행위자형법). 형벌의 목적을 사회방위와 특별예방에 있다고 보는 근대학파의 입장이다.

III. 형벌이론

형벌이론에는 응보형주의(절대적 형벌이론)와 목적형 주의(상대적 형벌이론)가 있으며, 목적형주의에는 일반예방주의와 특별예방주의가 있다. 응보형주의는 형벌의 본질을 범죄에 대한 해악으로서의 응보에 있다고 보는 견해다. 형벌은 범죄행위에 상응하는 응보적 해악을 가함으로써 정의를 실현하기 위하여 존재하는 것이므로 형벌 자체가 자기 목적이며 그 이외의 목적은 인정되지 않는다고 보는 견해를 절대주의라고 한다. 이에 대하여 형벌의 본질은 응보에 있지만 형벌의 목적은 일반인에 대한 위하를 통하여 범죄를 예방하려는 일반예방에 있다고 보는 견해를 상대적 응보형주의라고 한다.[7] 응보형주의와 일반예방주의는 객관주의와 결합하여 고전학파의 입장이 되었다.

목적형주의는 형벌의 목적이 장래의 범죄를 예방하는 데 있다고 한다. 목적형주의에는 일반예방주의와 특별예방주의가 있다. 일반예방주의는 고전학파의 입장이며, 특별예방주의는 근대학파의 입장이다. 특별예방주의는 형벌의 목적이 범죄자에 대한 위하, 범죄자의 교육·개선, 격리를 통하여 재범을 예방하는 데 있다고 보는 이론이다.

---

7) 포이에르바하(Anselm v. Feuerbach)의 심리강제설이 여기에 해당한다. 심리강제설이란 범죄에 의하여 얻는 이익보다 해악이 더 크다는 것을 일반인이 알게 함으로써 범죄충동을 심리적 강제에 의하여 억제할 수 있다는 이론이다. 포이에르바하는 이러한 심리적 강제의 효과는 범죄와 형벌이 형법전에 규정되어 있을 것이 요구된다고 주장하면서 "법률 없으면 범죄 없고 형벌 없다"는 명제를 제시하였다. 그의 심리강제설은 몽테스키외(Montesquieu)의 권력분립론과 함께 죄형법정주의의 사상적 배경이 되었다.

IV. 현대의 형법이론

형법이론에 관한 고전학파와 근대학파의 주장은 일면적 타당성만을 지니며, 그 자체로는 불충분한 이론이다. 이러한 학파의 대립은 양자의 절충 내지는 결합을 통하여 극복되었다.

1. 상대적 자유의사론

오늘날의 형법학은 책임, 즉 의사형성에 대한 비난의 근거를 인간의 자유의사에 두고 있다는 점에서 고전학파의 자유의사론에 기초하고 있다. 자유의사를 자연과학적으로 증명할 수는 없지만 이를 이유로 자유의사를 부정할 수는 없다. 자유의사는 정의, 자연법, 인간의 양심, 신의 존재와 마찬가지로 가치판단의 문제이지 자연과학적으로 입증되어야 하는 것은 아니다. 자유의사의 긍정은 규범적·사회적 가치설정으로서 정당하고 필요하다.[8] 즉 자유의사는 칸트가 말하는 소위 '실천이성'(praktische Vernunft)의 문제이므로 우리는 자유의사가 존재한다는 확신을 전제로 책임의 근거를 설명하는 것이다.

다만 인간은 한편으로는 자유의사를 지닌 이성적 존재이지만, 다른 한편으로는 생명을 지닌 유기체로서 자연적 존재라는 점도 부정할 수 없다. 따라서 인간의 행위는 소질과 환경에 의하여 어느 정도 제약을 받게 되며, 특히 심신장애자는 자유의사가 없거나 미약하므로 그의 행위는 자유의사보다는 외적 요인에 의하여 결정된다는 사실도 부정할 수는 없다. 이러한 의미에서 인간의 자유의사는 절대적인 것이 아니라 상대화된다고 할 수 있다. 이러한 자유의사론을 상대적 자유의사론(연성자유의사론)이라고 한다.

2. 객관주의와 주관주의의 절충

우리 형법은 책임주의와 행위형법[9]을 기본원칙으로 하고 있으므로 원칙적으로 객관주의에 입각하고 있으며, 다만 주관주의를 고려함으로써 절충적 태

---
8) 김일수/서보학, 총론, 254면.
9) 제2편 제5장 제1절 III의 각주 3) 참조.

도를 취하고 있다. 예컨대 형법이 미수를 기수와 구별하여 미수범처벌규정이 있는 경우에만 처벌이 가능하도록 규정한 것(제29조)은 객관주의의 입장이며, 미수를 임의적 감경사유로 규정한 것(제25조 제2항)은 주관주의를 고려한 것으로 이해할 수 있다.

3. 응보형주의와 목적형주의의 결합

다수설은 응보형주의와 목적형주의는 일면만을 강조한 불충분한 이론이라는 점에 인식을 같이하고, 이들 이론의 장점을 결합함으로써 대립을 극복하려고 시도하고 있다. 이러한 견해를 결합설(절충설)이라고 한다. 결합설에는 응보적 결합설과 예방적 결합설이 있다. 응보적 결합설[10]은 형벌의 목적과 기능을 응보형주의와 목적형주의의 결합에서 찾는데 대하여, 예방적 결합설(변증론적 결합설)[11]은 응보형주의를 배제하고 특별예방과 일반예방만을 형벌의 목적으로 본다. 응보적 결합설의 입장에 따라 형벌의 목적에 대하여 살펴보기로 한다.

형법은 본질상 응보로서의 성질을 지니므로 정당한 형벌은 행위책임에 상응하는 것이어야 한다(응보형주의). 따라서 행위책임은 형벌의 상한선이며, 일반예방이나 특별예방의 목적을 위하여 책임을 초과하는 형벌을 부과하는 것은 허용되지 않는다. 다만 형벌의 상한선의 범위 내에서 일반예방과 특별예방의 목적을 고려하여 형벌을 정하는 것이 타당하다.

현재의 결합설은 일반예방을 소극적 일반예방과 적극적 일반예방으로 구분한다. 소극적 일반예방은 고전학파가 주장한 전통적 의미의 일반예방, 즉 형벌을 통하여 일반인을 위하함으로써 잠재적 범죄자로 하여금 장래에 범죄를 행하지 않도록 하는 것을 의미한다. 그리고 적극적 일반예방은 '규범의 내면화를 통한 규범의 안정화'라고 정의할 수 있다. 적극적 일반예방은 사회교육적 학습효과, 규범신뢰효과, 만족효과(통합예방) 등 3가지 기능을 내용으로 한다.[12] 규범의 내면화는 형벌의 사회교육적 학습효과를 말하며, 규범의 안정

---

10) 다수설: 예컨대 이재상/ 장영민/ 강동범, 총론, 62면.
11) 김일수/서보학, 총론, 550면.
12) Roxin, AT I, § 3 Rn. 27.

화는 규범신뢰효과와 만족효과를 의미한다.13) 적극적 일반예방에서 '적극적'이라는 말은 형벌을 통하여 일반인을 위하하는 소극적인 방법으로 범죄를 예방하는 것이 아니라 형벌을 통하여 적극적으로 일반인의 준법의식을 강화함으로써 법질서의 방위에 기여한다는 의미이다.

---

13) 규범의 내면화란 시민들이 규범을 준수할 만한 가치가 있다고 내면적으로 승인하는 것을 말한다. 규범의 내면화는 국가가 범죄행위를 처벌함으로써 시민들로 하여금 그 행위의 반가치성을 인식·확인시키고, 준법의식을 강화(법적 충실성에 대한 훈련)함으로써 이루어진다. 이러한 의미에서 규범의 내면화를 사회교육적 학습효과라고 한다. 규범의 안정화란 규범신뢰효과와 만족효과를 말한다. 규범신뢰효과는 범죄행위를 처벌함으로써 시민들에게 법이 정당하게 집행되어 질서가 확립되는 모습을 보여 줌으로써 그들로 하여금 법질서에 대한 신뢰를 높이는 것을 말한다. 그리고 만족효과는 범죄자의 처벌을 통하여 범죄에 의하여 야기된 법적 평화의 동요를 진정시킴으로써 일반시민의 법감정을 만족시키고 법적 평화를 회복하는 작용을 말한다.

제 4 절 죄형법정주의

I. 의의

형법은 범죄와 형벌의 관계를 규율한 법으로서, 법조문에 범죄를 명시적으로 규정하여 놓고 형법에 규정된 이외의 행위는 아무리 부도덕하고 사회적으로 비난받는 행위라고 하더라도 처벌할 수 없도록 하고 있다. 이처럼 일정한 행위를 범죄로서 처벌하기 위해서는 성문의 법규를 근거로 해야 한다는 원칙을 죄형법정주의라고 한다. 이 원칙은 "법률 없으면 범죄 없고, 형벌 없다"(nullum crimen, nulla poena sine lege)라는 말로 표현된다. 죄형법정주의는 국가의 형벌권남용을 방지하고 국민들에 대하여 예측가능성을 보장해 줌으로써 국민의 기본권을 보장(형법의 보장적 기능)하는 데 그 의의가 있다.

II. 근거

> **헌법 제12조** ① 모든 국민은 신체의 자유를 가진다. 누구든지 법률에 의하지 아니하고는 체포·구속·압수·수색 또는 심문을 받지 아니하며, 법률과 적법한 절차에 의하지 아니하고는 처벌·보안처분 또는 강제노역을 받지 아니한다.
> **헌법 제13조** ① 모든 국민은 행위시의 법률에 의하여 범죄를 구성하지 아니하는 행위로 소추되지 아니하며, 동일한 범죄에 대하여 거듭 처벌받지 아니한다.
> ② 모든 국민은 소급입법에 의하여 참정권의 제한을 받거나 재산권을 박탈당하지 아니한다.
> **형법 제1조(범죄의 성립과 처벌)** ① 범죄의 성립과 처벌은 행위 시의 법률에 따른다.

죄형법정주의는 헌법상의 법치국가의 원리에서 파생되는 원칙으로서, 형법상 가장 중요한 원칙이다. 따라서 이 원칙은 헌법 제12조와 제13조에 규정되어 있으며, 동시에 형법 제1조에도 규정되어 있다. 헌법 제12조 제1항은 "누구든지 법률과 적법한 절차에 의하지 아니하고는 처벌, 보안처분 또는 강제노역을 받지 아니한다"라고 규정하고 있으며, 제13조 제1항은 "모든 국민은 행위시의 법률에 의하여 범죄를 구성하지 아니하는 행위로 소추되지 아니하며 동일한 범죄에 대하여 거듭 처벌받지 아니한다"라고 규정하고 있다. 그리고 형법 제1조 제1항은 "범죄의 성립과 처벌은 행위 시의 법률에 따른다"라고 규정하고 있다.

III. 파생원칙

"범죄의 성립과 처벌은 행위시의 법률에 의한다"는 형법 제1조 제1항의 규정은 구체적으로 다섯 가지의 내용을 담고 있는데, 이를 죄형법정주의의 파생원칙이라고 한다.

1. 법률주의(lex scripta)

범죄와 형벌은 성문의 '법률'에 의하여 규정되어야 한다는 원칙이다. 여기서 법률은 국회에 의하여 제정된 형식적 의미의 법률을 말한다. 따라서 이 원칙에 의하면 ① 관습법에 의한 처벌은 금지되며(관습형법금지의 원칙), ② 법률 이외에 명령이나 규칙에 의하여 범죄와 형벌을 규정하는 것은 허용되지 않는다. 이와 관련하여 법률의 위임에 의하여 구성요건의 세부사항을 명령에 의하여 보충하도록 하는 백지형법이나 벌칙의 제정을 명령이나 조례에 위임하는 것이 법률주의에 반하는가가 문제된다. 이 점에 대하여 헌법 제75조는 대통령은 "법률에 구체적으로 범위를 정하여 위임받은 사항"에 관하여 대통령령을 발할 수 있다고 규정하고 있다. 따라서 법률에서 위임한 사항이 구체적이어서 법률자체만으로도 어떤 행위가 처벌되는지가 객관적으로 예견가능하다면 이는 구체적·개별적 위임으로서 위헌이 아니지만, 위임한 사항이 추상적이어서 법률규정의 내용만으로는 어떤 행위가 처벌되는지를 예측할 수 없다면 이는 포괄적·백지적 위임으로서 위임입법의 한계를 규정한 헌법 제75조와 죄형법정주의를 규정한 헌법 제12조 제1항 및 제13조 제1항에 위반되므로 위헌이다. 따라서 판례는 ① 처벌법규의 위임이 미리 법률로서 자세히 정할 수 없는 부득이한 사정이 있는 경우에 한정되고, ② 법률 그 자체에서 이미 처벌대상인 행위(범죄구성요건)가 어떠한 것일지 예측할 수 있을 정도로 구체적으로 정하고, ③ 법률에서 형벌의 종류 및 그 상한과 폭을 명백히 규정할 것을 전제로 백지형법이 합헌이라고 한다.[14]

(판례 1) 헌재 2000. 6. 29, 99헌가16 결정

청소년보호법(1999. 2. 5. 법률 제5817호로 개정되기 전의 것) 제8조 제1항은 "제27조의 규정에 의한 청소년보호위원회(이하 "청소년보호위원회"라 한다)는 제7조의 규정에 의한 매체물의 청소년에 대한 유해여부를 심의하여 청소년에게 유해하다고 인정되는 매체물에 대하여는 청소년유해매체물로 결정하여야 한다"고 규정하고 있으며, 제17조 제1항은 "청소년유해매체물은 이를 청소년을 대상으로 판매, 대여, 배포하거나 시청·관람·이용에 제공하여서는 아니된다"고 규정하고 있다. 그리고 제50조는 "영리를 목적으로 제17조 제1항의 규정을 위반한 자"를 "3년 이하의 징역 또는 2천만원 이하의 벌금에 처한다"고 규정하고 있다. 구청소년보호법 제8조 제1항은 위헌인가?

동법 제50조 제1호 및 제17조 제1항은 청소년유해매체물을 청소년의 이용에 제공하는 자를 처벌하도록 하고 있으며, 제8조는 청소년보호위원회가 매체물이 청소년에게 유해한지 여부를 심의하여 청소년유해매체물을 결정하도록 규정하고 있으므로 결국 매체물이 어느 경우에 형벌의 대상인 청소년유해매체물이 되는지 여부는 전적으로 청소년보호위원회의 결정에 따르도록 되어 있다. 따라서 구청소년보호법 제8조 제1항이 죄형법정주의에 위반하는지가 문제된다. 이 점에 대하여 헌법재판소는 다음의 이유로 구청소년보호법 제8조 제1항이 헌법 제12조 제1항, 제13조 제1항에 위반하지 않는다고 판시하였다: ① 청소년에게 유해한 매체물을 적시하여 청소년에 대한 판매·대여 등을 제한하고자 하는 경우에는 각 매체물의 내용을 실제로 확인하여 유해성 여부를 판단할 수밖에 없는데, 그때마다 법 또는 하위법령을 개정하여 직접 개별 매체물을 규정하는 것은 현실적으로 거의 불가능하므로 법률조항에서 직접 청소년유해매체물의 범위를 확정하지 아니하고 행정기관(청소년보호위원회 등)에 위임하여 그 행정기관으로 하여금 청소년유해매체물을 확정하도록 하는 것은 부득이하다고 할 것이다. 또 ② 동법 제10조 제1항은 청소년유해매체물의 결정기준으로서 청소년에게 성적인 욕구를 자극하는 선정적이거나 음란한 것, 포악성이나 범죄의 충동을 일으킬 수 있는 것 등을 규정하여 어떤 매체물이 청소년보호위원회 등에 의하여 청소년유해매체물로 결정·확인될지 그 대강을 예측할 수 있도록 하고 있으므로 처벌의 대상행위가 무엇인지는 이러한 절차를 통하여 보다 명확해지게 된다. 따라서 이 사건 법률조항이 형벌법규의 위임의 한계를 벗어나거나 불명확하여 죄형법정주의에 위반된다고 할 수 없다.

(판례 2) 헌재 2000. 7. 20, 99헌가15 결정

약사법 제19조 제4항은 "약국을 관리하는 약사 또는 한약사는 보건복지부령으로 정하는 약국관리에 필요한 사항을 준수하여야 한다"고 규정하고 있으며, 제77조 제1호는 제19조 제4항의 규정에 위반한 자를 200만원 이하의 벌금에 처한다고 규정하고 있다. 제19조 제4항의 "약국관리에 필요한 준수사항" 부분은 죄형법정주의 내지 포괄위임금지의 원칙에 위배되는가?

---

14) 헌재 1991. 7. 8, 91헌가4 결정.

처벌법규의 위임은 특히 긴급한 필요가 있거나 미리 법률로써 자세히 정할 수 없는 부득이한 사정이 있는 경우에 한정되어야 하며 이러한 경우일지라도 법률에서 범죄의 구성요건은 처벌대상행위가 어떠한 것일 것이라고 예측할 수 있을 정도로 구체적으로 정하고 형벌의 종류 및 그 상한과 폭을 명백히 규정하여야 한다. 그러나 ① 이 사건 약사법시행규칙 제11조 제1항이 정하고 있는 준수사항은 위임입법의 취지 중 하나인 급변하는 사회현상에 맞추어 수시로 긴급하게 개정할 필요가 있는 것으로 보기 어려운 동시에 입법기술상 법률에 규정하는 것이 현저히 곤란하다고 보이지도 않으며 처벌규정으로서 그 구성요건을 행정입법에 포괄적으로 위임하여야 할 부득이한 사정이 있다고 보기 힘들다. 그리고 ② 구체적으로 어떠한 사항이 위반시 형사처벌을 받게 되는 준수사항으로 정하여질 것인지는 약사법 제19조 제4항의 규정만으로는 쉽게 그 대강을 예측하기 어렵다. 요컨대 약사법 제19조 제4항은 "약국관리에 필요한 사항"이라는 처벌법규의 구성요건 부분에 관한 기본사항에 관하여 보다 구체적인 기준이나 범위를 정함이 없이 그 내용을 모두 하위법령인 보건복지부령에 포괄적으로 위임함으로써, 약사로 하여금 광범위한 개념인 "약국관리"와 관련하여 준수하여야 할 사항의 내용이나 범위를 구체적으로 예측할 수 없게 하고, 나아가 헌법이 예방하고자 하는 행정부의 자의적인 행정입법을 초래할 여지가 있으므로, 헌법상 포괄위임입법금지 원칙 및 죄형법정주의의 명확성 원칙에 위반된다.

2. 명확성의 원칙(lex certa)

명확성의 원칙이란 형벌법규에 범죄의 내용과 형벌의 종류 및 범위를 명확하게 규정하여야 한다는 원칙이다. 이 원칙은 형벌법규의 내용을 명확히 규정함으로써 법관이 자의적으로 법률을 남용하는 것을 방지하고, 국민들로 하여금 무엇이 금지된 행위고 그 행위에 대하여는 어떠한 형벌이 과하여지는가를 사전에 예측이 가능하도록 하기 위한 것이다. 이를 위해서는 구성요건의 명확성과 형벌의 명확성이 요구된다.

① 구성요건의 명확성: 구성요건의 내용을 명확히 규정함으로써 법관의 자의적인 해석을 저지하고 국민들로 하여금 어떤 행위가 금지된 것인가를 알 수 있도록 하여야 한다. 구성요건의 내용을 불명확하게 규정해 놓고 그 해석을 법관에게 일임한다면, 이는 입법권을 사법부에 부여하는 결과가 될 것이며 죄형법정주의를 통한 형법의 보장적 기능은 그 의미를 잃게 된다.

(예 1) 1935년 Nazi시대의 형법 제2조는 법률에 어떤 행위에 대한 처벌규정이 없더라도 그 행위가 "형법의 기본사상과 건전한 민족감정에 의하여 처벌의 필요"가 있는 경우에는 처벌할 수 있다는 규정을 신설하였다. 이 규정은 구성요건 명확성의 원칙에 반하므로 위헌이다.

② 제재의 명확성: 구성요건이 명확하게 규정되어 있더라도, 그 범죄에 대하여 부과되는 형벌의 종류와 범위가 전적으로 법관의 재량에 맡겨져 있다면 형법은 보장적 기능을 수행할 수가 없게 된다. 이와 관련하여 선고형의 장기와 단기가 정해져 있지 않은 절대적 부정기형은 허용되지 않는다. 이를 절대적 부정기형금지의 원칙이라고 한다.

(예 2) 입법자는 사기죄의 경우에 경미한 사건에서부터 대형사건에 이르기까지 매우 다양한 유형의 사건들이 발생하자 이를 사안에 따라 적절히 규제하기 위하여 현행형법 제347조(사기)의 법정형인 "이천만원 이하의 벌금"을 "오만원 이상의 벌금"으로 개정하려고 한다. 가능한가?

죄형법정주의는 범죄의 내용뿐만이 아니라 형벌의 범위도 명확히 규정되어 있을 것을 요구한다. 벌금형의 최고액이 정해져있지 않은 경우 그 범위는 오만원에서부터 피고인 전재산의 가액을 넘는 액수에 이르기까지 매우 광범위하기 때문에 국민들은 자신의 행위에 대하여 어떠한 정도의 벌금형이 부과되는지에 대하여 예측이 불가능하게 될 것이다. 따라서 사기죄의 법정형을 "오만원 이상의 벌금"으로 개정하는 것은 명확성의 원칙에 반하여 위헌이므로 허용되지 않는다.

(예 3) 우리나라 소년법 제60조 제1항은 "소년이 법정형 장기 2년 이상의 유기징역에 해당하는 죄를 범한 때에는 그 형의 범위 안에서 장기와 단기를 정하여 선고한다. 다만, 장기는 10년, 단기는 5년을 초과하지 못 한다"라고 규정하고 있다. 이 규정은 명확성의 원칙에 반하여 위헌인가?

선고형의 장기와 단기가 전혀 정해져 있지 않은 절대적 부정기형은 금지된다. 그러나 장기와 단기가 정해져 있는 상대적 부정기형은 형량에 대한 예측가능성의 범위를 벗어난 것은 아니므로 명확성의 원칙에 반하지 않는다. 더구나 소년법 제60조 단서에는 선고형의 장기가 10년으로 특정되어 있으므로 위헌의 소지가 없다. 오히려 교육형주의(목적형주의)를 바탕으로 하는 소년법에서 상대적 부정기형은 형벌을 통한 교정교육의 효과를 높이기 위해서 필요한 제도라고 할 수 있다.

3. 유추해석금지의 원칙(lex stricta)

어떤 사실에 대하여 직접적으로 적용되는 법규정이 없는 경우에 이와 유사한 규정을 '언어의 가능한 의미(der mögliche Wortsinn)의 한계'를 넘어서 해석하는 것을 유추해석이라고 한다. 형벌법규의 내용이 명확하게 규정되어 있더라도 법관이 그 규정을 '언어의 가능한 의미'의 한계를 넘어서 넓게 해석한다면 명확성의 원칙이 추구하는 목적, 즉 법관의 자의적 해석을 억제함으로 국민의 기본권을 보장하려는 목적은 달성할 수 없게 된다. 따라서 당사자에게 불리한 유추해석은 금지되는데 이를 유추해석금지의 원칙이라고 한다. 법규정 문언의 가능한 의미를 벗어나 형벌법규를 해석하는 것은 유추해석으로서 죄형법정주의에 위반된다.15) 이 원칙은 모든 형벌법규의 구성요건과 가벌성에 관한 규정에 준용되므로, '위법성 및 책임의 조각사유나 소추조건 또는 처벌조각사유인 형면제 사유'의 범위를 제한적으로 유추적용하는 경우에도 가벌성의 범위가 확대되어 행위자에게 불리하므로 유추해석금지의 원칙에 반한다.16)

> (판례 3) 甲은 자신의 친구 乙에게 그의 방에서 잠깐 낮잠을 자겠다고 말하고 들어가 1시간가량 국제통화를 하였다. 형법 제346조(동력)를 근거로 甲에 대하여 절도죄의 성립을 인정할 수 있는가?

甲에 대하여 적용가능성이 있는 조항은 형법 제329조의 절도죄이다. 동조는 "타인의 재물을 절취한 자"를 처벌한다고 규정하고 있으며, 제346조는 "관리할 수 있는 동력은 재물로 간주한다"고 규정하고 있다. 따라서 전화통화가 "관리할 수 있는 동력"에 해당한다면 甲의 행위는 절도죄에 해당할 것이다. '동력'이란 전력, 수력 풍력과 같은 자연적 에너지를 말하며 이를 넓게 해석하면 사람이나 짐승의 힘까지는 포할 수 잇을 것이다. 그러나 전화통화는 전기통신사업자가 제공한 전화기의 음향송수신기능을 이용하는 것으로서 무형적인 이익에 불과하며 '동력'에는 해당하지 않는다. 만일 전화통화까지도 동력에 포함되는 것으로 해석한다면 이는 '동력'이라는 단어가 최대한 의미할 수 있는 한계선(언어의 가능한 의미의 한계)을 넘어선 유추해석으로서 죄형법정주의에 반한다. 판례도 타인의 전화기를 무단으로 사용한 경우 절도죄의 성립을 부정한다.17)]

---

15) 대법원 2023. 6. 29. 선고 2022도6278 판결; 대법원 2023. 10. 12. 선고 2023도5757 판결.
16) 대법원 2023. 6. 29. 선고 2021도17733 판결.
17) 대법원 1998. 6. 23. 선고 98도700 판결.

4. 소급효금지의 원칙(형벌불소급의 원칙)

> **제1조(범죄의 성립과 처벌)** ② 범죄 후 법률이 변경되어 그 행위가 범죄를 구성하지 아니하게 되거나 형이 구법보다 가벼워진 경우에는 신법에 따른다.
> ③ 재판이 확정된 후 법률이 변경되어 그 행위가 범죄를 구성하지 아니하게 된 경우에는 형의 집행을 면제한다.

① 원칙: 범죄의 성립과 처벌은 '행위 시'의 법률에 따른다. 따라서 행위당시의 법률에 의하여 처벌되지 않는 행위는 사후에 이를 처벌하는 규정을 신설하더라도 이를 시행 이전의 행위에 소급적용하여 처벌하지 못한다. 이러한 원칙을 소급효금지의 원칙 또는 형벌불소급의 원칙이라고 한다. 이 원칙은 국가의 형벌권남용을 방지하고 법률에 대한 예측가능성을 보장함으로써 국민의 기본권이 부당하게 침해되는 것을 방지하기 위한 것이다. 판례는 범죄 후 법률의 변경에 의하여 형이 중하게 변경되는 경우는 물론, 형의 변경이 없는 경우에도 행위시법(형법 제1조 제1항)을 적용한다.[18]

> (예 4) 甲은 1995년 12월 23일 자신의 애인과 여행을 떠나기 위해 동네에 잠시 정차되어 있는 乙 소유의 자동차를 사용 후에 다시 돌려주겠다는 생각으로 허락도 없이 타고 달아나 2박 3일간 여행을 하다가 다시 그 자리에 차를 세워놓고 달아났다. 자동차 사용절도에 대한 처벌규정이 없어 처벌이 불가능하다는 사실을 확인한 乙은 진심으로 사과하지도 않는 甲이 괘씸하기는 했지만 고소를 포기하였다. 그 후 1996년 7월 1일부터 시행된 개정 형법 제331조의 2(자동차 등 불법사용)에 자동차의 사용절도를 처벌하는 규정이 신설된 것을 알고 乙은 1996년 8월 1일에 甲을 자동차불법사용죄로 고소하였다. 甲을 처벌하는 것이 가능한가?

범죄의 성립여부는 행위시의 법률, 즉 1995년 12월 23일부터 12월 25일 사이에 유효했던 법률에 의하여 판단하므로 甲에 대한 처벌은 불가능하다. 乙이 고소할 당시의 형법에 의하면 처벌이 가능하지만 이를 시행 이전의 행위에 소급적용하는 것은 죄형법정주의에 반하므로 허용되지 않는다.

② 예외: 소급효금지의 원칙은 국민의 기본권 보장을 위한 것이므로 당사자에게 유리한 소급적용은 인정된다. 따라서 범죄 후에 법률이 변경되어 그

---

18) 대법원 2016. 3. 24. 선고 2015도19137 판결; 대법원 2020. 11. 12. 선고 2016도8627 판결

행위가 범죄를 구성하지 않거나 형량이 구법보다 가벼워진 경우에는 신법에 의한다(제1조 제2항). 이 경우 공소시효기간의 기준도 제1조 제2항에 의하여 형량이 가벼운 법정형, 즉 신법의 법정형이 된다.[19] 그리고 재판확정후 법률이 변경되어 그 행위가 범죄를 구성하지 아니하는 때에는 형의 집행을 면제한다(제1조 제3항).

③ 보안처분: 소급효금지의 원칙이 보안처분에 대하여도 적용되는가에 대하여는 견해가 일치하지 않는다. 긍정설은 보안처분도 개인의 자유를 제한하는 형사제재라는 점에서 형벌과 같으므로 소급효금지의 원칙이 적용된다고 본다.[20] 이에 대하여 부정설은 형벌은 과거의 범죄에 대한 비난으로서 행위시 법주의가 적용되므로 소급효금지의 원칙이 적용되지만, 보안처분은 재범의 위험성이 있는 범죄자로부터 사회방위를 하기위한 합목적적 처분이므로 소급효금지의 원칙이 적용되지 않는다고 한다.[21]

보안처분도 개인의 기본권을 제한하는 형사제재라는 점에서 형벌과 유사하므로 소급효금지의 원칙이 적용된다고 보아야 한다. 그러나 보안처분은 책임주의가 엄격하게 적용되는 형벌과는 달리 행위자의 위험성으로부터 사회를 방위하기 위한 합목적적 처분이므로 소급적용도 비례성의 원칙에 위배되지 않는 범위 내에서 제한적으로 허용될 수 있을 것이다. 따라서 소급적용으로 인하여 침해되는 행위자의 기본권보다 이를 통하여 보호하고자 하는 장래의 피해자의 권리가 본질적으로 우위에 있다면 소급적용도 허용된다고 본다.[22]

판례는 가정폭력범죄의 처벌 등에 관한 특례법이 정한 사회봉사명령(동법 제40조 제1항 제4호)[23]에 대하여는 소급효금지의 원칙이 적용된다고 보나, 형법상의 보호관찰(동법 제62조의2 제1항)[24], 아동·청소년의 성보호에 관한 법률에 정한 공개명령 제도(동법 제33조 이하)[25] 그리고 특정 범죄자에 대한 위치

---

19) 대법원 1987. 12. 22. 선고 87도84 판결; 대법원 2008. 12. 11. 선고 2008도4376 판결.
20) 다수설: 예컨대 이재상/ 장영민/ 강동범, 총론, 20면.
21) 소수설: 신동운, 총론, 43면.
22) 제한적 긍정설(개별적 적용설): 손동권/김재윤, 총론, 40면 이하. 판례는 소급적용을 긍정한 것이 주류를 이루나 사안에 따라 소급적용을 부인한 경우도 있으므로 개별적 적용설의 입장에 있다고 할 수 있다.
23) 대법원 2008. 7. 24. 자 2008어4 결정.
24) 대법원 1997. 6. 13. 선고 97도703 판결.

추적 전자장치 부착 등에 관한 법률에 의한 전자감시제도(소위 전자팔찌)26)에 대하여는 소급효금지의 원칙이 적용이 적용되지 않는다고 본다.

(판례 4) 2007. 8. 3. 법률 제8580호로 개정된 가정폭력범죄의 처벌 등에 관한 특례법(이하 '가정폭력처벌법'이라고 한다)은 사회봉사의 상한이 기존의 100시간(구 가정폭력처벌법 제41조)에서 200시간(가정폭력처벌법 제41조)으로 그 상한이 확대되었다. 甲은 이 법이 시행되기 이전인 2006. 7. 말경에 자신의 배우자를 폭행하였다. 법원은 甲에 대하여 200시간의 사회봉사를 명하였다. 법원의 조치는 정당한가?

판결요지 "가정폭력범죄의 처벌 등에 관한 특례법이 정한 보호처분 중의 하나인 사회봉사명령은 가정폭력범죄를 범한 자에 대하여 환경의 조정과 성행의 교정을 목적으로 하는 것으로서 형벌 그 자체가 아니라 보안처분의 성격을 가지는 것이 사실이다. 그러나 한편으로 이는 가정폭력범죄행위에 대하여 형사처벌 대신 부과되는 것으로서, 가정폭력범죄를 범한 자에게 의무적 노동을 부과하고 여가시간을 박탈하여 실질적으로는 신체적 자유를 제한하게 되므로, 이에 대하여는 원칙적으로 형벌불소급의 원칙에 따라 행위시법을 적용함이 상당하다."27)

해설 보안처분인 사회봉사명령에 대하여 소급효금지의 원칙이 적용되는지가 문제된다. 판례는 형법상의 보호관찰(동법 제62조의2 제1항), 공개명령 제도(아동·청소년의 성보호에 관한 법률 제33조 이하), 전자감시제도(특정 범죄자에 대한 위치추적 전자장치 부착 등에 관한 법률 제9조) 등의 보안처분에 대하여는 소급적용을 인정하는 반면에 사회봉사명령(가정폭력범죄의 처벌 등에 관한 특례법 제40조 제1항 제4호)에 대하여는 소급적용이 금지된다고 본다. 그 이유는 사회봉사명령이 '의무적 노동을 부과하고 여가시간을 박탈하여 실질적으로는 신체적 자유를 제한'한다는 점에서 형벌과 유사하기 때문이다. 대법원의 견해에 의하면 법원이 현행 가정폭력처벌법을 적용하여 100시간의 상한시간을 초과하는 사회봉사를 명한 것은 위법이다.

(판례 5-1) 2009.06.09. 법률 제9765호로 개정된 아동·청소년의 성보호에 관한 법률에 공개명령 제도가 도입되어 2010. 1. 1.부터 시행(부칙 <제9765호,2009.6.9> 제1조)되었는데, 이 법 시행 전에 범한 범죄에 대하여도 공개명령 제도를 적용하도록 한 것이 소급입법금지 원칙에 반하는가?

판결요지 "아동·청소년의 성보호에 관한 법률에 정한 공개명령 제도는, 아동·청소년 대상 성범죄자의 성명, 나이, 주소 및 실제거주지(읍·면·동까지로 한다), 신체정보(키와 몸무게),

---

25) 대법원 2011. 3. 24. 선고 2010도14393, 2010전도120 판결.
26) 대법원 2010. 12. 23. 선고 2010도11996, 2010전도86 판결.
27) 대법원 2008. 7. 24. 자 2008어4 결정.

사진 및 아동·청소년 대상 성범죄 요지(이하 '공개정보'라 한다)를 일정기간 정보통신망을 이용하여 공개하도록 하는 조치를 취하여 성인인증 및 본인 확인을 거친 사람은 누구든지 인터넷을 통해 공개명령 대상자의 공개정보를 열람할 수 있도록 함으로써 아동·청소년 대상 성범죄를 효과적으로 예방하고 성범죄로부터 아동·청소년을 보호함을 목적으로 하는 일종의 보안처분이다. 이러한 공개명령 제도의 목적과 성격, 그 운영에 관한 위 법률의 규정 내용 및 취지 등을 종합해 보면, 공개명령 제도는 범죄행위를 한 자에 대한 응보 등을 목적으로 그 책임을 추궁하는 사후적 처분인 형벌과 구별되어 그 본질을 달리하는 것으로서 형벌에 관한 소급입법금지의 원칙이 그대로 적용되지 않으므로, 공개명령 제도가 시행된 2010. 1. 1. 이전에 범한 범죄에도 공개명령 제도를 적용하도록 아동·청소년의 성보호에 관한 법률이 2010. 7. 23. 법률 제10391호로 개정되었다고 하더라도 그것이 소급입법금지의 원칙에 반한다고 볼 수 없다."[28]

해설 대법원은 공개명령 제도는 일종의 보안처분으로서 형벌과는 본질적으로 차이가 있으므로 형벌에 관한 소급입법금지의 원칙은 적용되지 않는다고 보았다. 사회봉사명령도 보안처분의 성격을 가진다는 점에서 공개명령제도와 같음에도 불구하고 대법원이 전자에 대하여는 소급적용이 금지된다고 본 이유는 사회봉사명령이 의무적 노동을 부과하고 여가시간을 박탈하여 실질적으로는 신체적 자유를 제한하는 형벌과 유사하다는 점 때문인 것으로 보인다.

(판례 5-2) 대법원 2010. 12. 23. 선고 2010도11996, 2010전도86 판결
"특정 범죄자에 대한 위치추적 전자장치 부착 등에 관한 법률에 의한 전자감시제도는, 성폭력범죄자의 재범방지와 성행교정을 통한 재사회화를 위하여 그의 행적을 추적하여 위치를 확인할 수 있는 전자장치를 신체에 부착하게 하는 부가적인 조치를 취함으로써 성폭력범죄로부터 국민을 보호함을 목적으로 하는 일종의 보안처분이다. 이러한 전자감시제도의 목적과 성격, 그 운영에 관한 위 법률의 규정 내용 및 취지 등을 종합해 보면, 전자감시제도는 범죄행위를 한 자에 대한 응보를 주된 목적으로 그 책임을 추궁하는 사후적 처분인 형벌과 구별되어 그 본질을 달리하는 것으로서 형벌에 관한 소급입법금지의 원칙이 그대로 적용되지 않으므로, 위 법률이 개정되어 부착명령 기간을 연장하도록 규정하고 있더라도 그것이 소급입법금지의 원칙에 반한다고 볼 수 없다."

④ 형사소송법: 형법에서는 법률이 개정되면 구법과 신법 가운데 원칙적으로 구법이 적용된다(구법주의). 이는 죄형법정주의(소급효금지의 원칙)에 따른 당연한 결론이다. 그러나 이 원칙은 형사소송법에는 적용되지 않으므로, 형사소송법이 개정된 경우에 구법과 신법 가운데 어느 것이 적용되는가는 입법정

---

[28] 대법원 2011.3.24. 선고 2010도14393,2010전도120 판결.

책의 문제이다. 예컨대 형사소송법부칙<제8496호, 2007.6.1>은 혼합주의를 채택하여 신법주의와 구법주의를 절충하고 있다. 즉 신법은 이 법 시행 당시 수사 중이거나 법원에 계속 중인 사건에도 적용하되, 이미 구법에 따라 행한 행위의 효력에는 영향을 미치지 않는다(부칙 제2조). 이에 대하여 부칙<제8730호, 2007.12.21> 제3조는 '이 법 시행 전에 범한 죄에 대하여는 종전의 규정을 적용한다'라고 규정함으로써 구법주의를 취하고 있다. 따라서 공소시효를 연장한 신법이 소급적용될 여지는 없다.

공소시효에 관한 규정을 개정하여 공소시효를 폐지하거나 연장한 경우 설령 부칙에 소급적용을 허용하는 규정이 있더라도 진정소급입법은 허용되지 않는다. 진정소급입법이란 구법에 의하여 공소시효가 이미 완성한 이후에 개정된 법률을 소급적용하는 것을 말한다. 구법에 의하여 공소시효가 완성되기 전에 개정된 법률을 소급적용하는 부진정소급입법은 허용된다. 구법에 의하여 공소시효가 완성되어 처벌이 불가능한 경우 이에 대한 행위자의 신뢰는 법적 안정성의 견지에서 보호의 가치가 있으며, 만일 사후에 그 행위에 대하여 공소시효를 적용하지 않는다고 법률을 개정하여 처벌한다면 이는 처벌이 불가능한 행위를 사후입법(소급입법)에 의하여 형벌의 근거를 마련하여 처벌하는 것과 같은 결과가 되기 때문이다.[29]

(예 5) 독일에서는 유대인의 대량학살을 자행한 Nazi 전범들이 공소시효의 완성으로 처벌이 불가능해지는 것을 막기 위해서 1965년에 공소시효에 관한 법률을 제정하여 1945년 5월부터 1949년 12월까지의 기간은 공소시효의 기간에 산입하지 않는다고 규정하였으며, 1969년 8월에는 법률을 개정하여 형법 제220a조에 규정된 민족학살죄(Völkermord)의 경우 공소시효가 없다는 규정을 독일형법 제78조 제2항에 추가하였다. 그 당시 살인죄의 공소시효는 20년이었다. 만일 1980년도에 Nazi 전범을 재판한다면 그를 민족학살죄로 처벌하는 것이 가능한가? 단 공소시효의 기산점(범죄행위의 종료시점)은 독일이 패전한 1945년 5월이라고 가정하기로 한다.

범행당시의 법에 의하면 공소시효는 20년이며 1945년 5월부터 1949년 12월 사이의 4년 7개월의 기간은 공소시효에 산입하지 않으므로 공소시효의 완성기일은 1969년 11월 이후의 시점이 된다. 독일형법 제78조 제2항은 공소시효의 완성 이전인 1969년 8월에 시행되었으므로 소급적용(부진정소급입법)이 가능하며 따라서 형법 제220a조에 의한 처벌이 가능하다.

---

[29] Roxin, AT I, § 5 Rn. 58.

(판례 6) 1995년 12월 21일자로 공포·시행된 헌정질서 파괴범죄의 공소시효 등에 관한 특례법 제3조는 헌정질서파괴범죄에 대하여 공소시효를 적용하지 않는다고 규정하고 있으며, 5.18 민주화 운동 등에 관한 특별법 제2조는 1979년 12월 12일의 군사반란죄(12.12사건)와 1980년 5월 18일을 전후하여 발생한 내란죄(5.18사건)에 대하여 국가 소추권행사에 장애사유가 발생한 기간(범죄행위의 종료일부터 1993년 2월 24일까지)은 공소시효의 진행이 정지된 것으로 본다고 규정하고 있다. 이 규정은 위헌인가?

공소시효는 형사소송법상의 제도로서 원칙적으로 소급효금지의 원칙은 적용되지 않는다. 다만 이 법률의 시행 이전에 공소시효가 완성된 경우에는 법적 안정성과 신뢰보호의 견지에서 소급적용은 금지된다. 따라서 이 법의 위헌여부는 시행일인 1995년 12월 21일 이전에 공소시효가 완성되었는가에 달려 있다. 그러면 12.12사건과 5.18사건의 공소시효가 언제 완성되는가를 살펴보자. 공소시효의 기산점은 범죄행위를 종료한 때인데(형소법 제252조 1항), 문제는 언제를 범죄행위의 종료시점으로 볼 것인가이다. 군사반란죄와 내란죄는 사형에 해당하는 범죄로서 공소시효는 15년이다(형소법 제249조). 만일 최규하 대통령의 하야일인 1980년 8월 16일로 본다면 공소시효의 완성일은 1995년 8월 15일이 된다. 따라서 이 법의 시행 이전에 이미 공소시효가 완성된 것이므로 이 법을 소급적용하여 처벌할 수 있도록 규정한 것은 위헌이라는 결론이 된다. 이에 대하여 전두환 대통령의 취임일인 1981년 2월 25일로 본다면 공소시효의 완성일은 1996년 2월 24일이 된다. 이러한 경우에는 공소시효의 완성이전에 법률을 시행한 것이므로 소급적용하더라도 위헌이 아니라는 결론이 된다.
헌법재판소는 이 사건에 대하여 부진정소급효를 갖는 법률은 헌법상 정당화될 수 있으나 진정소급입법은 헌법에 위반한다는 견해를 취하고 있다. 그러나 '심히 중대한 공익상의 사유'가 있는 경우에는 진정소급입법이 예외적으로 허용될 수 있다는 입장에서 이 법률조항은 헌법상 정당화될 수 있다고 결정하였다.[30] 대법원[31]도 헌법재판소의 이러한 결정에 따라 '5.18 민주화 운동 등에 관한 특별법'의 시행당시 이미 형사소송법 제249조에 의한 공소시효가 완성되었는지 여부에 관계없이 모두 그 적용대상이 됨이 명백하다"고 판시하였다. 따라서 판례에 의하면 공소시효의 완성일이 언제인가를 불문하고 이 법률조항은 합헌이라는 결론이 된다.[32]

공소시효는 형사소송법상의 문제로서 소급효금지의 원칙이 적용되지 않으므로 부칙에 소급적용을 금지하는 규정이 없는 이상은 원칙적으로 소급적용

---

30) 헌재 1996. 2. 16, 96헌가2; 96헌바7; 96헌바13 병합결정.
31) 대법원 1997. 4. 17. 선고 96도3376 판결.
32) 헌법재판소와 대법원의 전원합의체 내에서도 이러한 다수견해에 대하여 이 법률조항이 위헌이라는 소수견해가 있다.

이 가능하다. 판례도 행위시법(구법)에 의하면 아직 공소시효가 완성되지 않은 범죄에 대하여는 재판시법(신법)이 적용된다고 본다.33) 다만 이미 공소시효가 완성된 후에 법률의 개정으로 인하여 공소시효가 연장, 폐지된 경우에는 피고인의 이익과 법적 안정성을 위하여 소급적용을 부정하여야 한다.

(판례 7) 피고인은 2008. 8.경에서 2008. 9.경 사이 피해자 공소외인(당시 8세)의 신체에 손상을 주는 학대행위를 하였다. 이는 행위시법인 구 아동복지법 제40조 제2호, 제29조 제1호에 해당하는 범죄로서, 그 법정형이 '5년 이하의 징역 또는 3,000만 원 이하의 벌금'이므로 형사소송법 제249조 제1항 제4호가 적용되어 공소시효의 기간은 범죄행위가 종료한 때부터 7년인 2015. 9.경이다. 그런데 2014. 9. 29. 시행된 아동학대범죄의 처벌 등에 관한 특례법. 이하 '아동학대처벌법'이라 한다) 제34조 제1항은 "아동학대범죄의 공소시효는 형사소송법 제252조에도 불구하고 해당 아동학대범죄의 피해아동이 성년에 달한 날부터 진행한다."라는 규정을 신설하였다. 그리고 아동학대처벌법이 제34조 제1항의 소급적용 등에 관하여는 명시적인 경과규정을 두고 있지는 않다. 이 사건 공소가 2015. 10. 27. 제기되었다면 법원은 어떤 재판을 하여야 하는가?34)

[참조조문]
형사소송법 제252조(시효의 기산섬) ① 시효는 범죄행위의 종료한 때로부터 진행한다.
동법 제326조(면소의 판결) 다음 경우에는 판결로써 면소의 선고를 하여야 한다.
(중간 생략)
3. 공소의 시효가 완성되었을 때

구법에 의하면 2015. 9.경 공소시효가 완성되었으므로, 그 후 2015. 10. 27. 제기된 공소에 대하여 법원은 면소판결을 선고할 것이며, 신법을 적용한다면 공소시효는 피해아동이 성년에 달한 날부터 진행되므로 공소시효는 아직 완성되지 않았으므로 법원은 실체재판을 하게 된다. 결국 이 사례에서 논점은 공소시효와 관련하여 신법이 적용되는가이다.
이 점에 대하여 대법원은 다음과 같은 이유에서 신법이 적용된다고 보았다: "위 규정은 완성되지 아니한 공소시효의 진행을 일정한 요건 아래에서 장래를 향하여 정지시키는 것으로서, 그 시행일인 2014. 9. 29. 당시 범죄행위가 종료되었으나 아직 공소시효가 완성되지 아니한 아동학대범죄에 대하여도 적용된다고 해석함이 타당하다(대법원 2003. 11. 27. 선고 2003도4327 판결, 대법원 2011. 7. 14. 선고 2011도6032 판결 등 참조)."35)

---

33) 대법원 2016. 9. 28. 선고 2016도7273 판결.
34) 대법원 2016. 9. 28. 선고 2016도7273 판결.
35) 이전의 판례 가운데는 "공소시효기간은 공소제기당시의 법률"에 의한다고 본 경우도 있다(대

"이 부분 공소사실 행위에 관하여는 아동학대처벌법 제34조 제1항의 시행일 당시 아직 7년의 공소시효가 완성되지 아니한 상태여서 공소시효가 정지되었고, 이 사건 공소가 제기된 2015. 10. 27.까지 피해자 공소외인이 성년에 달하지 아니하여 공소시효의 기간이 경과되지 아니하였음이 명백하므로, 결국 이 부분 공소는 형사소송법 제326조 제3호에 규정된 '공소의 시효가 완성되었을 때'에 해당하지 아니한다."

판례는 피해자의 의사와 관계없이 처벌할 수 있었던 범죄가 반의사불벌죄로 변경된 경우와 같이 신법(개정법률)이 피고인에게 유리한 경우에는 부칙에 경과규정이 없는 이상은 개정법률이 적용된다고 본다.

> (판례 7) 甲은 2003. 12. 11. 자신이 경영하는 사업장에서 퇴직한 乙 등 3인에 대하여 퇴직일로부터 14일 이내인 같은 달 24.까지 퇴직금 등을 지급하지 않아 근로기준법 제112조 제1항, 제36조 위반죄로 공소제기 되었다. 그런데 후에 2005. 개정·시행된 근로기준법 제112조 제2항에 의하면, 종전에는 피해자의 의사에 상관없이 처벌할 수 있었던 근로기준법 제112조 제1항, 제36조 위반죄가 반의사불벌죄로 개정되었다. 만일 乙 등 3인이 제1심 판결 선고 전에 피고인에 대한 처벌을 바라지 않는다는 의사를 명시적으로 표시하였다면 법원은 어떤 재판을 하여야 하는가?

```
구법          2003.12 범죄      신법(2005개정, 시행)            재판
└──────────┴──────────────────┴─────────────────────────┴────┤
```

① 부칙에 경과규정이 없음

② 신법의 소급적용이 피고인에게 유리함

③ 처벌불원의 의사표시가 있으므로 법원은 공소기각의 판결(제327조 제6호)을 선고

대법원: "이른바 반의사불벌죄에 있어서 처벌불원의 의사표시의 부존재는 소극적 소송조건으로서 직권조사사항이라 할 것이고, 2005. 3. 31. 법률 제7465호로 개정되어 2005. 7. 1.부터 시행된 근로기준법 제112조 제2항에 의하면, 종전에는 피해자의 의사에 상관없이 처벌할 수 있었던 근로기준법 제112조 제1항, 제36조 위반죄를 반의사불벌죄로 변경하였고 부칙에는 그 적용과 관련한 경과규정이 없으며, 한편 형사소송법 제232조 제3항, 제1항의 규정에 의하면, 피해자의 명시한 의사에 반하여 죄를 논할 수 없는 사건에서 처벌을 희망하는 의사표시의 철회 또는 처벌을 희망하지 아니하는 의사표시는 제1심 판결 선고시까지 할 수 있다고 할 것인데, 이 사건 퇴직 근로자는 제1심 선고 전에 피고인에 대한 처벌을

판 1987.12.22., 87도84).

바라지 않는다는 의사를 명시적으로 표시하였음이 명백하므로, 개정법률에 의하면 위 근로기준법위반의 공소사실에 대하여는 종전과 달리 형사소송법 제327조 제6호에 따라 판결로써 공소기각의 선고를 하여야 함으로 개정법률이 피고인에게 더 유리하게 되어 피고인에 대하여는 개정법률이 적용되고, 이러한 경우에는 형사소송법 제383조 제2호 소정의 '판결 후 형의 변경이 있는 때'에 준하는 사유가 있다고 보아야 할 것이다."36) 따라서 법원은 甲에 대하여 공소기각의 판결(제327조 제6호)을 선고하여야 한다.

⑤ 판례의 변경: 소급효금지의 원칙은 법률의 소급적용을 금지하는 것이므로, 판례를 변경하여 이를 소급적용하는 것은 이 원칙에 반하지 않는다(소급효긍정설).37) 이에 대하여 다수설은 신뢰보호의 관점에서 판례변경의 소급효를 부정한다(소급효부정설).38) 그러나 행위자가 기존의 판례를 신뢰하여 자기의 행위가 죄가 되지 않는다고 오인하였다면, 이는 법률의 착오로서 그 오인에 정당한 이유가 있는 경우에 해당하므로 처벌되지 않는다. 따라서 소급효긍정설에 의하더라도 신뢰보호 내지는 법적 안정성은 침해되지 않는다.

(판례 8) 아파트 공사의 현장소장 겸 현장대리인 甲은 자신의 책임 하에 위 아파트 공사의 시공 전반을 지휘·감독하면서, 아파트의 지하주차장 시공의 순서와 방법을 그르치고, 그것이 원인이 되어 위 아파트가 기울어짐으로써 안전한 구조를 가지지 못하게 되었다. 기존의 대법원 판례에 의하면 "구 건축법 제57조의 양벌규정은 행위자 처벌규정이라고 해석할 수 없는 것"이므로 이 규정을 근거로 실제의 행위자 甲을 처벌할 수 없다.39) 그러나 대법원은 이 사건에 대한 재판에서 기존의 판례를 변경하여 "제57조의 양벌규정은 업무주가 아니면서 당해 업무를 실제로 집행하는 자가 있는 때에 위 벌칙규정의 실효성을 확보하기 위하여 그 적용대상자를 당해 업무를 실제로 집행하는 자에게까지 확장함으로써 그러한 자가 당해 업무집행과 관련하여 위 벌칙규정의 위반행위를 한 경우 위 양벌규정에 의하여 처벌할 수 있도록 한 행위자의 처벌규정임과 동시에 그 위반행위의 이익귀속주체인 업무주에 대한 처벌규정"으로 해석하여 甲을 구 건축법(1991.5.31. 법률 제4381호로 전면개정되기 전의 것) 제57조, 제55조 제4호, 제10조 등을 적용처벌하려고 한다. 소급효금지의 원칙에 비추어 가능한가?

---

36) 대법원 2005. 10. 28. 선고 2005도4462 판결.
37) 대법원 1999. 7. 15. 선고 95도2870 전원합의체 판결; 이재상/ 장영민/ 강동범, 총론, 22면; 독일의 판례 및 통설: BVerGE 25, 295; Roxin, AT I, § 5 Rn. 61.
38) 배종대, 총론, 65면.
39) 대법원 1990. 10. 12. 선고 90도1219 판결; 1992. 7. 28. 선고 92도1163 판결; 1993. 2. 9. 선고 92도3207 판결.

대법원은 소급효긍정설의 입장에서 "구 건축법 제57조에 관한 판례의 변경은 그 법률조항의 내용을 확인하는 것에 지나지 아니하여 이로써 위 법률조항 자체가 변경된 것이라고 볼 수는 없으므로, 행위 당시의 판례에 의하면 처벌대상이 되지 아니하는 것으로 해석되었던 행위를 판례의 변경에 따라 확인된 내용의 위 법률조항에 근거하여 처벌한다고 하여 그것이 형벌불소급의 원칙에 반한다고 할 수는 없다 할 것이다"라고 판시하였다.

이에 대하여 반대의견은 소급효부정설의 입장에서 "종래 대법원판례가 구 건축법의 양벌규정이 행위자 처벌의 근거 규정이 될 수 없다고 일관되게 해석하여 옴으로써 국민의 법의식상 그러한 해석이 사실상 구속력이 있는 법률해석으로 자리잡게 되었다고 할 수 있음에도 불구하고 단지 다른 법률의 양벌규정과 해석을 같이 하려는 취지에서 국민에게 불이익한 방향으로 그 해석을 변경하고 그에 따라 종전 대법원판례들을 소급적으로 변경하려는 것은 형사법에서 국민에게 법적안정성과 예측가능성을 보장하기 위하여 소급입법 금지의 원칙을 선언하고 있는 헌법의 정신과도 상용될 수 없다"고 보았다.

소급효긍정설에 의하더라도 甲이 기존의 판례를 신뢰하여 자신의 행위가 법률상 죄가 되지 않은 것으로 오인하였다면 그 오인에 정당한 이유가 있으므로 형법 제16조에 따라서 책임이 조각된다고 보는 것이 신뢰보호의 원칙에 비추어 타당할 것으로 보인다.

5. 적정성의 원칙

죄형법정주의가 형법의 보장적 기능을 실현하기 위한 원칙으로서 그 기능을 제대로 수행하기 위해서는 범죄와 형벌이 형식적으로 법률에 규정되는 것(형식적 의미의 죄형법정주의)만으로는 부족하며 더 나아가 그 법률의 내용이 실질적으로도 헌법의 최고원리 내지는 기본이념인 인간의 존엄과 가치(헌법 제10조)에 부합하여야 한다. 왜냐하면 아무리 범죄와 형벌이 법률에 규정되어 있을 것을 엄격히 요구하더라도, 그 법률의 내용이 인간의 존엄과 가치를 침해하는 것이라면 이는 소위 '법률적 불법'(gesetzliches Unrecht)으로서 국민의 기본권 보장을 위한 것이 아니라 오히려 국가의 자의적인 형벌권남용으로 인한 국민의 기본권 침해를 정당화하는 수단으로 전락할 것이기 때문이다. 이처럼 형벌법규의 내용이 헌법의 기본이념과 일치하는 정당한 것이어야 한다는 요청을 적정성의 원칙이라고 한다. 그리고 기존의 파생원칙 이외에 적정성의 원칙도 포함하는 현대적 의미의 죄형법정주의를 기존의 형식적 의미의 죄형법정주의와 대비하여 실질적 의미의 죄형법정주의라고 한다.

적정성의 원칙은 헌법상의 법치국가의 원리에 근거하고 있는 비례성의 원칙 내지는 과잉금지의 원칙에서 도출된 것인데, 그 주된 내용은 목적의 정당성, 방법의 적정성, 피해의 최소성, 법익의 균형성 등이다.[40] 이 가운데 적정성의 원칙과 관련하여 주로 논의되는 것은 ① 형벌법규의 필요성(피해의 최소성)과 ② 죄형의 균형성이다. 형벌법규의 필요성이란 일정한 행위를 범죄로 규정하기 위해서는 그 행위가 사회적 유해성이 있는 행위로서 법익보호를 위해서는 형벌을 부과할 필요가 있는 경우를 말한다. 만일 형벌 이외의 수단, 예컨대 민법이나 행정법 기타 사회윤리에 의하더라도 사회적 유해행위를 충분히 규제할 수 있는 경우에는 형벌법규의 필요성은 부정된다. 이처럼 형법은 법익보호를 위한 최후의 수단(ultima ratio)으로만 사용되어야 한다는 원칙을 형법의 보충성의 원칙이라고 한다. 그리고 죄형의 균형이란 범죄와 형벌이 적정한 비례관계에 있는 것을 말한다. 따라서 인도주의에 반하는 잔인한 형벌이나, 범죄에 비하여 지나치게 무거운 과잉형벌은 금지된다.

(예 6) 구 특정경제범죄의 가중처벌 등에 관한 법률(1983.12.31, 법률 제3693호)[41] 제3조 제1항 제1호는 사기, 공갈, 횡령, 배임죄의 이득액이 50억원 이상인 때에는 "사형, 무기 또는 5년 이상의 징역"에 처할 수 있도록 규정되어 있었다. 아무리 중대한 재산범죄라 하더라도 이에 대하여 생명형을 부과할 수 있도록 규정한 것은 범죄와 형벌의 적정한 비례관계에 어긋난 입법으로서 적정성의 원칙에 반하여 위헌이다. 따라서 이 규정의 사형부분은 1990년의 개정에서 "국가경제규모의 확대와 국민법감정의 변천에 따라 구성요건해당금액과 법정형을 현실에 맞도록 조정"한다는 취지에서 삭제되었다. 그러나 '무기' 부분은 삭제되지 않았으므로 위헌의 소지는 여전히 남아 있다.

---

40) 헌재 1992. 12. 24, 92헌가8 결정.
41) 현행 특정경제범죄 가중처벌 등에 관한 법률 제3조 제1항 제1호.

제 5 절 형법의 적용범위

I. 형법의 시간적 적용범위(구법과 신법의 관계)

일반적으로 형법의 시간적 적용범위는 문제되지 않으나, 범행이 있었던 시점과 재판이 있는 시점 사이에 법률이 제정 또는 개정되어 행위시법(구법)과 재판시법(신법)이 서로 다른 경우에는 어느 법을 적용할 것인지가 문제된다.

형법의 시간적 적용범위가 문제되는 구체적인 경우로는 ① 행위시에는 처벌법규가 없었으나 후에 처벌규정이 신설된 경우, ② 행위시에는 처벌법규가 있었으나 후에 폐지된 경우, ③ 행위시와 재판시의 처벌법규에 형량의 변경이 있는 경우, ④ 한시법의 경우 등이 있다.

1. 행위시법주의

① 원칙: 형법 제1조 제1항은 소급효금지의 원칙에 입각하여 "범죄의 성립과 처벌은 행위시의 법률에 의한다"고 규정함으로써 행위시법주의를 원칙으로 하고 있다. 따라서 행위시에는 처벌법규가 없었으나 후에 처벌규정이 신설된 경우 신법은 적용되지 않으므로 범죄는 성립하지 않는다.

② 예외: 다만 소급효금지의 원칙은 당사자의 권리를 보호하기 위한 것이므로 신법에 의하는 것이 구법에 의하는 것보다 행위자에게 유리한 경우에는 신법을 적용하는 것이 타당하다. 형법 제1조 제2항도 "범죄 후 법률의 변경에 의하여 그 행위가 범죄를 구성하지 아니하거나 형이 구법보다 경한 때에는 신법에 의한다"고 규정하고 있다. 따라서 행위시에는 처벌법규가 있었으나 후에 폐지된 경우 행위자는 불가벌이므로 검사는 '공소권 없음'을 이유로 불기소처분을 하여야 하며, 검사가 공소를 제기하였다면 법원은 '범죄후의 법령개폐로 형이 폐지되었을 때'(형소법 제326조 4호)에 해당하므로 면소판결을 하여야 한다. 그리고 처벌법규의 형량에 변경이 있는 경우에도 적용법조는 구법이 된다. 다만 신법에 의하는 것이 형량이 가벼운 경우에는 신법을 적용한다. 만일 범행도중에 법률의 변경이 있어 범행이 신·구법에 걸쳐 행하여진 경우에는 행위시의 법률은 구법이 아니라 신법이므로 당연히 신법이 적용된다.

(판례 1) 甲은 '야간옥외집회 금지규정'(집회 및 시위에 관한 법률 제23조 제1호, 제10조 본문)에 위배하여 그에 대하여 공소가 제기 되었는데 헌법재판소가 위 법률조항에 대해 헌법불합치결정을 선고하면서 개정시한을 정하여 입법개선을 촉구하였는데도 위 시한까지 법률 개정이 이루어지지 않았다. 법원은 어떤 재판을 하여야 하는가?

"위헌결정으로 인하여 형벌에 관한 법률 또는 법률조항이 소급하여 그 효력을 상실한 경우에는 당해 법조를 적용하여 기소한 피고사건이 범죄로 되지 아니한 때에 해당"[42])하므로 법원은 무죄를 선고하여야 한다. 그런데 이 사례에서 문제되는 것은 헌법재판소가 '야간옥외집회 금지규정'에 대하여 헌법불합치결정을 선고하면서 개정시한을 정하여 입법개선을 촉구한 경우에도 이 규정이 소급하여 무효가 되는가 아니면, 개정시한 만료 다음날부터 효력이 상실하는가이다. 전자의 입장에 의하면 피고사건은 '범죄로 되지 아니한 때'(형사소송법 제325조 전단)에 해당하므로 법원은 무죄를 선고하여야 한다. 그러나 후자의 입장에 의하면 '범죄 후 법령 개폐로 형이 폐지되었을 때'(형사소송법 제326조 제4호)에 해당하므로 면소를 선고하여야 한다. 이 점에 관하여 견해가 일치하지 않는다.

대법원은 "헌법재판소법 제47조 제2항 단서는 형벌에 관한 법률조항에 대하여 위헌결정이 선고된 경우 그 조항이 소급하여 효력을 상실한다고 규정하고 있으므로, 형벌에 관한 법률조항이 소급하여 효력을 상실한 경우에 당해 조항을 적용하여 공소가 제기된 피고사건은 범죄로 되지 아니한 때에 해당하고, 법원은 이에 대하여 형사소송법 제325조 전단에 따라 무죄를 선고하여야 한다"고 판시하였다.

이에 대하여 반대의견은 "피고인에 대한 야간옥외집회 주최의 공소사실은 형벌의 근거가 되는 위 법률조항이 개정시한 만료 다음날부터 효력이 상실됨에 따라 '범죄 후 법령 개폐로 형이 폐지되었을 때'에 해당한다고 볼 수 있으므로, 형사소송법 제326조 제4호에 따라 면소를 선고하여야 한다"고 본다.

(판례 2) 두산전자 구미공장에서는 폐수소각로가 고장이 나자 대표이사와 종업원들은 1990년 10월 21일부터 1991년 3월 20일까지 페놀을 배출허용기준치를 초과하여 낙동강에 불법배출하였다. 그런데 기존의 환경보존법 제66조에 의하면 배출시설의 비정상운영행위는 3년 이하의 징역에 처한다고 규정되어 있으나 1991년 2월 1일부로 시행된 수질환경보존법 제56조[43])에 의하면 5년 이하의 징역에 처한다고 규정되어 있다. 이 사건에 대한 적용법조는?(페놀 방류 사건)

페놀방류행위는 연속범(포괄일죄)으로서 하나의 범죄이다. 이 죄가 수질환경보존법의 시행 전후에 걸쳐 행하여진 경우 행위시의 법률은 구법(환경보존법)이 아니라 신법(수질환경

---

42) 대법원 1992. 5. 8. 선고 91도2825 판결; 대법원 2005. 4. 15. 선고 2004도9037 판결; 대법원 2009.10.15. 선고 2008도5259 판결.
43) 현행 수질 및 수생태계 보전에 관한 법률 제75조 및 제38조.

보존법)이므로 신법 시행 전의 배출행위에 대하여도 신법이 적용된다.[44] 대법원도 '수질환경보전법이 시행된 1991. 2. 1. 전후에 걸쳐 계속되다가 1991. 3. 20.에 종료된 수질오염물질배출행위는 같은 법 부칙 제15조가 규정하고 있는 "이 법 시행 전에 행한 종전의 환경보전법 위반행위"라고 볼 수 없으므로 그 행위가 종료된 때에 시행되고 있는 수질환경보전법을 적용한 것은 행위시법주의와 법률불소급의 원칙에 반하지 아니한다'[45]고 판시하였다.

형법 부칙 제4조 제1항은 "1개의 죄가 본법시행 전후에 걸쳐서 행하여진 때에는 본법 시행전에 범한 것으로 간주한다"고 규정하고 있는데 이 규정에 의하면 새로 시행된 수질환경보존법 제56조가 아니라 이 법 시행전에 행한 기존의 환경보존법 제66조를 적용하여야 하는 것이 아닌가라는 의문이 있을 수 있다.[46] 이 점에 대하여 대법원은 "형법 부칙 제4조 제1항은 형법을 시행함에 즈음하여 구형법과의 관계에서 그 적용범위를 정한 경과규정으로서, 형법 제8조가 타법령에 정한 죄에도 적용하도록 규정한 '본법 총칙'에 해당되지 않을 뿐만 아니라, 범죄의 성립과 처벌은 행위시의 법률에 의한다고 규정한 형법 제1조 제1항의 해석으로서도 행위가 종료된 때 시행되는 법률의 적용을 배제한 점에서 타당한 것이 아니므로, 신·구형법 사이의 관계가 아닌 다른 법률 사이의 관계에서는 위 법조항을 그대로 적용하거나 유추적용할 것이 아니다"라고 판단하였다.

2. 한시법

한시법이란 형벌법규에 유효기간이 명시되어 있는 법률을 말한다(협의의 한시법). 그 밖에 유효기간이 명시되어 있지는 않더라도 일시적 사정에 대응하기 위하여 제정된 임시법도 유효기간이 사실상 정해져 있는 것이므로 넓은 의미에서 한시법이라고 할 수 있다(광의의 한시법). 예컨대 대통령의 긴급명령(헌법 제76조)이 이에 해당한다. 그리고 백지형법도 한시법에 해당한다. 백지형법이란 형벌만을 규정해 놓고 구성요건의 전부 또는 일부는 다른 법률이나 명령 또는 고시에 위임하여 후에 보충하도록 하는 형벌법규를 말한다.

---

44) "포괄일죄로 되는 개개의 범죄행위가 법 개정의 전후에 걸쳐서 행하여진 경우 신·구법의 법정형에 대한 경중을 비교하여 볼 필요도 없이 범죄실행 종료 시의 법이라고 할 수 있는 신법을 적용하여 포괄일죄로 처단하여야 한다"(대법원 2022. 9. 16. 선고 2019도19067 판결).

45) 대법원 1992. 12. 8. 선고 92도407 판결. 같은 취지: 대법원 1986. 7. 22. 선고 86도1012 전원합의체 판결.

46) 실제로 대법원 1986. 7. 22. 86도1012 전원합의체판결에 의하여 변경되기 이전의 판례(예컨대 대법원 1985. 7. 9. 선고 85도740 판결)는 이러한 경우에 형법 부칙 제4조 제1항을 근거로 새로 시행된 법률 이전의 기존의 법률을 적용하였었다.

앞에서 설명한 바와 같이 형법 제1조 제2항에 의하면 처벌조항이 폐지된 경우에는 행위시법을 적용하는 것이 아니라 신법에 따라 처벌되지 않는다. 그런데 이 규정이 한시법에 대하여도 그대로 적용되는가, 즉 한시법에 대하여 추급효(追及效)를 인정할 것인가에 대하여 견해의 대립이 있다.

▶ 추급효는 이미 폐지된 구법이 재판시점까지 쫓아와(추급) 적용되는 것이라는 점에서, 신법이 과거의 행위시점까지 거슬러 올라가서(소급) 적용되는 소급효(遡及效)와 구분된다.

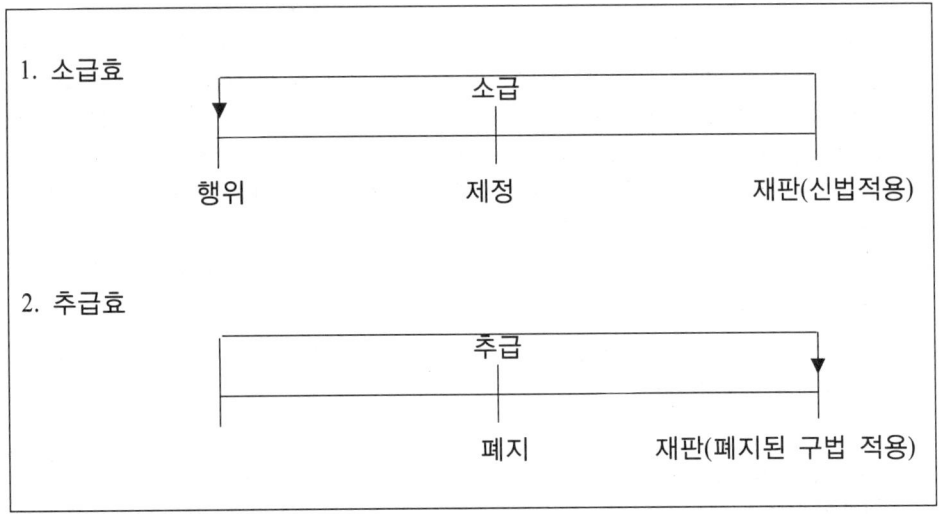

다수설(추급효부정설)은 형법 제1조 제2항에 대한 예외규정도 없이 한시법의 추급효를 인정하는 것은 죄형법정주의에 반한다고 한다. 즉 우리형법에 한시법의 추급효를 인정하는 규정이 별도로 없기 때문에 당연히 형법 제1조 제2항을 적용하여야 하며 추급효는 인정되지 않는다고 한다. 이에 대하여 동기설(2023년 변경전 판례)은 한시법이 개폐된 동기에 따라 추급효의 인정여부를 결정한다. 즉 한시법이 개폐된 동기가 법률이념의 변천에 있는 경우에는 형법 제1조 제2항을 적용하여 추급효를 부정하지만, 단순한 사실관계의 변화에 기인한 경우에는 추급효를 인정한다. 그리고 법령의 개폐가 반성적 고려에 의한 것이 아니라면 형법 제1조 제2항을 적용하지 않았다.47) 이러한 입장은 2023년 판례48)에 의하여 변경되었다. 변경된 판례에 의하면 법령의 개폐가 구성요건을 규정한 형벌법규 자체의 개정에 따라 범죄를 구성하지 않게 되거나 형이 가벼워진 경우에는 종전 법령이 반성적 고려에 따라 변경된 것인지와 관계없이 형법 제1조 제2항을 적용하여 추급효를 부정한다. 그러나 법령 제정당시부터 스스로 유효기간을 구체적인 일자나 기간으로 특정하여 효력의 상실을 예정하고 있던 법령이 그 유효기간을 경과하여 효력을 상실한 경우에는 형법 제1조 제2항이 적용되지 않는다.

> (판례 3) 대법원 2022. 12. 22. 선고 2020도16420 전원합의체 판결
> (1) 해당 형벌법규 자체 또는 그로부터 수권 내지 위임을 받은 법령이 아닌 다른 법령이 변경된 경우 형법 제1조 제2항과 형사소송법 제326조 제4호를 적용하려면, 해당 형벌법규에 따른 범죄의 성립 및 처벌과 직접적으로 관련된 형사법적 관점의 변화를 주된 근거로 하는 법령의 변경에 해당하여야 하므로, 이와 관련이 없는 법령의 변경으로 인하여 해당 형벌법규의 가벌성에 영향을 미치게 되는 경우에는 형법 제1조 제2항과 형사소송법 제326조 제4호가 적용되지 않는다.
> (2) 법령이 개정 내지 폐지된 경우가 아니라, 스스로 유효기간을 구체적인 일자나 기간으로 특정하여 효력의 상실을 예정하고 있던 법령이 그 유효기간을 경과함으로써 더 이상 효력을 갖지 않게 된 경우도 형법 제1조 제2항과 형사소송법 제326조 제4호에서 말하는 법령의 변경에 해당한다고 볼 수 없다.

> (판례 4-1) 甲은 술에 취한 상태로 전동킥보드를 운전하여 '자동차 등 음주운전'(구 도로교통법 위반)으로 기소되었는데, 구 도로교통법이 개정되어 원심판결 선고 후에 개정 도로교통법이 시행되면서 '전동킥보드의 음주운전 행위'에 대하여는 개정 도로교통법 제156조 제11호가 적용되어 법정형이 종전보다 가볍도록 법률이 변경되고 별도의 경과규정은 두지 않았다. 형법 제1조 제2항이 적용되는가?49)

이 사례에서 법률 개정은 구성요건을 규정한 형벌법규 자체의 개정에 따라 형이 가벼워진 경우에 해당하므로, 종전 법령이 반성적 고려에 따라 변경된 것인지를 따지지 않고 형법 제1조 제2항이 적용된다. 따라서 신법인 도로교통법 제156조 제11호, 제44조 제1항으로 처벌하여야 한다.

---

47) 예컨대 대법원 2016. 10. 27. 선고 2016도9954 판결.
48) 대법원 2022. 12. 22. 선고 2020도16420 전원합의체 판결.
49) 대법원 2022. 12. 22. 선고 2020도16420 전원합의체 판결.

(판례 4-2) 법무사 乙은 개인파산·회생사건 관련 법률사무를 위임받아 취급하여 변호사법 제109조 제1호 위반으로 기소되었는데, 범행 이후에 개정된 법무사법 제2조 제1항 제6호에 의하여 '개인의 파산사건 및 개인회생사건 신청의 대리'가 법무사의 업무로 추가되었다. 형법 제1조 제2항이 적용되는가?[50]

이 사례에서 법률 개정은 형사법적 관점의 변화를 주된 근거로 하는 법령의 변경에 해당하지 않으므로 구법이 적용된다. 법무사 乙에 대하여는 개정 전 법무사법에 따라 변호사법 제109조 제1호 위반죄가 성립한다.

II. 형법의 장소적 적용범위

제2조(국내범) 본법은 대한민국영역내에서 죄를 범한 내국인과 외국인에게 적용한다.
제3조(내국인의 국외범) 본법은 대한민국영역외에서 죄를 범한 내국인에게 적용한다.
제4조(국외에 있는 내국선박 등에서 외국인이 범한 죄) 본법은 대한민국영역외에 있는 대한민국의 선박 또는 항공기내에서 죄를 범한 외국인에게 적용한다.
제5조(외국인의 국외범) 본법은 대한민국영역외에서 다음에 기재한 죄를 범한 외국인에게 적용한다.
1. 내란의 죄 2. 외환의 죄 3. 국기에 관한 죄 4. 통화에 관한 죄 5. 유가증권, 우표와 인지에 관한 죄
6. 문서에 관한 죄중 제225조 내지 제230조 7. 인장에 관한 죄 중 제238조
제6조(대한민국과 대한민국국민에 대한 국외범) 본법은 대한민국영역외에서 대한민국 또는 대한민국국민에 대하여 전조에 기재한 이외의 죄를 범한 외국인에게 적용한다. 단 행위지의 법률에 의하여 범죄를 구성하지 아니하거나 소추 또는 형의 집행을 면제할 경우에는 예외로 한다.

형법의 적용범위에 대하여는 속지주의, 속인주의, 보호주의, 세계주의 등 4가지 입법방식이 있다. 우리나라 형법은 속지주의를 원칙으로 하되 속인주의와 보호주의를 부분적으로 적용하고 있다. 그리고 집단살해죄나 약취·유인, 인신매매죄에 대하여는 세계주의가 적용된다. 요컨대 형법의 적용은 속지주의 → 속인주의 → 보호주의 순으로 검토하되 약취·유인죄, 인신매매죄, 집단살해죄등에 대하여는 예외적으로 세계주의를 적용한다.

---

[50] 대법원 2023. 2. 23. 선고 2022도4610 판결.

1. 속지주의

형법 제2조는 "본 법은 대한민국 영역 내에서 죄를 범한 내국인과 외국인에게 적용된다"고 규정하고 있다. 이처럼 자국의 영토 내에서 발생한 모든 범죄에 대하여 범죄인의 국적을 불문하고 형법을 적용하는 원칙을 속지주의라고 한다. 또한 형법 제4조는 "본 법은 대한민국 영역 외에 있는 대한민국의 선박이나 항공기 내에서 죄를 범한 외국인에게 적용한다"고 규정하고 있다. 이를 기국주의(旗國主義)라고 한다. 그리고 제2조와 제4조에서 "죄를 범한" 장소에는 실행행위를 한 장소는 물론 결과가 발생한 장소도 포함된다.

(판례 5) 대한민국 국적을 가진 甲男이 간통죄를 범한 경우 그의 배우자 乙女가 외국국적을 가진 자이고 乙女의 자국법에 의하면 간통이 범죄를 구성하지 않는 경우에도 乙女는 고소권이 있는가?

대법원은 우리형법이 형법의 적용범위에 관하여 속지주의 원칙을 채택하고 있으므로 "대한민국 영역 내에서 배우자 있는 자가 간통한 이상, 그 간통죄를 범한 자의 배우자가 간통죄를 처벌하지 아니하는 국가의 국적을 가진 외국인이라 하더라도 피고인의 간통죄 성립에는 아무런 영향이 없고, 그 외국인 배우자는 형사소송법의 규정에 따른 고소권이 있다"고 판시하였다.[51]

2. 속인주의

형법 제3조는 "본법은 대한민국 영역 외에서 죄를 범한 내국인에게 적용된다"고 규정하고 있다. 이처럼 자국민의 범죄에 대하여 범죄지를 불문하고 자국형법을 적용하는 원칙을 속인주의라고 한다. 내국인이 도박죄를 처벌하지 않는 외국 카지노에서의 도박행위를 한 경우에도 자국형법이 적용되므로 처벌이 가능하다.[52]

(판례 6) 대학생들은 미국의 정책에 항의를 표시할 목적으로 을지로에 있는 문화원을 점거, 농성하였다. 폭력행위 등 처벌에 관한 법률 제2조(상습주거침입)와 3조(집단적 폭력) 위반으로 처벌할 수 있는가?

---

51) 대법원 2008. 12. 11. 선고 2008도3656 판결.
52) 대법원 2004. 4. 23. 선고 2002도2518 판결.

이 사건에서 변호인은 미문화원이 치외법권지역이므로 대한민국의 재판권이 미치지 않으므로 공소기각의 판결(형소법 제327조 1호)을 해야 한다고 주장하였다. 이 점에 대하여 대법원은 설령 국제협정이나 관행에 의하면 미국문화원이 치외법권지역이고 따라서 미국영토의 연장이라고 본다 하더라도, 우리 형법은 속인주의를 함께 채택하고 있으므로 피고인들에게 재판권이 당연히 미친다고 판시하였다.53) 그러나 미문화원은 외교사절의 집무장소가 아니므로 국제법상 치외법권지역이라고 할 수 없다. 따라서 형법 제2조의 속지주의에 의하여 관할권이 인정된다고 보아야 한다.

3. 보호주의

형법 제5조는 대한민국 영역 외에서 죄를 범하였더라도 동조 1호 - 7호에 기재한 죄를 범한 외국인에게 적용한다고 규정하고 있으며, 제6조는 "본법은 대한민국의 영역 외에서 대한민국 또는 대한민국 국민에 대하여 전조에 기재된 이외의 죄를 범한 외국인에게도 적용한다"고 규정하고 있다. 여기서 '대한민국 또는 대한민국 국민에 대하여 범한 죄'란 "대한민국 또는 대한민국 국민의 법익이 직접적으로 침해되는 결과를 야기하는 죄를 범한 경우"를 의미한다.54) 이처럼 자국이나 자국민의 법익을 침해하는 범죄에 대하여는 장소, 국적을 불문하고 자국형법을 적용하는 원칙을 보호주의라고 한다. 다만 형법 제6조 단서는 "행위지의 법률에 의하여 범죄를 구성하지 않거나 소추 또는 형집행이 면제되는 경우에는 예외로 한다"고 규정하여 행위지의 속지주의와 조화를 도모하였다.

(예 1) 부산항을 향하던 중국선박 내에서 중국인 선원 甲은 乙과 다투다가 칼로 그에게 자상을 입혔다. 乙은 부산항에 도착하여 병원으로 옮겨지는 도중에 출혈로 사망하였다. 다음의 경우 우리형법이 적용되는가?

(1) 乙이 한국인이라면?
乙은 우리나라에서 사망하였으므로 행위자나 피해자의 국적과 관계없이 속지주의에 따라 결과발생지인 우리나라의 형법이 적용된다.

(2) 만일 공해에서 乙이 이미 사망한 후에 부산항에 도착하였다면?
속지주의에 의하면 우리나라는 관할권이 없다. 그러나 피해자 乙은 한국인이므로 보호주

---
53) 대법원 1986. 6. 24, 선고 86도403 판결.
54) 대법원 2011.8.25. 선고 2011도6507 판결.

의에 의하여 관할권을 갖는다(제6조).

(3) 만일 사례 (2)에서 甲과 乙이 중국인이라면?
甲, 乙이 모두 중국인이므로 속인주의, 속지주의, 보호주의 가운데 어느 원칙에 의하더라도 우리나라는 관할권이 없다. 따라서 검사는 '공소권 없음'의 불기소처분을 하여야 하며, 검사가 공소를 제기한 경우에는 법원은 공소기각의 판결을 하여야 한다(형소법 제327조 제1호).

(판례 7) 소말리아 해적인 甲 등 4인은 인도양 북부 아라비아해 인근 공해상에서 대한민국의 A 해운회사가 운항 중인 선박을 납치하여 대한민국 국민인 선원 등에게 해상강도살인미수 등의 범행을 저질렀다. 대한민국 해군 청해부대는 이들을 삼호주얼리호에 격리 수용하던 중 오만 등 인접국에 인도하려 하였으나 인접국들이 이들의 신병 인수를 거절함에 따라 국내로 이송하기로 결정하고, 부산 김해공항으로 이송하였으며, 그곳에서 남해지방해양경찰청 소속 경찰관에게 이들의 신병을 인도하였다. 국내법원은 이들에 대하여 재판권과 토지관할이 있는가?[55]

우리나라 형사재판권의 범위에 대하여는 형법 제2조 이하에 규정되어 있다. 이 사례에서 甲 등 4인은 소말리아인으로서 영해상에서 대한민국 국민에 대하여 해상강도살인미수 등의 범행(제5조 이외의 죄)를 저질렀으므로 외국인의 국외범으로서 우리나라 형법이 적용된다(제6조).[56]

다음으로 문제되는 것은 국내법원이 이 사건에 대하여 토지관할이 있는가이다. 형사소송법 제4조 제1항은 "토지관할은 범죄지, 피고인의 주소, 거소 또는 현재지로 한다."고 규정하고 있는데, 여기서 '현재지'는 공소제기 당시 피고인이 현재한 장소를 말하는데, 임의에 의한 현재지 뿐만 아니라 강제에 의한 현재지도 포함한다. 다만 위법한 강제에 의한 현재지는 포함되지 않는다. 따라서 국내법원이 이 사건에 관하여 토지관할이 있는가는 甲 등 4인이 적법한 절차에 의하여 국내로 이송되었는가에 달려있다.

이 점에 관하여 판례는 "대한민국 해군 청해부대 소속 군인들의 甲 등 4인에 대한 체포는, 형사소송법 제213조에 의한 '사인에 의한 현행범 체포'에 해당"하고 체포 후 甲 등 4인은 국내 수사기관에 인도된 때로부터 48시간 이내에 청구하여 발부된 구속영장에 의하여 구속되어 현재 국내에 구금되어 있으므로 그들에 대한 구속은 적법하다고 판단하였다. 결국 甲 등 4인의 현재지가 국내에 있으므로 국내법원에 토지관할이 있다(형사소송법 제4조 제1항).

---

55) 부산지법 2011. 5. 27. 선고 2011고합93 판결(소위 해적사건).
56) 그리고 '해양법에 관한 국제연합 협약'(United Nations Convention on the Law of the Sea) 제105조에 의하면 대한민국은 대한민국 형사소송법에 따라 대한민국 영역 외에서 대한민국 국민에게 해적행위를 한 사람들을 체포하여 재판권을 행사할 수 있다.

(판례 8-1) 외국인 甲은 중국 북경시에 소재한 대한민국 영사관 내에서 A 명의의 여권발급신청서 1장을 위조하였다. 우리나라는 甲의 사문서위조행위에 대하여 관할권을 갖는가?

만일 대한민국 영사관이 대한민국영역에 속한다면 속지주의(제2조)에 따라 우리나라가 재판권을 가질 것이다. 그러나 '대한민국 영사관 내부는 여전히 중국의 영토에 속할 뿐 이를 대한민국의 영토로서 그 영역에 해당한다고 볼 수 없'으므로 속지주의를 근거로 甲에 대한 재판권을 인정할 수는 없다.[57]

다음으로 보호주의에 따라 외국인의 국외범에 대하여 우리나라 형법이 적용되기 위해서는 외국인이 범한 범죄가 제5조에 열거된 범죄이거나 또는 그 이외의 범죄로서 대한민국 또는 대한민국국민에 대하여 범한 죄(제6조 본문)일 것을 요한다. 그러나 사문서위조죄가 형법 제6조의 대한민국 또는 대한민국 국민에 대하여 범한 죄에는 해당하지 않으므로 보호주의에 의하여도 우리나라 형법이 적용되지 않는다. 따라서 우리나라는 외국인 甲에 대하여 재판권이 없다.

(판례 8-2) 캐나다 시민권자인 甲은 (1) 캐나다에서 위조사문서를 행사하였으며, (2) 대한민국 국민을 기망하여 투자금 명목의 돈을 편취하였다는 내용으로 서울중앙지방법원에 기소되었다. 우리나라 법원은 이 사건에 대하여 재판권이 있는가?

甲의 행위는 외국인의 국외범으로서 제5조 또는 6조에 해당하는 경우에만 대한민국 형법이 적용되어 우리나라에 재판권이 있게 된다. 제5조는 제1호 내지 제7호에 열거된 죄에 해당하는 범죄에 대하여 적용되는데 형법 제234조의 위조사문서행사죄나 제263조의 사기죄는 여기에 해당하지 않는다. 제6조는 제5조에 열거된 죄 이외에 대한민국 또는 대한민국 국민에 대하여 죄를 범한 때에 적용된다. 여기서 '대한민국 또는 대한민국 국민에 대하여 범한 죄'란 판례에 의하면 "대한민국 또는 대한민국 국민의 법익이 직접적으로 침해되는 결과를 야기하는 죄를 범한 경우"를 의미한다.

위조사문서행사죄는 대한민국 또는 대한민국 국민의 법익을 직접적으로 침해하는 행위라고 볼 수 없으므로 제6조에서 말하는 '대한민국 또는 대한민국 국민에 대하여 범한 죄'에 해당하지 않는다. 사기죄는 대한민국 국민에 대한 죄에 해당하지만 제6조 단서에 의하면 행위지 법률에 의하여 범죄를 구성하지 아니하거나 소추 또는 형의 집행을 면제할 경우에는 우리 형법을 적용하여 처벌할 수 없다. 따라서 갑의 행위에 대하여 우리나라 형법을 적용하기 위해서는 그의 행위가 캐나다 법률에 의하여도 처벌된다는 점을 증명하여야 한다.[58]

---

57) 대법원 2006. 9. 22. 선고 2006도5010 판결.
58) 대법원 2011.8.25. 선고 2011도6507 판결.

4. 세계주의

> **제296조의2(세계주의)** 제287조부터 제292조까지 및 제294조는 대한민국 영역 밖에서 죄를 범한 외국인에게도 적용한다.
> **국제형사재판소 관할 범죄의 처벌 등에 관한 법률 제3조(적용범위)** ⑤ 이 법은 대한민국 영역 밖에서 집단살해죄등을 범하고 대한민국영역 안에 있는 외국인에게 적용한다.

세계주의는 마약범죄나 테러범죄, 항공기납치 등과 같이 인류의 보편적 가치를 침해하는 범죄는 국적과 범죄지를 불문하고 자국형법을 적용하여 처벌하는 원칙을 말한다.[59] 우리형법은 이 원칙을 원칙적으로 채택하고 있지 않지만 일부범죄에 대하여는 국제협약의 가입을 통하여 세계주의를 채택하고 있다. 예컨대 국제형사재판소 관할 범죄의 처벌 등에 관한 법률제3조 제5항은 이 법을 "대한민국 영역 밖에서 집단살해죄 등을 범하고 대한민국영역 안에 있는 외국인에게 적용한다"고 규정하고 있다. 즉 이 법은 집단살해죄와 같은 반인도적 범죄에 대하여는 그 범죄자가 대한민국영역 안에 있는 이상은 그 자의 국적이나 범죄지를 불문하고 적용된다. 그 외에도 형법 제296조의2는 약취, 유인과 인신매매죄(제287조) 이는 인류에 대한 공통적인 범죄로서 대한민국 영역 밖에서 본죄를 범한 외국인에게도 우리나라 형법이 적용될 수 있도록 세계주의를 채택하였다.

> **(판례 9)** 중국인 5인은 자신의 정치, 사회현실에 불만을 품고 중공민항기를 납치하여 자유중국으로 탈출키로 공모하였다. 이들은 중국상공에서 민항기를 납치하여 강원도 춘천시에 있는 비행장에 착륙하였다. 이들에 대하여 항공기운항안전법 제8조(항공기납치죄)을 적용할 수 있는가?

본 범죄는 외국인이 외국에서 범한 것이므로 속지주의, 속인주의, 보호주의 어느 원칙에 의하여도 우리 형법이 적용될 여지가 없다. 세계주의에 의하면 처벌이 가능하나 우리형법은 이 원칙을 채택하지 않고 있다. 판례는 토오쿄오협약(항공기 내에서 범한 범죄 및 기타 행위에 관한 협약)과 헤이그협약(항공기의 불법납치 억제를 위한 협약) 등의 조약을 근거

---

59) 예컨대 독일형법 제6조는 "민족학살, 원자력·폭발물방사선범죄, 항공·해상교통범죄, 매춘 및 인신매매, 마약의 불법매매, 포르노그라피의 반포, 화폐·유가증권 등의 위조, 기부금사기, 국가간의 협약에 의하여 소추가능한 범죄"는 행위지법과 관계없이 외국에서 행해진 범죄에 대하여도 자국형법을 적용한다고 규정함으로써 9종의 범죄에 대하여 세계주의를 채택하고 있다.

로 민항기납치사건에 대하여는 원칙적으로 항공기등록지국이 재판관할권이 있으나, 그 외에 항공기착륙국인 우리나라에도 관할권이 있다고 판시하였다.60) 결국 우리나라는 세계주의는 채택하지 않았지만, 토오쿄오협약과 헤이그협약에 의하여 항공기납치범죄에 대하여는 관할권을 갖게 되므로 세계주의를 채택한 것과 같은 결과가 된다.

5. 외국에서 받은 형의 집행

> **제7조(외국에서 집행된 형의 산입)** 죄를 지어 외국에서 형의 전부 또는 일부가 집행된 사람에 대해서는 그 집행된 형의 전부 또는 일부를 선고하는 형에 산입한다.
> **국제형사재판소 관할 범죄의 처벌 등에 관한 법률 제7조(면소의 판결)** 집단살해죄등의 피고사건에 관하여 이미 국제형사재판소에서 유죄 또는 무죄의 확정판결이 있은 경우에는 판결로써 면소를 선고하여야 한다.

죄를 지어 외국에서 형의 전부 또는 일부가 집행된 사람에 대해서는 반드시 그 집행된 형의 전부 또는 일부를 선고하는 형에 산입하여야 한다.(형법 제7조). 제7조는 개정 전에는 임의적 감면사유였으나, 이는 과잉금지원칙에 위배된다는 헌법재판소의 헌법불합치 결정61)에 따라 개성되었다. 그리고 집단살해죄 등과 같은 국제형사재판소의 관할범죄에 대하여는 일사부재리의 원칙이 적용되므로 이미 국제형사재판소에서 유죄 또는 무죄의 확정판결이 있은 경우 국내법원은 동일사건에 대하여는 판결로써 면소를 선고하여야 한다(국제형사재판소 관할 범죄의 처벌 등에 관한 법률 제7조).

> (판례 10) 한국인 甲은 중국에서 녹용 50kg을 밀수입하였으나 중국경찰에 체포되어 중국법원에 의하여 실형을 선고받고 녹용은 몰수당하였다. 甲은 중국에서 복역 후 귀국하였다. 우리나라 법원은 甲을 처벌할 수 있는가?

형법 제7조에 의하면 법원은 외국에서 형의 집행을 받은 자를 처벌할 수 있으며 다만 재량에 의하여 형을 감면할 수 있을 뿐이다. 따라서 우리나라 법원이 다시 형을 선고하더라도 위법이 아니다. 또한 구관세법 제198조62)에 의하면 범인의 범칙물에 대하여는 범인의 소유 또는 점유로 인정되는 이상 몰수하고 몰수할 수 없는 때에는 그 물품의 범칙 당시의 국내도매가격에 상당한 금액을 추징한다고 규정되어 있다. 따라서 법원은 그 녹용의 국내도

---

60) 대법원 1984. 5. 22. 선고 84도39 판결.
61) 헌재 2015. 5. 28. 선고 2013헌바129 결정.
62) 현행 관세법 제282조 제3항.

매가격에 상당한 금액을 甲으로부터 추징하여야 한다.63)

(판례 11) 甲은 2005. 10. 5. 살인 혐의로 필리핀 경찰에 체포·수감된 후 현지 법원에 살인죄로 기소되어 5년 넘게 미결구금 상태로 재판을 받다가 증거불충분 등의 사유로 무죄취지의 재판을 받고 석방되었다. 그 후 국내에서 다시 기소되어 제1심에서 징역 10년을 선고받았다. 甲이 필리핀에서 미결 상태로 구금된 5년여의 기간(미결구금일수)은 국내에서 같은 행위로 인하여 선고받는 형에 산입하여야 하는가?64)

'외국에서 집행된 형의 산입' 규정인 형법 제7조나 '본형에 당연히 산입되는 미결구금'을 규정하고 하고 있는 형법 제57조 제1항이 적용되는 지가 문제된다.

1. 형법 제7조
"형사사건으로 외국 법원에 기소되었다가 무죄판결을 받은 사람은, 설령 그가 무죄판결을 받기까지 상당 기간 미결구금되었더라도 이를 유죄판결에 의하여 형이 실제로 집행된 것으로 볼 수는 없으므로, '외국에서 형의 전부 또는 일부가 집행된 사람'에 해당한다고 볼 수 없고, 그 미결구금 기간은 형법 제7조에 의한 산입의 대상이 될 수 없다."

2. 형법 제57조 제1항
제57조(판결선고전 구금일수의 통산) ① 판결선고전의 구금일수는 그 전부를 유기징역, 유기금고, 벌금이나 과료에 관한 유치 또는 구류에 산입한다.
외국에서 무죄판결을 받고 석방되기까지의 미결구금은, 국내에서의 형벌권 행사가 외국에서의 형사절차와는 별개의 것인 만큼 … 따라서 위와 같이 외국에서 이루어진 미결구금을 형법 제57조 제1항에서 규정한 '본형에 당연히 산입되는 미결구금'과 같다고 볼 수 없다.

3. 형법 제7조의 유추적용
결국 미결구금이 자유 박탈이라는 효과 면에서 형의 집행과 일부 유사하다는 점만을 근거로, 외국에서 형이 집행된 것이 아니라 단지 미결구금되었다가 무죄판결을 받은 사람의 미결구금일수를 형법 제7조의 유추적용에 의하여 그가 국내에서 같은 행위로 인하여 선고받는 형에 산입하여야 한다는 것은 허용되기 어렵다.

---

63) 대법원 1977. 5. 24. 선고 77도629 판결.
64) 대법원 2017. 8. 24. 선고 2017도5977 전원합의체 판결.

제 2 편
범 죄 론

제 1 장 서 론
제 2 장 행 위 론
제 3 장 구성요건론
제 4 장 위법성론
제 5 장 책 임 론
제 6 장 처벌조건
제 7 장 특수한 유형의 범죄
제 8 장 미 수 론
제 9 장 정범과 공범의 이론
제10장 죄 수 론

제1장 서론

I. 범죄의 개념 및 성립조건

 범죄론은 ① 범죄란 무엇인가, 즉 범죄가 성립하기 위해서는 어떠한 조건을 갖추어야 하는가(범죄의 성립조건), 그리고 ② 그 성립조건들을 어떠한 기준에 의하여 체계적으로 배열할 것인가(범죄체계론)를 연구대상으로 한다. 범죄의 개념에 대해서는 여러 가지로 정의할 수 있겠지만 형법에서는 구성요건에 해당하는 위법, 유책한 행위라고 정의한다. 이 개념은 형법상 범죄가 성립하기 위해서 갖추어야 할 형식적인 조건들을 중심으로 정의한 것이다. 이를 형식적 범죄개념이라고 한다. 이 개념에서 알 수 있듯이 범죄의 성립조건은 ① 행위, ② 구성요건해당성, ③ 위법성, ④ 책임 등 4가지이다. 이 가운데 어느 하나의 조건이라도 결여되면 범죄는 성립하지 않는다.

 어떤 사건이 발생하여 그 진상이 밝혀지면 - 또는 학생들의 경우에는 형법시험에서 사례가 주어지면 - 그 사건에 대하여 형법을 적용하여 범죄의 성립여부를 검토하게 되는데, 이에 대한 검토는 행위, 구성요건해당성, 위법성, 책임의 순서로 이루어진다. 다만 행위는 극히 예외적인 경우를 제외하고는 일반적으로 인정되므로 굳이 답안지에 기술할 필요가 없다. 다만 행위가 성립되는지의 여부에 대하여 논의의 여지가 있다고 판단되는 경우에는 이를 검토하여야 한다. 요컨대 답안지를 작성할 때에는 I. 구성요건해당성, II. 위법성, III. 책임 등의 순으로 목차를 정해서 기술한다. 그리고 행위에 대하여 검토할 필요가 있는 경우에도 이 목차는 그대로 두고 구성요건해당성 이전의 단계에서, 즉 전구성요건(前構成要件)의 단계에서 검토하여야 한다.

 그리고 범죄의 성립조건과 구분되는 것으로서 처벌조건과 소추조건이 있다. 처벌조건이란 범죄가 성립한 경우에 형벌권의 발생을 위하여 필요한 조건을 말한다. 범죄의 성립조건이 결여된 경우에는 무죄판결(형소법 제325조)을 하는데 대하여, 처벌조건이 결여된 경우에는 일단 범죄는 성립하였고 다만 형벌권만 발생하지 않는 것이므로 형면제판결(형소법 제322조)을 하게 된다. 그리고 소추조건이란 범죄가 성립하고 형벌권이 발생한 경우에 그 범죄를 소추하기 위한 조건을 말한다. 이 조건이 결여되면 공소기각의 판결(형소법 제327조)을 하게 된다. 처벌조건이나 소추조건과 관련된 문제가 있으면 범죄의 성립조건에 대한 검토 이후에 검토한다.

II. 범죄체계

범죄체계란 범죄가 성립하기 위한 개별요소를 행위, 구성요건, 위법성, 책임 등으로 체계화시킨 것을 말한다. 이를 처음으로 완성시킨 사람은 19세기 말 벨링(Beling)과 리스트(Listz)이다. 이들에 의하여 확립된 범죄체계는 점진적으로 발전하여 현재에 이르고 있는데, 그 과정은 고전적 범죄체계 → 신고전적 범죄체계 → 목적적 범죄체계 → 신고전적·목적적 합일체계의 순으로 이어진다. 이들 범죄체계의 차이점을 이해하는 것은 단순히 이론상으로만 중요한 것이 아니라 실제로 범죄의 성립여부를 판단함에 있어서, 특히 법률의 착오와 허용구성요건의 착오와 관련하여 매우 중요한 의미를 갖는다. 특히 형법을 공부하는 학생으로서 범죄론 전반에 대하여 파악하기 위해서는 반드시 범죄체계론의 발전과정과 구조적 차이점을 이해하고 있어야 한다. 다만 형법을 처음 공부하는 단계에서 당장 이를 이해할 필요는 없으므로, 그것이 직접적으로 문제되는 부분, 즉 법률의 착오와 허용구성요건의 착오의 부분에서 설명하기로 한다. 따라서 우선은 현재 우리나라의 다수설인 신고전적·목적적 합일체계를 정확히 이해하고 이에 근거하여 범죄의 성립요건을 검토할 수 있는 능력을 갖추는 것이 중요하다.

범죄는 미수·기수, 고의·과실범, 작위·부작위범 등으로 구분된다. 이를 조합하면 다음과 같이 여덟 가지의 범죄유형이 나타난다: ① 고의·기수·작위범, ② 고의·기수·부작위범, ③ 고의·미수·작위범, ④ 고의·미수·부작위범, ⑤ 과실·기수·작위범, ⑥ 과실·기수·부작위범, ⑦ 과실·미수·작위범, ⑧ 과실·미수·부작위범이 가운데 과실·미수범(⑦, ⑧)은 이론상 성립할 수 없으므로 결국 형법상 여섯 가지의 범죄유형이 있는 것이다. 범죄의 성립조건의 기본적인 골격, 즉 행위, 구성요건해당성, 위법성, 책임은 범죄의 유형과 관계없이 동일하지만 세부적인 내용에 있어서는 차이가 있기 때문에 사례를 검토하는 도식에 있어서도 다소 차이가 있다. 따라서 사례가 주어지면 문제되는 범죄가 어떠한 유형에 속하는가를 파악하여 그에 맞는 사례검토도식(Fallprüfungsschema)에 따라 기술하면 된다. 일단 여러 범죄유형 가운데 고의·기수·작위범이 가장 기본적인 유형이므로 이를 먼저 익히고 그 이외에 미수, 과실, 부작위와 같은 범죄유형은 기본유형과의 차이점을 중심으로 이해하면 될 것이다. 신고전적·목적적 합일체계에 따라 구성한 고의·기수·작위범의 사례검토도식을 보면 다음과 같다:

```
                    기수고의작위범
  사전검토: 행위
  I. 구성요건
      1. 객관적 구성요건
          (1) 주체
          (2) 행위
          (3) 객체
          (4) 결과 및 인과관계
          (5) 객관적 귀속
      2. 주관적 구성요건
          (1) 고의
          (2) 초과주관적 불법요소
  II. 위법성
  위법성조각사유: 정당화사유
      1. 객관적 요건: 정당화상황
      2. 주관적 요건: 주관적 정당화요소
  III. 책임
      1. 책임능력: 형사미성년자, 심신상실
      2. 책임형식: 고의책임, 과실책임
      3. 위법성의 인식: 법률의 착오(금지착오)
      4. 기대가능성
  IV. 처벌조건
      객관적 처벌조건 - 객관적 처벌조각사유
      인적 처벌조건 - 인적 처벌조각사유
  V. 소추조건
      친고죄에 있어서 고소
      반의사불벌죄에 있어서 피해자의 의사
```

제 2 장 행위론

 행위는 모든 범죄에 공통된 기본요소로서 형법상 행위가 아닌 것은 처음부터 형법적 평가의 대상에서 제외되므로 구성요건해당성과 같은 범죄의 성립여부를 검토할 필요가 없다. 문제는 형법상 행위가 무엇을 의미하는가 하는 것이다. 이 점에 대하여는 다양한 견해가 주장되고 있다. 다만 여기서는 우리나라에서 주장되는 이론 가운데 인과적 행위론, 목적적 행위론, 사회적 행위론 등에 대해서만 간략히 설명하기로 한다.[1]

I. 인과적 행위론[2]

 이 이론은 행위를 "유의적인 인간의 신체적 행태"라고 정의한다. 여기서 유의성(有意性)이란 인간의 의사가 개입되어 있다는 의미이다. 즉 사람의 신체적인 움직임이 인간의 의사작용에 의하여 이루어지면 이는 모두 행위가 된다. 통상 유의성은 '의사에 의한 지배가능성'에 의하여 판단하면 된다. 우리가 운동을 하거나 대화를 하는 것과 같은 일상적인 신체적 움직임의 경우에는 그 여부나 방법을 의사에 의하여 지배할 수 있으므로 행위에 해당한다. 그러나 누군가가 뒤에서 떠밀어 넘어지는 경우에 그 넘어지는 동작은 의사에 의하여 지배할 수가 없으므로 유의성이 결여되어 행위에 해당하지 않는다. 그리고 행태란 작위와 부작위를 포괄하는 개념이다.

---

[1] 그 외에 인격적 행위론이나 행위론무용론(행위개념부인론)에 대하여는 원형식, 형법총론, 2018, 51면 참조.
[2] 정영석, 총론, 92면.

행위 = 유의성 + 행태

의사(유의성) ──────▶ 거동에 의한 인과과정의 야기(거동성)

총의 방아쇠를 당길 의사   방아쇠를 당김으로 인한

(사람을 살해할 목적이건   피해자의 사망

사격연습을 할 목적이건 불문)

II. 목적적 행위론[3]

이 이론은 행위를 "목적활동의 작용"으로 파악한다. 따라서 유의성에 의하여 이루어지는 모든 동작이 행위에 해당하는 것이 아니라 그 동작이 일정한 목표달성을 위하여 계획적으로 조종된 경우에만 행위가 된다고 한다. 이 이론은 과실행위의 목적성을 설득력 있게 설명하지 못하므로 다수의 지지를 얻지 못하였다.

행위 = 목적성 + 행태

목표의 실현의사(목적성) ──────▶ 목적의 실현(거동성)

사람을 살해할 목적   피해자의 사망은 단순한 인과과정의

　　　　　　　　　　　　　　진행에 그치는 것이 아니라 행위자의

　　　　　　　　　　　　　　목적의 실현이다

III. 사회적 행위론[4]

이 이론은 행위를 "인간의 의사에 의하여 지배되거나 지배가능한 사회적

---

[3] 황산덕, 총론, 48면.
[4] 우리나라의 다수설이다. 예컨대 이재상/ 장영민/ 강동범, 총론, 92면.

으로 의미 있는 행태"라고 정의한다. 여기서 '인간의 의사에 의하여 지배되거나 지배가능한'이라는 말은 인과적 행위론에서 말하는 유의성과 같은 의미이다. 그리고 '사회적으로 의미'가 있다는 말은 야기된 결과가 사회공동체 내에서 가치판단의 대상이 되는 것을 의미한다. 단순히 하품을 한다거나 기지개를 펴는 등의 행태는 유의적인 행태이기는 하지만 사회적 의미가 없으므로 행위에 해당하지 않는다고 한다.

행위 = 유의성 + 사회적 의미 + 행태

VI. 결론

1. 행위개념의 필요성

범죄는 구성요건에 해당하는 위법, 유책한 행위라고 정의하였다. 여기서 행위는 범죄가 갖추어야 할 첫 번째 조건이다. 형법상 행위가 아닌 경우에는 범죄의 성립이 부정되므로 더 이상 범죄의 성립조건을 검토할 필요가 없게 된다. 인간의 행태 중에서 의사에 의한 지배가능성이 없는 행태를 행위개념에서 배제함으로써, 구성요건해당성의 판단대상이 되지 않는 것을 구성요건 전 단계에서 미리 배제하는 것이 행위개념의 기능이다. 이를 행위개념의 소극적 기능 또는 한계기능이라고 한다.

2. 행위가 부정되는 경우

어느 행위론에 의하건 불문하고 인간의 신체적 거동에 '의사'가 배제된 경우에는 형법상 행위가 아니다. 즉 유의성이 결여된 경우에 행위는 성립하지 않는다. 이에 대한 판단은 상당부분 의학이나 심리학 등 자연과학에 의존하여 판단하는 수밖에 없다. 지금까지 밝혀진 결과에 의하면 유의성이 결여되는 경우는 다음과 같다.

(1) 반사동작

반사동작은 외부의 자극에 의하여 의사의 개입이 없이 이루어지는 근육운동을 말한다.

(예 1) 전기공 甲이 콘센트 설치과정에서 감전되어 순간적으로 발을 뻗어 사다리를 발로 차는 바람에 그 위에서 전등을 달고 있던 그의 동료 乙이 떨어져 다리에 골절상을 입은 경우 甲의 죄책은?

감전에 의하여 발을 뻗은 동작은 반사동작으로서 유의성이 결여되어 있으므로, 업무상 과실치상죄는 성립하지 않는다. 다만 甲이 부주의로 인하여 감전된 것이라면 이를 이유로 업무상 과실치상죄가 성립할 가능성은 남아 있다. 여기서 甲은 사다리를 발로 찬 동작 때문에 처벌되는 것이 아니라, 그 이전에 전기공사를 할 당시 주의의무를 다하지 않았기 때문에 처벌되는 것이다.

(예 2) 甲女는 창문을 열어놓은 상태에서 오른쪽으로 약간 굽은 길을 승용차로 운전하던 중, 갑자기 날벌레가 눈앞으로 날라왔다. 그녀는 날벌레를 막으려고 한쪽 손을 갑작스럽게 움직이는 바람에 승용차에 대한 통제력을 상실하였다. 그녀의 차는 차선을 넘어가 반대차로에서 오는 乙女의 승용차와 충돌하였다. 이 사고로 인하여 乙女가 상해를 입었다 甲女의 죄책은?5)

甲女는 중앙선을 침범하여 乙女를 사망케 하였으므로 업무상 과실치사죄가 성립할 가능성이 있다. 여기서 甲女의 갑작스런 방어동작이 형법상 행위에 해당하는지가 문제이다. 이 사례에서 甲女의 방어동작이 반사동작에 해당하는가가 문제된다. 만일 "근육운동이 정신작용에 의한 것이 아니라면"6) 이는 반사동작으로서 형법상 행위가 부정될 것이다. 그러나 甲女가 날벌레를 막는 동작은 의사의 개입에 의하여 이루어진 목적지향적 방어행위로서 행위에 해당한다.7) 다만 甲女가 승용차에 대한 통제력을 상실한 것이 일반운전자의 입장에서도 불가피한 것이었다면 회피가능성이 없으므로 업무상 과실치상죄가 성립하지 않을 수도 있다.

반사동작과 구분하여야 하는 개념으로 자동화된 행위가 있다. 이는 같은 동작의 반복으로 익숙해진 행위를 말한다. 예컨대 우리는 호흡, 걸음, 자동차 운전 등의 행위를 하는 경우, 여기에 이미 익숙해져 있기 때문에 이러한 행위를 한다는 사실을 의식하지 못한다. 그러나 이러한 행위도 의사에 의한 지배

---

5) OLG Hamm, NJW 1975, 657.
6) OLG Hamm NJW 1975, 657.
7) Roxin, Strafrecht, Allg. Teil, Bd. I, § 8 III, Rn. 60.

가 가능하므로 유의성이 있다. 다만 이를 의식하지 못할 뿐이다.

(예 3) 운전자 甲女는 야간에 고속도로를 90 km/h로 운전하던 중 갑자기 10 - 15 m 전방에서 토끼만한 크기의 동물을 발견하였다. 그 순간 핸들을 왼쪽으로 돌려 가드레일에 충돌하였으며, 이로 인하여 같이 타고있던 乙女가 사망하였다. 甲女의 죄책은?[8]

甲女가 10 - 15 m 전방에서 짐승을 발견하고 핸들을 왼쪽으로 돌린 동작은 의식적으로 생각을 해서 결정한 것이 아니라 자기도 모르게 순간적으로 이루어진 것이다. 핸들을 조작하는 동작은 평소에 반복적으로 행하여져 이미 익숙해진 것으로서 운전자가 이를 의식하지 못할 뿐이지 의사작용이 있었다는 점에 대하여는 의심이 없다. 설령 긴박한 상황에서 순간적으로 핸들을 돌리는 동작이라 하더라도 이는 소위 '자동화된 행위'로서 형법상 행위에 해당한다.[9] 다만 甲女가 도로교통법규를 준수하여 주의의무를 다하였음에도 불구하고 사고가 발생하여 乙女가 사망한 것이라면 업무상 과실치사죄는 성립하지 않을 것이다.

(2) 무의식상태

수면이나 마취상태를 말한다. 다만 최면상태나 완전명정상태[10]는 무의식상태가 아니므로 이러한 상태에서의 행태는 형법상 행위에 해당한다. 다만 책임능력이 없으므로 범죄는 성립하지 않는다.

(예 4) 甲女가 아기에게 수유를 하다가 잠이 들어 몸을 뒤척이는 바람에 아기가 눌려 질식사 한 경우 甲女의 죄책은?

수면 중의 신체적 거동은 의사에 의해 지배가 불가능하므로 행위가 아니다. 다만 수유당시 자신이 잠이 들면 아이가 위험할 수도 있다는 것을 예견하는 것이 가능하였다면 과실치사죄가 성립할 수 있다. 즉 몸을 뒤척인 동작을 이유로 범죄가 성립하는 것이 아니라 수유당시 정상적인 주의를 다하지 않았다는 이유로 범죄가 성립하는 것이다.

(예 5) 만취상태의 甲男은 乙女가 운전하는 차를 타고 집으로 가고 있었다. 乙女는 차를 정지하고 술에 취하여 금방 잠이든 甲男이 운전석에 앉아 핸들을 잡고 운전하도록 사주하였다. 그녀의 의도대로 甲男은 운전을 하다가 전방 1,5 km의 지점에서 사고를 내었다. 甲男의 죄책은?[11]

---

[8] OLG Frankfurt VRS 28(1965), 364.
[9] 독일의 다수설: Sch/Sch/Lenckner vor § 13 Rn. 41; Roxin, AT, § 8 III Rn. 6. 반대견해: Franzheim, NJW 1965, 2000.
[10] 명정상태(酩酊狀態)란 술에 취한 상태를 말하는데, 독일 학설과 판례는 혈중알콜농도가 약 0.3% 이상이 되면 완전명정상태로서 책임능력이 배제된다고 본다.

독일 판례는 명정상태를 일상적인 완전명정(Volltrunkenheit)과 "무의식상태의 명정"(sinnlose Trunkenheit)으로 구분하여 전자는 심신상실로서 책임을 배제시킨다고 보는 반면에 후자는 행위의 성립을 배제한다고 본다.12) 본 사례에서도 독일의 카펠른 지방법원은 甲男이 乙女의 수중에 있는 '꼭두각시'에 불과하여 행위가 성립하지 않았다는 이유로 무죄를 선고하였다. 즉 카펠른 지방법원은 甲男의 운전을 무의식상태에서의 거동으로 본 것이다. 그러나 甲男이 1, 5km 가량 운전한 것은 분명히 의사작용에 의한 것이므로서 행위의 성립이 부정되지는 않는다고 보아야 한다. 그가 운전을 할 당시 어느 정도 의식이 있었으며 후에 운전한 사실을 기억하는가의 여부는 행위의 성립에 영향을 미치지 않는다. 다만 甲男은 운전 당시 완전명정 상태에 있었으므로 책임이 부정된다고 보아야 한다.

(예 6) 버스운전사 甲이 운전 중에 고혈압으로 쓰러져 버스가 전신주를 들이받는 바람에 승객 5명이 부상당했다면 그의 죄책은?

버스가 전신주를 들이받을 당시 甲에게는 유의성이 결여되어 있었으므로 행위가 있었다고 할 수 없다. 다만 甲이 의식을 잃기 전에 운전했을 당시 자신이 고혈압으로 의식을 잃을 수도 있다는 것이 예견가능하였다면 업무상 과실치상죄가 성립할 수 있다.

(3) 절대적 폭력

의사를 배제시키는 폭력을 절대적 폭력(vis absoluta)이라고 한다. 절대적 폭력에 의한 행태는 유의성이 결여되어 기계적인 신체동작에 불과하므로 행위라고 할 수 없다.

(예 7) 甲은 乙을 떠밀었다. 乙은 넘어지면서 고가의 도자기를 쓰러뜨리는 바람에 도자기가 산산조각이 났다. 乙의 죄책은?

乙이 넘어지면서 도자기를 쓰러뜨린 동작은 절대적 폭력에 의한 것으로서 유의성이 결여되어 있으므로 형법상 행위에 해당하지 않는다. 따라서 乙에 대하여는 손괴죄가 성립하지 않는다. 이에 대하여 甲에 대하여는 손괴죄의 간접정범이 성립한다.

절대적 폭력과 구분되는 개념으로는 상대적 폭력(vis compulsiva)이 있다. 이는 인간의 의사를 배제하는 것이 아니라 자유의사를 억압하는 정도의 폭력을 말한다. 상대적 폭력에 의한 행위는 형법상 행위에 해당한다. 다만 강요된 행위(제12조)로서 책임이 조각될 수 있다.

---

11) AG Kappeln BA 3(1965), 31.
12) BGHSt 1, 126; Sch/Sch/Lenckner, vor § 13 Rn. 39.

(예 8) 범죄조직원 甲, 乙은 丙女와 丁男을 납치했다. 甲, 乙은 丙女에게 총을 주면서 "만일 丁男을 살해하지 않으면 너를 죽이겠다"고 협박하였다. 생명에 의협을 느낀 丙女는 하는 수 없이 총을 발사하여 丁男을 살해하였다. 丙女의 죄책은?

丙女가 총을 발사한 동작은 자유의사가 억압된 상태에서 행해진 것이지만 일단 의사의 개입에 의하여 이루어진 것으로서 유의성은 인정되므로 행위에 해당한다. 다만 생명에 대한 협박으로 인한 것이므로 강요된 행위로서 책임이 조각될 수 있다(제12조).

제 3 장 구성요건론

제 1 절 서 론

I. 구성요건의 개념

구성요건이란 형법에 규정된 범죄의 내용을 말한다. 예컨대 제250조를 보면 "사람을 살해한 자는 사형, 무기 또는 5년 이하의 징역에 처한다"고 규정되어 있는데, 여기서 형법이 규정하고 있는 살인죄의 내용, 즉 구성요건은 "사람을 살해한 자"이다. 제329조가 규정하고 있는 절도죄의 내용, 즉 구성요건은 "타인의 재물을 절취한 자"이다. 구성요건은 형벌의 근거가 되는 불법유형(가벌적 불법유형)이라는 의미에서 이를 불법구성요건이라고도 한다.

구성요건은 객관적 구성요건과 주관적 구성요건으로 이루어져 있다. 객관적 구성요건은 범죄의 외적 현상에 속하는 상황을 말한다. 예컨대 살인죄의 구성요건을 보면 사람, 살해, 자 등이 기술되어 있는데 이 요소들은 범죄의 외부적 상황에 속하는 것들이므로 객관적 구성요건에 속한다. 그리고 구성요건에 기술되어 있지는 않지만, 인과관계, 객관적 귀속 등도 이에 해당한다. 이를 특히 기술되지 않은 구성요건요소라고 한다.

그리고 주관적 구성요건이란 행위자의 내심의 영역에 속하는 상황을 말한다. 고의범에 있어서 구성요건적 고의가 이에 해당한다. 고의는 모든 고의범에 공통되는 주관적 불법요소라는 의미에서 일반적 주관적 불법요소라고 한다. 일부 구성요건에서는 고의 이외에도 특별한 주관적 불법요소가 요구되는 경우도 있다. 예컨대 절도죄에서 불법영득의사가 이에 해당한다.

```
┌ 객관적 구성요건 ┌ 기술된 구성요건요소: 주체, 객체, 행위
│                └ 기술되지 않은 구성요건요소: 인과관계, 객관적 귀속
└ 주관적 구성요건 ┌ 일반적 주관적 불법요소: 구성요건적 고의
                  └ 특별한 주관적 불법요소: 목적범, 경향범, 표현범. (예) 절도죄는 목적
                    범으로서 주관적 구성요건이 성립하기 위해서는 고의 이외에 추가로
                    불법영득의 의사가 있을 것을 요한다.
```

II. 구성요건해당성의 판단

주어진 사례에서 행위에 대한 사전검토가 끝나고 나면 이어서 구성요건해당성, 즉 그 행위가 구성요건의 요소를 충족하는가를 검토해야 한다. 구성요건해당성의 판단은 삼단논법, 즉 추상적인 대전제(구성요건)에 구체적인 소전제(사례)를 대입하여 결론을 이끌어 내는 방법에 의한다.

甲이 乙을 칼로 찔러 사망케 한 경우 살인죄의 구성요건이 충족되었다는 것은 의문의 여지가 없다. 그러나 사건이 복잡하거나 문제되는 구성요건의 문장이 장문으로 되어 있는 경우에는 구성요건요소를 충족하였는가를 판단하기가 쉽지 않다. 따라서 이러한 판단을 함에 있어서 실수를 피하기 위해서는 먼저 구성요건을 요소에 따라 분석하고 사례에서 이에 해당하는 요소를 찾아내어 대입하는 방법에 의하여야 한다.

살인죄의 객관적 구성요건을 요소에 따라 나누면, '사람'은 객체, '살해'는 행위 그리고 '자'는 주체가 된다. 절도죄에서도 객체는 '타인의 재물', 행위는 '절취' 그리고 주체는 '자'가 된다. 이처럼 형법에 기술된 객관적 구성요건요소는 주체, 객체, 행위 등이 있으며, 기술되지 않은 요소로서 인과관계와 객관적 귀속이 있다.

```
객관적 구성요건 = 주체    +    객체       +   행위 + 인과관계 + 객관적 귀속
  살인죄          자         사람             살해
  절도죄          자         타인의 재물      절취
```

구성요건요소를 분석한 후에 여기에 상응하는 구체적인 요소들을 사례에서 추출하여 이들이 추상적인 요소에 해당하는가를 검토한다. 구체적인 요소

가 추상적인 요소에 해당하는 것을 포섭(Subsumtion)이라고 한다. 포섭을 하기 위해서는 대전제인 구성요건요소의 의미를 정확히 파악하여야 하는데, 이를 해석이라고 한다. 개별 구성요건요소의 의미를 정확히 파악하는 것은 형법각론의 영역에 속한다. 그러면 구성요건해당성의 판단을 살인죄와 절도죄를 예로 들어 설명하기로 한다.

(예 1) 임산부 甲이 진통이 있어 병원에 가는 도중에, 원한관계에 있는 乙에게 폭행을 당하여 유산하였다. 그 임산부의 진통은 일시적인 것으로서 아직 출산이 임박한 것은 아니었다. 乙에게 유산에 대한 고의가 인정되는 경우 그의 죄책은?

乙의 죄책은 임산부의 폭행과 태아의 사망으로 나누어 검토할 수 있다. 다만 여기서는 태아의 사망부분에 대해서만 보기로 한다. 이 사안에 대하여 적용의 가능성을 검토해야 할 법조문으로는 살인죄(제250조)와 부동의낙태죄(제270조 제3항)가 있다.

살인죄의 객관적 구성요건:	객체	행위	주체	
	사람을	살해한	자	대전제
사례 :	甲의 아기	유산	乙	소전제
포섭 X	X	X	O	

사례에서 문제되는 것은 임신 중의 태아가 사람에 해당하는가이다. 이에 대한 판단은 해석을 통하여 '사람'의 개념을 확정하여야 가능하다. 주기적 진통설(우리나라의 판례 및 통설)에 의하면 주기적인 진통이 있어 태아가 태반으로부터 분리되기 시작한 때에 비로소 살인죄의 객체인 '사람'에 해당한다. 사례에서 임산부의 진통이 주기적 진통이 아니었다면 그 아기는 사람에 해당하지 않는다.

부동의낙태죄의 구성요건

객체	행위	주체
태아를	부녀의 촉탁 또는 승낙 없이 낙태하게 한	자
甲의 아기	甲의 의사에 반하여 폭행으로 태아를 사망케 한 행위	乙
O	O	O

乙의 행위가 살인죄의 구성요건에는 해당하지 않으나, 부동의낙태죄의 구성요건에는 해당한다.

(예 2) 의사 甲이 교통사고로 뇌사상태에 있는 乙의 심장을 사망 전에 본인 또는 유족의 동의 없이 적출하여 심장병환자 丁에게 이식하였다. 乙의 호흡과 맥박은 아직 멈추지 않은 상태였다. 甲의 죄책은?

적용법조는 살인죄와 장기등 이식에 관한 법률 제17조이다.

사람을	살해한	자
뇌사상태의 乙	장기적출	의사 甲
X	X	O

장기등 이식에 관한 법률 제17조는 뇌사설을 명문화하였다. 따라서 뇌사상태의 乙은 사람에 해당하지 않으므로 살인죄의 구성요건해당성은 부정된다. 다만 사망 전에 본인 또는 유족의 동의를 받지 않고 장기를 적출하였으므로 장기등 이식에 관한 법률 제39조 8호의 죄에 해당한다.

(예 3) 甲은 乙에게 도자기를 외상으로 팔았는데, 乙이 약속한 날이 지나도 외상대금을 갚지 않자 낮에 그의 집에 놀러갔다가 외상으로 준 도자기를 가지고 나왔다. 甲의 죄책은?

문제되는 적용법조는 절도죄(제329조)이다.

타인의 재물을	절취한	자
乙소유의 도자기	들고 나온 행위	甲
O	O	O

외상으로 판매한 도자기는 매수인 乙의 소유에 속하므로 객체는 '타인의 재물'에 해당한다. 그리고 甲은 소유자 乙의 의사에 반하여 재물에 대한 점유를 이전했으므로 그의 행위는 절취에 해당한다. 따라서 甲의 행위는 절도죄의 객관적 구성요건에 해당한다.

(예 4) 만일 甲이 그 도자기를 乙에게 할부판매하면서 소유권유보의 특약을 하였다면 그의 죄책은?

문제되는 적용법조는 절도죄(제329조)와 권리행사방해죄(제323조)이다. 소유권유보부 할부매매의 경우에는 할부금을 완납하기 전까지는 매도인 甲의 소유에 속한다. 따라서 도자기는 타인의 재물이 아니라 자기의 재물이므로 절도죄는 성립하지 않는다.

절도죄의 구성요건: 타인의 재물을   절취한   자
    사례   :   甲소유의 도자기   들고 나온 행위   甲
--------   -------------   --------------   ------
  포섭 X   X   O   O

절도죄는 성립하지 않으므로 권리행사방해죄의 성립여부를 검토하면, 甲은 乙이 점유하는 자기소유의 도자기를 乙의 허락도 없이 가지고 나왔으므로 본죄의 구성요건해당성은 인정된다.

권리행사방해죄의 구성요건 : 타인의 점유인 자기의 물건을   취거한   자
    사례   : 乙점유, 甲소유의 도자기   들고 나온 행위   甲
-------------   -------------   --------   ---
  포섭 O   O   O   O

제 2 절 행위의 주체

I. 일반범과 신분범

객관적 구성요건에서 첫 번째 요소인 행위의 주체는 대다수 범죄의 경우 문제되지 않는다. 왜냐하면 대다수의 범죄에서 행위주체는 일정한 신분을 요하지 않으며, 자연인이면 누구나 행위의 주체가 되기 때문이다(일반범). 다만 일부 구성요건은 행위의 주체가 일정한 신분이 있는 자일 것을 요한다(신분범). 예컨대 수뢰죄(제129조 제1항)의 구성요건을 보면 "공무원 또는 중재인이 그 직무에 관하여 뇌물을 수수, 요구 또는 약속한 때"에는 처벌한다고 규정되어 있는데 여기서 수뢰죄의 주체는 공무원이나 중재인의 신분을 가진 자에 국한된다.

II. 법인의 범죄능력

1. 견해의 대립

(1) 부정설

행위의 주체와 관련하여 법인도 행위의 주체가 될 수 있는가, 즉 법인도 범죄능력이 있는가에 대하여 견해가 일치하지 않는다. 다수설[13])과 판례는 법인은 행위능력과 책임능력이 없다는 이유로 이를 부정한다. 즉 ① 행위는 유의성이 있어야 하는데, 이는 자연인만이 지니는 것이므로, 법인은 행위능력이 없으며, ② 책임은 불법을 결의한 의사형성에 대한 비난가능성으로서 행위주체가 자유의사를 가질 것을 전제로 하는데, 자유의사를 가질 수 없는 법인에 대하여는 이러한 책임비난을 가할 수 없다는 것이다.

(판례 1) 甲은 주식회사 A의 대표이사로서 전임 대표이사 乙이 회사소유의 대지 12평과 그 지상에 건립된 건평 10평의 상가건물을 丙에게 분양하여 대금 전액을 완납받은 사실을

---

13) 이재상/장영민/강동범, 총론, 100면.

알면서도, 자신이 취임 후에 丁에게 이중으로 분양하고 그에게 소유권이전등기절차를 이행하여 주었다(이중매매). 대표이사 甲과 주식회사 A의 죄책은?

甲은 법인을 대표하여 사무를 처리하는 자로서 업무상의 임무, 즉 매수인 丙에게 소유권을 이전해 주어야 하는 의무(등기협력의무)에 위반하여 丁에게 이중으로 분양함으로써 丙에게 재산상의 손해를 가하였으므로 甲에 대해서는 업무상 배임죄(제356조)가 성립한다. 문제는 주식회사 A의 형사책임이다. 이 점에 대하여 판례는 부정설의 입장에서 "법인은 다만 사법상의 의무주체가 될 뿐 범죄능력이 없는 것"이므로 법인에 대하여는 배임죄가 성립하지 않는다고 보았다.14)

(2) 긍정설

긍정설15)은 ① 법인은 민법에서와 마찬가지로 형법에서도 자신의 기관을 통하여 행위할 수 있으므로 행위능력이 인정된다고 볼 수 있으며, ② 책임을 윤리적 책임이 아니라 법적·사회적 책임으로 이해한다면, 법인에 대한 책임귀속도 가능하다고 한다.

다수설에 의하면 책임은 인격에 대한 비난가능성으로서, 자연적 의사를 가진 개인을 대상으로 하는 것이므로 법인의 책임은 부정된다고 한다. 그러나 비난가능성이 자연인을 대상으로 한다고 해서 당연히 책임이 자연인에게만 귀속된다고 결론지을 수는 없다. 책임이 누구에게 귀속되는가는 입법자에 의하여 결정되는 것이다. 민법에서 기관의 불법행위책임이 법인 자신의 책임으로 귀속되듯이, 형법에서도 입법자는 기관의 범죄에 대한 책임을 법인에게 귀속시킬 수 있는 것이다. 뿐만 아니라 형법에서 책임은 도의적 책임이 아니라, 법적·사회적 책임으로서 법적 척도에 의하여 평가되어야 하므로 누구에게 책임을 귀속시킬 것인가의 문제, 즉 책임능력의 문제는 입법자의 판단에 의하여 결정될 수 있는 것이다.16)

우리 형법은 총칙에 법인에 대한 처벌규정을 두고 있지 않으므로 입법자는 일반형법에서 규범의 적용을 받는 자, 즉 수범자(受範者)를 자연인에 국한한 것으로 이해할 수 있으며 따라서 법인의 책임능력은 부정된다고 보아야 할 것이다. 그러나 행정형법에서 양벌규정이 자연인 이외에 법인도 수범자로

---

14) 대법원 1984. 10. 10. 선고 82도2595 판결.
15) 김일수/서보학, 총론, 88면.
16) Baumann/Weber/Mitsch, AT, § 18 Rn. 27.

서 본법의 적용을 받는다고 규정한 것은 입법자가 법인에 대한 책임귀속을 예외적으로 인정한 것으로 이해할 수 있으므로 법인의 책임능력은 인정된다고 보아야 한다. 결국 법인의 범죄능력은 입법정책의 문제로서 법인에 대한 처벌규정이 있는 경우에만 범죄능력이 인정된다고 본다(부분적 긍정설).[17]

2. 법인처벌규정(양벌규정)

(1) 법적 성격

(가) 학설

형법전에는 법인의 처벌규정이 없으나 행정형법에는 법인을 처벌하는 규정이 양벌규정의 형태로 산재해 있다. 예컨대 물환경보전법 제81조(양벌규정) 본문에는 "법인의 대표자나 법인 또는 개인의 대리인, 사용인, 그 밖의 종업원이 그 법인 또는 개인의 업무에 관하여 제75조부터 제80조까지의 어느 하나에 해당하는 위반행위를 하면 그 행위자를 벌하는 외에 그 법인 또는 개인에게도 해당 조문의 벌금형을 과한다"라고 규정되어 있다. 따라서 공장종업원이 무허가로 폐수를 배출하는 경우 그 자가 처벌되는 외에 동법 제81조에 의하여 법인에 대하여도 벌금형이 부과된다. 다수설과 판례[18]는 이 규정에 대하여 법인은 범죄능력이 없으나 형벌능력은 인정되는 것으로 본다. 즉 행정형법은 행정목적을 달성하기 위한 것으로서 윤리적 색채가 약하므로, 행정단속의 목적을 위하여 법인에 대하여 형벌을 가하는 것은 가능하다고 한다. 그러나 부분적 긍정설은 양벌규정을 법인에 대하여 예외적으로 범죄능력을 인정한 것으로 이해한다.

양벌규정의 법적 성격에 대해서는 과실책임설[19], 과실추정설[20], 무과실책

---

17) 행정형법의 양벌규정과 같이 법인에 대한 처벌규정이 있는 경우에만 법인의 범죄능력을 인정하는 견해를 부분적 긍정설이라고 한다(임웅, 총론, 88면 이하).
18) 대법원 1994. 2. 8. 선고 93도1483 판결: "법인은 기관인 자연인을 통하여 행위를 하게 되는 것이기 때문에, 자연인이 법인의 기관으로서 범죄행위를 한 경우에도 행위자인 자연인이 범죄행위에 대한 형사책임을 지는 것이고, 다만 법률이 목적을 달성하기 위하여 특별히 규정하고 있는 경우에만 행위자를 벌하는 외에 법률효과가 귀속되는 법인에 대하여도 벌금형을 과할 수 있을 뿐이다."
19) 대법원 1987. 11. 20. 선고 87도1213 판결. "양벌규정(구 미성년자보호법 제7조)에 의한 영업

임설21) 등의 견해가 주장되었으며 판례도 이 학설들을 일부 채택하였으나 현재는 과실책임설이 판례 및 통설의 입장이 되었다.22) 이 견해는 법인의 처벌근거를 종업원의 선임·감독에 대한 법인기관의 과실책임에 있다고 본다. 이 견해에 의하면 법인의 형사책임을 인정하기 위해서는 범죄를 행한 종업원의 선임·감독에 과실이 있다는 것을 검사가 입증하여야 한다. 이에 대하여 과실추정설에 의하면 법인의 과실은 추정되므로, 만일 자신의 무과실을 입증하지 못하면 형사처벌을 면하지 못한다. 무과실책임설은 법인의 처벌규정이 책임주의에 대한 예외로서 행정단속의 목적을 위하여 정책상 무과실책임을 인정하는 것이므로 종업원의 죄책이 인정되는 한은 법인은 과실의 입증여부를 불문하고 형사책임을 부담한다고 본다. 무과실책임설은 책임주의에 반하며, 과실추정설은 헌법에 의하여 보장된 무죄추정의 원칙(헌법 제27조 제4항)에 반한다. 따라서 법인의 처벌근거는 종업원의 선임·감독에 대한 법인기관의 과실책임에 있다고 보는 과실책임설이 타당하다.

주의 처벌은 금지위반 행위자인 종업원의 처벌에 종속하는 것이 아니라 독립하여 그 자신의 종업원에 대한 선임감독상의 과실로 인하여 처벌되는 것이므로 영업주의 위 과실책임을 묻는 이 사건에서 금지위반 행위자인 종업원에게 구성요건상의 자격이 없다고 하더라도 영업주인 피고인의 범죄성립에는 아무런 지장이 없다."
20) 대법원 1992. 8. 18. 선고 92도1395 판결. "구 공중위생법 제45조의 규정은 법인의 경우 종업원의 위반행위에 대하여 행위자인 종업원을 벌하는 외에 업무주체인 법인도 처벌하고, 이 경우 법인은 엄격한 무과실책임은 아니라 하더라도 그 과실의 추정을 강하게 하고 그 입증책임도 법인에게 부과함으로써 양벌규정의 실효를 살리자는 데 그 목적이 있다."
21) 대법원 1982. 9. 14. 선고 82도1439 판결. "구 도로교통법 제81조의 양벌규정은 도로에서 발생하는 모든 교통상의 위해를 방지, 제거하여 교통의 안전과 원활을 도모하기 위하여 도로교통법에 위반하는 행위자 외에 그 행위자와 위 법 소정의 관계에 있는 고용자 등을 아울러 처벌하는 이른바 질서벌의 성격을 갖는 규정이므로 비록 행위자에 대한 감독책임을 다하였거나 또는 행위자의 위반사실을 몰랐다고 하더라도 이의 적용이 배제된다고 할 수 없다."
22) 김일수, 한국형법 I, 309면은 과실책임설과 부작위감독책임설을 구분하여 전자는 법인의 처벌이 법인 자신의 행위에 의한 과실로 인한 것이므로 법인의 과실이 있을 것을 요한다는 견해를 말하며, 후자는 법인의 처벌이 법인기관의 관리·감독의무위반에 근거한 부작위책임이라고 보는 견해라고 한다. 양벌규정은 '법인 또는 개인이 그 위반행위를 방지하기 위하여 해당 업무에 관하여 상당한 주의와 감독을 게을리'(예컨대 2013년 개정된 수질 및 수생태계 보전에 관한 법률 제81조 단서)한 경우, 즉 종업원의 선임·감독에 대한 법인기관의 과실책임이 인정되는 경우에만 법인을 처벌하므로 부작위감독책임설이 타당하다. 그러나 "법인 대표자의 법규위반행위에 대한 법인의 책임은 법인 자신의 법규위반행위로 평가될 수 있는 행위에 대한 법인의 직접책임"(헌재 2010. 7. 29. 2009헌가25; 대법원 2018. 4. 12. 선고 2013도6962 판결)이므로 대표자의 과실에 의한 위반행위에 대한 법인의 책임은 과실책임이라고 보아야 한다.

(나) 판례

헌법재판소는 2007년 판례에서 과실책임설을 채택하였다.[23] 헌법재판소는 양벌규정에 의하는 경우 '법인이 종업원 등의 위반행위와 관련하여 선임·감독상의 주의의무를 다하여 아무런 잘못이 없는 경우까지도 법인에게 형벌이 부과'될 수밖에 없게 되는데, 이는 '아무런 비난받을 만한 행위를 하지 않은 자에 대하여 다른 사람의 범죄행위를 이유로 처벌하는 것으로서 형벌에 관한 책임주의에 반한다'고 함으로써 기존의 양벌규정이 법치국가의 원리 및 헌법 제10조에 위배된다고 결정하였다.[24] 따라서 양벌규정 가운데 도로법 제100조와 같이 "법인이 그 위반행위를 방지하기 위하여 해당 업무에 관하여 상당한 주의와 감독을 게을리하지 아니한 때"에는 처벌되지 않는다고 규정함으로써 과실책임설을 입법화한 규정은 책임주의에 반하지 않지만, 이러한 면책규정이 없는 양벌규정은 위헌이다.

(판례 2-1) "이 사건 법률조항[25]에 의할 경우, 개인 영업주가 종업원 등의 위반행위와 관련하여 선임·감독상의 주의의무를 다하여 아무런 잘못이 없는 경우까지에도 영업주에게 형벌을 부과할 수밖에 없게 된다. 이처럼 이 사건 법률조항은 종업원 등의 범죄행위에 관하여 비난할 근거가 되는 개인 영업주의 의사결정 및 행위구조, 즉 종업원 등이 저지른 행위의 결과에 대한 영업주 개인의 독자적인 책임에 관하여 전혀 규정하지 않은 채, 단순히 개인 영업주가 고용한 종업원 등이 업무에 관하여 범죄행위를 하였다는 이유만으로 영업주 개인에 대하여 형사처벌을 과하고 있는바, 이 사건 법률조항은 아무런 비난받을 만한 행위를 한 바 없는 자에 대해서까지, 다른 사람의 범죄행위를 이유로 처벌하는 것으로서 형벌에 관한 책임주의에 반하는 것이라 하지 않을 수 없다."[26]

(판례 2-2) "양벌규정을 따로 둔 취지는, 법인은 기관을 통하여 행위하므로, 법인이 대표자를 선임한 이상 그의 행위로 인한 법률효과와 이익은 법인에게 귀속되어야 하고, 법인 대표자의 범죄행위에 대하여는 법인 자신이 책임을 져야 하는데, 법인 대표자의 법규위반행위에 대한 법인의 책임은 법인 자신의 법규위반행위로 평가될 수 있는 행위에 대한 법인의 직접책임이기 때문이다. 주식회사의 주식이 사실상 1인의 주주에 귀속하는 1인회사의 경우에도 회사와 주주는 별개의 인격체로서, 1인회사의 재산이 곧바로 1인주주의 소유라고 할 수 없기 때문에, 양벌규정에 따른 책임에 관하여 달리 볼 수 없다.'[27]

---

23) 헌재 2000. 6. 1, 99헌바73 결정.
24) 헌재 2007. 11. 29. 2005헌가10 결정; 2009. 7. 30. 2008헌가16 결정; 헌재 2009. 7. 30. 2008헌가17 결정.
25) 구 아동복지법(2000. 1. 12. 법률 제6151호로 개정된 것) 제43조(현행법 제74조).
26) 헌재 2010. 12. 28, 2010헌가94 결정.

대법원도 2007년 헌법재판소의 결정이 있기 전까지는 원칙적으로 무과실책임설을 취한 것으로 보이며, 일부 판례는 과실책임설이나 과실추정설을 채택한 경우도 있다. 그러나 앞으로는 무과실책임설이나 과실추정설은 더 이상 주장될 여지는 없을 것으로 보인다. 실제로 대법원은 2009년 헌법재판소의 결정[28])을 근거로 "법인이 상당한 주의 또는 관리감독 의무를 게을리한 때에 한하여 위 양벌조항이 적용된다"고 보고 있다.[29])

> (판례 3) "구 도로법(2008. 3. 21. 법률 제8976호로 전부 개정되기 전의 것) 제83조 제1항 제3호는 차량의 운행제한에 대한 위반 여부를 확인하기 위한 관리청의 관계서류 제출 등 요구에 정당한 사유 없이 불응한 자를 처벌하는 외에, 같은 법 제86조로 법인의 대리인·사용인 기타의 종업원이 그 법인의 업무에 관하여 위 위반행위를 한 경우 법인도 처벌하는 '양벌조항'을 두고 있다. 형벌의 자기책임원칙에 비추어 보면 위반행위가 발생한 그 업무와 관련하여 법인이 상당한 주의 또는 관리감독 의무를 게을리한 때에 한하여 위 양벌조항이 적용된다고 봄이 상당하며 (이하 생략)"[30])

(2) 적용범위

양벌규정은 법인과 자연인만을 범죄주체로 규정하고 있으므로, 법인격 없는 단체나 조합은 법률에 명문규정이 없는 한 범죄능력이 없으므로 범죄주체가 되지 못한다. 다만 법인격 없는 사단의 대표기관인 자연인이 범죄의 주체가 된다.

> (판례 4) "법인격 없는 사단과 같은 단체는 법인과 마찬가지로 사법상의 권리의무의 주체가 될 수 있음은 별론으로 하더라도 법률에 명문의 규정이 없는 한 그 범죄능력은 없고 그 단체의 업무는 단체를 대표하는 자연인인 대표기관의 의사결정에 따른 대표행위에 의하여 실현될 수밖에 없다(대법원 1984. 10. 10. 선고 82도2595 판결 참조). 구 건축법(1995. 1. 5. 법률 제4919호로 개정되기 전의 것, 이하 같다) 제26조 제1항의 규정에 의하여 건축물의 유지·관리의무를 지는 '소유자 또는 관리자'가 법인격 없는 사단인 경우에는 자연인인 대표기관이 그 업무를 수행하는 것이므로 같은 법 제79조 제4호에서 같은 법 제26조 제1항의 규정에 위반한 자 함은 법인격 없는 사단의 대표기관인 자연인을 의미한다고 할 것이다."[31])

---

27) 대법원 2018. 4. 12. 선고 2013도6962 판결.
28) 헌재 2009. 7. 30. 2008헌가16 결정; 헌재 2009. 7. 30. 2008헌가17 결정.
29) 예컨대 대법원 2010. 2. 25. 선고 2009도5824 판결; 대법원 2012. 5. 9. 선고 2011도11264 판결; 대법원 2018. 7. 12. 선고 2015도464 판결.
30) 대법원 2010. 2. 25. 선고 2009도5824 판결.

국가는 법인이 아니므로 양벌규정이 적용되지 않는다. 그러나 지방자치법 제3조 제1항은 '지방자치단체는 법인으로 한다'고 규정하고 있으므로 지방자치단체도 법률에 의하여 법인격이 부여된 경우에는 양벌규정의 적용을 받는다. 국가가 자신의 사무의 일부를 지방자치단체에 위임하여 처리하게 하는 기관위임사무의 경우 지방자치단체는 국가기관의 일부이므로 이러한 경우에는 양벌규정이 적용되지 않는다. 그러나 지방자치단체가 그 고유의 자치사무를 처리하는 경우에는 '국가기관과는 별도의 독립한 공법인'이므로 이 경우에는 양벌규정이 적용된다.

(판례 5) 지방자치단체 소속 공무원 甲은 도로관리청의 차량운행제한에 위반하여 압축트럭 청소차를 초과 적재 운행함으로써 구 도로법 제53조,32) 제83조33)에 위반하였다. 甲이 소속된 지방자치단체를 도로법 제86조(양벌규정)34)에 따라 처벌하는 것이 가능한가?

지방자치법 제3조 제1항은 '지방자치단체는 법인으로 한다'고 규정하고 있는데, 이를 근거로 지방자치단체를 양벌규정에 따른 처벌대상이 되는 '법인'에 해당한다고 볼 수 있는지가 문제된다. 이점에 대하여 대법원은 "국가가 본래 그의 사무의 일부를 지방자치단체의 장에게 위임하여 그 사무를 처리하게 하는 기관위임사무의 경우에는 지방자치단체는 국가기관의 일부로 볼 수 있는 것이지만, 지방자치단체가 그 고유의 자치사무를 처리하는 경우에는 지방자치단체는 국가기관의 일부가 아니라 국가기관과는 별도의 독립한 공법인"에 해당한다고 보았다.35) 사례에서 지방자치단체 소속 공무원 甲은 지방자치단체 고유의 자치사무(지방자치법 제9조 제2항 제2호 (자)목)를 수행하던 중 구 도로법 제82조에 위반한 것이므로 그 지방자치단체는 구 도로법 제86조의 양벌규정에 따라 처벌된다.

---

31) 대법원 1997. 1. 24. 선고 96도524 판결.
32) 현행 도로법 제59조.
33) 현행 도로법 제98조 제1항 제3호.
34) 현행 도로법 제100조(양벌규정) ① 법인의 대표자, 대리인, 사용인, 그 밖의 종업원이 그 법인의 업무에 관하여 제96조부터 제99조까지의 규정에 따른 위반행위를 하면 그 행위자를 벌할 뿐만 아니라 그 법인에도 해당 조문의 벌금형을 과한다. 다만, 법인이 그 위반행위를 방지하기 위하여 해당 업무에 관하여 상당한 주의와 감독을 게을리하지 아니한 때에는 그러하지 아니하다.
35) 대법원 2005. 11. 10. 선고 2004도2657 판결; 대법원 2009. 6. 11. 선고 2008도6530 판결.

제 3 절 인과관계와 객관적 귀속

> **제17조(인과관계)** 어떤 행위라도 죄의 요소되는 위험발생에 연결되지 아니한 때에는 그 결과로 인하여 벌하지 아니한다.

인과관계에서 '인'(因)이란 원인을 말하며, '과'(果)는 결과를 말한다. 인과관계란 원인-결과관계, 즉 행위와 결과 사이의 일정한 관계를 말한다. 제17조는 "어떤 행위라도 죄의 요소되는 위험발생에 연결되지 아니한 때에는 그 결과로 인하여 벌하지 아니한다"라고 규정하고 있다. 여기서 "어떤 행위라도 ⋯ 그 결과로 인하여"라는 문구는 행위가 결과발생의 원인일 것을 요하는 것이므로 행위와 결과사이에 인과관계를 규정한 것이라고 이해할 수 있다. 그리고 "죄의 요소되는 위험발생에 연결되지 아니한 때에는"이란 문구는 행위가 위험을 야기시키고 그 위험이 결과를 실현시킬 것을 요하는 것이므로 객관적 귀속을 규정한 것이라고 이해할 수 있다. 따라서 형법조문을 보면 객관적 구성요건요소로서 주체, 객체, 행위, 결과만 기술되어 있지만, 결과범[36]의 경우에는 범죄가 성립하기 위해서는 그 이외에도 인과관계와 객관적 귀속이 있어야 한다.[37]

주체, 객체, 행위, 결과가 모두 인정되더라도 인과관계가 성립하지 않는 경우에는 객관적 구성요건해당성은 부정된다. 인과관계가 부정되는 경우 고의범의 경우에는 미수만이 성립하며, 과실범의 경우에는 과실미수는 불가벌이므로 무죄가 된다.

인과관계가 인정되기 위해서는 행위와 결과 사이에 어떠한 관계가 있을 것을 요하는가에 대하여는 다양한 학설들이 있지만, 초학자들은 우선은 다수

---

[36] 결과범(실질범)이란 구성요건의 내용상 결과의 발생이 있어야 성립하는 범죄를 말한다. 살인죄, 상해죄, 손괴죄 등이 여기에 해당한다. 이에 대해서 결과의 발생 없이 행위만 있으면 성립하는 범죄를 거동범(형식범)이라고 한다. 주거침입죄, 무고죄, 위증죄 등이 여기에 해당한다. 이러한 범죄에서는 인과관계가 문제되지 않는다.
[37] 인과관계와 객관적 귀속이 형법조문에는 구성요건의 요소로 규정되어 있지 않다는 의미에서 이를 '미기술적 구성요건요소' 또는 '기술되지 아니한 구성요건표지'라고 한다.

설과 판례의 견해부터 정확히 이해하는 것이 순서일 것이다. 따라서 여기서는 ① 전통적인 학설로서 현재에도 독일의 판례가 채택하고 있는 조건설, ② 우리나라 판례가 채택하고 있는 상당인과관계설 그리고 ③ 인과관계의 판단은 조건설에 의하되 객관적 귀속론에 의하여 객관적 구성요건의 성립범위를 제한하는 우리나라 및 독일의 다수설에 대하여만 설명하기로 한다.

I. 조건설

조건설(등가설)은 "그러한 행위가 없었더라면 그러한 구체적 결과는 발생하지 않았을 것이다"라는 절대적 제약공식(Conditio-sine-qua-non-Formel)에 의하여 인과관계를 판단한다.[38] 예컨대 甲이 乙을 흉기로 가격하여 사망케 한 경우 이 공식에 의하면 '만일 甲이 乙을 흉기로 가격하지 않았더라면 乙은 사망하지 않았을 것'이므로 甲의 행위와 乙의 사망 사이에 조건관계(조건적 인과관계)는 의심의 여지없이 인정된다. 이 공식은 적용하기가 용이하고 명확하다는 장점이 있기 때문에 독일의 판례가 지금까지 일관하여 채택하고 있는 것이다. 이 공식을 적용하여 인과관계를 판단하면 거의 대부분의 사례에는 아무런 문제없이 적용되므로 보통의 경우에는 이 공식에 의하되, 다만 후술하는 바와 같이 이중적 인과관계와 가설적 인과관계 등 두 가지 경우에는 인과관계가 부당하게 부정되는 문제가 발생하므로 예외적으로 이 공식에 수정을 가하여 문제를 해결하면 된다(수정된 인과관계).

합법칙적 조건설(다수설)은 합법칙적 조건공식(Formel von der gesetzmäßigen Bedingung)[39]에 따라 "결과가 일련의 변화를 통하여 행위와 합법칙적으로 연결되었다" 또는 "행위가 일반인의 경험지식에 의한 인과법칙에 의하여 결과를 야기한 것이다"라고 인정되면 인과관계의 성립을 인정한다. 즉 이 견해는 행위와 결과 사이에 합법칙적 관련(일반적 생활지식에 비추어 그러한 행위로

---

38) Baumann/Weber/Mitsch, AT, § 14, Rn. 11 ff.; .Spendel, Die Kausalitätsformel der Bedingungstheorie für die Handlungsdelikte, 1948, 38; Welzel, Das Deutsche Strafrecht, 11. Aufl., § 9 II.
39) 이 공식은 합법칙적 조건설을 처음으로 주장한 Engisch(Die Kausalität als Merkmal der strafrechtlichen Tatbeatände, 1931, S. 21)의 이론을 간결하게 정리하여 만든 것이다.

인하여 그러한 결과가 발생하였다)이 있으면 인과관계를 인정한다. 이 견해는 기존의 조건설에 의하면 이중적 인과관계나 가설적 인과관계의 경우에 인과관계가 부정되는 문제점을 해결하기 위하여 주장된 이론이다. 그러나 지금은 조건설을 주장하는 견해도 수정된 인과관계를 통하여 문제를 해결하였으므로 합법칙적 조건설과 결론에서 아무런 차이가 없다. 따라서 적용하기가 용이하고 명확하다는 조건설의 장점을 포기하고 굳이 합법칙적 조건설을 채택할 필요성은 없는 것으로 생각된다.

그러면 절대적 제약공식이 여러 종류의 인과관계에 적용되는 경우 생기는 문제점과 그에 대한 해결책에 대하여 살펴보기로 한다.

1. 이중적 인과관계(택일적 인과관계)

단독으로도 결과를 야기할 수 있는 독립된 행위가 동시에 작용하여 결과를 발생시킨 경우를 말한다. 예컨대 甲과 乙이 의사연락 없이 각자 치사량의 독약을 음료수에 넣었는데, 丙이 이를 마시고 사망한 경우가 이에 해당한다.

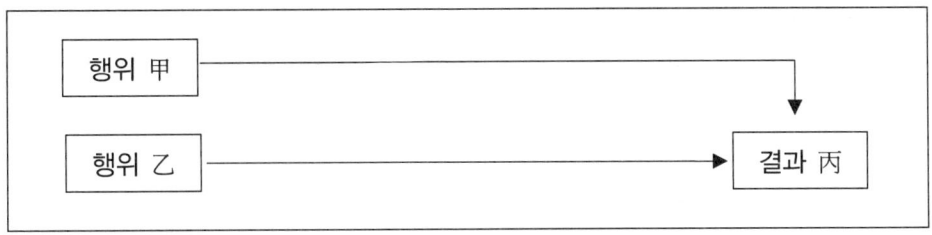

절대적 제약공식을 이중적 인과관계에 적용하면 '만일 甲이 독약을 넣지 않았더라도 丙은 어차피 사망했을 것'이므로 인과관계가 부정되는 부당한 결론에 이르게 된다. 따라서 이 경우에는 기존의 조건설을 "그러한 행위가 누적적으로 없었다면 그러한 결과는 발생하지 않았을 것이다"로 수정하여야 한다. 즉 행위가 택일적(alternativ)이 아니라 누적적(kumulativ)으로 없었다는 조건하에 결과가 발생하였을 것인가에 따라 인과관계를 판단하는 것이다.[40] 따라서 甲과 乙의 행위가 모두, 즉 누적적으로 없었다면 丙은 사망하지 않았을 것이

---

40) Baumann/Weber/Mitsch, AT, § 14, Rn. 41 f.

므로 甲의 행위와 乙의 행위 모두 丙의 사망에 대하여 인과관계가 인정된다.41)

2. 누적적 인과관계(중첩적 인과관계)

단독으로는 결과에 이를 수 없는 두 개의 독립된 행위가 결합하여 결과를 야기한 경우를 말한다. 예컨대 甲과 乙이 각자 독립하여 치사량에 미달하는 독약을 음료수에 넣었는데, 각자의 독약이 결합하여 치사량에 이르게 되어 丙이 이를 마시고 사망한 경우이다.

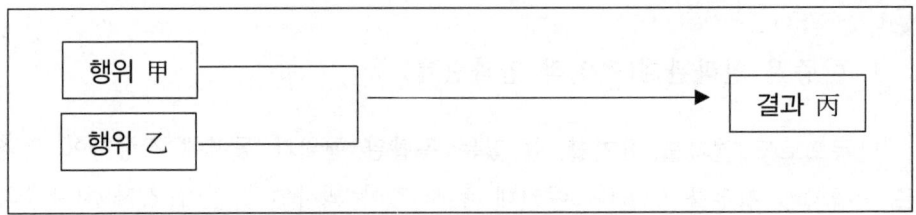

이 경우에는 절대적 제약공식을 그대로 적용하면 된다. 만일 甲이 독약을 넣지 않았다면 치사량 미달이므로 丙은 사망하지 않았을 것이다. 따라서 인과관계는 인정된다. 乙의 행위도 같은 이유에서 인과관계가 성립한다. 다만 결과의 객관적 귀속이 가능한가에 대하여는 논란의 여지가 있다.42)

3. 가설적 인과관계

어떤 행위로 인하여 결과가 발생하였는데, 그 행위가 아니었더라도 어차피 다른 원인(가설적 대체원인)에 의하여 그 결과는 여전히 발생하였을 것이라고 인정되는 경우를 말한다. 예컨대 甲이 치사량의 독약을 음료수에 넣어 丙이 이를 마시고 사망하였는데, 그 이전에 그가 타려고 예약했던 비행기가 추락하여 승객 전원이 사망하였기 때문에 甲이 독약을 넣지 않았더라도 그는 어차

---

41) 합법칙적 조건설에 의하더라도 본 사례의 경우 甲이 독약을 넣은 행위와 丙의 사망 간에 합법칙적 연관이 있으므로, 즉 甲의 행위는 일반인의 경험지식에 의한 인과법칙에 의하여 丙의 사망의 결과를 야기한 것이므로 인과관계가 성립한다.
42) 이 점에 대하여는 제2편 제3장 제3절 Ⅲ 3 (3) ③ 참조.

피 비행기 사고로 사망하였을 것이라고 인정되는 경우이다.

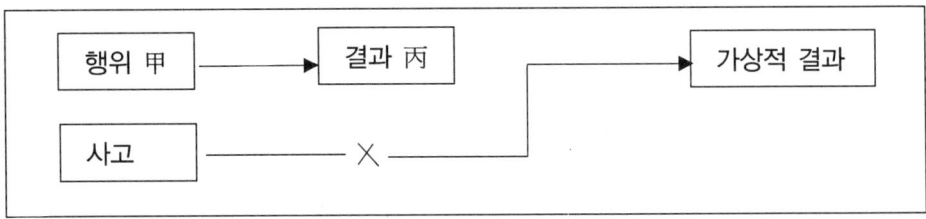

인과관계는 실제로 발생한 인과과정, 즉 甲이 음료수에 넣은 독약을 마시고 丙이 사망한 과정만을 고려하여 판단하는 것이다. 따라서 실제로 구체적 결과를 야기하지 않은 가설적 대체원인, 즉 甲이 독약을 넣지 않았더라도 丙은 비행기 사고로 사망하였을 것이라는 가상은 배제하고 판단하여야 한다. 즉 인과관계의 판단은 "그러한 행위가 없었더라면 그러한 구체적 결과는 발생하지 않았을 것이다"라는 공식에 의하여 판단한다.43) 甲이 독약을 넣지 않았더라면 丙이 독약에 중독되어 사망하는 구체적 결과는 없었을 것이므로 인과관계는 인정된다.44)

4. 추월적 인과관계

나중의 행위가 처음의 행위를 추월하여 결과를 발생시킨 경우 처음의 행위와 결과 사이의 인과관계는 부정된다. 왜냐하면 나중의 행위는 처음의 행위와 독립하여 결과를 발생시킨 것이며, 처음의 행위는 이로 인하여 결과의 발생까지 계속하여 이어지지 못했기 때문이다. 예컨대 甲이 丙을 살해할 목적으로 치사량의 독약을 음료수에 넣어 마시게 했는데, 丙이 사망하기 전에 乙이 그에게 총을 발사하여 살해한 경우이다.

---

43) Baumann/Weber/Mitsch, AT, § 14, Rn. 11, 17.
44) 사례의 경우 합법칙적 조건설에 의하면 甲이 독약을 넣은 행위가 일반인의 경험지식에 의한 인과법칙에 의하여 丙의 사망의 결과를 야기한 것이므로 마찬가지로 인과관계가 인정된다.

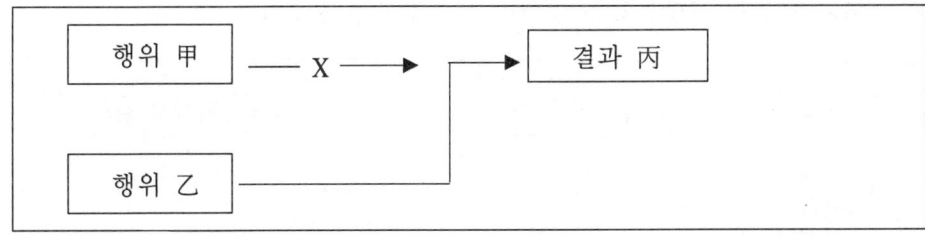

이 경우에도 절대적 제약공식은 그대로 타당하다. 甲의 행위와 丙의 사망 사이의 인과관계를 보면, 만일 甲이 독약을 넣지 않았더라도 丙은 여전히 총에 맞아 사망하였을 것이므로 인과관계가 부정된다. 그리고 乙의 행위와 丙의 사망 사이의 인과관계를 보면, 만일 乙이 총을 쏘지 않았다면 그러한 구체적 결과, 즉 丙이 총에 맞아 사망한 결과는 발생하지 않았을 것이므로 인과관계는 성립한다. 왜냐하면 乙이 총을 쏘지 않았더라도 丙은 어차피 甲이 넣은 독약을 먹었기 때문에 사망하였을 것이라는 가설적 대체원인은 인과관계의 판단에서 고려하지 않기 때문이다.

(예 1) 엠파이어스테이트 빌딩 사례: 甲은 乙을 살해할 목적으로 엠파이어스테이트 빌딩의 옥상에서 떠밀었는데, 丙은 아래로 떨어지고 있는 乙에게 총을 발사하여 살해하였다. 甲, 丙의 죄책은?

이 사례는 추월적 인과관계에 해당한다. 만일 丙이 총을 발사하지 않았다면 乙이 총에 맞아 사망하는 구체적 결과는 발생하지 않았을 것이므로 인과관계가 인정된다. 어차피 乙은 총에 맞지 않았더라도 추락하여 사망했을 것이라는 가설은 인과관계의 성립에 지장이 없다. 따라서 丙에 대하여는 살인죄가 성립한다. 그리고 甲의 행위는 丙의 행위로 인하여 결과에 이르지 못하고 단절되었으므로 인과관계는 인정되지 않는다. 따라서 甲에 대하여는 살인미수만이 성립한다.[45]

이와 관련하여 유의할 것은 기존의 조건이 후의 조건에 의해 추월된 것이 아니라 결과의 발생까지 계속하여 이어진 경우에는 추월적 인과관계에 해당하지 않으며 처음의 조건과 결과 사이의 인과관계는 인정된다.

---

45) 인과관계의 성립을 인정하는 견해에 대해서는 유기천, 형법학(총론강의), 151면.

(예 2) 甲은 乙을 살해할 목적으로 가슴에 총을 발사하였다. 丙은 乙이 구조의 가망성도 없이 고통스러워하는 것을 보고 총을 발사하여 사망케 하였다. 甲, 丙의 죄책은?

丙의 행위가 없었다면 乙이 총에 맞아 사망한 구체적 결과는 발생하지 않았을 것이므로 인과관계가 인정된다. 丙이 총을 발사하지 않았더라도 乙은 어차피 甲의 행위로 인하여 사망하였을 것이라는 가설적 대체원인은 인과관계의 성립에 영향을 미치지 못한다. 문제는 甲의 행위와 乙의 사망 사이의 인과관계를 인정할 수 있는가이다. 甲이 총을 발사한 행위가 원인이 되어 丙이 乙에 대하여 총을 발사한 것이므로 甲의 행위는 丙의 행위에 의하여 추월된 것이 아니라 결과의 발생까지 계속하여 연결되어 있다. 甲이 乙에게 총을 발사하지 않았더라면 丙은 乙에게 총을 발사하지 않았을 것이므로 甲의 행위는 乙의 사망과 인과관계가 있다. 이 사례에서 독일의 연방대법원은 丙의 개입으로 인한 인과관계의 착오는 본질적이지는 않으므로 甲에 대하여는 살인죄가 성립된다고 보았다.46)

5. 인과관계의 중단

인과과정의 진행 중 타인의 고의 또는 과실행위나 우연한 사실이 개입하는 경우 인과관계가 중단된다고 하는 견해가 있다(인과관계 중단론 또는 소급금지론). 예컨대 甲이 丙을 칼로 찔렀는데 그가 구급차에 실려 가던 도중에 운전사 乙의 과실로 교통사고를 당하여 사망한 경우 또는 병원에서 의사 乙의 과실로 사망한 경우에 인과관계는 교통사고 또는 의사의 과실로 인하여 중단되었으므로 성립하지 않는다고 한다. 그러나 타인의 행위나 우연한 사실이 개입했더라도 인과관계의 추월에 해당하는 경우가 아닌 이상은 인과관계는 부정되지 않는다. 사례의 경우에도 甲의 행위가 없었다면 丙의 사망은 없었을 것이므로 인과관계는 성립한다.47)

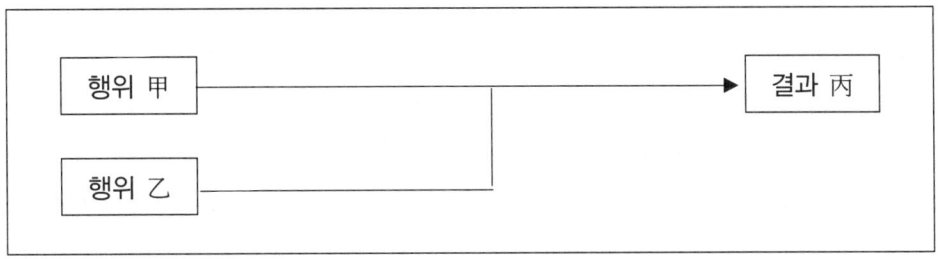

---
46) BGH MDR 56, 526.
47) 오늘날 인과관계의 중단을 인정하는 견해는 없으며, 다만 후술하는 비전형적 인과관계의 문제

6. 비전형적 인과관계

인과과정의 진행 도중에 다른 사람의 행위나 조건이 개입하여 결과에 이르는 경우를 말한다. 앞에서 설명한 인과관계의 중단에서 든 사례와 같이 칼에 찔린 자가 구급차에 실려 가던 도중에 교통사고를 당하거나 병원에서 의사의 과실로 사망한 경우가 이에 해당한다. 이러한 경우에도 칼로 찌른 행위가 없었다면 교통사고나 의사의 과실로 사망하는 일은 없었을 것이므로 인과관계는 인정된다.[48]

비전형적 인과관계에서 알 수 있는 바와 같이 조건설의 문제점은 인과관계의 성립범위가 지나치게 확대된다는 점에 있다. 심지어는 甲이 乙을 살해한 경우 甲의 부모가 甲을 출생하지 않았더라면 乙은 사망하지 않았을 것이므로 甲의 부모, 더 나아가서는 그의 조상까지도 乙의 사망에 대하여 인과관계가 있다는 결과가 된다. 이러한 조건설의 문제점을 해결하기 위하여 여러 가지 이론이 주장되고 있는데, 우리나라에서 주장되는 이론으로는 상당인과관계설과 객관적 귀속론이 있다.

7. 인과관계의 입증

> **제19조(독립행위의 경합)** 동시 또는 이시의 독립행위가 경합한 경우에 그 결과발생의 원인된 행위가 판명되지 아니한 때에는 각 행위를 미수범으로 처벌한다.

인과관계의 입증은 다른 범죄성립조건과 마찬가지로 "합리적 의심이 없는 정도의 확신"에 이르러야 한다. 인과관계가 자연과학적으로 확실하게 입증이 되지 않았더라도, 법원이 이러한 확신에 이르렀다고 판단되는 경우에는 인과관계를 인정할 수 있다. 판사의 심증형성의 대상은 보편타당한 자연과학적인 인과법칙이 아니라 개별사건에 있어서 문제되는 인과관계이다. 설령 인과관계가 자연과학적으로 확실히 입증되지 않더라도 행위와 결과 사이의 인과성에 대한 판사의 확신에 지장이 있는 것은 아니다.[49] 예컨대 어떤 제품을 사용한

로서 논의되고 있다.
48) 비전형적 인과관계의 경우에 객관적 귀속에 대하여는 제2편 제3장 제3절 III 3 (3) ② 참조.

자에게 건강상의 침해가 발생한 경우에 그 제품의 어떤 성분이 원인이었는지가 자연과학적으로 밝혀지지 않더라도, 그 제품을 소비한 사람들에게 그러한 침해가 빈번하게 발생하였고 그 제품 이외의 다른 원인이 침해를 유발했을 가능성이 배제된다면, 그 제품의 특성과 소비자의 건강침해 사이의 인과관계는 입증되었다고 할 수 있다.

(예 3) 가죽보호용 스프레이를 생산하는 회사의 사장 甲은 그 스프레이를 사용한 소비자들이 건강상의 중대한 침해를 입었다는 보고를 들었다. 그러나 그 회사의 전문가의 조사결과 실제로 그 스프레이에 유독성이 있는지의 여부와 스프레이의 어떤 물질이 유독성인지가 확인되지 않자, 甲은 그 제품을 계속하여 생산, 판매하였다. 그 이후에도 스프레이의 사용 후에 소비자의 건강이 침해되는 사태가 계속하여 발생하였다. 그 이후의 조사에서도 어떤 성분이 침해를 야기했는지는 밝혀지지 않았다. 甲에게 업무상 과실치상죄를 인정하기 위해서는 인과관계가 어느 정도 입증되어야 하는가?[50]

제품의 어떤 성분이 침해를 야기했는지가 자연과학적으로 정확하게 확인되지 않더라도, 빈번하게 발생하는 침해에 대하여 그 제품의 사용 이외에 다른 원인이 있었을 가능성이 배제된다면, 법원은 그 제품이 소비자의 건강침해의 원인이라는 확신에 이를 수 있다.[51]

인과관계가 입증되지 않는 경우에는 "의심스러운 때에는 피고인의 이익으로"의 원칙에 따라 인과관계는 부정된다. 제19조(독립행위의 경합)도 "동시 또는 이시의 독립행위가 경합한 경우에 그 결과발생의 원인된 행위가 판명되지 아니한 때에는 각 행위를 미수범으로 처벌한다"고 규정하고 있다. 이 규정은 독립행위가 경합(동시범)하여 인과관계가 입증되지 않는 경우에 "의심스러운 때에는 피고인의 이익으로"의 원칙 내지는 '입증책임은 검사에게 있다'는 거증책임의 일반원칙을 적용한 결과라고 할 수 있다.

(예 4) 甲과 乙은 의사의 연락 없이 丙을 살해할 목적으로 총을 발사했다. 丙이 한발만 맞고 사망했는데, 甲과 乙 가운데 누가 쏜 총이 사망의 원인이 되었는지 밝혀지지 않은 경우 甲, 乙의 죄책은?

---

49) Baumann/Weber/Mitsch, AT, § 14 Rn. 50; Roxin, Strafverfahrensrecht, 21. Aufl., § 15 Rn. 23. 이에 대하여 Armin Kaufmann, JZ 1971, 574은 자연과학적으로 인정된 인과법칙이 없는 경우 형법상 인과관계의 성립 자체를 부정한다.
50) BGHSt 37, 106.
51) Baumann/Weber/Mitsch, AT, § 14 Rn. 50.

甲의 행위와 丙의 사망 사이의 인과관계는 입증되지 않았으므로 "의심스러운 때에는 피고인의 이익으로"의 원칙에 의하여 부정된다. 따라서 甲은 살인미수로만 처벌된다(제19조). 乙의 경우도 甲에 대하여 설명한 것과 같이 살인미수가 성립한다.

(예 5) 甲男은 가정 내의 폭군으로서 아내 乙女와 그녀가 시집올 때 데리고 온 딸 丙女를 무자비하게 폭행하곤 하였다. 어느 날 丙女는 甲男을 살해할 목적으로 뒤에서 머리를 후라이팬으로 수 회 가격하였다. 甲男이 쓰러지자 그녀는 경찰을 부르기 위하여 밖으로 뛰어 나갔다. 그 후에 乙女가 나타나 그 후라이팬을 집어 들고 살인의 고의로 최소한 1회 이상 머리를 가격하였다. 만일 甲男의 사망이 丙女의 가격으로 인한 것인지 아니면 乙女의 가격으로 인한 것인지 밝혀지지 않았다면 乙女, 丙女의 죄책은?

乙女, 丙女 사이에는 甲男을 살해하기 위한 의사연락이 없었으므로 독립행위의 경합에 해당한다. 그리고 甲男의 사망은 丙女가 가격하여 즉사하였거나 아니면 의식만 잃고 쓰러졌는데, 후에 乙女가 가격하여 사망하였을 가능성만 입증되었을 뿐 甲男의 사망의 구체적인 원인은 밝혀지지 않았다. 따라서 제19조에 의하여 乙女, 丙女 모두 살인미수로 처벌된다. 즉 "의심스러운 때에는 피고인의 이익으로"의 원칙에 의하면 丙女의 죄책을 논할 때에는 甲男은 乙女의 가격으로 인해 사망한 것으로 보아야 하므로 살인미수가 성립한다(제19조). 마찬가지로 乙女의 죄책을 논할 때는 甲男은 丙女의 가격으로 인하여 즉사하였으며 乙女는 단지 죽은 시신을 가격한 것으로 보아야 하므로 살인의 불능미수가 성립한다.[52]

(판례 1) 甲은 편도 2차로의 1차로를 송정리 쪽에서 나주 쪽으로 시속 70킬로미터로 A가 운전하는 포터 화물차 뒤쪽에서 진행하고, 乙은 같은 일시 반대편 1차로를 나주 쪽에서 송정리 쪽으로 승합차를 시속 70킬로미터로 진행하였다. 乙이 과실로 중앙선을 침범하면서 반대방향에서 진행해 오던 A의 포터 화물차의 전면부분을 위 승합차의 우측 뒷부분으로 들이받고, 甲은 비가 내려 노면이 젖어 있었음에도 A의 차량과 30-40미터의 거리로 근접하여 운행하면서 전방주시의무를 게을리 한 업무상 과실로 위와 같이 두 차량이 충돌한 직후 바로 A의 화물차 뒷적재함 부분을 위 승용차의 앞범퍼 부분으로 들이받았다. 甲, 乙의 과실로 인한 연쇄충돌 사고의 충격으로 A는 두부 및 흉부손상 등으로 사망하였다. A의 사체를 검안한 의사 B의 진술에 의하면 피해자 A의 사인은 두부 손상 및 흉부 손상으로 추정되나 정확한 사인은 알 수 없다고 한다. 甲, 乙의 죄책은?

(1) 乙의 죄책

乙이 중앙선을 침범하여 A의 화물차의 전면부분을 들이받지 않았더라면, A는 사망하지 않았을 것이므로 조건관계가 성립한다. A가 乙의 일차충돌로 인하여 사망했는지 아니면 甲의 이차충돌로 인하여 사망했는지는 입증되지는 않았지만, 어떠한 경우든 乙의 일차충

---

52) 독일의 연방대법원(BGH NJW 1966, 1823)도 乙女, 丙女에 대하여 살인미수죄의 성립을 인정하였다.

돌이 없었다면 A는 사망하지 않았을 것이므로 조건관계를 인정하는데 지장이 없다. 그리고 이차충돌로 인하여 사망의 결과가 발생하였다고 하더라도 이는 예견가능성의 범위에 있으므로 상당인과관계가 인정된다. 따라서 乙에 대하여는 업무상과실치사죄가 성립한다.[53]

(2) 甲의 죄책
A의 사망 원인이 되는 두부 손상 및 흉부 손상이 甲, 乙 가운데 누구의 행위로 인하여 발생한 것인지에 관하여 인과관계가 입증되지 않은 경우에 甲, 乙의 죄책을 어떻게 판단할 것인가의 문제이다. 만일 甲, 乙에 대하여 과실범의 공동정범이 성립한다면 인과관계가 입증되지 않아도 甲, 乙 모두에 대하여 공동책임을 물을 수 있으므로 업무상과실치사죄의 성립을 인정할 수 있을 것이다. 그러나 판례가 인정하고 있는 과실범의 공동정범은 2인 이상 행위자가 행위를 공동으로 한다는 인식이 있을 것을 전제로 하는데(행위공동설), 甲과 乙 사이에는 이러한 의사연락이 없었으므로 과실범의 공동정범을 인정할 여지는 없다. 제2심 법원도 甲과 乙사이에 "어떠한 공동의 목표가 있어 그에 대한 의사연락이 있었다고 볼 여지가 없으므로"[54] 과실범의 공동정범은 성립하지 않는다고 판단하였다.
이 사례는 독립행위가 경합하여 인과관계가 입증되지 않는 경우에 해당하므로 '의심스러운 때에는 피고인의 이익으로'의 원칙에 따라 甲에 대하여는 업무상과실치사죄가 성립하지 않는다고 보아야 한다. 대법원도 "선행 교통사고와 후행 교통사고 중 어느 쪽이 원인이 되어 피해자가 사망에 이르게 되었는지 밝혀지지 않은 경우 후행 교통사고를 일으킨 사람의 과실과 피해자의 사망 사이에 인과관계가 인정되기 위해서는 후행 교통사고를 일으킨 사람이 주의의무를 게을리 하지 않았다면 피해자가 사망에 이르지 않았을 것이라는 사실이 입증되어야 하고, 그 입증책임은 검사에게 있다"고 판시하고 "피고인의 과실행위로 인하여 피해자를 사망에 이르게 하였다고 단정할 증거가 없다"는 이유로 피고인에게 무죄를 선고한 원심의 판단은 정당하다고 판단하였다.[55]
선행 교통사고를 일으킨 乙의 경우에는 A가 제1차충돌과 제2차충돌 가운데 어느 것이 사망의 원인이 되었는지와 관계없이 인과관계가 성립한다. 그러나 甲의 경우에는 A가 제2차충돌로 인하여 사망하였다면 인과관계가 성립하지만, 제1차충돌로 인하여 이미 사망한 후에 제2차충돌이 있었다면 甲의 제2차충돌과 A의 사망 사이에는 인과관계가 없으므로 업무상과실치사죄는 인정되지 않는다. 판례는 제1차충돌과 제2차충돌 가운데 어느 것이 사망의 원인이 되었는지가 판명되지 않았으므로 '의심스러운 때에는 피고인의 이익으로'의 원칙에 따라 A가 제1차충돌로 인하여 사망한 것으로 추정하고 甲에 대하여는 무죄를 인정한 것이다.

---

53) 광주지방법원 2005.2.17. 선고 2005고단20, 2005고단39(병합) 판결.
54) 광주지방법원 2005.10.27. 선고 2005노486 판결.
55) 대법원 2007. 10. 26. 선고 2005도8822 판결. 같은 취지: 대법원 2014. 6. 12. 선고 2014도3163 판결.

II. 상당인과관계설

우리나라의 일부 학설[56]과 판례는 조건설의 문제점을 해결하기 위하여 상당인과관계설을 채택하고 있다. 이 견해는 인과관계의 성립을 위해서는 조건관계 이외에 상당성을 요한다고 한다. 즉 상당인과관계 = 조건관계 + 상당성이라고 할 수 있다.[57] 여기서 상당성이란 "일반적인 생활경험에 의할 때 그러한 행위로 인하여 그러한 결과가 발생하는 것이 예측가능한 것"을 말한다.

상당성의 판단방법으로는 주관적 상당인과관계설, 객관적 상당인과관계설, 절충적 상당인과관계설 등이 있다. 주관적 상당인과관계설은 행위당시(ex ante) 행위자가 인식한 사정과 인식가능하였던 사정을 기초로 상당성을 판단하는 것이다. 이에 대하여 객관적 상당인과관계설은 사후에(ex post) 행위당시에 존재한 모든 사정을 기초로 상당성을 판단한다.[58] 그리고 절충적 상당인과관계설은 행위당시(ex ante) 일반인이 인식할 수 있었던 사정과 행위자의 특별한 인식까지 고려하여 상당성을 판단하는 것이다. 이를 객관적 사후예측(objektiv-nachträgliche Prognose)이라고도 한다.[59] 여기서 '객관적'이란 법관이 객관적 관찰자의 입장에서 판단한다는 의미이며, '사후'(nachträgliche)[60]라는 말은 판사가

---
56) 대부분의 문헌에는 이 학설이 우리나라의 다수설로 소개되어 있다. 그러나 현재의 다수설은 합법칙적 조건설 + 객관적 귀속론을 주장하는 견해로 보아야 하지 않을까 생각한다.
57) 상당인과관계설은 인과관계의 판단에 있어서 조건관계를 배제하고 상당성만을 유일한 기준으로 하는 것이 아니다. 이 학설은 조건설을 대체하는 학설이라기보다는 이를 보충하는 것이라고 이해하는 것이 타당할 것이다.
58) 배종대, 총론, 150면.
59) 우리나라의 일부 문헌(예컨대 배종대, 총론, 150면)에는 객관적 상당인과관계설은 행위당시에 존재한 모든 사정을 기초로 사후에 상당성을 판단한다는 의미에서 객관적 사후예측이라고 설명한다. 그러나 '예측'이란 법관이 행위당시의 시점으로 되돌아가서(ex ante), 즉 행위당시에는 인식할 수 없었던 모든 사정을 배제한 상태에서 인과과정의 진행 이후에 비로소 알게 된 상황을 근거로 결과발생의 가능성을 판단한다는 의미이다. 따라서 객관적 상당인과관계설이 행위당시에 존재한 모든 사정을 고려해서 사후에(ex post) 결과발생의 가능성을 판단하는 것은 예측(Prognose)이라기보다는 '감식'(Diagnose)이라고 보아야 할 것이다(v. Hippel, Deutsches Strafrecht 2, 1930, 148 mit Fußn. 1).
객관적 사후예측의 방법은 오히려 절충적 상당인과관계설과 일치한다. 김일수, 한국형법 I, 326면의 각주 4); Baumann/Weber/Mitsch, AT, § 14 Rn. 56 ff.; Roxin, AT I, § 11 Rn. 35 등도 객관적 사후예측의 방법은 행위당시에 일반인이 인식가능한 사정과 행위자의 특별한 지식을 고려하여 상당성을 판단하는 것으로 이해하고 있다.
60) 객관적 사후예측에서 의미하는 사후(nachträgliche)와 객관적 상당인과관계설에서 의미하는 사

형사소송에서,61) 즉 구체적인 결과가 이미 발생한 이후에 그 결과와 관련해서 상당성을 판단한다는 의미이다. 그리고 '예측'(Prognose)이란 법관이 행위당시 (ex ante)의 시점으로 되돌아가서 상당성을 판단한다는 의미이다. 이 방법에 의하면 상당성은 법관이 범행당시의 객관적 관찰자의 입장에 서서 통찰력 있는 사람의 인식과 행위자의 특별한 지식을 기초로 예측가능성을 판단한다.

(판례 2) 고등학교 교사 甲은 학생 乙의 뺨을 때렸는데, 乙이 뒤로 넘어지면서 땅에 머리를 부딪쳐 사망하였다. 乙이 뒤로 넘어진 것은 뺨을 맞은 탓이 아니라 평소의 허약상태에서 온 급격한 뇌압상승 때문이었으며, 사망의 원인이 된 측두골 골절이나 뇌좌상은 보통 사람의 두개골은 3 내지 5밀리미터인데 비하여 피해자는 0.5밀리미터 밖에 안 되는 비정상적인 얇은 두개골이었고 또 뇌수종이 있었기 때문인 것으로 밝혀졌다. 甲의 죄책은?

만일 甲이 乙의 특이체질을 알고 있었다면 상당인과관계설 가운데 어느 견해에 의하더라도 乙의 사망가능성을 예측할 수 있었으므로 폭행과 사망간의 인과관계는 인정된다. 그러나 실제 사건의 경우와 같이 甲이 이러한 사실을 모른 경우에는 어느 견해에 의하여 상당성을 판단하는가에 따라 결론이 달라진다. 절충적 상당인과관계설에 의하면 사려깊은 일반인이나 행위자 甲은 乙의 특이체질 사실을 인식할 수가 없으므로 乙의 사망가능성 또한 예측할 수가 없다. 따라서 인과관계는 성립하지 않으므로 폭행치사죄는 성립하지 않는다. 이에 대하여 객관적 상당인과관계설에 의하면 일반인이나 행위자가 인식할 수 있었는가와 관계없이 행위당시에 존재한 모든 사정을 기초로 예측가능성을 판단하므로, 乙의 특이체질을 고려하면 甲의 폭행으로 인하여 乙이 사망한다는 것은 예측가능하므로 인과관계가 성립한다. 따라서 甲의 행위는 폭행치사의 구성요건에 해당한다. 판례는 "두뇌의 특별 이상이 있음은 미처 알지 못하였던 것"62)을 이유로 인과관계를 부정한 것으로 미루어 보면 절충적 상당인과관계설을 채택하였다고 할 수 있다.

(예 6) 甲은 막대한 유산을 남길 가능성이 있는 백부 乙을 설득하여 기차여행을 하도록 하였다. 甲은 홍수로 인하여 특정지역의 철로노반이 빗물에 깎여 내려가 기차가 지나가면 내려앉아 사고가 날 수 있는 가능성이 있다는 사실을 잘 알고 있었다. 실제로 그 기차는 지반이 내려앉는 바람에 추락하여 백부 乙은 사망하였다. 상당인과관계설에 의하면 甲의 죄책은?

후(ex post)는 개념상 서로 다른 것이다. 전자는 '사건이 발생한 이후에'라는 의미이며 사후예측(nachträgliche ex ante Urteil)은 '사건이 발생한 이후에 <u>행위당시의 시점</u>으로 되돌아가서 장래의 사건에 대하여 예측한다'는 의미이다. 이에 대하여 후자는 '<u>사건이 발생한 이후의 시점에서</u>' 과거의 사건에 대하여 판단한다는 의미이다.

61) Roxin, AT I, § 11 Rn. 35.
62) 대법원 1978. 11. 28. 선고 78도1961 판결.

객관적 사후예측의 방법(절충적 상당인과관계설)은 행위자의 지식이 일반인보다 우월한 경우에 부당한 결론을 피하기 위하여 행위자의 특별한 지식까지도 고려하여 상당성을 판단한다. 만일 통찰력 있는 사람이 인식가능한 사정만을 고려하여 판단하면 乙이 사고로 사망한다는 것은 예측이 불가능하므로 인과관계의 성립이 부정되지만, 甲의 특별한 지식, 즉 지반침하의 가능성까지도 고려하면 乙이 기차사고로 사망한다는 것은 예측가능하므로 인과관계가 인정된다. 따라서 甲에 대해서는 살인죄가 성립한다. 그러나 이 이론은 상당성의 판단에 행위자의 특별한 지식이라는 주관적 요소를 도입함으로써 상당인과관계설을 주관화한다는 비판을 받고 있다.[63]

상당인과관계설은 행위와 결과 사이의 조건관계가 인정되더라도 상당성이 부정되는 경우에는 인과관계를 부정함으로써 성립범위를 적정한 선에서 제한하고 있다. 예컨대 甲의 가격행위로 인하여 乙이 사망하는 것은 일상적인 생활경험에 의하면 충분히 예견가능하므로 甲의 행위와 乙의 사망 간에는 인과관계가 인정되나, 甲의 부모의 출산행위로 인하여 乙이 사망한다는 것은 예견불가능하므로 인과관계의 성립이 부정된다.

> (판례 3-1) **상당인과관계를 부정한 판례**
> 탄광덕대 甲은 화약류취급책임자의 면허가 없는 직원 乙에게 화약고 열쇠를 맡겼다. 乙은 인근 경찰서에서 화약고 검열을 나온다는 사실을 알고 화약을 광부 숙소의 아궁이에 감추어 놓았다. 이러한 사실을 모르는 丙은 아궁이에 불을 때는 바람에 화약이 폭발하여 현장에서 사망하였다. 甲에 대하여 업무상 과실치사죄가 성립하는가?

乙에 대하여 업무상과실치사죄가 성립한다는 점에 대하여는 의문이 없다. 문제는 乙에게 화약관리를 맡긴 탄광덕대 甲에 대하여도 업무상과실치사죄가 성립하는가이다. 이 점에 대하여 대법원은 甲이 무면허자인 乙에게 열쇠를 맡길 당시 그로 인하여 乙이 화약류를 아궁이에 넣어 두어서 사고가 발생한다는 것은 "우리들의 경험칙상 당연히 예상할 수 있는 것"은 아니라는 이유로 상당성을 부정하였다.[64] 따라서 판례(상당인과관계설)에 의하면 甲에 대하여는 인과관계가 없으므로 업무상과실치사죄가 성립하지 않는다. 조건설에 의하면 甲이 乙에게 화약관리를 맡기지 않았더라면 丙은 사망하지 않았을 것이므로 인과관계는 인정된다. 그러나 과실범이 성립하기 위해서는 행위자에게 결과발생에 대한 예견가능성이 있어야 하는데 甲에게는 丙의 사망가능성에 대한 예견가능성이 없으므로 업무상과실치사죄는 성립하지 않는다. 결국 상당인과관계설과 조건설 가운데 어느 견해에 의하더라도 같은 결론에 이르게 된다.

---

63) Baumann/Weber/Mitsch, AT, § 14 Rn. 58.
64) 대법원 1981. 9. 8. 선고 81도53 판결.

(판례 3-2) **상당인과관계를 긍정한 판례**
　도계광업소 소장직에 있는 甲은 화약류 취급책임자 면허가 없는 乙을 화약취급 책임자로 선임하여, 발파작업에 종사케 하였는데, 乙은 전에 사용한 잔류화약의 유무를 확인하지 않고 인부 A, B 등에게 천공작업을 시킨 결과, 착암기의 끝이 잔류화약에 충격을 주어 폭발하는 바람에 A가 사망하였다. 甲의 죄책은?

　대법원은 "화약류를 취급하는데 있어서, 법령소정의 면허를 받지 못한 사람이 화약류를 취급할 때에는, 사고로 인하여 사람을 살상할지 모른다는 위험성이 있다는 것은, 우리의 상식에 속한다고 할 것이니, 본건 사상과 피고인의 과실과의 사이에 상당 인과관계가 있다"[65]고 판단하였다. 따라서 甲에 대하여는 업무상과실치사죄가 성립한다.

(판례 4-1) **상당인과관계를 긍정한 판례**
　학원을 경영하는 甲男은 학원강사로 乙女(20세)를 채용하고, 학습교재를 설명하겠다는 구실로 호텔 7층 객실로 유인하여 강제로 감금한 후 강간하려고 하였다. 2시간 이상 감금된 상태에서 극도의 공포심에 사로잡힌 乙女는 甲男이 객실의 예약시간을 연장하기 위하여 프런트에 전화를 하는 사이에 객실창문을 통하여 탈출하다가 지상으로 추락하여 사망하였다. 甲男의 죄책은?

　甲男에 대하여 강간미수죄가 성립한다 문제는 甲男의 행위와 乙女의 사망 사이에 인과관계가 있는가이다. 만일 인과관계가 인정된다면 강간치사죄가 성립할 것이며, 인과관계가 부정된다면 강간미수만이 성립할 것이다. 대법원은 일반 경험칙상 乙女가 강간을 모면하기 위하여 창문을 통하여서라도 탈출하려다가 지상에 추락하여 사망에 이르게 될 수도 있음을 충분히 예견할 수 있었다고 볼 것이므로, 甲男의 강간미수행위와 乙女의 사망과의 사이에는 상당인과관계가 있다고 인정하여 강간치사죄가 성립한다고 보았다.[66] 판례가 상당성을 인정한 근거를 정리하면 다음과 같다. ① 乙女는 학습교재를 설명하겠다는 甲男에게 유인되어 정조를 유린당할 상황에까지 이르게 된 것이며, ② 乙女의 당시 나이가 겨우 20세로서 처녀의 몸이었던 점, ③ 乙女가 탈출하기 전에 甲男에 의하여 이미 2시간 이상이나 감금되어 있었으므로 乙女로서는 위와 같은 상황에서 벗어나기 위하여 어떤 방법으로든지 탈출을 시도할 가능성이 높았던 점, ④ 당시 甲男이 프런트에 전화를 걸어 대실시간을 연장하여서라도 강간의 목적을 이루겠다는 의도를 드러낸 점, ⑤ 乙女가 극도의 흥분을 느끼고 몹시 당황한 상태에서 자신이 끌려들어간 위 객실이 고층에 위치하고 있다는 사실 등을 순간적으로 의식하지 못한 채 미리 밖을 내다보지도 않고서 그대로 위 창문을 통하여 탈출하다가 지상으로 추락하여 사망에 이른 것이라는 점 등이다.

---

65) 대법원 1966. 6. 28. 선고 66도758 판결.
66) 대법원 1995. 5. 12. 선고 95도425 판결.

(판례 4-2) **상당인과관계를 부정한 판례**
　甲男은 카바레에서 만나 함께 춤을 추면서 알게 된 乙女(37세)를 여관으로 유인한 다음 강간하기로 마음먹고, 여관 4층의 객실에 乙女를 데리고 들어가서 방문을 걸어 잠그고 "너 나가면 죽이겠다"고 협박하면서 강간하려고 하였으나 乙女가 "나는 남편이 있는 몸이니 제발 살려달라고" 하면서 반항하여 그 뜻을 이루지 못하고, 이어 甲男이 소변을 보기 위하여 여관방의 화장실에 간 사이에 乙女는 계속 있으면 강간당할 것이라는 위협을 느끼고 4층 여관방의 유리창을 통하여 창문 밖으로 뛰어내리는 바람에 상해를 입었다. 甲男의 죄책은?

　甲男에 대하여 강간치상죄가 성립하는지가 문제된다. 甲男의 강간미수행위와 乙女의 상해 사이에 인과관계가 있다면 강간치상죄가 성립할 것이나, 인과관계가 없다면 강간미수죄만 성립할 것이다. 판례는 ①乙女가 큰 저항 없이 여관방에 함께 들어갔으며, ② 강간을 시도하면서 한 폭행 또는 협박의 정도가 강간의 수단으로는 비교적 경미하였고, ③ 乙女가 여관방 창문을 통하여 아래로 뛰어내릴 당시에는 甲男이 소변을 보기 위하여 화장실에 가 있는 때이어서 일단 급박한 위해상태에서 벗어나 있었을 뿐 아니라, ④ 무엇보다도 4층에 위치한 방에서 밖으로 뛰어내리는 경우에는 크게 다치거나 심지어는 생명을 잃을 수도 있는 것인 점을 고려하면, 이러한 상황아래에서 乙女가 강간을 모면하기 위하여 4층에서 창문을 넘어 뛰어내리거나 또는 이로 인하여 상해를 입기까지 되리라고는 예견할 수 없다고 봄이 경험칙에 부합한다는 이유로 상당성을 부정하고 강간치상죄의 성립도 부정하였다.67)

(판례 5-1) **제3자의 과실이 개입하여 결과가 발생한 경우**
　甲은 주먹으로 乙의 복부를 가격하였다. 乙은 장파열로 인한 복막염과 수술의사의 지연이 공동원인이 되어 사망하였다. 甲의 죄책은?

　인과과정의 진행 도중에 의사의 과실이 개입하여 피해자가 사망한 경우이다. 甲이 乙의 복부를 가격하지 않았다면 乙은 장파열로 사망하지는 않았을 것이므로 조건관계는 인정된다. 甲의 행위와 乙의 사망 사이에 의사의 의료과실이 개입하였더라도 甲의 행위가 결과발생에 여전히 작용하였으므로 추월적 인과관계는 문제되지 않는다. 따라서 甲의 행위와 乙의 사망 사이에 의사의 의료과실이 개입하였다는 점은 조건관계의 성립에는 지장이 없다. 문제는 행위와 결과 중간에 의사의 의료과실이 개입된 경우에도 그 결과의 객관적 귀속이 인정되는가이다. 이 점에 대하여는 다양한 견해가 주장되고 있다. 제1설은 경미한 또는 통상의 의료과실인 경우에는 객관적 귀속을 인정하지만, 중대한 의료과실의 경우에는 객관적 귀속을 부정한다.68) 이 사례에서 의사의 수술지연은 그 정도가 지나치지 않은 이상은

---
67) 대법원 1993. 4. 27. 선고 92도3229 판결.
68) Otto, Grenz der Fahrlässigkeitshaftung im Strafrecht, JuS 1974, 709; ders., Risikoerhöhungsprinzip statt Kausalitätsgrundsatz als Zurechnungskriterium bei Erfolgsdelikten, NJW 1980, 422. 조건설의

통상의 과실이라고 할 수 있으므로 이 견해에 의하면 객관적 귀속은 긍정된다. 따라서 甲에 대하여는 폭행치사죄가 성립한다. 제2설은 의사의 과실이 작위에 의한 것인 경우에는 신뢰의 원칙에 의하여 객관적 귀속이 전면적으로 부정된다고 한다. 다만 요구되는 치료조치를 의사가 이행하지 않음으로 인하여 결과가 발생한 경우에는 행위자가 야기한 위험이 결과로 실현된 것이라고 할 수 있으므로 객관적 귀속이 인정된다고 한다.[69] 이 사례에서 의사의 과실은 부작위(수술지연)로 인한 것이므로 이 견해에 의하여도 객관적 귀속이 긍정된다. 따라서 제1설과 같은 결론에 이른다.

이 사례에서 대법원은 의사의 수술지연이 사망의 공동원인이 되었더라도 甲의 행위가 유력한 원인이 된 이상 인과관계는 인정된다고 보았다[70]. 복부를 가격하여 장파열을 야기한 경우 피해자가 병원에서 의사의 수술지연과 같은 통상의 과실로 사망하는 것은 예측가능하므로 상당성이 인정된다. 따라서 甲에 대해서는 폭행치사죄가 성립한다.

(판례 5-2) 甲은 손바닥으로 乙의 뺨을 1회 때리고 오른손으로 乙의 목을 쳐 乙로 하여금 그대로 뒤로 넘어지면서 머리를 땅바닥에 부딪치게 하여 乙에게 두개골 골절, 외상성 지주막하 출혈, 외상성 경막하 출혈 등의 상해를 가하였다. 乙은 상해를 입은 후 A 병원에서 입원치료를 받고 상태가 많이 호전되자 '재활치료'를 위해 B 병원으로 옮겼는데 각혈을 보이는 등 상태가 갈수록 악화되자 C 병원 중환자실에 입원하였는데 합병증인 폐렴이 악화되어 패혈증 등으로 사망에 이르게 되었다. 甲의 죄책은?

甲이 乙에게 상해를 가하여 乙을 사망에 이르게 하였는데, 乙을 상해한 행위가 사망의 직접 원인이 아니라 합병증인 패혈증 등 간접적 원인이 결합되어 사망에 이르게 된 경우에 인과관계가 성립하는지가 문제된다.

원심법원[71]은 "피해자는 여러 병원을 옮겨 다녔고 오랫동안 병원에 입원해 있었는데 그 과정에서 치료와 무관하게 폐렴에 감염되었을 가능성도 배제할 수 없는 점 등을 종합하여 볼 때, 피고인이 피해자에게 가한 상해와 피해자의 사망 사이에는 인과관계가 인정된다고 단정할 수 없고, … 피고인이 가해행위 당시에 피해자가 두부 손상을 입고 두부 손상을 치료하는 과정에서 폐렴이라는 합병증으로 인하여 다발성 장기부전으로 사망에 이를 것이라고 예견하였다고 보기 어렵다"고 판단하였다.

이에 대하여 대법원은 "피고인의 이 사건 범행이 피해자를 사망하게 한 직접적인 원인이 된 것은 아니지만 그 범행으로 인하여 피해자에게 두개골 골절, 외상성 지주막하 출혈, 외상성 경막하 출혈 등의 상해가 발생하였고, 이를 치료하는 과정에서 피해자의 직접사인이 된 합병증인 폐렴, 패혈증이 유발된 이상, 비록 그 직접사인의 유발에 피해자의 기왕의 간

입장을 취하는 독일의 판례도 결론에 있어서는 같다. 예컨대 OLG Celle NJW 1958, 271; BGHSt. 31, 100 참조.
69) 손동권, 형법연습, 49면 이하.
70) 대법원 1984. 6. 26. 선고 84도831 판결.
71) 부산고법 2011. 12. 7. 선고 2011노342 판결.

경화 등 질환이 영향을 미쳤다고 하더라도, 피고인의 이 사건 범행과 피해자의 사망과의 사이에 인과관계의 존재를 부정할 수는 없다. 그리고 사람을 아스팔트 도로 바닥에 넘어뜨려 머리를 강하게 부딪치게 하는 경우 두개골 골절, 뇌출혈 등으로 인하여 사망에 이르게 할 수 있는데, 피고인이 피해자의 뺨을 1회 때리고 오른손으로 피해자의 목을 쳐 피해자로 하여금 그대로 뒤로 넘어지면서 머리를 땅바닥에 부딪치게 하여 피해자에게 두개골 골절, 외상성 지주막하 출혈, 외상성 경막하 출혈 등의 상해를 가하였다면 사망의 결과에 대한 예견가능성이 있었다"라고 판시하였다.[72]

(판례 5-3) A는 고속도로 2차로를 따라 자동차를 운전하다가 1차로를 진행하던 甲의 차량 앞에 급하게 끼어든 후 곧바로 정차하여, 甲의 차량 및 이를 뒤따르던 차량 두 대는 급정차하였으나, 그 뒤를 따라오던 乙의 차량이 앞의 차량들을 연쇄적으로 추돌케 하여 乙을 사망에 이르게 하고 나머지 차량 운전자 등 피해자들에게 상해를 입혔다. 사고당시 다른 차량 운전자들이 제한속도 준수나 안전거리 확보 등의 주의의무를 다하지 않았다. A의 죄책은?[73]

[참조조문]
제185조(일반교통방해) 육로, 수로 또는 교량을 손괴 또는 불통하게 하거나 기타 방법으로 교통을 방해한 자는 10년 이하의 징역 또는 1천500만원 이하의 벌금에 처한다.
제188조(교통방해치사상) 제185조 내지 제187조의 죄를 범하여 사람을 상해에 이르게 한 때에는 무기 또는 3년 이상의 징역에 처한다. 사망에 이르게 한 때에는 무기 또는 5년 이상의 징역에 처한다.

A가 급정차를 한 행위는 일반교통방해죄(제185조)에 해당한다. 다만 문제가 되는 것은 A가 乙을 사망에 이르게 하고 나머지 차량 운전자 등 피해자들에게 상해를 입힌 행위가 일반교통방해치사상죄(제188조,제185조)에 해당하는가이다. 본죄는 결과적 가중범이므로 A가 급정차를 한 교통방해 행위와 피해자들의 사상의 결과 사이에 "상당인과관계가 있어야 하고 행위 시에 결과의 발생을 예견할 수 있어야 한다." 이 점에 관하여 대법원은 "교통방해 행위가 피해자의 사상이라는 결과를 발생하게 한 유일하거나 직접적인 원인이 된 경우만이 아니라, 그 행위와 결과 사이에 피해자나 제3자의 과실 등 다른 사실이 개재된 때에도 그와 같은 사실이 통상 예견될 수 있는 것이라면 상당인과관계를 인정할 수 있다"고 판단하였다. 그리고 "현장의 교통상황이나 일반인의 운전 습관·행태 등에 비추어 고속도로를 주행하는 다른 차량 운전자들이 제한속도 준수나 안전거리 확보 등의 주의의무를 완전하게 다하지 않을 수도 있다는 점을 알았거나 충분히 알 수 있었다"고 할 것이므로, 상당인과관계가 인정된다고 보았다. 따라서 甲에 대하여는 일반교통방해치사상죄(제188조,제185

---

[72] 대법원 2012. 3. 15. 선고 2011도17648 판결.
[73] 대법원 2014. 7. 24. 선고 2014도6206 판결.

조)가 성립한다.

III. 객관적 귀속론

1. 의의 및 법적 성질

객관적 귀속론은 조건설에 의하면 인과관계의 인정범위가 지나치게 확대되는 문제점을 해결하기 위해 나온 이론이다. 이 이론은 인과관계의 판단은 조건설[74])에 의하되, 객관적 구성요건의 성립을 위하여 인과관계 외에 추가로 객관적 귀속을 요구함으로써 범죄의 성립범위를 제한하고 정당한 형벌을 구현하려는데 그 취지가 있다.

객관적 구성요건이 성립하기 위해서는 행위와 결과 간에 인과관계가 있어야 함은 물론, 그 결과를 행위자에게 객관적으로 귀속시킬 수 있어야 한다. 따라서 행위와 결과 사이에 인과관계가 인정되더라도 그 결과가 '우연'에 의한 것으로서 규범적 가치평가에 의하면 행위자의 '작품'으로 귀속시킬 수 없다고 판단되는 경우에는 그 행위의 객관적 구성요건해당성은 부정된다. 결과를 행위자에게 그의 작품으로 귀속시키기 위해서는 행위자가 야기한 위험이 그 결과로 실현되어야 한다.

(예 7) 甲이 칼로 乙에게 자상(刺傷)을 가하여 사망케 한 경우 '만일 甲이 乙을 칼로 찌르지 않았더라면 乙은 사망하지 않았을 것'이므로 甲의 행위와 乙의 사망 사이에 인과관계가 인정된다. 그리고 甲은 乙을 칼로 찌름으로써 그의 생명에 대하여 위험을 야기하였으며 그 위험으로 인하여 사망의 결과를 실현시킨 것이므로 객관적 귀속도 인정된다.

(예 8) 그러나 위의 (예 7)에서 만일 乙이 사망하지 않고 구급차에 실려 가다가 교통사고로 사망한 경우를 생각해 보자. 甲이 乙을 칼로 찌르지 않았다면 乙은 교통사고로 사망하지 않았을 것이므로 인과관계는 성립하지만, 乙의 사망은 甲이 야기한 위험이 실현된 것은 아니므로 사망의 결과를 甲의 작품으로서 귀속시킬 수는 없다. 즉 객관적 귀속이 부정되므로 甲의 행위는 살인죄의 객관적 구성요건에 해당하지 않는다.

---

[74]) 객관적 귀속론을 주장하는 견해는 대부분 인과관계의 판단은 합법칙적 조건설에 의한다. 그러나 두 학설의 관계는 필연적인 것은 아니며, 오히려 기존의 조건설(등가설)에 의하는 것이 인과관계의 판단에 있어서 더 용이하고 명확하다.

▶ 인과관계와 객관적 귀속

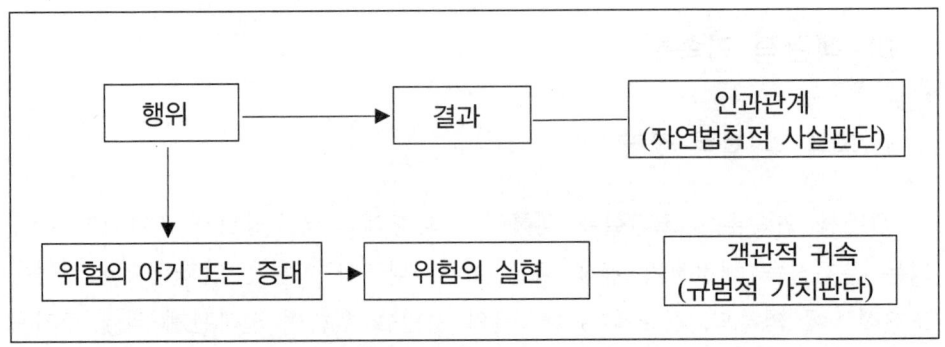

2. 판단기준 및 법적 효과

(1) 판단기준

객관적 귀속은 "법적으로 허용되지 않는 위험이 규범의 보호범위 내에서 결과를 실현하였다"라는 기준에 의하여 판단한다. 이 객관적 귀속의 공식은 크게 두 부분으로 나눌 수 있다. 즉 객관적 귀속이 인정되기 위해서는 ① 행위에 의하여 법적으로 허용되지 않는 위험이 야기 또는 증대되어야 하며, ② 그 위험이 규범의 보호범위 내에서 결과로 실현되어야 한다.

▶ 객관적 귀속 = 위험야기 + 위험실현

(2) 법적 효과

①의 요건이 충족되지 않는 경우, 예컨대 행위로 인하여 야기된 위험이 법적으로 금지된 것이 아니거나(허용된 위험의 원칙) 또는 행위로 인하여 위험이 야기 또는 증대된 것이 아니라 오히려 감소된 경우(위험감소의 원칙)에는 범죄(객관적 구성요건)는 성립하지 않는다. 그리고 ②의 요건이 충족되지 않는 경우, 즉 행위로 인하여 법적으로 허용되지 않는 위험이 야기 또는 증대된 사실은 인정되지만 발생된 결과가 그 위험으로 인하여 실현된 것이 아니거나 또는 그 결과가 규범의 보호목적의 범위 밖에서 실현된 경우에는 기수의 성립이 부정되며, 다만 미수의 성립만이 가능하다. 즉 고의범의 경우에는 미수

범 처벌규정이 있는 경우 미수범으로만 처벌되며, 과실의 경우에는 범죄의 성립이 부정된다.

3. 구체적 내용

객관적 귀속의 판단기준은 크게는 두 부분으로 나눌 수 있지만 이를 조금 더 세분하여 유형화하면 다음과 같다.

(1) 행위가 법적으로 허용되지 않는 위험을 야기 또는 증대시켜야 한다.
① 허용된 위험의 원칙

행위가 야기한 위험이 결과를 실현시키더라도 그 위험이 허용된 위험인 경우에는 객관적 귀속은 부정된다. 여기서 허용된 위험이란 일상의 사회생활에서 보편적으로 인정된 위험(예컨대 도로교통이나 산업시설) 또는 지극히 경미한 위험 등과 같이 사회적 상당성[75])이 있어서 처음부터 구성요건해당성 자체가 부정되는 경우를 말한다. 따라서 구성요건에 해당하는 행위가 예외적으로 위법성조각사유에 의하여 정당화된 경우와는 다르다.

(예 9) 조카가 삼촌의 재산을 상속받기 위하여 사고가 잦은 전세기로 여행하도록 설득하였는데, 실제로 그 비행기가 사고를 당하여 삼촌이 사망한 경우 조카의 죄책은?

만일 조카가 삼촌을 전세기를 타도록 설득하지 않았다면 삼촌은 사망하지 않았을 것이므로 인과관계는 인정된다. 그러나 전세기로 여행하는 경우 수반되는 사고의 위험은 일상생활에서 일반적으로 허용된 위험에 해당하므로 객관적 귀속은 부정된다. 따라서 조카의 행위는 살인죄의 객관적 구성요건에 해당하지 않는다.

(예 10) 집주인 甲은 일꾼 乙이 벼락에 맞아 사망하기를 희망하는 마음에서 천둥이 치는 날씨에 그를 숲으로 심부름을 보냈는데, 실제로 그가 벼락에 맞아 사망한 경우 집주인 甲의 죄책은?

만일 집주인이 일꾼을 숲으로 보내지 않았다면 그는 사망하지 않았을 것이므로 인과관계는 인정된다. 그러나 집주인이 천둥치는 날씨에 숲으로 일꾼에게 심부름을 보냄으로써 야기한 위험은 허용된 위험에 해당하므로 객관적 귀속이 부정된다.[76]) 따라서 집주인 甲의

---

75) 허용된 위험은 Welzel, Strafrecht, 132; 이재상/ 장영민/ 강동범, 총론, 198면이 말하는 사회적 상당성(soziale Adäquanz)과 같은 의미로 이해할 수 있다. 제2편 제4장 제2절 III 1) 참조.

행위는 살인죄의 객관적 구성요건에 해당하지 않는다.[77]

② 위험감소의 원칙

행위자가 중대한 결과의 발생을 피하기 위하여 경미한 결과를 발생시킨 경우 행위자의 행위는 위험을 오히려 감소시켰으므로 객관적 귀속은 부정된다.

(예 11) 甲은 횡단보도에서 신호를 기다리던 중 옆에 서있던 어린아이 乙이 갑자기 무단횡단을 하여 과속으로 오는 차와 충돌할 위험에 처한 것을 보았다. 아이를 잡아당길 시간적 여유가 없자 다급한 나머지 아이를 세게 떠밀었다. 이로 인하여 다행히 충돌사고는 면하였으나 아이가 넘어지면서 팔에 골절상을 입었다. 甲의 죄책은?

甲이 乙을 떠민 행위와 乙이 골절상을 입은 결과 사이에는 인과관계가 성립한다. 객관적 귀속이 인정되기 위해서는 甲의 행위가 乙의 법익에 대하여 위험을 야기 또는 증대시켜야 한다. 따라서 행위자가 중대한 결과의 발생을 피하기 위하여 경미한 결과를 발생시킨 경우에는 오히려 행위자가 위험을 감소시킨 것이므로 객관적 귀속은 부정된다(위험감소의 원칙). 사례에서 甲은 乙의 생명에 대한 위험을 신체에 대한 위험으로 감소시켰으므로 객관적 귀속이 부정된다. 따라서 甲의 행위는 상해죄의 객관적 구성요건에 해당하지 않는다. 만일 객관적 귀속이론을 채택하지 않는 견해에 의한다면 甲의 행위는 상해죄의 구성요건에 해당한다. 그러나 甲의 행위는 추정적 승낙[78])에 의하여 위법성이 조각되므로 상해죄는 성립하지 않는다. 따라서 객관적 귀속이론에 의하건 기존의 이론에 의하건 결론에서는 차이가 없다.

(예 12) 甲이 친구 乙과 공사장 부근을 지나다가 벽돌이 乙의 머리위로 떨어지는 것을 발견하고 그를 떠밀었는데, 벽돌이 어깨위로 떨어져 골절상을 입었다. 甲의 죄책은?

이 사례도 위의 (예 11)과 같다. 甲은 乙의 생명 또는 신체(머리)에 대한 중대한 위험을 신체(어깨)에 대한 위험으로 감소시켰으므로, 위험감소의 원칙에 의하여 객관적 귀속이 부정된다. 따라서 甲의 행위는 상해죄의 객관적 구성요건에 해당하지 않는다.

---

76) 일부 견해(예컨대 김일수/서보학, 총론, 117면)는 이 경우 객관적 지배가능성이 부정된다는 이유로 객관적 귀속을 부정한다.
77) 교과서에 자주 인용되는 이 사례는 Welzel, Strafrecht, 11. Aufl., S. 66.에 있는 것이다. 이 사례에서 Welzel은 객관적 구성요건의 성립을 인정하나 고의는 성립하지 않는다고 함으로써 살인죄의 성립을 부정한다. 그에 의하면 고의가 성립하기 위해서는 사건에 현실적인 영향력을 미칠 수 있는 의지(Wille)가 있어야 하며, 사례에서처럼 乙이 벼락에 맞아 사망하기를 바라는 단순한 희망이나 기대만으로는 살인에 대한 고의가 성립하지 않는다고 한다. 그러나 甲에게는 구성요건적 사실에 대한 인식과 의사가 있었으므로 고의를 부정할 수는 없다.
78) 추정적 승낙에 대하여는 제2편 제4장 제6절 참조.

(2) 위험이 규범의 보호범위 내에서 결과로 실현되어야 한다.
① 위험의 상당한 실현

행위자가 야기한 위험이 결과를 실현하여야 한다. 여기서 '위험'이란 결과발생의 개연성[79]을 말한다. "위험이 결과를 실현하였다"는 말은 결과발생의 개연성이 현실적인 결과로 실현되었다는 의미이다. 만일 결과가 "일반적 생활경험에 의하면 예견가능한 범위"를 벗어난 경우, 다시 말하면 결과가 위험의 상당한 실현이라고 볼 수 없는 경우에는 객관적 귀속이 부정된다.[80] 이 기준은 결론에 있어서 상당인과관계설과 일치한다.

(예 13) 甲은 乙을 살해하기 위하여 그를 칼로 찔러 중상을 입혔다.
(1) 乙은 중상을 입고 쓰러져 있다가 벼락에 맞아 사망하였다. 甲의 죄책은?
(2) 피해자 乙이 병원에 입원하여 치료를 받던 중 칼에 찔린 상처로 인하여 건강이 악화되어 감염으로 사망한 경우 甲의 죄책은?
(3) 만일 乙이 경미한 상처를 입었는데 의사의 중대한 과실로 인하여 사망하였다면 甲의 죄책은?

(1) 甲이 乙을 칼로 찌르지 않았다면 乙은 벼락에 맞아 사망하지는 않았을 것이므로 인과관계는 인정된다. 그리고 甲은 乙을 칼로 찌름으로써 생명에 대하여 법률상 허용되지 않는 위험을 야기하였다. 그러나 乙의 사망은 甲이 야기한 위험이 실현된 것이 아니라 다른 위험(벼락)으로 인한 것이므로 객관적 귀속의 부정된다. 객관적 귀속의 판단공식에서 '위험의 실현'이 결여되었으므로 살인미수죄가 성립한다.

(2) 피해자의 감염으로 인한 사망은 행위자가 야기한 위험이 결과로 실현된 것이라고 할 수 있으므로 결과의 객관적 귀속이 인정된다. 따라서 甲에 대해서는 살인죄가 성립한다.

(3) 이 경우에도 甲이 乙을 칼로 찌르지 않았다면 乙은 의사의 과실로 인하여 사망하지는 않았을 것이므로 인과관계는 인정된다. 그러나 의사의 중대한 과실로 인하여 乙이 사망한다는 것은 "일반적 생활경험에 의하면 예견가능한 범위"를 벗어난 것이므로 甲이 야기한 위험의 '상당한 실현'이라고 볼 수 없다. 따라서 객관적 귀속이 부정되므로 甲에 대하여는 살인미수죄만 성립한다.

---

79) 개연성(Wahrscheinlichkeit)이란 결과발생의 여지가 상당히 높은 경우를 말한다. 이에 대하여 결과발생의 여지가 조금이라도 있는 경우를 가능성(Möglichkeit)이라고 한다. 즉 개연성이란 높은 가능성을 말한다.
80) 이를 김일수/서보학, 총론, 117면은 '창출된 위험의 상당한 실현의 원칙'이라고 한다.

(예 14) 甲은 혈우병환자 乙에게 상해를 입혔는데, 이로 인하여 乙이 후에 사망한 경우 甲의 죄책은?

甲의 행위가 상해치사죄의 객관적 구성요건에 해당하기 위해서는 인과관계와 결과의 객관적 귀속이 인정되어야 한다. 甲이 乙에게 상해를 가하지 않았다면 乙은 사망하지 않았을 것이므로 인과관계는 인정된다. 그리고 甲은 乙에게 상해를 가함으로써 생명에 대한 허용되지 않은 위험을 야기했지만 乙의 사망은 "일반적 생활경험에 의하면 예견가능한 범위"를 벗어난 것으로서 甲이 야기한 위험의 상당한 실현이라고 볼 수 없으므로 객관적 귀속이 부정된다. 따라서 甲에 대해서는 상해죄만 성립한다.[81]

② 규범의 보호목적

행위에 의하여 야기된 위험이 결과로 실현되었더라도 그 결과가 규범의 보호목적의 범위 내에 포함되지 않는 경우에는 객관적 귀속이 부정된다. 따라서 행위자가 야기한 위험이 결과로 실현되었더라도, 그 결과가 규범이 금지하려고 하는 위험이 실현된 것이라고 볼 수 없다면 객관적 귀속은 부정된다.

(예 15) 자동차운전자 甲은 고속도로 1차로를 주행하다가 그의 앞에서 천천히 운전하고 있는 노인 乙이 차로를 양보하지 않자 乙을 놀라게 할 생각으로 그가 운전하는 자동차 옆으로 빠짝 붙어 추월하다가 乙의 자동차 앞으로 갑자기 끼어들었다. 이에 놀란 乙은 심장마비로 사망하였다. 甲의 죄책은?[82]

甲에 대하여 과실치사죄의 성립이 문제된다. 甲은 도로교통법상의 주의규범에 위반하는 위험한 방법으로 乙을 추월함으로써 법률상 허용되지 않은 위험을 야기하였으며, 乙의 사망은 甲이 야기한 위험으로 인하여 발생한 결과라고 할 수 있다. 그러나 그 결과가 규범의 보호목적의 범위 내에서 실현된 것이 아니므로 객관적 귀속은 부정된다. 즉 도로교통법상 위법한 추월을 금지하는 주의규범의 보호목적은 충돌사고를 예방하는데 있는 것이지 다른 운전자가 놀라 심장마비로 사망하는 것을 방지하는 데 있는 것은 아니다. 요컨대 甲의 추월행위로 인하여 乙이 심장마비를 일으켜 사망한 것은 법규범이 금지하고자 하는 위험이 실현된 것이 아니므로 객관적 귀속은 부정된다. 따라서 甲에 대하여 과실치사죄는 성립하지 않는다.

---

81) 김일수/서보학, 총론, 118면. 이에 대하여 객관적 귀속을 인정하는 견해는 이재상/ 장영민/ 강동범, 총론, 160면.
82) OLG Stuttgart VRS 18 (1960), 356.

행위자가 위험을 야기하였지만 피해자가 위험을 인식하고도 '자유롭고 책임있는 판단'(freiverantwortlich)에 의하여, 즉 자유의사에 근거하여 스스로 위험에 들어감(자기위태화)으로 인하여 결과가 발생한 경우 그 결과는 규범이 금지하고자 하는 위험이 실현된 것이 아니므로, 다시 말하면 행위자가 야기한 위험이 규범의 보호목적 내에서 실현된 것이라고 평가할 수 없으므로 객관적 귀속은 부정된다. 이를 자기위태화의 원리 또는 자기유책성의 원리라고 한다.

(예 16) 甲男은 乙女를 강간하였는데, 乙女는 집에 돌아와 수치심과 장래에 대한 절망감으로 음독자살하였다. 甲男의 죄책은?

甲男에 대하여 강간죄만 성립하는가 아니면 강간치사죄가 성립하는가의 문제이다. 만일 甲男이 乙女를 강간하지 않았더라면 乙女는 자살하지 않았을 것이므로 조건설에 의하면 인과관계는 인정된다. 그러나 과실치사죄의 보호목적은 타인의 과실로 인한 침해로부터 생명을 보호하는데 있는 것이며, 피해자 스스로 자신의 생명을 침해하는 것은 규범의 보호목적의 범위에 속하지 않는다. 즉 피해자의 자살로 인한 사망의 결과는 규범의 보호범위에 해당하지 않으므로 결과의 객관적 귀속은 부정된다. 이처럼 피해자의 자유롭고 책임 있는 판단에 의한 자기침해나 자기위태화로 인하여 결과가 발생한 경우에 그 결과의 객관적 귀속을 부정하는 견해를 자기위태화의 원칙 또는 자기유책성의 원칙이라고 한다. 따라서 甲男에 대하여는 강간죄만 성립하며 강간치사죄는 성립하지 않는다.
판례는 상당인과관계설의 입장에서 강간행위로 인하여 피해자가 자살하는 것은 일반인의 생활경험에 의하면 예견이 불가능하여 인과관계를 인정할 수 없다고 보므로[83] 甲男에 대하여는 강간죄만 성립할 것이다. 결국 객관적 귀속이론에 의하건, 상당인과관계설에 의하건 같은 결론에 이른다.

(예 17) 위에서 예로 든 (판례 4-1)을 객관적 귀속론에 의하여 판단하면 학원 주인 甲男의 죄책은?

甲男이 학원강사 乙女를 강간하려고 하지 않았다면 乙女가 호텔 창문으로 피신하려다가 추락사하는 결과는 발생하지 않았을 것이므로 조건설에 의하면 인과관계는 인정된다. 객관적 귀속과 관련하여 乙女가 스스로 창문을 통하여 피신하기로 판단하고 실행한 것이라는 이유로 자기유책성의 원칙을 적용할 수 있는지가 문제된다. 자기유책성의 원칙은 피해자의 자유롭고 유책한 행위를 전제로 한다. 이 사례의 경우 피해자 乙女가 위험을 무릅쓰고 창문으로 피신하려는 행위는 '자유롭고 책임있는 판단'에 의한 것이 아니라 甲男의 행위로 인하여 야기된 극도의 공포심으로 인한 것이므로 결과의 객관적 귀속은 부정되지 않는

---

83) 대법원 1982. 11. 23. 선고 82도1446 판결.

다. 따라서 객관적 귀속이론에 의하더라도 甲男에 대해서는 강간치사죄가 성립한다. 결국 상당인과관계설과 객관적 귀속론 가운데 어느 견해에 의하더라도 결론은 같다.

(예 18) 경찰 甲男 자신의 여자친구 乙女와 드라이브를 하던 중에 음식점에 들러 술을 마시고 다시 드라이브를 계속하였다. 乙女는 혈중알코올농도 0,145 %의 상태에서 甲男이 모르는 사이에 그가 자동차 계기판 위에 놓아둔 총탄이 장전된 상태의 권총을 집어 자살하였다. 甲男은 乙女가 술을 마시면 우울해지며 이미 수회에 걸쳐 자살을 시도한 적이 있다는 사실과 자신이 권총을 자동차계기판 위에 놓아두는 습관이 있다는 사실을 알고 있었음에도 불구하고 권총의 탄창을 빼놓지 않았다. 甲男의 죄책은?

甲男이 장전된 권총을 부주의하게 차에 방치해 놓아 乙女로 하여금 자살을 용이하게 한 것은 과실에 의한 자살방조에 해당한다. 이러한 경우 과실치사죄가 성립하는가에 대하여 독일의 연방대법원은 고의에 의한 자살방조가 현행 형법상 불가벌이므로[84] 과실에 의한 자살방조도 처벌하지 않는 것이 타당하다는 이유에서 과실치사죄의 성립을 부정하였다.[85] 형법 제252조는 고의에 의한 자살교사방조죄를 촉탁·승낙에 의한 살인죄와 동일하게 처벌하고 있으므로 이러한 논거가 우리에게 그대로 적용될 수는 없다. 그러면 과실에 의한 방조가 처벌되는가의 여부는 형법의 일반이론에 따라 검토하여야 한다. 이 사례에서 甲男은 乙女의 자살가능성을 인식할 수 있었음에도 불구하고 장전된 총을 부주의하게 관리하였으므로 주의의무위반은 인정된다. 또한 甲男이 총을 계기판 위에 올려놓음으로써 乙女로 하여금 자살을 용이하게 하였으므로 인과관계도 성립된다. 문제는 객관적 귀속과 관련하여 乙女의 사망이 규범(과실치사죄)이 금지하고자 하는 위험이 실현된 결과라고 평가할 수 있는가이다. 과실치사죄의 보호목적은 생명에 대한 타인의 침해로부터 피해자를 보호하는 데에 있다. 그러나 乙女의 자살로 인한 사망은 타인의 침해가 아닌 피해자 자신의 행위로 인한 것이므로 甲이 설정한 위험은 규범의 보호목적 내에서 실현되었다고 평가할 수 없다. 이처럼 피해자가 위험을 인식하고도 자유의사에 근거하여[86] 자기 스스로를 위태화한 경우, 결과의 객관적 귀속은 부인된다. 이를 자기위태화의 원리 또는 자기유책성의 원리라고 한다. 이 원리에 의하면 甲男에 대하여 과실치사죄는 성립하지 않는다.

(예 19) 의사 甲은 인도로 학술조사여행을 갔다가 천연두에 감염이 되어 돌아왔다. 감염 사실을 몰랐던 그는 자신의 건강상태가 좋지 않다고 느꼈음에도 불구하고 검진도 하지 않고 대학병원에 그대로 출근하였다. 이로 인하여 병원의 의사, 직원, 환자들이 천연두에 감

---

84) 독일형법은 촉탁·승낙에 의한 살인과 자살교사방조를 구분하여, 전자만을 처벌하고(독일형법 제216조) 후자에 대하여는 처벌규정이 없다.
85) BGHSt 24, 342.
86) 이 사건에서 乙女가 자살당시 혈중알코올농도 0,145 %였는데 이로 인하여 乙女의 자유의사가 침해되었는가에 대하여 원심법원(OLG Celle)은 乙女가 '자유로운 책임능력', 즉 자유의사가 있었다고 인정하였다. BGHSt 24, 343 참조.

염되었다. 그리고 병원의 목사 乙도 성직자로서 격리수용된 환자들을 보살피기 위해 병실에 갔다가 감염되었다. 의사 甲의 죄책은?

의사, 직원, 환자들의 감염에 대하여는 업무상 과실치상죄(제266조)가 성립한다. 문제는 목사 乙의 감염에 대하여도 본죄가 성립하는가 하는 것이다. 의사 甲이 감염된 상태에서 출근함으로 인하여 환자들이 감염되었으며 목사 乙 이들을 위로하기 위하여 방문했다가 감염된 것이므로 조건설에 의하면 의사 甲의 행위와 목사 乙의 감염 사이에는 인과관계가 인정된다. 그리고 의사 甲은 감염상태에서 병원에 출근함으로써 법률상 허용되지 않은 위험을 야기하였다. 그리고 목사 乙의 감염은 甲이 야기한 위험으로 인하여 실현된 결과라고 할 수 있다. 그러나 乙은 감염의 위험을 인식하고 있었음에도 불구하고 고의로 유책하게 자기를 위태화한 것이므로 자기위태화의 원리에 의하면 감염의 결과를 甲에게 객관적으로 귀속시킬 수는 없다. 따라서 乙의 감염과 관련하여 甲에 대하여 업무상 과실치상죄는 성립하지 않는다.[87]

객관적 귀속이론을 채택하지 않는 독일 연방대법원의 견해에 의하면 甲의 행위는 업무상 과실치상의 구성요건해당성이 있다. 그의 행위가 피해자의 승낙에 의하여 위법성이 조각되는가에 대하여 검토하기로 한다. 피해자의 승낙에 의하여 법익침해 행위의 위법성이 조각되기 위해서는 그 승낙이 장래의 행위에 대한 것이어야 하며 '사후승낙'은 이에 해당하지 않는다. 사례에서 甲의 과실행위는 이미 乙이 병실에 방문하기 이전에 행해졌기 때문에 乙의 사후승낙은 그 이전에 있었던 甲의 과실행위에 대하여 행해졌다고 할 수 없다. 따라서 甲의 행위의 위법성은 조각되지 않는다. 이와 같은 이유에서 독일의 연방대법원은 실제로 이 사건에서 의사 甲에게 목사 乙에 대한 과실치상죄의 성립을 그대로 인정하였다.[88]

(3) 기타 관련문제

① 과실범에서 의무위반관련성

```
행위 ──────▶ 결과 - 인과관계
주의의무위반 ──────▶ 결과 - 의무위반관련성
```

과실범에서 객관적 귀속이 인정되기 위해서는 행위자가 주의의무위반으로 인하여 야기한 위험이 결과 속에서 실현되어야 한다. 이를 위해서는 주의의무위반과 결과발생 사이의 조건관계, 즉 주의의무위반관계 또는 의무위반관련성이 있어야 한다. 주의의무위반관계란 주의의무위반이 없었더라면, 다시 말하면

---

87) Roxin 저/김일수 역, 형법학방법론, 195면 이하 참조.
88) BGHSt 17, 359.

주의의무를 다하였더라면(합법적 대체행위) 같은 결과가 발생하지 않았을 것이 '확실시'(mit an Sicherheit grenzender Wahrscheinlichkeit)되는 경우를 말한다.

　문제는 주의의무를 다하였더라도 같은 결과가 발생하였을 것인지의 여부가 불확실한 경우에도 객관적 귀속이 인정되는가이다. 이 경우에는 거증책임의 일반원칙인 '의심스러운 때에는 피고인의 이익으로'의 원칙에 따라서 객관적 귀속이 부정된다고 하지 않을 수 없다(무죄추정설).[89] 따라서 주의의무를 다하였더라면 결과가 발생하지 않았을 것이라는 의무위반관련성이 입증된 경우에만 객관적 귀속이 인정되며, 결과의 발생 여부가 불확실한 경우에는 거증책임의 일반원칙에 따라서 객관적 귀속이 부정된다.

　이에 대하여 위험증대설에 의하면 의무위반관련성은 객관적 귀속의 요건이 아니며, 주의의무위반행위로 인하여 결과발생의 위험을 증대시킨 이상은 객관적 귀속이 인정된다고 한다.[90] 그러나 이 이론은 행위자가 주의의무를 다하였더라면 결과는 발생하지 않았을 것인지의 여부가 불확실한 경우에도 행위자의 행위로 인하여 결과발생의 위험이 증대된 이상은 객관적 귀속을 인정하므로 '의심스러운 때에는 피고인의 이익으로'의 원칙에 반한다는 비판을 피하기 어렵다.

　객관적 귀속이론에 의하면 인과관계는 사실판단이므로 행위와 결과 사이에 조건관계가 있으면 족하며, 주의의무위반과 결과 사이의 조건관계는 가치판단의 문제로서 인과관계가 아니라 객관적 귀속에서 다루어야 할 문제라고 본다. 이에 대하여 객관적 귀속이론을 채택하지 않고 있는 우리나라 독일의 판례는 과실범에서 인과관계가 성립하기 위해서는 행위와 결과사이의 조건관계뿐만이 아니라 주의의무위반과 결과 사이의 인과관계도 있어야 한다고 한다(과실범에서 인과관계 = 행위와 결과 사이의 조건관계 + 주의의무위반과 결과 사이의 조건관계). 우리나라 독일의 판례는 객관적 귀속이론을 채택하지 않고 있지만 과실범의 성립을 위하여 주의의무위반관계도 있어야 한다고 보므로 결론에서는 객관적 귀속이론과 차이가 없다.

---

89) 다수설: 예컨대 이재상/ 장영민/ 강동범, 총론, 162면.
90) Roxin, AT I, § 11 Rn. 76. 신동은, 총론, 246면은 주의의무위반행위가 행위객체에 대하여 상당한 정도로 위험을 증대시킨 경우에 의무위반관련성을 인정한다(절충설).

(판례 6) 화물차 운전사 甲은 왼쪽 바퀴가 도로의 중앙선에 걸친 상태로 화물차를 운행하고 있었다. 이때 반대차선에서 마주오던 乙의 승용차가 甲이 진행하는 차선을 침범하여 들어오면서 S자 모양으로 커브를 틀다가 甲의 트럭의 왼쪽바퀴를 스치듯이 충돌하면서 甲의 화물차를 뒤따르던 丙의 차량을 들이받고 사망하였다. 甲의 죄책은?91)

甲이 트럭을 운전하지 않았다면 乙의 승용차는 트럭의 왼쪽바퀴와 충돌하지 않았을 것이며 따라서 甲의 트럭 뒤에 오던 丙의 차량과 충돌하여 사망하지는 않았을 것이므로 행위와 결과 사이에 조건관계는 인정된다. 그러나 운전자 甲이 중앙선을 준수하였더라도 사고는 피할 수 없었을 것이며, 피해자 乙은 여전히 사망했을 것이므로 의무위반관련성은 부정된다. 따라서 객관적 귀속이 부정된다. 이 사례에서 판례는 인과관계의 성립을 부정하였다. 어느 견해에 의하더라도 甲에 대하여 업무상 과실치사죄는 성립하지 않는다.

(판례 7-1) 마취담당의사 甲은 할로테인을 사용한 전신마취에 의하여 난소종양절제수술을 하기 전에 혈청에 의한 간기능 검사로 환자의 간 상태를 정확히 파악하지도 않고 정확성이 떨어지는 소변에 의한 간검사만을 시행하고 간에 이상이 없다는 결과가 나오자 이를 신뢰하고 할로테인으로 전신마취를 실시하였다. 乙은 수술을 받은 후 22일 만에 급성전격성간염으로 사망하였다. 간에 이상이 있는 환자에 대하여 할로테인을 사용하는 경우 간장애를 격화시켜 환자가 사망할 가능성이 있으나 수술 전에 乙에게 간기능에 이상이 있었는지에 대하여는 입증되지 않았다 甲의 죄책은?(할로테인 마취사건)

혈청에 의한 간검사 O ┌ 간기능에 이상 O - 수술 X - 사망 X - 인과관계 O
　　　　　　　　　　　└ 간기능에 이상 X - 수술 O - 사망 O - 인과관계 X

조건설에 의하면 甲이 할로테인 마취를 하지 않았다면 乙은 사망하지 않았을 것이므로 인과관계는 성립한다. 그리고 혈청에 의한 간기능 검사도 없이 마취하였으므로 객관적 주의의무위반도 인정된다. 그러나 혈청에 의한 간검사를 행하였더라면(주의의무준수) 乙에게 간기능에 이상이 있었는지의 여부가 입증되지 않았으므로 피해자가 사망하지 않았을 지의 여부도 입증되지 않았다. 따라서 "의심스러운 때에는 피고인의 이익으로"의 원칙에 따라 의무위반관련성(객관적 귀속)은 부정되므로 업무상 과실치사죄는 성립하지 않는다. 이 사례에서 대법원은 인과관계가 입증되지 않았다는 이유로 甲에 대하여 업무상 과실치사죄의 성립을 부정하였다.92) 객관적 귀속론과 상당인과관계설 가운데 어느 견해에 의하건 甲에 대하여 업무상 과실치사죄는 성립하지 않는다.

그러나 위험증대설에 의하면 甲은 주의의무위반으로 인하여 乙의 생명에 대한 위험을 증대시켰으므로 주의의무를 준수하였더라도 결과발생이 확실시되지 않는 이상은 객관적 귀속을 부정한다. 이 견해에 의하면 甲이 추월시 안전거리를 준수하였더라면 결과가 발생하지

---

91) 대법원 1991. 2. 26. 선고 90도2856 판결.
92) 대법원 1990. 12. 11. 선고 90도694 판결.

않았을 것이 확실시되지는 않으므로 객관적 귀속이 긍정된다고 한다. 이러한 결론은 "의심스러운 때에는 피고인의 이익으로의 원칙"에 반한다.

(판례 7-2) 마취통증의학과 의사인 A는 수술실에서 환자인 피해자 甲(73세)에게 마취시술을 시행한 다음 간호사 乙에게 환자의 감시를 맡기고 수술실을 이탈하였는데, 이후 甲에게 저혈압이 발생하고 혈압 회복과 저하가 반복됨에 따라 乙이 피고인을 수회 호출하자, A는 수술실에 복귀하여 甲이 심정지 상태임을 확인하고 마취해독제 투여, 심폐소생술 등의 조치를 취하였으나, 甲이 심정지 등으로 사망하였다. A는 마취간호사가 아닌 乙에게 환자의 감시 업무를 맡기었고, 乙로부터 호출을 받고도 신속히 수술실로 가지 않고 휴식을 취하는 등 신속한 대응 업무를 소홀히 한 사실이 인정된다. 의사 A의 죄책은?[93]

의사 A에 대하여 업무상 과실치사죄가 성립하는지가 문제된다. 이 점에 대하여 대법원은 "의사 A는 乙의 호출을 받고 신속히 수술실에 가서 대응하였다면 구체적으로 어떤 조치를 더 할 수 있는지, 그러한 조치를 취하였다면 甲이 심정지에 이르지 않았을 것인지 알기 어렵고, 甲에게 심정지가 발생하였을 때 의사 A가 甲을 직접 관찰하고 있다가 심폐소생술 등의 조치를 하였더라면 甲이 사망하지 않았을 것이라는 점에 대한 증명도 부족"하다는 이유로 본죄의 성립을 부정하였다. 의사 A가 주의의무를 다하였더라면 피해자가 사망하지 않았을 것이라는 의무위반관련성이 입증되지 않았으므로 (판례 7-1)에서와 마찬가지로 '의심스러운 때에는 피고인의 이익으로'라는 원칙에 따라서 본죄는 성립하지 않는다.

(예 20) 운전자 甲은 안개가 짙게 낀 날 고속도로에서 도로 우측차선에 정당하게 차를 주차하고 있었는데, 乙이 그의 차를 미처 발견하지 못하고 충돌하였다. 乙은 부상을 당하지 않은 상태에서 甲의 도움으로 차 밖으로 나올 수 있었다. 그 사이에 丙이 제한속도를 초과하여 운전하다가 사고차량을 보고 감속하였으나 정지를 하지 못하고 乙의 차와 추돌(追突)하였다. 乙의 차는 밀리면서 1 m 전방에 있던 乙을 추돌하는 바람에 乙은 부상을 당하였다. 丙의 차가 정지되어 있는 상태에서 곧바로 丁의 차가 丙의 차를 추돌하였다. 만일 丙이 제한속도를 준수하여 운전하였다면 乙의 차와의 추돌은 피할 수 있었지만, 그래도 丁의 차가 丙의 차를 추돌하였을 것이므로 어차피 乙은 부상을 당하였을 것이라고 판명되었다. 丙의 죄책은?(자동차 연쇄추돌사건)

원심법원인 뮌헨 지방법원(LG München)은 설령 丙이 제한속도를 준수함으로써 주의의무를 다하였더라도 丁의 차가 곧바로 丙의 차를 충돌하였을 것이고 乙은 여전히 같은 정도의 상해를 입었을 것이기 때문에 乙에 대한 과실치상죄는 성립하지 않는다고 보았다. 이에 대하여 연방대법원은 "주의의무에 위반한 행위와 발생된 결과 사이의 인과관계는, 제3자의 행위에 의하여 동일한 결과가 발생하였을 것이라는 사정만으로는 부정되지 않는다"[94]

---

[93] 대법원 2023. 8. 31. 선고 2021도1833 판결. 같은 취지 대법원 2023. 1. 12. 선고 2022도11163 판결.

고 판단하였다.

기존의 판례를 보면 주의의무를 다하였더라도 결과가 발생하였을 것이라고 인정되는 경우에는 인과관계의 성립을 부정함으로써 무죄를 선고하였다. 그러나 본 사건에 대한 판결에서는 피고인 丙이 제한속도를 준수하였더라도 어차피 丁의 충돌로 인하여 피해자 乙은 상해를 입었을 것이라고 인정하였음에도 불구하고 연방대법원은 인과관계의 성립을 그대로 인정하였다. 이 판례는 기존의 판례이론과 모순되는 것이 아니라, 기존 이론의 적용범위를 제한함으로써 이를 명확히 하였다고 볼 수 있다. 즉 연방대법원의 판례에 의하면 주의의무를 다하였더라도 동일한 결과가 발생할 것이라고 인정되는 경우에 모두 인과관계가 부정되는 것이 아니라, 그 동일한 결과가 피해자의 잘못으로 인하여 발생할 것이라고 판단되는 경우에 비로써 인과관계가 부정된다는 것이다. 그러나 본 사안의 경우에는 제3자인 丁의 행위로 인하여 동일한 결과가 발생할 가능성이 있는 것이지 피해자의 잘못으로 인하여 그러한 결과가 발생할 가능성이 있는 것은 아니기 때문에 인과관계의 성립에는 지장이 없다고 본다.

이 판례는 주의의무를 다하였더라도 동일한 결과가 발생하였을 것이라고 인정되는 경우에 인과관계가 부정되는 경우를 적절히 제한함으로써, 불가벌의 범위를 지나치게 넓게 인정한다는 비판을 고려하였다는 점에서 타당하다. 이러한 판례의 결론은 다수설이 주장하는 객관적 귀속이론과 일치한다. 앞에서 설명한 바와 같이 과실범에서 객관적 귀속이 인정되기 위해서는 행위자가 주의의무위반행위를 통하여 설정한 위험이 결과를 실현하여야 한다. 따라서 행위자가 주의의무에 합당한 행위를 하였더라도 그 행위로 인하여 동일한 결과가 발생하였을 것이라고 인정되는 경우에는 행위자가 설정한 위험이 결과를 실현하였다고 볼 수 없으므로 객관적 귀속이 부정된다. 이에 반하여 동일한 결과가 주의의무에 합당한 행위에 의하여 실현되는 것이 아니라 제3자의 행위로 인하여 실현되었을 것이라고 인정되는 경우 객관적 귀속은 부정되지 않는다. 본 사안에서는 피고인 丙이 제한속도를 준수하였더라도 동일한 결과가 발생할 것이라는 점은 인정되지만 그 동일한 결과는 제3자, 즉 丁의 행위로 인한 것이므로 피고인 丙에 대하여 객관적 귀속은 인정된다. 따라서 丙에 대하여 과실치상죄를 인정한 연방대법원의 판단이 타당하다.

② 인간의 이성으로는 예견이 불가능한 비전형적 인과관계와 객관적 귀속

앞에서 설명한 바와 같이 비전형적 인과관계의 경우에도 조건설에 의하면 인과관계는 인정된다. 그리고 결과의 객관적 귀속은 앞에서 설명한 판단기준에 의하여 검토하면 된다. 즉 행위자가 야기한 위험에 다른 사람의 행위나 사건이 개입하여 결과에 이른 경우에도 이 결과를 행위자가 야기한 위험이 실현된 것이라고 평가할 수 있는가에 의하여 객관적 귀속여부를 판단한다.

---

94) BGHSt 30, 228.

(예 21) 칼에 찔린 자가 구급차에 실려 가던 도중에 교통사고를 당하여 사망한 경우에 인과관계는 인정되지만, 사망의 결과는 행위자가 야기한 위험이 실현된 것이 아니라, 교통사고로 인한 것이므로 객관적 귀속은 부정된다.

(예 22) 만일 위의 (예 21)에서 피해자가 병원에서 의사의 과실로 사망한 경우에 의사의 과실이 중대한 과실이라면 피해자의 사망은 "일반적 생활경험에 의하면 예견가능한 범위"를 벗어난 것으로서 행위자가 야기한 위험의 상당한 실현이라고 볼 수 없으므로 객관적 귀속이 부정된다. 그러나 중대한 과실이 아니라면 그 결과는 행위자가 야기한 위험의 상당한 실현이라고 볼 수 있으므로 객관적 귀속이 인정된다.[95]

(예 23) 오토바이 폭주족인 甲은 차량이 드문 새벽 2시경에 시내를 과속으로 질주하던 중, 파란 불이 들어와 횡단보도를 건너던 乙을 미처 피하지 못하고 충돌하여 골절상과 찰과상을 입혔다. 입원도중 乙은 흥분상태에서 칼을 들고 난동을 부리던 같은 병실에 입원 중인 환자 丙의 칼에 찔려 사망하였다. 甲의 죄책은?

甲은 도로교통법상의 제한속도에 위반하여 과속으로 운전하였으므로 피해자의 상해에 대해서는 객관적 주의의무위반이 인정되며 따라서 업무상 과실치상죄가 성립한다. 문제는 업무상 과실치사죄의 성립여부이다. 그는 피해자 乙이 입원 도중 다른 환자에 의하여 살해된다는 것은 예측할 수 없으므로 乙의 사망은 甲이 야기한 위험의 상당한 실현이라고 볼 수 없다. 따라서 결과의 객관적 귀속이 부정되므로 업무상 과실치사죄는 성립하지 않는다. 상당인과관계설에 의하면 인과관계가 부정되므로 객관적 귀속론과 같은 결론에 이른다.

③ 누적적 인과관계와 객관적 귀속

누적적 인과관계의 경우에 인과관계가 성립한다는 점에 대해서는 견해가 일치하지만 객관적 귀속이 인정되는가에 대해서는 논란의 여지가 있다. 행위자가 야기한 위험이 다른 위험과 누적되어 결과를 실현하였더라도, 그 위험이 경미하여 법률상 허용된 것이라면 객관적 귀속은 부정된다.[96] 예컨대 자동차의 배기가스가 누적되어 스모그 현상으로 인하여 주민의 건강이 침해되는 결과가 발생한 경우 그 지역에서 자동차 운전자가 야기한 위험은 법률상 허용된 위험에 해당하므로 객관적 귀속이 부정된다. 그리고 법률상 허용되지 않은 위험을 야기하여 그 위험이 다른 위험과 누적되어 결과를 실현한 경우에도 비전형적 인과관계에 해당하는 경우에는 행위자가 야기한 위험의 상당한 실

---

95) 이재상/ 장영민/ 강동범, 총론, 161면.
96) Sch/Sch/Lenckner, vor § 13 Rn. 83.

현이라고 볼 수 없으므로 객관적 귀속이 부정된다.

(예 24) 甲과 乙이 丙을 살해할 목적으로 각자 독립하여 치사량에 미달하는 독약을 음료수에 넣었는데, 각자의 독약이 결합하여 치사량에 이르게 되어 丙이 사망하였다. 甲, 乙의 죄책은?

이 사례에서 문제된 누적적 인과관계는 甲이 야기한 인과과정에 乙의 행위(다른 조건)가 개입하여 결과에 이르는 경우이므로 비전형적 인과관계의 일종이다. 甲이 독약을 음료수에 넣지 않았더라면 丙은 사망하지 않았을 것이므로 인과관계는 인정된다. 그리고 객관적 귀속에 대하여 살펴보면 甲은 치사량의 1/2에 해당하는 독약을 넣었으므로 법률상 허용되지 않는 위험을 야기하였으나, 甲의 행위만으로는 결과에 이를 수가 없는데 乙의 행위가 추가되어 결과에 이른다는 것은 "일반적 생활경험에 의하면 예견가능한 범위"를 벗어난 것이므로 丙의 사망은 甲이 야기한 위험의 상당한 실현이라고 볼 수 없다. 따라서 객관적 귀속이 부정되므로 甲, 乙에 대해서는 각각 살인미수죄만이 성립한다.[97]

(예 25) 만일 (예 224)에서 甲이 독약을 넣은 사실을 乙이 알고 있었다면 乙의 죄책은?

乙은 자신의 행위가 추가되어 결과에 이른다는 것은 "일반적 생활경험에 의하면 예견가능한 범위"를 벗어난 것이 아니므로 丙의 사망은 乙이 야기한 위험의 상당한 실현이라고 볼 수 있다. 따라서 객관석 귀속이 긍정되므로 乙에 대해서는 각각 살인죄가 성립한다.

(예 26) 공단에서 공장을 운영하는 甲은 대기환경보전법에 위반하여 오염물질을 불법으로 대기에 배출하였다. 그 오염물질 자체만으로는 인근 주민의 건강을 해할 정도는 아니었으나 부근의 다른 공장에서 배출한 오염물질과 자동차에서 배출된 배기가스가 함께 누적되는 바람에 인근 주민의 건강이 악화되었다. 공장 운영자 甲과 그날 자동차를 운전한 乙의 죄책은?

운전자 乙이 배출한 오염물질로 인한 위험의 발생은 지극히 경미하므로 법적으로 허용되지 않은 위험을 야기하였다고 볼 수 없다. 따라서 乙에 대하여 결과의 객관적 귀속은 부정되므로 과실치상죄는 성립하지 않는다.

공장 운영자 甲에 대하여는 환경범죄의 처벌에 관한 특별조치법 제2조 제1항 위반죄의 성립여부가 문제된다. 이 규정에 의하면 오염물질을 불법배출하여 사람을 사상에 이르게 한 자는 무기 또는 5년 이상의 징역으로 처벌된다. 甲은 오염물질을 불법배출함으로써 법적으로 허용되지 않은 위험을 야기하였다. 그러나 상해의 결과는 甲이 야기한 위험의 상당한 실현이라고 할 수 없으므로 결과의 객관적 귀속이 부정된다. 따라서 본죄는 성립하지 않으며, 다만 오염물질을 불법배출한 행위는 대기환경보전법 제55조 및 제15조에 의하여 처벌된다.

---

[97] Sch/Sch/Lenckner, vor § 13 Rn. 83.

제 4 절 구성요건적 고의

주관적 구성요건 ┌ 일반적 주관적 불법요소: 구성요건적 고의
　　　　　　　　└ 특별한 주관적 불법요소: (예) 재산범죄에서 불법영득의 의사

> 제13조(고의) 죄의 성립요소인 사실을 인식하지 못한 행위는 벌하지 아니한다. 다만, 법률에 특별한 규정이 있는 경우에는 예외로 한다.

I. 고의의 체계적 지위

범죄체계란 행위, 구성요건, 위법성, 책임 등의 범죄성립요건들을 체계화시킨 것을 말한다. 고의의 체계적 지위는 고의가 범죄체계에서 어느 곳에 위치하는가에 관한 문제이다. 고의를 중심으로 범죄체계론을 설명하면 다음과 같다.

1. 신고전적 범죄체계

이는 인과적 행위론에서 주장하는 범죄체계이다. 고의는 구성요건에 속하는 것이 아니라 책임형식으로 본다(책임요소설). 그리고 고의는 구성요건에 대한 인식과 위법성의 인식을 포함한다고 한다. 따라서 구성요건에 대한 인식이나 위법성에 대한 인식이 결여되면 고의가 조각된다.

구성요건 ──→ 위법성 ──→ 책임
고의 X　　　　　　　　　　 고의
　　　　　　　　　　　　 = 구성요건요소에 대한 인식 + 위법성의 인식

2. 목적적 범죄체계

이는 목적적 행위론에서 주장하는 범죄체계이다. 고의는 책임에 속하는 것이 아니라 주관적 구성요건에 속한다(구성요건요소설). 여기서 고의는 객관적 구성요건에 대한 인식을 말하며, 위법성에 대한 인식은 고의와 독립하여 여전

히 책임의 영역에 남게 된다. 따라서 구성요건에 대한 인식이 결여되면 구성요건해당성이 부정되며, 위법성에 대한 인식이 결여되면 고의에는 영향이 없으며 다만 법률의 착오로서 책임이 감경 또는 면제될 수 있다.

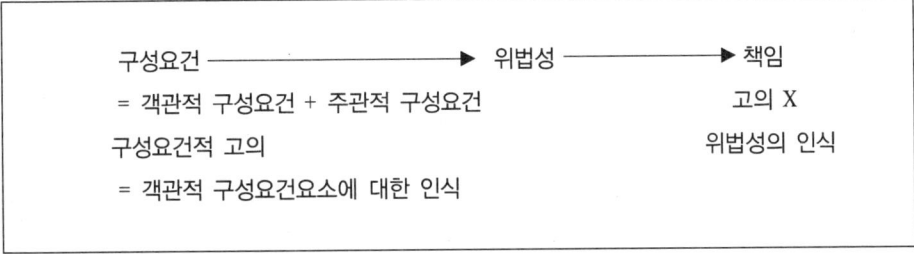

3. 신고전적·목적적 합일체계

이는 우리나라와 독일의 다수설로서 행위론과 필연적인 관계는 없지만 주로 사회적 행위론이나 인격적 행위론이 취하는 입장이다. 고의는 목적적 범죄체계와 마찬가지로 주관적 구성요건에 속한다. 따라서 고의는 객관적 구성요건요소에 대한 인식이며, 위법성에 대한 인식은 여전히 책임의 영역에 남게 된다. 그러나 목적적 범죄체계와는 달리 책임에서 고의가 완전히 배제된 것이 아니라 책임형태로 남아 있다. 따라서 고의는 구성요건에 속하는 동시에 책임에도 속하게 된다. 전자를 구성요건적 고의, 후자를 책임요소로서의 고의(책임고의)라고 한다. 고의는 구성요건요소인 동시에 책임형태(고의책임, 과실책임)[98]가 되므로 이를 고의의 이중적 기능이라고 한다(이중적 지위설).

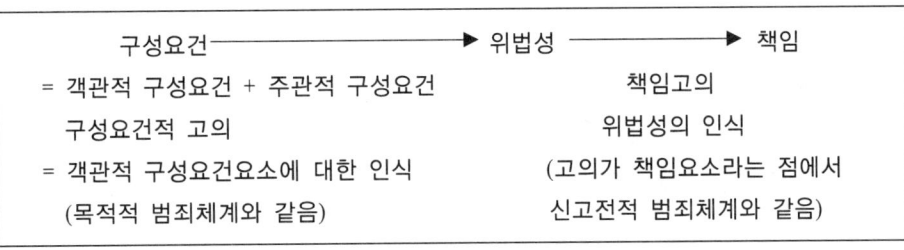

---

[98] 고의책임이 부정되는 경우로는 위법성조각사유의 객관적 조건에 관한 착오가 있다. 이에 대하여는 제2편 제5장 제2절 II 참조.

[범죄체계론과 책임요소]

범죄체계론	고의의 체계적 지위	고의와 위법성인식	책임요소
신고전적 범죄체계	책임요소설	고의=구성요건요소에 대한 인식+위법성인식	심리적 책임론 책임능력, 고의, 과실
목적적 범죄체계	구성요건요소설	고의는 구성요건요소, 위법성인식은 책임요소	순수규범적 책임론 책임능력, 위법성인식, 기대가능성
신고전·목적적 합일체계	이중적 지위설	고의는 구성요건요소인 동시에 책임요소	복합적 책임개념 책임능력, 책임형태(고의책임·과실책임), 위법성인식, 기대가능성

II. 구성요건적 고의의 본질

제13조(고의)는 "죄의 성립요소인 사실을 인식하지 못한 행위는 벌하지 아니한다"라고 규정하고 있다. 여기서 "죄의 성립요소인 사실"이란 객관적 구성요건요소를 말한다. 따라서 고의는 일단 객관적 구성요건요소에 대한 인식이라고 이해할 수 있다. 그러나 이러한 인식에는 항상 의사(의욕, 의지)가 수반된다. 예컨대 '甲이 乙을 고의로 살해했다'라고 할 때, 여기서 고의에는 두 가지 의미, 즉 '甲은 乙을 살해한다는 사실을 인식하고 있었다'라는 의미와 '甲은 乙을 살해하고자 의욕했었다'라는 의미가 포함되어 있다. 따라서 고의는 '객관적 구성요건의 실현에 대한 인식과 의사'라고 정의할 수 있다.

▶ 고의 = 인식(지적 요소) + 의사(의지적 요소)

고의의 의지적 요소만을 강조하는 의사설에 의하면 객관적 행위상황을 인식하고 범죄를 저지른 경우에도 이를 원하지 않았던 경우(미필적 고의)에는 고의가 부정되는 결과가 되어 고의의 성립범위가 지나치게 축소된다. 이에 대하여 고의의 지적 요소만을 강조하는 인식설은 인식 있는 과실의 경우에도 고의의 성립을 인정하게 되어 고의의 성립범위가 지나치게 확대된다. 따라서 고의는 의지적 요소와 지적 요소의 양면을 모두 가지고 있다고 보아야 한다.

III. 구성요건적 고의의 종류

고의는 구성요건의 실현에 대한 인식의 확실성 여부에 따라 확정적 고의와 불확정적 고의로 분류할 수 있다.

1. 확정적 고의(직접적 고의)

행위자가 구성요건의 실현을 명확히 인식한 경우를 말한다.

2. 불확정적 고의

행위자가 구성요건의 실현을 불명확하게 인식한 경우를 말한다. 불확정적 고의에는 미필적 고의와 택일적 고의가 있다.

(1) 미필적 고의(조건부 고의)

일반적으로 고의란 행위자가 구성요건의 실현을 확실히 인식·의욕한 경우를 말하며(확정적 고의), 과실은 구성요건의 실현을 전혀 인식·의욕하지 않은 경우를 말한다(인식 없는 과실). 그러나 행위자가 구성요건의 실현을 확실히 인식하지 못하고 다만 가능성만을 인식한 경우도 있을 수 있다. 이러한 경우 행위자를 고의범으로 처벌할 것인가 아니면 과실범으로 처벌할 것인가에 대하여 학설과 판례는 미필적 고의[99]와 인식 있는 과실로 구분하여 전자는 고의범으로, 후자는 과실범으로 처벌한다. 문제는 양자를 어떻게 구별할 것인가이다. 일단 결과발생의 가능성을 인식했다는 점에서 양자는 차이가 없으므로, 의지적인 면에서 구분을 하여야 할 것이다. 그 구분기준에 대해서는 다양한 이론이 주장되고 있으나 여기서는 우리나라에서 주장되고 있는 인용설과 감수설에 대해서만 설명하기로 한다.

---

[99] 여기서 '미필적'(未必的)이란 사전적 의미는 '확실하지 않다'는 뜻이다.

[미필적 고의와 인식 있는 과실의 구분]

	인식	의사
확정적 고의	○	○
인식 없는 과실	X	X
미필적 고의	△(가능성)	감수 ○
인식 있는 과실	△(가능성)	감수 X

(가) 인용설(Einwilligungstheorie)

기존의 인용설은 행위자가 결과발생이 가능하다고 예견하고, 이를 내심으로 인용하면 미필적 고의가 성립하고, 인용하지 않으면 인식 있는 과실이 성립한다고 보았다. 여기서 인용이란 결과를 의욕한 것은 아니지만, 행위의 부수적 결과로서 동의한 것을 말한다. 따라서 행위자가 내심으로 결과발생을 거부하거나 결과불발생을 희망한 경우에는 인식 있는 과실이 성립한다고 한다. 그리고 행위자가 결과발생에 대하여 무관심하거나 이를 어쩔 수 없이 받아들인 경우(감수) 결과발생을 내심으로 동의한 것은 아니므로 과실이 성립한다.

이 견해는 Frank의 제1공식[100]과 일치한다. 이 공식에 의하면 "행위자가 결과의 발생을 확실히 인식했다고 가정하더라도 행위를 하였을 것이다"라고 인정되는 경우에는 미필적 고의가 성립하며, 행위자가 결과의 발생을 확실히 인식했다면 행위를 하지 않았을 것이라고 인정되는 경우에는 과실만 성립한다.

(예 1) 스위스가 오스트리아의 지배를 받고 있었던 당시 빌헬름 텔(Wilhelm Tell)이라는 활의 명사수가 살고 있었다. 오스트리아는 스위스 사람들이 자신들의 지배에 무조건 복종하도록 하기 위해 거리에 성주 헤르만 게슬러의 모자를 걸어 두고 경의를 표하게 하였다. 빌헬름 텔은 아들과 거리를 지나다가 모자에 경의를 표하지 않아 벌을 받게 되었는데, 그 벌은 아들의 머리 위에 사과를 올려놓고 사과를 활로 쏘아 명중시키는 것이었다. 다행히도 빌헬름 텔은 그 사과를 명중시켰다. 만일 그가 쏜 화살에 아들이 맞아 사망하였다면 그의 죄책은?

빌헬름 텔은 내심으로 결과가 발생하지 않기를 희망했으므로 인용설에 의하면 그에 대하여 살인죄는 성립하지 않는다. 다만 결과에 대하여 인식 있는 과실이 있으므로 과실치사죄

---

100) Frank, Das Strafgesetzbuch für Deutsche Reiche, 18. Aufl., 1931, § 59 mit Anm. V.

가 성립한다. Frank의 제1공식에 의하더라도 마찬가지다. 즉 만일 빌헬름 텔이 아들의 사망을 확실히 알고 있었다고 가정한다면 당연히 활을 쏘지 않았을 것이므로 미필적 고의는 부정된다.

그러나 이 견해는 행위자가 결과발생에 대하여 무관심하거나 이를 감수한 경우까지도 과실을 인정함으로써 고의의 성립범위를 지나치게 축소하는 문제점이 있기 때문에[101] 거의 주장되고 있지 않다. 현재 우리나라의 다수설과 판례가 주장하는 인용설은 기존의 인용설을 수정한 것으로서 감수설과 차이가 없다.

(나) 감수설(Abfindungstheorie) 또는 묵인설(Hinnahmetheorie)

감수설에 의하면 행위자가 결과발생이 가능하다고 예견하고, 이를 내심으로 감수하면 미필적 고의가 성립하고, 감수하지 않으면 인식 있는 과실이 성립한다. 여기서 감수란 행위의 목적달성을 위하여 결과의 실현을 묵인하고 결과발생여부의 불확실상태를 견디겠다는 내심의 태도를 말한다. 따라서 행위자기 결과발생을 희망한 경우는 물론 결과발생에 무관심하거나 목적달성을 위하여 어쩔 수 없이 결과발생을 받아들이기로 한 경우에도 미필적 고의가 성립한다. 그러나 행위자가 결과발생의 회피를 위하여 나름대로 필요한 조치를

---

[101] 이러한 문제점 때문에 인용설을 취하고 있는 독일의 학설과 판례는 기존의 입장을 완화하여 용인의 의미를 이해하고 있다. 즉 행위자가 결과발생에 대하여 무관심하거나 심지어는 이를 원치 않은 경우에도 자신의 목적달성을 위하여 결과발생을 받아들이기로 한 경우(in Kauf nehmen)에는 미필적 고의를 인정한다(예컨대 Baumann/Weber/Mitsch, AT, § 20 Rn. 48 ff.). 판례의 경우를 보면 제국재판소(RGSt 21, 422; 33, 6; 59, 4; 72, 44; 76, 116)는 기존의 용인설의 입장에서 결과발생에 동의한 경우에만 미필적 고의를 인정하였으나, 연방대법원은 BGHSt 7, 363의 판례에서 기존의 입장을 수정하여 행위자가 결과가 발생하지 않기를 희망한 경우에도 자신의 목적달성을 위해서 피해자를 위험에 처하게 하고 결과발생의 여부를 우연에 맡겨놓았다면 법적 의미에서 동의(Billigen im Rechtssinne)가 인정되므로 미필적 고의가 성립한다고 한다. 결국 오늘날의 인용설은 결과에 대한 감수가 있는 경우에도 미필적 고의를 인정하고 있으며, 기존의 인용설을 주장하는 견해(예컨대 Ingo Müller, NJW 1989, 2392)는 거의 없으므로 인용설과 감수설은 용어의 차이에 불과하며 그 실질적 내용의 면에서는 같은 것이다. 우리나라에서 다수설(예컨대 배종대, 총론, 167면 이하)이나 판례(예컨대 대법원 1994. 12. 22. 선고 94도2511 판결.)가 취하고 있는 인용설도 감수설과 차이가 없다. 결국 우리나라에서 주장되는 학설을 인용설과 감수설로 구분하여 설명하는 것은 더 이상 실익이 없는 것으로 보인다.

취했다거나 당시의 정황으로 보아 결과발생의 가능성이 희박한 경우와 같이 행위자가 결과의 불발생을 신뢰할 만한 사정이 있었다면 인식있는 과실이 성립할 것이다.[102] 요컨대 이 견해에 의하면 미필적 고의가 성립하는가는 ① 목적달성을 위해서 결과발생을 감수했는가, ② 결과의 불발생에 대한 신뢰가 있었는가를 종합하여 판단한다.

과거 인용설이 의미하는 인용은 결과발생을 내심으로 동의한 경우에만 인정되는데 반해서 감수는 내심으로 동의하지 않았더라도 자신의 목적달성을 위하여 묵인한 경우에도 인정된다. 따라서 감수설은 기존의 인용설이 고의의 성립을 지나치게 제한적으로 인정하는 문제점을 적절하게 해결하고 있다.

이 견해는 프랑크(Frank)의 제2공식과 일치한다. 이 공식에 의하면 "결과가 발생하건 안하건 관계없이, 아무튼 나는 행위하겠다"라고 결의하였다면 미필적 고의가 성립한다.

(예 2) 청년 甲은 장날 시장에 있는 오락용 사격장에서 A女가 손에 들고 있는 유리구슬을 명중시키겠다고 20 마르크를 걸고 乙과 내기를 하였다. 甲은 실패하면 장날 인파 속으로 도망칠 수 있다고 생각하였다. 내기 결과 甲은 구슬을 명중시키지 못하고 A女의 손을 맞춰 상해를 입혔다. 甲의 죄책은?(라크만의 사격장 사건)[103]

Frank 교수는 고의와 과실의 구분에 있어서 결과의 발생이 처음부터 확실했다면 행위자가 어떻게 행동하였을 것인가라는 질문을 전제로 두 개의 기준을 제시하였다. 소위 Frank의 제1공식은 "결과의 발생을 확실히 인식하였더라도 행위하였을 것이다"라고 판단되면 고의가 성립하며, "이를 확실히 인식하였더라면 행위하지 않았을 것이다"라고 판단되면 고의는 부정된다고 한다.[104] 이 공식에 의하면 사례의 경우 甲은 A女의 손에 맞았을 것이라는 사실을 확실히 인식했더라면 내기에서 질 것이므로 그녀에게 발사하지 않았을 것이고 따라서 고의는 부정될 것이다. 과거 독일의 제국재판소가 적용했던 인용설에 의하여도 甲은 A女의 상해를 내심으로 희망한 것은 아니므로 고의의 성립이 부정된다.

Frank의 제2공식에 의하면 행위자가 내심으로 "결과야 어떻게 되건, 아무튼 나는 행위하겠다"라고 생각했다면 고의가 성립한다고 한다.[105] 이 공식에 의한다면 甲은 실패하면 도망

---

102) 결과발생에 대한 감수나 결과의 불발생에 대한 신뢰의 판단은 행위당시의 객관적 정황에 의하여 판단하는 것이지, 행위자의 진술을 근거로 판단하는 것은 아니라는 점을 유의해야 한다(Roxin, AT I, § 12 I Rn. 67).
103) 소위 "라크만의 사격장 사건"이라고 하는 이 유명한 사례는 Lacmann, ZStW 31(1911), 159에 있는 것이다.
104) Frank, StGB, 18. Aufl., 1931, § 59 Anm. V.

가고 성공하면 20 마르크를 벌겠다는 생각으로 A女에게 상해의 결과가 발생할 것인가의 여부에 개의치 않고 행위하겠다고 생각하였으므로 고의가 성립한다. 감수설 내지는 독일의 연방대법원이 적용하는 인용설에 의하더라도 甲은 20 마르크를 벌겠다는 목적달성을 위하여 A女의 상해의 결과를 감수하였으며 결과가 발생하지 않을 것이라고 신뢰하였다고 인정할 만한 객관적 정황은 없으므로 고의가 성립한다.

Frank공식과 인용설, 감수설을 사례에 각각 적용한 결과를 보면 제1공식은 독일 제국재판소가 적용했던 인용설과 같은 결론에 이르게 되며, 제2공식은 독일 연방대법원이 적용하는 수정된 형태의 인용설이나 감수설과 동일한 결론에 이르게 된다. Frank의 제1공식은 인용의 확인에 사용되며, 제2공식은 감수의 확인에 사용된다고 한 것은 이러한 의미로 이해할 수 있다.

(판례 1) 甲女는 남편의 전처소생의 딸인 乙女(9세)를 야산 속의 밭으로 데리고 들어가 주먹으로 얼굴을 수차례 때리고, 이에 乙女가 甲女의 머리채를 잡아 뜯고 왼쪽 팔꿈치를 입으로 무는 등 반응을 하자 가지고 있던 스카프로 乙女의 목을 감아 스카프의 양끝을 양손에 나누어 잡고 약 4분 동안 2회에 걸쳐 목을 졸라 상해를 가하고 실신시킨 후 버려둔 채 그곳을 떠났다. 다행히 乙女는 사망하지 않고 깨어났다. 甲女의 죄책은?

만일 甲女에게 살인의 고의가 있었다면 살인미수가 성립할 것이며, 고의가 없었다면 상해죄만이 성립할 것이다. 이 점에 대하여 대법원은 "살인죄의 범의는 자기의 행위로 인하여 피해자가 사망할 수도 있다는 사실을 인식·예견하는 것으로 족하고 피해자의 사망을 희망하거나 목적으로 할 필요는 없고, 또 확정적인 고의가 아닌 미필적 고의로도 족한 것이다"라고 전제하고, "9세의 여자 어린이에 불과하여 항거를 쉽게 제압할 수 있는 피해자의 목을 감아서 졸라 실신시킨 후 그곳을 떠나버린 이상 그와 같은 자신의 가해행위로 인하여 피해자가 사망에 이를 수도 있다는 사실을 인식하지 못하였다고 볼 수 없으므로, 적어도 그 범행 당시에는 피고인에게 살인의 범의가 있었다"는 이유로 살인미수의 성립을 하였다.[106] 판례는 미필적 고의를 인정한 근거로서 "피해자가 사망할 수도 있다는 사실을 인식·예견"하였다는 점을 든다. 그러나 결과발생의 가능성을 인식하였다는 사실만을 근거로 고의를 인정한 것이라면 인식있는 과실은 모두 고의가 되므로 고의범의 성립범위가 지나치게 확대될 우려가 있다. 다만 이 사례에서는 행위자가 결과발생에 무관심하였다고 볼 여지가 있으며, 결과가 발생하지 않을 것이라고 신뢰할 만한 정황도 보이지 않으므로 판례가 미필적 고의를 인정한 것은 결론면에서 타당하다.

감수설에 의하면 ① 행위자가 목적달성을 위해서 결과발생을 감수하였고 ② 결과의 불발생에 대한 신뢰가 없었다면 미필적 고의가 인정될 것이다. 甲女가 9세의 여자아이의 목을 스카프로 감고 양손으로 나누어 잡은 상태에서 4분가량 목을 졸라 실신케 할 정도였다면

---

105) Frank, StGB, § 59 Anm. V.
106) 대법원 1994. 12. 22. 선고 94도2511 판결.

행위당시 사망의 가능성이 매우 높으므로 아이가 사망하지 않을 것이라는 신뢰가 있었다고 보기 어렵다. 따라서 만일 甲女가 목을 조를 당시에 아이가 죽어도 하는 수 없다고 생각했거나 아니면 최소한 아이의 사망에 대하여는 생각조차 하지 않고 무관심했다면 미필적 고의를 인정할 수 있을 것이다.

(예 3) 에이즈에 감염된 甲男은 동성연애자로서 자신의 파트너인 乙男에게 감염 사실을 숨기고 2회의 성관계를 가졌다. 甲男은 2회의 경우 모두 콘돔을 사용하지 않았으며, 다만 사정을 할 때에만 콘돔을 착용하였다. 검사결과 乙男의 감염여부는 확인되지 않았다. 甲男의 죄책은?[107]

에이즈감염행위의 형사책임과 관련하여 문제되는 것은 에이즈 감염이 중상해에 해당하는가와 행위자에게 피해자의 상해나 사망의 결과에 대하여 미필적 고의를 인정할 수 있는가이다.

1. 객관적 구성요건
에이즈에 감염되더라도 잠복기(평균10년)에는 아무런 증상도 나타나지 않는다. 그러나 이 시기에도 감염자의 면역기능이 점진적으로 저하되어 다른 병균에 감염될 위험성이 높아지게 된다. 이는 사람의 건강을 훼손하거나 생리적 기능을 훼손하는 행위로서 상해에 해당한다는 점에는 의심이 없다. 사례에서는 피해자 乙男의 감염여부가 확인되지 않았으므로 상해기수는 성립하지 않으며, 다만 甲男에게 상해의 고의가 있는 경우 상해미수(형법 제257조 제3항)가 성립한다.
에이즈감염이 상해에 해당한다는 점에는 견해가 일치하나 "생명에 대한 위험의 발생" 또는 "불치의 질병"으로서 중상해(형법 제285조)에 해당하는가에 대하여는 논란의 여지가 있다. 중상해에 해당한다는 견해에 의하더라도 사례의 경우에는 피해자의 감염여부가 입증되지 않았으므로 미수만이 문제되는데 중상해죄에는 미수범 처벌규정이 없으므로 상해미수만이 성립한다.

2. 주관적 구성요건
다음은 상해 및 사망에 대한 미필적 고의의 인정여부에 대하여 살펴보기로 한다. 甲男은 자신이 에이즈에 감염되었다는 사실과 예방조치를 취하지 않고 성교하면 감염의 가능성[108]이 있다는 사실을 인식하고 있었음에도 불구하고 乙男과 성관계를 가졌는데, 이러한 경우 甲男은 乙男의 감염과 사망의 결과를 감수하였다고 할 수 있는가에 대하여 견해가 일치하지 않는다.

---

107) BGHSt 36, 1 = NStZ 1989, 114 mit Anm. von Helgerth.
108) 에이즈 감염자가 1회 성교하는 경우 상대방에게 감염될 확률은 1% 미만이며, 감염된 경우 발병될 확률은 50 - 70 %이다. 그리고 치사율은 이전에는 100%였으나, 현재에는 WHO의 보고에 의하면 2017년 기준 전세계 평균 0.5%, 우리나라는 5.0%이다.

이 사건에서 독일의 연방대법원은 甲男에 대하여 상해의 미필적 고의를 인정하면서도 살인의 미필적 고의는 부정한다. 연방대법원은 살인의 고의를 인정함에 있어서는 상해의 고의보다 "더 높은 저지의 문턱"(eine viel höhere Hemmschwelle)이 있다고 함으로써 살인의 고의를 인정하기 위해서는 상해의 고의보다 더욱 엄격한 요건을 요한다는 입장을 일관하여 취하고 있다.109) 본 사안에서도 연방대법원은 살인의 고의를 부정하였다.110)

콘돔을 사용하지 않은 성교의 경우 감염가능성은 1% 미만이며, 더구나 사례에서 甲男은 사정하기 전에 콘돔을 사용하여 감염의 가능성을 현저하게 감소111)시켰다는 점을 고려하면 그는 乙男이 감염되지 않을 것이라는 신뢰가 있었다고 할 수 있다. 따라서 甲男에 대하여 상해나 살인에 대한 미필적 고의가 부정되므로 상해미수나 살인미수는 성립하지 않는다고 보는 것이 타당하다.112) 다만 甲男은 에이즈 감염자로서 감염의 예방조치 없이 乙男과 성행위를 하였으므로 에이즈전파매개행위죄(후천성면역결핍증예방법 제25조 제2호)에 의하여 처벌된다.

(2) 택일적 고의

택일적 고의란 다수의 구성요건 가운데 일부만 택일적으로 실현가능성이 있어서 그 중 어느 것이 실현되어도 상관없다고 생각하고 행위한 경우의 고의를 말한다. 두 개의 구성요건 가운데 하나만 실현가능한 경우(양자택일)는 물론이고 다수의 가능성 가운데 일부만 실현가능한 경우(다자택일)도 택일적 고의에 해당한다. 택일적 고의가 있으면 실현된 구성요건의 고의기수와 실현되지 않은 구성요건의 미수의 상상적 경합이 성립하므로 무거운 죄에 정한 형으로 처벌한다(제40조).

> (예 4) 甲은 乙과 경호원 丙이 같이 있는데 누가 맞아도 상관없다고 생각하고 총을 발사했는데 乙이 맞아 사망한 경우 甲의 죄책은?

甲에 대하여는 택일적 고의(양자택일)가 인정되므로 실현된 구성요건의 고의기수와 실현되지 않은 구성요건의 미수의 상상적 경합, 즉 乙에 대한 살인죄와 丙에 대한 살인미수죄의 상상적 경합이 성립한다. 따라서 甲은 무거운 죄인 살인죄에 정한 형으로 처벌된다(제40조).

---

109) 예컨대 BGH StV 1982, 509; NStZ 1983, 407; NStZ 1984, 19; StV 1986, 197; NStZ 1988, 361 참조.
110) BGHSt 36, 15.
111) 콘돔을 사용한 경우 감염의 가능성은 1/10.000내지 1/100.000라고 한다. Prittwitz, StrV 1989, 125 참조.
112) Roxin, AT I, § 12 I Rn. 72.

(예 5) 甲은 여러 사람이 모여 있는 장소에 폭탄을 던져 10명의 사람들이 사망하고 15명의 사람들은 다행히 사망하지 않았다. 甲의 죄책은?

甲에 대하여는 택일적 고의(다자택일)가 인정되므로 (예4)에서와 마찬가지로 사망한 10명의 사람에 대한 살인죄와 사망하지 않은 15명의 사람에 대한 살인미수죄의 상상적 경합이 성립한다.

택일적 고의는 택일관계에 있는 행위객체가 동종(同種)이든 이종(異種)이든 관계없이 인정된다.

(예 6-1) 주거침입자 甲은 집주인 乙이 개를 데리고 추적해 오자 乙과 개를 향하여 총을 발사하면서 누가 맞아도 상관없다고 생각하였다. 집주인 乙이 맞아 사망했다면 甲의 죄책은?

택일적 고의는 행위객체가 이종인 경우, 즉 사례에서 사람과 개인 경우에도 인정된다. 甲에게는 택일적 고의가 있으므로 실현된 구성요건, 즉 乙에 대한 살인기수와 실현되지 않은 구성요건, 즉 손괴미수의 상상적 경합이 성립하므로 甲은 무거운 죄, 즉 살인죄에 정한 형으로 처벌된다(제40조).

(예 6-2) 만일 위의 (예 6-1)에서 개가 맞아 죽었다면 甲의 죄책은?

살인미수와 실현된 구성요건, 즉 손괴죄와 실현되지 않은 구성요건, 즉 살인미수의 상상적 경합이 성립하므로 甲은 살인미수죄에 정한 형으로 처벌된다.

택일적 고의는 행위객체가 2개 이상인 경우는 물론, 행위객체는 하나이지만 두 가지 이상의 구성요건 가운데 어느 것이 실현되어도 상관없다고 생각하고 행위한 경우에도 성립한다.

(예 7) 甲은 며칠 전부터 아파트 옆에 놓여 있는 자전거가 주인이 있는 것인지 아니면 누가 잃어버린 것인지는 모르지만 상관하지 않고 이를 가져갔다. 甲의 죄책은?

이 경우 행위객체는 자전거 하나이지만 그 자전거가 주인이 점유하고 있는 것이라면 절도죄의 객체가 될 것이며, 주인이 잃어버린 것이라면 점유이탈물횡령죄의 객체가 된다. 이와 같이 행위객체는 하나이지만 두 가지 이상의 구성요건 가운데 어느 것이 실현되어도 상관없다고 생각하고 행위한 경우도 택일적 고의에 해당한다. 따라서 만일 그 자전거가 유실물이라면 실현된 구성요건의 기수, 즉 점유이탈물횡령죄와 실현되지 않은 구성요건의 미수, 즉 절도미수의 상상적 경합이 성립한다. 그러나 그 자전거가 타인의 점유하에 있다면 실현된 구성요건의 기수, 즉 절도죄와 실현되지 않은 구성요건의 미수, 즉 점유이탈물횡령죄 미수에 해당하는데 점유이탈물횡령죄의 미수는 처벌규정이 없으므로 절도죄만 성립한다.

(예 8) 甲은 기차역 대합실의 의자에서 가방을 발견하고 이를 들고 나왔다. 그는 그 지갑이 유실된 것인지 아니면 주인이 잠시 놓고 간 것인지 모르고 있었다. 만일 그 가방이 주인이 잃어버린 것이었다면 甲의 죄책은?

이 사례도 (예7)과 같다. 甲에 대하여는 실현된 구성요건, 즉 점유이탈물횡령죄와 실현되지 않은 구성요건, 즉 절도미수의 상상적 경합이 성립한다.

제 5 절 사실의 착오

I. 착오의 개념과 종류

착오란 인식과 사실의 불일치이다. 즉 현실적으로 존재하지 않는 사실을 존재한다고 인식하거나(적극적 착오) 현실적으로 존재하는 사실을 존재하지 않는다고 인식한 경우(소극적 착오)를 말한다. 형법상 착오는 사실의 착오, 법률의 착오 그리고 허용구성요건의 착오 등 크게 세 가지 종류로 분류할 수 있다. 사실의 착오(구성요건적 착오)란 객관적 구성요건요소에 대한 행위자의 인식과 사실이 일치하지 않는 경우, 즉 객관적 구성요건 요소에 대한 인식이 결여된 경우를 말한다. 이러한 경우에는 객관적 구성요건요소에 대한 인식이 결여되므로 착오의 중요성에 따라서 구성요건적 고의의 성립여부가 결정된다. 그리고 법률의 착오(금지착오 또는 위법성의 착오)란 자신의 행위가 법률상 허용된다고 인식했는데, 실제로는 위법인 경우, 즉 위법성에 대한 인식이 결여된 경우를 말한다. 이러한 경우에는 일단 구성요건요소에 대한 인식은 있으므로 구성요건적 고의는 성립하며, 다만 책임의 감경 또는 조각만이 문제된다. 그리고 사실의 착오와 법률의 착오의 중간의 성격을 지닌 것으로서 위법성조각사유의 전제사실의 착오(허용구성요건의 착오)가 있다. 이는 위법성조각사유의 전제사실(객관적 요건)이 존재한다고 오인한 경우를 말한다. 이러한 경우에는 구성요건적 고의는 성립하지만 불법고의가 부정되므로 고의범은 성립하지는 않으며 다만 과실범의 성립이 가능하다.

▶ 착오의 종류 및 효과

```
┌ 적극적 착오 ┌ 불능범 = 반전된 사실의 착오
│             ├ 환각범 = 반전된 법률의 착오
│             └ 위법성조각사유의 전제사실의 착오: 불법고의 조각
│             ┌ 사실의 착오: 착오가 중요한 경우 구성요건적 고의 조각
└ 소극적 착오 ├ 법률의 착오: 착오의 회피가능성이 없는 경우 책임 조각
              └ 우연방위 = 반전된 오상방위
```

II. 사실의 착오의 의의, 종류 및 효과

1. 의의 및 종류

사실의 착오는 객관적 구성요건 요소, 즉 주체, 객체, 행위, 인과관계 등을 인식하지 못한 경우를 말한다. 여기서 주체에 대한 착오는 일반범에서는 문제의 여지가 없으므로[113], 사실의 착오에서 주로 문제되는 것은 ① 객체의 착오, ② 방법의 착오, ③ 인과관계의 착오, ④ 가중적·감경적 구성요건의 착오, ⑤ 규범적 구성요건의 착오 등이다.[114]

그리고 객체의 착오와 방법의 착오는 인식한 사실과 현실로 발생한 사실이 동일한 구성요건에 속하는가에 따라서 구체적 사실의 착오와 추상적 사실의 착오로 구분된다. 즉 전자는 인식한 사실과 현실로 발생한 사실이 동일한 구성요건에 속하는 경우를 말하며, 후자는 서로 다른 구성요건에 속하는 경우를 말한다.

▶ 사실의 착오의 종류

1. 구성요건요소에 따른 분류
  - 주체에 대한 착오: 진정신분범에 있어서 행위자 신분의 착오
  - 객체에 대한 착오: 객체의 착오 또는 목적의 착오
  - 행위방법의 잘못: 방법의 착오 또는 타격의 착오
  - 인과관계에 대한 착오: 인과관계의 착오
  - 가중적·감경적 구성요건의 착오
  - 규범적 구성요건요소의 착오

2. 구성요건의 동일성에 따른 분류
  - 구체적 사실의 착오
  - 추상적 사실의 착오

---

113) 다만 진정신분범의 경우에는 행위자의 신분에 대한 착오가 있을 수 있다. 여기서 신분은 주로 수뢰죄(제129조)의 '공무원', 위증죄(제152조)의 '법률에 의하여 선서한 증인', 횡령죄(제35조)의 '타인의 재물을 보관하는 자' 등과 같이 규범적 구성요건요소이므로, 이러한 경우에는 규범적 구성요건요소에 대한 착오의 문제로 취급하여 해결하면 된다.
114) 객관적 귀속은 일종의 규범적 구성요건요소이지만, 고의의 대상이 아니다. 따라서 이에 대한 인식이 결여되더라도 착오의 문제는 발생하지 않는다. 김일수/서보학, 총론, 143면 참조.

2. 법적 효과

실제사건에서 행위자의 인식과 사실이 정확하게 일치하는 경우는 흔치 않을 것이며, 오히려 어느 정도는 불일치하는 것이 일반적일 것이다. 따라서 고의가 성립하기 위해서 인식과 사실이 어느 정도 일치하여야 고의가 성립하고 어느 정도의 불일치가 있으면 고의가 조각되는가라는 문제가 발생한다. 이 점에 대하여 불일치가 법적으로 중요한 의미를 가지는 경우, 즉 착오의 법적 중요성(rechtliche Relevanz)이 인정되는 경우에만 고의가 조각되며, 그 이외에 법적으로 중요하지 않은 착오는 고의의 성립에 아무런 영향을 미치지 않는다고 보는 것이 지배적이다. 다만 어떠한 경우에 착오의 법적 중요성이 인정되는가에 대하여는 구체적 부합설과 법정적 부합설의 대립이 있다.[115]

법정적 부합설[116](우리나라의 판례와 다수설)은 행위자의 인식사실과 발생결과가 법정적으로 부합하면 그 착오는 법적으로 중요하지 않으므로 고의의 성립에는 영향이 없다고 한다. '법정적 부합'이란 의미에 대해서는 인식한 사실과 발생한 사실이 동일한 구성요건에 속하는 것이라는 견해(구성요건적 부합설)과 동일한 구성요건에 속하는 경우는 물론 동일한 죄질(罪質)[117]에 속하는 경우도 포함한다는 견해(죄질부합설)[118]가 있다.

이에 대하여 구체적 부합설[119](우리나라의 소수설, 독일의 판례와 다수설)에 의하면 인식한 객체와 발생한 객체가 동가치인 것만으로는 고의가 성립하지 않으며, 구체적으로 부합해야 비로소 고의가 성립한다.

(1) 객체의 착오

객체의 착오란 행위자가 인식한 객체와 결과가 발생한 객체가 일치하지 않는 것을 말한다. 그리고 인식한 객체와 발생한 객체가 동가치이며 다만 객

---

115) 이 학설 이외에도 추상적 부합설이 있는데, 우리나라에서 이 이론을 주장하는 학자는 없으므로 생략하기로 한다.
116) 법정적 부합설을 동가치설(Gleichwertigkeitstheorie)이라고도 한다.
117) 여기서 죄질이 동일하다는 말은 보호법익이 공통된다는 의미이다. 따라서 구성요건이 동일한 경우는 물론, 상이한 구성요건의 경우에도 보호법익이 공통되면 죄질의 동일성이 인정된다.
118) 다수설: 예컨대 이재상/ 장영민/ 강동범, 총론, 185면.
119) 구체적 부합설을 구체화설(Konkretisierungstheorie)이라고도 한다.

체의 동일성(Identität)만이 일치하지 않는 경우를 구체적 사실의 착오라고 하며, 인식한 객체와 발생한 결과가 서로 다른 구성요건에 속하는 경우를 추상적 사실의 착오라고 한다.

법정적 부합설에 의하면 객체의 착오에 있어서 구체적 사실의 착오의 경우에는 인식한 사실과 발생한 결과가 동일한 구성요건에 속하므로 발생한 결과에 대한 고의가 성립한다. 구체적 부합설에 의해도 결론은 같다. 다만 그 근거에 있어서 차이가 있다. 구체적 부합설에 의하면 동가치성이 인정되는 객체에 대한 착오는 대상의 의미에 대한 주관적 착오, 즉 동기의 착오로서 법적으로 중요하지 않으므로 고의가 조각되지는 않으며 따라서 발생한 결과에 대한 고의가 성립한다.

(예 1) 사냥꾼 甲이 동료 乙을 살해하기 위하여 총을 발사하여 명중하였는데, 乙이 아니라 그와 차림새가 비슷한 동료 丙이었다면 甲의 죄책은?

* 객체의 착오 · 구체적 사실의 착오
사냥꾼 甲 ─────────▶ 동류 乙(사실은 동료 丙)

甲이 인식한 객체는 乙이고 실제로 결과가 발생한 객체는 丙이므로 객체의 착오에 해당한다. 그리고 乙과 丙은 동가치이므로 구체적 사실의 착오에 해당한다. 甲은 사람을 살해하기 위해서 목표를 조준하여 정확히 그 목표를 명중하였으며, 乙을 丙으로 오인한 것은 대상의 의미에 대한 주관적 착오, 즉 동기의 착오에 불과하므로 법적으로 중요하지 않다. 따라서 甲에 대하여는 고의가 조각되지 않으므로 발생한 결과, 즉 丙에 대한 살인죄가 성립한다.

추상적 사실의 착오는 인식한 객체와 발생한 객체 사이에 동가치성이 없으므로 구체적 부합설이나 법정적 부합설 가운데 어느 견해에 의하더라도 법적으로 중요한 착오로서 고의를 조각한다. 따라서 인식한 사실에 대한 미수와 발생한 결과에 대한 과실의 상상적 경합이 성립한다.

(예 2) 사냥꾼 甲은 해질 녘에 수풀 뒤에서 멧돼지를 발견하고 엽총을 발사하여 명중시켰는데, 멧돼지가 아니라 자신의 동료 乙이었다면 甲의 죄책은? 여기서 멧돼지는 야생이 아니라 개인 소유라고 가정한다.

* 객체의 착오 · 추상적 사실의 착오

사냥꾼 甲 ──────────▶ 멧돼지(사실은 동료 乙)

甲이 인식한 객체는 멧돼지이고 실제로 발생한 객체는 乙이므로 (예 1)과 마찬가지로 객체의 착오에 해당한다. 그러나 멧돼지와 乙은 각각 재물과 사람으로서 동가치가 아니므로 추상적 사실의 착오에 해당한다. 甲이 인식한 것은 재물손괴이며 발생한 결과는 사람의 사망이므로 그의 착오는 법적으로 중요한 착오에 해당한다. 따라서 발생한 결과에 대한 고의는 조각된다. 즉 甲에 대하여는 인식사실에 대한 미수와 발생결과에 대한 과실, 즉 손괴미수죄와 과실치사죄의 상상적 경합이 성립한다.

(판례 1) 청년 甲은 평원닭집앞 노상에서 그곳 평상위에 있던 乙 소유의 고양이 1마리를 품속에 넣고 갔다. 그는 그 고양이가 다른데서 빌려가지고 있다가 잃어버린 것으로 잘못 알고 가져가다가 주인이 자기 것이라고 하여 돌려준 것이다. 甲의 죄책은?

甲이 乙 소유의 고양이를 그의 의사에 반하여 가져간 행위는 절도죄의 객관적 구성요건에 해당한다. 그러나 그가 재물의 타인성, 즉 그 고양이가 乙의 소유라는 사실을 인식하지 못하고 자신이 빌려온 고양이로 오인한 것은 객체의 착오에 해당한다. 자신이 빌려온 물건으로서 점유를 취득할 권리가 있는 고양이는 절도죄의 객체가 아니며, 그러한 권리가 없는 乙 소유의 고양이는 절도죄의 객체가 되므로 양자 사이에는 동가치성이 없으며 따라서 甲의 착오는 추상적 사실의 착오에 해당한다. 이 경우 인식사실에 대한 미수와 발생결과에 대한 과실의 상상적 경합이 성립하는데, 사례에서는 甲이 인식한 것은 자기가 취득할 권리가 있는 물건을 되찾아 온 것이므로 무죄이며 발생한 결과는 과실에 의한 절도로서 역시 처벌규정이 없으므로 甲에 대하여는 아무런 범죄도 성립하지 않는다.

대법원도 "절도죄에 있어서 재물의 타인성을 오신하여 그 재물이 자기에게 취득(빌린 것)할 것이 허용된 동일한 물건으로 오인하고 가져온 경우에는 범죄사실에 대한 인식이 있다고 할 수 없으므로 범의가 조각되어 절도죄가 성립하지 아니한다"[120)]고 판단하였다.

▶ 객체의 착오에 있어서 착오의 법적 중요성

- 구체적 사실의 착오: 법적 중요성 X → 고의조각 X → 발생결과에 대한 고의범 성립
- 추상적 사실의 착오: 법적 중요성 O → 고의조각 O → 인식사실에 대한 미수와 발생한 결과에 대한 과실의 상상적 경합

(2) 방법의 착오

행위방법의 잘못으로 인하여 행위자가 인식한 객체가 아닌 다른 객체에

---

120) 대법원 1983. 9. 13. 선고 83도1762, 83감도315 판결.

대하여 결과가 발생한 경우를 말한다. 이 경우에도 고의의 조각여부는 구체적 사실 착오와 추상적 사실의 착오로 구분하여 판단한다. 구체적 사실의 착오가 고의를 조각하는가에 대해서는 법정적 부합설과 구체적 부합설이 견해를 달리한다.

법정적 부합설에 의하면 행위자가 인식한 사실과 발생한 결과가 동일구성요건에 속하므로 고의는 조각되지 않으며 따라서 발생결과에 대하여 고의기수가 성립한다. 즉 행위자는 구성요건적 사실을 인식하고 구성요건적 결과를 실현한 것이므로 고의가 성립한다고 한다. 이에 대하여 구체적 부합설에 의하면 행위자가 인식한 객체를 명중하지 못하고 빗나가 전혀 의도하지 않았던 객체가 맞은 경우 행위자의 인식사실과 발생결과가 구체적으로 부합하지 않으므로 이는 법적으로 중요한 착오로서 고의를 조각한다. 따라서 이러한 경우에는 인식사실의 미수와 발생결과의 과실의 상상적 경합이 성립한다.

(예 3) 사냥꾼 甲은 동료 乙을 살해하기 위하여 총을 발사하였는데, 그것이 빗나가는 바람에 乙의 뒤편에 서 있었던 동료 丙이 맞아 사망하였다. 甲의 죄책은?

* 방법의 착오·구체적 사실의 착오

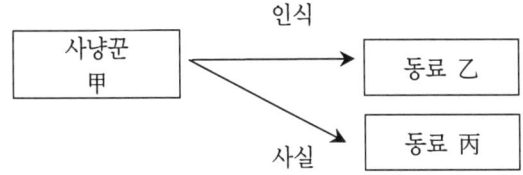

甲이 살해하려고 의도한 객체 乙을 조준하여 발사했는데 행위방법의 잘못으로 총탄이 빗나가 丙이 맞은 것이므로 방법의 착오에 해당한다. 그리고 乙과 丙은 동가치이므로 구체적 사실의 착오에 해당한다. 법정적 부합설에 의하면 인식한 사실과 발생한 사실이 동일 구성요건에 속하면 발생한 결과에 대한 고의를 인정하므로 甲은 丙에 대한 살인죄로 처벌된다. 이에 대하여 구체적 부합설에 의하면 인식한 사실과 발생한 사실이 구체적으로 부합하지 않으면 인식한 사실에 대한 미수와 발생한 결과에 대한 과실의 상상적 경합을 인정하므로 甲은 乙에 대한 살인미수죄와 丙에 대한 과실치사죄의 상상적 경합으로 처벌된다.

(판례 2-1) 청년 甲은 자신의 형수 乙을 살해할 목적으로 직경 8cm가량의 소나무 몽둥이로 가격했는데, 형수의 등에 업혀 있던 조카 丙이 맞아 사망하였다. 판례에 의하는 경우 甲의 죄책은?

(예 3)과 마찬가지로 방법의 착오와 구체적 사실의 착오에 해당한다. 따라서 판례의 견해인 법정적 부합설에 의하면 발생한 결과에 대한 고의, 기수범이 성립하므로 丙에 대한 살인죄가 성립한다.[121] 이에 대하여 구체적 부합설에 의하면 인식한 사실에 대한 미수와 발생한 결과의 과실범의 상상적 경합이 성립하므로 乙에 대한 살인미수죄와 丙에 대한 과실치사죄의 상상적 경합이 성립한다.

(판례 2-2) 甲은 乙을 살해할 의사로서 농약 1포를 숭늉그릇에 투입하여 乙의 집의 식당에 놓아두었는데, 그러한 사실을 알지 못한 乙의 장녀 丙이 이를 마시고 사망하였다. 甲의 죄책은?

이 사례도 방법의 착오와 구체적 사실의 착오에 해당한다. 대법원은 법정적 부합설에 따라 甲이 장녀 丙을 살해할 의사는 없었다 하더라도 甲은 '사람을 살해할 의사로서 이와 같은 행위를 하였고 그 행위에 의하여 살해라는 결과가 발생한 이상' 甲의 행위와 살해라는 결과 사이에는 인과관계가 있으므로 장녀 丙에 대하여 살인죄가 성립한다고 판단하였다.[122] 구체적 부합설에 의하면 甲에 대하여는 乙에 대한 살인미수죄와 장녀 丙에 대한 과실치사죄의 상상적 경합이 성립한다.

(예 4) 만일 (예 3)에서 甲이 발사한 총탄이 乙에게 상해를 가하고 丙을 사망케 하였다면 甲의 죄책은?

구체적 부합설에 의하면 乙에 대한 살인미수죄와 丙에 대한 과실치사죄의 상상적 경합이 성립한다. 법정적 부합설에 의하면 乙에 대한 살인미수죄와 丙에 대한 살인죄가 성립하는데, 살인미수죄는 살인죄에 흡수되어 살인죄만 성립한다고 한다.[123]

객체의 착오와 마찬가지로 방법의 착오에서도 추상적 사실의 착오는 법적으로 중요한 착오로서 고의를 조각한다. 따라서 구체적 부합설이나 법정적 부합설 가운데 어느 견해에 의하더라도 인식한 사실에 대한 고의미수와 발생한 결과에 대한 과실기수의 상상적 경합이 성립한다.

(예 5) 사냥꾼 甲은 멧돼지를 사냥하기 위하여 총을 발사하였는데, 총탄이 빗나가는 바람에 멧돼지의 뒤편에 서 있던 동료 乙이 맞아 사망하였다. 甲의 죄책은?

---

121) 대법원 1984. 1. 24. 선고 83도2813 판결.
122) 대법원 1968. 8. 23. 선고 68도884 판결.
123) 이재상/ 장영민/ 강동범, 총론, 186면.

* 방법의 착오 · 추상적 사실의 착오

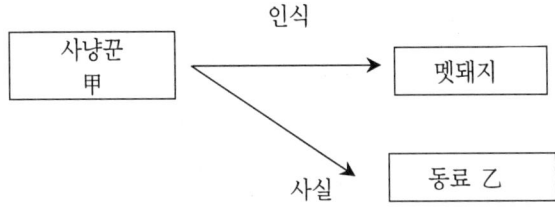

甲이 멧돼지를 조준하여 발사했는데 행위방법의 잘못으로 총탄이 빗나가 乙에게 맞은 것이므로 방법의 착오에 해당한다. 그리고 멧돼지와 乙은 동가치가 아니므로 추상적 사실의 착오에 해당한다. 법정적 부합설에 의하면 인식한 사실과 발생한 결과가 법정적으로 부합하지 않으므로 인식한 사실의 미수와 발생한 결과의 과실의 상상적 경합, 즉 멧돼지에 대한 손괴미수죄와 乙에 대한 과실치사죄의 상상적 경합이 성립한다. 구체적 부합설에 의하면 인식한 사실과 발생한 사실이 구체적으로 부합하지 않으므로 멧돼지에 대한 손괴미수죄와 乙에 대한 과실치사죄의 상상적 경합이 성립한다. 결국 방법의 착오에서 추상적 사실의 착오의 경우에는 어느 견해에 의하더라도 같은 결과가 된다.

▶ 방법의 착오에서 착오의 법적 중요성(구체적 부합설)

- 구체적 사실의 착오: 법적 중요성 O → 고의조각 O → 인식사실에 대한 미수와 발생결과에 대한 과실범의 상상적 경합
- 추상적 사실의 착오: 법적 중요성 O → 고의조각 O → 인식사실에 대한 미수와 발생결과에 대한 과실범의 상상적 경합

[사실의 착오에 관한 학설]

학설	구체적·추상적 사실의 착오	객체의 착오	방법의 착오
구체적 부합설	구체적 사실의 착오	고의기수	미수 + 과실
	추상적 사실의 착오	불능미수 + 과실	미수 + 과실
법정적 부합설	구체적 사실의 착오	고의기수	고의기수
	추상적 사실의 착오	불능미수 + 과실	미수 + 과실
추상적 부합설	구체적 사실의 착오	고의기수	고의기수
	추상적 사실의 착오	무거운 죄의 인식 + 가벼운 결과의 발생 = 무거운 죄의 미수 + 경한 죄의 기수 경한 죄의 인식 + 무거운 결과의 발생 = 경한 죄의 기수 + 무거운 죄의 과실	

(3) 인과관계의 착오

행위자가 예견한 인과과정과 실제로 진행된 인과과정이 일치하지 않는 것을 인과관계의 착오라고 한다. 인과관계의 착오는 인과과정이 행위자가 예견한 것과 달리 진행되었지만 아무튼 행위자가 의도한 객체에 대하여 결과가 발생했다는 점에서 보면 행위자가 의도하지 않은 다른 객체에 대하여 결과가 발생한 방법의 착오와는 차이가 있다.

인과관계의 착오가 사실의 착오로서 고의를 조각하는가의 여부는 착오의 중요성에 의하여 결정된다. 이에 대한 판단기준은 예견된 인과과정과 실제로 진행된 인과과정과의 상위(차이)가 본질적인가의 여부, 즉 '일반적인 생활경험에 의하여 예견할 수 있는 범위' 내에 있는가에 의한다.[124] 즉 본질적 상위(相違)가 있는 경우에는 고의가 조각되며, 비본질적 상위에 불과한 경우에는 고의가 조각되지 않는다.

(예 6) 甲은 수영을 할 줄 모르는 乙을 익사시킬 목적으로 다리 위에서 떠밀었는데, 乙은 떨어지면서 교각에 머리를 부딪쳐 뇌진탕으로 사망하였다. 甲의 죄책은?

甲은 乙이 익사할 것으로 예견하였는데 실제로는 교각에 머리를 부딪쳐 사망하였으므로 그의 착오는 인과관계의 착오에 해당한다. 인과관계의 착오가 고의를 조각하는가는 착오의 중요성에 의하여 결정된다. 甲이 乙을 익사시키려고 떠밀었는데, 교각에 머리를 부딪쳐 사망한 것은 '일반적인 생활경험에 의하여 예견할 수 있는 범위' 안에 있으므로 비본질적 상위에 해당한다. 따라서 고의는 조각되지 않으므로 甲에 대하여는 살인죄가 성립한다.

▶ 인과관계의 착오에 있어서 고의조각의 판단기준

- 비본질적 상위 - 착오의 중요성 X - 고의 조각 X
- 본질적 상위   - 착오의 중요성 O - 고의 조각 O

인과관계의 착오는 주로 조건설에 의하는 경우에 문제된다. 본질적 상위의 경우 조건설에 의하면 인과관계는 성립하지만 고의가 조각된다. 그러나 상당인과관계설에 의하면 이미 상당성이 부정되어 객관적 구성요건이 성립하지 않으므로 인과관계의 착오문제는 발생할 여지가 없다. 그리고 객관적 귀속론에 의

---

124) 이재상/ 장영민/ 강동범, 총론, 188면 이하.

하면 본질적 상위, 즉 비전형적 인과관계의 경우 발생한 결과는 행위자가 야기한 위험의 상당한 실현이라고 볼 수 없으므로 객관적 귀속이 부정된다. 따라서 주관적 구성요건의 단계에서 인과관계의 착오가 문제될 여지가 없다.

(예 7) 甲은 乙을 살해할 목적으로 칼로 찔렀는데, 그는 구급차에 실려 가던 중에 교통사고로 사망하였다. 甲의 죄책은?

조건설에 의하면 인과관계는 성립하지만 인과과정의 상위가 본질적이므로 고의는 조각된다. 또한 예견가능성이 없으므로 과실치사죄도 성립하지 않는다. 다만 甲은 살인의 의도로 乙을 칼로 찌른 것이므로 살인미수죄만이 성립한다. 이에 대하여 상당인과관계설에 의하면 상당성이 부정되므로 인과관계는 성립하지 않는다. 따라서 살인미수죄가 성립한다. 그리고 객관적 귀속론에 의하면 피해자의 사망은 甲이 야기한 위험이 실현된 것이 아니라 다른 위험, 즉 교통사고로 인한 것이므로 객관적 귀속이 부정된다. 따라서 살인미수죄만 성립한다. 결국 조건설, 상당인과관계설, 객관적 귀속론 가운데 어느 견해에 의하더라도 이론구성의 차이는 있지만 살인미수죄가 성립하므로 결론에서는 동일하다.

판례는 인과관계의 착오와 관련하여 '개괄적 고의'라는 용어를 사용한다. 개괄적 고의란 하나의 사건이 두 개의 행위로 이루어져 있는 경우 행위자가 첫 번째 행위에 의하여 결과를 발생시켰다고 생각했으나 사실은 두 번째 행위에 의하여 결과가 발생된 경우를 말한다(통설).[125] 이 경우 벨첼(Welzel) 교수는 두 개의 행위를 하나의 사건으로 파악하여 첫 번째 행위의 고의는 전체 사건에 대하여 개괄적으로, 즉 두 번째 행위에 대하여도 미치게 되므로 고의가 인정된다고 한다.[126] 판례도 개괄적 고의 사례의 경우에 고의의 성립을 인정한다. 그러나 이 경우는 인과관계의 착오에 관한 문제로 파악하여 해결하면 되므로[127] 굳이 개괄적 고의를 다수설과 다른 의미로 이해할 필요는 없다.

(판례 2) 甲은 乙이 약간 저능아인 자신의 처에게 젖을 달라는 등의 희롱을 하였다는 말을 듣고 화가 나서 그와 다투다가 순간적으로 분노가 폭발하여 그를 살해하기로 마음먹고 돌멩이로 머리, 목부 등을 수차례 가격하였다. 乙이 실신하자 甲은 그가 죽은 것으로

---

125) '개괄적 고의'는 견해에 따라 두 가지 의미로 사용되고 있다. 소수설은 개괄적 고의가 결과발생은 확정적이지만 객체가 너무 많아서 불확정적인 경우(다자택일)의 고의, 즉 택일적 고의를 의미한다고 한다(예컨대 이재상/ 장영민/ 강동범, 총론, 177면).
126) Welzel, Strafrecht, S. 74.
127) 제2편 제3장 제5절 II 2 (3) 참조.

오인하고 웅덩이를 파고 乙을 매장하였다. 그로 인하여 乙은 질식하여 사망하였다. 甲의 죄책은?

대법원은 "피해자가 피고인의 살해의 의도로 행한 구타행위에 의하여 직접 사망한 것이 아니라 죄적을 인멸할 목적으로 행한 매장행위에 의하여 사망하게 되었다 하더라도 전과정을 개괄적으로 보면 피해자의 살해라는 처음에 예견된 사실이 결국은 실현된 것"[128])이므로 甲에 대하여는 살인죄가 성립한다고 보았다. 대법원이 '전과정을 개괄적'으로 보면 첫 번째 행위의 고의, 즉 돌멩이로 가격하여 살해하려는 고의는 매장행위에 의하여 실현된 것이라는 이유로 고의를 인정한 것은 개괄적 고의를 근거로 한 것으로 보인다.

그러나 판례가 채택한 개괄적 고의의 개념에 의하지 않고 인과관계의 착오에 관한 일반이론을 적용하더라도 甲에 대하여는 살인죄의 고의가 인정된다. 즉 甲이 인식한 인과과정과 실제로 진행된 인과과정 사이의 상위(불일치)는 '일반적인 생활경험에 의하여 예견할 수 있는 범위' 내에 있으므로 '비본질적 상위'로서 고의의 성립에 지장이 없다. 따라서 甲에 대하여는 살인죄가 성립한다.

(4) 규범적 구성요건요소에 대한 착오

구성요건의 요소가 사실적·객관적으로 기술되어 있어서 가치평가에 의한 해석이 없이도 그 의미를 인식할 수 있는 것을 기술적 구성요건요소라고 한다. 예컨대 사람, 재물, 손괴 등은 인간의 감각기관을 통한 사실의 인식만 있으면 그 의미를 이해할 수 있다. 이에 대하여 사실의 인식만으로는 그 의미를 이해할 수 없고 가치평가를 통한 해석이 있어야만 비로소 그 의미를 이해할 수 있는 요소를 규범적 구성요건요소라고 한다. 예컨대 재물의 타인성, 음란성, 문서, 공무원 등은 사실인식만으로는 그 의미를 이해할 수 없으며 가치평가를 통한 해석이 있어야 비로소 그 의미를 이해할 수 있다.

기술적 구성요건요소에 대해서는 인간의 감각기관에 의한 인식, 즉 '자연적 의미내용의 인식'만 있으면 고의가 성립한다. 그러나 규범적 구성요건요소의 경우에 고의가 성립하기 위해서는 사실인식만으로는 족하지 않으며 그 외에도 가치평가에 근거한 의미내용의 인식도 있어야 한다. 다만 그 의미의 인식은 정확한 법적 평가에 의한 인식을 요하는 것은 아니라, 사회적 의미의 이해[129]), 즉 법률가가 아닌 "일반인과 동일한 수준의 평가에 근거한 의미인

---

[128] 대법원 1988. 6. 28. 선고 88도650 판결 참조.
[129] Roxin, AT I, § 12 Rn. 101; 김일수/서보학, 총론, 215면.

식"130)만 있으면 족하다. 만일 규범적 구성요건요소에 대하여 일반인과 동일한 수준의 평가에 근거한 의미인식이 결여된다면 고의의 성립은 부정된다. 그러나 행위자에게 이러한 인식은 있었으나 가치평가를 잘못하여 자신의 행위가 구성요건에 해당하지 않는다고 오인한 경우에는 고의의 성립에는 지장이 없다. 다만 이 경우는 포섭의 착오로서 제16조(법률의 착오)가 적용된다.131)

▶ 기술적 구성요건요소와 규범적 구성요건요소의 차이
┌ 기술적 구성요건요소: 자연적 의미내용에 대한 인식만 있으면 고의 성립
└ 규범적 구성요건요소: 일반인과 동일한 수준의 평가에 근거한 의미인식이 있어야 고의 성립

(예 8) 甲은 乙의 개를 총으로 사살했다. 甲은 개는 재물이 아니므로 자신의 행위는 손괴에 해당하지 않는다고 생각했다. 甲의 죄책은?

손괴는 기술적 구성요건요소로서 '자연적 의미에 대한 인식'만 있으면 고의는 성립한다. 甲은 자신이 총으로 개를 사살한다는 사실을 인식하고 있었으므로 고의가 성립한다. 다만 甲은 법적 평가를 잘못하여 개가 재물에 해당하지 않는다고 오인하였으므로 포섭의 착오가 문제된다. 이는 법률의 착오(제16조)로서, 그 착오에 정당한 이유가 없으므로 책임은 그대로 인정된다. 甲의 착오는 회피가능하므로, 즉 그의 착오에 정당한 이유가 없으므로 그에 대해서는 손괴죄가 성립한다.

(예 9) 甲은 乙과 함께 공동으로 구입한 개를 죽였다. 그는 공동소유의 재물은 타인의 재물이 아니므로 자신의 행위는 손괴죄에 해당하지 않는다고 생각했다. 甲의 죄책은?

甲은 타인의 재물을 손괴했으므로 객관적 구성요건은 성립한다. 그리고 재물의 타인성은 규범적 구성요건요소이므로 고의가 성립하기 위해서는 사회적 의미의 이해, 즉 '일반인과 동일한 수준의 평가에 근거한 의미인식'이 있어야 한다. 甲은 乙과 공동으로 구입한 개가 자기의 소유일 뿐만 아니라, 乙의 소유이기도 하다는 사실을 인식하고 있으므로 "일반인과 동일한 수준의 평가에 근거한 의미인식"은 있다고 할 수 있다.132) 따라서 손괴의 고의가 인정된다. 그리고 甲이 공동소유는 타인소유에 해당하지 않는다고 오인한 것은 포섭의 착오로서 고의의 성립에는 영향이 없으며 제16조(법률의 착오)의 적용여부만이 문제된다. 사례에서 그의 착오는 회피가능하므로 책임은 조각되지 않는다. 결국 甲에 대해서는 손괴죄가 성립한다.

---

130) 이 기준은 독일의 메츠거(Mezger, Strafrecht, 3. Aufl., 328)가 제시한 공식으로 우리나라에서도 다수설(예컨대 이재상/ 장영민/ 강동범, 총론, 114면)이 이 기준을 채택하고 있다.
131) 포섭의 착오에 대하여는 제2편 제5장 제3절 III 1 (2) 참조.
132) Roxin, AT I, § 12 Rn. 103.

(예 10) 甲은 乙에게 도자기를 사기 위해 계약서를 작성하고 대금을 미리 지불하였는데, 乙이 그 도자기의 인도를 거부하자, 甲은 그 도자기가 자신의 소유라고 생각하고 그 도자기를 몰래 가지고 나왔다. 甲의 죄책은?

甲은 타인의 재물을 절취하였으므로 절도죄의 객관적 구성요건은 성립한다. 재물의 '타인성'은 규범적 구성요건이므로 고의가 성립하기 위해서는 '일반인과 동일한 수준의 평가에 근거한 의미인식'이 있어야 한다. 이러한 인식이 있다고 하기 위해서는 구입한 물건의 소유권은 매수인이 이를 매도인에게 건네주었을 때이며, 대금을 지불하였다고 그 물건이 바로 매수인 소유가 되는 것은 아니라는 것을 인식할 것을 요한다. 甲은 대금을 지불했기 때문에 그 도자기가 자기의 소유에 속한다고 오인하였는데, 이로 인하여 '일반인과 동일한 수준의 평가에 근거한 의미인식'이 결여되었으므로 재물의 타인성에 대한 고의는 부정된다. 따라서 절도죄는 성립하지 않는다.133)

(예 11) 甲은 물건의 가격표를 위조하면서 그 가격표가 문서라고는 전혀 생각하지 못하였다. 甲에 대하여 사문서위조죄(제231조)가 성립하는가?

'문서'는 규범적 구성요건요소로서 이에 대한 인식은 '일반인과 동일한 수준의 평가에 근거한 의미인식', 즉 그 가격표가 법적 거래에서 중요한 의사표시와 관계된 물체라는 사실에 대한 인식만 있으면 족하다.134) 甲은 가격표가 그 물건의 가격을 표시한 물체라는 사실에 대한 인식은 있었으므로 고의가 성립하기 위하여 요구되는 정도의 '사회적 의미의 이해'는 있었다고 할 수 있다. 다만 가격표가 문서에 해당하지 않는다는 착오는 포섭의 착오로서 고의의 성립에는 영향이 없다. 포섭의 착오는 법률의 착오에 해당하나 착오에 정당한 이유가 없으므로 책임도 배제되지 않는다. 따라서 甲에 대해서는 사문서위조죄가 성립한다.

(5) 가중적·감경적 구성요건의 착오

형법의 처벌규정을 보면 처벌의 근거가 되는 기본적인 불법유형이 먼저 규정되어 있는데 이를 기본적 구성요건이라고 한다. 그리고 그 이하에는 기본적 구성요건에 형을 가중하거나 감경하는 사유가 추가되어 규정되어 있는데 형벌가중사유가 추가된 경우를 가중적 구성요건이라고 하고, 형벌감경사유가 추가된 경우를 감경적 구성요건이라고 한다.135) 예컨대 살인죄를 보면 제250조 제1항에 기본적 구성요건인 보통살인죄가 규정되어 있고, 동조 제2항에 가

---

133) Roxin, AT I, § 12 Rn. 103.
134) Baumann/Weber/Mitsch, AT, § 21 Rn. 6.
135) 가중적 구성요건과 감경적 구성요건을 총괄하여 수정적 구성요건 또는 파생적 구성요건이라고 한다.

중적 구성요건으로서 존속살해죄가 규정되어 있다. 그리고 감경적 구성요건으로서 영아살해죄(제251조), 촉탁·승낙에 의한 살인죄(제252조 제1항), 자살교사방조죄(제252조 제2항) 등이 규정되어 있다. 형법에 있는 대다수의 처벌규정들은 기본적·가중적·감경적 구성요건의 형태로 되어 있다.

불법유형	기본적 구성요건	감경적 구성요건	가중적 구성요건
살인죄	보통살인죄	영아살해죄 촉탁승낙에 의한 살인죄 자살교사방조죄	존속살인죄
절도죄	단순절도죄	점유이탈물횡령죄136) 자동차 등 불법사용죄	야간주거침입절도죄 특수절도죄

앞에서 설명한 객체의 착오나 방법의 착오와 같이 기본적 구성요건의 요소를 인식하지 못한 경우를 기본적 구성요건의 착오라고 한다. 이에 대하여 형벌가중사유에 대하여 착오가 있는 경우를 가중적 구성요건의 착오, 형벌감경사유에 대하여 착오가 있는 경우를 감경적 구성요건의 착오라고 한다. 가중적·감경적 구성요건의 착오에는 각각 두 가지 경우가 있다. 첫째는 행위자가 기본적 구성요건과 함께 가중적·감경적 구성요건을 모두 실현하였으나 기본적 구성요건에 대한 고의만 있고 가감사유에 대해서는 인식하지 못한 경우(소극적 착오)이다. 둘째는 행위자가 기본적 구성요건만을 실현하였으나 가중적·감경적 구성요건을 실현하였다고 오인한 경우(적극적 착오)이다.

가중적·감경적 구성요건의 착오는 행위자가 인식한 사실과 실제로 발생한 결과가 동일구성요건에 속하지 않는다는 점에서 보면 기본적 구성요건의 착오에서 말하는 추상적 사실의 착오와 공통점이 있다. 그러나 전자의 경우에는 행위자에게 공통부분, 즉 기본적 구성요건에 대한 인식이 있고 다만 가중적·감경적 요소에 대하여만 착오가 있다는 점에서 추상적 사실의 착오와는 차이가 있다. 따라서 추상적 사실의 착오에 관한 일반이론이 가중적·감경적 구성요건의 착오에 그대로 적용되지는 않는다.

---

136) 점유이탈물횡령죄는 절도죄의 감경적 구성요건은 아니지만 절도의 고의는 점유이탈물횡령의 고의를 포함하므로 감경적 구성요건과 같이 취급하면 된다.

(가) 가중적 구성요건의 착오

> **제15조(사실의 착오)** ① 특별히 무거운 죄가 되는 사실을 인식하지 못한 행위는 무거운 죄로 벌하지 아니한다.

① 소극적 착오

행위자가 가중적 구성요건을 실현하였으나 그 불법가중사유를 인식하지 못한 경우(가중적 구성요건에 대한 소극적 착오)에 대해서는 형법에 별도의 규정이 있다. 즉 제15조는 "특별히 무거운 죄가 되는 사실을 인식하지 못한 행위는 무거운 죄로 벌하지 아니한다"라고 규정하고 있는데, 여기서 "특별히 무거운 죄가 되는 사실"이란 가중적 구성요건요소, 즉 불법가중사유를 의미한다. 이를 인식하지 못한 경우에는 '무거운 죄', 즉 가중적 구성요건으로 처벌하지 않으므로 '가벼운 죄', 즉 기본적 구성요건만 성립한다.

(예 12-1) 甲은 乙을 살해하기로 결의하고 밤에 골목에서 숨어서 기다리다가 乙로 보이는 노인을 칼로 살해했는데, 알고 보니 자신의 할아버지였다. 甲의 죄책은?

甲이 자신의 할아버지를 살해한 행위는 존속살해죄의 객관적 구성요건에 해당한다. 甲은 자신이 살해한 자가 자신의 존속이라는 사실, 즉 특별히 무거운 죄가 되는 사실을 인식하지 못하였으므로 그의 착오는 가중적 구성요건에 대한 소극적 착오에 해당한다. 이 경우 형법은 '무거운 죄로 벌하지 아니한다'라고 규정(제15조 제1항)하고 있으므로 甲에 대하여는 기본적 구성요건인 보통살인죄만 성립한다.

만일 이 사례에 추상적 사실의 착오에 관한 일반이론을 적용한다면 甲의 착오는 객체의 착오 가운데 추상적 사실의 착오에 해당하므로 법정적 부합설이나 구체적 부합설에 의하면 인식한 사실의 미수와 발생한 결과의 과실, 즉 乙에 대한 살인미수와 할아버지에 대한 과실치사죄가 성립한다고 보아야 할 것이다. 그러나 이러한 결론은 제15조와 일치하지 않으므로 타당하지 않다. 이 점에서 보더라도 가중적 구성요건의 착오가 추상적 사실의 착오와는 다르다는 것을 알 수 있다.

(예 12-2) 甲은 乙을 살해하기로 결의하고 밤에 골목에서 숨어서 기다리다가 기습을 하였는데 乙의 옆에서 함께 걸어가던 자신의 할아버지가 칼에 잘못 맞아서 사망하였다. 甲의 죄책은?

이 사례가 가중적 구성요건의 착오에 해당하는지 아니면 방법의 착오에 해당하는지가 문제된다. 전자에 해당한다면 제15조 제1항이 적용되므로 할아버지에 대한 보통살인죄가 성립할 것이다. 그러나 가중적 구성요건의 착오는 행위자가 인식한 것과 발생한 결과 사이의 공통부분, 즉 기본적 구성요건에 대한 인식이 있을 것을 요하는데, 甲은 방법의 착오로 인하여 발생결과(할아버지의 사망)에 대하여는 인식하지 못하였으므로 甲의 착오는 가중적 구성요건의 착오에 해당하지 않는다. 따라서 그의 죄책은 제15조 제1항이 아니라 방법의 착오에 관한 일반이론에 의하여 판단하여야 한다. 구체적 부합설에 의하면 甲에 대하여는 인식한 사실에 대한 미수와 발생한 결과에 대한 과실의 상상적 경합, 즉 乙에 대한 살인미수와 할아버지에 대한 과실치사죄의 상상적 경합이 성립한다.

이에 대하여 법정적 부합설에 의하면 방법의 착오는 고의의 성립에 영향이 없으므로 공통부분에 대한 인식, 즉 살인의 고의가 인정된다. 다만 甲은 피해자가 직계존속이라는 사실을 인식하지 못하였으므로 제15조 제1항에 따라 보통살인죄만 성립한다.

(판례 3) 甲은 어두운 밤중에 여러 사람이 모여 혼잡한 상황에서 주도자인 乙의 독촉으로 인하여 자신의 처조모와 장모임을 인식하지 못하고 그들을 살해하였다. 甲의 죄책은?

(예 12-1)과 마찬가지로 가중적 구성요건의 착오가 문제된다. 甲은 특별히 무거운 죄가 되는 사실, 즉 피해자가 자신의 직계존속이라는 사실을 인식하지 못하고 살해한 것이므로 존속살해죄는 성립하지 않으며, 다만 기본적 구성요건인 보통살인죄가 성립한다.[137]

② 적극적 착오

행위자가 자신의 행위가 불법가중사유에 해당한다고 오인한 경우(적극적 착오)에 대해서는 형법에 규정이 없다. 행위자는 고의로 기본적 구성요건을 실현하였으므로 일단 기본적 구성요건의 고의기수가 성립한다. 그리고 가중적 구성요건에 대해서는 범죄의 결의만 있을 뿐 기수가 불가능하므로 불능미수가 성립한다. 따라서 행위자에 대해서는 가벼운 범죄(기본적 구성요건)에 대한 기수와 무거운 범죄(가중적 구성요건)에 대한 불능미수의 상상적 경합이 성립한다.[138]

(예 13-1) 甲은 자신의 할아버지 乙을 살해하기로 결의하고 밤에 골목에서 숨어서 기다리다가 乙로 보이는 노인을 살해했는데, 알고 보니 자신의 할아버지가 아니라 같은 동네에 사는 노인 丙이었다. 甲의 죄책은?

甲은 노인 丙을 자신의 할아버지 乙로 오인하였으므로 그의 착오는 가중적 구성요건요소(불법가중사유)에 대한 적극적 착오에 해당한다. 丙을 자신의 할아버지로 오인한 것은 객

---

137) 대법원 1960. 10. 31. 선고 4293형상494 판결.
138) 김일수/서보학, 총론, 146면.

체의 착오 가운데 구체적 사실의 착오에 해당하므로 법정적 부합설이나 구체적 부합설 가운데 어느 견해에 의하더라도 고의의 성립에 영향이 없다. 甲이 직계존속을 살해하려는 고의는 사람에 대한 살인의 고의를 포함하므로 甲에 대하여는 노인 丙에 대한 보통살인죄가 성립한다. 그리고 자신의 직계존속인 할아버지를 살해하려고 결의하고 실행에 착수하였으나 결과의 발생이 불가능하므로 존속살해의 불능미수가 성립한다. 따라서 甲에 대해서는 보통살인죄의 기수와 존속살해죄의 불능미수의 상상적 경합이 성립한다(제40조).[139]

(예 13-2) 甲은 자신의 할아버지 乙을 살해하기로 결의하고 밤에 골목에서 숨어서 기다리다가 기습을 하였는데, 乙의 옆에서 함께 걸어가던 노인 丙이 칼에 잘못 맞아서 사망하였다. 甲의 죄책은?

(예 12-2)가 불법가중사유에 대한 소극적 착오에 관한 것이라면 (예 13-2)는 적극적 착오에 관한 것이다. 이 경우에도 甲은 방법의 착오로 인하여 발생결과(노인 丙의 사망)에 대하여는 인식하지 못하였으므로 甲의 착오는 가중적 구성요건의 착오에 해당하지 않는다. 그의 착오는 방법의 착오 가운데 추상적 사실의 착오에 해당하므로 구체적 부합설에 의하면 甲에 대하여는 인식한 사실에 대한 미수와 발생한 결과에 대한 과실의 상상적 경합, 즉 할아버지에 대한 존속살해미수와 노인 丙에 대한 과실치사죄의 상상적 경합이 성립한다.[140] 이에 대하여 법정적 부합설에 의하면 방법의 착오는 고의의 성립에 영향이 없으므로 공통부분에 대한 인식, 즉 보통살인죄의 고의가 인정된다. 동시에 甲은 직계존속의 살해에 착수하였다가 실패하였으므로 존속살해미수가 성립한다. 따라서 甲에 대하여는 존속살해미수와 보통살인죄의 상상적 경합이 성립할 것이다

(나) 감경적 구성요건의 착오

행위자가 형벌감경사유를 인식하지 못한 경우에 이를 형법상 어떻게 취급할 것인가는 감경사유가 불법감경사유인 경우와 책임감경사유인 경우로 나누고, 이를 각각 적극적 착오와 소극적 착오로 나누어 살펴보아야 한다.

① 불법감경사유에 대한 착오

㉠ 적극적 착오: 행위자가 자신의 행위가 불법감경사유에 해당한다고 착오(감경적 구성요건의 적극적 착오)한 경우는 자신의 행위가 형벌가중사유에 해당한다는 사실을 인식하지 못한 경우(가중적 구성요건의 소극적 착오)와 유사하다. 왜냐하면 모두 자신의 행위가 무거운 죄로 처벌되지 않는다고 오인하였다는 점에서는 공통되기 때문이다. 따라서 제15조를 유추적용하여 형이 중하

---
139) 손동권/김재윤, 총론, 150면.
140) 손동권/김재윤, 총론, 150면.

지 않은 범죄, 즉 경한 범죄(감경적 구성요건)에 해당한다고 보는 것이 타당하다.141)

(예 14) 甲은 불치병환자로서 문병을 온 그의 친구 乙에게 손동작을 보내자 乙은 자신을 안락사시켜 달라는 뜻으로 오인하여 甲의 목을 졸라 질식사시켰다. 乙의 죄책은?

피해자의 동의(촉탁 또는 승낙)에 의하여 사람을 살해한 행위는 촉탁승낙에 의한 살인(제252조 제1항)에 해당한다. 여기서 피해자의 동의는 불법감경사유이다. 자신의 행위가 불법감경사유에 해당한다고 오인한 경우, 즉 불법감경사유에 대한 적극적 착오를 어떻게 취급할 것인가에 대하여 형법에는 규정이 없다. 다만 제15조 제1항이 가중적 구성요건에 대한 인식이 결여된 경우 경한 범죄(기본적 구성요건)의 성립만을 인정하는 취지에 비추어, 감경적 구성요건만이 성립된다고 오인한 경우, 즉 불법감경사유가 있다고 오인한 경우에도 경한 범죄, 즉 감경적 구성요건의 성립만을 인정하는 것이 타당하다. 따라서 乙은 甲의 촉탁(불법감경사유)이 있다고 오인하여 살해하였으므로 촉탁살인죄만 성립된다.

인식한 사실과 발생한 결과가 감경적 구성요건과 기본적 구성요건의 관계에 있는 경우에 제15조가 유추적용된다는 점에 대해서는 앞에서 설명한 바와 같으나, 점유이탈물횡령죄와 절도죄의 같이 감경적 구성요건과 기본적 구성요건의 관계에 있지는 않지만 죄질에 공통부분이 있는 경우, 예컨대 자신의 행위가 점유이탈물횡령죄에 해당한다고 생각하였는데, 사실은 절도에 해당하는 경우에도 제15조가 적용되는가에 대해서는 논란이 있다.142) 이 경우에도 공통부분에 대한 인식이 있다는 점에서 감경적 구성요건에 대한 적극적 착오와 같으므로 제15조를 유추적용하여 경한 죄, 즉 감경적 구성요건이 성립한다고 보아야 한다. 즉 절도죄와 점유이탈물횡령죄는 기본적 구성요건과 가중적 구성요건의 관계에 있지는 않지만 절도는 점유이탈물횡령을 포함하므로 "대는 소를 포함한다"는 원칙에 의하면 절도의 사실이 인정되는 이상은 점유이탈물횡령의 객관적 구성요건은 당연히 인정된다고 보아야 할 것이다. 그리고 점유

---

141) 김일수/서보학, 총론, 147면; 이재상/ 장영민, 강동범, 총론, 181면.
142) 법정적 부합설 가운데 구성요건적 부합설에 의하면 점유이탈물횡령죄와 절도죄는 동일한 구성요건에 속하지 않으므로 착오가 있는 경우에 추상적 사실의 착오와 같이 취급하여 인식한 사실의 미수와 발생한 결과의 과실의 상상적 경합을 인정한다. 즉 점유이탈물횡령미수와 과실절도는 모두 처벌규정이 없으므로 무죄가 된다. 이에 대하여 죄질부합설은 죄질이 부합하는 범위 내에서 고의기수범의 성립을 인정하므로 경한 범죄, 즉 점유이탈물횡령죄의 성립을 인정한다.

이탈물횡령에 대한 고의만 인정되며 절도의 고의는 없으므로 점유이탈물횡령죄가 성립한다.

> (예 15) 甲은 자전거가 한 달 이상 길가의 담장에 기대어져 있는 것을 보고, 이를 누군가 잃어버린 것이라고 생각하여 이를 집으로 가지고 왔다. 그런데 그 자전거는 인근 주민 乙의 소유였다. 甲의 죄책은?

甲의 행위는 절도의 객관적 구성요건에 해당한다. 그러나 자신의 행위가 경한 죄에 해당한다고 오인하였으므로 자신의 행위가 '특별히 무거운 죄에 해당하는 사실을 인식하지 못한' 경우와 같으므로 제15조 제1항을 유추적용할 수 있다. 따라서 甲에 대하여는 점유이탈물횡령죄만 성립한다.

ⓒ 소극적 착오: 자신의 행위가 불법감경사유에 해당한다는 사실을 인식하지 못한 경우(감경적 구성요건의 소극적 착오)는 자신의 행위가 형벌가중사유에 해당한다고 오인한 경우(가중적 구성요건의 적극적 착오)에 준하여 판단하면 된다. 왜냐하면 행위자는 자신의 행위가 무거운 죄에 해당한다고 오인하였다는 점에서 차이가 없기 때문이다. 따라서 이 경우에는 가벼운 범죄(감경적 구성요건)에 대한 기수와 무거운 범죄(기본적 구성요건)에 대한 불능미수의 상상적 경합이 성립한다.[143]

> (예 16) 甲은 불치병환자로서 문병을 온 그의 친구 乙에게 손동작으로 자신을 안락사시켜 달라는 의사를 표시하였으나 乙은 이를 인식하지 못하고 살인의 고의로 甲을 살해하였다. 乙의 죄책은?

(예 14)가 감경적 구성요건에 대한 적극적 착오에 관한 것이라면, (예 16)은 그 반대의 경우, 즉 감경적 구성요건에 대한 소극적 착오에 관한 것이다. 감경적 구성요건에 대한 소극적 착오란 불법감경사유가 객관적으로 존재함에도 불구하고 행위자가 이를 인식하지 못한 경우를 말한다. 이러한 착오는 행위자가 자신의 행위가 가중적 구성요건에 해당한다고 오인한 것(불법가중사유에 대한 적극적 착오)에 준하여 취급하면 된다. 따라서 甲에 대하여는 경한 범죄, 즉 촉탁살인의 기수와 무거운 범죄, 즉 보통살인의 불능미수의 상상적 경합이 성립한다.

> (예 17) 甲은 자전거가 한 달 이상 길가의 담장에 기대어져 있는 것을 보고, 이를 인근 주민 가운데 누군가의 소유라고 생각하고 가져왔는데, 사실은 乙이 잃어버린 것이었다. 甲

---

143) 김일수/서보학, 총론, 147면.

의 죄책은?

(예 15)와 반대되는 경우이다. (예 17)에서 甲의 죄책은 감경적 구성요건에 대한 소극적 착오에 준하여 판단하면 된다. 甲의 행위는 일단 점유이탈물횡령죄의 객관적 구성요건에 해당한다. 문제는 甲에 대하여 점유이탈물횡령의 고의를 인정할 수 있는가이다. "대는 소를 포함한다"는 원칙에 의하면 절도에 대한 고의는 점유이탈물횡령에 대한 고의를 포함하므로, 甲이 절도의 고의를 가지고 행위한 이상은 점유이탈물횡령에 대한 고의는 당연히 인정된다. 따라서 甲에 대해서는 점유이탈물횡령죄가 성립한다. 그리고 甲은 절도의 고의로 자전거를 가져왔지만 유실물에 대한 절도는 불가능하므로 불능미수에 해당한다. 따라서 甲에 대해서는 점유이탈물횡령죄의 기수와 절도죄의 불능미수의 상상적 경합이 성립한다.[144]

② 책임감경사유에 대한 착오

책임감경사유는 구성요건요소가 아니므로 고의의 대상이 아니다. 따라서 가중적 구성요건의 착오에 관한 제15조가 적용될 여지가 없다. 다만 책임감경사유를 이유로 형벌이 감경되는 것은 행위자의 심정상태와 같은 주관적 사정을 고려한 것이므로 책임감경사유는 불법감경사유와는 달리 객관적으로 존재한나는 사실만으로는 심정반가치를 감소시키지는 않는다. 따라서 이에 대한 착오가 있는 경우에는 객관적인 사정보다는 행위자의 주관적 표상(인식)에 따라 행위자의 죄책을 판단하면 된다.[145] 즉 행위자가 자신의 행위가 책임감경사유에 해당한다고 오인한 경우에는 감경적 구성요건에 해당하며, 책임감경사유에 해당하지 않는다고 오인한 경우에는 기본적 구성요건에 해당한다. 쉽게 말해서 책임감경사유에 대한 착오가 있는 경우에는 자신의 행위가 경한 죄에 해당한다고 오인하면 경한 죄가 성립하고, 무거운 죄에 해당한다고 오인하면 무거운 죄가 성립한다.

(예 18-1) 산모 甲은 분만직후 아이가 혼인 중 출생자임에도 불구하고 강간으로 인한 사생아로 오인하여 출생 직후 아이를 살해하였다. 甲의 죄책은?

책임감경사유에 대한 적극적 착오의 문제이다. 영아살인죄(제251조)가 살인죄에 비하여 가볍게 처벌되는 이유는 분만 후 산모의 심신상태로 인하여 책임이 감경되었기 때문이다. 만

---

144) 손동권/김재윤, 총론, 150면.
145) 김일수/서보학, 총론, 148면.

일 산모가 아이를 사생아로 오인하였다면 그의 심정상태는 실제로 자신의 아이가 사생아인 경우와 같은 상태에 있다고 볼 수 있다. 따라서 甲의 주관적 인식에 따라 영아살인죄의 성립을 인정하는 것이 타당하다.

(예 18-2) 산모 甲은 분만직후 아이를 살해하였다. 그 아이는 강간으로 인한 사생아인데, 甲은 혼인 중 출생자로 오인하고 있었다. 甲의 죄책은?

책임감경사유에 대한 소극적 착오의 문제다. 책임감경사유가 객관적으로 존재하지만 산모 甲이 이러한 사실을 인식하지 못한 이상은 범죄의 성립여부에 영향이 없다. 즉 甲은 책임감경을 인정할 만한 심정상태에 있다고 할 수 없으므로 그녀의 주관적 표상에 따라 살인죄가 성립한다.

▶ 가중적 구성요건의 착오
┌ 소극적 착오 - 기본적 구성요건 성립(제15조 제1항)
└ 적극적 착오 - 가벼운 죄(기본적 구성요건)의 기수와 무거운 죄(가중적 구성요건)의
　　　　　　　　 불능미수의 상상적 경합

▶ 감경적 구성요건의 착오
┌ 불법감경사유 ┌ 소극적 착오 - 경한 죄(감경적 구성요건)의 기수와
│　　　　　　　│　　　　　　　 무거운 죄(기본적 구성요건)의 불능미수의 상상적 경합
│　　　　　　　└ 적극적 착오 - 기본적 구성요건 성립(제15조 제1항의 유추적용)
│
└ 책임감경사유 ┌ 소극적 착오 - 기본적 구성요건 성립
　　　　　　　　└ 적극적 착오 - 감경적 구성요건 성립

제 4 장 위법성론

제 1 절 서 론

I. 위법성의 의의

1. 개념 및 법질서통일의 원칙

구성요건해당성에 이어서 범죄의 성립조건을 검토하는 두 번째 단계가 위법성이다. 위법성이란 행위가 법질서에 위반한다는 부정적 가치평가(반가치판단)이다. 여기서 법질서란 형법만을 말하는 것이 아니라 전체 법질서(gesamte Rechtsordnung)를 말한다. 위법성의 판단은 구성요건에 해당하는 행위가 전체 법질서의 관점에서 허용되는가의 여부만을 판단하는 것이므로 행정법이나 민법상으로는 적법한데, 형법상으로는 위법하다는 평가는 있을 수 없다. 왜냐하면 행정법이나 민법에 의하여 허용된 행위를 형법이 금지할 수는 없기 때문이다. 이처럼 행정법이나 민법에 의하여 허용된 행위는 형법에서도 허용함으로써 개별 법질서 사이에 모순이 없도록 하는 원칙을 법질서 통일의 원칙(Postulat der Einheit der Rechtsordnung)이라고 한다.

2. 위법성과 불법

위법성과 구분되는 개념으로 불법이 있다. 형법이론에서는 양자를 구분하여 사용하는 것이 일반적이다. 위법성은 행위가 전체 법질서에 위반한다는 평가이다. 이에 대하여 불법은 위법한 행위 자체를 말한다.[146] 특히 형법적 불

---

146) 이러한 의미에서 불법은 주어이고 위법성은 술어라고 하거나 또는 불법은 실체이고 위법성은 행위와 법규범 사이의 관계라고도 한다.

법은 구성요건에 해당하고 위법한 행위를 말한다.

위법성은 법질서에 대한 위반을 의미하므로 양적·질적인 면에서 동일한 반면, 불법은 개별 법질서에 따라서 또는 같은 법질서 내에서도 행위에 따라 양적·질적인 차이가 있다. 즉 살인행위나 손괴행위가 일단 법질서에 위반하면 위법하다는 점에서는 동일하며 살인의 위법성이 손괴의 위법성보다 크다는 표현은 하지 않는다. 이에 대하여 불법은 양적·질적인 차이가 있으므로 민법상 불법이 형법에서는 불법이 아닌 경우도 있다. 예컨대 과실손괴는 민법상 불법행위이지만 형법에서는 구성요건해당성이 없기 때문에 불법이 되지 않는다. 그리고 형법 내에서도 살인과 절도는 위법성의 면에서는 동일하지만 불법의 질적인 면에서는 현저한 차이가 있으며, 100만원의 재물을 절취한 행위보다는 1,000만원의 재물을 절취한 행위가 불법의 양적인 면에서 더 크다고 평가할 수 있다.

▶ 형법적 불법 = 구성요건해당성 + 위법성 + 행위

▶ 위법성과 불법의 차이
　┌ 위법성: 술어 - 관계 - 양적·질적 차이가 없다.
　└ 불법 : 주어 - 실체 - 양적·질적 차이가 있다.

II. 형식적 위법성과 실질적 위법성

위법성은 행위가 법규범에 위반된다고 하는 평가이다. 행위가 법규범의 금지(부작위의무) 또는 명령(작위의무)에 위반했는가의 여부만을 문제 삼는다는 의미에서 형식적 위법성이라고 한다. 위법성은 '행위와 규범 사이의 관계이다' 또는 '양적·질적으로 동일하다'고 할 때 위법성은 형식적 위법성을 의미한다.

그러나 위법성은 행위와 법규범의 형식적인 관계만을 의미하는 것에 국한되는 것이 아니라 실질적인 내용도 포함하고 있다. 법규범의 목적은 법익보호를 통하여 사회질서를 유지하는 것이므로, 법규범에 대한 위반은 결국 법익의 침해 내지는 사회질서의 침해라고 이해할 수도 있다. 이처럼 위법성을 실질적 의미로 이해한다면 위법성의 본질은 '사회유해적 법익침해'라고 할 수 있다. 이를 실질적 위법성이라고 한다.[147]

앞에서 설명한 바와 같이 불법이 양적·질적으로 차이가 있는 이유는 실질적 위법성에 근거한 것이다. 불법은 구성요건에 해당하는 위법한 행위를 말하므로 그 자체로서는 형식적인 특성을 가지고 있다. 위법성을 실질적 의미에서 사회유해적 법익침해로 파악해야 불법도 이에 상응하여 실질적 의미를 갖게 되고 양적·질적인 차이를 나타내는 것이다.[148] 불법내용은 후술하는 바와 같이 행위반가치와 결과반가치로 이루어져 있다.

III. 행위반가치와 결과반가치

1. 의의

위법성의 평가대상은 구성요건에 해당하는 행위이다. 구성요건은 객관적 구성요건과 주관적 구성요건으로 되어 있으므로 행위의 객관적 요소는 물론 주관적 요소도 위법성의 판단대상이 된다. 행위에 대한 부정적 가치판단을 행위반가치(행위불법)라고 한다. 여기에는 객관적 요소(행위의 종류와 방법, 행위자의 신분)와 주관적 불법요소(고의, 과실, 목적)가 있다. 그리고 법익에 대한 침해나 위험의 야기를 결과반가치(결과불법)라고 한다. 요컨대 불법내용은 행위반가치와 결과반가치로 이루어져 있다.

▶ 불법 = 행위반가치 + 결과반가치

[불법내용]

구성요건	위법성	불법
객관적 구성요건	반가치판단	결과반가치 행위반가치(객관적 요소)
주관적 구성요건		행위반가치(주관적 요소)

---

147) 위법성의 본질에 관하여 형식적 위법성론과 실질적 위법성론이 대립된다. 그러나 형식적 위법성과 실질적 위법성은 위법성을 각자 다른 관점에서 파악한 것일 뿐 서로 대립되는 개념이 아니다. 따라서 이러한 견해의 대립은 실익이 없는 것으로 보인다.
148) Roxin, AT I, § 14 Rn. 7은 형식적 위법성과 실질적 위법성에 상응하여 불법도 형식적 불법과 실질적 불법으로 구분한다.

고의·기수범은 과실범이나 미수범에 비하여 무겁게 처벌되는데, 이는 고의·기수범의 불법내용이 과실범이나 미수범의 불법에 비하여 중하기 때문이다. 결과반가치의 면에 보면 과실범과 고의범은 법익을 침해하였다는 점에서 차이가 없으나, 행위반가치의 면에서 보면 고의범이 과실범보다 현저하게 중하다. 왜냐하면 고의범의 행위반가치(고의불법)는 행위자가 법질서에 의하여 불법으로 평가되는 행위를 목표로 하였다는 점에 있는 반면, 과실범의 행위반가치(과실불법)는 결과발생의 회피를 위해 요구되는 주의를 위반했다는 점(주의의무위반)에 있기 때문이다.

그리고 미수범과 기수범의 불법내용을 비교해 보면 행위반가치의 면에서는 기수범과 미수범은 차이가 없다. 왜냐하면 양자 모두 법익침해를 목표로 하기 때문이다. 그러나 결과반가치의 면에서 보면 기수범의 불법이 미수범의 불법보다 중하다. 왜냐하면 기수범의 결과반가치는 법익침해에 있는 반면에 미수범의 결과반가치는 법익에 대한 위험의 야기에 있기 때문이다.

[고의, 과실, 미수범의 불법내용의 비교]

불법	행위반가치	결과반가치
고의·기수	大(법익침해의 목표)	大(법익침해의 결과발생)
과실·기수	小(주의의무위반)	大(법익침해의 결과발생)
고의·미수	大(법익침해의 목표)	小(법익에 대한 위험의 야기)
과실·미수 (불가벌)	小(주의의무위반)	小(법익에 대한 위험의 야기)

2. 우연방위의 불법내용

정당방위에서 방위상황은 존재하지만 행위자가 이를 인식하지 못한 경우, 즉 방위의사가 결여된 경우를 우연방위라고 한다. 이러한 경우 행위자에게 위법한 침해로부터 자신의 법익을 보호한다는 의사, 즉 방위의사가 없으므로 행위반가치는 인정되지만 방위상황이 객관적으로 존재하므로 법익에 대한 침해는 허용되며 따라서 결과반가치는 감소된다. 우연방위 불법은 미수범의 불법과 내용면에서 동일하므로 미수범과 같이 처벌한다. 우연방위의 경우 결과반가치가 부정되어 기수범과 동일한 불법에 이르는 것이 불가능하므로 불능미수의 규정(제27조)을 유추적용한다(불능미수범설).149)

(예 1) 甲은 乙을 살해할 목적으로 乙에게 사냥을 가자고 제의하여 함께 사냥을 나왔다. 甲은 乙을 살해하기 위한 기회를 엿보던 중 乙이 숲속에 있는 것을 발견하고 사냥총을 발사하여 살해하였다. 그러나 그 순간에 乙이 먼저 甲을 살해하기 위하여 총을 겨누고 있었다는 사실이 밝혀졌다. 甲의 죄책은?

乙은 甲을 살해하려고 하였으므로 정당방위의 객관적 요건은 성립한다. 그러나 甲에게는 주관적 요건, 즉 방위의사가 없으므로 정당방위는 성립하지 않는다. 이처럼 정당방위의 객관적 요건은 성립하는데, 주간적 요건이 결여된 경우를 우연방위라고 한다. 만일 甲이 乙을 살해할 당시에 乙이 먼저 자신을 살해하려고 하였다는 사실을 인식하고 자신의 법익을 보호하기 위하여 총을 발사한 것이라면 그의 행위는 정당방위(제21조)에 해당하여 위법성이 조각될 가능성이 있었다. 기수범설에 의하면 甲에게는 방위의사가 없으므로 위법성은 조각되지 않으며 따라서 살인죄가 성립한다고 한다.

甲은 방위의사는 없이 살인의 고의로 행위한 것이므로 행위반가치는 인정된다. 그러나 甲은 방위상황하에 있었으므로 결과(乙의 생명에 대한 침해) 자체는 허용된 것이며 따라서 결과반가치는 감소된다. 따라서 불능미수범설에 의하면 甲의 행위는 불법내용면에서 미수범의 그것과 동일하므로 살인미수죄(제27조)로 처벌된다고 한다. 타인의 법익을 위법하게 침해하려는 자를 살해한 행위와 아무런 위법행위를 하지 않은 자를 살해한 행위는 불법내용면에서 차이가 있으므로 처벌도 여기에 상응하여 미수범으로 처벌하는 견해가 타당하다.

3. 오상방위의 불법내용

오상방위는 방위상황이 존재하지 않음에도 불구하고 존재한다고 오인하여 방위행위를 하는 것을 말한다. 위법성조각사유의 객관적 요건이 존재한다고 오인하였다는 점에서 위법성조각사유의 전제사실의 착오에 해당한다.150) 우연방위가 방위상황은 존재하지만 행위자에게 방위의사 없는 것이라면, 오상방위는 이와는 반대로 방위상황이 존재하지 않음에도 불구하고 존재한다고 오인하여 방위의사를 가지고 행위를 한 경우를 말한다. 행위자는 방위상황이 존재

---

149) 다수설: 예컨대 김일수/서보학, 총론, 208면. 이에 대하여 방위의사가 없으면 정당방위가 성립하지 않으므로 기수범으로 처벌된다는 견해(기수범설)도 있다. 예컨대 이재상/ 장영민/ 강동범, 총론, 229면.
150) 여기에 대하여는 본서 제2편 제5장제3절 II 참조.

한다고 오인하여 정당방위를 행한다는 방위의사를 가지고 행위한 것이므로 행위반가치는 현저하게 감소하거나 배제된다. 이에 대하여 방위상황은 객관적으로 존재하지 않으므로 법익을 침해하는 행위는 허용되지 않으며 따라서 결과반가치는 그대로 인정된다. 이는 과실범의 불법내용과 동일하다. 따라서 오상방위의 경우에는 일단 고의불법이 배제되므로 고의범은 성립하지 않으며 다만 방위상황을 오인한 것에 대하여 과실(주의의무위반)이 있으면 과실범으로만 처벌되며, 과실조차도 인정되는 않는다면 불가벌이다.

(예 2) 甲은 칼을 들고 자신을 향해 달려오는 乙이 자기를 살해하려는 것이라고 생각하고 乙을 살해하였다. 그러나 乙은 甲을 살해할 의도가 없는 것으로 판명되었다. 甲의 죄책은?

甲은 방위상황이 존재하지도 않음에도 불구하고 乙의 생명을 침해하였으므로 결과반가치는 인정된다. 그러나 위법하게 사람을 살해하겠다는 의도가 아니라 자신의 법익을 보호하기 위하여 정당방위를 행사한다는 의도로 행위한 것이므로 행위반가치는 현저하게 감소 또는 배제된다. 따라서 일단 고의범은 성립하지 않으며 다만 부주의로 인하여 방위상황을 오인한 것이라면 과실범의 불법내용과 같으므로 과실치사죄로 처벌된다.

4. 과실·미수의 불법내용

과실·미수의 경우에는 행위반가치와 결과반가치가 모두 감소하여 가벌적 불법(strafwürdiges Unrecht)에 이르지는 못하므로 처벌되지 않는다.

(예 3) 甲은 과속으로 운전을 하면서 옆 좌석에 탄 애인 乙女와 장난을 하다가 보행자 丙을 뒤늦게 발견하고 급히 브레이크를 밟았다. 다행히도 차는 丙의 바로 앞에서 정지하여 丙을 충돌하지는 않았다. 甲의 죄책은?

甲은 과실로 丙을 사망하게 할 뻔 했으나 사망의 결과는 발생하지 않았다. 이는 이론상으로 보면 업무상 과실치사의 미수이다. 甲에게는 丙을 살해하려는 고의는 없었으며 다만 주의의무위반만이 있었으므로 행위반가치는 현저하게 감소된다. 그리고 결과발생의 위험은 있었지만 결과는 발생하지 않았으므로 결과반가치도 감소한다. 행위반가치와 결과반가치가 모두 감소하여 가벌적 불법에는 이르지 않았으므로 처벌되지 않는다. 현행법상으로도 과실범의 미수는 처벌규정이 없으므로 당연히 처벌되지 않는다.

(예 4) 甲은 숲속에서 乙을 곰으로 오인하여 사살하였다. 그런데 그 당시 乙은 甲을 살해할 목적으로 그에게 총구를 겨누고 있었다. 甲의 죄책은?

乙이 甲의 생명을 위법하게 침해하려고 했으므로 객관적으로 방위상황이 존재하며 따라서 결과반가치는 감소된다. 그리고 甲은 乙을 살해하려고 의도한 것이 아니라 그를 곰으로 오인하여 사냥을 하려는 의도로 총을 발사한 것이므로 행위반가치도 현저하게 감소된다. 행위반가치와 결과반가치가 모두 감소하여 과실미수의 불법내용과 동일하다. 따라서 이러한 경우는 불가벌이 된다.

IV. 위법성의 평가방법

위법성과 책임의 평가방법과 관련하여 '위법성은 객관적으로 책임은 주관적으로'라는 명제가 있다. 위법성을 객관적으로 평가한다는 말은 행위자 개인의 능력이나 사정을 고려하지 않고 일반인을 기준으로 평가한다는 의미다(객관적 위법성론). 따라서 책임능력이 없는 심신상실자의 행위도 위법하다고 평가할 수 있다.

과거 독일에서는 위법성의 평가방법과 관련하여 행위자 개인을 기준으로 위법성을 평가하는 주관적 위법성론이 주장된 적이 있다. 이 이론은 형법이 의사결정규범이라는 점을 전제로 한다. 즉 법규범은 개인에 대한 명령으로서, 그들로 하여금 '올바른 의사를 갖도록 지도'하는 데에 그 목적이 있다고 한다.[151] 따라서 의사를 결정할 능력이 없는 책임무능력자의 행위는 위법하지 않다고 평가한다. 그러나 이러한 이론은 더 이상 주장되지 않고 있으며, 현재에는 위법성 판단은 객관적인 방법에 의한다는 원칙이 확립되었다.

V. 위법성조각사유

1. 의의

구성요건은 형법상 금지된 범죄행위를 기술한 것이다. 따라서 어떤 행위가 구성요건해당성이 있으면 그 행위는 일반적으로 법질서에 반하는 것이므로 위법성을 판단할 필요가 없다. 즉 구성요건해당성이 있으면 위법성은 추정된

---

[151] Graf zu Dohna, Die Rechtswidrigkeit als allgemeines Merkmal im Tatbestande strafbarer Handlungen, 1905, S. 150.

다. 이를 "구성요건해당성은 위법성을 징표한다"[152]라고 표현한다. 그러나 구성요건에 해당하는 행위가 예외적으로 허용되는 경우에 이러한 추정은 번복된다. 이처럼 구성요건에 해당하는 행위를 예외적으로 정당화하는 허용규범을 위법성조각사유라고 한다.[153] 아래에서 보는 바와 같이 구성요건과 위법성조각사유는 원칙과 예외의 관계에 있다.

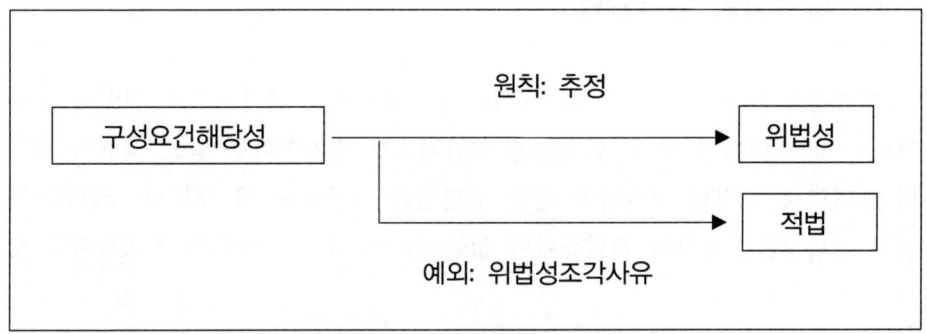

2. 종류 및 일반원리

우리 형법에 규정된 위법성조각사유로는 정당행위, 정당방위, 긴급피난, 자구행위, 피해자의 승낙 등 5가지가 있으며, 법률에 규정되어 있지는 않지만 학설과 판례가 인정하는 위법성조각사유로 추정적 승낙이 있다.[154]

---

152) 여기서 징표(Indiz)란 어떤 사실의 존재를 추정케 하는 사실을 말한다. 따라서 '구성요건해당성은 위법성의 징표다' 또는 '구성요건해당성은 위법성을 징표한다'라는 말은 구성요건해당성이 있으면 위법성이 추정된다는 의미이다. '추정'(推定)은 명확하지 않은 사실을 일장 존재하는 것으로 정하여 법률효과를 인정하는 것을 말한다. 이러한 추정은 반증이 있으면 번복될 수 있다. 이러한 점에서 일단 인정된 법률효과는 반증이 있어도 번복되지 않는 '간주'(看做)와 구분된다.
153) 구성요건해당성이 인정되면 위법성은 추정되므로 사례를 검토함에 있어서도 위법성을 적극적으로 확인할 필요는 없으며, 다만 소극적으로 위법성조각사유가 존재하는가만 확인해서 존재하지 않으면 위법성은 인정된다. 위법성조각사유가 전혀 문제되지 않는 사안의 경우에는 답안을 작성할 때에도 "사례에서 위법성조각사유는 존재하지 않으므로 甲의 행위는 위법하다"라고만 간략히 언급하면 된다.
154) 그 외에도 위법성조각사유로서 의무의 충돌, 제310조, 목적과 수단의 관계 등이 있으나 의무의 충돌은 부작위범에서, 목적과 수단의 관계는 협박죄와 강요죄에서 그리고 제310조는 명예훼손죄에만 문제되는 것이므로 각자 관련된 부분에서 설명하기로 한다.

이러한 모든 위법성조각사유에 공통되는 일반원리가 무엇인가에 대해서는 다양한 학설155)이 주장되고 있으며 아직 논의가 진행 중이지만, 아무튼 우리 형법 제20조는 "기타 사회상규에 반하지 아니하는 행위"를 일반적 위법성조각사유로 규정하고 있으므로 우리 형법상 위법성조각사유의 일반원리는 사회상규라고 할 수 있다.

3. 성립요건 및 효력

(1) 성립요건

위법성조각사유의 성립요건(허용구성요건)은 객관적 요건(객관적 정당화요소 또는 정당화상황)과 주관적 요건(주관적 정당화요소)으로 이루어져 있다. 주관적 정당화요소는 정당화상황의 인식과 정당화의사를 포함한다. 정당방위를 예로 들면 "자기 또는 타인의 법익에 대한 현재의 부당한 침해"가 있으면 정당방위를 행사할 수 있는 상황(방위상황)에 있으므로 정당방위의 객관적 요건은 성립한다. 그리고 행위자가 방위상황을 인식하고 방위행위의 의사를 가지고 있다면 주관적 요건도 성립한다.

(2) 효력

정당화상황은 결과반가치를 감소시킨다. 왜냐하면 정당화상황이 객관적으로 존재하는 경우에는 법익침해에 대한 부정적 가치평가, 즉 결과반가치가 감소되기 때문이다. 그리고 주관적 정당화요소는 행위반가치를 감소시킨다. 왜냐하면 고의범의 행위반가치는 행위자가 법질서에 의하여 불법으로 평가되는 행위를 목표로 행위한 점에 있는데, 자신의 행위가 정당화사유에 해당한다고 인식하고 행위한 자는 법규범에 의하여 정당하다고 평가되는 행위를 목표로 행위하였기 때문이다.

(예 5) 甲이 乙을 살해할 목적으로 공격하자 丙이 乙의 생명을 구하기 위해서 甲을 살해한 경우 甲의 생명의 침해에 대한 결과반가치는 乙의 생명의 보호(결과가치)에 의하여 감소된다. 그리고 丙은 불법을 목표로 행위한 것이 아니라 乙의 생명을 보호하기 위하여

---

155) 학설로는 목적설, 이익교량설, 다원설 등이 주장되고 있다.

(행위가치), 즉 법규범이 정당한 것으로 평가한 행위를 목표로 하였으므로 행위반가치도 감소된다. 따라서 丙은 불가벌이다.

▶ 위법성조각사유의 성립요건과 효력
┌ 객관적 요건(정당화상황) → 결과반가치의 감소
└ 주관적 요건(주관적 정당화요소) → 행위반가치의 감소

요컨대 위법성조각사유의 객관적 요건은 결과반가치를 감소시키고, 주관적 요건은 행위반가치를 감소시키므로 이 두 가지 요건을 모두 충족하는 경우에는 가벌적 불법이 배제된다고 할 수 있다. 문제는 객관적 요건이나 주관적 요건 가운데 하나가 결여된 경우에 이를 어떻게 취급할 것인가이다. 앞에서 설명한 바와 같이156) 우연방위와 같이 객관적 요건만 성립하고 주관적 요건은 결여된 경우에는 결과반가치는 감소되고 행위반가치는 그대로 인정되어 미수범의 불법내용과 같으므로 미수범으로 처벌된다. 이에 대하여 오상방위와 같이 주관적 요건만 성립하고 객관적 요건은 결여된 경우에는 행위반가치는 감소하고 결과반가치는 그대로 인정되어 과실범의 불법내용과 같으므로 과실범으로 처벌된다.

---

156) 제2편 제4장 제1절 III (2)와 (3) 참조.

제 2 절 정당행위

> **제20조(정당행위)** 법령에 의한 행위 또는 업무로 인한 행위 기타 사회상규에 위배되지 아니하는 행위는 벌하지 아니한다.

I. 의의

정당행위란 "법령에 의한 행위 또는 업무로 인한 행위 기타 사회상규에 위배되지 아니하는 행위"(제20조)를 말한다. 여기서 "벌하지 아니한다"라는 말은 위법성이 조각되어 범죄가 성립하지 않는다는 의미이다. 그리고 법령에 의한 행위나 업무로 인한 행위는 사회상규를 구체적으로 예시한 것이며, 그 이외에도 형법에 규정되어 있는 개별적 위법성조각사유, 즉 제21조부터 제24조까지의 규정은 모두 사회상규를 구체화한 것이라고 할 수 있다. 이러한 의미에서 사회상규를 일반적 위법성조각사유 또는 위법성조각사유의 일반원리라고 할 수 있다.

II. 법령에 의한 행위

법령에 의한 행위란 법률이나 명령에 근거하여 행해지는 행위를 말한다. 앞에서 설명한 바와 같이[157] 법질서 통일의 원칙에 의하면 행정법이나 민법과 같이 다른 법에 의하여 적법한 것으로 평가된 행위는 형법에서도 적법한 것으로 허용하여야 한다. 따라서 구성요건에 해당하는 행위라 하더라도 다른 법령이 이를 예외적으로 허용하는 경우에는 정당행위로서 위법성이 조각된다.[158] 공무원의 직무집행행위가 그 대표적인 예이다.

---

157) 제2편 제4장 제1절 I 1.
158) 이와 관련하여 유의할 것은 다른 법령에 의하여 허용된 행위는 당연히 형법에서도 허용되지만, 다른 법령에 의하여 위법한 것으로 평가된 행위가 반드시 형법에 의하여 금지되는 것은 아니라는 점이다. 즉 다른 법령, 예컨대 행정법에 의하여 금지된 행위(행정법적 불법)가 아직 형벌을 가할 수 있을 정도의 불법, 즉 가벌적 불법(형법적 불법)의 정도에는 이르지 않았다면 형법은 이를 금지하지 않는다. 예컨대 교사의 체벌행위가 초등중교육법상 허용되지 않는

(1) 공무원의 직무집행행위

예컨대 사법경찰관의 체포 또는 긴급체포행위가 이에 해당한다. 경찰이 직권을 남용하여 사람을 체포, 감금하면 불법체포, 불법감금죄(제124조)로서 체포, 감금죄(제276조)보다 중하게 처벌된다. 그러나 체포행위가 형사소송법 제200조의 2(체포)나 제200조의 3(긴급체포)에 근거한 경우에는 법령에 의한 정당행위로서 위법성이 조각된다.

> (판례 1) 경찰관 甲이 50cc 오토바이를 타고 가는 乙 등 소년 3명을 검문하려고 하자, 그들은 절취사실이 발각될 것을 우려하여 약 7km 정도를 도주하면서 불법유턴을 감행하기도 하였다. 경찰관 甲이 112 순찰차량으로 쫓아가면서 '서지 않으면 쏜다'는 경고방송에 이어 공포탄 1발, 실탄 3발을 공중을 향하여 발사하였음에도 정지하지 않자 순찰차량에서 내려 약 20미터 전방에서 진행하던 위 오토바이 바퀴를 정조준하여 실탄 1발을 발사하였으나 乙의 복부를 관통하였다. 다행히 乙은 사망하지 않았다. 甲의 죄책은?

[참조조문]
경찰관 직무집행법 제10조의4(무기의 사용) ① 경찰관은 범인의 체포·도주의 방지, 자기 또는 타인의 생명·신체에 대한 방호, 공무집행에 대한 항거의 억제를 위하여 필요하다고 인정되는 상당한 이유가 있을 때에는 그 사태를 합리적으로 판단하여 필요한 한도 내에서 무기를 사용할 수 있다. 다만, 형법에 규정한 정당방위와 긴급피난에 해당하는 때 또는 다음 각호의 1에 해당하는 때를 제외하고는 사람에게 위해를 주어서는 아니 된다.
1. 사형·무기 또는 장기 3년 이상의 징역이나 금고에 해당하는 죄를 범하거나 범하였다고 의심할 만한 충분한 이유가 있는 자가 경찰관의 직무집행에 대하여 항거하거나 도주하려고 할 때 또는 제삼자가 그를 도주시키려고 경찰관에게 항거할 때에 이를 방지 또는 체포하기 위하여 무기를 사용하지 아니하고는 다른 수단이 없다고 인정되는 상당한 이유가 있을 때
2. 체포·구속영장과 압수·수색영장을 집행할 때에 본인이 경찰관의 직무집행에 대하여 항거하거나 도주하려고 할 때 또는 제삼자가 그를 도주시키려고 경찰관에게 항거할 때 이를 방지 또는 체포하기 위하여 무기를 사용하지 아니하고는 다른 수단이 없다고 인정되는 상당한 이유가 있을 때
3. 범인 또는 소요행위자가 무기·흉기등 위험한 물건을 소지하고 경찰관으로부터 3회 이상의 투기명령 또는 투항명령을 받고도 이에 불응하면서 계속 항거하여 이를 방지 또

다는 이유로 당연히 형법상 위법성이 조각되지 않아 폭행죄가 성립한다고 판단할 수는 없다. 예컨대 '꿀밤먹이기'와 같은 가벼운 유형력의 행사가 제20조의 사회상규에 위배되지 아니하는 행위로서 위법성이 조각된다고 해석하는 것은 법질서통일의 원칙에는 반하지 않는다.

는 체포하기 위하여 무기를 사용하지 아니하고는 다른 수단이 없다고 인정되는 상당한 이유가 있을 때
4. 대간첩작전수행에 있어 무장간첩이 경찰관의 투항명령을 받고도 이에 불응하는 경우

경찰관 甲은 과실로 乙을 상해하였으므로 업무상 과실치상죄의 구성요건에 해당한다. 다만 甲의 총기사용이 구경찰관직무집행법 제11조(현행 경찰관직무집행법 제10조의4) 소정의 요건을 갖추어 정당행위에 해당하는지가 문제된다. 경찰관직무집행법 제10조의4에 의하면 경찰관이 무기를 사용하여 피의자를 위해하는 행위가 정당화되기 위해서는 ① 피의자의 항거가 있을 것과 ② 피의자의 항거를 방지 또는 체포하기 위하여 무기를 사용하지 아니하고는 다른 수단이 없다고 인정되는 상당한 이유가 있을 것을 요한다.

대법원은 "① 경찰관을 위협하거나 거칠게 저항하지 않고 단순히 도주만 계속한 점, ② 3인이 탑승하고 도주한 오토바이가 50cc에 불과한 점, 순찰차로써 충분히 거리를 근접하면서 추격할 수 있었고, 계속 추격하거나 다른 경찰관에게 연락하여 범인을 검거하도록 하는 등 방법을 통하여 제압할 수 있었던 점에 비추어 비록 오토바이 바퀴를 맞히려 시도하였더라도 근접한 거리에서 실탄을 발사한 행위는 사회통념상 총기사용의 허용범위를 벗어났다고 보아야 한다"고 판시하였다.159)

이 사례에서 경찰관 甲이 실탄을 발사한 행위는 ① 피의자의 항거가 없었다는 점과 ② 무기를 사용하지 않고도 피의자의 항거를 방지 또는 체포하기 위한 다른 수단이 있었다는 점에서 경찰관직무집행법 제10조의4의 요건을 갖추지 못하였다. 따라서 甲에 대하여는 업무상 과실치상죄가 성립한다.

(판례 2) 경찰관 甲은 관할파출소 근무자 乙로부터 '丙이 술집에서 맥주병을 깨 다른 사람의 목을 찌르고 현재 자기 집으로 도주하여 칼로 아들을 위협하고 있다'는 상황을 고지받고 현장에 도착하였다. 甲은 丙과의 몸싸움에 밀려 乙과 함께 넘어진 상태에서 칼을 소지한 것으로 보이는 丙과 다시 몸싸움을 벌인다는 것은 자신의 생명 또는 신체에 위해를 가져올 수도 있는 위험한 행동이라고 판단하여 공포탄 1발을 발사하여 경고를 하였다 그럼에도 불구하고 丙이 동료 경찰관 乙의 몸 위에 올라탄 채 계속하여 그를 폭행하자 또 그가 언제 소지하고 있었을 칼을 꺼내 동료 경찰관이나 자신을 공격할지 알 수 없다고 생각하고 동료 경찰관 乙을 구출하기 위하여 丙을 향하여 권총을 발사하였다. 그런데 경찰관 甲은 丙이 찰 乙의 허리춤에 손을 대는 것을 보고는 그의 총을 꺼낼지도 모른다고 성급하게 생각하고 당황하여 丙을 향하여 대퇴부 이하를 제대로 조준하지 못하고 권총을 발사하는 바람에 탄환이 그의 흉부를 관통하였다. 그 결과 丙은 병원에서 패혈증 등으로 사망하였다. 다만 丙이 경찰관 乙과 격투를 할 당시 칼을 소지하고 있지는 않은 것으로 밝혀졌다. 甲의 죄책은?

---

159) 대법원 2004. 5. 13. 선고 2003다57956 판결.

경찰관 甲이 丙에게 총을 발사하여 사망케 한 행위는 업무상과실치사죄의 구성요건에 해당한다. 여기서는 문제는 甲의 행위가 경찰관직무집행법 제10조의4 제1항의 요건을 갖추어 위법성이 조각되는가이다. 이 점에 대하여 대법원은 "'공소외 1(丙)이 술집에서 맥주병을 깨 다른 사람의 목을 찌르고 현재 자기 집으로 도주하여 칼로 아들을 위협하고 있다'는 상황을 고지받고 현장에 도착한 피고인(경찰관 甲)으로서는, 공소외 1(丙)이 칼을 소지하고 있는 것으로 믿었고 또 그렇게 믿은 데에 정당한 이유가 있었다고 할 것이므로, 피고인(경찰관 甲)과 경찰관 乙이 공소외 1(丙)과의 몸싸움에 밀려 함께 넘어진 상태에서 칼을 소지한 것으로 믿고 있었던 공소외 1(丙)과 다시 몸싸움을 벌인다는 것은 피고인(경찰관 甲) 자신의 생명 또는 신체에 위해를 가져올 수도 있는 위험한 행동이라고 판단할 수밖에 없을 것이고, 따라서 피고인(경찰관 甲)이 공포탄 1발을 발사하여 경고를 하였음에도 불구하고 공소외 1(丙)이 경찰관 乙의 몸 위에 올라탄 채 계속하여 경찰관 乙을 폭행하고 있었고, 또 그가 언제 소지하고 있었을 칼을 꺼내어 경찰관 乙이나 피고인(경찰관 甲)을 공격할지 알 수 없다고 피고인(경찰관 甲)이 생각하고 있던 급박한 상황에서 경찰관 乙을 구출하기 위하여 공소외 1(丙)을 향하여 권총을 발사한 것이므로, 이러한 피고인(경찰관 甲)의 권총 사용이, 경찰관직무집행법 제10조의4 제1항의 허용범위를 벗어난 위법한 행위라거나 피고인(경찰관 甲)에게 업무상과실치사의 죄책을 지울만한 행위라고 선뜻 단정할 수는 없다"고 판시하였다.[160]

경찰관직무집행법 제10조의4 제1항에 의하면 경찰과 甲의 총기 사용이 정당화되기 위해서는 피의자 乙의 '항거를 방지 또는 체포하기 위하여 무기를 사용하지 아니하고는 다른 수단이 없다고 인정되는 상당한 이유'가 있을 것을 요한다. 이 점에 관하여 대법원은 경찰관 甲은 ① 丙이 칼을 소지하고 있는 것으로 믿은 데에 정당한 이유가 있었고 ② 공포탄 1발을 발사하여 경고를 하였으며 ③ 경찰관 乙을 구출하기 위하여 권총을 발사한 것이라는 점 등을 들어 甲의 행위의 위법성이 조각된다고 보았다.

(판례 3) "강제집행은 채무자의 의사에 반하여 강제적으로 실시하는 것이다. 집행관은 유체동산에 대한 강제집행을 실시하면서 채무자 등이 강제집행을 방해할 경우에는 그 방해를 제거하기 위하여 스스로 강제력을 행사할 수 있고 필요한 경우에는 경찰 또는 국군의 원조를 요청할 수 있다(민사집행법 제5조). 따라서 집행관이 적법한 강제집행을 실시하면서 그에 대한 방해행위를 배제하기 위하여 유형력을 행사한 경우에, 그것이 명백한 권한남용에 해당된다고 볼 만한 특별한 사정이 없는 한, 그러한 유형력의 행사는 형법 제20조의 정당한 행위로 평가하여 옹호하는 것이 올바르고 마땅하다."[161]

---

160) 대법원 2004. 3. 25. 선고 2003도3842 판결.
161) 헌재 2006. 3. 30, 2005헌마186 결정.

(2) 현행범의 체포

사람을 체포하거나 감금하면 체포·감금죄(제276조)에 해당한다. 그러나 형사소송법 제212조에 의하면 누구든지 현행범인을 체포할 수 있으므로 경찰이 아닌 사인(私人)이 현행범인을 체포하는 행위도 법령에 의한 행위로서 위법성이 조각된다.

(3) 상관의 명령이나 행정관청의 허가에 의한 행위

상관의 명령은 법령에 근거한 직무집행행위이므로, 그 명령을 수행한 부하의 행위는 구성요건에 해당하더라도 법령에 의한 행위로서 위법성이 조각된다. 마찬가지로 행정관청의 허가에 의한 행위도 법령에 의한 행위로서 위법성이 조각된다.

(예 1-1) 수질 및 수생태계 보전에 관한 법률 제75조는 '제33조의 규정에 의한 허가를 받지 않고 배출시설을 이용하여 조업한 자'를 처벌한다고 규정하고 있는데, 만일 사업자가 행정관청의 허가를 받고 수질오염물질을 배출하였다면, 이는 법령에 의한 행위로서 정당한 사유가 있으므로 위법성이 조각된다.

이와 관련하여 위법한 명령이나 허가를 근거로 한 행위에 대해서도 위법성 조각을 인정할 것인가에 대해서는 논란의 여지가 있다. 위법한 명령은 원칙적으로 구속력이 없으므로 이에 복종한 하관의 행위도 위법하다고 보아야 한다.[162] 그리고 위법한 허가는 법령에 근거한 행정행위라고 볼 수 없으므로 위법성조각의 효력은 없으며 따라서 이에 근거한 행위도 위법하다고 보아야 한다.[163]

(예 1-2) 만일 위의 (예 1-1)에서 행정관청이 법령에 위반하여 사업자에게 위법한 허가를 발부하였고 사업자는 이에 근거하여 하천에 유해물질을 배출하였다면 이는 법령에 의한 행위라고 할 수 없으므로 위법성은 조각되지 않는다.

---

162) 다만 책임이 조각될 가능성이 있다. 자세한 내용은 제2편 제5장 제4절 IV 2 (2) 참조.
163) 다만 법률의 착오로서 책임이 조각될 여지는 남아 있다. 위법한 허가에 근거한 행위의 형사책임에 대해서는 제2편 제5장 제3절 III 1 (3) ② 참조.

(4) 징계행위

> 구 민법 제915조 친권자는 그 자를 보호 또는 교양하기 위하여 필요한 징계를 할 수 있고 법원의 허가를 얻어 감화 또는 교정기관에 위탁할 수 있다. 삭제 <2021.1.26>
> 초·중등교육법 제18조 (학생의 징계) ① 학교의 장은 교육상 필요한 때에는 법령 및 학칙이 정하는 바에 의하여 학생을 징계하거나 기타의 방법으로 지도할 수 있다.
> 초·중등교육법 시행령 제31조(학생의 징계 등) ① 법 제18조제1항 본문의 규정에 의하여 학교의 장은 교육상 필요하다고 인정할 때에는 학생에 대하여 다음 각 호의 어느 하나에 해당하는 징계를 할 수 있다.
> 1. 학교내의 봉사 2. 사회봉사 3. 특별교육이수
> 4. 1회 10일 이내, 연간 30일 이내의 출석정지 5. 퇴학처분
> ⑧ 학교의 장은 법 제18조제1항 본문에 따라 지도를 할 때에는 학칙으로 정하는 바에 따라 훈육·훈계 등의 방법으로 하되, 도구, 신체 등을 이용하여 학생의 신체에 고통을 가하는 방법을 사용해서는 아니 된다(개정 2011.3.18).

징계행위 가운데 형법상 문제가 되는 것은 교사와 친권자의 체벌이다. 교사의 체벌과 관련하여 2011.3.18. 초·중등교육법 시행령 제31조(학생의 징계 등) 제8항에 체벌을 금지하는 규정이 신설됨으로써 교사의 직접체벌이 금지되었다. 이어서 친권자의 체벌을 허용하는 근거가 되었던 민법 제915조도 2021.1.26. 개정에 의하여 삭제됨으로써 친권자의 체벌도 원칙적으로 허용되지 않는다고 보아야 한다.

초·중등교육법 18조는 교사의 징계권에 대하여 규정하고 있다. 그리고 동법 시행령 제31조 제1항은 징계의 종류에 체벌을 규정하고 있지 않으며, 제8항은 '도구, 신체 등을 이용하여 학생의 신체에 고통을 가하는 방법을 사용해서는 아니 된다'고 규정함으로써 '직접체벌'을 금지하고 있다. 따라서 교사의 직접체벌은 더 이상 제20조가 규정한 '법령에 의한 행위'에 해당하지 않는다.

그러나 앞에서 설명한 바와 같이[164] 직접체벌이 금지되고 기압과 같은 간접체벌이 초·중등교육법 시행령에 의하여 허용된 징계방법으로 규정되어 있지 않다는 이유로 체벌이 형법상 전면적으로 금지된다고 결론지을 수는 없다. '꿀밤먹이기'와 같은 경미한 직접체벌은 제20조의 사회상규에 반하지 않는 행

---

164) 본서 '제2절 정당행위'의 각주 2) 참조.

위로서 위법성이 조각될 수 있다. 그리고 기압과 같은 '간접체벌'도 원칙적으로 금지되는 행위이지만, 예외적으로 허용될 여지는 남아 있다.165) 체벌이 ① 교육상 불가피하여야 하며(필요성), ② 다른 교육적 수단으로는 교정이 불가능하며(보충성), ③ 그 방법과 정도에서 사회통념상 용인될 수 있을 만한 객관적 타당성(상당성)을 갖춘 경우에는 사회상규에 반하지 않는 행위로서 위법성이 조각될 수 있다. 따라서 교정의 목적에서 나온 지도행위가 아닌 경우, 예컨대 학생에게 체벌, 훈계 등의 교육적 의미를 알리지도 않은 채 지도교사의 성격 또는 감정에서 비롯된 지도행위라든가, 다른 사람이 없는 곳에서 개별적으로 훈계, 훈육의 방법으로 지도·교정될 수 있는 상황이었음에도 낯모르는 사람들이 있는 데서 공개적으로 학생에게 체벌·모욕을 가하는 지도행위라든가, 학생의 성별, 연령, 개인적 사정에서 견디기 어려운 모욕감을 주어 방법·정도가 지나치게 된 지도행위 등은 사회통념상 객관적 타당성을 갖추었다고 보기 어렵다.166) 이 기준에 의하면 간접체벌 가운데 '교실 뒤에 서있기, 운동장 뛰기, 팔굽혀 펴기'등은 허용될 수 있지만, '무릎 꿇고 앉히기, 의자들고 서 있기, 토끼 뜀' 등과 같이 학생에게 인격적 모멸감이나 신체적 고통을 주는 체벌은 허용되지 않는다고 보아야 한다.167) 이에 대하여 반대견해는 체벌이 인간의 존엄성을 침해할 여지가 있고 교육목적을 달성하기에 적합한 수단이 아니라는 점을 들어 위법성조각을 전면적으로 부정한다.168)

(판례 5) 교사 甲은 여학생 乙의 잘못된 언행을 보고 화가 나서 많은 학생들이 있는 교실 밖에서 乙의 행동을 본 즉시 손이나 주먹으로 乙의 머리 부분을 때리고 자신이 신고 있던 슬리퍼로 乙의 양손을 때렸으며 모욕감을 느낄 정도의 지나친 욕설을 하였다. 甲의 죄책은?

甲(갑)의 행위는 폭행죄와 모욕죄의 구성요건에 해당한다. 그의 행위가 징계권의 행사로서 위법성이 조각되는가에 대하여 대법원은 "피고인이 피해자들의 각 언행을 교정하기 위해서는 위에서 본 학생지도시의 준수요건을 지켜 개별적 지도로서 훈계하는 등의 방법을 사

---

165) 박상기, 총론, 157면.
166) 대법원 2004. 6. 10. 선고 2001도5380 판결.
167) 조국, 개정 초중등교육법 시행령에서 허용되는 학교체벌의 범위와 절차, 법률신문 2013. 4. 22. (https://www.lawtimes.co.kr/Legal-Info/Research-Forum-View.aspx?serial=2136).
168) 김일수/서보학, 총론, 238면; 이재상/ 장영민/ 강동범, 총론, 289면.

용할 수 있었던 상황이었으며 달리 특별한 사정은 인정될 수 없었음에도 스스로의 감정을 자제하지 못한 나머지 많은 낯모르는 학생들이 있는 교실 밖에서 피해자 학생들의 행동을 본 즉시 피고인 자신의 손이나 주먹으로 피해자의 머리 부분을 때렸고 피고인이 신고 있던 슬리퍼로 피해자의 양손을 때렸으며 감수성이 예민한 여학생인 피해자들에게 모욕감을 느낄 지나친 욕설을 하였던 것은 사회관념상 객관적 타당성을 잃은 지도행위이어서 정당행위로 볼 수 없다"고 판시하였다.169) 이 판례는 2011년 초·중등교육법 18조 제8항이 신설되기 이전의 판례이다. 동조 제8항에 의하면 이 사례에서 교사의 직접체벌은 법령에 반하는 행위로서 위법성이 조각될 여지가 없다.

III. 업무로 인한 행위

구성요건에 해당하는 행위가 법령에 규정되어 있지 않더라도 업무로 인한 행위로서 사회윤리상 정당하다고 인정되는 경우에는 위법성이 조각된다. 이와 관련하여 주로 운동경기나 의사의 치료행위의 위법성이 문제된다.

(1) 운동경기

권투와 같은 운동경기 중의 행위는 폭행이나 폭행치상의 구성요건에 해당한다. 그러나 운동경기 중의 행위는 업무로 인한 행위로서 그 행위가 일반적으로 인정되는 경기규칙에 위반하지 않는 한 위법성이 조각된다.

(2) 의사의 치료행위

일부 학설과 판례는 의사의 치료행위도 업무로 인한 행위로서 위법성이 조각된다고 한다. 그러나 이 문제를 일률적으로 판단할 수 없으며 치료행위의 유형에 따라 구성요건해당성이 조각되는 경우도 있고 위법성이 조각되는 경우도 있다. 예컨대 간단한 수술과 같은 통상적 치료행위의 경우에는 치료행위로 인하여 건강이 개선되었으므로 상해에 해당하지 않는다. 따라서 이러한 경우에는 구성요건해당성이 부정된다. 이에 대하여 콩팥을 제거하는 수술과 같이 신체에 대한 중대한 침해가 수반되는 비통상적 치료행위의 경우에는 일단 상해의 구성요건해당성은 인정되지만 피해자의 승낙에 의한 행위로서 위법성

---

169) 대법원 2004. 6. 10. 선고 2001도5380 판결.

이 조각된다. 그리고 환자가 승낙의 의사표시를 할 수 없는 경우에는 의사의 치료행위는 추정적 승낙에 해당한다.

IV. 기타 사회상규에 위배되지 아니하는 행위

(1) 사회상규의 의의

사회상규란 판례의 표현을 빌리면 "법질서 전체의 정신이나 그 배후에 놓여 있는 사회윤리"[170]를 말한다. 사회상규는 일반적 위법성조각사유로서 어떤 행위가 형법에 규정된 개별적 위법성조각사유에 해당하지 않더라도 사회윤리에 합당하다고 판단되는 경우에는 보충적으로 적용되어 위법성을 조각할 수 있다. 이러한 의미에서 일반적 위법성조각사유와 개별적 위법성조각사유는 일반법과 특별법의 관계에 있다고 이해할 수 있다. 그리고 사회상규는 위법성조각사유의 일반원리로서 개별적 위법성조각사유의 해석기준이 된다. 예컨대 정당방위(제21조)에서 방위행위는 상당한 이유가 있어야 위법성이 조각되는데, 방위행위가 상당성이 있는가는 사회윤리에 비추어 판단한다.

사회상규는 위법성조각사유로서 구성요건조각사유인 사회적 상당성과 구별된다. 사회상규가 사회질서를 침해하는 행위, 즉 구성요건에 해당하는 행위를 예외적으로 허용하는 것이라면, 사회적 상당성은 "역사적으로 형성된 사회생활의 질서의 범위에 속하는 것", 즉 극히 정상적인 생활형태를 처음부터 구성요건해당성에서 배제시키는 것이다.[171] 즉 사회상규가 원칙적으로 금지된 행위를 예외적으로 허용하는 것이라면, 사회적 상당성은 일정한 행위를 처음부터 원칙적으로 허용하는 것이다.

(2) 판단기준

사회상규는 위법성조각사유의 일반원리를 기준으로 판단한다. 다만 위법성조각사유의 일반원리가 무엇인가에 대하여는 아직 논의 중에 있으며 학자들

---

170) 대법원 1997. 11. 14. 선고 97도2118 판결; 2000. 4. 25. 선고 98도2389 판결.
171) 사회적 상당성은 객관적 귀속의 판단기준으로서 허용된 위험의 원칙과 같은 것이다(제2편 제3장 제3절 III 3 (1) ① 참조).

간에 견해가 일치하고 있지 않으므로 지금까지 밝혀진 일반원리, 예컨대 이익교량의 원칙(이익교량설)과 목적과 수단의 상당성(목적설) 등을 종합적으로 고려하여 판단하는 수밖에 없다.

대법원은 사회상규의 판단기준으로 ① 그 행위의 동기나 목적의 정당성, ② 행위의 수단이나 방법의 상당성, ③ 보호이익과 침해이익과의 법익균형성, ④ 긴급성, ⑤ 그 행위 외에 다른 수단이나 방법이 없다는 보충성 등의 다섯 가지 요건을 제시하고 있는데,[172] 이는 '이익교량의 원칙'과 '목적과 수단의 상당성'을 구체화한 것이다. 여기서 보충성은 '다른 실효성 있는 적법한 수단이 없는 경우'를 의미하고 '일체의 법률적인 적법한 수단이 존재하지 않을 것'을 의미하는 것은 아니다.[173]

(판례 6-1) 甲女는 자기 남편 乙男과 丙女가 丙女의 집으로 함께 들어가는 것을 보고 乙男과 丙女가 간통하는 현장을 사진촬영하기 위하여 그 집으로 들어갔다. 甲女의 죄책은?

원심법원은 甲女가 丙女의 방에 침입하게 된 동기는 乙男과 丙女의 간통 현장을 목격하기 위한 것으로서 ① 그 동기나 목적이 정당하고, ② 丙女의 방에 들어간 방법도 문을 부수거나 폭력적인 방법을 사용하지 않고 丙女로 하여금 시정된 문을 열게 한 것으로서 그 수단이나 방법 역시 상당하며, ③ 위와 같은 간통 현장에서 다른 법적 조치를 강구하여 실행할 시간적 여유가 없었던 점에 비추어 긴급성이 인정되고, ④ 위 간통 현장을 목격하기 위하여 파출소에 경찰의 입회를 요청하였으나 경찰이 이를 거절하였으므로 부득이 피고인들이 현장을 목격하기 위해 주거침입을 하게 된 점에 비추어 보충성도 인정된다는 이유를 들어, 甲女의 행위는 사회통념상 허용될 만한 정도의 상당성이 있는 것으로서 제20조의 정당행위에 해당하여 범죄로 되지 아니한다고 판단하였다.

이에 대하여 대법원은 ① 甲女는 乙男과 丙女가 丙女의 방에서 간통을 할 것이라는 추측하에 자신과 乙男 사이의 이혼소송에 사용할 증거자료 수집을 목적으로 그들의 간통 현장을 직접 목격하고 그 사진을 촬영하기 위하여 주택에 침입한 것으로서 그러한 목적이 丙女의 주거생활의 평온이라는 법익침해를 정당화할 만한 이유가 될 수 없을 뿐 아니라, ② 甲女의 위와 같은 행위가 그 수단과 방법에 있어서 상당성이 인정된다고 보기도 어려우며, ③ 주거침입이 乙男과 丙女의 간통 또는 불륜관계에 관한 증거수집을 위하여 긴급하고 불가피한 수단이었다고 볼 수도 없다고 보았다.[174]

---

172) 대법원 1986. 9. 23. 선고 86도1547 판결; 1995. 6. 30. 선고 94도3136 판결; 1994. 4. 15. 선고 93도2899 판결; 2003. 9. 26. 선고 2003도3000 판결; 대법원 2023. 5. 18. 선고 2017도2760 판결.
173) 대법원 2023. 5. 18. 선고 2017도2760 판결.

(판례 6-2) 안기부 X파일 사건: 방송사 기자 甲은 구 국가안전기획부 내 정보수집팀이 S그룹 회장비서실장과 J일보 사장 사이의 사적 대화를 불법 녹음하여 생성한 녹음테이프와 녹취보고서로서, 1997년 제15대 대통령 선거를 앞두고 위 S그룹의 여야 후보 진영에 대한 정치자금 지원 문제 및 정치인과 검찰 고위관계자에 대한 이른바 추석 떡값 지원 문제 등을 논의한 대화가 담겨 있는 도청자료를 입수한 후 그 내용을 자사의 방송프로그램을 통하여 공개하였다.

[참조조문]
통신비밀보호법 제3조(통신 및 대화비밀의 보호) ① 누구든지 이 법과 형사소송법 또는 군사법원법의 규정에 의하지 아니하고는 우편물의 검열·전기통신의 감청 또는 통신사실확인자료의 제공을 하거나 공개되지 아니한 타인간의 대화를 녹음 또는 청취하지 못한다.
같은 법 제16조(벌칙) ① 다음 각호의 1에 해당하는 자는 10년 이하의 징역과 5년 이하의 자격정지에 처한다.
1. 제3조의 규정에 위반하여 우편물의 검열 또는 전기통신의 감청을 하거나 공개되지 아니한 타인간의 대화를 녹음 또는 청취한 자
2. 제1호의 규정에 의하여 지득한 통신 또는 대화의 내용을 공개하거나 누설한 자

(1) 甲의 죄책은?[175]
甲이 불법 녹음한 타인간의 대화내용을 불법 녹음한 것을 입수하여 보도한 행위는 통신비밀보호법 제16조 제1항 제2호의 구성요건에 해당한다. 다만 그의 행위가 '사회상규에 반하지 아니하는' 정당행위(제20조)로서 위법성이 조각되는가에 관하여는 논란의 여지가 크다. 대법원 내에서도 다수의견과 반대의견 사이의 견해차이가 크다. 다수의견은 언론기관이 불법 감청·녹음 등에 의하여 수집된 타인간의 대화내용을 보도하여 공개하는 행위가 형법 제20조의 정당행위로서 위법성이 조각되기 위해서는, "첫째 보도의 목적이 불법 감청·녹음 등의 범죄가 저질러졌다는 사실 자체를 고발하기 위한 것으로 그 과정에서 불가피하게 통신 또는 대화의 내용을 공개할 수밖에 없는 경우이거나, 불법 감청·녹음 등에 의하여 수집된 통신 또는 대화의 내용이 이를 공개하지 아니하면 공중의 생명·신체·재산 기타 공익에 대한 중대한 침해가 발생할 가능성이 현저한 경우 등과 같이 비상한 공적 관심의 대상이 되는 경우에 해당하여야 하고, 둘째 언론기관이 불법 감청·녹음 등의 결과물을 취득할 때 위법한 방법을 사용하거나 적극적·주도적으로 관여하여서는 아니 되며, 셋째 보도가 불법 감청·녹음 등의 사실을 고발하거나 비상한 공적 관심사항을 알리기 위한 목적을 달성하는 데 필요한 부분에 한정되는 등 통신비밀의 침해를 최소화하는 방법으로 이루어져야 하고,

---

174) 대법원 2003. 9. 26. 선고 2003도3000 판결.
175) 대법원 2011. 3. 17. 선고 2006도8839 전원합의체 판결.

넷째 언론이 그 내용을 보도함으로써 얻어지는 이익 및 가치가 통신비밀의 보호에 의하여 달성되는 이익 및 가치를 초과하여야 한다" 등 4가지 요건을 갖추어야 한다고 판시하였다. 그리고 이 기준을 근거로 ① 피고인이 국가기관의 불법 녹음을 고발하기 위하여 불가피하게 위 도청자료에 담겨있던 대화 내용을 공개하였다고 보기 어렵고, 위 대화가 보도 시점으로부터 약 8년 전에 이루어져 그 내용이 보도 당시의 정치질서 전개에 직접적인 영향력을 미친다고 보기 어려운 사정 등을 고려할 때 위 대화 내용이 비상한 공적 관심의 대상이 되는 경우에 해당한다고 보기도 어려우며, ② 피고인이 위 도청자료의 취득에 적극적·주도적으로 관여하였다고 보는 것이 타당하고, ③ 이를 보도하면서 대화 당사자들의 실명과 구체적인 대화 내용을 그대로 공개함으로써 수단이나 방법의 상당성을 결여하였으며, ④ 위 보도와 관련된 모든 사정을 종합하여 볼 때 위 보도에 의하여 얻어지는 이익 및 가치가 통신비밀이 유지됨으로써 얻어지는 이익 및 가치보다 우월하다고 볼 수 없다"고 함으로써 甲의 공개행위가 형법 제20조의 정당행위에 해당하지 않는다고 판단하였다.

이에 대하여 반대의견은 "① 도청자료에 담겨 있던 대화 내용은 1997년 대통령 선거 당시 여야 대통령후보 진영에 대한 대기업의 정치자금 지원 문제와 정치인 및 검찰 고위관계자에 대한 이른바 추석 떡값 등의 지원 문제로서 매우 중대한 공공의 이익과 관련되어 있고, 위 대화가 보도 시점으로부터 약 8년 전에 이루어졌으나 재계와 정치권 등의 유착관계를 근절할 법적·제도적 장치가 확립되었다고 보기 어려운 정치 환경 등을 고려할 때 시의성이 없다고 할 수 없으며, ② 피고인이 위 도청자료를 취득하는 과정에서 위법한 방법을 사용하지 아니하였고, ③ 보도 내용도 중대한 공공의 이익과 직접적으로 관련된 것만을 대상으로 하였으며, 보도 과정에서 대화 당사자 등의 실명이 공개되기는 하였으나 대화 내용의 중대성이나 대화 당사자 등의 공적 인물로서의 성격상 전체적으로 보도 방법이 상당성을 결여하였다고 볼 수 없고, ④ 위 불법 녹음의 주체 및 경위, 피고인이 위 도청자료를 취득하게 된 과정, 보도에 이르게 된 경위와 보도의 목적·방법 등 모든 사정을 종합하여 볼 때 위 보도에 의하여 얻어지는 이익이 통신의 비밀이 유지됨으로써 얻어지는 이익보다 우월하다"는 이유로 甲의 행위는 형법 제20조의 사회상규에 위배되지 아니하는 정당행위에 해당한다고 보았다.

(2) 만일 국회의원 乙이 위의 도청자료를 입수한 후 그 대화내용과, 위 대기업으로부터 이른바 떡값 명목의 금품을 수수하였다는 검사들의 실명이 게재된 보도자료를 작성하여 자신의 인터넷 홈페이지에 게재하였다면 乙의 죄책은?[176]

乙의 행위도 위의 (1)에서와 마찬가지로 통신비밀보호법 제16조 제1항 제2호의 구성요건에 해당한다. 그리고 (1)에서 대법원이 제시한 정당행위의 판단기준이 언론기관 종사자가 아닌 사람에 대하여도 적용되는가에 관하여 대법원은 "이러한 법리는 불법 감청·녹음 등에 의하여 수집된 통신 또는 대화 내용의 공개가 관계되는 한, 그 공개행위의 주체가 언론

---

[176] 대법원 2011. 5. 13. 선고 2009도14442 판결.

기관이나 그 종사자 아닌 사람인 경우에도 마찬가지로 적용된다"고 함으로써 이를 긍정한다. 따라서 乙의 행위도 정당행위에 해당하지 않는다고 본다.

만일 국회의원 乙의 행위에 대하여 헌법 제45조(국회의원의 면책특권)[177]가 적용된다면 법원은 공소기각의 판결(형사소송법 제327조 제2호)을 선고하여야 한다. 면책특권의 적용범위에 관하여 대법원은 "면책특권의 대상이 되는 행위는 국회의 직무수행에 필수적인 국회의원의 국회 내에서의 직무상 발언과 표결이라는 의사표현행위 자체에만 국한되지 아니하고 이에 통상적으로 부수하여 행하여지는 행위까지 포함"[178]한다고 본다. 乙이 불법감청자료를 자신의 인터넷 홈페이지에 게재한 행위는 국회 내에서의 직무상 발언과 표결에 '통상적으로 부수하여 행하여지는 행위'라고 할 수 없으므로 헌법 제45조는 적용되지 않는다.

(3) 종류

사회상규와 관련하여 문제되는 것으로는 안락사, 징계권 없는 자의 징계행위, 소극적 방위행위, 목적과 수단의 정당성 등이 있다.

(가) 안락사

안락사는 법령에 허용하는 규정이 없으므로 법령에 의한 행위가 아니며, 의사의 업무에도 해당하지 않으므로 업무로 인한 행위도 아니다. 또한 생명은 처분이 불가능한 법익이므로 피해자의 승낙에 의하여 정당화될 수도 없다. 다만 안락사가 사회윤리에 반하지 않는 범위 내에서 "기타 사회상규에 위배되지 아니하는 행위"로서 위법성이 조각될 여지가 남아 있다. 안락사에는 여러 형태가 있는데, 이에 따라 성립되는 범죄의 종류나 처벌이 조각되는 요건에 차이가 있다.

① 진정안락사

생명을 단축시키지 않는 안락사이다. 예컨대 임종의 고통을 제거하기 위하여 적정량의 진정제나 마취제를 사용하는 경우가 이에 해당한다. 이러한 경우에는 생명의 단축이 없으므로 형법상 살인죄나 과실치사죄의 구성요건해당성이 없다.

② 간접적 안락사

생명단축의 가능성이 있음에도 불구하고 불치병 환자의 고통을 줄이기 위

---

[177] 국회의원의 면책특권의 법적 성격에 관하여는 제2편 제6장 IV 참조.
[178] 대법원 1992. 9. 22. 선고 91도3317 판결; 대법원 2011. 5. 13. 선고 2009도14442 판결.

하여 필요한 처치(모르핀의 양을 증가)를 하였는데, 이로 인하여 피해자가 사망한 경우이다. 과실로 인하여 생명단축의 결과가 발생하였으므로 과실치사죄의 구성요건해당성은 인정된다. 그러나 죽음에 임박한 불치병환자가 극심한 고통을 면하기 위해서 사망의 위험성을 감수하고 필요한 처치를 부탁하였다면, 이에 따른 행위는 사회상규에 합당한 행위로서 위법성이 조각된다고 보아야 할 것이다.

③ 소극적 안락사

> 호스피스 · 완화의료 및 임종과정에 있는 환자의 연명의료결정에 관한 법률(약칭: 연명의료결정법) 제15조(연명의료중단등결정 이행의 대상) 담당의사는 임종과정에 있는 환자가 다음 각 호의 어느 하나에 해당하는 경우에만 연명의료중단등결정을 이행할 수 있다.
> 1. 제17조에 따라 연명의료계획서, 사전연명의료의향서 또는 환자가족의 진술을 통하여 환자의 의사로 보는 의사가 연명의료중단등결정을 원하는 것이고, 임종과정에 있는 환자의 의사에도 반하지 아니하는 경우
> 2. 제18조에 따라 연명의료중단등결정이 있는 것으로 보는 경우

의사가 불치병환자의 고통을 앞당겨 제거하기 위하여 생명연장을 위한 치료행위를 거부하여 치료행위를 중단한 결과 환자가 사망한 경우이다. 부작위에 의한 촉탁살인죄(제252조 제1항 및 제18조)가 문제된다. 의사의 치료의무는 의사와 환자 사이의 계약에 의하여 발생하는 것이므로 환자가 치료를 거부하여 의료계약이 해지되었다면 의사는 더 이상 진료의무가 없게 된다. 다만 환자의 생명과 직결되는 진료행위의 중단은 일정한 요건 하에 제한적으로 인정되어야 한다. 대법원[179]은 이러한 진료중단의 허용요건으로서 ㉠ 환자가 '회복불가능한 사망의 단계'에 있을 것(객관적 요건)과 ㉡ 환자가 인간으로서의 존엄과 가치 및 행복추구권에 기초하여 자기결정권을 행사하는 것으로 인정될 것(주관적 요건)을 요구한다. 객관적 요건이 성립하기 위해서는 ㉠ 의학적으로 환자가 의식의 회복가능성이 없고 ㉡ 생명과 관련된 중요한 생체기능의 상실을 회복할 수 없으며 ㉢ 짧은 시간 내에 사망에 이를 수 있음이 명백할 것 등을 요한다. 그리고 주관적 요건은 ㉠ '사전의료지시'가 있는 경우, 즉

---

[179] 대법원 2009. 5. 21. 선고 2009다17417 판결.

환자가 회복불가능한 사망의 단계에 이르렀을 경우에 대비하여 미리 의료인에게 자신의 연명치료 거부 내지 중단에 관한 의사를 밝히거나 또는 ⓒ 환자에게 의식의 회복가능성이 없어 의사표시를 기대할 수 없는 경우에는 추정적 의사, 즉 "환자의 평소 가치관이나 신념 등에 비추어 연명치료를 중단하는 것이 객관적으로 환자의 최선의 이익에 부합한다고 인정되어 환자에게 자기결정권을 행사할 수 있는 기회가 주어지더라도 연명치료의 중단을 선택하였을 것이라고 볼 수 있는 경우"에 인정된다.

환자가 의식을 회복할 가능성이 전혀 없고 인공심폐기에 의한 생명의 연장이 더 이상 의미가 없다면, 인공심폐기를 제거하는 것이 오히려 환자 당사자의 추정적 승낙에 부합하며 사회윤리에도 반하지는 않는다고 볼 것이므로 제20조(정당행위)의 '기타 사회상규에 위배되지 아니하는 행위'에 해당한다. 이를 특히 '자비사'라고 한다. 다만 대법원의 2009년 5월 판례가 있은 후 2017. 8. 4. 시행된 호스피스・완화의료 및 임종과정에 있는 환자의 연명의료결정에 관한 법률은 소극적 안락사를 입법화하였다. 따라서 이는 정당행위 가운데 '법령에 의한 행위'에 해당한다.

> (판례 7) 환자 甲女는 자발호흡이 없어 인공호흡기에 의하여 생명이 유지되는 상태인데, 진료기록 감정의는 甲女가 식물인간상태보다 더 심각하여 뇌사상태에 가깝고 회복가능성은 거의 없어 사망의 단계에 진입하였다고 판단하였다. 甲女는 3년 전 남편의 임종 당시 며칠 더 생명을 연장할 수 있는 기관절개술을 거부하고 그대로 임종을 맞게 하면서 "내가 병원에서 안 좋은 일이 생겨 소생하기 힘들 때 호흡기는 끼우지 말라. 기계에 의하여 연명하는 것은 바라지 않는다"고 말한 사실이 있다. 가족의 치료중단요구가 있는 경우에 담당의사 乙은 치료를 중단할 수 있는가?

실제사건은 형사사건은 아니었지만 형법상으로는 의사 乙이 치료를 중단하여 甲女가 사망한 경우 그의 행위는 부작위에 의한 살인죄의 구성요건에 해당하는데, 이 경우 제20조의 정당행위로서 위법성이 조각되는지가 문제된다. 치료중단의 허용여부에 대하여 대법원은 위에서 설명한 허용요건을 제시하고 이어서 "① 담당 주치의, 진료기록 감정의, 신체 감정의 등의 견해에 따르면 환자는 현재 지속적 식물인간상태로서 자발호흡이 없어 인공호흡기에 의하여 생명이 유지되는 상태로서 <u>회복불가능한 사망의 단계</u>에 진입하였고(객관적 요건), ② 환자의 일상생활에서의 대화 및 현 상태 등에 비추어 볼 때 환자가 현재의 상황에 관한 정보를 충분히 제공받았을 경우 현재 시행되고 있는 연명치료를 중단하고자 하는 <u>의사를 추정할 수 있다(주관적 요건)</u>"고 판시하였다.[180] 이 판결은 형사사건에 대하여도 그대로 타당하다. 따라서 의사 乙의 행위는 정당행위로서 위법성이 조각될 것이다.

④ 직접적·적극적 안락사

환자로 하여금 불치병으로 인한 고통에서 벗어나게 하기 위하여 생명을 단절시키는 안락사를 말한다. 일부 학설[181]은 이를 허용하는 경우 남용의 위험이 있으며 절대적 생명보호의 원칙에도 반한다는 이유로 허용될 수 없다고 한다. 이에 대하여 반대견해는 극히 제한된 요건 하에 사회상규에 합당한 행위로 보아 위법성의 조각을 인정한다.

일본의 나고야 고등법원은 다음의 여섯 가지 요건을 제시하고 이 요건이 모두 충족되면 위법성이 조각된다고 한다.
 1. 불치병의 환자가 죽음에 임박해 있을 것
 2. 극심한 고통을 받을 것
 3. 환자의 고통을 덜어주기 위한 목적으로 행할 것
 4. 환자의 진지한 요구나 동의
 5. 의사에 의하여 시행되거나 또는 의사에 의해 시행될 수 없는 특별한 사정이 있을 것
 6. 안락사의 방법이 윤리적으로 타당할 것

(예 2) 甲은 불치병인 암에 시달리는 아버지 乙의 요구에 따라서 우유에 농약을 타서 마시게 하여 사망케 하였다. 甲의 죄책은?

이 사건에서 나고야 고등법원은 5. 의사에 의하여 시행될 것, 6. 안락사의 방법이 윤리적으로 타당할 것 등의 요건이 결여되었다는 이유로 위법성조각을 부정하고 촉탁살인죄의 성립을 인정하였다.[182]

(나) 징계권 없는 자의 징계행위

징계권 없는 자가 교육의 목적을 위하여 어린이나 청소년을 협박하거나 경미한 폭행을 가한 행위가 사회상규에 위배되지 않는다면 위법성이 조각된다.

---

180) 대법원 2009. 5. 21. 선고 2009다17417 판결.
181) 예컨대 이재상/ 장영민/ 강동범, 총론, 295면.
182) 日名高室高判 1962.12.22(日本判例百選 1, 68).

(다) 소극적 저항행위(방어행위)

판례는 상대방의 공격을 피하기 위한 본능적 소극적 저항행위(방어행위)는 사회통념상 용인할 수 있는 정도의 상당성이 있어 제20조에 정한 정당행위에 해당한다고 한다. 그러나 판례가 소극적 저항행위로서 위법성의 조각을 인정한 사안을 보면 모두 제21조의 정당방위의 요건을 갖추고 있으므로 굳이 일반적 위법성조각사유인 사회상규를 적용할 필요는 없을 것으로 보인다.

(판례 8) 甲女는 乙男의 사무실로 찾아가 그가 작성하여 준 지불각서에 따른 돈을 달라고 하였으나 이에 응하지 않고 사무실 밖으로 나가려고 하자, 양손으로 그의 넥타이를 잡고 늘어져, 후경부피하출혈상을 입을 정도로 목을 졸랐다. 이에 乙男은 甲女를 떼어놓기 위하여 왼손으로 자신의 목 부근 넥타이를 잡은 상태에서 오른손으로 甲女의 손을 잡아 비틀면서 서로 밀고 당기는 과정에서 甲女에게 상해를 가했다. 乙男의 죄책은?

판례는 "피고인의 그와 같은 행위는 목이 졸린 상태에서 벗어나기 위한 소극적인 저항행위에 불과하여 형법 제20조 소정의 정당행위에 해당"한다고 판시하였다.[183] 그러나 乙男의 행위는 정당방위로서 이미 위법성이 조각되므로, 사회상규에 위배되는가를 판단할 필요가 없다. 왜냐하면 정당방위는 개별적 구성요건으로서 일반적 구성요건인 사회상규에 대하여 특별법에 해당하기 때문이다.

(판례 9) 술에 취한 甲은 아무런 이유도 없이 乙에게 시비를 걸면서 그의 얼굴을 때리자 乙은 두려움을 느끼고 甲을 뿌리치고 현장에서 도망가는 바람에 甲이 땅에 넘어져 상처를 입었다. 乙의 죄책은?

판례는 "피고인의 행위는 사회통념상 허용될 만한 정도의 상당성이 있는 행위로서 형법 제20조에 정한 정당행위에 해당되어 죄가 되지 아니한다"고 판시하였다.[184] 이 사안도 책임 없는 자 또는 책임이 저하된 자의 침해에 대한 보호방위로서 정당방위에 해당한다.[185]

(라) 목적과 수단의 정당성

목적과 수단의 정당성은 위법성조각사유로서 협박죄나 협박을 수단으로 하는 강요죄, 업무방해죄, 공갈죄 등의 경우에 특히 중요한 의미를 갖는다. 행위자가 사회윤리적으로 허용되는 목적을 달성하기 위하여 정당한 수단을 사

---

183) 대법원 1996. 5. 28. 선고 96도979 판결.
184) 대법원 1990. 5. 22. 선고 90도748 판결.
185) 제2편 제4장 제3절 III 4 (2) (나) 참조.

용한 경우에는 위법성이 조각된다. 목적의 정당성은 행위자가 피강요자에게 청구권이 있는가의 여부에 의하여 판단하며, 수단의 상당성은 행위자가 사용한 수단이 정당한 권리행사인가에 의하여 판단한다. 목적과 수단의 정당성이 인정되는 행위는 사회상규에 합당한 행위로서 위법성이 조각된다.

> (예 3) 甲은 乙이 자신을 폭행하여 상해를 가하자 병원에 입원한 후 만일 치료비를 지불하지 않으면 상해죄로 고소하겠다고 고지하였다. 乙은 상해죄로 처벌될 것이 두려워 치료비를 지불하였다. 甲의 죄책은?

甲이 乙을 협박하여 치료비를 교부받은 행위는 공갈죄의 객관적 구성요건에 해당한다. 그러나 甲은 폭행의 피해자로서 가해자인 乙에게 치료비를 청구할 권리가 있으므로 목적의 정당성이 인정되며, 甲이 형사고발을 하는 것은 피해자의 정당한 권리행사이므로 수단의 상당성도 인정된다. 따라서 사회상규에 합당한 행위로서 위법성이 조각된다.

> (예 4) 甲女는 남편 乙男에게 만일 丙女와의 내연관계를 중단하지 않으면 자살하겠다고 말하였다. 乙男은 甲女의 말이 진담이라는 것을 알고 丙女와의 관계를 끊었다. 甲女의 죄책은?

甲女가 남편 乙男에게 자살하겠다고 말한 행위는 해악의 고지로서 협박에 해당한다. 그러나 자살은 법질서에 의하여 금지된 것은 아니므로 가치중립적이라고 할 수 있다. 따라서 수단의 비난가능성은 부정된다.[186] 그리고 남편 乙男의 외도를 막는 것은 아내의 정당한 권리이므로 목적의 정당성도 인정된다. 따라서 甲女의 강요행위는 사회상규에 합당한 행위로서 위법성이 조각된다.

---

186) Sch/Sch/Eser, § 240 Rn. 31.

제 3 절 정당방위

> **제21조(정당방위)** ① 현재의 부당한 침해로부터 자기 또는 타인의 법익을 방위하기 위하여 한 행위는 상당한 이유가 있는 경우에는 벌하지 아니한다.
> ② 방위행위가 그 정도를 초과한 경우에는 정황에 따라 그 형을 감경하거나 면제할 수 있다.
> ③ 제2항의 경우에 야간이나 그 밖의 불안한 상태에서 공포를 느끼거나 경악하거나 흥분하거나 당황하였기 때문에 그 행위를 하였을 때에는 벌하지 아니한다.

I. 개념

정당방위란 현재의 부당한 침해로부터 자기 또는 타인의 법익을 방위하기 위한 상당한 이유가 있는 행위를 말한다(제21조). 제21조에서 "벌하지 아니한다"라는 말은 위법성이 조각되어 범죄가 성립하지 않는다는 의미이다.

II. 기본사상(인정근거)

1. 자기보호의 원리

정당방위는 개인의 법익에 대한 침해를 방어하는 행위를 허용함으로써 개인의 법익을 보호하기 위해 인정된 권리이다.

2. 법질서 수호의 원리(법확증의 원리)

정당방위는 위법한 침해에 대하여만 허용된다. 이러한 의미에서 정당방위를 不法：法 또는 不正：正의 관계라고 한다. 법은 위법하게 타인의 법익을 침해하는 자, 즉 법질서를 파괴하는 자에 대하여 정당방위를 행사할 수 있도록 허용함으로써 개인의 법익을 보호하는 동시에 법질서를 수호하고자 하는 것이다. "법은 불법에 양보할 필요가 없다"[187]는 사상도 이 원리를 표현한 것이라고 할 수 있다.

III. 성립요건

제21조에 규정되어 있는 정당방위의 성립요건은 크게 객관적 요건(객관적 정당화요소)과 주관적 요건(주관적 정당화요소)으로 나눌 수 있다. 그리고 객관적 요건에는 방위상황과 방위행위가 있으며, 주관적 요건에는 방위의사가 있다. 방위상황이란 정당방위가 허용되는가의 여부와 관련된 것으로서 법익에 대한 현재의 부당한 침해를 말한다. 방위행위는 정당방위의 행사방법과 관련된 것으로서 방위행위의 상당한 이유(상당성)를 말한다. 그리고 방위의사는 침해를 방위하기 위한 행위자의 주관적 의사를 말한다. 정당방위의 성립여부를 검토할 때에는 객관적 요건, 즉 방위상황과 상당성을 검토한 후에 주관적 요건(방위의사)을 검토한다.

▶ 정당방위의 성립요건

```
현재의 ─────────────┐
부당한 침해로부터 ──────┼─ 방위상황(객관적 정당화요소)
자기 또는 타인의 법익을 ──┘
방위하기 위한 행위는 ───── 방위의사(주관적 정당화요소)
상당한 이유가 있는 때에는 ── 방위행위의 상당성(객관적 정당화요소)
```

1. "현재의" 침해(침해의 현재성)

정당방위가 성립하기 위해서는 법익에 대한 현재의 침해가 있어야 한다. 따라서 장래에 발생할 것이 예상되는 침해나 이미 종료한 침해에 대해서는 정당방위를 행사할 수 없다. 현재의 침해는 침해가 이미 시작하였거나 계속되고 있는 경우는 물론이고, 아직 침해가 시작되지 않았더라도 임박(급박)한 경우에도 인정된다. '침해가 임박'했다는 말은 침해의 직전단계, 즉 '침해에 직접적으로 착수'(unmittelbare Ansetzung zum Angriff)했다는 말과 같은 의미로

---

187) RGSt 21, 170.

이해하면 된다. 따라서 언제 침해로 돌변할지 모르는 상황에서 반격을 지체하는 경우에는 효율적인 방어가 곤란해지는 경우도 현재의 침해가 있다고 볼 수 있다. 이를 '최상의 효율적 방어의 원리'[188](Die Theorie der wirksamsten Abwehr)라고 한다. 현재의 침해는 미수, 즉 실행의 착수(구성요건의 실현에 직접적으로 개시하는 행위)가 아직 없더라도 침해가 급박한 상태에 있으면 인정되므로, 미수의 전단계에서도 정당방위가 성립할 여지가 있다.

(예 3) 불량배 甲, 乙이 경찰과 丙을 상해할 목적으로 전방 5m 앞에서 쇠파이프를 꺼내 들고 서서히 그에게 다가오고 있다. 현재의 침해가 있는가?

甲, 乙은 아직 폭행에 대한 실행의 착수는 하지 않았지만 - 실행의 착수는 쇠파이프를 들고 달려들거나 휘둘러야 인정된다 - 丙의 법익에 대한 현재의 침해는 있다고 할 수 있다. 왜냐하면 甲, 乙이 경찰 丙을 상해할 목적으로 5m 전반까지 다가왔다면 언제 침해로 돌변할지 모르는 상황으로서 반격을 지체하는 경우에 효율적인 방어가 곤란해지기 때문이다.

(예 4) 甲이 乙을 상해할 목적으로 총을 꺼내기 위해 양복 주머니에 손을 넣으려는 순간 乙이 먼저 총을 꺼내 발사하여 어깨에 관통상을 입혔다. 상해죄가 성립하는가?

甲이 아직 총을 빼어들지 않았으므로 실행의 착수는 없으나 乙의 신체에 대한 현재의 침해에 해당한다. 따라서 乙이 경고사격을 할 수 있는 시간적 여유가 없었다면 그가 먼저 총을 발사하여 甲을 상해하더라도 정당방위에 해당하므로 위법성이 조각된다.

(예 5) 산림경비원 甲은 밀렵꾼 乙을 발견하고 총을 내려놓으라고 명령하고 경고사격까지 하였으나, 乙은 이를 무시하고 甲과 총격전을 벌일 목적으로 엄호물을 향하여 뛰어갔다. 甲은 乙에게 총을 발사하여 그의 다리를 명중시켰다. 甲의 죄책은?

乙이 엄호물 뒤에 숨어 총을 발사할 때까지 방어를 지체하게 되면 자신의 생명에 대한 효율적인 방어가 곤란해지므로 乙이 일시적으로 도주 중에 있더라도 이는 현재의 침해에 해당한다.[189] 따라서 甲의 행위는 정당방위에 해당한다.

장래에 침해가 예견되더라도 아직 임박하지 않은 한은 현재의 침해라고 할 수 없다. 따라서 이전부터 침해행위가 반복되어 언제 다시 침해가 발생할지 모

---

188) 이 원칙은 독일 연방대법원이 제국재판소의 이론에 근거하여 세운 이론이다. RGSt 53, 132; 61, 216; 67, 337, 339; BGH NJW 1973, 255 참조.
189) RGSt 53, 132.

르는 위험상태(계속위난 또는 지속적 위험)에서 장래의 침해에 대비하여 행한 소위 예방적 정당방위의 경우에는 침해의 현재성이 없으므로 정당방위는 성립하지 않는다. 다만 방어적 긴급피난으로서 위법성이 조각될 가능성이 있다.[190]

> (판례 1) 여대생 甲女는 12살 때부터 의붓아버지 乙에게 강간당한 이후로 계속하여 성관계를 강요당하여 왔다. 甲女는 이 사실을 자신의 남자친구 丙男에게 말하고 그와 함께 乙을 살해하기로 공모하였다. 乙이 술에 취하여 잠들자 丙男은 乙을 살해하였으며 甲女는 옆에서 지켜보았다. 甲女의 죄책은?

甲女가 丙男과 공동하여 직계존속인 乙을 살해한 행위는 존속살해죄의 구성요건에 해당한다. 그녀의 행위가 정당방위에 해당하기 위해서는 법익에 대한 현재의 침해가 있어야 한다. 甲女의 성적 자기결정의 자유에 대한 침해가 언제 다시 발생할지 모르는 계속위난은 정당방위에서 말하는 '현재의 침해'에는 해당하지 않으므로 정당방위는 성립하지 않는다.[191]

甲女의 법익에 대한 계속위난은 긴급피난에서 말하는 현재의 위난에 해당하므로 방어적 긴급피난(예방적 정당방위)이 성립할 여지가 남아 있다. 그러나 甲女는 乙을 살해하는 방법 이외에 다른 방법으로도 자신의 법익에 대한 위난을 피하는 것이 가능하였으므로 피난행위의 상당성은 부정된다(보충성의 원리). 따라서 甲女에 대해서는 존속살해죄가 성립한다.

그리고 침해가 기수에 이르렀더라도 아직 종료되지 않은 경우에는 현재의 침해에 해당한다.[192] 침해가 일시 중단되더라도 추가 침해가 곧바로 발생할 객관적인 사유가 있는 경우에는 침해가 종료되지 않은 것으로 볼 수 있다.[193] 침해의 종료란 행위자가 피해자의 지배범위를 벗어난 경우를 말한다. 그러나 이미 침해가 종료된 후에는 현재의 침해가 없으므로 정당방위는 성립하지 않으며, 다만 자구행위로서 위법성이 조각될 수 있다.

> (예 6-1) 날치기범 甲이 乙의 가방을 가로채 도망하자 추적하여 체포하는 과정에서 甲에게 상해를 가하였다. 乙의 행위는 정당한가?

---

190) 제2편 제4장 제3절 III 3 참조.
191) 대법원(대법원 1992. 12. 22. 선고 92도2540 판결)은 상당한 이유가 없다는 이유로 정당방위의 성립을 부정하였다.
192) 기수와 종료의 구분에 대해서는 제2편 제8장 제1절 I 1 참조.
193) 대법원 2023. 4. 27. 선고 2020도6874 판결.

가방에 대한 절도가 이미 기수에 이르렀으나 아직 종료되지 않았으므로 현재의 침해에 해당한다. 따라서 乙의 행위는 정당방위에 해당한다.

(예 6-2) 위의 사례에서 날치기범 甲을 놓쳤으나 며칠 후에 길거리에서 우연히 발견하여 그를 체포하는 과정에서 폭행을 가하였다면 乙의 행위는 정당방위에 해당하는가?

법익에 대한 침해는 실질적으로 이미 종료되었으므로 현재의 침해에 해당하지 않는다. 따라서 정당방위는 성립하지 않는다. 다만 乙은 자신의 청구권(가방에 대한 소유물반환청구권)의 현저한 실행곤란을 피하기 위하여 폭행한 것이므로 자구행위(제23조)에 해당하여 위법성이 조각된다.

▶ 범죄의 실현과정과 침해의 현재성

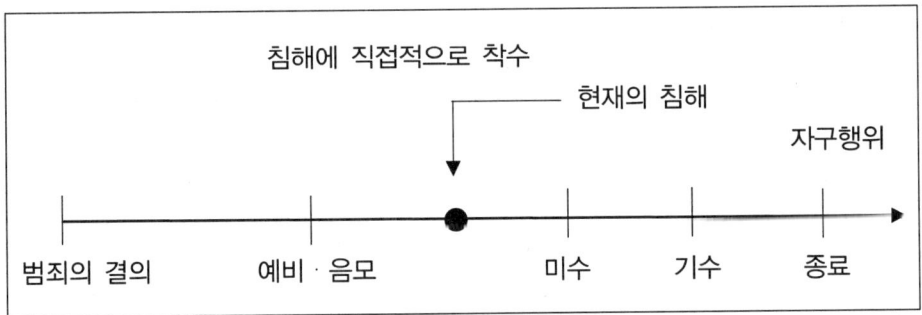

▶ 범죄의 기수와 종료
    ┌ 기수(Vollendung): 구성요건요소의 형식적 충족
    └ 종료(Beendigung): 법익침해행위의 실질적 완료 = 피해자의 지배범위를 벗어난 경우

2. "부당한 침해"(침해의 위법성)

여기서 '부당한'이란 위법성, 즉 전체 법질서에 반한다는 평가를 말한다. 따라서 형법에 반하는 행위는 물론, 민법이나 행정법 등에 의하여 인정된 권리를 침해하는 일체의 행위는 고의, 과실을 불문하고 법질서에 반하므로 정당방위가 가능하다. 그리고 침해가 위법하면 족하며 유책할 것을 요하지는 않는다. 따라서 미성년자나 정신이상자의 침해에 대한 정당방위도 가능하다.[194]

---

194) 다만 책임 없는 자의 침해에 대해서는 정당방위를 함에 있어서 사회윤리적 제한이 있다. 제2

(예 7) 甲은 커다란 개가 자신을 물려고 달려들자 삽으로 가격하여 죽였다. 정당방위가 성립하는가?

위법성의 평가는 인간의 행위에 대하여만 가능하며 짐승의 공격이나 자연적 재해에 대하여는 위법성의 평가를 할 수 없다. 뿐만 아니라 침해는 행위의 성질을 가져야 하는데, 개의 공격은 형법상 행위가 아니므로 침해에도 해당하지 않는다. 따라서 개의 공격은 위법하지 않으므로 정당방위는 성립할 수 없다. 다만 긴급피난이 가능하다. 그러나 개가 개주인의 사주에 의하여 달려든 것이라면 이는 위법한 침해에 해당하므로 정당방위가 가능하다.

(판례 2-1) 경찰관 A는 피해자 B로부터 상해피해신고를 받고 D 여관으로 출동하여 여관 앞 노상에서 저항하는 甲을 제압하여 폭행 등을 이유로 현행범인으로 체포하였고, 甲에게 범죄사실의 요지, 체포의 이유와 변호인을 선임할 수 있음을 고지하였다. 甲은 현행범인 체포 및 그에 이은 구금상태를 벗어나거나 저항하기 위하여 경찰관 A에게 폭행·협박을 하였다. 甲의 죄책은?

[참조조문]
형법 제136조(공무집행방해) ① 직무를 집행하는 공무원에 대하여 폭행 또는 협박한 자는 5년 이하의 징역 또는 1천만원 이하의 벌금에 처한다.
형사소송법 제200조의5(체포와 피의사실 등의 고지) 검사 또는 사법경찰관은 피의자를 체포하는 경우에는 피의사실의 요지, 체포의 이유와 변호인을 선임할 수 있음을 말하고 변명할 기회를 주어야 한다.

甲이 체포에 저항하기 위하여 경찰관 A를 폭행·협박한 행위는 공무집행방해죄(제136조)에 해당할 여지가 있다. 그러나 만일 경찰관 A의 현행범 체포가 위법이라면 甲이 체포에 저항하기 위하여 경찰관 A를 폭행·협박한 행위는 정당방위로서 위법성이 조각될 수 있다. 경찰관 A의 현행범인 체포가 위법인가의 기준에 관하여 대법원은 다음과 같이 판시하고 있다. "형법 제136조의 공무집행방해죄는 공무원의 직무집행이 적법한 경우에 한하여 성립하고, 그 공무집행이 적법하기 위하여는 그 행위가 당해 공무원의 추상적 직무권한에 속할 뿐 아니라 구체적으로도 그 권한 내에 있어야 하며 또한, 직무행위로서의 중요한 방식을 갖추어야 한다고 할 것이며, 한편 구 형사소송법 제213조의2, 제72조의 규정 등(현행 형사소송법 제200조의5)에 의하면 사법경찰관리가 현행범인을 체포하는 경우에는 반드시 범죄사실의 요지, 체포의 이유와 변호인을 선임할 수 있음을 말하고 변명할 기회를 주어야 할 것임이 명백하고, 이와 같은 고지는 체포를 위한 실력행사에 들어가기 이전에 미리 하여야 하는 것이 원칙이나, 달아나는 피의자를 쫓아가 붙들거나 폭력으로 대항하는 피의자

편 제4장 제2절 III 4 (2) (나) 참조.

를 실력으로 제압하는 경우에는 붙들거나 제압하는 과정에서 하거나, 그것이 여의치 않은 경우에라도 일단 붙들거나 제압한 후에 지체없이 행하였다면 경찰관의 현행범인 체포는 적법한 공무집행이라고 할 수 있다."[195]

이 사례에서 경찰관 A는 甲을 현행범인으로 체포하기 위한 실력행사에 들어가기 이전에 미리 형사소송법 제200조의5에 규정된 내용을 고지하지는 않았지만 피의자 甲을 제압한 후에 지체없이 이를 행하였으므로 경찰관 A의 현행범인 체포는 적법한 공무집행이다. 따라서 甲에 대하여는 공무집행방해죄가 성립한다.

(판례 2-2) 甲은 주차장에서 술에 취한 상태에서 전화를 걸다가 인근 지역을 순찰하던 경찰관 A로부터 불심검문을 받게 되자 자신의 운전면허증을 교부하였으며 경찰관 A가 甲의 신분조회를 위하여 순찰차로 걸어간 사이에, 甲은 위 불심검문에 항의하면서 A에게 큰 소리로 욕설을 하였다. 이에 A는 甲에게 모욕죄의 현행범으로 체포하겠다고 고지한 후 甲의 오른쪽 어깨를 붙잡았고, 甲은 이에 강하게 반항하면서 A에게 상해를 가하였다. 甲의 죄책은?

만일 경찰관 A의 현행범 체포가 위법이라면 甲이 그 체포를 면하려고 반항하는 과정에서 경찰관에게 상해를 가한 것은 신체에 대한 현재의 부당한 침해에서 벗어나기 위한 행위로서 정당방위에 해당하여 위법성이 조각된다.

현행범 체포가 적법하기 위해서는 "행위의 가벌성, 범죄의 현행성·시간적 접착성, 범인·범죄의 명백성 이외에 체포의 필요성 즉, 도망 또는 증거인멸의 염려가 있어야 하고, 이러한 요건을 갖추지 못한 현행범인 체포는 법적 근거에 의하지 아니한 영장 없는 체포로서 위법한 체포에 해당한다." 대법원은 다음과 같은 이유에서 경찰관 A의 현행범 체포가 위법이며 甲이 반항하면서 A에게 상해를 가한 행위는 정당방위로서 위법성이 조각된다고 보았다: "경찰관 A가 甲을 현행범인으로 체포할 당시 … 甲은 경찰관 A의 불심검문에 응하여 이미 운전면허증을 교부한 상태이고, 경찰관 A뿐 아니라 인근 주민 甲의 욕설을 직접 들었으므로, 甲이 도망하거나 증거를 인멸할 염려가 있다고 보기는 어려울 것이다. 또한 甲의 이 사건 모욕 범행은 불심검문에 항의하는 과정에서 저지른 일시적, 우발적인 행위로서 사안 자체가 경미할 뿐 아니라, 고소를 통하여 검사 등 수사 주체의 객관적 판단을 받지도 아니한 채 피해자인 경찰관이 범행현장에서 즉시 범인을 체포할 급박한 사정이 있다고 보기도 어렵다. … 따라서 경찰관 A가 甲을 체포한 행위는 현행범인 체포의 요건을 갖추지 못하여 적법한 공무집행이라고 볼 수 없으므로 공무집행방해죄의 구성요건을 충족하지 아니하고, 甲이 그 체포를 면하려고 반항하는 과정에서 경찰관 A에게 상해를 가한 것은 불법체포로 인한 신체에 대한 현재의 부당한 침해에서 벗어나기 위한 행위로서 정당방위에 해당하여 위법성이 조각된다."[196]

---
195) 대법원 2008. 10. 09. 선고 2008도3640 판결.
196) 대법원 2011. 5. 26. 선고 2011도3682 판결.

3. "자기 또는 타인의 법익"을

정당방위는 자기의 법익을 보호하기 위해서는 물론이고 타인의 법익을 보호하기 위해서도 가능하다. 특히 타인의 법익을 위한 방위행위를 긴급구조(Nothilfe)라고 한다. 그리고 법익은 개인적 법익에 국한되며, 국가적 법익이나 사회적 법익에 대한 침해에 대해서는 원칙적으로 정당방위는 허용되지 않는다. 왜냐하면 이러한 법익을 보호하는 것은 일차적으로 국가기관의 임무이지 개인이 할 일은 아니며, 만일 이를 인정한다면 오히려 사회질서를 혼란시킬 우려가 있기 때문이다. 다만 법익에 대한 침해가 중대하고 국가기관이 미처 개입할 수 없을 정도로 긴박한 상황의 경우에는 예외적으로 긴급구조가 인정된다.[197]

(예 1) 甲은 乙이 길거리에서 음란한 도화집을 판매하는 것을 보고 乙에게 청소년에게 유해한 음란물을 판매하지 말라고 경고하였다. 乙은 남의 일에 간섭하지 말라고 말하고 계속하여 판매를 하자 甲은 그 출판물을 강제로 철거시켰다. 그 과정에서 甲은 음란물을 손괴하였다. 그의 행위는 정당한가?

乙이 음란도화를 판매한 행위는 제243조에 해당하는 행위로서 형법상 보호의 가치가 없으므로 甲이 이를 강제로 철거시킨 행위는 업무방해죄(제314조)의 구성요건에 해당하지 않는다. 다만 음란물을 손괴한 행위는 손괴죄의 구성요건에 해당한다. 그리고 음란도화의 판매로 인하여 사회적 법익이 중대하게 침해된다고 할 수 없으며, 국가기관이 미처 개입할 수 없을 정도로 긴박한 상황도 아니므로 정당방위는 인정되지 않는다. 甲은 관계기관에 신고하는 것으로 족하지 직접 음란물 판매행위를 실력으로 저지할 수는 없다. 따라서 甲에 대해서는 손괴죄가 성립된다.

(예 2) 국가기밀을 탐지한 후 해안가를 통하여 도주하려는 간첩을 낚시를 하러 왔던 동네 청년들이 체포하는 과정에서 상해하였다면 그들의 행위는 정당한가?

이 사례의 경우에는 중대한 법익, 즉 국가의 기밀에 대한 현재의 위법한 침해가 있으며, 그 침해는 국가기관이 개입할 수 없을 정도의 긴박한 상황에 해당하므로 그 청년들의 행위는 정당방위에 해당한다.

---

[197] 이재상/ 장영민/ 강동범, 총론, 235면 이하. 이에 대하여 예외를 인정하지 않는 견해는 손동권/김재윤, 총론, 177면.

4. "상당한 이유"(방위행위의 상당성)

상당한 이유(상당성)란 사회상규에 부합한다는 의미이다. 방위행위가 상당성이 있기 위해서는 두 가지 요건, 즉 필요성(Erforderlichkeit)과 요구성(Gebotensein)이 있어야 한다.

▶ 상당성의 요건
- 필요성 = 적격성 + 상대적 최소침해의 원리
- 요구성 = 정당방위의 사회윤리적 제한

상당성을 초과한 방위행위를 과잉방위라고 한다. 과잉방위의 경우에는 위법성은 조각되지 않으며 다만 사안에 따라서 책임이 감면(감소 또는 소멸)될 수 있다. 따라서 제21조 제2항은 과잉방위의 경우에 형을 감경 또는 면제할 수 있다(형의 임의적 감면사유)고 규정하고 있다. 이 점에 대해서 자세한 내용은 책임의 부분에서 후술한다.[198]

(1) 필요성

방위행위가 상당성이 있기 위해서는 먼저 필요성이 있어야 한다. 이를 위해서는 방위행위가 방어를 위한 적합한 수단이어야 한다. 이를 적격성(Geeignetheit)이라고 한다. 여기서 적합한 수단이란 위험을 확실하게 제거할 수 있는 방위수단을 말한다.

그리고 방위자는 방위행위를 함에 있어서 소극적인 수비만 하는 보호방위(수비방위)에 국한할 필요는 없으며, 적극적인 반격을 통한 공격방위를 행사할 수도 있다. 만일 법질서가 방위자에 대하여 침해를 피하기 위해서 소극적으로 후퇴할 것만을 요구한다면, 이는 "법은 불법에 양보할 필요가 없다"는 정당방위의 기본사상과 맞지 않는다.

(예 9) 甲이 乙을 가격하려고 달려들자 乙은 그에게 겁을 주어 공격을 멈추게 하기 위하여 甲의 자동차 유리를 각목으로 쳐서 깨뜨렸다. 그의 행위는 정당방위에 해당하는가?

---

[198] 제2편 제5장 제5절 IV 1 참조. 사례를 검토할 때에도 과잉방위의 문제는 위법성의 단계에서 검토하는 것이 아니라 책임의 단계에서 검토하여야 한다.

乙의 행위는 침해를 배제하기 위한 효율적인 방법이라고 할 수 없으므로 정당방위의 적격성이 없다.199) 따라서 乙에 대해서는 손괴죄가 성립한다.

그리고 방위자는 적합한 방위수단이 여러 개가 있는 경우에는 상대방에게 침해가 가장 적은 수단을 택하여야 한다(최소침해의 원리). 다만 자신의 법익을 안전하고 확실하게 보호할 수 있는 수단 가운데 선택하면 족하며, 스스로 위험을 감수하면서까지 최소침해의 수단을 선택할 것은 요구되지 않는다. 이러한 의미에서 최소침해의 원리는 상대화된다(상대적 최소침해의 원리).

(예 10-1) 경찰 甲은 범죄피의자 乙이 칼을 들고 달려들자 총으로 다리를 쏴서 쓰러뜨렸다. 甲의 행위는 정당방위에 해당하는가?

이 경우 甲은 경고사격에 의하여도 법익에 대한 침해를 안전하게 방어할 가능성이 있었으므로 그의 방위행위는 상당성이 없다. 따라서 그의 상해행위는 정당방위에 해당하지 않는다.

(예 10-2) 위의 예에서 甲이 경고사격을 했음에도 불구하고 乙이 계속해서 달려들자 甲이 乙의 다리를 향하여 총을 발사하여 관통상을 입혔다. 甲이 乙의 발등을 쏘지 않고 다리에 관통상을 입힌 행위는 상대적 최소침해의 원리에 반하는가?

만일 甲이 총을 발등에 발사하여 빗나간다면 자신의 생명이 위험에 처할 가능성도 있다. 甲은 자신의 생명이나 신체에 대한 위험을 감수하면서까지 이러한 방위수단을 선택할 의무는 없다. 따라서 그의 방위행위는 상대적 최소침해의 원리에 반하지 않는다.

(예 11-1) 집주인 甲은 술에 취하여 집에 들어와 행패를 부리는 乙을 지팡이로 때려 내쫓으려고 했으나 그가 나가지 않자 과도로 찔러 상해를 입혔다. 이 경우 甲의 행위는 상당성이 있다.200)

(예 11-2) 만일 위의 예에서 甲이 乙에 비하여 체력적으로 월등하였다면 甲의 행위는 정당한가?

甲은 乙을 밀어내거나 주먹으로 가격하여 乙의 침해를 제압할 수 있었으므로 과도로 찌르는 상해행위는 상대적 최소침해의 원리에 반한다. 따라서 과잉방위로서 위법성은 조각되지 않는다.201)

---

199) Sch/Sch/Lenckner/Perron, § 32 Rn. 35.
200) BGH GA 1956, 49.
201) BGHSt 24, 358.

방위행위의 필요성이 일단 인정되면 이로 인하여 의도하지 않은 결과가 발생하여도 그 결과가 방위행위에 수반되는 전형적인 결과인 경우에는 상당성이 그대로 인정된다.

(예 12) 경호원 甲은 야간에 자신의 경호를 받고 있는 乙과 함께 길을 가던 중 3인조 괴한 A, B, C에게 불시에 습격을 당하였다. A, B가 乙의 양팔을 뒤에서 잡고 C는 乙의 복부를 가격하였다. 이에 甲은 총을 꺼내어 - 방아쇠에 손가락을 넣지 않은 상태에서 - A의 어깨를 가격하였다. 제2회의 가격시에 총이 발사되는 바람에 B가 맞아 중상을 입었다. 甲의 방위행위는 상당성이 있는가?

방위행위 자체가 상당성이 있는 경우에는, 이로 인하여 의도하지 않은 결과가 발생하여도 그 결과가 방위행위에 수반되는 전형적 위험인 경우에는 위법성이 조각된다. 사례에서 甲의 가격으로 인하여 총이 발사되어 상해의 결과가 발생하였으나 이는 방위행위에 수반되는 전형적인 결과이다. 甲이 A를 총으로 가격한 방위행위 자체가 상당성이 있으므로 이로 인하여 중대한 결과가 발생하였더라도 위법성이 조각된다. 따라서 甲은 A에 대한 폭행죄와 B에 대한 과실치상죄의 죄책을 지지 않는다.202)

(예 13) 甲은 乙의 침해를 방어하기 위하여 그의 왼쪽 팔을 가격하려 하였으나 실수로 턱을 가격하여 상해를 입혔다. 甲의 행위는 정당한가?

여기서 상해의 결과는 방위행위에 수반되는 전형적인 결과이므로 甲의 방위행위는 상당성이 있다.203) 따라서 甲의 폭행치상은 정당방위로서 위법성이 조각된다.

(예 14) 외국인 청년 甲은 밤길을 가다가 인근 불량배 乙, 丙, 丁 등과 마주치게 되었다. 甲은 도망치려고 했으나 그들 중 3명에게 포위되었다. 그 중 한 명은 드라이버를 들고 있었는데 甲을 살해하겠다고 위협하였다. 甲은 총을 꺼내 공중에 대고 위협사격을 하였으나 소용없었다. 그러자 甲은 땅바닥에 경고사격을 하거나 발을 맞출 생각으로 아래 방향으로 총을 5회 가량 발사했다. 甲의 부주의로 인하여 총구가 위를 향하는 바람에 그 중 한발이 불량배 乙의 목에 맞았으며 이로 인하여 乙은 사망하였다. 甲의 행위는 정당방위에 해당하는가?

사례에서는 침해의 현재성과 방위행위의 상당성이 문제된다. 최상의 효율적 방어의 원리에 의하면 아직 침해가 시작되지 않았더라도 지금 방위하지 않으면 효율적 방어가 곤란해지므로 침해의 현재성은 인정된다. 그리고 甲은 과실로 乙을 사망케 했지만, 만일 고의로 乙을 쏘았더라도 상당성이 인정될 수 있는 상황이었으므로 과실치사는 정당방위로서 위법성이 조각된다.204)

---

202) BGHSt 27, 313.
203) BayObLG StrV 1989, 346.

(2) 요구성[205]

요구성이란 방위행위가 법질서수호를 위해서 요구되는 것을 말한다. 방위행위가 필요성이 있더라도 정당방위의 기본사상(인정근거)에 비추어 요구성이 없으면 정당방위의 성립범위도 축소된다. 어떠한 경우에 요구성이 부정되는가는 정당방위의 기본사상을 통해 판단한다. 정당방위는 법익과 법질서를 보호하기 위해 인정되는 것이므로 이를 보호할 필요성이 감소되면 이에 상응하여 요구성도 감소하고 방위행위도 제한을 받게 되는 것이다. 학설은 정당방위가 제한되는 경우로서 (가) 보호되는 법익과 침해당한 법익 사이의 현저한 불균형, (나) 책임 없는 자의 침해에 대한 방위, (다) 보증관계에 있는 자의 침해에 대한 방위, (라) 유발된 침해에 대한 방위 등을 그 예로 들고 있는데, 이러한 유형들은 정당방위의 기본사상, 특히 법질서수호의 이익을 보호할 필요성이 감소되었다는 데에 근거한다.

(가) 보호되는 법익과 침해당한 법익 사이의 현저한 불균형(극히 경미한 침해에 대한 방위)

정당방위에서는 원칙적으로 균형성의 원리가 적용되지 않는다. 따라서 자신의 법익을 보호하기 위하여 그보다 우위에 있는 법익을 침해하여도 상당성이 인정된다. 예컨대 자신의 재산을 보호하기 위하여 절도범의 신체를 침해하는 것은 상당한 방위행위라고 할 수 있다. 이는 정당방위의 기본사상인 법질서 수호의 원리에 근거한 것이다. 즉 법은 방어자에게 정당방위권을 인정함으로써 자신의 법익을 보호함과 동시에 침해자의 위법행위를 제압함으로써 법질서를 수호하려는 것이므로 방어자의 법익보다 공격자의 법익이 우위에 있더라도 방위행위의 상당성은 부정되지 않는다. 그러나 방위행위에 의하여 보호되는 법익과 그로 인하여 침해당한 법익 간에 현저한 불균형이 있는 경우에는 상당성이 부정된다. 왜냐하면 보호되는 법익에 대한 침해가 극히 경미한 경우에는 법질서 수호의 이익이 감소되며, 이에 상응하여 정당방위를 행사할 수 있는 범위도 제한되기 때문이다.

---

204) BGHSt 25, 229.
205) 요구성을 정당방위의 사회윤리적 제한(한계)이라고도 한다.

(예 15) 거동이 불편한 노인 甲은 과수원에서 안락의자에 앉아 망을 보던 중, 사과나무에서 사과를 훔쳐 양손에 들고 달아나는 청년 乙을 발견하고 사과를 놓고 가라고 소리를 질렀으나 계속 달아나자 그 청년을 향하여 공기총을 발사하여 상해를 가하였다. 甲의 행위는 정당방위에 해당하는가?

甲은 자신의 재산에 대한 현재의 위법한 침해를 방위하기 위하여 총을 발사하였다. 그러나 방위행위에 의하여 보호된 이익인 사과 2개와 이로 인하여 침해된 이익, 즉 청년의 신체 사이에는 현저한 불균형이 있으므로 상당성이 부정된다. 따라서 甲에 대하여는 상해죄(형법 제257조 제1항, 폭처법 제3조 제1항)가 성립한다.

(판례 3) 甲은 자기 소유의 밤나무 단지에서 乙女가 밤 18개를 푸대에 주워 담는 것을 보고 푸대를 뺏으려다가 반항하는 그녀의 뺨과 팔목을 때려 상처를 입혔다. 甲의 죄책은?

대법원은 "정당방위는 자기 또는 타인의 법익에 대한 현재의 부당한 침해를 방지하기 위한 행위로서 상당한 이유가 있음을 요하므로 위법한 법익침해행위가 있다고 하더라도 긴박성이 결여되거나 또는 방위행위가 상당성을 결여한 때에는 정당방위의 요건을 갖추었다고 볼 수 없는 것인바, … 위와 같은 피고인의 행위가 비록 피해자의 절취행위를 방지하기 위한 것이었다고 하여도 긴박성과 상당성을 결여하여 정당방위라고 볼 수 없다."[206]라고 함으로써 甲에 대하여 상해죄의 성립을 인정하였다. 대법원이 방위행위의 상당성이 결여된다고 본 이유는 침해된 법익이 밤 18개로서 극히 경미하기 때문인 것으로 보인다.

(판례 4-1) 甲女는 이웃 동네의 청년 乙男과 저녁에 마을 부근에 있는 둑 위에 서서 대화하던 중, 乙男이 갑자기 甲女를 풀밭에 누이고 강제로 키스하자, 甲女는 자신의 성적 자유를 보호하기 위하여 乙男의 혀를 깨물어 1.5cm 가량을 절단하였다. 甲女의 죄책은?(혀절단사건)

[참조조문]

형법 제258조(중상해, 존속중상해) ① 사람의 신체를 상해하여 생명에 대한 위험을 발생하게 한 자는 1년 이상 10년 이하의 징역에 처한다.
②신체의 상해로 인하여 불구 또는 불치나 난치의 질병에 이르게 한 자도 전항의 형과 같다.

甲女는 乙男의 혀를 깨물어 1.5cm 가량을 절단하여 언어능력을 상실케 함으로써 불구의 질병에 이르게 하였으므로 그녀의 행위는 중상해의 구성요건(제258조 제2항)에 해당한다. 이러한 甲女의 행위는 자신의 성적 자유에 대한 현재의 위법한 침해를 방위하기 위한 것

---

206) 대법원 1984. 9. 25. 선고 84도1611 판결.

으로서 정당방위에 해당하는지가 문제된다. 정당방위가 성립하기 위해서는 방위행위가 상당성이 있을 것을 요한다. 이 점에 대하여 판례는 甲女의 행위가 "비록 강제키스로부터 처녀의 순결성을 방위하기 위하여 한 것이라 하더라도 혀를 끊어 버림으로써 피해자를 일생 말도 못하는 불구의 몸이 되게 하는 것은 일반적·객관적으로 볼 때 법이 허용하는 상당한 방위의 정도를 지나친 것"207)이라고 함으로써 정당방위는 성립하지 않는다고 판단하였다. 따라서 甲女에 대하여는 중상해죄가 성립한다.

(판례 4-2) 甲과 乙은 심야에 귀가 중인 丙女의 양팔을 붙잡아 골목으로 끌고 가 담벽에 쓰러뜨린 후, 甲이 음부를 만지며 저항하는 丙女의 옆구리를 무릎으로 차고 강제로 키스를 하였다. 丙女는 자신의 정조와 신체를 보호하기 위하여 甲의 혀를 깨물어 전치 약 4주 간의 상해를 가하였다. 丙女의 죄책은?

丙女는 야간에 고의로 甲의 혀를 깨물어 상해를 가함으로써 상해죄(형법 제257조 제1항, 폭처법 제2조 제2항)의 구성요건을 실현하였다. (판례 2-1)과 마찬가지로 이 사례에서도 丙女의 방위행위가 상당성이 있는지가 문제된다. 이 점에 대하여 대법원은 丙女의 "행위는 그 자신의 성적 순결 및 신체에 대한 현재의 부당한 침해를 방어하기 위한 행위로서 상당한 이유가 있다"208)고 함으로써 정당방위의 성립을 인정하였다.

丙女의 행위는 자신의 정조와 신체를 보호하기 위한 방위행위로서 혀를 깨무는 수단 이외에 달리 자신의 법익을 보호할 만한 효율적인 방법은 없었으므로 필요성이 인정된다. 그리고 야간에 2인이 합세하여 폭행을 가하는 등 침해의 방법과 정도에 비추어 보면 보호된 법익과 침해된 법익 간에 현저한 불균형이 있다고 할 수 없으므로 방위행위는 사회윤리에 반하지 않는다. 따라서 丙女의 상해행위는 정당방위로서 위법성이 조각된다.

(나) 책임 없는 자의 침해

정신이상자, 명정자(酩酊者), 유아, 과실에 의하여 행위한 자, 법률의 착오에 의하여 행위한 자 등의 침해도 위법하므로 원칙적으로 정당방위가 가능하다. 그러나 적법행위를 기대할 수 없는 자의 침해에 대한 정당방위는 법질서 수호의 의미가 없으며 다만 법익보호를 위해서만 인정되는 것이다. 따라서 정당방위도 법익보호를 위해 필요한 범위 내에서만 허용된다. 즉 소극적인 수비만 하는 보호방위만이 가능하며, 적극적으로 반격을 가하는 공격방위는 원칙적으로 허용되지 않는다. 다만 침해에 대한 회피가능성이 없는 경우에는 법익

---

207) 부산지법 1965. 1. 12 선고 64고6813 판결.
208) 대법원 1989. 8. 8. 선고 89도358 판결.

보호를 위하여 공격방위가 불가피하므로 공격방위가 허용된다.

(예 16) 만취상태의 甲이 행인 乙에게 시비를 걸며 막무가내로 폭행을 하려고 하자 乙은 甲을 가격하였다. 乙의 죄책은?

만일 甲이 술에 취하지 않았다면 乙은 법질서수호의 이익을 위하여, 즉 "법은 불법에 양보할 필요가 없다"는 원칙에 따라서 그의 침해를 회피할 필요 없이 적극적인 공격방위를 행사할 수 있을 것이다. 그러나 만취상태의 甲과 같이 책임이 없는 자의 침해에 대해서는 방위행위가 법질서수호의 의미를 갖지는 못한다. 따라서 乙은 자신의 법익을 보호하기 위해서 필요한 범위 내에서 가능한 한 보호방위에 국한하여 정당방위를 행사해야 한다. 사례에서 만일 乙이 甲의 침해를 회피할 수 있었음에도 불구하고 반격을 가하였다면 이는 상당성을 결한 것으로서 위법성은 조각되지 않을 것이며, 甲을 가격하는 방법 이외에 달리 공격에 대한 회피가능성이 없었다면 乙의 행위는 공격방위로서 정당방위에 해당한다.

(다) 보증관계에 있는 자의 침해에 대한 방위

부부나 부자관계와 같이 서로 상대방을 보호해야 할 보호의무(보증인의무)가 있는 사람들 간에는 정당방위가 제한된다. 왜냐하면 법질서 수호의 이익은 침해자에 대한 보호의무로 인하여 약화되기 때문이다. 이 경우에도 법질서수호의 이익은 약화되고 자기보호의 이익만이 남게 되므로 정당방위의 행사는 제한된다. 따라서 법익에 대한 침해가 경미하거나 침해에 대한 회피가능성이 있는 경우에는 정당방위는 성립하지 않는다.

다만 이러한 공동체관계(Solidaritätsverhältnis)가 더 이상 존속하지 않는 경우에는 침해자에 대한 작위의무도 없으므로 정당방위는 이러한 제한 없이 가능하다.209) 예컨대 남편이 상습적으로 아내를 폭행하는 경우에 부부사이에는 더 이상 공동체관계가 존속한다고 할 수 없으므로 이러한 제한없이 정당방위를 행사할 수 있다. 따라서 집을 나가는 방법과 같이 침해에 대한 회피가능성이 있더라도 아내는 집을 나가야 할 회피의무가 없으며 자신을 폭행하는 남편에 대하여 정당방위를 할 수 있다.

(예 17) 가출했다가 들어온 아들 甲을 아버지 乙이 주먹으로 때리자, 甲은 바로 반격을 가하여 아버지를 폭행하였다. 乙의 행위는 정당한가?

---

209) Roxin, AT I, § 15 Rn. 83.

甲의 행위는 존속폭행죄(제260조 제2항)의 구성요건에 해당한다. 乙의 폭행행위는 설령 아들을 교육할 목적이 있더라도 정당한 징계권(구 민법 제915조: 삭제)의 행사에 해당하지 않으므로, 현재의 위법한 침해에 해당한다. 이러한 경우에도 甲, 乙은 부자지간으로서 보증관계에 있으므로 침해에 대한 회피가능성이 없는 경우에만 방위행위가 가능하다. 사례에서 만일 乙의 폭행이 상당성을 넘어 위법하더라도 甲은 도망을 치는 방법 등으로 회피하여야 하며, 회피가 불가능한 경우에만 최소한도의 범위에서 반격이 가능하다. 만일 甲이 乙의 침해에 대한 회피가 가능했음에도 불구하고 반격을 하였다면 방위행위의 상당성이 부정되므로 존속폭행죄(제259조 제2항)가 성립한다.

(예 18-1) 甲女는 자신의 남편 乙男이 주먹으로 구타하려고 하자 우산 끝으로 머리를 찔러 사망케 하였다. 甲女의 죄책은?

甲女가 남편의 사망에 대하여 미필적 고의가 없었다면 그녀의 행위는 상해치사죄의 구성요건에 해당한다. 문제는 甲女의 행위가 정당방위에 해당하는가이다. 부부 甲女, 乙男이 별거를 하거나 남편이 상습적으로 폭행하는 경우와 같이 부부의 공동체관계가 해소된 상태에 있는 것은 아니므로 정당방위의 행사는 보호방위에 국한된다. 甲女가 乙男의 폭행을 방어하기 위하여 우산으로 머리를 찌른 행위는 긴밀한 가족관계 내에서는 상당성을 결한다. 독일의 연방대법원도 부부사이에서는 방위행위의 상당성에 더 엄격한 기준이 적용되어야 한다는 이유로 정당방위의 성립을 부정하였다.210) 따라서 甲女에 대해서는 상해치사죄가 성립한다.

(예 18-2) 만일 위의 예에서 乙男이 술만 마시고 들어오면 甲女를 상습적으로 심하게 구타하였다면 甲女의 죄책은?

이러한 경우에는 가족적 공동체관계는 더 이상 존속한다고 할 수 없다. 따라서 甲女는 정당방위의 사회윤리적 제한 없이 정당방위를 행사할 수 있다. 따라서 도망치는 것이 가능했다고 하더라도 방위행위는 상당성이 인정될 수 있다.

(판례 5) 甲女는 남편 乙男이 돈을 잘 벌지 못하면서도 낭비와 도박의 습벽이 있고, 사소한 이유로 평소 甲女에게 자주 폭행·협박을 하였으며, 변태적인 성행위를 강요하는 등의 사유로 결혼생활이 파탄되어 별거 중 甲女는 이혼소송을 제기하였다. 乙男이 甲女의 월세방으로 찾아오자, 甲女는 乙男이 칼로 행패를 부릴 것을 염려하여 부엌에 있던 부엌칼 두 자루를 방의 침대 밑에 숨기고 문을 열어주었다. 방에 들어온 乙男은 甲女에게 이혼소송을 취하하고 재결합하자고 요구하였으나 甲女가 이를 거절하면서 밖으로 도망가려 하자, 乙男은 부엌에 있던 가위로 甲女의 오른쪽 무릎 아래 부분을 긋고 甲女의 목에 겨누면서 이혼하면 죽여버리겠다고 협박하고, 계속하여 甲女의 옷을 강제로 벗기고 성교를 요구하였고, 이에 응하지 않는 甲女를 손바닥으로 뺨을 2-3회 때리고, 재차 甲女에게 성교할 것

---

210) BGH NJW 1969, 802.

을 요구하며 "너 말을 듣지 않으면 죽여버린다"고 협박하였다. 계속되는 乙男의 요구와 폭력에 격분한 甲女는 그 상황에서 벗어나고 싶은 생각에서 침대 밑에 숨겨두었던 칼로 乙男의 복부 명치 부분을 찔러 그 자리에서 사망에 이르게 하였다.

이 사례에서는 남편 乙男의 낭비와 도박의 습벽, 잦은 폭행·협박 등으로 결혼생활이 파탄되어 별거 중이었으므로 가족적 공동체관계는 더 이상 존속하지 않는다. 따라서 甲女는 사회윤리적 제한 없이, 즉 남편이 아닌 자의 침해와 같은 정도로 방위행위를 할 수 있다. 만일 乙男이 甲女의 생명을 침해하려고 하였고, 甲女는 이러한 침해를 방어하기 위하여 복부 명치 부분을 찔러 살해하는 방법 이외에 상대적으로 침해가 적은 수단을 사용할 여지가 없었다면 방위행위의 상당성이 인정될 수도 있다. 그러나 이 사례에서 甲女의 생명에 대한 현재의 부당한 침해가 있다고 보기는 어려우며, 다만 乙男은 甲女를 강간하려고 한 것이므로 이러한 상황을 벗어나기 위하여 고의로 乙男을 살해한 방위행위는 상당성이 있다고 보기 어렵다. 방위행위의 상당성이 인정되기 위해서는 방위자는 적합한 방위수단 가운데 상대방에게 침해가 가장 적은 수단을 택하여야 하는데(상대적 최소침해의 원리), 치사율이 높은 명치 부분 이외의 다른 부분을 찌르는 방법으로도 침해를 방어할 여지가 있었을 것으로 보이므로 甲女의 방위행위는 상당성이 없다고 할 수 있다.

대법원은 "甲女가 이와 같이 乙男으로부터 먼저 폭행·협박을 당하다가 이를 피하기 위하여 乙男을 칼로 찔렀다고 하더라도, 乙男의 폭행·협박의 정도에 비추어 甲女가 칼로 乙男을 찔러 즉사하게 한 행위는 乙男의 폭력으로부터 자신을 보호하기 위한 방위행위로서의 한도를 넘어선 것이라고 하지 않을 수 없고, 따라서 이러한 방위행위는 사회통념상 용인될 수 없는 것이므로, 자기의 법익에 대한 현재의 부당한 침해를 방어하기 위한 행위로서 상당한 이유가 있는 경우라거나, 방위행위가 그 정도를 초과한 경우에 해당한다고 할 수 없다"고 함으로써 甲女에 대하여 살인죄가 성립한다고 보았다.211)

이 사건에서 대법원은 "방위행위가 그 정도를 초과한 경우에 해당한다고 할 수 없다"고 함으로써 정당방위는 물론 과잉방위(제21조 제2항)도 성립하지 않는다고 본다.212)

(라) 유발(도발)된 침해에 대한 방위

유발된 침해에 대하여 정당방위가 허용되는가에 대하여 다수설213)은 목적

---

211) 대법원 2001. 5. 15. 선고 2001도1089 판결.
212) 이에 대하여 과잉방위가 성립한다고 보는 견해는 김태명, 가정폭력에 대한 정당방위의 사회윤리적 제한 대상판결: 대법원 2001.5.15. 선고 2001도1089 판결, 형사판례의 연구: 지송 이재상교수 화갑기념논문집 Ⅰ권, 2004, 341면 이하 참조.
213) 김일수/서보학, 총론, 204면; 이재상/ 장영민/ 강동범, 총론, 242면 참조. 이 견해는 미필적 고의에 의한 유발을 책임 있는 유발과 같이 취급한다. 이에 대하여 고의에 의한 유발과 과실에 의한 유발로 구분하는 견해(김일수, 총론 상, 542면 이하)는 미필적 고의에 의한 유발을 고의에 의한 유발과 같이 취급한다.

에 의한 도발(의도적 도발)과 책임있는 도발(비의도적 도발)로 나누어 다음과 같이 설명한다. 목적에 의한 도발은 행위자가 방위상황을 의도적으로 유발한 후에 정당방위를 구실로 상대방을 침해한 경우로서 방위행위의 상당성은 부정된다. 왜냐하면 방위행위자는 상대방을 해할 목적으로 의도적으로 침해를 유발한 것이므로 법질서의 수호자로서의 자격을 박탈당하여 정당방위권이 없기 때문이다. 따라서 유발된 침해에 대한 정당방위는 권리남용으로서 위법성을 조각하지 못한다.

(예 19) 평소에 甲과 원한관계에 있던 乙은 적법하게 甲을 살해할 수 있는 방법을 고안해 냈다. 甲이 난폭하고 성질이 급한 것을 알고 있는 乙은 甲을 모욕하여 그가 공격을 해 오면 정당방위로 그를 폭행할 계획을 세웠다. 그의 계획은 적중하였다. 乙의 행위는 정당한가?

乙의 모욕행위는 이미 종료하였으므로 甲의 공격은 정당방위가 아니다. 따라서 그의 행위는 현재의 부당한 침해라고 할 수 있다. 그러나 乙은 甲을 해할 목적으로 의도적으로 침해를 유발한 것이므로 법질서수호자로서의 자격이 없다. 따라서 乙이 甲을 폭행한 행위는 권리남용으로서 상당성이 없으므로 위법성이 조각되지 않는다.

책임 있는 도발이란 상대방을 해할 목적으로 침해를 유발한 것은 아니지만 자신의 위법한 행위로 인하여 유책하게 상대방의 침해를 유발한 경우를 말한다. 여기서 '유책하게'라는 말은 일반적으로 '과실에 의하여'라는 의미이다. 이러한 경우에는 법질서수호의 이익이 현저하게 감소하므로 정당방위는 침해에 대한 회피가능성이 없는 경우에만 허용되며, 회피가능성이 있는 경우에는 방위행위의 상당성은 부정된다. 미필적 고의에 의하여 침해를 유발한 경우를 어떻게 취급할 것인가에 대해서는 논란의 여지가 있으나 다수설은 과실에 의한 유발에 준하는 것으로 본다.

(예 20) 甲은 주차장에서 훔친 자동차를 타고 그 곳을 나오려다 옆으로 지나가는 乙의 자동차와 충돌하였다. 甲이 자신의 범행이 발각되는 것을 면하기 위하여 그대로 차를 운전하여 달아나자, 화가 난 乙은 그를 추적하였다. 적색신호등으로 인해 앞의 차들이 정지하자 甲은 차에서 내려 도주하였다. 乙은 추적 끝에 甲을 잡아 그를 주먹으로 계속 가격하였다. 체력면에서 乙보다 열세에 있던 甲은 등산용 칼로 乙의 복부를 찔러 그에게 치명상을 입혀 사망케 하였다. 甲의 죄책은?[214]

甲은 乙의 복부를 칼로 찔러 사망케 하였으므로 사망에 대한 미필적 고의가 인정되며 따라서 그의 행위는 살인죄의 구성요건에 해당한다. 甲의 행위는 乙의 위법행위로 인하여 유발된 것이므로 법질서를 침해한 甲에 대하여 법질서의 수호자로서의 지위를 인정할 수는 없으며 따라서 甲의 방위행위는 보호방위에 국한되어야 한다. 사례에서는 침해유발자인 甲이 상대방에게 사과함으로써 공격을 중단케 하거나 달아나는 등의 방법으로 침해를 회피할 수 있음에도 불구하고 반격을 가한 것이므로 그의 반격행위는 권리남용으로서 위법성이 조각되지 않는다.

(예 21) 위의 (예 19)에서 乙이 甲의 공격을 유발할 목적으로 모욕을 한 것은 아니지만, 혹시 甲이 공격하면 반격하겠다는 생각으로 모욕을 하였다. 그런데 乙이 우려했던 대로 甲이 공격을 하자 乙은 반격을 가하여 甲에게 상해를 입혔다. 乙의 죄책은?

乙은 미필적 고의에 의하여 침해를 유발하였다. 다수설은 이를 과실에 의한 유발에 준하여 취급하므로 甲의 침해에 대한 회피가 불가능하였다면 정당방위가 성립할 것이며, 침해에 대한 회피가 가능하였다면 방위행위의 상당성이 부정되어 위법성이 조각되지 않으므로 상해죄가 성립할 것이다.

유발행위는 위법하여야 한다. 따라서 자신의 적법행위로 인하여 침해를 유발한 경우에는 그 행위가 사회윤리적으로 부당하더라도 정당방위가 제한되지 않는다.215)

(예 22) 甲은 그의 친구로부터 乙이 자신을 살해하려고 한다는 말을 듣고, 이에 대비하여 칼을 주머니에 넣고 다녔다. 어느 날 甲은 乙이 다니는 단골술집에 그가 있으면 자신을 공격할지도 모른다고 생각하면서도(미필적 고의), 공격해 오면 반격하겠다는 생각으로 술을 마시러 들어갔다. 甲이 들어오는 것을 본 乙은 술을 마시다 말고 일어나 주머니에서 칼을 꺼내 달려들자 甲도 乙의 침해에 대비하여 평소 준비하였던 칼을 꺼내어 乙을 찔러 상해를 가하였다. 甲의 죄책은?216)

甲은 그 술집에 가면 乙이 자신을 공격할지도 모른다고 예견하였으므로 미필적 고의에 의하여 乙의 침해를 유발하였다고 할 수 있다. 따라서 甲의 행위는 책임 있는 도발에 해당한다. 그러나 술집에 술을 마시러 들어간 행위는 (예 19)나 (예 20)의 경우와는 달리 법적으

---

214) BGHSt 24, 356.
215) 임웅, 총론, 245면. 이에 대하여 이재상/ 장영민/ 강동범, 총론, 242면 이하는 유발행위가 법적으로 위법하거나 사회윤리적으로 부당할 것을 요한다고 본다. 그러나 위법/적법의 구분이 사회윤리적 부당/합당의 구분보다는 명확하므로 법적 안정성의 면에서 유발행위가 위법일 것을 요한다고 보아야 할 것이다.
216) RG, NJW 1926, 1171.

로 금지된 행위가 아니다. 법적으로 비난받지 않는 행위로 인하여 타인의 침해를 유발한 경우에는 정당방위권의 행사에는 아무런 제한도 받지 않는다고 보는 것이 타당하다. 만일 甲에게 乙의 침해를 회피하여야 할 의무를 부과한다면 이는 법(술집에서 술을 마시는 행위)은 불법(사람을 살해하려는 행위)에 양보할 필요가 없다고 하는 원칙에 반한다. 자신의 적법행위로 인하여 침해를 유발시킨 경우에도 정당방위를 제한한다면, 이는 결국 국민의 사회생활에 커다란 제한을 가하는 결과가 될 것이다. 따라서 甲의 방위행위는 상당성이 있으므로 위법성이 조각된다.

5. "방위하기 위한 행위"(방위의사)

방위의사는 방위상황에 대한 인식을 말한다. 이러한 인식이 있으면 족하며,[217] 설령 증오, 분노, 복수 등의 동기가 개입되었더라도 이는 방위의사의 성립에 영향을 미치지 않는다. 이에 대하여 다수설은 방위의사가 성립하기 위해서는 방위상황에 대한 인식 이외에도 방위목적이 있어야 한다고 한다.[218] 이 견해에 의하면 방위행위의 주된 동기가 증오·분노·복수에 있다면 방위의사는 부정된다고 한다. 판례도 싸움의 경우에 방위의사가 없다는 이유로 정당방위의 성립을 부정하는 점으로 미루어 보면, 방위의사가 성립하기 위해서는 방위목적이 있어야 한다고 보는 것 같다. 우리나라 판례는 싸움의 경우에 방위의사가 없다는 이유로(판례 6-1) 또는 침해의 유발을 이유로(판례 6-2) 정당방위의 성립을 부정한다.

> (판례 6-1) 가해자의 행위가 피해자의 부당한 공격을 방위하기 위한 것이라기보다는 서로 공격할 의사로 싸우다가 먼저 공격을 받고 이에 대항하여 가해를 한 경우 가해행위는 방어행위인 동시에 공격행위의 성격을 가지므로 정당방위 또는 과잉방위행위라고 볼 수 없다.[219]

> (판례 6-2) 채무관계로 시비가 되어 흥분 끝에 서로 멱살을 잡고 싸우던 중 일방이 다른 일방에 대하여 상처를 가한 행위에 대하여 판례는 "서로 상대방의 상해행위를 유발"한 것이어서 정당방위는 성립하지 않는다고 판시하였다.[220] 이 판례는 침해의 유발을 이유로 정당방위의 성립범위를 제한한 것이다.

---

217) 이형국, 총론, 178면.
218) 다만 이재상/ 장영민/ 강동범, 총론 226면은 방위목적이 주된 동기이어야 한다고 한다.
219) 대법원 2000. 3. 28. 선고 2000도228 판결; 대법원 2021. 5. 7. 선고 2020도15812 판결.
220) 대법원 1984. 6. 26. 선고 83도3090 판결.

(판례 7) 甲은 이전에 乙이 자신의 시계를 잡혀먹은 일이 있어서 술집에서 서로 싸우게 되었다. 甲과 乙은 그 술집에서 나와 서로 붙들고 쓰러져서 뒹굴다가, 乙이 빈병을 양손에 집어 들자 甲은 발로 乙의 손을 차서 병을 떨어뜨렸다. 甲은 乙이 다시 그 병을 잡으려고 엎드리는 순간 발로 복부를 차서 췌장파열로 사망케 하였다. 甲의 죄책은?

판례는 甲이 발로 병을 든 乙의 손을 차서 그 병을 떨어뜨렸으므로 그로서는 이러한 위난을 능히 피할 수 있었으므로 乙이 다시 그 병을 잡으려고 엎드리는 순간 그의 복부를 차서 사망케 한 행위는 "피해자를 공격하기 위한 것이라고 보는 것이 상당하고 상대편의 부당한 침해로부터 자기의 법익을 보호하기 위한 방위행위가 된다고 볼 수 없다"는 이유로 방위의사를 부정함으로써 정당방위의 성립을 부정하였다.221)

(판례 8) 甲은 군대의 동료 乙과 서로 언쟁을 하다가 乙을 구타하였다. 甲이 돌아서서 가는데 乙이 등 뒤에서 소총을 겨누자 甲은 돌아서면서 乙의 복부를 향하여 소총을 발사하여 사망케 하였다. 甲의 죄책은?

판례는 "싸움을 함에 있어서의 격투자의 행위는 서로 상대방에게 대하여 공격을 함과 동시에 방위를 하는 것이므로 그중 일방 당사자의 행위만을 부당한 침해라 하고, 다른 당사자의 행위만을 정당방위에 해당하는 행위라고는 할 수 없을 것이나, 격투를 하는 자 중의 한 사람의 공격이 그 격투에서 당연히 예상을 할 수 있는 정도를 초과하여 살인의 흉기 등을 사용하여 온 경우에는 이는 역시 부당한 침해라고 아니할 수 없다"는 이유로 정당방위의 성립을 인정하였다.222)

그리고 방위상황은 존재하는데 행위자가 이러한 사실을 인식하지 못한 경우, 즉 방위의사가 결여된 경우(우연방위) 불능미수범으로 처벌된다는 점에 대하여는 이미 설명하였다.223)

---

221) 대법원 1977. 4. 12. 선고 77도611 판결; 대법원 1971. 4. 30. 선고 71도527 판결.
222) 대법원 1968. 5. 7. 선고 68도370 판결.
223) 제2편 제4장 제1절 III 2 참조.

제 4 절 긴급피난

> **제22조(긴급피난)** ① 자기 또는 타인의 법익에 대한 현재의 위난을 피하기 위한 행위는 상당한 이유가 있는 때에는 벌하지 아니한다.
> ② 위난을 피하지 못할 책임이 있는 자에 대하여는 전항의 규정을 적용하지 아니한다.
> ③ 전조 제2항과 제3항의 규정은 본조에 준용한다.

I. 개념 및 종류

긴급피난이란 자기 또는 타인의 법익에 대한 현재의 위난을 피하기 위한 상당한 이유가 있는 행위를 말한다(제22조). 제22조에서 "벌하지 아니한다"는 말은 제21조와 마찬가지로 위법성이 조각되어 범죄가 성립하지 않는다는 의미이다. 따라서 제22조에 규정된 긴급피난은 위법성조각적 긴급피난(정당화적 긴급피난)이라고 할 수 있다.[224] 그리고 피난행위가 상당한 이유가 없기 때문에 위법성이 조각되지는 않지만 책임이 조각되는 경우가 있는데, 이를 책임조각적 긴급피난(면책적 긴급피난)이라고 한다.[225]

그리고 정당화적 긴급피난은 공격적 긴급피난과 방어적 긴급피난으로 분류된다. 피난행위가 위험원인과는 무관한 제3자나 물건에 대하여 행하여지는 경우를 공격적 긴급피난(Angriffsnotstand)이라고 한다. 예컨대 개가 물려고 달려들자 다른 사람의 주거에 침입하여 피신한 경우는 위험의 원인인 개와는 무관한 제3자의 주거에 침입한 것이므로 공격적 긴급피난에 해당한다. 일반적으로 긴급피난이라고 하면 이를 의미한다. 이에 대하여 위험의 발생원인이 되는 사람이나 물건에 대하여 행하여지는 경우를 방어적 긴급피난(Defensivnotstand)이라

---

[224] 긴급피난을 정당화적 긴급피난과 면책적 긴급피난으로 분류하고, 형법 제22조는 양자를 모두 규정한 것이라는 견해를 이분설이라고 한다. 그러나 이러한 분류의 강학상의 분류에 불과하며, 제22조가 이러한 분류에 근거하고 있는 것은 아니다. 체계론적 해석방법에 의하더라도 제22조는 정당화적 긴급피난을 규정한 것으로 보아야 할 것이다. 그리고 면책적 긴급피난은 기대가능성이론을 근거로 하는 초법규적 책임조각사유로 이해하면 된다.
[225] 면책적 긴급피난에 대하여는 제2편 제5장 제5절 IV 2 (1) 참조.

고 한다. 예컨대 물려고 달려드는 개를 몽둥이로 때려 손괴했다면 이는 위험의 원인인 개에 대하여 피난행위를 한 것이므로 방어적 긴급피난에 해당한다.226)

▶ 긴급피난의 종류
　　┌ 정당화적 긴급피난 ┌ 공격적 긴급피난
　　│　　　　　　　　　　└ 방어적 긴급피난
　　└ 면책적 긴급피난

II. 인정근거(기본사상)

정당방위는 위법한 침해에 대한 방어행위로서 不正 : 正의 관계이다. 정당방위를 위법성조각사유로 인정하는 근거는 위법행위에 대하여 반격을 가하도록 허용함으로써 개인의 법익을 보호함과 동시에 법질서를 수호하려는 데에 있는 것이다. 이에 대하여 공격적 긴급피난은 위난을 피하기 위한 행위이며 위난의 위법성을 요하지 않으므로 正 : 正의 관계라고 할 수 있다.227) 이를 위법성조각사유로 인정하는 근거도 법질서를 수호하기 위한 것이 아니라 법익을 보호하기 위한 것이다. 즉 긴급피난의 기본사상은 자기보호의 원리이다.

III. 성립요건

긴급피난도 구조면에서 정당방위와 유사하다. 긴급피난은 긴급피난상황, 피난행위, 피난의사 등으로 구성되어 있다. 긴급피난상황이란 법익에 대한 현재의 위난을 말하며, 피난행위는 그 방법의 상당한 이유(상당성)를 말한다. 긴급피난상황과 피난행위의 상당성이 긴급피난의 객관적 요건(객관적 정당화요소)이며, 피난의사는 긴급피난의 주관적 요건(주관적 정당화요소)이다. 긴급피난의 성립여부를 검토할 때에는 객관적 요건, 즉 긴급피난상황과 피난행위의 상당성을 검토한 후에 주관적 요건(피난의사)을 검토하여야 한다.

---

226) 양자를 개념상 구분하는 이유는 제2편 제4장 제3절 III (2) (가)에서 후술하는 바와 같이 피난행위의 상당성, 특히 이익교량을 판단함에 있어서 차이가 있기 때문이다.
227) "긴급피난은 정 : 정의 관계다"라고 말하는 것은 공격적 긴급피난을 전제로 한 것이다. 그러나 방어적 긴급피난의 일종인 예방적 정당방위는 부정 : 정의 관계이다.

▶ 긴급피난의 성립요건

자기 또는 타인의 법익에 대한 ┐
현재의 ─────────────┼── 긴급피난상황(객관적 정당화요소)
위난을 ─────────────┘
피하기 위한 행위는 ─────── 피난의사(주관적 정당화요소)
상당한 이유가 있는 때에는 ─── 피난행위의 상당성(객관적 정당화요소)

1. "위난"

위난이란 법익침해의 가능성이 있는 상태를 말한다. 긴급피난에 있어서 위난의 원인은 불문한다. 자연현상, 사고, 전쟁 등으로 인한 것이건 타인의 위법한 침해로 인한 것이건 불문하고 제22조의 위난에 해당한다.

2. "자기 또는 타인의 법익"에 대한 위난

긴급피난에 의하여 보호될 수 있는 법익은 정당방위의 경우와는 달리 개인적 법익에 국한되지 않으며, 사회적 법익이나 국가적 법익도 이에 포함된다. 다만 피난행위의 상당성이 인정되기 위해서는 보충성이 있어야 하는데, 사회적 법익이나 국가적 법익에 대한 위난이 있더라도 일차적으로 국가기관이 개입할 수 있는 상황에서는 개인에 의한 긴급피난은 허용될 수 없다(공권력 우선의 원칙).[228] 결국 사회적 법익이나 국가적 법익을 위한 긴급피난도 국가기관이 개입할 수 없을 정도의 긴박한 상황에서만 허용되므로 사실상 정당방위의 경우와 결론에 있어서 차이가 없다.

3. "현재"의 위난(위난의 현재성)

현재의 위난은 법익침해가 즉시 또는 가까운 장래(in allernächster Zeit)에 발생할 가능성이 있는 경우를 말한다. 긴급피난에서 위난의 현재성은 법익침해가 가까운 장래에 발생할 가능성이 있는 경우도 포함한다는 점에서 정당방위에서 말하는 침해의 현재성보다 범위가 더 넓다. 위난의 현재성은 침해의

---

228) Sch/Sch/Lenckner/Perron, § 34 Rn. 10 f.

현재성보다 다음의 두 가지 점에서 범위가 더 넓다. 첫째로 침해가 아직 직접적으로 임박하지 않더라도 피난을 지체하면 후에는 피난이 불가능하거나 현저하게 곤란해지는 경우이다.

> (예 1) 출산일을 3개월 가량 남겨 놓은 임산부가 태아의 이상으로 인하여 지금 당장 사망의 가능성이 있는 것은 아니지만 3개월 후에는 분만중의 아이를 사망케 하는 시술을 하더라도 임산부의 사망이 우려된다. 임신중절수술은 허용되는가?
>
> 아직은 임산부의 생명에 대한 침해가 목전에 임박하지는 않았지만 임신중절수술을 지체하는 경우 3개월 후에는 수술을 하더라도 임산부의 생명을 구하는 것(피난)이 현저하게 곤란해지므로 임산부의 생명에 대한 현재의 위난이 있다고 할 수 있다. 따라서 임신중절수술은 긴급피난으로서 허용된다.
> 판례도 "임신의 지속이 모체의 건강을 해칠 우려가 현저할 뿐더러 기형아 내지는 불구아를 출산할 가능성마저도 없지 않다고 판단한 아래 부득이 취하게 된 조처로 인정된다 하여 이는 정당행위 내지 긴급피난에 해당되어 그 위법성이 없는 경우에 해당된다"고 본다.229)

둘째로는 계속위난의 경우이다. 계속위난이란 언제 침해가 발생할지 모르는 위협상태가 장기간 계속되는 경우를 말한다.

> (예 2) 폭력의 성향을 지닌 정신이상자를 감금하는 경우가 이에 해당한다. 정신이상자의 침해가 아직 임박하지는 않더라도 언제 사람이나 재산을 해할지 모르는 상황이라면 이는 현재의 위난에 해당하므로 그를 감금하여도 이는 긴급피난에 해당한다.

계속위난과 관련된 문제로 소위 '예방적 정당방위'(Präventivnotwehr)가 있다. 이는 아직 침해가 임박하지 않았기 때문에 현재의 침해에는 해당하지 않지만 언제 침해로 돌변할지 모르는 위협상태를 저지하기 위해서 행하는 예방적 방어조치를 말한다. 일단 현재의 침해가 없기 때문에 정당방위는 성립하지 않는다. 그러나 이는 계속위난으로서 긴급피난에서 말하는 현재의 위난에는 해당한다. 그리고 위험의 원인에 대하여 피난행위를 하는 것이므로(방어적 긴급피난)의 일종이라고 할 수 있다.230) 따라서 예방적 정당방위가 방어적 긴급피난의 요건을 충족한 경우에는 위법성이 조각될 수 있다.

---

229) 대법원 1976. 7. 13. 선고 75도1205 판결.
230) 하태훈, 총론, 125면 이하; Roxin, AT I, § 16 Rn. 72.

(예 3) 낯선 불량배 甲이 전원주택에 사는 부부의 집을 서성거리며 속옷차림의 부인 乙을 엿보기도 하고 심지어는 담장 위에 앉아서 망원경으로 침실을 들여다보곤 했다. 남편 丙이 경보장치를 설치하여 신고를 받고 경찰이 출동을 하기도 하였으나 아무런 소용이 없었다. 어느 날 새벽 2시경 부스럭거리는 소리가 나서 깨어보니 그 청년이 침실의 문 앞에 서 있었다. 丙은 서지 않으면 발사하겠다고 소리쳤으나 甲은 집밖으로 도주하였다. 그는 총을 발사하여 甲의 허벅지에 관통상을 입혔다. 丙의 죄책은?

주거권과 사생활의 비밀에 대한 청년의 침해는 이미 종료하였으며 또한 장래에 침해가 예상된다 하더라도 현재의 침해가 아니므로 정당방위는 성립하지 않는다. 그러나 이는 계속위난으로서 현재의 위난에 해당한다. 언제 청년의 침해가 다시 발생할지 모르고 다른 방법으로는 이를 피할 방법이 없는 상태에서 행한 남편 丙의 총격행위는 방어적 긴급피난(예방적 정당방위)으로서 - (예 6)에서 후술하는 바와 같이 - 상당성이 인정되므로 위법성이 조각된다.

4. 상당한 이유(피난행위의 상당성)

상당한 이유란 피난행위가 사회상규에 합당함을 말한다. 정당방위는 자기보호의 원리와 법질서수호의 원리에 근거하고 있기 때문에 보충성의 원리나 균형성의 원리에 의한 제한을 받지 않으며 상당성도 긴급피난의 상당성보다 광범위하게 인정된다. 이에 반하여 긴급피난은 자기보호의 원리에만 근거하고 있으며 법질서수호를 위하여 인정되는 것이 아니므로 상당성에 대한 판단도 정당방위의 경우보다는 엄격하게 이루어진다. 긴급피난에서 상당한 이유의 내용으로는 필요성과 균형성이 있다. 그 이외에도 적합성을 상당성의 요건으로 보는 견해가 있으나 적합성은 후술하는 바와 같이 균형성에 포함되므로 독자적인 요건으로 볼 필요는 없다.

▶ 상당성의 요건
　　┌ 필요성 = 적격성 + 상대적 최소침해의 원리 + 보충성
　　└ 균형성 = 이익교량(적합성의 원리 포함)

피난행위의 상당성을 방위행위의 상당성과 비교하여 살펴보면 다음과 같다.

[정당방위와 공격적 긴급피난의 차이점]

	공격적 긴급피난	정당방위
문언상의 차이	"위난"(제22조) 정 : 정의 관계	"부당한 침해"(제21조) 부정 : 정의 관계
기본사상	자기보호의 원리	자기보호의 원리+법질서수호의 원리
상당한 이유	상대적 최소침해의 원리+보충성의 원리 균형성의 원리	상대적 최소침해의 원리 "현저한 불균형"만 없으면 된다.

(1) 필요성

피난행위의 상당성이 인정되기 위해서는 필요성이 있어야 한다. 필요성의 내용으로는 적격성, 상대적 최소침해의 원리, 보충성 등이 있다. 적격성과 상대적 최소침해의 원리는 정당방위에서 설명한 것과 같다. 다만 정당방위와는 달리 피난행위의 필요성이 인정되기 위해서는 보충성이 요구된다. 즉 피난행위에 의하지 않고는 위난을 피할 방법이 없어야 한다. 이처럼 피난행위는 최후수단으로서 보충적으로만 인성된다는 원칙을 보충성의 원리라고 한다.

(예 4) 甲은 여자친구 乙女와 시내에 놀러 나왔다가 乙女가 급성맹장염으로 배가 아프다고 하자 급히 병원에 데려가기 위하여 주인 丙의 허락도 없이 길가에 주차되어 있는 자동차를 타고 병원에 갔다. 甲의 죄책은?

甲이 권리자 丙의 동의도 없이 그의 자동차를 일시 사용한 행위는 자동차 불법사용의 구성요건(제331조의 2)에 해당한다. 그의 행위가 긴급피난에 해당하는가에 대하여 보면 일단 乙女의 생명이나 신체에 대한 현재의 위난이 있으므로 긴급피난상황이 인정된다. 그러나 그는 시내에 있었으므로 택시를 타고 갈 수도 있는 상황이었음에도 불구하고 丙의 자동차를 사용하였으므로 피난행위는 보충성이 없다. 즉 피난행위는 상당성이 없으므로 긴급피난은 성립하지 않는다. 따라서 甲에 대해서는 자동차 불법사용죄가 성립한다.

(판례 1) 甲은 로트와일러의 공격으로부터 줄에 묶여있던 자기소유의 진돗개를 보호하기 위하여 나무를 자르던 엔진톱을 이용해 피해견의 척추를 포함한 등 부분에서부터 배 부분까지 절단하여 로트와일러를 죽였다. 甲의 죄책은?(로트와일러 기계톱 살해사건)[231]

---

231) 대법원 2016. 1. 28. 선고 2014도2477 판결.

> **동물보호법 제8조(동물학대 등의 금지)** ① 누구든지 동물에 대하여 다음 각 호의 행위를 하여서는 아니 된다. 1. 목을 매다는 등의 잔인한 방법으로 죽음에 이르게 하는 행위
> 2. 노상 등 공개된 장소에서 죽이거나 같은 종류의 다른 동물이 보는 앞에서 죽음에 이르게 하는 행위(이하생략)
> **제46조(벌칙)** ① 다음 각 호의 어느 하나에 해당하는 자는 3년 이하의 징역 또는 3천만원 이하의 벌금에 처한다.
> 1. 제8조 제1항을 위반하여 동물을 죽음에 이르게 하는 학대행위를 한 자(이하생략)

甲이 엔진톱으로 로트와일러를 잔인하게 죽인 행위는 손괴죄(형법 제366조) 및 동물보호법 제8조 제1항 제1호, 제46조 제1항 제1호 위반죄의 구성요건에 해당한다. 다만 甲의 행위가 긴급피난에 해당하는지가 문제된다. 이를 위해서는 甲이 자기 소유인 진돗개에 대한 현재의 위난을 피하기 위하여 피해견을 죽인 행위가 위한 상당성이 있을 것을 요한다. 이 점에 대하여 대법원은 "피고인으로서는 자신의 진돗개를 보호하기 위하여 몽둥이나 기계톱 등을 휘둘러 피해자의 개들을 쫓아버리는 방법으로 자신의 재물을 보호할 수 있었을 것이므로 피해견을 기계톱으로 내리쳐 등 부분을 절개한 것은 피난행위의 상당성을 넘은 행위"라고 함으로써 긴급피난의 성립을 부정하였다. 피난행위이 상당성이 인정되기 위해서는 로트와일러지 죽이지 않고는 진돗개에 대한 위난을 피할 방법이 없어야 하는데(보충성), 甲은 피해자의 개들을 쫓아버리는 방법으로도 진돗개를 보호할 수 있었으므로 판례는 상당성을 부정하였다. 따라서 甲에 대하여는 손괴죄(형법 제366조) 및 동물보호법 제8조 제1항 제1호, 제46조 제1항 제1호 위반죄의 상상적 경합이 성립한다.

정당방위에 대해서는 보충성의 원리가 적용되지 않는다는 점에서 긴급피난과 차이가 있다. 그 차이는 기본사상의 차이에 근거한 것이다. 즉 정당방위는 법익의 보호 이외에도 법질서의 수호를 위하여 인정되는 것이므로 "법은 불법에 양보할 필요가 없다"는 원칙에 따라 위법한 침해를 당한 자는 이를 회피해야 할 의무가 없으며, 침해에 대한 회피가 가능함에도 불구하고 반격을 가하였더라도 상당성이 인정된다. 그러나 긴급피난은 법익보호만을 위하여 인정하는 것이지 법질서수호를 위해서 인정되는 것은 아니므로, 타인의 법익을 침해하지 않고도 위난을 회피할 수 있는 경우에는 회피의무가 부과된다. 따라서 침해에 대한 회피가 가능함에도 불구하고 긴급피난을 하였다면 상당성은 부정된다.

(2) 균형성

(가) 균형성의 판단기준

여기서 균형성은 피난행위를 통하여 보호되는 이익과 침해되는 이익을 비교(이익교량 또는 이익형량)한 결과 양자가 균형을 이루는 것을 말한다. 균형성에 대한 판단기준은 공격적 긴급피난과 방어적 긴급피난에 있어서 차이가 있다.232) 공격적 긴급피난에서는 피난행위자가 위난을 피하기 위하여 위난과는 무관한 제3자의 법익을 침해하는 것이므로 이익교량의 결과 보호되는 이익이 침해되는 이익보다 본질적으로 우위에 있어야 한다. 여기서 '본질적'(wesentlich)이라 함은 이익교량의 결과 보호되는 이익이 침해되는 이익보다 우위에 있음이 의문의 여지없이 명확해야 함을 의미한다. 따라서 상충하는 이익 가운데 어느 것이 우위에 있는지 명확하지 않은 경우에는 균형성이 부정된다.

> (예 5) 공장에서 배출되는 수증기로 인하여 인근 주민이 눈물을 흘리거나 두통이나 구토증세 등을 일으킴에도 불구하고 공장주 甲은 500명의 노동자의 실업을 피하기 위하여 공장을 계속 가동하였다. 甲의 죄책은?

甲이 대기오염물질을 배출함으로써 공중의 신체에 위험을 발생시킨 행위는 환경범죄의 단속에 관한 특별조치법 제3조 1항의 구성요건에 해당한다.233) 甲의 행위는 노동자 500명의 실업을 피하기 위한 것이었으므로 법익에 대한 현재의 위난이 있다고 볼 수 있다. 그러나 직장의 보존이 주민의 건강보다 본질적으로(의심의 여지없이) 우위에 있다고 하기는 어려우므로 피난행위의 상당성은 부정된다.234)

이에 반하여 방어적 긴급피난의 경우에는 피해자로부터 위난이 발생한 것이므로 보호되는 이익과 침해되는 이익 사이에 엄격한 균형성이 요구되지는

---

232) 배종대, 총론, 263면.
233) 환경범죄의 단속에 관한 특별조치법 제3조(오염물질 불법배출의 가중처벌) ① 오염물질을 불법배출함으로써 공중의 생명 또는 신체에 위험을 발생시키거나 상수원오염을 초래하여 공중의 식수사용에 위험을 발생시킨 자는 3년 이상의 유기징역에 처한다.
② 제1항의 죄를 범하여 사람을 사상에 이르게 한 자는 무기 또는 5년 이상의 유기징역에 처한다.
이하생략
234) 독일의 연방대법원(BGH MDR 1975, 723)도 같은 이유에서 긴급피난에 의한 위법성조각을 부인하였다.

않는다. 보호되는 이익이 침해되는 이익보다 본질적으로 우위에 있을 필요는 없으며 다만 불균형만 없으면 족하다고 하여야 한다. 여기서 "불균형이 없다"는 말은 침해되는 이익이 보호되는 이익보다 본질적으로 우위에 있지 않으면 족하다는 의미이다. 따라서 상충하는 이익 가운데 어느 것이 우위에 있는지 명확하지 않은 경우에는 균형성이 인정된다.

> (예 6) 위의 (예 3)에서 丙이 주거권과 사생활의 비밀을 보호하기 위해서 甲의 신체를 상해했는데, 침해된 법익인 신체의 생리적 기능이 주거권보다 본질적으로 우위에 있다고 평가할 수 없으므로 丙의 피난행위는 상당성이 있다.
>
> (예 7) 甲이 골동품을 전시한 가게에서 간질로 인하여 발작을 일으키자 가게주인 乙은 고가의 골동품의 손상을 막기 위하여 甲을 떠밀어 경미한 상해를 입혔다. 乙의 죄책은?

乙의 행위는 폭행치상죄(제262조)의 구성요건에 해당한다. 甲의 발작은 유의성을 결하여 행위에 해당하지 않으므로 위법한 침해에 해당하지 않는다. 따라서 乙의 폭행은 정당방위에 해당하지 않는다. 다만 甲으로 인하여 그의 재산에 대한 현재의 위난이 발생하였으므로 방어적 긴급피난이 문제된다. 일반적으로는 신체가 재산보다 우위에 있지만 경미한 상해로 인하여 침해된 신체의 생리적 기능이 고가의 재산보다 본질적으로 우위에 있다고 볼 수는 없으므로 보호된 이익과 침해된 이익 사이에 불균형은 없다. 따라서 乙의 행위는 상당성이 있으므로 긴급피난으로서 위법성이 조각된다.

(나) 이익교량의 요소

균형성의 원리는 단순히 법익교량(Güterabwägung)에 의하여 판단하는 것이 아니라 이보다 포괄적인 이익교량(Interessenabwägung)에 의하여 판단한다(통설). 이익교량이란 상충하는 법익의 가치뿐만이 아니라 법익침해의 정도, 위험의 정도 등 제반사정을 종합적으로 고려하여 균형성을 판단하는 것을 말한다. 여기서 고려되어야 할 이익교량의 요소와 관련하여 주로 논의되는 것들은 다음과 같다.

① 법익의 가치(법익교량)

법익의 가치를 교량함에 있어서는 법익침해에 대한 형량과 법익에 대한 일반적인 가치관계가 중요한 기준이 된다. 예컨대 살인죄(제250조)[235]와 낙태죄[236](제269조)의 형량을 비교하면 생명이 태아보다 우위에 있는 법익이라고

---

235) 보통 살인죄는 사형 무기 또는 5년 이상의 징역에 해당한다.

판단할 수 있다. 일반적으로 법익간의 위계를 보면 생명 - 신체 - 인격 - 재산 등의 순이라고 할 수 있다.

(예 8) 간질의 증세가 있는 甲은 이러한 사실을 숨기고 면허를 취득하여 운전을 하였다. 주치의 乙은 이러한 사실을 알고 일반인의 생명과 신체의 안전을 위하여 관계기관에 이 사실을 신고하였다. 乙의 죄책은?

乙은 업무 중 취득한 甲의 비밀을 누설하였으므로 업무상비밀누설죄(제317조)의 구성요건에 해당한다. 그러나 甲의 비밀을 누설한 행위는 일반인의 생명에 대한 위난을 피하기 위한 행위로서 긴급피난에 해당할 가능성이 있다. 보호법익(생명)이 침해법익(개인의 비밀) 보다 본질적으로 우위에 있으므로 균형성은 인정된다. 비밀누설행위가 생명에 대한 위난을 피하기 위한 유일한 방법이라면 보충성도 인정되므로 乙의 행위는 긴급피난으로서 위법성이 조각된다.

② 침해의 정도

이익교량에 있어서는 법익의 추상적 가치관계 뿐만이 아니라 침해의 정도도 고려하여야 한다. 따라서 개인의 자유가 재산보다 추상적 가치관계에서 보면 우위에 있더라도 중대한 가치의 재산을 보호하기 위하여 임시적으로 개인의 자유를 경미하게 침해하는 경우에는 균형성이 인정된다. 특히 상호 대등한 법익에 있어서는 침해의 정도가 중요한 판단기준이 된다.

(판례 2-1) 甲은 수해로 인하여 25만평의 경작지가 피해를 입는 것을 막기 위하여 제방을 잘라서 수문을 유실케 하였다. 제방과 수문이 시가 25만원인 경우 甲의 죄책은?

甲의 행위는 손괴죄의 구성요건에 해당한다. 그의 행위는 경작지에 대한 현재의 위난을 피하기 위한 행위로서 방어적 긴급피난에 해당할 가능성이 있다. 경작지에 대한 침해의 정도가 수문에 대한 침해보다 더 중대하므로 이익교량의 결과 경작지가 수문보다 우위에 있다고 할 수 있다.[237] 따라서 甲의 행위는 긴급피난으로서 위법성이 조각된다.

(판례 2-2) 甲 등은 금성호의 선원으로서 피조개양식장에서 약 155미터 가량 떨어진 해상에 선박을 정박하고 있었는데, 피조개양식장에 피해를 주지 않기 위해서 금성호의 7샤클(175미터)이던 닻줄을 5샤클(125미터)로 감아 놓았다. 그 선박에는 태풍에 대비하여 甲 등의 선원이 타고 있었는데, 태풍이 내습하자 선원들은 태풍으로 인한 선박의 조난이나 전복을 피하기 위하여 선박의 양쪽에 두개의 닻을 내리고, 한쪽의 닻줄의 길이를 50미터

---

[236] 동의낙태죄는 1년 이하의 징역 또는 200만원 이하의 벌금에 해당한다.
[237] 인천지판 1968. 8. 11. 선고 65고3832 판결.

더 늘여서 175미터(7샤클)로 늘여 놓았다. 그 결과 선박이 태풍에 밀려 피조개양식장을 침범하여 물적 피해를 입히게 되었다. 선원 甲 등의 죄책은?

甲 등이 닻줄의 길이를 늘여 피조개양식장에 물적 피해를 입힌 행위는 손괴죄의 객관적 구성요건에 해당한다. 甲 등에게 고의가 있는가에 대하여 대법원은 "닻줄을 50미터 더 늘여서 7샤클로 묘박(錨泊)하였다면 선박이 태풍에 밀려 피조개양식장을 침범하여 물적 피해를 입히리라는 것은 당연히 예상되고, 그럼에도 불구하고 피고인들이 태풍에 대비한 선박의 안전을 위하여 금성호의 닻줄을 7샤클로 늘여 놓은 것은 피조개양식장의 물적 피해를 인용한 것이라 할 것이어서 재물손괴의 점에 대한 미필적 고의를 인정할 수 있다"고 보았다.

그러나 대법원은 "태풍으로 인한 선박의 조난이나 전복을 피하기 위하여 닻줄의 길이를 175미터(7샤클)로 늘여 놓은 것이 사고지점에서 태풍의 내습에 대비한 가장 적절하고 필요한 조치"로서 긴급피난에 해당하여 재물손괴의 위법성이 조각된다고 보았다. 즉 甲 등이 양식장을 손괴한 행위는 자신을 포함한 선원들의 생명에 대한 현재의 위난을 피하기 위한 적절한 행위로서 보호된 법익이 침해된 법익보다 본질적으로 우위에 있으므로 긴급피난에 해당한다고 본 것이다.[238]

그러나 사람의 생명은 침해의 정도여부를 불문하고 이익교량이 불가능하여 누구의 생명이 우위에 있는지를 판단할 수 없으므로 자신의 생명에 대한 위난을 피하기 위하여 타인의 생명을 침해하는 경우에 공격적 긴급피난은 성립하지 않는다. 다만 자신의 생명에 대한 위난을 피하기 위해서 다른 사람의 생명을 침해하는 것은 면책적 긴급피난으로서 책임이 조각될 가능성은 남아 있다.[239]

(예 9) 생존의 가능성이 희박한 환자 甲이 인공호흡기를 부착하고 있었는데, 생존가능성이 높은 응급환자 乙을 구조하기 위하여 의사 丙이 甲의 호흡기를 떼어내서 乙에게 부착한 경우 생존의 가능성이 높다는 이유로 乙의 생명이 甲의 생명보다 우위에 있다고 할 수 없으며 따라서 긴급피난은 성립하지 않는다.

이에 대하여 방어적 긴급피난의 경우에는 이익교량에 있어서 보호된 법익과 침해된 법익간에 불균형만 없으면 족하므로 자신의 생명이나 신체에 대한 위난을 피하기 위하여 위험원이 되는 사람의 생명이나 신체를 침해하더라도

---

[238] 대법원 1987.1.20. 선고 85도221 판결.
[239] 제2편 제5장 제5절 IV 2 (1) 참조.

피난행위의 균형성이 부정되지는 않는다.[240]

(예 10) 甲은 자신의 실수로 인하여 곡식창고에 화재가 발생하자 도망을 치려는데, 창고의 여주인 乙이 이를 발견하고 甲의 도주를 막기 위해 창고의 입구를 가로막았다. 甲은 화재로부터 자신의 생명을 구하기 위하여 乙을 떠밀었는데, 乙은 넘어지면서 바닥에 머리를 부딪쳐 사망하였다. 甲의 죄책은?(농가실화사건)[241]

甲에 대하여는 일단 실화죄(제170조)가 성립한다. 문제는 甲의 폭행치사가 긴급피난에 해당하여 위법성이 조각되는가이다. 乙의 행위는 - 현행범의 체포 또는 자구행위로서 - 적법하므로 甲은 정당방위를 행사할 수 없다. 다만 乙이 창고의 입구를 가로막음으로 인하여 생명에 대한 현재의 위난이 발생하였으므로 甲은 乙에 대하여 방어적 긴급피난이 가능하다. 방어적 긴급피난의 경우에는 자신의 생명이나 신체에 대한 위난을 피하기 위하여 위험의 원인이 되는 타인의 생명이나 신체를 침해하더라도 균형성이 인정될 여지는 있다. 그러나 이 사례에서는 甲이 실화로 인하여 위험을 야기하였으므로(자초위난) 균형성이 부정된다고 할 것이다. 따라서 乙에 대해서는 폭행치사죄가 성립한다.

③ 위험의 정도

이익교량에 있어서 위험의 정도, 즉 손해의 발생가능성도 함께 고려하여야 한다. 위험에 처한 법익은 손해의 발생가능성이 높을수록 보호의 가치도 커지게 된다. 이에 반하여 피난행위로 인하여 다른 법익이 침해될 가능성이 높을수록 위험에 처한 법익의 보호가치는 감소된다.

이익교량에 있어서 위험의 정도는 특히 위험범에서 문제가 된다. 예컨대 법익에 대한 구체적 위험(일반인의 생활경험에 의하면 결과발생의 가능성이 현저한 경우)을 피하기 위하여 추상적 위험범을 행한 경우에는 설령 보호된 법익의 가치가 침해된 법익의 가치보다 우위에 있지 않더라도 위법성이 조각될 수 있다.

(예 11) 甲은 응급환자 乙을 병원으로 수송하기 위하여 국도를 과속으로 질주하였다. 甲의 죄책은?

甲의 과속운전은 도로교통법 제15조 제3항 및 제113조 1호의 구성요건에 해당한다. 그러나 甲이 과속으로 운전함으로써 일반인의 생명과 신체에 대한 추상적 위험을 야기한 행위는 구체적 위험에 처해 있는 乙의 생명을 구하기 위한 것이므로 긴급피난에 해당한다.[242]

---

240) 김일수/서보학, 총론, 218면.
241) BGH NStZ 1989, 430 mit Anm. Eue, JZ 1990, 765.

따라서 甲의 도로교통법 위반행위는 위법성이 조각된다.

(예 12) 甲은 자신의 여자친구 乙女가 자살미수로 위험에 처하자 자신의 차에 태우고 시내에서 교차로를 적색신호에도 불구하고 과속으로 수회에 걸쳐 무단으로 질주하였다. 이로 인하여 교통사고의 위험은 여러 차례 있었지만 다행히 교통사고로 인한 사상자는 없었다. 甲의 죄책은?

甲의 신호위반과 과속운전은 도로교통법 제5조, 제15조 제3항 및 제113조 1호의 구성요건에 해당한다. 甲의 도로교통법 위반으로 인하여 실제로 사고는 발생하지 않았지만 적색신호에도 불구하고 시내에서 교차로를 수회에 걸쳐 과속으로 질주함으로써 교통사고의 위험이 있었다면 다른 사람들의 생명에 대하여 구체적 위험을 발생시켰다고 할 수 있으므로 乙女의 법익이 다른 사람의 생명보다 우위에 있다고 할 수 없다. 따라서 甲의 행위는 긴급피난에 해당하지 않는다.[243]

④ 자초위난

피난행위자가 유책한 사유로 발생시킨 위난을 자초위난이라고 한다. 행위자의 자초위난은 이익교량에서 고려하면 된다. 행위자가 의도적으로 또는 고의로 위난을 발생시킨 때에는 침해되는 이익이 보호되는 이익보다 우위에 있다고 판단되므로 위법성은 조각되지 않는다.[244] 그리고 과실로 위난을 발생시킨 경우에는 아래의 (예 13)와 같이 일반적으로 상당성의 판단에 영향을 미치지 못하지만, 이익교량에서 위난을 야기한 자에게 불리하게 작용하므로 아래의 (예 14)의 경우와 같이 상당성이 부정되는 수도 있다.[245]

(예 13) 등산에 취미가 있는 甲은 등산전문가의 만류에도 불구하고 겨울 산악등반을 감행하였다. 중도에 포기를 한 甲은 동사를 면하기 위하여 乙의 빈 오두막에 무단으로 침입하였다. 甲의 죄책은?

甲이 乙의 오두막에 침입한 행위는 주거침입죄(제319조)의 구성요건에 해당한다. 그러나 그의 행위는 甲의 생명에 대한 위난을 피하기 위한 행위이다. 그리고 동사의 위험은 자신의 유책한 사유로 야기된 위난이지만 乙의 주거에 침입할 목적으로 위난을 야기한 것은 아니므로 피난행위의 상당성이 인정된다. 따라서 甲의 행위는 긴급피난에 해당하여 위법성이 조각된다.

---

242) OLG Schleswig VRS 30(1966), 463.
243) OLG Karlsruhe VRS 46(1974), 275.~
244) 다수설: 예컨대 이재상/ 장영민/ 강동범, 총론, 253면.
245) Roxin, AT I, § 16 Rn. 52.

(예 14) 앞에서 설명한 (예 10)의 농가실화사건246)에서 甲은 생명에 대한 위난을 피하기 위하여 여주인 乙을 떠밀어 과실로 사망케 하였다. 이는 방어적 긴급피난이므로 자신의 생명을 보호하기 위하여 타인의 생명을 침해하더라도 상당성이 인정될 여지는 있다. 그러나 甲은 유책하게(과실로) 위난을 발생시켰으므로 甲의 이익은 피해자(여주인)의 이익과 불균형을 이루어 상당성을 결한다.247)

(판례 3) 甲男은 乙女의 집에 침입하여 잠을 자고 있는 乙女를 강제로 간음할 목적으로 손을 뻗는 순간 놀라 소리치는 그녀의 입을 왼손으로 막고 오른손으로 음부 부위를 더듬던 중 그녀가 甲男의 손가락을 깨물며 반항하자 물린 손가락을 비틀며 잡아 뽑아 치아결손의 상해를 입게 하였다. 甲男의 죄책은?

甲男이 乙女를 강간할 목적으로 입을 막은 행위는 강간미수에 해당한다. 그리고 乙女가 깨문 손가락을 뽑아 치아결손의 상해를 입게 한 행위는 과실치상에 해당한다. "강간 등에 의한 치사상죄에 있어서 사상의 결과는 간음행위 그 자체로부터 발생한 경우나 강간의 수단으로 사용한 폭행으로부터 발생한 경우는 물론 강간에 수반하는 행위에서 발생한 경우도 포함"하므로 그의 행위는 강간치상죄의 구성요건에 해당한다.

甲男이 乙女에게 상해를 가한 행위는 자신의 손가락에 대한 현재의 위난을 피하기 위한 것이지만, 그 위난은 자신의 유책한 사유로 발생시킨 '자초위난'으로서 이를 피하기 위하여 乙女에게 상해를 가하는 행위는 허용되지 않는다. 대법원도 "스스로 야기한 범행의 와중에서 피해자에게 위와 같은 상해를 입힌 소위를 가리켜 법에 의하여 용인되는 피난행위라 할 수도 없고 …"248)라고 함으로써 甲男에 대하여 강간치상죄의 성립을 인정하였다.

⑤ 위험인수의무(긴급피난의 특칙)

제22조 제2항은 "위난을 피하지 못할 책임이 있는 자"(특별의무자)에 대하여는 긴급피난의 규정을 적용하지 않는다고 규정하고 있다. 군인, 경찰, 소방관, 의사, 선원 등은 타인의 재물, 신체, 재산 등의 보호를 위하여 자신의 생명, 신체에 대한 위험을 감수하여야 할 의무(위험인수의무)가 있다. 긴급피난의 특칙은 특별의무자의 개인적 법익보다는 그에게 부과된 의무가 이익교량의 결과 우위에 있다는 평가에 근거한 것이라고 이해할 수 있다. 그러나 생명이나 신체에 대한 중대한 위험이 발생할 가능성이 현저히 높은 경우에는 긴급피난이 가능하다고 보아야 한다.249) 왜냐하면 위험인수의무가 희생의무까지

---

246) 각주 15) 참조.
247) Roxin, AT I, § 16 Rn. 69 mit Fn. 106.
248) 대법원 1995. 1. 12. 선고 94도2781 판결.
249) 김일수/서보학, 총론, 217면 이하.

도 포함하는 것은 아니며 따라서 이러한 경우에는 특별의무자의 법익이 위험인수의무보다 우위에 있다고 판단되기 때문이다.

⑥ 강요에 의한 긴급피난

생명이나 신체에 대한 협박에 의하여 범죄를 행하는 경우(강요에 의한 긴급피난) 위법성이 조각될 수 있는가가 문제된다. 원칙적으로 행위자가 법익에 대한 위난을 피하기 위하여 불법의 편에 서서 행위하는 것은 법의 존립을 위한 근본조건을 위태롭게 하는 것이므로 허용될 수 없다고 해야 한다.[250] 왜냐하면 이러한 경우에는 보호이익이 침해이익보다 본질적으로 우위에 있다고 할 수 없기 때문이다. 다만 제12조의 강요된 행위로서 책임이 조각될 수 있다. 그러나 수감 중인 자를 석방하지 않으면 인질을 살해하겠다는 인질범의 협박에 의하여 인질을 석방하는 것은 긴급피난으로서 위법성이 조각될 수 있다. 왜냐하면 국가(정부)는 법의 수호의무와 동시에 국민의 생명을 보호할 의무가 있으므로 국가는 정치적 판단에 의하여 국민의 생명을 보호할 의무를 수행하기 위하여 법을 수호할 의무를 희생하는 판단을 내릴 수 있는 권한이 있기 때문이다. 따라서 이러한 권한에 근거하여 죄수를 석방한 경우에는 보호이익이 침해이익보다 우위에 있으므로 긴급피난이 성립하여 위법성이 조각된다.

(예 15-1) 테러범 甲은 현재 수감 중인 자신의 동료 乙을 석방하지 않으면 인질을 살해하겠다고 협박하였다. 교도소의 간수 丙은 인질을 구하기 위하여 乙을 상관의 허락도 없이 자의로 석방하였다. 丙의 죄책은?

丙은 인질을 살해하겠다는 협박에 의하여 불법을 행하였으므로 위법성이 조각되지 않으며 따라서 도주원조죄(제147조)가 성립한다. 다만 제12조의 요건을 갖춘 경우에는 책임이 조각될 가능성이 있다.

(예 15-2) 만일 위의 예에서 정부의 책임자 丁이 제반사정을 고려하여 정치적 판단에 따라 乙을 석방할 것을 지시하였다면 丁의 죄책은?

국가는 시민의 보호에 대한 이익이 법질서수호의 이익보다 우선한다고 판단할 수 있는 재량권을 가지고 있다. 따라서 책임자인 丁이 정치적 고려에서 乙을 석방할 것을 지시했다면 이는 제22조의 긴급피난에 해당하여 위법성이 조각된다.

---

250) Sch/Sch/Lenckner/Perron, § 34 Rn. 41b.

⑦ 자율성의 원리(적합성의 원리)

다수설은 상당성의 요건으로서 필요성과 균형성 이외에도 수단의 적합성을 요구한다.251) 이 견해에 의하면 이익교량의 결과 우월한 이익을 보호하기 위한 행위라 하더라도 그 방법이 사회윤리에 반하는 경우에는 피난행위가 적합한 수단이라고 할 수 없으므로 위법성은 조각되지 않는다고 한다. 그리고 그 예로서 사람의 생명을 구조하기 위해서 다른 사람의 장기를 이식하거나 강제채혈을 하는 경우를 예로 든다. 이러한 경우에는 피난행위가 타인의 법익과 함께 그의 자유로운 자기결정권을 침해하여 사회윤리적으로 허용될 수 없으므로 피난행위의 적합성은 부정된다고 한다.

법익에 대한 위난을 피하기 위하여 인간의 자유로운 자기결정권까지 침해하는 것은 인간을 목적을 위한 수단으로 삼는 것으로서 인간의 존엄성을 침해하는 것이므로 허용될 수 없다. 이를 자율성의 원리(Autonomieprinzip)라고 한다. 자율성의 원리 내지는 적합성의 원리도 이익교량에 포함하여 균형성의 원리에서 고려하면 족하며 굳이 적합성의 원리를 별도로 인정할 필요는 없다.

(예 16) 의사 甲은 환자 乙의 생명을 구조하기 위하여 불치병에 걸린 환자 丙의 콩팥 하나를 적출하여 乙에게 이식하였다. 만일 丙의 콩팥을 이식하는 방법 이외에는 乙의 생명을 구조할 다른 방법이 전혀 없었다고 가정한다면 甲의 행위는 적법한가?

장기의 상실도 중상해죄에서 말하는 불구에 해당하므로 甲의 행위는 중상해죄의 구성요건에 해당한다.252) 의사 甲이 환자 乙의 생명을 구조하기 위하여 불치병에 걸린 환자 丙의 콩팥을 이식하는 것은 피해자의 신체뿐만이 아니라 그의 자기결정권도 침해한 것이므로 보호된 이익이 침해당한 이익보다 본질적으로 우위에 있다고 할 수 없다. 따라서 긴급피난이 성립하지 않으므로 甲에 대해서는 중상해죄가 성립한다.

(예 17) 의사 甲은 Rh-의 혈액형을 가진 乙이 수혈을 거부하자 환자 丙의 생명을 구하기 위하여 강제로 채혈을 하였다. 만일 乙로부터 강제채혈을 하는 것 이외에는 丙의 생명을 구할 다른 방법이 없었다면 甲의 행위는 적법한가?(강제채혈사례)

다수설은 이러한 경우에도 乙의 자유로운 자기결정권을 침해하였으므로 수단의 적합성은 부정되며 따라서 위법성은 조각되지 않는다고 한다. 그러나 신체에 대한 경미한 침해로 인

---

251) 이재상/ 장영민/ 강동범, 총론, 256면.
252) 원형식, 각론 36면. 이에 대하여 불구는 외형적 조직상실에 한한다는 견해에 의하면 단순상해죄가 성립한다.

하여 자기결정권이 침해되었다고 해서 그 침해행위가 인간의 존엄성이나 자기결정권을 중대하게 침해하였다고 보기는 어렵다. 형사소송법상으로도 수사목적을 위하여 강제채혈이 허용된다는 점에 비추어 볼 때, 신체에 대한 경미한 침해에 수반되는 의사의 자유와 이를 통하여 구조되는 사람의 생명을 이익교량하면 사람의 생명이 본질적으로 우위에 있다고 하지 않을 수 없다. 형사소송법상 강제채혈은 사건의 진상을 규명함으로써 국가 형벌권을 실현하기 위하여 허용된 것이다. 그렇다면 국가 형벌권의 실현보다도 더욱 중대한 법익인 생명을 구조하기 위하여 행한 강제채혈은 당연히 허용된다고 보아야 할 것이다. 요컨대 사람의 생명을 구하기 위한 최후수단으로 강제채혈을 하는 것은 긴급피난에 해당하여 위법성이 조각된다고 보는 것이 타당하다.[253]

5. 피난의사

피난의사는 긴급피난의 주관적 정당화요소이다. 객관적으로 현재의 위난이 있어도 피난의사가 결여된 행위는 긴급피난이 성립하지 않는다. 다만 정당방위에서 방위의사가 결여된 경우와 마찬가지로 행위반가치는 그대로 인정되지만 결과반가치가 감소되므로 불능미수와 같이 처벌된다.[254]

---

253) 김일수/서보학, 총론, 217면.
254) 제2편 제4장 제1절 Ⅲ 2 참조.

제 5 절 자구행위

> **제23조(자구행위)** ① 법률에서 정한 절차에 따라서는 청구권을 보전할 수 없는 경우에 그 청구권의 실행이 불가능해지거나 현저히 곤란해지는 상황을 피하기 위하여 한 행위는 상당한 이유가 있는 때에는 벌하지 아니한다.
> ② 제1항의 행위가 그 정도를 초과한 경우에는 정황에 따라 그 형을 감경하거나 면제할 수 있다.

I. 의의 및 법적 성격

제23조는 "법률에서 정한 절차에 따라서는 청구권을 보전할 수 없는 경우에 그 청구권의 실행이 불가능해지거나 현저히 곤란해지는 상황을 피하기 위하여 한 행위는 상당한 이유가 있는 때에는 벌하지 아니한다"고 규정하고 있다.

자구행위는 청구권에 대한 위법한 침해를 요건으로 하므로 부정 : 정의 관계이며, 이 점에서 정당방위와 일치한다. 그러나 이미 침해가 종료된 후 자신의 청구권을 보존하기 위한 사후적 긴급행위라는 점에서 사전적 긴급행위인 정당방위나 긴급피난과 구별된다.

> (판례 1) 甲은 乙이 식사자리에서 자신의 전과사실을 폭로함으로써 명예를 훼손하자, 乙을 구타하였다. 甲의 죄책은?

甲의 행위는 폭행죄의 구성요건에 해당한다. 대법원은 甲의 구타행위는 '자구행위에 해당한다고 볼 수 없다'[255]고 함으로써 위법성을 인정하였다. 자구행위는 청구권에 대한 위법한 침해가 있을 것을 요건으로 하는데, 이 사례에서는 청구권에 대한 위법한 침해 자체가 존재하지 않으므로 자구행위가 성립할 여지는 없다. 오히려 명예에 대한 현재의 위법한 침해가 있다면 정당방위의 성립이 문제될 수 있는데, 명예훼손은 기수와 동시에 종료되므로 침해의 현재성이 없다. 따라서 정당방위도 성립하지 않는다.

---

[255] 대법원 1969. 12. 30 선고 69도2138 판결.

(예 1) 날치기범이 자신의 가방을 가로채서 달아나는 경우에는 현재의 침해가 있으므로 이를 추적하여 가방을 탈환하는 행위는 정당방위에 해당한다. 그러나 그 날치기범을 놓친 후에 다음날 자신의 가방을 절취한 날치기범을 길에서 우연히 발견하여 체포하였다면 침해는 이미 종료하였으므로 정당방위에는 해당하지 않으며, 다만 자신의 가방에 대한 소유물반환청구권을 보존하기 위한 행위로서 자구행위에 해당한다.

　법적 구제절차가 정비되어 있는 현행의 법제도하에서는 권리침해에 대한 구제는 원칙적으로 공권력에 의하는 것이지 사력으로 이를 행할 수는 없다. 그러나 공권력에 의한 신속하고 효율적인 구제를 기대할 수 없는 상황 하에서는 사인에 의한 자력구제를 인정하는 것이 정의와 공평에 부합한다. 만일 이를 인정하지 않는다면 피해자는 불법을 방관하는 결과가 될 것이기 때문이다. 이러한 면에서 보면 자구행위가 위법성을 조각하는 근거는 국가권력의 대행(Handeln pro magistratu)에서 찾을 수 있다.

II. 성립요건

　제23조에 규정되어 있는 자구행위의 성립요건은 자구행위상황, 자구행위, 자구의사 등으로 되어있다. 자구행위상황이란 법률에서 정한 절차에 다라서는 청구권을 보전할 수 없는 상황을 말한다. 그리고 자구행위는 청구권의 실행불능 또는 현저한 실행곤란을 피하기 위한 행위로서 상당한 이유(상당성)가 있는 행위를 말한다. 자구행위상황과 자구행위의 상당성이 자구행위의 객관적 요건이다. 그리고 자구의사는 자구행위의 주관적 요건이다.

▶ 자구행위의 성립요건

법정절차에 의하여 청구권을 보전하기 불능한 경우에 ─┐　자구행위상황(객관적 정당화사유)

그 청구권의 실행불능 또는 현저한 실행곤란을 ────┘

피하기 위한 행위는 ──────────────── 자구의사(주관적 정당화사유)

상당한 이유가 있는 때에는 ─────────── 자구행위상황(객관적 정당화사유)

1. 법률에 정한 절차에 의하여 청구권을 보전하는 것이 불가능할 것

청구권이란 타인에 대하여 일정한 행위(작위 또는 부작위)를 요구하는 권리를 말한다. 자구행위란 자력구제행위로서 자기의 청구권을 보전하기 위한 행위를 말하며, 타인의 청구권을 보전하기 위한 구제행위는 자구행위가 아니다. 다만 청구권자로부터 자구행위의 실행을 위임받은 자는 자구행위를 할 수 있다.

> (예 2) 여관주인이 종업원을 시켜 숙박료를 내지 않고 도망가는 손님을 붙잡아오게 하는 경우 종업원의 행위는 체포죄(제276조)와 강요죄(제324조)의 구성요건에 해당하지만 청구권자(여관주인)로부터 자구행위의 실행을 위임받아 행한 자구행위로서 위법성이 조각된다.

법조문에는 명시되어 있지는 않지만 자구행위는 청구권에 대한 위법한 침해를 전제로 한다. 따라서 자구행위는 정당방위와 마찬가지로 부정 : 정의 관계가 된다.

자구행위는 법률에서 정한 절차(법정절차)에 의한 청구권 보전이 불가능한 긴급상황에서만 인정된다. 여기서 법정절차는 가압류, 가처분 등 재판상의 절차(집행보전절차)[256] 이외에도 경찰 기타 국가기관에 의한 구제절차도 포함된다. 그리고 긴급상황이란 공권력에 의한 구제를 기다리는 경우 아무런 실효성도 기대할 수 없는 상황을 말한다(자구행위의 보충성). 예컨대 채무자가 재산을 처분하여 도주를 하거나 자신의 물건을 절취한 범인을 우연히 길에서 발견한 경우가 이에 해당한다.

> (판례 3) 甲은 乙에게 석고상을 외상으로 납품하였으나 납품한 대금을 받지 못하고 있던 중, 乙이 화랑을 폐쇄하고 도주하자, 甲은 야간에 폐쇄된 화랑의 베니어판 문을 드라이버로 뜯어내고 자신이 납품한 석고상을 몰래 가지고 나왔다. 甲의 죄책은?

---

[256] 민사집행법 제276조(가압류의 목적) ① 가압류는 금전채권이나 금전으로 환산할 수 있는 채권에 대하여 동산 또는 부동산에 대한 강제집행을 보전하기 위하여 할 수 있다.
  같은 법 제300조(가처분의 목적) ① 다툼의 대상에 관한 가처분은 현상이 바뀌면 당사자가 권리를 실행하지 못하거나 이를 실행하는 것이 매우 곤란할 염려가 있을 경우에 한다.
  가처분은 금전채권 이외의 청구권에 대한 집행을 보전하기 위한 절차라는 점에서 가압류와 차이가 있다.

甲은 야간에 문호를 손괴하고 건조물에 침입하여 乙소유의 석고상을 절취함으로써 특수절도죄(제331조)의 구성요건을 실현하였다. 그의 청구권에 대한 부당한 침해는 있었으나 가압류와 같은 법정절차에 의한 구제가 가능하므로 자구행위는 성립하지 않는다. 판례도 "피고인의 강제적 채권추심 내지 이를 목적으로 하는 물품의 취거행위는 형법 제23조 소정의 자구행위의 요건에 해당하는 경우라고 볼 수 없다"고 보았다.[257]

> (판례 4) 甲은 광주 서구 화정동에 있는 토지(이하 '이 사건 토지'라고 한다)에 대하여 그 소유자 A를 대신하여 이 사건 토지를 실질적으로 관리하는 자인데, 이 사건 토지에 철주를 세우고 철망을 설치하고 포장된 아스팔트를 걷어내는 등의 방법으로, 이 사건 토지를 광주 서구 화정동 소재 B 소유의 건물의 통행로로 이용하지 못하게 하는 등 일반 교통을 방해하였다. 그런데 甲의 이러한 행위는 이 사건 토지에 인접하여 있는 B 소유의 건물에 건축법상 위법요소가 존재하여 이 사건 토지의 소유권을 방해하는 사람들에 대한 방해배제를 위한 것이라고 한다. 甲의 죄책은?

> [참조조문]
> 제185조(일반교통방해) 육로, 수로 또는 교량을 손괴 또는 불통하게 하거나 기타 방법으로 교통을 방해한 자는 10년 이하의 징역 또는 1천500만원 이하의 벌금에 처한다.

일반교통방해죄(제185조)에서 '육로'는 사실상 일반 공중의 왕래에 공용되는 육상의 통로로서 그 부지의 소유관계나 통행권리관계는 불문하므로 甲이 자신이 관리하는 토지에 철주를 세우고 철망을 설치하여 육로를 불통하게 한 행위는 일반교통방해죄(제185조)의 구성요건에 해당한다. 그의 행위가 자구행위에 해당하는가에 대하여 대법원은 甲이 "이 사건 토지의 소유자를 대위 또는 대리하여 법정절차에 의하여 이 사건 토지의 소유권을 방해하는 사람들에 대한 방해배제 등 청구권을 보전하는 것이 불가능하였거나 현저하게 곤란하였다고 볼 수 없을 뿐만 아니라, 피고인의 이 사건 행위가 그 청구권의 실행불능 또는 현저한 실행곤란을 피하기 위한 상당한 행위라고 볼 수도 없다"고 보았다.[258] 따라서 甲에 대하여는 일반교통방해죄가 성립한다.

폭행, 협박, 강취 등의 행위가 권리행사를 위한 것이라고 하여도 청구권의 보전이 불가능한 경우가 아니라면 자구행위는 성립하지 않는다. 다만 제20조의 정당행위에 의하여 위법성이 조각되는 경우가 있을 수 있다.

---

257) 대법원 1984. 12. 26. 선고 84도2582 판결.
258) 대법원 2007. 12. 28. 선고 2007도7717 판결.

(판례 5) 농가 주민 甲, 乙 등은 A 회사가 생산한 비료를 사용하였는데 그 결과 딸기묘목과 사과묘목이 고사하자, 주민들이 A 회사의 사무실에 들어가 사장 이하 간부들을 협박하면서 손해배상을 요구하였다. 甲, 乙 등의 죄책은?

甲, 乙 등의 행위는 공갈미수(제352조)의 구성요건에 해당한다. 주민들의 협박이 권리행사를 위한 것이라 해도 법정절차에 의한 청구권의 보전이 가능하므로 자구행위에는 해당하지 않는다. 다만 판례는 협박이 청구권에 기한 것으로서(권리행사) 그 방법이 사회통념상 인용된 범위를 일탈한 것이 아니므로 제20조의 정당행위로서 위법성이 조각된다고 보았다.[259]

2. 청구권의 실행불능 또는 현저한 실행곤란

자구행위는 이중의 긴급성, 즉 청구권의 보전불능과 청구권의 실행불능(또는 현저한 실행곤란)을 요한다. 따라서 청구권의 보전이 불가능하더라도 청구권의 실행이 가능한 경우에는 자구행위는 성립하지 않는다. 예컨대 청구권에 대하여 인적, 물적 담보가 확보되어 있는 경우에는 설령 청구권의 보전이 불가능한 상태에 있더라도 청구권의 실행이 가능하므로 자구행위는 허용되지 않는다.

3. 상당한 이유

자구행위가 상당성이 있기 위해서는 필요성과 균형성이 요구된다. 다만 자구행위는 부정 : 정의 관계이므로 균형성이 엄격하게 적용되지는 않는다. 따라서 재산상의 청구권의 보전을 위하여 물건탈환은 물론 채무자의 체포나 저항의 제거를 위한 폭행도 허용될 수 있다.

▶ 상당성의 요건
　┌ 필요성 = 적격성 + 보충성
　└ 균형성 = 완화된 형태의 균형성

필요성의 내용으로는 적격성과 보충성 등이 있다. 이들에 대해서는 긴급피난에서 설명한 것이 그대로 타당하다. 즉 자구행위는 청구권보전을 위한 적합

---

[259] 대법원 1980. 11. 26. 선고 79도2565 판결.

한 수단이어야 한다(적격성). 그리고 자구행위는 국가권력의 대행으로서의 성격을 지니므로 공권력에 의한 권리구제에 대하여 보충적으로만 허용된다(보충성). 즉 법정절차에 의한 청구권의 보전이 불가능한 긴급상황에서만 인정되며, 공권력에 의한 권리구제의 범위(청구권의 보전)를 초과할 수 없다.260)

자구행위는 청구권의 보전수단이지 이행수단은 아니므로 보전의 범위를 벗어나 재산을 임의로 처분하거나 이행을 받는 행위는 상당한 이유(보충성)가 없으므로 위법성이 조각되지 않는다.

(예 3) 술집주인 甲은 외상으로 술을 마신 乙을 우연히 길에서 만나자 乙의 팔을 붙잡고 강제로 주머니를 뒤져 술값을 가져갔다. 甲의 죄책은?

甲이 반항을 억압할 정도의 폭행에 의하여 乙의 돈을 강취한 행위는 강도죄의 구성요건에 해당한다. 그리고 집행보전의 범위를 벗어난 강제적 채권추심은 자구행위에 해당하지 않는다. 甲은 채권의 보전을 위하여 필요한 범위를 벗어나 재산에 대한 처분권까지 확보하였으므로 이는 자구행위에 해당하지 않는다. 따라서 甲에 대해서는 강도죄가 성립한다.261)

4. 피하기 위한 행위(자구의사)

주관적 정당화사유로서 자구의사가 있어야 한다. 따라서 행위자는 청구권의 보전이 불가능하다는 사실에 대한 인식과 청구권의 실행불능 또는 현저한 실행곤란을 피하기 위한 의사로서 행위해야 한다.

---

260) 독일의 판례(BGHSt 17, 330)도 "자구행위는 공권력의 개입을 통하여 달성될 수 있는 범위를 초과할 수 없다"고 한다.
261) BGHSt 17, 87.

제 6 절 피해자의 승낙

> **제24조(피해자의 승낙)** 처분할 수 있는 자의 승낙에 의하여 그 법익을 훼손한 행위는 법률에 특별한 규정이 없는 한 벌하지 아니한다.

I. 의의

제24조는 "처분할 수 있는 자의 승낙에 의하여 그 법익을 훼손한 행위는 법률에 특별한 규정이 없는 한 벌하지 아니한다"고 규정하여 피해자의 승낙을 위법성조각사유로 규정하고 있다. 다수설은 위법성을 조각하는 승낙과는 별도로 법률에는 규정이 없지만 이론상 구성요건해당성을 배제하는 양해를 인정하고 있다. 그리고 양자를 포괄하여 동의라고 한다. 그렇다면 양해와 승낙을 구분하는 기준은 무엇이며, 실제로 어떠한 차이가 있는지에 대하여 설명하기로 한다.

▶ 동의(Zustimmung)
  ┌ 양해(Einverständnis): 구성요건조각사유(구성요건해당성배제사유)
  └ 승낙(Einwilligung): 위법성조각사유

II. 양해와 승낙의 구분

(1) 양해

양해와 승낙은 구성요건의 성격에 따라서 구분된다. 구성요건이 피해자의 의사에 반하는 때에만 실현될 수 있도록 규정되어 있는 경우에 피해자가 법익의 침해에 동의한 때에는 구성요건 자체가 조각된다고 하여야 한다. 이와 같이 피해자가 법익의 침해에 대하여 동의가 있으면 구성요건 자체가 조각되는 경우 이러한 동의를 양해라고 한다. 법익침해에 대하여 양해가 있는 때에는 그 행위는 사회생활의 정상적인 사건으로서 구성요건해당성자체가 없다고 할 수 있다. 예컨대 절도죄는 타인의 재물을 절취함으로써 성립되는 범죄인데, 절취라 함은 점유자의 의사에 반하여 그의 점유를 배제하고 새로운 점유를 취득하는 것을 말한다. 따라서 처분권자의 동의에 의하여 점유를 취득한 행위는 절취에 해당하지 않으므로 위법성이 조각되는 것이 아니라 그 이전에 구성요건해당성이 부정된다. 강간죄나 강제추행죄 또는 주거침입죄와 같이 개인의 의사의 자유를 침해하는 범죄의 대부분이 여기에 해당한다.

(예 1) 甲은 乙에게 카메라를 빌려주었다. 乙은 그 카메라를 자신의 애인 丙에게 선물하였으며, 丙은 그 카메라가 甲의 소유라는 사실을 알면서도 그 물건을 소유하였다. 丙의 죄책은?

절취란 점유자의 의사에 반하여 그의 점유를 배제하고 새로운 점유를 취득하는 것이다. 丙은 카메라의 점유자인 乙의 동의(양해)하에 그 물건을 소유한 것이므로 그녀의 행위는 '절취'에 해당하지 않는다. 그러나 乙은 甲의 카메라를 보관하는 자로서 소유자 甲의 의사에 반하여 카메라를 丙에게 선물하였으므로 횡령죄가 성립한다. 그리고 丙은 乙로부터 선물을 받음으로써 乙의 횡령행위를 용이하게 하였으므로 횡령죄의 방조범이 성립한다.

(2) 승낙

양해의 경우와는 달리 일부 구성요건을 보면 법익에 대한 침해가 피해자의 자유의사를 침해할 뿐만이 아니라 사회전체의 견지에서도 손실이 발생하는 경우가 있다. 상해와 손괴가 대표적인 예이다. 손괴나 상해에 대하여 동의가 있었더라도 재산이 손상되거나 신체가 상해를 입었다는 사실에는 변함이 없다. 여기서 피해자의 동의에 의한 법익의 침해는 사회생활의 정상적인 사건이라고 할 수 없으며 오히려 사회공동체에 있어서도 중요한 의미가 있다. 이와 같이 피해자의 의사와 관계없이 사회의 생활이익으로 보호받는 법익의 침해에 대하여는 피해자의 동의가 있더라도 구성요건해당성은 조각되지 않으며 다만 위법성만이 조각되는데 이러한 경우의 동의를 승낙이라고 한다.

[양해와 승낙의 비교]

	양해	승낙
성격	순수한 사실적 성격	법익에 대한 처분의 자유권
효과	구성요건해당성조각	위법성조각
동의능력	자연적 의사능력	자연적 인식능력 및 판단능력
의사의 하자	기망이나 착오에 의한 동의는 유효	법익관련적 착오에 의한 승낙은 무효
의사표시	의사방향설	외부에 인식가능(절충설)

III. 양해의 법적 성격 및 성립요건

양해는 순수한 사실적 성격을 갖는다(사실적 성질설).[262] 따라서 양해가 유효하게 성립하기 위해서는 피해자에게 자연적 의사능력만 있으면 족하며, 판단능력이나 행위능력이 있을 것을 요하지 않는다. 어린아이나 심신장애자에게도 자연적 의사능력은 인정되므로 그들의 양해도 유효하게 성립하며 따라서 구성요건해당성을 조각한다.

(예 2) 甲은 오토바이 주인 乙의 허락 하에 오토바이를 타고 친구들과 함께 인천에 놀러갔다.
(1) 만일 乙이 미성년자라면 甲의 죄책은?
(2) 만일 乙이 동의 당시 술에 취하여 있었으며 만일 그가 술에 취하지 않았더라면 동의하지 않았을 것이라고 판단되는 경우 甲의 죄책은?

(1) 자동차등 불법사용죄(제331조의 2)의 성부가 문제된다. 본죄는 "권리자의 동의 없이" 자동차를 일시 사용한 경우에 성립하는 범죄로서, 권리자의 동의는 구성요건해당성 자체를 조각하는 양해에 해당한다. 동의의 경우에는 권리자에게 단순히 자연적인 의사능력만 있으면 족하다. 乙은 이러한 능력을 갖고 있으며 자유의사에 의하여 사용에 동의한 것이므

---

[262] 사실적 성질설(일률적 취급설)에 의하면 양해의 유효요건은 이하에서 설명하는 일반적 원칙에 의하여 정하여 진다. 이에 대하여 다수설(예컨대 이재상/ 장영민/ 강동범, 총론, 276면)은 양해의 유효요건은 일률적으로 결정할 것이 아니라 개별 구성요건의 기능과 법익의 본질을 고려하여 개별적으로 정하여야 한다고 한다(개별설 또는 개별적 취급설).

로, 그가 미성년자라는 사실은 양해의 성립에 영향을 미치지 않는다.

(2) 동의가 유효하기 위해서는 자연적인 의사능력만 있으면 족하며 당사자의 행위능력(Ge schäftsfähigkeit)을 요하지는 않는다. 의사의 하자는 양해의 성립에 영향이 없다. 따라서 그의 양해는 여전히 자동차등 불법사용죄의 구성요건해당성을 조각한다.

착오로 인한 의사의 하자도 양해의 효력에 영향을 미치지 않는다. 그러나 폭행이나 협박에 의한 하자의 경우에는 동의보다는 수인(受忍: Dulden)만이 있었던 것이므로 양해는 성립하지 않는다.

(예 3) 甲은 가게점원 乙에게 가게주인이 자전거를 가져다 달라고 심부름을 보낸 것이라고 속이자, 乙은 甲에게 자전거를 건네주었다. 甲의 죄책은?

착오로 인한 의사의 하자는 양해의 효력에 영향을 미치지 않는다. 따라서 절도죄의 구성요건해당성이 없다. 다만 甲은 乙을 기망하여 자전거를 교부받았으므로 사기죄가 성립한다.

(예 4) 甲은 집주인 乙이 주최한 파티에 초대를 받은 적이 없음에도 불구하고 파티에 참석하기 위하여 속임수를 썼다. 그는 乙에게 자기가 파티에 초대받은 유명인사 A씨의 오랜 친구라고 속이고 파티장으로 들어갔다. 후에 乙은 A가 甲을 전혀 알지 못한다는 사실을 알고 甲을 주거침입죄로 고소하였다.
(1) 甲의 죄책은?
(2) 만일 甲이 파티에 들여보내지 않으면 난동을 부리겠다고 乙을 협박하자 乙이 하는 수 없이 甲을 집으로 들어가도록 허락하였다면 甲의 죄책은?
(3) 만일 甲이 형사를 사칭하여 수사상의 필요에 의하여 파티장에 들어가야 한다고 기망하자 乙이 집안으로 들어가도록 허락하였다면 甲의 죄책은?

(1) 다수설(개별설)은 주거침입죄의 경우에 기망에 의하여 얻은 양해는 효력이 없다고 한다.263) 이 견해에 의하면 甲이 기망에 의하여 乙의 동의를 얻고 주거에 들어간 행위는 주거침입죄에 해당한다. 그러나 주거침입죄에 있어서 주거권자의 동의는 사실적 성격을 지닌 양해로서 기망으로 인한 의사의 하자는 양해의 효력에 영향이 없다(사실적 성질설). 따라서 주거권자인 乙의 양해는 주거침입죄의 구성요건해당성을 조각한다.264)

(2) 협박에 의한 양해는 구성요건해당성을 조각시키지 못한다. 이러한 경우에는 주거권자가 파티장에 들어오는 것을 양해한 것이 아니라 협박으로 인하여 단순히 수인한 것에 불

---

263) 예컨대 이재상, 각론, 216면 참조.
264) Sch/Sch/Lenckner, § 123 Rn. 22.

과하다. 따라서 甲에 대해서는 주거침입죄는 성립한다.

(3) 외관상으로는 乙의 동의가 있는 것으로 보이지만 그의 의사표시는 동의라기보다는 단순한 수인이라고 할 수 있으므로 乙의 자유의사는 침해되었다고 볼 수 있다. 따라서 주거침입죄의 구성요건해당성은 조각되지 않는다.

그리고 동의의 의사표시는 양해이건 승낙이건 불문하고 명시적일 필요는 없으며 묵시적이더라도 외부에 인식이 가능하면 족하다. 특히 양해는 외적으로 인식이 가능할 필요가 없으며 내적 동의로도 족하다.

(예 5) 甲은 신문판매대 앞으로 갔는데, 점원이 자리에 보이지 않으므로 판매대 옆에 놓여 있는 돈바구니에 돈을 놓고 신문을 가져갔다. 甲에 대하여 절도죄가 성립하는가?

절도죄에서 동의는 양해로서 구성요건해당성을 조각한다. 양해의 의사표시는 명시적일 필요는 없으며 묵시적인 것이라 하더라도 외부에 인식이 가능하면 족하다. 사례의 경우 돈을 바구니에 넣고 신문을 가져가라는 점원의 묵시적인 동의는 외부에 충분히 인식이 가능하므로 甲의 행위는 절도죄의 구성요건해당성이 없다.

(판례 1) 甲은 동거 중에 있는 乙이 돈 60,000원을 지갑에서 꺼내 가는 것을 현상에서 이를 목격하고도 만류하지 않았다. 乙의 죄책은?

절도죄에서 피해자의 동의는 양해이다. 동의의 의사표시는 양해이건 승낙이건 불문하고 묵시적이더라도 효력이 인정된다. 대법원도 '피해자가 이를 허용하는 묵시적 의사가 있었다'는 이유로 절도죄의 성립을 부정하였다.[265] 피해자의 동의를 양해로 보아 구성요건해당성이 부정된다고 보았는지, 아니면 피해자의 승낙으로서 위법성이 조각된다고 보았는지는 명확하지 않지만, "절도죄는 타인이 점유하는 재물을 절취하는 행위, 즉 점유자의 의사에 의하지 아니하고 그 점유를 취득함으로 성립하는 범죄인바 …"라는 표현으로 미루어 보면 구성요건해당성이 조각된다고 본 것으로 생각된다.

(예 6) 경찰 甲은 슈퍼마켓에서 절도범을 체포할 목적으로 장바구니 위에 돈지갑을 올려놓았다. 절도범 乙은 이를 눈치 채지 못하고 돈지갑을 집어서 달아나다가 슈퍼마켓의 출구에서 기다리고 있던 경찰 丙에게 체포되었다. 乙의 죄책은?

양해는 외적으로 표시될 것을 요하지 않으며 내적 동의로도 족하다. 사례에서 甲은 지갑에 대한 점유의 이전에 대하여 내적 동의가 있었으므로 乙에 대해서 절도죄는 성립하지 않으

---

265) 대법원 1985. 11. 26. 선고 85도1487 판결.

며 다만 절도미수만이 성립한다.266)

(예 7) 甲男은 乙女가 자신과 성관계를 가질 의사가 있음에도 불구하고 이를 인식하지 못하고 폭행에 의하여 乙女를 간음하였다. 甲男의 죄책은?

강간죄에 있어서 피해자의 동의는 양해에 해당하므로 내적 동의로도 족하다. 사례의 경우 성관계에 대하여는 乙女의 내적 동의가 있었으므로 강간죄는 성립하지 않는다. 그러나 乙女는 폭행에 대하여 동의한 것은 아니므로 폭행죄가 성립하며 폭행과 간음 사이에 인과관계가 없으므로 강간미수죄가 성립한다. 이러한 결론은 불법내용을 보아도 타당하다. 피해자의 내적 동의로 인하여 결과반가치는 감소하지만 행위자는 이러한 사실을 인식하지 못하고 자신이 강간의 불법을 행한다는 인식 하에 행위한 것이므로 행위반가치는 그대로 인정된다. 이는 미수범의 불법내용과 같으므로 甲男에 대하여 강간미수죄의 성립을 인정하는 것이 타당하다.

IV. 승낙의 법적 성격 및 성립요건

1. 법적 성격

피해자의 승낙은 자신의 법익에 대한 처분의 자유권을 행사하는 것으로서 위법성을 조각한다는 점에 대하여는 이론이 거의 없으나, 위법성을 조각하는 법적 근거에 대해서는 견해가 일치하지 않는다. 다수설에 의하면 자유주의적 법치국가에서 개인의 법익에 대한 처분의 자유에 대하여는 사회적 가치를 인정하여야 하며, 이러한 사회적 가치(처분의 자유)가 이익교량의 결과 법익의 보존에 대한 사회공동체의 이익보다 우위에 있는 경우에는 위법성이 조각된다. 이러한 견해를 이익교량설 또는 법률정책설이라고 한다.

이 견해에 의하면 촉탁·승낙살인이 피해자의 승낙에 의한 것임에도 불구하고 처벌되는 이유는 자신의 생명에 대한 처분권, 즉 침해에 동의할 권한이 없기 때문이다. 또한 신체에 대한 침해가 사회윤리에 반하는 때에는 피해자의 승낙이 있어도 위법성이 조각되지 않는데, 그 이유는 신체의 완전성의 보존에 대한 사회공동체의 이익이 피해자의 처분의 자유보다 우위에 있기 때문이다.

이에 대하여 독일의 통설과 판례는 이익포기설의 입장을 취하고 있다. 이

---

266) BGHSt 4, 199.

견해에 의하면 처분권자가 자기 법익에 대한 침해를 승낙한 것은 법익의 포기를 의미하며, 이는 형법에 의한 보호도 포기한 것이므로 침해의 위법성이 조각되는 것이라고 한다. 다만 법익의 포기를 통한 자기결정권의 행사는 법질서가 허용한 범위 내에서만 가능하므로 생명의 침해에 대한 승낙이나 사회윤리에 반하는 신체침해에 대한 승낙은 위법성을 조각하지 못한다고 한다.

2. 성립요건

양해와 승낙의 성립요건은 기본적으로 일치한다. 다만 양해는 사실적 성격을 갖는 반면에 승낙은 법익에 대한 처분권의 행사로서 법률행위로서의 성격을 갖는다는 차이점으로 인하여 양해와 승낙은 성립요건에서 약간의 차이가 있다.

▶ 피해자의 승낙의 성립요건

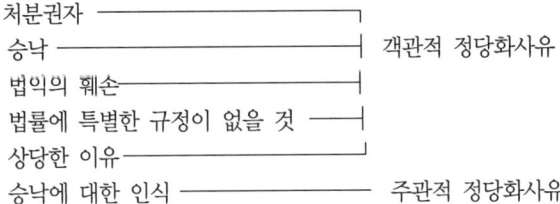

(1) "처분할 수 있는 자"(처분권자)

승낙자가 법익에 대한 처분권자여야 한다. 여기서 처분권자는 법익의 주체인 피해자 자신이다. 승낙이 유효하게 성립하기 위해서는 승낙자에게 승낙능력이 있어야 한다. 이에 대한 일률적인 판단기준은 없으며 다만 자연적 인식능력과 판단능력, 즉 승낙의 의미와 범위를 이해하고 사리에 합당한 판단을 할 수 있는 사실상의(자연적인) 능력만 있으면 승낙능력은 인정된다. 따라서 민법상의 행위능력이 없는 미성년자도 승낙능력이 있을 수 있다. 만일 법익의 주체에게 승낙능력이 없는 때에는 법정대리인이 처분권자가 된다.

(예 8) 의사 甲은 환자 乙에게 한쪽 신장을 적출해야 한다고 권했다. 乙이 여기에 동의하자 甲은 乙의 신장을 적출하였다.

(1) 甲의 죄책은?
(2) 만일 乙이 18세의 미성년자라면?
(3) 만일 乙이 6세의 아이였다면?

(1) 甲의 행위는 상해죄의 구성요건에 해당한다. 다만 의사의 치료행위는 업무로 인한 행위(제20조) 또는 피해자의 승낙(제24조)에 의한 행위로서 위법성이 조각된다.

(2) 동의의 당사자가 법익침해에 대한 사리에 합당한 판단능력(자연적 인식능력 및 판단능력)만 있으면 족하며 민법상의 행위능력을 요하는 것은 아니다. 사례에서 乙은 자신의 승낙에 의한 침해의 의미와 범위를 이해할 수 있는 충분한 판단능력을 갖추었으므로, 그의 승낙은 유효하며 따라서 상해의 위법성을 조각한다.

(3) 乙은 침해의 의미와 범위에 대한 충분한 판단능력이 없으므로 법정대리인, 즉 부모의 동의가 없으면 乙의 승낙은 무효이며 따라서 乙의 승낙에 의한 상해의 위법성이 조각되지는 않는다.

일부 형벌규정은 유효하게 승낙할 수 있는 연령의 한계를 명시적으로 규정하고 있다. 예컨대 미성년자에 대한 간음·추행죄(제305조)에서 만 13세 미만의 자, 아동혹사죄(제274조)에서 만 16세 미만의 자, 약취·유인죄(제287조)에서 미성년자(만 19세 미만의 자)가 동의한 때에는 위법성이 조각되지 않는다.

(2) "승낙에 의하여"

승낙이 유효하기 위해서는 승낙자가 승낙능력을 갖추어야 하는 것 외에도 승낙이 그의 자유로운 판단에 의한 진지한 것이어야 한다. 따라서 폭행, 협박에 의한 승낙, 농담에 의한 승낙 등은 유효한 승낙이 아니므로 위법성을 조각하지 못한다. 기망이나 착오에 의한 승낙이 의사의 중대한 하자로 인한 경우, 즉 침해의 종류나 범위에 관련된 착오(법익관련적 착오)인 때에는 그 승낙은 효력이 없다고 할 것이다. 그러나 단순한 동기의 착오(Motivirrtum)나 표시의 착오(Erklärungsirrtum)에 의한 승낙은 유효하다.

(예 9) 甲은 자신의 친구가 헌혈을 한 대가로 돈을 받았다는 말을 듣고 헌혈차에 가서 헌혈을 했다. 그러나 간호사는 헌혈에 대해서는 대가를 지불하지 않는다는 말을 듣고 채혈을 한 간호사 乙을 상해죄로 고소했다. 乙의 형사책임은?

乙의 채혈행위는 甲에 대하여 일시적이나마 신체의 생리적 기능을 훼손했으므로 상해죄의 구성요건에 해당한다. 그러나 이는 甲의 승낙에 의한 행위로서 위법성이 조각된다. 그의 착오는 동기의 착오에 불과하므로 승낙의 성립에 지장이 없다.

(예 10) 의대생 甲은 환자 乙에게 자신이 전문의라고 거짓말을 하여 乙의 수술에 대한 승낙을 받아낸 후 수술을 하였다. 乙은 후에 甲이 전문의가 아니라는 사실을 알고 그를 상해죄로 고소하였다.
(1) 甲의 죄책은?
(2) 만일 수술이 아니라 가벼운 치료였다면 甲의 죄책은?

(1) 수술을 하는 사람이 전문의인가의 여부는 수술을 받는 환자의 법익에 대한 침해와 관련된 것이므로 乙의 동의는 법익관련적 착오에 의한 의사표시로서 중대한 하자가 있다. 따라서 그의 승낙은 위법성조각의 효력이 없으므로 甲에 대해서는 상해죄가 성립한다.

(2) 가벼운 수술과 같은 통상적 치료행위는 환자의 건강을 침해하는 것이 아니라 오히려 건강을 개선하는 행위이므로 상해에 해당하지 않으며 따라서 피해자의 승낙과 관계없이 구성요건해당성 자체가 부정된다. 이에 대하여 상해죄와 관련하여 피해자의 승낙을 위법성조각사유로 이해하는 견해에 의하면 甲의 행위는 일단 상해죄의 구성요건해당성이 있다. 그러나 가벼운 치료를 하는 자가 전문의인가 아닌가는 치료를 받는 환자의 법익에 영향이 없으므로 乙의 착오는 중대한 것이 아니며 따라서 그의 동의는 유효한 승낙으로서 상해의 위법성을 조각한다. 결국 어느 견해에 의하더라도 甲에 대하여 상해죄는 성립하지 않는다.

(판례 2) 산부인과 의사 甲은 환자 乙女를 진찰한 결과 복부에 혹이 만져지고 하혈을 하고 있어 자궁외 임신일 가능성도 생각하였으나 피해자가 10년 간 임신경험이 없고 경유병원에서의 진단소견이 자궁근종 또는 자궁체부암으로 되어 있자 자궁외 임신인지를 판별하기 위한 수술전 검사법인 특수호르몬검사, 초음파검사, 복강경검사, 소변임신반응검사 등을 전혀 실시하지 않고 자궁근종을 확인하는 의미에서의 촉진 및 시진을 통하여 자궁외 임신환자인 乙女의 병명을 자궁근종으로 오진하였다. 의사 甲은 이에 근거하여 의학에 대한 전문지식이 없는 환자 乙女에게 자궁적출술의 불가피성만을 강조하였을 뿐 위와 같은 자궁외 임신에 관한 내용을 설명받지 못한 乙女로부터 수술승낙을 받고 자궁적출술을 시행하였다. 의사 甲의 죄책은?

대법원은 甲은 乙女에 대하여 자궁적출술을 시행함으로써 건강상태를 불량하게 변경하였으므로 그의 행위는 업무상 과실치상죄의 구성요건에 해당한다고 보았다.[267] 그리고 甲의 행위가 피해자의 승낙에 의한 행위로서 위법성이 조각되는가에 대하여 '乙女는 의사 甲의

---

267) 그러나 자궁적출은 중상해에 해당한다고 보는 것이 타당하다. 원형식, 각론 36면 참조.

진단상의 과오가 없었다면 당연히 설명받았을 자궁외 임신에 관한 내용을 설명받지 못하고 수술을 승낙한 것이므로 그 승낙은 甲의 부정확 또는 불충분한 설명을 근거로 이루어진 것으로서 수술의 위법성을 조각할 유효한 승낙이라고 볼 수 없다'고 보았다.[268] 따라서 甲에 대하여는 업무상 과실치상죄가 성립한다.

의사 甲이 자궁적출술을 시행한 행위는 상해에 해당하며, 그에게 상해의 고의가 인정됨에도 불구하고 대법원은 그의 행위가 업무상과실치사죄에 해당한다고 보았다. 그 이론적 근거를 명확히 알기는 어렵지만 다수설에 의하여도 같은 결론에 이른다. 甲에게 상해의 고의는 인정되지만 그는 오진으로 인하여 피해자의 승낙이 유효하다고 오인하였기 때문에 자신의 행위는 피해자의 승낙에 의하여 위법성이 조각된다고 착오하였다. 이러한 착오는 소위 '오상피해자의 승낙'으로서 위법성조각사유의 전제사실의 착오[269]에 해당한다. 다수설(법효과제한적 책임설)에 의하면 이 경우 구성요건적 고의는 인정되지만 고의책임이 조각되므로 법률효과에 있어서 사실의 착오와 같이 취급하여 과실범이 성립한다. 따라서 甲에 대하여는 상해의 고의가 인정됨에도 불구하고 업무상과실치사죄가 성립하는 것이다.

승낙은 행위자에게 표시되어야 한다는 견해(의사표시설)와 명시적으로 표시될 필요가 없으며 다만 내적으로 동의하면 족하다는 견해(의사방향설)가 있다. 그러나 명시적인 경우는 물론 묵시적이더라도 외부에서 인식가능하면 유효하게 성립한다고 보는 것이 타당하다(절충설).

(3) "법익을 훼손한 행위"

여기서 말하는 법익은 처분권이 인정되는 법익, 즉 개인적 법익에 국한되며 사회적 법익이나 국가적 법익은 처분할 수 없는 법익이다. 따라서 자기소유의 건물(제166조 제2항)이나 물건에의 방화(제167조 2항)에 대한 승낙은 위법성을 조각하지 못한다. 왜냐하면 방화죄의 보호법익은 공공의 안전, 즉 사회적 법익이므로 건물의 소유주는 이에 대한 처분권이 없기 때문이다. 또한 생명도 처분할 수 없는 법익이다. 따라서 피해자의 승낙에 의해서 살해한 경우 위법성은 조각되지 않으며 다만 결과불법이 감경되므로 승낙살인죄(제252조)로서 보통살인죄보다 가볍게 처벌된다.

---

[268] 대법원 1993. 7. 27. 선고 92도2345 판결.
[269] 이에 관한 자세한 내용은 제2편 제5장 제3절 II 참조.

(판례 3) 甲, 乙은 공모하여, 경찰서 민원실에서 사실은 甲, 乙 등이 A에게 돈을 빌려 준 적이 없음에도 불구하고 '고소인들이 2002. 4. 22. A에게 각 5,000만 원을 빌려주고 A가 2002. 5. 19.까지 1주일 단위로 원리금을 균등상환하기로 하였는데 2002. 5. 22.까지 원리금을 전혀 변제하지 않아서 고소장을 제출하니 자세히 살펴보고 엄벌에 처해 달라.'는 취지의 허위사실을 기재한 고소장을 경찰서장 앞으로 제출, 접수케 하였다. 그런데 甲, 乙은 A와 그로부터 피해를 당한 사람들 사이의 합의를 주선하기 위하여 자신들도 피해자인 것처럼 행세하기 위한 방편으로 A를 고소하기로 하고 이러한 취지를 A에게도 미리 알린 것이다. 甲, 乙의 죄책은?

> **[참조조문]**
> **제156조(무고)** 타인으로 하여금 형사처분 또는 징계처분을 받게 할 목적으로 공무소 또는 공무원에 대하여 허위의 사실을 신고한 자는 10년 이하의 징역 또는 1,500만원 이하의 벌금에 처한다.

(1) 구성요건
甲, 乙이 경찰서에 허위사실을 기재한 고소장을 제출, 접수케 한 행위는 무고죄의 객관적 구성요건에 해당한다. 이 사례에서 문제되는 것은 주관적 구성요건, 즉 甲, 乙에게 'A로 하여금 형사처분을 받게 할 목적'이 있는가이다. 이를 위하여 미필적 고의로 족한가 아니면 확정적 고의가 있을 것을 요하는가에 관하여는 견해가 일치하지 않는데,270) 판례는 "무고죄에 있어서 형사처분 또는 징계처분을 받게 할 목적은 허위신고를 함에 있어서 다른 사람이 그로 인하여 형사 또는 징계처분을 받게 될 것이라는 인식이 있으면 족한 것이고 그 결과발생을 희망하는 것까지를 요하는 것은 아니므로, 고소인이 고소장을 수사기관에 제출한 이상 그러한 인식은 있었다고 보아야 할 것"이라고 함으로써 무고죄의 주관적 구성요건은 미필적 고의로 족하다고 본다. 사례에서 甲, 乙은 "A에 대한 형사처분이라는 결과발생을 의욕한 것은 아니라 하더라도 적어도 그러한 결과발생에 대한 미필적인 인식은 있었던 것"으로 볼 수 있으므로 'A로 하여금 형사처분을 받게 할 목적'은 인정된다.

(2) 위법성
甲, 乙은 A와 그로부터 피해를 당한 사람들 사이의 합의를 주선하기 위하여 자신들도 피해자인 것처럼 행세하기 위한 방편으로 A를 고소한 것이고 취지를 A에게도 미리 알린 사실이 있으므로 피무고자인 A의 승낙이 있었다. 그러나 "무고죄는 국가의 형사사법권 또는 징계권의 적정한 행사를 주된 보호법익으로 하고 다만, 개인의 부당하게 처벌 또는 징계받지 아니할 이익을 부수적으로 보호하는 죄이므로, 설사 무고에 있어서 피무고자의 승낙이

---

270) 자세한 내용은 원형식, 각론, 657면 이하 참조.

있었다고 하더라도 무고죄의 성립에는 영향을 미치지 못한다."271) 따라서 허위사실의 신고에 대하여 A의 동의가 있었더라도 甲, 乙의 무고행위의 위법성은 조각되지 않는다. 따라서 甲, 乙에 대하여는 무고죄가 성립한다.

(4) "법률에 특별한 규정이 없는 한"

승낙에 의한 행위에 대한 처벌규정이 있는 때에는 당연히 위법성이 조각되지 않는다. 예컨대 제252조의 촉탁·승낙에 의한 살인, 병역의무를 기피할 목적으로 행한 상해(병역법 제86조, 군형법 제41조 제1항)는 피해자의 승낙이 있더라도 위법성이 조각되지 않는다.

(5) 상당한 이유

여타의 위법성조각사유와는 달리 제24조는 상당한 이유를 명시적으로 규정하고 있지는 않지만 승낙에 의한 행위가 사회윤리에 반하는 때에는 위법성이 조각되지 않는다. 왜냐하면 이익교량설(법률정책설)에 의하면 피해자의 승낙이 위법성을 조각하기 위해서는 처분의 자유가 이익교량의 결과 법익보존에 대한 사회공동체의 이익보다 우위에 있어야 하는 데, 승낙에 의한 행위가 사회윤리에 반하는 때에는 법익보존에 대한 사회공동체의 이익이 처분권자의 처분의 자유보다 우위에 있기 때문이다. 다만 유의할 것은 행위의 반윤리성의 경우에만 상당성이 결여되는 것이지 승낙의 동기의 반윤리성은 상당성에 영향이 없다.

(판례 4-1) 甲, 乙은 丙의 동의에 의하여 丙의 몸에서 잡귀를 물리친다면서 뺨을 때리고 팔과 다리를 붙잡고 배와 가슴을 손과 무릎으로 힘껏 누르고 밟는 등의 행위를 하였다. 이로 인하여 丙은 우측간 저면파열, 복강내출혈로 사망하였다. 甲, 乙의 죄책은?

판례는 甲, 乙의 행위에 대하여 공동정범에 의한 폭행치사죄의 구성요건해당성을 인정하였다. 그리고 피해자의 승낙에 의하여 위법성이 조각되는가에 대하여 "소위 피해자의 승낙은 해석상 개인적 법익을 훼손하는 경우에 법률상 이를 처분할 수 있는 사람의 승낙을 말할 뿐만 아니라 그 승낙이 윤리적, 도덕적으로 사회상규에 반하는 것이 아니어야 한다"는 이유로 이를 부정하고 폭행치사죄의 성립을 인정였다.272)

---

271) 대법원 2005. 9. 30. 선고 2005도2712 판결.
272) 대법원 1985. 12. 10. 선고 85도1892 판결.

(판례 4-2) 기도원을 운영하는 甲은 정신분열증을 앓던 25세의 피해자 A의 어머니 乙의 동의하에 A에 대하여 3회에 걸쳐 안수기도 명목으로 A를 눕혀 머리를 피고인의 무릎 사이에 끼우고 불상의 신도들로 하여금 피해자의 팔과 다리를 붙잡아 움직이지 못하게 한 뒤, 수회에 걸쳐 손가락으로 피해자의 눈 부위를 세게 누르고 뺨을 때리는 등으로 폭행하여 상해를 입혔다. 甲의 죄책은?

甲의 행위는 상해죄의 구성요건에 해당한다. 그의 행위가 피해자의 乙의 승낙에 의하여 이루어진 것이지만 그 승낙에 의한 행위는 사회윤리상 허용될 수 없으므로 위법성은 조각되지 않는다. 대법원은 다음과 같은 이유에서 甲의 행위가 사회상규나 피해자의 승낙에 의한 행위에 해당하지 않는다고 판단하였다.
"종교적 기도행위를 마치 의료적으로 효과가 있는 치료행위인 양 내세워 환자를 끌어들인 다음, 통상의 일반적인 안수기도의 방식과 정도를 벗어나 환자의 신체에 비정상적이거나 과도한 유형력을 행사하고 신체의 자유를 과도하게 제압하여 그 결과 환자의 신체에 상해까지 입힌 경우라면, 그러한 유형력의 행사가 비록 안수기도의 명목과 방법으로 이루어졌다 해도 사회상규상 용인되는 정당행위라고 볼 수 없음은 물론이고, 이를 치료행위로 오인한 피해자측의 승낙이 있었다 하여 달리 볼 수도 없다."273)

(판례 5) 甲은 乙과 공모하여 교통사고를 가장하여 보험금을 편취할 목적으로 乙에게 상해를 가하였디. 甲의 죄책은?

대법원은 "형법 제24조의 규정에 의하여 위법성이 조각되는 피해자의 승낙은 개인적 법익을 훼손하는 경우에 법률상 이를 처분할 수 있는 사람의 승낙이어야 할 뿐만 아니라 그 승낙이 윤리적·도덕적으로 사회상규에 반하는 것이 아니어야 한다"고 보고, 피해자 乙의 승낙이 있었다고 하더라도 이는 위법한 목적에 이용하기 위한 것이므로 甲의 행위가 피해자의 승낙에 의하여 위법성이 조각된다고 할 수 없다고 판단하였다.274)

(판례 6) 군대의 상급자인 甲은 하급자인 乙과 장난으로 乙의 엉덩이를 한 대 때리고, 이때 乙이 권투자세를 취하면서 甲 쪽으로 돌아서자 까분다고 생각하고 乙에게 "권투한번 해"라고 말하고 약 1분간 서로 주먹으로 치고받을 때, 甲은 오른 주먹으로 乙의 가슴과 복부 등을 약 10여회 때렸다. 乙은 그 충격으로 30분가량 후에 내무반에서 원발성쇼크로 사망하였다. 甲의 죄책은?

대법원은 甲의 폭행이 장난권투로 피해자의 승낙에 의한 사회상규에 어긋나지 않는 것이라고도 볼 수 없으며 사망의 결과에 대한 예견가능성을 부정할 수도 없다는 이유로 甲에 대하여 폭행치사죄를 인정하였다.275)

---

273) 대법원 2008. 8. 21. 선고 2008도2695 판결.
274) 대법원 2008. 12. 11. 선고 2008도9606 판결.

(예 11-1) 환자 甲은 심장병을 앓고 있었다. 甲의 어머니 乙은 자신의 심장을 甲에게 기증하겠다고 의사 丙에게 간곡히 부탁하였다. 의사 丙은 적법하게 심장을 이식할 수 있는가?

심장을 적출하면 사망하게 되므로 乙의 동의는 사회윤리에 반하여 무효이다. 물론 그 이전에 생명은 처분할 수 있는 법익이 아니므로 乙의 승낙은 무효이다. 따라서 사례의 경우 심장이식은 촉탁살인죄(제252조 제1항)에 해당하므로 의사 丙은 적법하게 심장이식을 할 수 없다.

(예 11-2) 만일 乙이 한 쪽 콩팥을 기증하겠다고 제의하였다면 丙이 콩팥을 적출한 행위는 정당한가?
의사 丙이 콩팥을 적출한 행위는 중상해죄의 구성요건에 해당한다.[276] 그러나 그의 행위는 피해자 乙의 승낙에 의한 행위로서 사회윤리에 합당하므로 그의 행위는 위법성이 조각된다.

(예 12) 돈이 궁한 甲은 환자 乙에게 콩팥을 팔기로 약속하였다. 의사 丙은 매매사실을 알고 있음에도 불구하고 甲의 승낙에 의하여 그의 신장을 적출하였다. 丙의 죄책은?

의사 丙이 장기를 적출한 행위는 중상해죄의 구성요건에 해당한다. 그의 행위가 피해자 甲의 승낙에 의한 행위로서 위법성이 조각되는가와 관련하여 문제되는 것은 甲의 승낙의 동기가 돈을 받기 위한 것으로서 사회윤리에 반한다는 점이다. 그러나 甲의 승낙의 동기가 반윤리적이라는 점은 승낙의 효력에 영향을 미치지 못하므로 甲의 승낙은 유효한 승낙으로서 중상해의 위법성을 조각한다. 다만 의사 丙은 신장의 매매사실을 알았음에도 불구하고 乙의 신장을 적출하였으므로 장기등 이식에 관한 법률 제40조 제2항 및 제6조 제1항의 위반죄에 해당한다.

(예 13) 희귀한 혈액형을 가진 甲은 혈액을 긴급하게 필요로 하는 乙의 가족에게 터무니없는 고액을 받고 피를 팔았다. 간호사 丙의 채혈행위는 적법한가?

승낙의 동기는 비윤리적이지만 수혈행위 자체는 사회윤리에 반하지 않으므로 채혈을 한 간호사의 상해행위는 위법성이 조각된다.

(6) 주관적 정당화요소

피해자의 승낙의 주관적 요건으로서 행위자는 피해자의 승낙에 대한 인식이 있어야 한다. 피해자의 승낙이 있었으나 이를 인식하지 못한 때에는 결과불법은 부정되나 행위불법은 인정되므로 불능미수로 처벌된다.

---
275) 대법원 1989. 11. 28. 선고 89도201 판결.
276) 원형식, 각론, 36면. 참조.

제 7 절 추정적 승낙

I. 의의 및 유형

 법익의 침해에 대하여 피해자의 현실적인 승낙은 없었지만, 행위당시의 객관적 사정에 비추어 보면 피해자가 법익의 침해를 승낙했을 것이라고 기대되는 경우를 추정적 승낙이라고 한다. 여기에는 두 가지 유형이 있다.
 ① 피해자의 이익을 위한 경우: 행위자가 피해자의 우월한 이익을 보호하기 위하여 그의 법익을 침해한 경우이다.

(예 1) 甲은 개와 고양이를 기르고 있었는데 그가 외출한 사이에 개가 고양이를 물어 죽이려고 하자 이를 본 이웃 주민 乙이 고가의 고양이를 구하기 위하여 개를 공기총으로 쏘아 죽였다. 乙의 죄책은?

乙은 甲의 우월한 법익(고양이)을 보호하기 위하여 그의 법익(개)을 침해하였으며 이러한 침해에 대하여 개의 소유자인 甲의 승낙이 예견된다고 할 수 있으므로 乙의 행위는 추정적 승낙에 의하여 위법성이 조각된다.

(예 2) 의사가 의식을 상실한 상태의 환자의 생명을 구하기 위하여 신체의 일부를 절단하는 수술을 하거나, 물에 빠진 사람을 구조하기 위하여 보트를 접근시키다가 그에게 상처를 입힌 경우, 소방관이 불길에 싸여 달리 구조할 방법이 없어 하는 수 없이 아이를 이불에 싸서 2층에서 창 밖으로 던져 상해를 입힌 경우 등은 추정적 승낙에 해당한다.[277]

 ② 자기의 이익을 위한 경우: 침해되는 이익이 경미하거나 행위자와 피해자의 신뢰관계를 이유로 피해자의 이익의 포기가 추정되는 경우이다.

(예 3) 甲이 친구 乙의 집에 놀러 갔다가 친구가 없는 동안 그를 기다리면서 탁자 위의 담배를 피웠다. 甲의 죄책은?

甲이 담배를 피운 행위는 절도죄의 구성요건에 해당한다. 그러나 침해된 법익이 경미하고 두 사람이 친구사이라는 점에 비추어 보면 乙은 담배에 대한 포기가 있는 것으로 추정할 수 있다. 절취에 대한 동의는 양해로서 구성요건해당성을 조각하지만 이러한 동의가 추정되는

---
[277] 객관적 귀속론(위험감소의 원칙)에 의하면 이러한 경우 생명에 대한 위험을 신체에 대한 위험으로 감소시켰으므로 위법성조각 이전에 이미 상해죄의 구성요건해당성이 부정된다.

경우에는 추정적 승낙으로서 구성요건해당성이 조각되는 것이 아니라 위법성이 조각된다.

II. 법적 성격

명문의 규정은 없지만 추정적 승낙이 위법성조각사유라는 점에 대하여는 견해가 일치한다. 다만 법적 성격에 대하여 견해가 일치하지 않는다. 생각건대 ① 피해자의 이익을 위하여 그의 법익을 침해한 경우는 법익에 대한 위난이 있다는 점에서 긴급피난과 유사하나, 상충하는 두 법익이 모두 동일한 법익주체에 속한다는 점에서 긴급피난과 차이가 있으며, ② 법익의 포기가 추정되는 경우는 피해자의 승낙과 유사하나 피해자의 현실적 승낙이 아니라 가상적 진의에 의하여 위법성이 조각된다는 점에서 피해자의 승낙과 차이가 있다. 따라서 추정적 승낙은 긴급피난이나 피해자의 승낙의 성격을 모두 지닌 독자적 위법성 조각사유로서(독자적 위법성조각사유설) 제20조(정당행위)의 "기타 사회상규에 위배되지 아니하는 행위"에 해당한다.

▶ 추정적 승낙의 유형 및 법적 성격(독자적 위법성조각사유)
  ┌ ① 피해자의 이익을 위한 경우 - 긴급피난과 유사
  └ ② 자기의 이익을 위한 경우 - 피해자의 승낙과 유사

III. 성립요건

추정적 승낙의 성립요건은 피해자의 승낙의 성립요건과 거의 일치한다. 다만 차이점을 중심으로 보면 다음과 같다.

▶ 추정적 승낙의 성립요건
  법익에 대한 처분권자 ─┐
  승낙의 불가능 ─────┤─ 객관적 정당화사유
  승낙의 기대 ──────┤
  상당한 이유 ──────┘
  의무합치적 심사 ──── 주관적 정당화사유

1. 법익에 대한 처분권자

피해자의 승낙과 마찬가지로 추정적 승낙의 경우에도 피해자에게 법익에 대한 처분권이 있어야 한다.

> (예 4) 17세의 甲은 교통사고로 무의식 상태다. 의사 乙은 수술을 하여 甲의 신체의 일부를 절단하여야 甲의 건강이 회복될 수 있다고 판단하였다. 그러나 甲의 부모는 수술에 반대하고 있다.
> (1) 의사 乙은 부모의 반대에도 불구하고 수술을 하였다. 乙의 죄책은?
> (2) 만일 甲이 8세의 어린이라면 乙의 죄책은?
> (3) 만일 (2)의 상황에서 즉시 수술을 하지 않으면 甲이 사망할 위험이 있을 정도로 위급한 상황이라면 甲의 부모가 반대하는 수술은 정당한가?

(1) 의사 乙은 부모의 반대에도 불구하고 수술을 하였다. 乙의 죄책은?
의사 乙의 수술은 상해죄의 구성요건에 해당한다. 甲은 연령상 승낙의 의사표시를 할 수 있는 능력(승낙능력)이 있으므로 법익에 대한 처분권자이며 따라서 그의 부모의 동의가 없더라도 추정적 승낙에 의하여 상해의 위법성이 조각된다.

(2) 甲은 연령상 승낙의 의사표시를 할 수 있는 능력이 없으므로 乙의 행위가 추정적 승낙에 의하여 위법성이 조각되지는 않는다. 따라서 처분권자인 부모의 동의가 없는 경우에는 친권상실의 선고(민법 제924조)후, 후견인(민법 제932조)의 동의를 구하는 수밖에 없다.

(3) 부모의 수술반대로 인하여 甲의 생명에 대한 위난이 발생하였으므로 의사 乙의 수술은 긴급피난에 해당하여 위법성이 조각된다.

2. 승낙의 불가능

처분권자의 현실적인 승낙을 구하는 것이 불가능하여야 한다(추정적 승낙의 보충성). 만일 처분권자의 판단을 기다리는 것이 가능하다면 추정적 승낙은 성립하지 않는다.

> (예 5) 의사 甲은 환자 乙의 생명을 구하기 위해서는 왼쪽 콩팥을 제거하여야 한다. 乙이 수술에 대한 두려움 때문에 수술을 거부하자 甲은 신체에 해가 없는 간단한 수술이라고 속여 안심시킨 후 동의를 얻어 수술하였다.
> (1) 甲의 죄책은?

(2) 만일 의사 甲이 수술도중 예측하지 못했던 사정으로 인하여 콩팥을 제거하는 것이 불가피하였다면 甲의 죄책은?

(1) 의사 甲은 환자에 대하여 설명의무가 있다. 설명의무를 무시하고 얻어낸 승낙은 착오에 의한 것이므로 무효이다. 따라서 피해자의 승낙은 성립하지 않는다. 그리고 추정적 승낙도 성립하지 않는다. 왜냐하면 피해자의 승낙을 구하는 것이 불가능하지는 않았기 때문이다. 따라서 甲의 행위는 중상해죄[278])에 해당한다.

(2) 이러한 경우에는 피해자의 동의를 구하는 것이 불가능하므로 콩팥을 제거하는 행위는 추정적 승낙에 의하여 위법성이 조각된다.

3. 승낙의 기대

행위당시의 객관적 사정에 비추어 피해자의 승낙이 있었을 것이라고 추정되어야 한다. 즉 피해자의 개인적 관심, 요구, 가치관 등을 종합하여 판단할 때 법익침해가 피해자의 가상적 진의에 합치되어야 한다. 만일 가상적 진의를 판단할만한 기준이 없는 경우에는 합리적 행동의 척도와 같은 객관적 기준에 의하여 판단하여야 한다. 가상적 진의판단이 법익주체의 진의에 합치하는가는 위법성조각에 영향이 없다. 이러한 의미에서 승낙의 추정은 주관적 의미의 추정이 아니고 객관적 의미의 추정이라고 할 수 있다.

(예 6) 의사 甲은 중상을 입고 의식이 없는 환자 乙의 생명을 구하기 위하여 다리를 절단하였다. 乙은 의식을 되찾은 후에 자신은 이를 원치 않으며 차라리 죽는 쪽을 택하였을 것이라고 주장하고 있다. 甲의 죄책은?

甲이 신체의 일부를 절단한 행위는 중상해죄(제258조 제2항)의 구성요건에 해당한다. 그러나 그의 행위는 피해자의 가상적 진의에 부합하므로 추정적 승낙에 의하여 위법성이 조각된다. 추정적 승낙은 피해자의 가상적 진의가 기준이 되는 것이지 실제로 그의 진의가 어떠하였는가가 기준이 되는 것은 아니다. 합리적 행동의 척도에 따라서 객관적으로 판단하면 생명을 구하기 위하여 다리를 절단하는 것은 가상적 진의에 합치된다.

(판례 1) 채권자 甲, 乙은 채무자 A에 대한 물품대금 채권을 다른 채권자들보다 우선적으로 확보할 목적으로 A가 부도를 낸 다음날 새벽에 A의 승낙을 받지 아니한 채 그의 가구점의 시정장치를 쇠톱으로 절단하고 그곳에 침입하여 시가 1600만원 상당의 가구들을 화물차에 싣고 가 다른 장소에 옮겨 놓았다. 甲, 乙의 죄책은?

---

278) 원형식, 각론, 36면.

甲, 乙이 합동하여 A의 의사에 반하여 그의 소유의 가구들을 가져온 행위는 특수절도죄(제331조 제2항)의 객관적 구성요건에 해당한다. 甲, 乙이 채권확보의 목적으로 물건을 취거한 경우에도 불법영득의사가 있는가에 대하여는 논란의 여지가 있으나 판례는 물질의 가치만을 영득할 의사가 있다는 이유로 이를 긍정한다.

甲, 乙의 행위가 자구행위에 해당하는가에 대하여 대법원은 "피고인들에 대한 채무자인 피해자가 부도를 낸 후 도피하였고 다른 채권자들이 채권확보를 위하여 피해자의 물건들을 취거해 갈 수도 있다는 사정만으로는 피고인들이 법정절차에 의하여 자신들의 피해자에 대한 청구권을 보전하는 것이 불가능한 경우에 해당한다고 볼 수 없다"[279]고 판단하였다. 다음으로 채권자 甲, 乙의 행위가 피해자의 추정적 승낙에 해당하는가에 관하여 대법원은 "추정적 승낙이란 피해자의 현실적인 승낙이 없었다고 하더라도 행위 당시의 모든 객관적 사정에 비추어 볼 때 만일 피해자가 행위의 내용을 알았더라면 당연히 승낙하였을 것으로 예견되는 경우"를 말하는데, 가구의 소유자 A가 甲, 乙의 행위, 즉 가구점의 시정장치를 쇠톱으로 절단하고 그곳에 침입하여 가구들을 화물차에 싣고 간다는 사실을 알았다면 이를 승낙하였을 것이라고 예견되지는 않으므로 추정적 승낙도 있다고 할 수 없다. 따라서 甲, 乙에 대하여는 특수절도죄(합동절도죄)가 성립한다.

(판례 2) 甲은 자신의 아버지 乙에게서 乙 소유 부동산의 매매에 관한 권한 일체를 위임받아 이를 매도하였는데, 그 후 乙이 갑자기 사망하자 부동산 소유권 이전에 사용할 목적으로 乙이 자신에게 인감증명서 발급을 위임한다는 취지의 인감증명 위임장을 작성한 후 주민센터 담당직원 丙에게 이를 제출하였다. 甲의 죄책은?

甲이 사망한 아버지 명의로 위임장을 작성하여 이를 丙에게 제출한 행위가 사문서위조 및 동행사죄의 구성요건에 해당하는가에 관하여 원심법원은 "甲의 아버지 乙이 사망하기 전에 甲에게 이 사건 부동산의 매매에 관한 일체의 권한을 위임하였고, 甲은 이에 따라 이 사건 인감증명 위임장을 작성한 것이므로 …" 甲의 행위는 사문서위조죄 및 위조사문서행사죄에 해당하지 않는다고 한다. 그리고 乙의 사망으로 인하여 그 위임관계가 종료되어 乙의 명시적이거나 현실적인 승낙이 없이 위임장을 작성하였다고 하더라도, 甲에게 이 사건 부동산의 매매에 관한 일체의 대리권을 수여하였던 乙에게 묵시적이거나 추정적인 승낙이 있었다고 한다.[280]

이에 대하여 대법원은 "甲의 사망으로 포괄적인 명의사용의 근거가 되는 위임관계 내지 포괄적인 대리관계는 종료된 것으로 보아야 하므로 특별한 사정이 없는 한 甲은 더 이상 위임받은 사무처리와 관련하여 乙의 명의를 사용하는 것이 허용된다고 볼 수 없고, … 甲이 명의자 乙이 승낙하였을 것이라고 기대하거나 예측한 것만으로는 사망한 乙의 승낙이 추정된다고 단정할 수 없는데…"라는 이유로 위법성이 조각되지 않는다고 보았다.[281]

---

279) 대법원 2006. 3. 24. 선고 2005도8081 판결.
280) 인천지방법원 2011. 4. 28. 선고 2011노335 판결.

4. 주관적 정당화요소

행위자는 자신의 행위가 피해자의 가상적 진의에 부합하는가를 의무합치적 심사(양심적 심사)에 근거하여 판단하여야 한다.

> (예 7) 甲은 장난으로 乙의 집 창문에 돌을 던지고 도망하였다. 그런데 乙은 가스유출로 이미 의식을 잃은 상태였으며, 창문의 유리가 깨져 환기가 되는 바람에 살아날 수 있었다. 甲의 죄책은?

甲은 당시의 상황을 인식하지 못하였으며 따라서 가상적 진의에 대한 양심적 심사가 전혀 없었으므로 주관적 정당화사유가 결여된다. 따라서 그의 행위에 대하여는 추정적 승낙이 인정되지는 않는다. 따라서 다수설에 의하면 甲에 대하여는 손괴죄가 성립한다. 그러나 위법성조각사유의 주관적 요건이 결여되면 행위불법은 그대로 인정되지만 결과불법이 배제되므로 미수범으로 처벌한다는 견해에 의하면 甲은 손괴죄의 불능미수로 처벌된다.

---

281) 대법원 2011. 9. 29. 선고 2011도6223 판결.

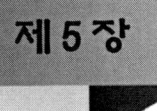

제 5 장 책임론

제 1 절 책임이론

I. 책임의 의의

형법은 "책임 없으면 형벌 없다"라는 책임주의에 입각하고 있다. 책임이 없으면 범죄는 성립하지 않으므로 책임은 구성요건해당성 및 위법성과 함께 범죄의 성립요건이 된다. 위법성의 영역에서는 행위가 법질서에 부합하는가의 여부를 판단하는 데 반하여, 책임의 영역에서는 행위자위자가 불법을 결의하고 실행한 것에 대하여 개인적으로 비난할 수 있는가를 검토한다. 여기서 비난은 행위를 통하여 표현된 행위자의 그릇된 마음가짐, 즉 법에 대한 적대적 태도 또는 부주의한 태도를 가지고 법이 금지한 불법을 결의한 심적 태도(심정반가치)에 대하여 가해지는 것이다. 이러한 의미에서 책임을 '의사형성에 대한 비난가능성'이라고 한다. 책임의 형태는 고의범에서는 법질서에 대한 적대적 태도(고의책임)로 나타나며, 과실범에서는 법질서에 대한 부주의한 태도(과실책임)로 나타난다.

II. 책임의 근거

불법을 결의한 태도에 대하여 비난을 가할 수 있기 위해서는 행위자가 법과 불법을 구분하고 불법을 피하고 법을 결의할 수 있는 자유의지가 있어야 한다. 따라서 책임, 즉 의사형성에 대한 비난의 근거는 인간의 자유의사라고 할 수 있다. 이처럼 행위자가 자유의사에 따라 적법행위를 할 수 있었음에도 불구하고 불법을 행한데 대하여 도덕적 비난을 가한다는 의미에서 이러한 견해를 도의적 책임론이라고 한다.[282]

도의적 책임론은 인간에게 자유의사가 있다는 것을 전제로 한 견해인데, 인간에게 자유의사가 있는가에 대하여는 비결정론과 결정론의 대립이 있다. 비결정론은 인간의 행동은 외적 요인에 의하여 결정되는 것이 아니라 인간의 자유의사에 의하여 인간이 스스로 결정하는 것이라고 한다. 이에 대하여 결정론은 인간의 행위가 소질이나 환경 등 외적 요인에 의하여 결정되는 것이며, 인간에게 자유의사가 있다는 사실은 증명할 수 없다고 한다. 결정론은 책임의 근거를 행위자의 반사회적 성격에서 찾는다. 이러한 견해를 사회적 책임론이라고 한다.

앞에서 설명한 바와 같이[283] 상대적 자유의사론(연성자유의사론)에 의하면 인간은 이성적 존재로서 자유의사에 따라 자신의 행동을 결정하지만, 다른 한편으로는 생명과 신체를 지닌 자연적 존재로서 어느 정도는 소질과 환경에 의하여 제약을 받게 된다. 따라서 책임의 근거는 원칙적으로는 도덕적 책임론에 따라 인간의 자유의사에 있다고 보는 것이 타당하다.

III. 책임판단의 대상

1. 개별행위책임과 인격책임

위법성은 구성요건에 해당하는 행위를 대상으로 판단하듯이, 책임은 구성요건에 해당하는 위법행위, 즉 불법을 대상으로 판단한다. 책임판단의 대상은 심정반가치이다. 심정반가치란 불법행위를 통하여 표현된 행위자의 법규범에 대한 그릇된 심적 태도(행위자의 결여된 법의식)에 대한 부정적 가치판단을 말한다. 행위반가치와 결과반가치가 불법내용이라면 심정반가치는 책임내용이라고 할 수 있다.

책임판단은 불법행위를 통해 표현된 그릇된 법의식을 대상으로 한다는 점에서 형법상 책임은 '개별행위책임'이라고 할 수 있다. 이에 대하여 행위와 행위자의 인격을 분리하여 판단할 수는 없다는 점에 착안하여 책임판단의 대상을 행위자의 전체적 인격으로까지 확대하는 경우, 이러한 책임을 '인격책

---

282) 다수설: 예컨대 손동권/김재윤, 총론, 280면.
283) 본서 제1편 제3절 IV 1.

임'284)이라고 한다.285)

 형법은 개별행위책임을 원칙으로 하고 있으며 다만 행위자의 위험성이나 범죄적 습성을 근거로 상습범(예: 제332조의 상습절도)이나 누범(제35조)을 가중처벌함으로써 예외적으로 인격책임을 인정하고 있다.

2. 행위형법과 행위자형법

 형법은 원칙적으로 행위형법에 입각하고 있다. 즉 형법의 적용대상은 범죄행위이지 행위자가 아니며, 형벌도 위법, 유책한 행위에 대하여 가해지는 것이지 행위자에 대하여 가해지는 것이 아니다. 따라서 책임판단의 대상도 개별행위이며 형사책임도 행위책임이 되는 것이다. 이에 반해 행위자형법은 행위자를 적용대상으로 하며, 형벌을 부과하는 근거도 행위자의 위험성 내지는 인격에 있다고 한다. 이러한 행위자형법은 법치주의에 근거하고 있는 책임주의에 반하므로 헌법에 위배된다. 형법이 도의적 책임론에 따라 책임판단의 대상을 개별행위에 국한하되, 예외적으로만 인격책임을 인정하는 것도 이러한 이유 때문이다.

IV. 책임판단의 척도

 형법상 책임은 법적 책임이지 도의적, 윤리적 책임이 아니므로 책임비난의 척도는 법질서의 사회윤리적 가치평가이다. 따라서 개인이 어떤 법규범이 도덕규범에 반한다고 생각하더라도 법규범은 여전히 구속력을 갖는다. 법관은 법적 척도에 의하여 행위자의 책임을 평가하는 것이며 도덕적인 책임비난의 여부와 정도에 대하여는 판단하지 않는다. 따라서 양심범이 자신의 윤리적, 종교적, 정치적 세계관에 입각하여 자신의 위법행위가 정당하며 이러한 행위를 할 의무가 있다고 확신하는 경우에도 그의 확신이 법적 척도에 반하는 이상은 그에 대한 책임비난이 가능하다.

---

284) 행상책임(行狀責任), 생활영위책임(Lebensführungsschuld), 인격형성책임 등의 용어도 이와 유사한 의미이다.
285) 이러한 견해를 인격적 책임론이라고 한다(예컨대 Mezger, Die Straftat als Ganzes, ZStW 57, 689).

V. 책임의 구성요소

책임의 구성요소란 책임이 성립하기 위하여 요구되는 요소를 말한다. 책임이 어떠한 요소로 구성되어 있는가는 범죄체계에 따라 다르다. 책임을 단순히 결과에 대한 행위자의 심리적 사실관계(고의, 과실)로 이해하는 견해를 심리적 책임론이라고 한다. 이 이론은 고의와 과실을 책임요소로 파악하는 신고전적 범죄체계와 일치한다.

이에 대하여 심리적 사실관계에 대한 법적 평가, 즉 의사형성과 의사활동에 대한 비난가능성만을 책임으로 보는 견해를 순수한 규범적 책임론이라고 한다. 이 이론은 고의와 과실을 구성요건요소로 파악하고 위법성의 인식과 기대가능성을 책임요소로 파악하는 목적적 범죄체계와 일치한다.

그러나 신고전적·목적적 합일체계에 의하면 고의와 과실은 구성요건요소인 동시에 책임요소로서 이중적 기능을 갖고 있으며,[286] 책임요소는 고의와 과실 이외에도 이에 대한 법적 평가, 즉 규범적인 요소로서 비난가능성을 포함한다. 요컨대 책임은 평가의 객체(고의 및 과실)와 객체의 평가(비난가능성) 양자를 모두 포함하는 개념이다. 이를 복합적 책임개념이라고 한다.[287] 이에 따른 책임의 구성요소를 보면 다음과 같다.

▶ 복합적 책임개념에 따른 책임의 구성요소
① 책임능력: 형사책임무능력자(제9조), 심신상실(제10조 제1항)
② 책임형태: 고의책임, 과실책임
③ 위법성의 인식: 법률의 착오(제16조)
④ 기대가능성: 책임조각사유의 부존재. 과잉방위(제21조 제2항, 제3항), 과잉피난(제22조 제3항), 면책적 긴급피난(제22조), 강요된 행위(제12조), 기타 초법규적 면책사유

---

286) 고의나 과실은 행위반가치의 내용으로서 범죄체계론상 구성요건요소인 동시에 심정반가치의 내용으로서 책임요소(책임형태)이다. 이처럼 고의와 과실이 범죄체계에서 이중의 지위를 갖는 것을 고의·과실의 이중적 기능이라고 한다.
287) 근래에는 책임의 내용을 형벌의 목적, 특히 일반예방을 고려하여 기능적으로 파악하는 기능적 책임론(예방적 책임론)이 독일의 Roxin에 의하여 주장되고 있다. 그는 전통적인 책임개념을 그대로 인정하되, 책임에 예방적 형벌필요성을 결합하고 양자를 포괄하는 상위개념으로서 답책성 또는 벌책성(Verantwortlichkeit)이라는 용어를 사용한다. 이 견해에 의하면 책임이 인정되더라도 예방적 형벌필요성이 없는 경우에는 벌책성이 부정되어 범죄가 성립하지 않는다고 한다(Roxin, AT I, § 19, I, IV 참조).

제 2 절 책임능력

I. 의의

위에서 설명한 바와 같이 책임이란 의사형성에 대한 비난가능성이다. 이러한 비난이 가능하기 위해서는 행위자가 자신의 행위의 불법을 인식(불법인식능력)하고 이에 따라 행위를 조종할 수 있는 능력(행위조종능력)이 전제되어야 한다. 이러한 능력을 책임능력이라고 한다. 행위자에게 책임능력이 없으면 비난가능성 자체가 있을 수 없으므로 책임능력은 책임의 전제조건, 즉 책임조건[288]이다.

제10조 제1항은 책임무능력자에 대하여 "심신장애로 인하여 사물을 변별할 능력이 없거나 의사를 결정할 능력이 없는 자"라고 정의하고 있는데, 여기서 사물을 변별할 능력이란 불법인식능력을 말하며 의사를 결정할 능력이란 행위조종능력을 말한다. 책임능력이 인정되기 위해서는 불법인식능력과 행위소종능력이 모두 있어야 하며 만일 양자 가운데 어느 하나라도 결여되면 책임능력은 부정된다. 따라서 사물변별능력이 있더라도 의사결정능력이 없으면 책임능력이 부정된다. 예컨대 충동조절장애로 인한 병적 도벽(Kleptomania)이 경우에 따라서는 심신장애사유가 될 수 있다.[289] 대법원은 충동조절장애와 같은 성격적 결함은 원칙적으로 심신장애에 해당하지 않지만,[290] 그러한 성격적 결함이 매우 심각하여 원래의 의미의 정신병을 가진 사람과 동등하다고 평가할 수 있다든지, 또는 다른 심신장애사유와 경합된 경우에는 심신장애를 인정할 여지가 있다고 본다[291].

---

[288] 김일수, 총론 하, 48면은 책임능력을 책임의 근거가 되는 요소라는 의미에서 '구성적 책임요소'라고도 한다.
[289] 이는 "자신의 필요에 의하거나 금전상의 이득을 위한 것이 아니면서도 사전에 아무 계획 없이 그 순간에 어떠한 사물을 도둑질하고 싶은 충동을 억제할 수 없는 일이 반복되는 상태"를 말한다(대법원 1995. 2. 24. 선고 94도3163 판결). 병적 도벽이 월경전 증후군(PMS: premenstrual syndrom)으로 인한 경우도 있다.
[290] 대법원 1995. 2. 24. 선고 94도3163 판결.
[291] 대법원 2002. 5. 24. 선고 2002도1541 판결.

▶ 책임능력 = 사물변별능력(불법인식능력) + 의사결정능력(행위조종능력)

(판례 1) 가정주부 甲女는 여성의류점에서 의류를 절취하였다. 그녀는 생리기에 이르면 자신도 모르는 사이에 긴장 및 불안증세에 이르고 불안으로 인하여 점진적으로 심계항진이 되어 온몸에 열이 나면서 걷잡을 수 없는 상황에서 순간적으로 절도행위에 이르게 된 것이다. 그런데 신경정신과 전문의의 진찰결과에 의하면 甲女의 병명은 '병적절도(생리전증후군)'으로서 그와 같은 절도행위는 정상적인 정신상태에서 도벽으로 일어난 것이기보다는 비정상적인 의식상태에서 충동적으로 일어난 것이며, 甲女는 충돌조절이 안되어 통제불능에 이르고 절도를 함으로써 긴장이 해소되는 것이라고 한다. 甲女의 죄책은?

충동조절장애와 같은 성격적 결함이 심신장애에 해당할 수 있는가의 문제이다. 이 점에 대하여 대법원은 이 점에 대하여 대법원은 "원칙적으로 충동조절장애와 같은 성격적 결함은 형의 감면사유인 심신장애에 해당하지 아니한다고 봄이 상당하지만, 그 이상으로 사물을 변별할 수 있는 능력에 장애를 가져오는 원래의 의미의 정신병이 도벽의 원인이라거나 혹은 도벽의 원인이 충동조절장애와 같은 성격적 결함이라 할지라도 그것이 <u>매우 심각하여 원래의 의미의 정신병을 가진 사람과 동등하다고 평가할 수 있는 경우</u>에는 그로 인한 절도 범행은 심신장애로 인한 범행으로 보아야 할 것이다"292)라고 판시함으로써 한정적극의 입장을 취하고 있다.

II. 책임능력의 결함

> **제9조(형사미성년자)** 14세 되지 아니한 자의 행위는 벌하지 아니한다.
> **제10조(심신장애인)** ① 심신장애로 인하여 사물을 변별할 능력이 없거나 의사를 결정할 능력이 없는 자의 행위는 벌하지 아니한다.
> ② 심신장애로 인하여 전항의 능력이 미약한 자의 행위는 형을 감경할 수 있다.
> ③ 위험의 발생을 예견하고 자의로 심신장애를 야기한 자의 행위에는 전2항의 규정을 적용하지 아니한다.
> **제11조(청각 및 언어 장애인)** 듣거나 말하는 데 모두 장애가 있는 사람의 행위에 대해서는 형을 감경한다.

---

292) 대법원 2002. 5. 24. 선고 2002도1541 판결. 같은 취지: 대법원 2006. 10. 13. 선고 2006도5360 판결; 대법원 2009. 2. 26. 선고 2008도9867 판결.

1. 의의 및 종류

책임능력의 결함이란 책임무능력과 한정책임능력을 말한다. 책임무능력자란 형사미성년자와 심신상실자를 말한다. 형사미성년자에 대해서 제9조는 미성년자의 개인적인 정신능력을 고려하지 않고 "만 14세 미만의 자"는 예외 없이 형사책임능력이 없다고 보고 있다(절대적 형사책임무능력자). 다만 촉법소년(觸法少年), 즉 형벌법령에 저촉되는 행위를 한 10세 이상 14세 미만의 소년에 대해서는 보호처분을 할 수 있다(소년법 제4조 제1항 2호). 그리고 심신상실자는 "심신장애로 인하여 사물을 변별할 능력이 없거나 의사를 결정할 능력이 없는 자"를 말한다(제10조 제1항). 책임무능력자에 대해서는 책임이 배제되므로 범죄가 성립하지 않는다. 다만 심신상실자가 금고 이상의 형에 해당하는 죄를 범한 자로서 치료감호시설에서의 치료가 필요하고 재범의 위험이 있는 경우에는 치료감호에 처한다(치료감호법 제2조 제1항).

한정책임능력자란 심신미약자와 청각 및 언어 장애인[293]을 말한다. 심신미약자란 심신장애로 인하여 사물을 변별할 능력이나 의사를 결정할 능력이 미약한 자를 말하며, 청각 및 언어 장애인이란 청각과 발음기능에 장애가 있는 자를 말한다. 심신미약으로 인하여 책임이 배제되지는 않지만 책임이 감경되므로 형벌을 감경할 수 있다(임의적 감경사유). 이에 대하여 청각 및 언어 장애인은 형을 감경한다(필요적 감경사유). 그리고 심신미약자도 심신상실자와 마찬가지로 금고이상의 형에 해당하는 죄를 범한 자로서 치료감호시설에서의 치료가 필요하고 재범의 위험이 있는 경우에는 치료감호에 처한다(치료감호법 제2조 제1항).

▶ 책임능력의 결함

```
┌ 책임무능력자 ┌ 형사미성년자(제9조) - 불가벌. 다만 촉법소년의 경우 보호처분 가능(소년법 제4조
│              │                                              제1항 2호)
│              └ 심신상실자(제10조 제1항) - 치료감호처분(치료감호법 제2조 제1항)
│
└ 한정책임능력자 ┌ 청각 및 언어 장애인(제11조)
                 └ 심신미약자(제10조 제2항) - 치료감호처분(치료감호법 제2조 제1항)
```

---

[293] 개정 전 형법상 '농아자'(聾啞者)를 말한다.

2. 책임무능력의 판단방법

심신장애란 심신상실과 심신미약을 말한다. 심신장애에 대한 판단방법은 심신상실과 심신미약에 대하여 동일하게 적용되므로 여기서는 심신상실로 인한 책임무능력의 판단방법에 대해서만 설명하기로 한다. 제10조 제1항은 심신상실자에 대하여 "심신장애로 인하여 사물을 변별할 능력이 없거나 의사를 결정할 능력이 없는 자"라고 규정하고 있다. 따라서 책임능력이 부정되는가를 판단하기 위해서는 일차적으로 행위자에게 심신장애(생물학적 요인)가 있는가를 판단하여야 한다. 이에 대한 판단은 정신의학의 전문가(정신병학자나 심리학자)의 감정에 의하여 이루어진다.

[책임무능력의 생물학적 요인]

병적 정신장애	외인성 정신병 (신체적으로 확인가능한 정신병)	뇌손상으로 인한 외인성 정신병, 알코올중독으로 인한 정신질환, 감염성 정신질환, 간질, 뇌조직상 확인가능한 인격감퇴(뇌동맥경화 및 뇌세포 감소로 인한 치매), 뇌막염, 뇌종양, 뇌의 신진대사장애
	내인성 정신병	정신분열증, 조울증
중대한 의식장애		탈진, 과로, 최면, 심한 흥분, 명정 등으로 인한 의식장애
정신박약		백치(白痴: Idiotie), 치우(痴愚: Imbezillität), 노둔(魯鈍: Debilität): 학습을 통하여 글을 읽고 쓸 수는 있으나 초등학교를 졸업할 수 없는 정도의 정신박약.
기타 중대한 정신변성(變性)		정신병질, 신경쇠약(Neurose), 충동장애(sexuelle Abnormalität, Hypersexualität) 등의 선천적 성격이상

그리고 이차적으로 행위자가 이러한 생물학적 요인으로 인하여 사물을 변별하거나 의사를 결정할 능력(심리학적 요인)을 상실하였는가를 판단한다. 이에 대한 판단은 법관이 한다. 이처럼 생물학적 요인을 기초로 심리학적 요인을 판단하여 책임무능력의 여부를 판단하는 방법을 '혼합적 방법'이라고 한다.

▶ 혼합적 방법
┌ 생물학적 요인: 심신장애(병적 정신장애, 의식장애, 정신박약, 기타 정신변성 등)
└ 심리학적 요인 ┌ 지적 요소: 사물변별능력능력(불법인식능력).
　　　　　　　　└ 의지적 요소: 의사결정능력(행위조종능력)

생물학적 요인은 감정인이 판단하지만[294] 심리학적 요인은 법관이 자유심증주의(형소 제308조)에 입각하여 판단하므로 결국 책임능력에 대한 판단은 최종적으로는 판사에 의하여 이루어진다.[295] 이러한 의미에서 책임무능력의 판단에 있어서는 '심리학적 요인의 우위'가 인정된다고 할 수 있다.

III. 원인에 있어서 자유로운 행위

> **제10조(심신장애자)** ③ 위험의 발생을 예견하고 자의로 심신장애를 야기한 자의 행위에는 전2항의 규정을 적용하지 아니한다.

1. 의의

원인에 있어서 자유로운 행위(actio libera in causa)란 행위자가 스스로 자신에 대하여 행위무능력(Handlungsunfähigkeit) 또는 심신장애(심신상실 또는 심신미약)의 상태를 야기한 후에, 이 상태에서 범죄를 실행하는 것을 말한다. 심신장애를 야기한 행위를 원인행위(원인설정행위)라고 하고 책임능력결함상태에서 범죄를 실행한 행위를 실행행위라고 한다.

> (예 1) 甲은 과로상태에서 운전을 하다가 잠이 들어 보도를 침범하는 바람에 행인 乙을 치어 사망케 하였다.
> 甲은 과실로 행위무능력상태를 야기하여 이 상태에서 업무상 과실치사죄를 범하였다. 여기서 과로상태에서 운전을 한 행위가 원인행위이며, 수면상태에서 乙을 치어 사망케 한 행위는 실행행위이다.

---

[294] 판례(대법원 1984. 5. 22. 선고 84도545 판결)는 심신장애의 판단에 있어서 반드시 전문가의 감정을 요하지 않으며 "심신장애의 여부는 기록에 나타난 제반자료와 공판정에서의 피고인의 태도 등을 종합하여 판단하여도 무방하다"고 보고 있다.

[295] 심신장애 유무의 판단에 있어서 법원이 전문감정인의 정신감정 결과에 기속을 받는지 여부에 대하여 판례(대법원 1995. 2. 24. 선고 94도3163 판결)는 피고인이 "심신상실상태에 있었다는 감정인의 의견을 배척하고 심신미약만을 인정한 것은 적법하다"고 함으로써 이를 부정하고 있다. 그리고 생물학적 요소로서 "정신적 장애가 있는 자라고 하여도 범행 당시 정상적인 사물변별능력이나 행위통제능력이 있었다면 심신장애로 볼 수 없다"(대법원 2018. 9. 13. 선고 2018도7658, 2018전도54, 55, 2018보도6, 2018모2593 판결).

> (예 2) 甲이 살해를 목적으로 음주를 한 후에 책임무능력상태에서 乙을 살해하였다.
> 甲은 고의로 책임무능력상태를 야기하여 이 상태에서 乙을 살해하였다. 여기서 음주행위는 원인행위이며, 살인행위는 실행행위이다.

2. 가벌성의 근거

원칙적으로 범죄의 성립여부는 행위시를 기준으로 판단하여야 하며 따라서 책임능력도 행위당시에 있어야 한다. 이를 행위와 책임의 동시존재의 원칙이라고 한다. 이 원칙을 예외 없이 관철한다면 심신상실의 상태, 특히 명정상태(酩酊狀態)[296])에서 불법을 행한 자는 책임능력이 부정되어 무죄가 되는데 이러한 결과는 우리의 법감정에 부합하지 않을 뿐만 아니라 형사정책적으로도 타당하지 않다. 이러한 문제를 해결하기 위해서 제10조 3항은 "위험의 발생을 예견하고 자의로 심신장애를 야기한 자의 행위에는 전 2항의 규정을 적용하지 아니한다"라고 규정하고 있다. 따라서 원인에 있어서 자유로운 행위의 경우에는 행위자에 대하여 심신상실로 인한 책임배제(동조 제2항)나 심신미약으로 인한 책임감경(동조 제3항)은 인정되지 않는다.

이 규정은 행위와 책임의 동시존재의 원칙에 대하여 예외를 인정한 것이다. 즉 행위자가 실행행위 당시에는 책임능력결함상태에 있었더라도 원인설정행위 당시에는 책임능력이 있었고, 이 원인설정행위로 인하여 실행행위가 발생한 것이므로 양자는 불가분의 관계에 있으며 따라서 행위자에게 책임능력을 인정하여 처벌하는 것이 가능하다. 이처럼 원인설정행위와 실행행위의 불가분적 연관성을 근거로 행위자에게 책임을 인정하는 견해를 예외모델(다수설)이라고 한다.[297])

---

296) 명정상태란 음주로 인한 의식장애 상태를 말한다. 독일의 연방대법원은 혈중알코올농도(BAK)가 3‰(0.3%) 이상이면 책임무능력을 인정하며(BGH NStZ/D 99, 359), 2‰이상이면 한정책임능력을 인정한다(BGHSt 37, 233, 241). 여기서 3프로밀레(Promille)란 혈액 1밀리리터에 3밀리그램의 알코올이 있는 경우를 말한다. 물론 이 기준은 절대적인 것은 아니며 미성년자나 술에 익숙하지 않은 성인의 경우에는 3‰보다 낮은 수치에서도 책임무능력이 될 수 있다(Sch/Sch/Lenckner/Perron, § 20 Rn. 16b).
297) 이에 대하여 원인설정행위 자체를 실행행위로 보고, 이를 근거로 행위자의 책임을 인정하는 견해를 구성요건모델이라고 한다. 그러나 실행행위는 구성요건의 정형성을 갖추어야 하는데 원인설정행위는 이러한 정형성을 갖추지 못하므로 원인설정행위를 실행행위로 보는 것은 타

3. 유형

원인에 있어서 자유로운 행위는 고의에 의한 경우와 과실에 의한 경우로 분류된다. 고의에 의한 원인에 있어서 자유로운 행위는 행위자에게 원인행위와 실행행위에 대하여 모두 고의가 있는 경우이다. 만일 양자 가운데 어느 하나라도 과실인 경우에는 과실에 의한 원인에 있어서 자유로운 행위가 성립한다. 원인행위와 실행행위가 각자 고의인 경우와 과실인 경우가 있으므로 이를 조합하면 네 가지 유형을 생각할 수 있다.

[원인에 있어서 자유로운 행위의 유형]

유형	원인행위	실행행위	처벌
제1유형(고의-고의의 조합)	고의	고의	고의범
제2유형(고의-과실의 조합)		과실	과실범
제3유형(과실-고의의 조합)	과실	고의	과실범
제4유형(과실-과실의 조합)		과실	과실범

(1) 고의에 의한 원인에 있어서 자유로운 행위

고의에 의한 원인에 있어서 자유로운 행위가 성립하기 위해서는 이중의 고의, 즉 원인행위에 대한 고의와 실행행위에 대한 고의가 요구된다. 원인행위에 대한 고의가 있기 위해서는 고의로 심신장애상태를 야기해야 하며, 실행행위에 대하여 고의가 있기 위해서는 원인행위 당시에 자신이 심신장애상태에서 실행행위를 할 것이라는 것을 예견하여야 한다.

(예 3) 위의 (예 2)에서 甲은 고의로 음주를 하였으므로 원인행위에 대한 고의가 있으며, 고의로 乙을 살해하였고 원인행위 당시에 乙을 살해한다는 것을 예견하였으므로 실행행위에 대한 이중의 고의도 있었다. 따라서 甲의 행위는 고의에 의한 원인에 있어서 자유로운 행위에 해당하므로 살인죄가 성립한다.

(판례 2) 甲, 乙은 상습적으로 대마초를 흡연하는 자들로서 피해자 A를 살해할 의사를 가지고 범행을 공모한 후에 대마초를 흡연하고 심신미약상태에서, A를 범행장소로 유인하여 잔인한 방법으로 살해하여 매장하였다.

甲은 심신미약상태에서 A를 살인하였으므로 그에 대하여는 살인죄가 성립한다. 다만 심신

당하지 않다.

미약(제10조 제2항)을 이유로 형이 감경되는지가 문제되는데 이 점에 관하여 대법원은 "대마초 흡연시에 이미 범행을 예견하고도 자의로 위와 같은 심신장애를 야기한 경우에 해당하므로, 형법 제10조 제3항에 의하여 심신장애로 인한 감경 등을 할 수 없다."[298]고 판시하였다.

甲은 고의로 대마초를 흡연하였으므로 원인행위에 대한 고의가 있으며, 원인행위 당시에 A를 살해한다는 것을 예견하였으므로 실행행위에 대한 고의도 있었다. 이중의 고의가 인정되므로 甲의 행위는 고의에 의한 원인에 있어서 자유로운 행위(제10조 제3항)에 해당한다. 이 경우 '전2항의 규정을 적용하지 아니'하므로 제10조 제2항에 의한 형의 감경은 인정되지 않는다.

실행행위에 대한 고의는 특정한 범죄의 실행에 대한 고의로 족하다. 즉 일정한 종류의 범죄를 실행할 것이라는 예견만 있으면 고의가 성립하며, 범죄의 세부적인 상황까지 구체적으로 인식할 것을 요하지는 않는다.[299] 행위자가 구체적인 범죄의 실행에 대한 고의를 가지고 있었으나 심신장애상태에서 다른 범죄를 실행한 경우에는 착오에 관한 일반이론에 의한다. 예컨대 행위자가 책임무능력의 상태에서 객체의 착오를 하였다면 행위자가 책임능력의 상태에서 의도한 객체가 아닌 다른 객체에 대하여 결과가 발생한 것이므로 행위자의 착오는 방법의 착오에 해당한다.[300]

(예 4-1) 甲男은 술을 마시면서 만취상태가 되면 누군가를 강간하겠다고 결의하였다. 실제로 甲男은 만취상태에서 乙女를 강간하였다. 甲男의 죄책은?

甲男은 고의로 심신상실을 야기했으며, 책임무능력상태에서 고의로 乙女를 강간하였다. 문제는 甲男이 구체적으로 乙女를 강간하겠다고 결의한 것이 아니라 막연히 누군가를 강간하겠다고 결의한 경우에도 실행행위에 대한 고의가 인정되는가이다. 실행행위에 대한 고의는 특정한 범죄에 대한 고의로 족한데, 甲男은 구체적으로 乙女를 특정하지는 않았지만 아무튼 누군가를 강간하겠다는 고의는 있었으므로 강간의 실행행위에 대한 고의가 인정된다. 따라서 甲男의 행위는 고의에 의한 원인에 있어서 자유로운 행위로서 강간죄에 해당한다.

(예 4-2) 甲男은 술을 마시면서 乙女를 강간하겠다고 결의하였다. 그러나 그는 책임무능

---

298) 대법원 1996. 6. 11. 선고 96도857 판결.
299) Roxin, AT I, § 20 Rn. 70; Sch/Sch/Kenckner/Perron, § 20 Rn. 37.
300) Roxin, AT I, § 20 Rn. 71; Sch/Sch/Kenckner/Perron, § 20 Rn. 37.

력의 상태에서 丙女를 乙女로 오인하여 강간하였다. 甲男의 죄책은?

甲男은 원인행위시에 자신이 의도했던 乙女를 강간한 것이 아니라 책임무능력의 상태에서 객체의 착오로 인하여 丙女를 강간하였다. 그의 착오는 방법의 착오에 해당하므로 법정적 부합설에 의하면 丙女에 대한 강간죄가 성립한다. 그러나 구체적 부합설에 의하면 乙女에 대한 강간미수죄와 丙女에 대한 과실강간(불가벌)의 상상적 경합, 즉 乙女에 대한 강간미수죄가 성립한다.

(2) 과실에 의한 원인에 있어서 자유로운 행위

과실에 의한 원인에 있어서 자유로운 행위는 3가지 유형을 생각할 수 있다.

① 행위자가 고의로 심신장애상태를 야기하고 그 상태에서 일정한 범죄를 범할 것을 예견할 수 있었던 경우(제2유형: 고의-과실의 조합)

원인행위 당시 실행행위에 대한 고의가 없었으므로 고의에 의한 원인에 있어서 자유로운 행위는 성립하지 않는다. 다만 원인행위 당시 자신이 실행행위를 할 것이라고 예견하지는 못했지만 예견가능성이 있었다면 과실범이 성립한다. 그리고 예견가능성 조차도 없었던 경우에는 범죄는 성립하지 않는다.

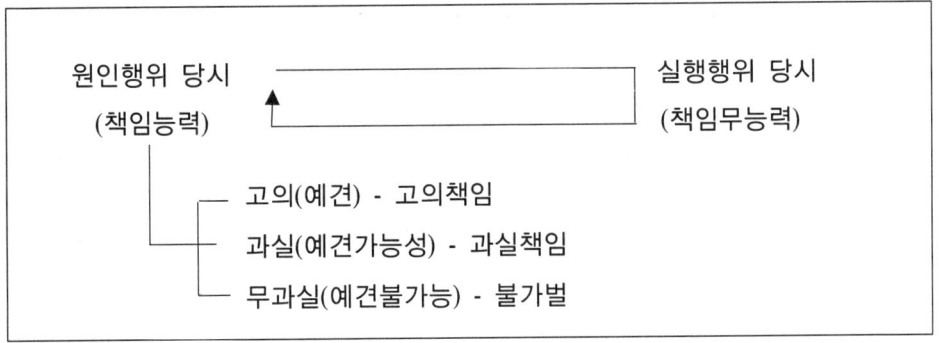

(예 5) 음주하면 폭행의 습성이 있는 甲은 술을 마시고 책임무능력상태에서 길 가는 행인 乙에게 시비를 걸어 그를 가격하여 상해를 가하였다. 甲의 죄책은?

甲은 고의로 심신장애상태를 야기하였고 이 상태에서 타인을 폭행하거나 상해를 가할 것을 예견할 수 있었으므로(제2유형) 그의 행위는 과실에 의한 원인에 있어서 자유로운 행위에 해당한다. 따라서 그에 대하여는 과실치상죄가 성립한다.

(판례 3) 甲男은 술에 취하여 작두를 들고 동리를 다니면서 만나는 사람마다 찔러 죽이려는 비정상적인 행패를 부린 사실이 있었다. 이로 인하여 동리사람들이 자신을 경계하자 평소에 그들에 대하여 적개심을 가지고 있던 중, 동리사람 2명과 함께 소주 2홉들이 4병을 나누어 마시고 취하게 되자 평소의 적개심이 작용하여 동리사람 5명을 무차별 살해하였다. 만일 甲男이 범행당시 책임무능력상태였다고 가정한다면 그의 죄책은?

甲男은 원인행위(음주) 당시에는 살인에 대한 고의가 없었으므로 고의에 의한 원인에 있어서 자유로운 행위는 성립하지 않는다. 그러나 그는 과거에도 술에 취하여 사람을 살상하려는 비정상적인 행패를 부린 적이 있었다는 사실로 미루어 음주 당시 자신이 실행행위를 할 것이라고 예견하는 것이 가능하였으므로 과실의 원인에 있어서 자유로운 행위(제10조 제3항)가 인정된다. 따라서 甲男에 대해서는 과실치사죄가 성립한다.

대법원은 甲에 대하여 심신미약만을 인정하여 살인죄를 인정한 원심판결에 대하여 "피고인은 심신을 자극할 염려가 있는 음주 같은 일을 엄금하여야 할 처지에 있었음을 알 수 있는 바인즉, 원심으로서는 의당 피고인이 본건 범행당일 제1심판결이 인정 설시한 바와 같이 음주함에 있어 주취 후, 그의 정신상태에 이상적인 변화가 생길 것을 예견하였다거나 또는 예견할 수 있었던 것인가의 여부를 심리하여 본건 범행에 대한 형법 제10조 제3항의 적응 여부를 결정하여야 할 것"이라고 판시하였다.[301]

(예 7) 甲은 밤이 되면 乙을 살해하려고 결의하였다. 그런데 대낮에 甲은 술을 마시고 책임무능력의 상태가 되어 집으로 가던 중, 길에서 우연히 乙을 만나 그를 살해하였다. 甲의 죄책은?

甲은 고의로 책임무능력상태를 야기했으며, 책임능력의 상태에서도 乙의 살인에 대한 고의가 있었다. 그러나 甲에 대해서는 살인죄가 성립하지 않는다. 책임무능력상태에서 사람을 살해한 자를 고의범으로 처벌하기 위해서는 원인행위와 실행행위 사이에 불가분의 관계가 있어야 한다. 즉 행위자가 특정한 범죄와 관련하여 자신에 대하여 심신장애의 상태를 야기해야 한다. 그러나 사례에서 甲은 乙을 대낮에 살해한 행위와 관련하여 음주한 것이 아니므로 원인행위와 실행행위 사이에는 아무런 의사연관성이 없다. 따라서 그의 행위는 고의에 의한 원인에 있어서 자유로운 행위에 해당하지 않는다. 다만 甲이 음주 당시 우연히 乙을 만나게 되면 그를 살해할 것이 예견가능하였다면 과실치사죄가 성립한다(제2유형: 고의-과실의 조합).

② 행위자가 과실로 심신장애상태를 야기하였으나, 그 이전에 이미 책임능력상태에서 일정한 범죄를 범할 것을 결의한 경우(제3유형: 과실-고의의 조합)

---
301) 대법원 1968. 4. 30. 선고 68도400 판결.

고의에 의한 원인에 있어서 자유로운 행위가 성립하기 위해서는 원인행위와 실행행위 사이에 불가분의 관계, 특히 의사연관성(Willensbeziehung)이 있어야 한다.302) 즉 행위자가 특정한 범죄와 관련하여 고의로 자신에 대하여 심신장애의 상태를 야기해야 한다. 따라서 과실로 심신장애상태를 야기한 후에 이 상태에서 범죄를 행한 경우에는 설령 그 이전에 책임능력상태에서 범죄의 고의가 있었더라도 원인행위와 실행행위 사이에 아무런 의사연관성이 없으므로 고의에 의한 원인에 있어서 자유로운 행위는 성립하지 않는다. 범죄의 고의는 행위자가 이를 실현하려고 결의하고 이러한 결의를 실행에 옮기지 않는 이상은 형법상 아무런 의미도 가지지 못한다.

(예 8) 甲은 乙이 언젠가 丙을 살해하려고 한다는 사실을 알고 乙을 이용해 丙을 살해할 목적으로 乙의 맥주잔에 다량의 위스키를 섞었다. 乙은 이로 인하여 책임무능력상태가 되어 丙을 즉시 살해하기로 결의하고 그의 집에 찾아가 丙을 살해하였다. 甲, 乙의 죄책은?

甲은 책임능력이 없는 乙을 도구로 이용하여 丙을 살해하였으므로 그에 대해서는 간접정범에 의한 살인죄가 성립한다. 문제는 乙의 죄책이다. 乙은 과실에 의하여 책임무능력상태가 되었다. 그리고 책임능력의 상태에서 丙을 살해하려는 의사는 있었다. 그러나 그는 丙을 살해하기 위해서 책임무능력상태가 된 것은 아니므로 원인행위와 실행행위 사이에는 아무런 의사연관성도 없다. 따라서 그의 행위는 고의에 의한 원인에 있어서 자유로운 행위에 해당하지 않는다. 다만 만일 乙이 책임무능력상태로 인하여 丙을 살해할 것을 예견할 수 있었다면(제4유형: 과실-과실의 조합) 과실치사죄가 성립할 수 있다. 그러나 乙이 책임무능력상태에 빠져 丙을 살해할 것이라고는 예견할 수 없으므로 과실에 의한 원인에 있어서 자유로운 행위도 성립하지 않는다. 따라서 乙에 대해서는 아무런 범죄도 성립하지 않는다.

③ 행위자가 과실로 심신장애상태를 야기하고 그 상태에서 일정한 범죄를 범할 것을 예견할 수 있었던 경우이다(제4유형: 과실-과실의 조합)

심신장애상태의 야기에 대하여 과실이 있기 위해서는 행위자가 술이나 약물의 작용을 예측할 수 있어야 한다.303) 예컨대 행위자가 술과 약물을 동시에 복용함으로 인하여 알코올의 중독작용이 현저하게 상승하여 심신장애상태가 야기된 경우에 술과 약물의 작용에 대한 예측가능성이 인정되므로 심신장애상태의 야기에 대하여 과실이 인정된다.304)

---
302) Sch/Sch/Lenckner/Perron, § 20 Rn. 37.
303) BGH NJW 75, 2252.

(예 9) 위의 (예 1)에서 甲은 운전을 하다가 잠이 들었으므로 과실로 행위무능력상태를 야기하였다. 甲은 과로상태에서 운전을 계속하는 경우 도중에 잠이 들면 사람을 치어 사망케 할 수 있다는 것을 예견할 수 있었으므로 실행행위의 과실도 인정된다. 따라서 甲에 대해서는 업무상과실치사죄가 인정된다.

4. 실행의 착수시기

예외모델에 의하면 원인에 있어서 자유로운 행위의 처벌은 행위와 책임의 동시존재의 원칙에 대한 예외이며, 그 근거는 원인설정행위와 실행행위의 불가분적 연관성에 있는 것이므로 책임능력만 원인행위시를 기준으로 인정한다. 그 이외에 실행의 착수시기는 실행행위시를 기준으로 하여야 하므로 원인에 있어서 자유로운 행위의 미수의 성립시점은 실행의 착수에 관한 일반적 기준에 의하면 된다.305) 즉 심신장애상태에서 구성요건의 실현에 직접적으로 개시한 때가 원인에 있어서 자유로운 행위의 실행의 착수시점이다(실행행위설).306)

(예 10) 甲은 만취상태에서 乙을 살해할 목적으로 술을 마셨다. 그러나 甲은 술에 취하여 잠이 드는 바람에 乙을 살해하지는 못했다. 甲의 죄책은?

甲은 乙을 살해할 목적으로 심신장애상태를 야기했으므로 그의 행위는 고의의 원인에 있어서 자유로운 행위에 해당한다. 그러나 그는 살인을 직접적으로 개시하지는 않았으므로 아직 살인에 대한 실행의 착수가 없었다. 따라서 살인미수죄는 성립하지 않는다. 다만 술은 마신 행위는 살인을 위한 준비행위이므로 예비에 해당하므로 甲에 대해서는 살인예비죄가 성립한다(제255조). 이에 대하여 구성요건모델에 의하면 원인행위가 실행행위이므로 음주 자체가 실행의 착수로서 미수에 해당한다. 따라서 甲은 살인미수죄로 처벌된다고 한다. 이 견해는 살인행위가 전혀 시작되지도 않아 구성요건의 정형성이 없음에도 불구하고 살인의 미수를 인정함으로써 미수의 성립범위를 지나치게 확장한다는 점에서 타당하지 못하다.

---

304) BGH MDR/H 86, 624; Hamburg JR 82, 345 mit Anm. Horn.
305) 실행의 착수에 관한 기준에 대해서는 제2편 제8장 제1절 II 1 (2) 참조.
306) 이에 대하여 **구성요건모델**은 원인설정행위 자체를 실행행위로 보고 이를 근거로 행위자의 책임을 인정하므로 원인행위를 실행의 착수로 본다(원인행위설). 따라서 심신장애상태를 야기하기 시작한 때가 실행의 착수시기라고 한다. 그러나 실행행위는 구성요건의 정형성을 갖추어야 하는데 원인행위는 이러한 정형성을 갖추지 못하므로 이를 실행행위로 보는 것은 타당하지 않다.

미수가 성립하기 위해서는 주관적 요건으로서 범죄의 결의(고의)가 있어야 하므로 과실범의 미수는 있을 수 없다. 따라서 과실의 원인에 있어서 자유로운 행위의 실행의 착수시기는 논할 실익이 없다.

5. 제10조 제3항의 적용범위

제10조 제3항은 원인행위를 "자의로 심신장애를 야기"한 행위라고 규정하고 있는데, 여기서 '자의'라는 개념은 '자유로이', 즉 '책임능력상태에서 스스로'라는 의미로서 비자의적이 아닌 이상은 고의는 물론 과실도 포함한다(다수설). 그리고 제10조 제3항은 실행행위에 대하여 "위험의 발생을 예견하고"라고 규정하고 있다. 여기서 "위험발생을 예견하고"라는 말은 실행행위를 예견한 경우(고의)는 물론 예견가능한 경우(과실)도 포함한다(통설). 따라서 제10조 제3항은 고의의 원인에 있어서 자유로운 행위와 과실의 원인에 있어서 자유로운 행위에 모두 적용된다.

이에 대하여 '자의'가 고의만을 의미하는 것으로 해석하는 견해[307]가 있다. 이 견해에 의하면 과실에 의한 원인행위에 대하여는 제10조 제3항이 적용되지는 않지만, 원인에 있어서 자유로운 행위의 이론은 형법의 일반이론으로서 형법에 명문으로 규정되어 있는가와 관계없이 적용되므로[308] 과실에 의한 실행행위에 대하여도 이 이론이 적용된다. 이 견해는 결론에 있어서 다수설과 차이가 없다.

'심신장애'란 심신상실 또는 심신미약을 말한다. 동조 제3항은 "전2항의 규정을 적용하지 아니한다"라고 규정하고 있다. 따라서 행위자가 심신상실의 상태를 야기한 경우에는 제10조 제1항을 적용하지 않으므로 책임능력이 있는 자와 같이 처벌하며, 심신미약의 상태를 야기한 경우에는 제10조 제2항을 적용하지 않으므로 형을 감경하지 않는다.

---

307) 이재상/ 장영민/ 강동범, 총론, 329면.
308) 독일 형법에는 원인에 있어서 자유로운 행위에 대한 규정이 없으며, 다만 학설과 판례는 이를 관습법상 인정된 이론으로서 받아들이고 있다.

(판례 4) 甲은 술집에 자동차를 주차해 놓고 음주 후, 운전하여 귀가하다가 행인 乙을 쳤었다. 甲은 의식을 잃고 쓰러진 乙을 하수구에 옮겨서 버리고 도주하였으며, 그 결과 乙은 사망하였다. 사고당시 甲은 책임무능력상태는 아니었다. 甲의 죄책은?[309]

[참조조문]
특정범죄 가중처벌 등에 관한 법률 제5조의3(도주차량 운전자의 가중처벌)
① 「도로교통법」 제2조에 규정된 자동차·원동기장치자전거의 교통으로 인하여 「형법」 제268조의 죄를 범한 해당 차량의 운전자(이하 "사고운전자"라 한다)가 피해자를 구호하는 등 「도로교통법」 제54조제1항에 따른 조치를 하지 아니하고 도주한 경우에는 다음 각 호의 구분에 따라 가중처벌한다.
1. 피해자를 사망에 이르게 하고 도주하거나, 도주 후에 피해자가 사망한 경우에는 무기 또는 5년 이상의 징역에 처한다.
2. 피해자를 상해에 이르게 한 경우에는 1년 이상의 유기징역 또는 500만원 이상 3천만원 이하의 벌금에 처한다.

② 사고운전자가 피해자를 사고 장소로부터 옮겨 유기하고 도주한 경우에는 다음 각 호의 구분에 따라 가중처벌한다.
1. 피해자를 사망에 이르게 하고 도주하거나, 도주 후에 피해자가 사망한 경우에는 사형, 무기 또는 5년 이상의 징역에 처한다.
2. 피해자를 상해에 이르게 한 경우에는 3년 이상의 유기징역에 처한다.

甲은 사고 후 도주하여 乙이 사망하였으므로 특가법 제5조의 3 제2항 제1호(도주차량운전자의 가중처벌)에 위반하였다. 다만 문제는 甲이 행위당시 한정책임능력상태(심신미약상태)였으므로 형법 제10조 제2항에 의하여 감형될 수 있는가이다. 甲은 음주당시(원인행위당시) 교통사고의 위험성을 예견하는 것이 가능하였으므로 제10조 제3항에 의하여 감형은 인정되지 않는다.[310]

---

309) 대법원 1992. 7. 28. 선고 92도999 판결.
310) 사고당시 甲은 선행행위로 인한 구조의무가 있으며 따라서 만일 甲이 乙을 구조하였더라면 乙이 생존할 것이 거의 확실시되고(준인과관계) 甲이 乙의 사망에 대하여 미필적 고의가 있었다면 부작위에 의한 살인죄가 성립할 수도 있다.

제 3 절 책임형태

I. 고의책임과 과실책임

책임이란 행위자가 적법행위를 할 수 있었음에도 불구하고 불법을 결의한 것에 대한 비난가능성을 말한다. 행위자가 불법을 행하는 것에는 두 가지 형태가 있다. 첫 째는 행위자가 객관적 구성요건요소를 인식(구성요건적 고의)하고 있었기 때문에 자신의 행위의 위법여부를 판단할 수 있는 위치에 있었음에도 불구하고[311] 법에 대한 무관심 내지는 적대적 태도로 인하여 불법을 결의(불법고의)하고 행위한 경우이다. 이러한 경우에는 고의책임이 인정된다.

이에 대하여 행위자가 객관적 구성요건요소를 인식하지 못한 경우에는 자신의 행위의 위법여부를 판단할 수 있는 위치에 있지 못하다. 다만 법이 요구하는 주의의무에 대한 부주의하고 태만한 태도로 인하여 구성요건요소를 인식하지 못한 것이다. 이러한 경우에는 과실책임만이 인정된다. 요컨대 고의책임은 행위자의 법에 대한 적대적 또는 무관심한 태도에 대한 비난가능성을 말하며, 과실책임은 법이 요구하는 주의의무에 대한 부주의하거나 태만한 태도에 대한 비난가능성을 말한다.

구성요건적 고의가 있으면 이에 상응하여 고의책임이 인정되는 것이 일반적이다.[312] 왜냐하면 구성요건적 고의가 있으면 행위자는 자신의 행위가 위법한지를 검토할 수 있는 위치에 있었음에도 불구하고 불법을 결의함으로써 법에 대한 적대적 태도를 보였기 때문이다. 그러나 구성요건적 고의가 있더라도 고의불법이 부정되면 고의책임도 부정된다. 예컨대 자신의 행위가 구성요건에 해당한다는 사실을 인식하였더라도 방위상황을 오인하여 정당방위에 해당한

---

[311] 이처럼 행위자에게 구성요건적 고의가 있는 경우 행위자는 자신의 행위가 적법한가의 여부를 판단하게 된다. 구성요건적 고의가 행위자에게 행위의 적법성여부를 판단하도록 동기를 부여한다는 의미에서 이를 구성요건적 고의의 경고기능(Warnfunktion) 또는 환기기능(Appelfunktion)이라고 한다.
[312] 이러한 의미에서 "구성요건적 고의는 고의책임을 징표한다"고 할 수 있다. 구성요건적 고의의 이러한 기능을 징표작용이라고도 한다(김일수, 총론 하, 66면). 징표의 개념에 대해서는 제2편 제4장 제1절 V 1 참조.

다고 착오하였다면 행위자에게는 구성요건적 고의는 있으나 자신이 불법을 행한다는 인식, 즉 고의불법이 결여되며 이에 따라서 고의책임도 부정된다. 다만 행위자가 정상적으로 기울여야 할 주의를 태만함으로써 방위상황을 오인한 것이라면 과실불법과 이에 따른 과실책임이 인정될 것이다. 결국 고의책임과 과실책임은 불법의 경중에 따라, 즉 고의불법과 과실불법[313])에 상응하여 정해진다. 구성요건적 고의가 있음에도 불구하고 고의불법과 고의책임이 부정되는 경우로는 아래에서 설명하는 바와 같이 위법성조각사유의 전제사실의 착오가 있다.

▶ 구성요건적 고의의 징표작용

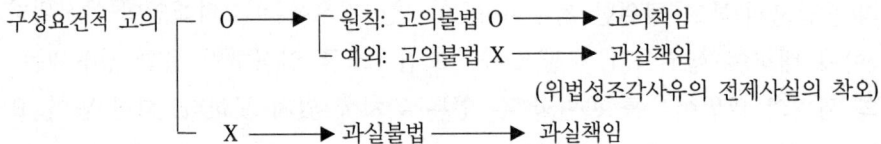

II. 위법성조각사유의 전제사실의 착오

1. 의의 및 법적 성격

위법성조각사유의 전제사실의 착오[314])란 위법성조각사유의 객관적 요건이 존재하는 것으로 오인한 경우를 말한다. 예컨대 현재의 부당한 침해가 없음에도 불구하고 행위자가 이를 있다고 오인하여 자신의 행위가 정당방위에 해당한다고 착오하는 경우 행위자는 정당방위의 객관적 요건에 대한 착오 하에 행위한 것이다. 이를 오상방위라고 한다.[315])

위법성조각사유의 전제사실의 착오는 일면으로는 법규의 사실적 요소에 대하여 착오가 있었다는 점에서 사실의 착오와 유사하지만 다른 일면으로는 구성요건적 사실에 대한 인식이 있었으며 다만 자신의 행위가 위법성조각사

---

313) 제2편 제4장 제1절 III 1, 3 참조.
314) 이 용어 이외에도 위법성조각사유의 전제조건에 관한 착오, 위법성조각사유의 객관적 요건에 관한 착오, 허용구성요건의 착오 등 다양한 용어가 사용되고 있는데 모두 같은 의미이다.
315) 허용구성요건의 착오는 위법성조각사유의 종류에 따라 오상정당행위, 오상방위, 오상피난, 오상자구행위, 오상피해자의 승낙 등으로 분류된다.

유에 의하여 허용된다고 오인하였다는 점에서는 법률의 착오와 유사하다. 이러한 점에서 허용구성요건의 착오는 사실의 착오와 법률의 착오의 중간에 위치하는 독자적인 형태의 착오로 이해할 수 있다.

2. 법적 취급

이러한 착오가 있는 경우 행위자는 살인죄의 구성요건요소를 인식하였으므로 구성요건적 고의는 인정되지만 법질서에 의하여 불법으로 평가되는 행위를 목표로 하지는 않았으므로 고의불법이 부정된다. 또한 행위자는 법에 대한 적대적 태도를 가지고 행위한 것도 아니므로 고의책임도 부정된다. 다만 법이 요구하는 주의의무에 대하여 부주의하고 태만한 태도로 인하여 정당화상황을 오인한 것이므로 과실책임만이 인정된다.

위법성조각사유의 전제사실의 착오가 있는 경우에는 일단 구성요건적 고의가 있으므로 과실에 관한 규정, 즉 제13조가 직접 적용되지는 않지만 고의불법이 부정되어 구성요건적 고의의 경고기능이 없으므로 제13조를 유추적용하여 과실책임만을 인정하는 것이 타당하다. 즉 행위자가 정당화상황이 존재하지 않는다는 사실이 인식가능하다면 과실범이 성립할 것이며, 이러한 인식가능성이 없다면 과실범도 성립하지 않는다. 이처럼 위법성조각사유의 전제사실의 착오의 경우에 고의불법을 부정하고 제13조를 유추적용하여 과실범의 성립을 인정하는 견해를 구성요건착오유추적용설이라고 한다.316) 이에 대하여 다수설317)은 위법성조각사유의 전제사실의 착오가 고의불법은 조각하는 것은 아니지만 고의책임을 조각하므로 법률효과에 있어서 사실의 착오와 같이 취급하여 과실범의 성립을 인정한다. 이러한 견해를 법률효과제한적 책임설이라고 한다. 구성요건착오유추적용설과 법효과제한적 책임설을 총괄하여 제한적 책임설이라고도 한다.

(예 1) 형사 甲은 어두운 골목에서 범죄 피의자 乙에게 다가갔다. 乙이 총을 소지하고 있다는 사실을 알고 있는 甲은 乙이 담배를 피려고 주머니에서 지포 라이터를 꺼내는 순간 빛이 나는 물체를 총으로 오인하여 乙에게 총을 발사하여 사망케 하였다. 甲의 죄책은?

---

316) 김일수/서보학, 총론, 208면.
317) 이재상/ 장영민/ 강동범, 총론, 347면 이하.

만일 乙이 꺼낸 물체가 권총이었다면 정당방위가 성립하였을 것이나, 이는 甲이 오인한 것이므로 오상방위에 해당한다. 따라서 살인죄는 성립하지 않는다. 다만 甲이 정상적인 주의를 다하였다면 총이 아니라 라이터라는 사실을 인식할 수 있었던 경우에는 업무상 과실치사죄가 성립한다.

만일 乙이 적군이었다면 甲의 행위는 정당행위로서 위법성이 조각될 것이나 甲은 乙을 적군으로 오인한 것이므로 오상정당행위에 해당한다. 따라서 고의에 의한 살인죄는 성립하지 않는다. 또한 甲은 군인으로서 주의의무를 다하였다고 할 수 있으므로 업무상과실치사죄도 성립하지 않는다.

(예 2) 전시에 병사 甲은 적과 대치하고 있는 상황에 있었는데, 숲에서 부스럭거리는 소리가 들리자 암호를 대라고 요구하였다. 그의 동료 乙은 장난을 치느라고 아무 대답도 하지 않았는데. 甲은 乙을 적군으로 오인하여 소리가 난 곳을 향하여 총을 발사하여 乙을 사살하였다. 甲의 죄책은?

(판례 1) 상병 甲은 야간근무를 서고 있었는데, 교대시간이 되어도 乙이 나타나지 않았다. 1시간 반 가량 늦게 乙이 나타나자 甲은 화가 나서 그를 구타하였다. 甲이 돌아서서 가는 데, 乙이 "월남에서는 사람하나 죽이는 것이 파리를 죽이는 것이나 같았다. 너 하나 못 죽일 줄 아느냐"고 하면서 소총을 겨누었다. 생명에 위협을 느낀 甲은 돌아서면서 乙에게 총을 발사하여 살해하였다. 만일 乙이 甲을 살해할 의도가 없었다고 가정하는 경우 甲의 죄책은?

오상방위로서 고의는 성립하지 않는다. 또한 甲은 乙이 자신을 살해할 것이라고 오인한 데에 과실이 없으므로 업무상 과실치사죄도 성립하지 않는다. 대법원도 "피고인으로서는 현재의 급박하고도 부당한 침해가 있는 것으로 오인하는데 대한 정당한 사유"가 있다는 이유로 甲에 대하여 살인죄와 과실치사죄의 성립을 부정하였다.[318]

구성요건착오유추적용설과 법률효과제한적 책임설은 위법성조각사유의 전제사실의 착오에 빠진 행위자의 처벌에 관하여는 차이가 없으나, 이러한 착오에 빠진 행위자의 범행에 가담한 공범의 처벌에 관하여는 견해가 일치하지 않는다. 구성요건착오유추적용설에 의하면 이러한 착오에 빠진 행위자에 대하여는 불법고의가 부정되므로 그의 범행에 가담한 자에 대하여 공범의 성립이 부정[319]되는 반면에 법률효과적 제한적 책임설에 의하면 이러한 착오에 빠진

---

318) 대법원 1968. 5. 7. 선고 68도370 판결.
319) 왜냐하면 통설인 공범의 제한적 종속설에 의하면 공범이 성립하기 위해서는 정범의 행위가 불법, 즉 구성요건에 해당하고 위법할 것을 요하는데(제2편 제10장 제4절 I 참조) 위법성조

행위자의 고의는 부정되지 않으며 다만 법효과, 즉 처벌면에서만 과실범으로 취급하므로 그 행위자의 범행에 가담한 자에 대하여 공범의 성립이 가능하다.

그러나 구성요건착오유추적용설에 의하면 공범의 경우에 처벌의 결함이 발생한다는 비판은 타당하지 않다. 왜냐하면 착오에 빠진 행위자를 이용한 자에 대하여는 대부분의 경우 간접정범이 성립하기 때문이다. 이용자에 대하여 간접정범도 성립하지 않아 불가벌이 되는 경우로는 ① 이용자가 행위자의 착오를 인식하지 못한 경우320)와 ② 이용자가 착오에 빠진 신분범의 범행에 가담한 경우321) 등 두 가지 유형이 있다. 이 경우 구성요건착오유추적용설에 의하면 이용자에 대하여 공범과 간접정범의 성립이 모두 부정되어 불가벌이지만 이를 처벌의 결함이라고 할 수는 없다. 행위자가 사실의 착오에 빠진 경우에는 이용자에 대하여 불가벌을 인정하면서, 행위자가 허용구성요건의 착오에 빠진 경우에는 이용자를 처벌하여야 할 이유가 없기 때문이다.

(예 3-1) 甲은 乙이 자신을 공격하는 것으로 오인하여 그에 대하여 반격을 가하려고 한다. 이러한 상황을 알고 있는 丙은 甲으로 하여금 乙을 상해하게 할 목적으로 그에게 몽둥이를 건네주었으며, 甲은 乙의 의도를 확인도 하지 않고 몽둥이로 그를 가격하여 상해를 입혔다. 甲, 丙의 죄책은?

1. 甲의 죄책
甲이 자신의 신체에 대하여 현재의 위법한 침해가 있다고 오인한 것은 허용구성요건의 착오에 해당한다. 제한적 책임설(법률효과제한적 책임설 또는 구성요건착오유추적용설)에 의하면 甲에 대하여는 상해죄는 성립하지 않으며, 다만 甲은 정상의 주의를 태만하여 방위상황이 존재하는 것으로 오인하였으므로 과실치상죄로 처벌된다.

2. 丙의 죄책
법률효과제한적 책임설에 의하면 허용구성요건의 착오의 경우 고의는 조각되지 않지만 고의책임이 부정되므로 법효과면에서 사실의 착오와 같이 취급하여 과실치상죄로 처벌하는 것이다. 따라서 甲의 행위는 상해죄의 구성요건에 해당하고 위법하므로 공범의 성립이 가능하다. 丙은 甲에게 몽둥이를 건네줌으로써 범죄를 용이하게 하였으므로 그의 행위는 상해죄의 방조범에 해당한다. 이에 대하여 구성요건착오유추적용설에 의하면 허용구성요건의 착오는 불법고의를 조각하므로, 甲의 행위에 대하여 공범의 성립은 불가능하다. 왜냐하

각사유의 전제사실의 착오로 인하여 불법고의가 없으면 불법도 부정되기 때문이다.
320) 이 경우 이용자에게는 행위지배가 없으므로 간접정범은 성립하지 않는다.
321) 이 경우 이용자에게는 정범적격(신분)이 없으므로 간정정범은 성립하지 않는다.

면 공범의 제한적 종속형식(통설)에 의하면 공범이 성립하기 위해서는 정범의 행위가 불법(구성요건에 해당하고 위법한 행위)일 것을 요하는데, 甲의 행위는 - 불법고의가 조각되므로 - 불법이 아니기 때문이다. 그러나 공범의 성립여부를 논하기 이전에 丙은 과실범으로 처벌되는 甲을 도구로 이용하여 乙을 상해하였으므로 상해죄의 간접정범으로 처벌된다.

(예 3-2) 만일 (예 3-1)에서 丙이 甲의 착오를 몰랐다면 丙의 죄책은?

법률효과제한적 책임설에 의하면 丙은 (예 3-1)에서와 마찬가지로 상해죄의 방조범으로 처벌된다. 그러나 구성요건착오유추적용설에 의하면 丙에게는 행위지배가 없으므로 간접정범은 성립하지 않으며, 甲의 행위가 불법이 아니므로 방조범도 성립하지 않는다. 따라서 丙은 불가벌이다. 구성요건착오유추적용설이 丙에 대하여 불가벌을 인정하는 것은 처벌의 공백이 아니라 오히려 과실범에 대한 공범을 처벌하지 않겠다는 입법자의 의사에 부합하는 것이다. 아래의 (예 4)에서 보는 바와 같이 사실의 착오에 빠진 자를 이용하려는 자와 허용구성요건의 착오에 빠진 자를 이용하려는 자를 달리 취급하여 전자에 대하여는 불가벌을 인정하고 후자만을 방조범으로 처벌한다면 이러한 결론은 입법자의 의사에 반하는 것이다.

(예 4) 甲이 乙을 짐승으로 오인하여 총을 발사하려고 하자 丙은 甲에게 총탄을 제공하였다. 그 결과 甲이 총을 발사하여 乙을 사망케 하였다. 만일 丙이 甲의 착오를 몰랐다면 甲, 丙의 죄책은?

甲의 착오는 객체의 착오에 해당하므로 구성요건적 고의는 조각되며, 따라서 甲에 대하여는 과실치사죄가 성립한다. 그리고 丙에게는 행위지배가 없으므로 살인죄의 간접정범은 성립하지 않으며, 甲에게는 고의가 없으므로 丙에 대하여 방조범도 성립하지 않는다. 과실범에 대한 방조행위는 간접정범에 해당하지 않는 이상은 불가벌이며, 이러한 처벌의 공백은 입법자가 과실범에 대한 공범의 처벌규정을 두지 않음으로써 스스로 마련한 것이라고 이해할 수 있다.[322]

(예 5) 甲은 乙에게 상해를 가하였다. 甲과 보험계약을 체결한 보험회사의 직원 丙은 乙을 치료한 의사 丁에게 "乙의 동의가 있었다"고 거짓말을 하여 그 의사로 하여금 진단서를 발부받았다. 의사 丁과 보험회사 직원 丙의 죄책은?[323]

1. 의사 丁의 죄책

의사 丁은 진단서를 발부함으로써 업무처리 중 지득한 타인의 비밀을 누설하였으므로 그의 행위는 업무상 비밀누설죄의 구성요건에 해당한다(제317조). 그러나 그는 피해자의 승

---

322) Roxin, AT I, § 14 Rn. 73.
323) OLG Köln MDR 1962, 591.

낙이 있는 것으로 오인하였으므로 그의 착오는 오상 피해자의 승낙, 즉 허용구성요건의 착오에 해당한다. 따라서 제한적 책임설에 의하면 업무상 비밀누설죄는 과실범 처벌규정이 없으므로 丁은 불가벌이다.

2. 보험회사 직원 丙의 죄책
법률효과제한적 책임설에 의하면 丁의 행위는 업무상 비밀누설죄의 구성요건에 해당하고 위법하므로 공범의 성립이 가능하다. 丙은 의사 丁으로 하여금 업무상 비밀누설을 결의하여 실행케 하였으므로 업무상 비밀누설죄의 교사범으로 처벌된다. 이에 대하여 구성요건착오유추적용설에 의하면 丙에게는 정범적격(의사로서의 신분)이 없으므로 간접정범은 성립하지 않으며, 의사 丁의 행위는 불법이 아니므로 교사범도 성립하지 않는다. 따라서 丙은 불가벌이다. 앞에서 설명한 바와 같이 과실범에 대한 공범은 간접정범에 해당하지 않는 이상은 불가벌이라고 보아야 하므로 丙을 불가벌로 보는 것이 타당하다.

제 4 절 위법성의 인식

I. 의의 및 내용

위법성의 인식이란 행위자 자신의 행위가 법질서에 반하여 금지된다는 사실에 대한 인식을 말한다. 행위자에게 위법성의 인식이 있어야 불법을 결의한 데 대한 비난이 가능하므로 위법성인식은 책임능력과 마찬가지로 책임조건(구성적 책임요소)라고 할 수 있다.

위법성의 인식은 일반인과 동일한 수준의 평가에 근거한 인식이면 족하며 법률전문가로서의 인식을 요하는 것은 아니다. 따라서 행위자가 자신의 행위에 의하여 침해되는 법규정이나 행위의 가벌성까지 인식할 필요 없으며, 다만 자신의 행위가 법질서에 의하여 보호되는 법익 내지는 사회공동체의 가치를 침해한다는 인식, 즉 실질적 의미의 위법성의 인식만 있으면 족하다.

행위자가 자신의 행위가 사회적으로 가치가 있는 행위라고 믿고 있었더라도, 일반적 구속력이 있는 법규범에 반한다는 사실을 인식(법규범의 일반적 구속력에 대한 인식)하고 있는 한은 위법성의 인식은 인정된다. 앞에서 설명한 바와 같이 형법상 책임은 법적 책임이지 도의적, 윤리적 책임이 아니므로 법관은 법적 척도에 의하여 행위자의 책임을 평가한다. 따라서 양심범이나 확신범이 자신의 윤리적, 종교적, 정치적 세계관에 입각하여 자신의 위법행위가 정당하다고 확신하는 경우에도 법규범의 일반적 구속력에 대한 인식은 있으므로 위법성의 인식은 인정된다. 그러나 후술하는 바와 같이 법규범이 헌법에 위반하여 무효라고 오인한 경우에는 법규범의 일반적 구속력에 대한 인식이 없으므로 위법성의 인식이 결여된다.[324]

위법성의 인식은 막연히 자신의 행위가 법규범에 반한다는 인식이 아니라 관련된 구성요건의 불법내용에 대한 것이어야 한다(구체적 위법성의 인식). 따라서 수죄가 경합관계에 있는 경우에는 관련된 모든 구성요건의 불법내용을 각각 인식하여야 한다. 이처럼 위법성의 인식은 구성요건의 불법내용에 따라 각자 분리되는데, 이를 위법성인식의 분리가능성의 원칙이라고 한다.

---

324) 제2편 제5장 제3절 III. 1. (2)의 (예 3) 참조.

(예 1) 30세의 회사원 甲男은 만 15세의 여학생 乙女와 원조교제를 하였다. 甲男은 자신의 행위가 원조교제에는 해당하여 위법하지만 13세 이상의 여성과의 성관계는 위계나 위력을 사용하지 않는 이상은 처벌되지 않는다고 생각하였다. 甲男의 죄책은?

甲男이 만 15세의 여학생 乙女와 원조교제를 한 행위는 아동·청소년의 성보호에 관한 법률 제13조 제3항(아동·청소년의 성을 사는 행위 등)에 해당한다. 그리고 甲男이 19세 이상의 자로서 13세 이상 16세 미만의 사람에 대하여 간음을 한 행위는 의제강간(형법 제305조 제2항)에 해당한다.
위법성의 인식은 관련 구성요건의 불법내용에 대한 것이어야 하므로 청소년의 성을 사는 행위325)와 의제강간의 불법내용을 각각 인식하여야 한다(위법성인식의 분리가능성의 원칙). 따라서 청소년의 성을 사는 행위에 대한 위법성의 인식이 있었더라도 이것만으로 의제강간에 대한 위법성의 인식이 당연히 인정되지는 않는다. 甲男은 만13세의 이상의 여성과의 성관계는 그 여성의 동의가 있는 이상은 죄가 되지 않는다고 오인하였으므로 위법성의 인식이 결여된다. 다만 착오에 정당한 이유가 없어 책임은 조각되지 않으므로(제16조) 의제강간죄의 성립에는 영향이 없다.

(예 2) 甲女는 乙女를 강제로 추행하면서 여자는 강제추행죄의 주체가 아니므로 자신에 대해서는 강제추행죄가 성립하지 않지만 동성간의 애정행위는 형법상 처벌된다고 착각하였다. 甲女의 죄책은?326)

甲女는 이중적 법률의 착오를 하였다. 이중적 법률의 착오란 행위자가 관련된 구성요건의 불법내용은 인식하지 못한 반면에 다른 이유로 자신의 행위가 금지된다고 착오한 경우를 말한다. 즉 甲女는 강제추행죄와 관련해서는 자신의 행위가 불법이라는 것을 인식하지 못했으나 동성애는 처벌된다고 오인하였으므로 이중의 착오를 하였다. 이러한 경우에도 위법성인식의 분리가능성의 원칙에 따라 문제를 해결하여야 한다. 甲女는 전체적으로 자신의 행위가 위법하다는 인식은 했지만 이는 관련 구성요건, 즉 강제추행죄의 불법내용에 관한 것이 아니므로 위법성의 인식이 있었다고 할 수 없다. 다만 그러한 착오에 정당한 이유가 없으므로 책임이 조각되지는 않는다(제16조).

---

325) 아동·청소년의 성보호에 관한 법률 제13조(아동·청소년의 성을 사는 행위 등) ① 아동·청소년의 성을 사는 행위를 한 자는 1년 이상 10년 이하의 징역 또는 2천만원 이상 5천만원 이하의 벌금에 처한다.
③ 16세 미만의 아동·청소년 및 장애 아동·청소년을 대상으로 제1항 또는 제2항의 죄를 범한 경우에는 그 죄에 정한 형의 2분의 1까지 가중처벌한다.
326) 손동권/김재윤, 총론, 312면 참조.

위법성의 인식은 행위자가 위법성을 명확하게 인식한 경우(확정적 위법성의 인식)는 물론이고 자신의 행위가 법규범에 반할지도 모른다는 가능성을 인식했지만 이를 감수한 경우(미필적 위법성의 인식)에도 인정된다.

행위자가 범죄를 행하는 순간에도 자신의 행위가 위법하다는 사실을 염두에 두고 있다면 그는 의심의 여지없이 행위의 위법성을 현실적으로 인식(현실적 위법성의 인식)하고 있다. 그리고 범죄를 행한다는 인식에는 필연적으로 위법성의 인식이 수반되는데, 이를 동반의식 또는 수반의식(Mitbewußtseins)이라고 한다. 이러한 경우에도 현실적 위법성의 인식은 인정된다.[327]

(예 3) 절도범 甲은 자신이 범죄를 행하는 순간에는 범죄의 성공만을 염두에 두고 있었으며 절도의 위법성에 대해서는 생각조차 하고 있지 않았으므로 자신은 위법성에 대한 인식이 없었다고 주장한다. 타당한가?

그는 평소에 살인이나 절도와 같은 범죄가 허용되지 않는다는 점은 충분히 알고 있으므로 범죄를 행하는 순간에 자신은 절도의 위법성에 대하여 전혀 의식하지 않았다고 생각하겠지만 그가 타인의 재물을 절취한다는 인식에는 필연적으로 절도의 위법성에 대한 인식이 수반된다. 즉 위법성에 대한 수반의식이 있으므로 현실적 위법성의 인식이 인정된다.

위법성의 인식은 고의와는 달리 잠재적 인식으로도 족하다(잠재적 위법성의 인식). 잠재적 위법성의 인식이란 행위자가 행위의 위법성을 인식하는 것이 가능한 경우를 말한다. 예컨대 인식 없는 과실범이나 급작스런 감정의 폭발로 인하여 범죄를 행하는 소위 격정범의 경우에는 위법성에 대한 현실적인 인식은 없지만 잠재적 위법성의 인식은 있으므로 위법성의 인식은 인정된다.

II. 위법성의 인식의 체계적 지위

위법성인식이 범죄체계에서 어느 지위에 있는가에 대해서는 범죄체계론에 따라 견해가 일치하지 않는다. 고의를 책임요소로 보는 신고전적 범죄체계론에 의하면 고의는 구성요건적 고의와 위법성의 인식을 포함하므로 위법성의

---

[327] 손동권/김재윤, 총론, 313면 이하; Roxin, AT I, § 21 Rn. 26 f. 참조. 수반의식도 현실적 인식에 해당한다는 점에 대해서는 Sch/Sch/Cramer/Sternberg-Lieben, § 17 Rn. 9 참조.

인식은 고의의 구성요소가 된다(고의설).328) 이에 대하여 고의와 위법성의 인식을 분리하여 고의는 주관적 구성요건에 속한다고 보는 목적적 범죄체계론이나 신고전적·목적적 합일체계에 의하면 위법성의 인식은 그대로 책임요소로 남아 있게 된다(책임설). 신고전적·목적적 합일체계에 근거한 책임설(제한적 책임설)이 우리나라의 다수설이다.

[고의 및 위법성인식의 범죄체계론적 지위]

		범죄체계론	고의의 체계적 지위	위법성의 인식	법률의 착오	위법성조각사유의 전제사실의 착오
고의설	엄격고의설	신고전적 범죄체계 (인과적 행위론)	책임	고의 = 구성요건적 고의 + 위법성의 인식	위법성의 인식이 없으면 고의조각	사실의 착오 → 고의조각
	제한적 고의설			고의 = 구성요건적 고의 + 위법성의 인식가능성	위법성의 인식가능성이 없으면 고의조각	
책임설	엄격책임설	목적적 범죄체계 (목적적 행위론)	주관적 구성요건	고의와 위법성의 인식을 분리 → 위법성의 인식은 책임요소	책임감면	법률의 착오 → 책임감면
	제한적 책임설	합일체계 (사회적 행위론, 인격적 행위론)	고의의 이중적 기능 = 구성요건적 고의 + 고의책임			고의불법의 조각 → 제13조의 유추적용
	법효과 제한적 책임설					고의책임의 조각 → 법률효과에 있어서만 과실범으로 처벌

---

328) 대법원(대법원 1970. 9. 22. 선고 70도1206 판결; 대법원 1974. 11. 22. 선고 74도2676 판결)은 법률의 착오에 정당한 이유가 있는 때에는 범의(고의)를 조각한다고 한다. 대법원 2000. 8. 18. 선고 2000도2943 판결도 "자신의 행위가 법령에 저촉되지 않는 것으로 오인함에 정당한 이유가 있는 경우에 해당한다거나 범의가 없었다고 볼 수는 없다"고 한 점으로 미루어 고의설에 입각하고 있는 것으로 보인다.

III. 법률의 착오

> **제16조(법률의 착오)** 자기의 행위가 법령에 의하여 죄가 되지 아니하는 것으로 오인한 행위는 그 오인에 정당한 이유가 있는 때에 한하여 벌하지 아니한다.

1. 의의 및 종류

(1) 의의

법률의 착오(금지착오 또는 위법성의 착오)란 위법성의 인식이 결여된 경우, 즉 자신의 행위가 법률상 허용된다고 오인한 경우를 말한다. 제16조도 법률의 착오에 대하여 "자기의 행위가 법령에 의하여 죄가 되지 아니하는 것으로 오인한 행위는 그 오인에 정당한 이유가 있는 때에 한하여 벌하지 아니한다"라고 규정하고 있다.

(2) 종류

법률의 착오는 크게 직접적 착오와 간접적 착오로 분류된다. 직접적 착오란 행위에 대하여 직접적으로 적용되는 금지규범에 대하여 착오를 일으킨 경우를 말한다. 법률의 부지, 포섭의 착오, 효력의 착오가 이에 해당한다.

법률의 부지(금지규범의 존재의 착오)란 행위자가 금지규범의 존재를 인식하지 못하여 금지사실을 알지 못하는 경우를 말한다. 포섭의 착오(해석의 착오)란 구성요건요소의 법적 의미를 오해하여 자신의 행위가 구성요건에 해당하지 않는다고 오인한 경우를 말한다. 효력의 착오란 금지규범이 위헌 등을 이유로 무효라고 잘못 생각한 경우를 말한다.

> (예 4) 위의 (예 1)에서 甲男은 19세 이상의 자가 16세 미만의 사람에 대하여 간음을 한 행위도 의제강간(형법 제305조 제2항)에 해당하여 처벌된다는 사실을 모른 경우 그는 금지규범의 존재를 인식하지 못하여 의제강간의 위법성을 인식하지 못한 것이므 그의 착오는 법률의 부지에 해당한다.
>
> (예 5) 甲은 조각상에 붉은 페인트칠을 하였다. 그러나 그는 자신의 행위가 손괴에 해당하지 않는다고 생각했다. 甲의 죄책은?

손괴는 기술적 구성요건요소로서 '자연적 의미에 대한 인식'만 있으면 족하므로 甲의 착오는 사실의 착오에 해당하지 않는다.329) 다만 그는 손괴에 대한 법적 의미를 오해하여 자신의 행위가 손괴에 해당하지 않는다고 오인한 것이므로 포섭의 착오(법률의 착오)에 해당한다. 그의 착오에는 정당한 이유가 없으므로 책임은 조각되지 않는다. 따라서 甲에 대해서는 손괴죄가 성립한다.

간접적 착오란 금지규범에 대한 인식은 있었으나 자신의 행위가 위법성조각사유에 의하여 허용되는 것으로 오인한 경우이다. 허용착오(허용규범 존재의 착오와 허용한계의 착오)와 허용구성요건의 착오(위법성조각사유의 전제사실의 착오)가 이에 해당한다. 다만 허용구성요건의 착오는 법률의 착오가 아니므로 법률의 착오에서 말하는 간접적 착오란 허용착오를 말한다.

허용착오란 법질서에 의하여 인정되지 않은 허용규범(위법성조각사유)이 존재한다고 오인하여 자신의 행위가 법률상 허용된다고 착오(허용규범의 존재의 착오)하거나 위법성조각사유의 효력범위를 확대해석하여, 즉 허용규범의 법적 한계에 대하여 착오하여 자신의 행위가 법률상 허용된다고 착오(허용한계의 착오)한 경우를 말한다.

(예 7) 甲은 길거리에서 담배를 피면서 지나가는 중학생 乙에게 담배는 청소년에게 해로우니 피지 말라고 타일렀다. 乙이 항의하자 甲은 타인의 자녀에 대해서도 잘못이 있는 때에는 징계권이 있다고 생각하여 乙의 뺨을 때렸다. 甲의 죄책은?

타인의 자녀에 대한 징계권은 법률상 인정되지 않으므로 甲은 자신의 징계행위가 존재하지도 않는 위법성조각사유에 해당한다고 오인하였다. 따라서 그의 착오는 허용규범의 존재에 관한 착오에 해당한다. 그의 착오는 정당한 이유가 없으므로 책임은 조각되지 않는다.

(예 8) 甲은 정당방위를 행사하여 乙을 쓰러뜨렸으나 그를 계속하여 발로 걷어차는 것이 정당방위에 해당한다고 생각하고 乙을 폭행하였다.

乙의 침해는 이미 종료되어 현재의 침해에 해당하지 않으므로 甲은 더 이상 정당방위를 행사할 수 없음에도 불구하고 정당방위의 효력범위를 확대해석하여 자신의 행위가 정당방위에 해당하여 허용된다고 착오하였으므로 그의 착오는 허용한계의 착오에 해당한다. 그의 착오는 허용규범의 존재에 관한 착오에 해당한다. 그의 착오는 정당한 이유가 없으므로 책임은 조각되지 않는다.

---

329) 제2편 제3장 제5절 II 2 (4) 참조.

▶ 법률의 착오의 종류

```
┌ 직접적 법률의 착오 ┌ 법률의 부지(금지규범의 존재의 착오)
│                    ├ 포섭의 착오(해석의 착오)
│                    └ 효력의 착오
└ 간접적 법률의 착오 ┌ 허용의 착오 ┌ 허용규범의 존재의 착오(위법성조각사유의 존재의 착오)
                     │              └ 허용한계의 착오(위법성조각사유의 한계의 착오)
                     └ 위법성조각사유의 전제사실의 착오(허용구성요건의 착오)
```

(3) 성립요건

제16조는 "자기의 행위가 법령에 의하여 죄가 되지 아니하는 것으로 오인한 행위는 그 오인에 정당한 이유가 있는 때에 한하여 벌하지 아니한다"라고 규정하고 있다. 따라서 제16조에 의하여 책임이 조각되기 위해서는 법률의 착오가 있어야 하고 그 착오에 정당한 이유가 있어야 한다.

▶ 제16조 = 법률의 착오 + 정당한 이유

자신의 행위가 적법하다고 오인한 것만으로 책임이 부정되는 것은 아니며, 그러한 오인에 대하여 "정당한 이유"가 있어야 한다. 여기서 정당한 이유란 위법성의 인식가능성(착오의 회피가능성)이 없는 경우를 의미한다. 행위자가 정상의 주의[330])를 다하였음에도 불구하고 행위의 위법성을 인식하는 것이 불가능하였다면, 즉 착오가 회피불가능하였다면 책임이 조각된다. 왜냐하면 이러한 경우 행위자는 법에 대하여 적대적인 태도를 보인 것이 아니라 오히려 법에 충실(Rechtstreue)하기 위하여 정상의 주의를 다했으므로 그에 대한 비난가능성이 부정되기 때문이다.

일반형법에 위반하는 형사범의 경우와 같이 법규범의 침해가 반윤리적인 경우 행위자는 구성요건적 고의만 있으면 자신의 행위의 위법성을 쉽게 인식할 수 있으므로 착오의 회피가능성은 통상 인정되며 따라서 오인에 정당한 이유가 있다고 할 수 없다. 이에 대하여 행정형법에 위반하는 행정범은 행정

---

330) 대법원 1983. 2. 22. 선고 81도2763 판결도 "피고인은 자기의 행위가 법령에 의하여 죄가 되지 않는 것으로 오인하였고 또 그렇게 오인함에 어떠한 과실이 있음을 가려낼 수 없어 정당한 이유가 있는 경우에 해당한다"고 함으로써 법률의 착오의 회피가능성을 과실범에 있어서 주의의무위반과 같은 기준에 의하여 판단한다. 다수설(예컨대 이재상/ 장영민/ 강동범, 총론, 346면)도 같은 견해이다. 이에 대하여 법률의 착오에 있어서 주의의무의 정도를 과실범에 있어서 주의의무보다 더욱 엄격하게 요구하는 견해에 대해서는 김일수, 총론 하, 94면 이하.

관청의 직무수행을 원활하게 하기 위하여 처벌하는 것이지 도덕규범에 반하기 때문에 처벌하는 것은 아니므로 구성요건적 고의가 있었다는 사실만으로 당연히 위법성의 인식이 가능하였다고 할 수 없다. 다만 구성요건적 고의가 있으면 행위자에게는 자신의 행위가 위법한가를 검토할 수 있는 계기가 주어지므로331) 행위자는 자신의 행위가 위법한지에 대해 심사숙고하고(심사숙고의무) 필요한 경우 관계기관이나 전문가에게 조언을 구하여 확인해야 할 의무(조회의무)가 있다. 행위자가 이러한 의무를 다하였음에도 불구하고 위법성을 인식하지 못했다면 그는 위법성의 인식을 위하여 정상의 주의를 다하였으므로 착오에 정당한 이유가 있다고 할 수 있다. 정당한 이유가 인정되는 경우를 유형화하면 다음과 같다:

① 조회의무를 준수한 경우: 행위자가 변호사 등 법률전문가332) 또는 권한있는 행정관청에 조회333)한 결과, 잘못된 정보로 인하여 자신의 행위가 적법하다고 오인하였다면 행위자는 법을 준수하기 위하여 정상의 주의를 다하였다고 할 수 있으므로 착오는 회피불가능하다. 행위자가 단속관청의 공무원에게 조회한 경우에도 조회의무를 준수하였다고 할 수 있는가에 대하여는 논란의 여지가 있으나, 이 경우에도 행위자는 법에 충실하기 위하여 정상의 주의를 다하였으며 그의 착오에 대한 비난가능성은 부정된다고 보아야 할 것이므로 오인에 정당한 이유가 있는 경우에 해당한다.

'정당한 이유'를 부정한 경우

(판례 1) 경찰공무원 甲은 수사과정에서 취득한 개인정보인 A와 B의 통화내역을 임의로 B에 대한 고소장에 첨부하여 타 경찰서에 제출하였다. 甲은 B의 위증 혐의를 증명하기 위한 목적에서 개인정보를 제출한 것이었지만 A의 동의도 받지 아니하고 관련 법령에 정한 절차를 거치지 않았다. 다만 甲은 이 사건 고소장을 제출하기 전에 변호사에게 자문을 구하는 등 자신의 행위가 적법한지에 대하여 심사숙고하였다. 甲의 죄책은?

---

331) 이를 구성요건적 고의의 경고기능(제2편 제5장 제2절 I 참조)이라고 한다.
332) 대법원 1976. 1. 13. 선고 74도3680 판결; 대법원 2008.10.23. 선고 2008도5526 판결.
333) 대법원 1983. 2. 22. 선고 81도2763 판결; 대법원 1992. 5. 22. 선고 91도2525 판결; 대법원 1995. 7. 11. 선고 94도1814 판결.

[참조조문]
구 공공기관의 개인정보 보호에 관한 법률 제11조(개인정보취급자의 의무) 개인정보의 처리를 행하는 공공기관의 직원이나 직원이었던 자 또는 공공기관으로부터 개인정보의 처리업무를 위탁받아 그 업무에 종사하거나 종사하였던 자는 직무상 알게 된 개인정보를 누설 또는 권한없이 처리하거나 타인의 이용에 제공하는 등 부당한 목적을 위하여 사용하여서는 아니된다.
동법 제23조(벌칙) 제2항 제11조의 규정을 위반하여 개인정보를 누설 또는 권한없이 처리하거나 타인의 이용에 제공하는 등 부당한 목적으로 사용한 자는 3년 이하의 징역 또는 1천만원 이하의 벌금에 처한다.
현행 개인정보 보호법 제59조(금지행위) 개인정보를 처리하거나 처리하였던 자는 다음 각 호의 어느 하나에 해당하는 행위를 하여서는 아니 된다.
1. 거짓이나 그 밖의 부정한 수단이나 방법으로 개인정보를 취득하거나 처리에 관한 동의를 받는 행위
2. 업무상 알게 된 개인정보를 누설하거나 권한 없이 다른 사람이 이용하도록 제공하는 행위
3. 정당한 권한 없이 또는 허용된 권한을 초과하여 다른 사람의 개인정보를 훼손, 멸실, 변경, 위조 또는 유출하는 행위
같은 법 제71조 (벌칙) 다음 각 호의 어느 하나에 해당하는 자는 5년 이하의 징역 또는 5천만원 이하의 벌금에 처한다.
(중간생략)
5. 제59조제2호를 위반하여 업무상 알게 된 개인정보를 누설하거나 권한 없이 다른 사람이 이용하도록 제공한 자 및 그 사정을 알면서도 영리 또는 부정한 목적으로 개인정보를 제공받은 자

甲이 공공기관의 직원으로서 직무상 알게 된 개인정보를 권한없이 처리한 행위는 공공기관의 개인정보 보호에 관한 법률 제11조, 제23조 제2항 위반죄(현행 개인정보 보호법 제59조 제2호, 제71조 제5호)의 구성요건에 해당한다. 다만 甲은 자신의 행위가 법령에 의하여 죄가 되지 않는 것으로 오인했는데, 그 오인에 정당한 이유가 있다면 책임이 조각될 수 있다. 이 점에 대하여 대법원은 "정당한 이유가 있는지 여부는 행위자에게 자기 행위의 위법의 가능성에 대해 심사숙고하거나 조회할 수 있는 계기가 있어 자신의 지적능력을 다하여 이를 회피하기 위한 진지한 노력을 다하였더라면 스스로의 행위에 대하여 위법성을 인식할 수 있는 가능성이 있었음에도 이를 다하지 못한 결과 자기 행위의 위법성을 인식하지 못한 것인지 여부에 따라 판단하여야 할 것이며, 이러한 위법성의 인식에 필요한 노력의 정도는 구체적인 행위정황과 행위자 개인의 인식능력, 그리고 행위자가 속한 사회집단에 따라 달리 평가되어야 한다"고 판시함으로써 기존의 판단기준[334]을 확인하였다. 그리고 "피고인이 이 사건 고소장을 제출하기 전에 변호사에게 자문을 구한 경위와 그 답변취지

및 경찰공무원으로서의 피고인의 경력이나 사회적 지위 등을 종합하여 이 사건 고소장 제출 당시 피고인에게 법률의 착오가 있었다고 볼 수 없다"고 판단하였다.335) 따라서 甲에 대하여 공공기관의 개인정보 보호에 관한 법률 위반죄가 성립한다.

'정당한 이유'를 긍정한 경우

(판례 2) 甲은 자신의 소유의 임야 및 대지상에 양어장 및 여관 신축공사를 하는 과정에서 생긴 토석을 사실상 나대지 상태인 위 임야에 적치할 계획을 가지고, 이에 관하여 양평군 산림과 담당공무원 乙에게 문의하였는데, 그로부터 "공사에서 발생한 토석을 나무가 없는 사실상 대지(나대지)에 쌓아도 산림법상으로는 문제가 되지 않는다"는 답변을 듣고 자신의 행위가 죄가 되지 않을 것으로 오인하여 위 임야 상에 토석을 쌓아두었다. 그런데 구산림법 제118조 제1항 제4호 및 제90조 제1항에 의하면 산림안에서 산림의 형질변경 하고자 하는 자는 시장·군수 또는 지방산림관리청장의 허가를 받아야 한다고 규정되어 있다. 甲의 죄책은?

[참조조문]
구 산림법(2002. 12. 30. 개정되기 전의 법) **제90조(입목벌채등의 허가와 신고)** ① 산림안에서 입목의 벌채, 산림의 형질변경 또는 임산물의 굴취·채취(제90조의2제1항의 규정에 의한 석재 및 제90조의6 제1항의 규정에 의한 토사의 굴취·채취를 제외한다. 이하 이 조에서 같다)를 하고자 하는 자는 농림부령이 정하는 바에 따라 시장·군수 또는 지방산림관리청장의 허가를 받아야 한다.

甲은 토석을 군수의 허가를 받지도 않고 임야에 쌓아 둠으로써 구산립법 제118조 제1항 제4호 및 제90조에 위반하였다. 문제는 甲의 착오가 법률의 착오로서 정당한 이유가 있는가이다. 이 점에 대하여 대법원은 "행정청의 허가가 있어야 함에도 불구하고, 허가를 받지 아니하여 처벌대상의 행위를 한 경우라도 허가를 담당하는 공무원이 허가를 요하지 않는 것으로 잘못 알려 주어 이를 믿었기 때문에 허가를 받지 아니한 것이라면 허가를 받지 않더라도 죄가 되지 않는 것으로 착오를 일으킨 데 대하여 정당한 이유가 있는 경우에 해당하여 처벌할 수 없다"336)는 이유로 甲에 대하여 유죄를 인정한 원심판결을 파기하고, 사건을 다시 원심법원에 환송하였다.

---

334) 대법원 2006. 3. 24. 선고 2005도3717 판결; 대법원 2006. 9. 28. 선고 2006도4666 판결; 대법원 2008. 2. 28. 선고 2007도5987 판결.
335) 대법원 2008. 10. 23. 선고 2008도5526 판결.
336) 대법원 2005. 8. 19. 선고 2005도1697 판결

'정당한 이유'를 부정한 경우

(판례 3-1) 디스코클럽을 운영하는 업주 甲은 미성년자 10명을 출입시키고 맥주 등 주류를 판매하였다. 경찰서에 하달된 경기도 경찰국장 명의의 공문내용에 의하면 청소년 유해업소 출입단속대상자가 만18세 미만자와 고등학생이라고 되어 있으므로 甲은 만 18세 이상이고 고등학생이 아닌 자들을 출입시키고 주류를 판매한 행위는 죄가 되지 않는다고 오인하였다. 甲의 죄책은?

[참조조문]
구 미성년자보호법 제4조 ② 제2조 제1항 제3호에 규정된 업소의 영업자는 그 미성년자를 그 영업장내에 출입하게 하여서는 아니된다.
같은 법 제6조 ① 제4조 제1항 또는 제2항의 규정에 위반한 자는 1년 이하의 징역이나 300만원 이하의 벌금, 구류 또는 과료에 처한다.
현행 청소년보호법 제51조(벌칙) 다음 각호의 1에 해당하는 자는 2년 이하의 징역 또는 1천만원 이하의 벌금에 처한다.
 (중간생략)
7. 제24조 제2항의 규정에 위반하여 청소년을 유해업소에 출입시킨 자

미성년자는 만 20세 미만의 자이므로 甲의 행위는 구 미성년자보호법 제4조 제2항, 제6조 제1항의 구성요건에 해당하고 위법하다. 그러나 甲은 관계기관의 유권해석을 신뢰하여 자신의 행위가 적법한 것으로 오인한 것이므로 조회의무를 다했다고 할 수 있으며, 따라서 그의 착오는 회피불가능한 것으로서 제16조 소정의 "정당한 이유"가 있다고 보아야 할 것이다.[337] 즉 甲에 대하여는 책임이 조각되므로 구 미성년자보호법 제4조의 범죄는 성립하지 않는다.

'정당한 이유'를 긍정한 경우

(판례 3-2) 비디오감상실의 업주 甲은 만 18세의 청소년들을 비디오감상실에 출입시킴으로써 구 청소년보호법(2001. 5. 24. 법률 제6479호로 개정되기 전의 것) 제51조 제7호 및 제24조 제2항에 위반하였다. 그런데 구 음반·비디오물 및 게임물에 관한 법률 제8조 제3호는 출입금지대상을 '연소자(18세미만의 자를 말한다)'라고 규정하고 있다. 甲은 이 규정의 반대해석을 통하여 18세 이상 청소년에 대하여는 출입금지 의무가 없는 것으로 판단하였

---
[337] 서울형사지방법원 1984. 12. 4, 84노2687. 이에 대하여 대법원(대법원 1985. 4. 9. 선고 85도25 판결)은 甲의 오인은 법률의 부지에 해당하므로 범죄의 성립에 지장이 없다고 본다. 이 판례에 대한 평석은 신동운, 新판례백선 형법총론, 424면 참조.

으며, 비디오물감상실의 관할부서(대구 중구청 문화관광과)는 업주들을 상대로 실시한 교육과정을 통하여 종전과 마찬가지로 음반등법에서 규정한 '만 18세 미만의 연소자' 출입금지표시를 업소출입구에 부착하라고 행정지도를 하였을 뿐 법에서 금지하고 있는 '만 18세 이상 19세 미만'의 청소년 출입문제에 관하여는 특별한 언급을 하지 않았고, 이로 인하여 甲을 비롯한 비디오물감상실 업주들은 여전히 출입금지대상이 음반등법에서 규정하고 있는 '18세 미만의 연소자'에 한정되는 것으로 인식하였다. 甲의 죄책은?

[참조조문]
구 청소년보호법(2001. 5. 24. **법률 제6479호로 개정되기 전의 것**) **제2조(정의)** 이 법에서 사용하는 용어의 정의는 다음과 같다.
1. "청소년"이라 함은 19세미만의 자를 말한다. [338]
제24조 제2항은 청소년출입·고용금지업소의 업주 및 종사자는 출입자의 연령을 확인하여 청소년이 당해업소에 출입하거나 이용하지 못하게 하여야 한다.[339]
동법 제51조(벌칙) 다음 각호의 1에 해당하는 자는 2년 이하의 징역 또는 1천만원 이하의 벌금에 처한다.
7. 제24조제2항의 규정에 위반하여 청소년을 유해업소에 출입시킨 자[340]
동법 제6조(다른 법률과의 관계) 이 법은 청소년유해환경의 규제에 관한 형사처벌을 할 때 다른 법률보다 우선하여 적용된다.
구 음반·비디오물 및 게임물에 관한 법률(2001. 5. 24. **법률 제6473호로 전문 개정되기 전의 것**) **제8조(유통관련업자의 준수사항)** 유통관련업자는 다음 각호의 사항을 준수하여야 한다.
3. 게임제공업소 또는 노래연습장을 운영하는 자는 연소자(18세미만의 자를 말한다)를 대통령령이 정하는 출입시간외에 출입하게 하여서는 아니된다. (현행 제32조 제6호[341])

---

338) 현행 청소년보호법 제2조(정의) 제1호는 청소년을 '만 19세 미만인 사람을 말한다. 다만, 만 19세가 되는 해의 1월 1일을 맞이한 사람은 제외한다'라고 정의하고 있다.
339) 현행 청소년보호법 제29조 제2호.
340) 현행 청소년보호법 제59조 제8호.
341) 현행 음반·비디오물 및 게임물에 관한 법률 제32조(유통관련업자의 준수사항): 제2조제8호 내지 제12호의 규정에 의한 영업(복합유통·제공업의 경우에는 제8호 내지 제11호에 해당하는 영업이 포함된 영업에 한한다)을 영위하는 자(이하 "유통관련업자"라 한다)는 다음 각호의 사항을 지켜야 한다.
  6. 비디오물 소극장업자·게임제공업자·노래연습장업자 및 멀티미디어 문화콘텐츠 설비제공업자는 당해 영업장소에 대통령령이 정하는 출입시간외에 청소년을 출입시키지 아니할 것. 다만, 보호자 등 청소년을 지도·감독할 수 있는 지위에 있는 사람을 동반하거나 그의 출입동의서를 받은 경우 그 밖에 대통령령이 정하는 경우에는 그러하지 아니하다.

이 사례에서 문제되는 점은 (1) 구 청소년보호법 제24조 제2항은 청소년, 즉 만19세미만의 자를 청소년출입·고용금지업소에 출입시키는 것을 금지하고 있는 반면에, 구 음반·비디오물 및 게임물에 관한 법률 제8조 제3호는 연소자, 즉 만 18세미만의 자의 출입을 금지하고 있어 두 법이 서로 충돌한다는 것이다.342) 즉 18세의 청소년을 업소에 출입시킨 행위는 구 청소년보호법에 의하면 금지되고, 구 음반·비디오물 및 게임물에 관한 법률에 의하면 허용되는 모순된 결론에 이른다. 이 경우에 어떤 법을 근거로 甲의 행위의 위법여부를 판단할 것인가 대하여는 논란의 여지가 크다. 이 점에 대하여 대법원은 구 청소년보호법 제6조가 "이 법은 청소년유해환경의 규제에 관한 형사처벌을 할 때 다른 법률보다 우선하여 적용한다'고 규정하고 있다는 점을 들어 甲이 만 18의 청소년들을 비디오물감상실에 출입시킨 행위는 법 제51조 제7호, 제24조 제2항의 청소년보호법 위반죄가 성립한다고 판단하였다.343)

다음으로 문제되는 점은 (2) 甲의 행위가 구 청소년보호법에 위배되어 위법하다고 할 때, 그가 18세 이상 청소년에 대하여는 출입금지 의무가 없는 것으로 오인한 것이 법률의 착오로서 착오에 정당한 이유가 있는 경우에 해당하는가이다. 이 점에 대하여 판례는 甲이 만18세의 청소년들을 비디오물감상실에 출입시킨 행위가 '관련 법률에 의하여 허용된다고 믿었고, 그렇게 믿었던 것에 대하여 정당한 이유가 있는 경우에 해당'고 보았다. 판례는 그 논거로서 "위 음반등법과 그 시행령 규정의 반대해석을 통하여 18세 이상 청소년에 대하여는 출입금지 의무가 없는 것으로 오인될 가능성이 충분"하다는 점과 비디오물감상실의 관할부서가 업주들을 상대로 실시한 교육과정으로 인하여 비디오물감상실 업주들은 출입금지대상이 '18세 미만의 연소자'에 한정되는 것으로 오인하였다는 점을 들었다. 결국 甲의 행위는 착오에 정당한 이유가 있으므로 책임이 조각되어 구 청소년보호법위반죄에 해당하지 않는다.

② 국가기관의 허가나 명령이 있는 경우: 관청의 허가나 명령이 적법하다고 신뢰하여 이에 따른 경우에도 일반적으로 착오는 회피불가능하다. 왜냐하면 국가기관의 허가나 명령의 위법성이 명백·중대하여 무효가 아닌 이상은 개인에게 이에 대한 위법성을 심사해야 할 의무(Prüfungspflicht)를 부과할 수는 없기 때문이다.

(판례 4) 초등학교 교장 甲은 6학년 자연교과서에 꽃 양귀비가 교과 내용으로 되어 있고 교육위원회에서 꽃 양귀비를 포함한 194종의 교재식물을 식재 또는 표본으로 비치하여 산 교재로 활용하라는 지시에 의하여 교과식물로 비치하기 위하여 양귀비 종자를 사서 교무실 앞 화단에 심었다. 그는 자신의 행위가 죄가 되지 않는다고 오인하였다. 甲의 죄책은?

---

342) 현행 음반·비디오물 및 게임물에 관한 법률은 출입금지대상을 '18세 미만의 연소자'에서 '청소년'으로 개정함으로써 두 법 사이의 모순을 해결하였다.
343) 대법원 2002. 5. 17. 선고 2001도4077 판결.

[참조조문]
현행 마약류 관리에 관한 법률 제3조(일반 행위의 금지) 누구든지 다음 각 호의 어느 하나에 해당하는 행위를 하여서는 아니 된다.
1. 이 법에 따르지 아니한 마약류의 사용
2. 마약의 원료가 되는 식물을 재배하거나 그 성분을 함유하는 원료·종자·종묘(종묘)를 소지, 소유, 관리, 수출입, 수수, 매매 또는 매매의 알선을 하거나 그 성분을 추출하는 행위. 다만, 대통령령으로 정하는 바에 따라 식품의약품안전처장의 승인을 받은 경우는 제외한다.
같은 법 제59조(벌칙) ① 다음 각 호의 어느 하나에 해당하는 자는 1년 이상의 유기징역에 처한다.
1. 제3조제2호를 위반하여 수출입·매매 또는 제조할 목적으로 마약의 원료가 되는 식물을 재배하거나 그 성분을 함유하는 원료·종자·종묘를 소지·소유한 자

甲이 마약의 원료가 되는 양귀비를 재배한 행위는 구마약법 제3조 제3호(현행 마약류관리에 관한 법률 제3조 제2호)의 구성요건에 해당하며 위법하다. 그러나 甲은 교육위원회의 지시를 신뢰하여 자신의 행위가 죄가 되지 않는다고 오인한 것이며 그 오인에 정당한 이유가 있으므로 책임이 조각되어 범죄는 성립하지 않는다. 판례도 "이러한 경우에는 누구에게도 위법의 인식을 기대할 수 없다"[344])는 이유로 범죄의 성립을 부정하였다.

③ 법원의 판결을 신뢰한 경우: 판결이 서로 모순되는 경우에는 상급심의 판결을 신뢰한 때에, 그리고 같은 심급의 판결이 모순되는 경우에는 최근의 판결을 신뢰한 때에 착오에 상당한 이유가 있다. 왜냐하면 이러한 경우 개인은 판례의 실질적 정당성에 대한 심사의무가 없기 때문이다. 검찰의 무혐의 결정을 신뢰한 경우도 판결을 신뢰한 경우에 준하여 착오에 정당한 이유가 있다고 볼 수 있다.

(판례 5) 甲은 당국의 허가 없이 30가지의 한약재를 혼합, 포장하여 '가감삼십전대보초'라는 상표를 붙여 판매하였다. '가감삼십전대보초'는 의약품으로서 약사법 제26조 및 30조, 74조에 의하면 이를 제조, 판매하기 위해서는 행정관청의 허가가 있어야 함에도 불구하고 허가 없이 제조, 판매하였다. 甲은 이전에 십전대보초를 제조, 판매한 피의사실이 서울지방검찰청에 의하여 '혐의 없음'의 결정을 받은 사실을 알고 자신의 행위도 죄가 되지 않는다고 오인하였다. 甲의 죄책은?

---
344) 대법원 1972. 3. 31. 선고 72도64 판결.

> **구 약사법 제35조(의약품판매업의 허가)** ① 약국개설자가 아니면 의약품을 판매하거나 판매의 목적으로 취득할 수 없다. 다만, 의약품등의 제조업자(소분업자를 포함한다. 이하 같다) 또는 수입자가 그 제조(소분을 포함한다. 이하 같다) 또는 수입한 의약품을 이 법의 규정에 의하여 의약품을 제조 또는 판매할 수 있는 자에게 판매하는 경우에는 그러하지 아니하다.
> ② 제1항의 규정에 불구하고 보건사회부령이 정하는 바에 의하여 서울특별시장·직할시장 또는 도지사로부터 한약업사 또는 의약품매매상의 허가를 받은 자는 약사가 아니라도 의약품을 판매할 수 있다.
> **동법 제74조(벌칙)** ① 다음 각호의 1에 해당하는 자는 5년이하의 징역 또는 2천만원이하의 벌금에 처한다.
> 2. 제35조 제2항의 규정에 의한 허가를 받지 아니하고 의약품을 판매한 자[345]

대법원은 "甲은 이 사건 범행 당시 자기의 행위가 법령에 의하여 죄가 되지 않는 것으로 믿을 수밖에 없었고, 또 그렇게 오인함에 있어서 정당한 이유가 있는 경우에 해당한다고 보아야 할 것이므로 피고인을 약사법위반으로 처벌할 수는 없다"고 판시하였다.[346]

(4) 법적 효과

제16조는 오인에 정당한 이유가 있는 때에는 "벌하지 아니한다"고 규정하고 있다. 여기서 "벌하지 아니한다"의 의미에 대해서는 책임이 조각된다는 견해(책임설)와 고의가 조각된다는 견해(고의설)가 있다. 이러한 견해의 대립은 위법성인식의 범죄체계론적 지위에 대한 견해의 차이로 인한 것이다.[347]

(가) 고의설

신고전적 범죄체계론에 의하면 고의는 책임요소로서 구성요건에 대한 인식과 위법성의 인식을 포함한다. 이처럼 위법성의 인식이 고의에 속한다고 보는 견해를 고의설이라고 한다. 이 견해에 의하면 위법성에 대한 인식이 결여된 경우, 즉 법률의 착오의 경우 고의가 조각되므로 고의범은 성립하지 않으며 다만

---

345) 현행 약사법 제44조제1항, 제93조 제1항 제7호 참조.
346) 대법원 1995. 8. 25. 선고 95도717 판결.
347) 이에 대한 학설로는 위법성인식불요설, 자연범·법정범 구별설(제한적 불요설), 엄격·제한적 고의설, 엄격·제한적 책임설, 법과실준고의설 등이 있다.
　　자연범·법정범 구별설 ┌ 자연범(형사범): 행위자체가 반사회적이므로 처벌 - 위법성인식불요설
　　　　　　　　　　　　　│　　　　　　　　　　　　　　　　　　　　　　　　　　또는 책임설
　　　　　　　　　　　　　└ 법정범(행정범): 행정목적의 달성을 위하여 처벌 - 고의설

과실범의 성립여부만이 문제된다. 이러한 견해를 엄격고의설이라고 한다. 이에 대하여 위법성의 인식이 없더라도 인식가능성만 있으면 고의는 성립한다는 견해가 있다. 이러한 견해를 제한적 고의설(위법성인식가능성설)이라고 한다.

(나) 책임설

목적적 범죄체계론이나 신고전적·목적적 합일체계론에 의하면 구성요건에 대한 인식(구성요건적 고의)과 위법성의 인식은 각자 분리되어 구성요건적 고의는 주관적 구성요건에 위치하고 위법성의 인식은 그대로 책임에 위치하게 된다. 이처럼 위법성의 인식이 고의와 분리되어 독립한 책임요소로 보는 견해를 책임설이라고 한다. 이 견해에 의하면 위법성의 인식이 결여된 경우 고의의 성립에는 영향이 없으며 다만 책임이 감면될 수 있다. 즉 착오가 회피가능한 때에는 책임이 감경될 수 있으며, 회피가능성이 없는 때에는 책임이 조각된다.

▶ **법률의 착오의 효력(책임설)**
  ┌ 회피가능한 법률의 착오 - 임의적 책임감경
  └ 회피불가능한 법률의 착오 - 책임소각

위법성조각사유의 전제사실의 착오와 관련하여 책임설은 엄격책임설과 제한적 책임설로 나뉜다. 엄격책임설은 목적적 범죄체계론이 주장하는 견해이다. 이 견해는 고의를 구성요건 요소로만 파악하므로 허용구성요건의 착오가 있는 경우에도 고의의 성립에는 영향이 없다고 한다. 다만 이 견해는 위법성조각사유의 전제사실의 착오를 위법성조각사유의 착오(법률의 착오)로 파악하여 책임의 감면만을 인정한다.

이에 대하여 제한적 책임설은 신고전적·목적적 합일체계론이 주장하는 견해이다. 이 견해는 고의의 이중적 기능을 인정하므로 위법성조각사유의 전제사실의 착오가 있으면 구성요건적 고의는 성립하지만 고의책임이 조각되어 고의범은 성립하지 않는다고 한다. 다만 행위자에게 주의의무위반이 있는 경우에는 과실범이 성립한다. 이 견해는 위법성조각사유의 전제사실의 착오의 경우에는 고의설과 마찬가지로 고의범의 성립을 부정한다는 의미에서 제한적 책임설이라고 한다.

제 5 절 기대가능성

I. 의의

앞에서 설명한 바와 같이 책임능력과 위법성의 인식은 구성적 책임요소(책임조건)이므로 행위자에게 책임능력이나 위법성의 인식이 없으면 책임 자체가 성립하지 않는다. 책임무능력이나 회피할 수 없는 법률의 착오와 같이 책임의 성립을 처음부터 배제하는 사유를 책임배제사유라고 한다. 그리고 행위자에게 책임조건은 있지만 적법행위에 대한 기대가능성이 없기 때문에 그에 대하여 책임비난을 가할 수가 없는 경우에도 책임이 부정된다. 적법행위에 대한 기대불가능성과 같이 이미 책임조건은 성립하였으나 책임비난을 조각하는 사유를 면책사유[348]라고 한다. 책임배제사유와 면책사유를 책임조각사유라고 한다.

▶ 책임조각사유
┌ 책임배제사유(Schuldausschließungsgrund): 구성적 책임요소(책임능력, 위법성인식)의 결여
└ 면책사유(Entschuldigungsgrund): 적법행위에 대한 기대불가능성

II. 체계적 지위 및 기능

비난가능성이 인정되기 위해서는 책임능력과 위법성의 인식 이외에도 적법행위에 대한 기대가능성이 있어야 한다. 이러한 의미에서 기대가능성도 독립된 책임요소가 된다.[349]

---

[348] 책임배제사유가 책임만을 배제하는 것과는 달리 면책사유는 불법내용과 책임내용을 모두 감소시킨다(불법·책임감경사유). 면책사유가 있는 경우 책임이 조각되어 처벌되지 않는 근거는 불법과 책임이 완전히 배제되지는 않지만 불법·책임의 감소로 인하여 당벌성(Strafwürdigkeit)의 한계에 이르지 못하여 입법자가 형벌을 포기했기 때문이다. 자세한 내용은 제2편 제5장 제5절 IV 1 (2) (나) 참조.

[349] 기대가능성의 체계적 지위에 대하여 독립된 책임요소로 보는 견해와 책임조각사유로 보는 견해가 있다. 책임조각사유로 보는 견해는 기대가능성은 책임의 적극적 요소가 아니므로 책임조건이 있으면 원칙적으로 책임이 인정되고 기대가능성이 없는 경우에만 예외적으로 책임이 조각된다고 한다. 이러한 견해는 기대가능성을 책임요소로 파악하는 견해와 상치되지 않는다. 왜냐하면 책임능력이나 위법성의 인식을 책임요소로 파악하기 때문에 책임무능력이나

행위당시의 구체적 사정으로 보아 행위자에게 적법행위를 기대하는 것이 불가능한 경우에는 책임이 조각된다. 형법에 규정된 책임조각사유도 기대가능성이라는 기본사상에 근거한 것이다. 따라서 기대가능성은 실정법상 면책사유에 관한 규정의 해석기준으로서 그 규정의 적용범위와 한계를 명확히 하는 기능이 있으며(보정기능), 법률의 규정이 없더라도 적법한 행위를 기대할 수 없는 경우에는 책임을 조각시킨다(초법규적 면책사유, 초법규적 책임조각사유).

III. 판단기준

기대가능성에 대한 판단은 행위자 개인이 아니라 평균인을 기준으로 한다. 즉 평균인이 행위자와 같은 예외적 상황에 처했을 때 적법행위를 기대할 수 있는가에 따라 기대가능성의 여부를 판단한다(평균인표준설).350) 따라서 확신범의 경우에도 적법행위에 대한 기대가능성이 인정되므로 책임이 조각되지 않는다. 만일 행위자 개인을 기준으로 기대가능성을 판단한다면(행위자표준설) 확신범에 대해서는 적법행위를 기대할 수가 없으므로 책임이 조각되는 결과가 되어 부당하다.

> (판례 1-1) 甲은 부모의 영향으로 어려서부터 여호와의 증인의 신자로서 신앙생활을 해 왔고, 자신이 믿는 종교적 교리에 좇아 형성된 인격적 정체성을 지키기 위한 양심의 명령에 따라 현역병 입영을 거부하였다. 甲의 죄책은?

> [참조조문]
> **병역법 제88조(입영의 기피 등)** ① 현역입영 또는 소집 통지서(모집에 의한 입영 통지서를 포함한다)를 받은 사람이 정당한 사유 없이 입영일이나 소집기일부터 다음 각 호의 기간이 지나도 입영하지 아니하거나 소집에 응하지 아니한 경우에는 3년 이하의 징역에 처한다.

법률의 착오가 책임을 조각하는 것과 마찬가지로 기대가능성이 책임요소이기 때문에 기대불가능성이 책임조각사유로 작용하는 것이기 때문이다. 결국 기대가능성의 체계적 지위에 대한 논쟁은 실익이 없는 것으로 보인다(배종대, 총론, 340면).
350) 판례(예컨대 대법원 2008.10.23. 선고 2005도10101 판결)도 "피고인에게 적법행위를 기대할 가능성이 있는지 여부를 판단하기 위하여는 행위 당시의 구체적인 상황하에 행위자 대신에 사회적 평균인을 두고 이 평균인의 관점에서 그 기대가능성 유무를 판단하여야 한다"라고 함으로써 평균인표준설을 취하고 있다.

甲이 현역병 입영을 거부한 행위는 병역법 제88조 제1항 위반의 구성요건에 해당한다. 甲이 종교적 신념을 이유로 병역을 거부한 경우 적법행위의 기대가능성이 부정되는가에 관하여는 논란의 여지가 크다. 이 점에 대하여 대법원은 평균인표준설을 근거로 甲에 대하여 적법행위의 기대가능성이 있다고 본다: "피고인에게 그의 양심상의 결정에 반한 행위를 기대할 가능성이 있는지 여부를 판단하기 위해서는, <u>행위 당시의 구체적 상황하에 행위자 대신에 사회적 평균인을 두고 이 평균인의 관점에서 그 기대가능성 유무를 판단</u>하여야 할 것인바, 피고인의 양심상의 결정이 적법행위로 나아갈 동기의 형성을 강하게 압박할 것이라고 보이기는 하지만 그렇다고 하여 피고인이 적법행위로 나아가는 것이 실제로 전혀 불가능하다고 할 수는 없다고 할 것이다. 법규범은 개인으로 하여금 자기의 양심의 실현이 헌법에 합치하는 법률에 반하는 매우 드문 경우에는 뒤로 물러나야 한다는 것을 원칙적으로 요구하기 때문이다."351)

이에 대하여 반대의견은 "보편적 가치관을 반영한 집총병역의무와 종교적 양심의 명령 사이의 갈등으로 인한 심각한 정신적 압박 상황에서 절박하고도 무조건적인 종교적 양심의 명령에 따른 피고인에게는 실정 병역법에 합치하는 적법한 행위를 할 가능성을 기대하기가 매우 어렵다"고 한다.

(판례 1-2) 자신의 내면에 형성된 양심을 이유로 집총과 군사훈련을 수반하는 병역의무를 이행하지 않는 사람에게 형사처벌 등 제재를 해서는 안 된다. 양심적 병역거부자에게 병역의무의 이행을 일률적으로 강제하고 그 불이행에 대하여 형사처벌 등 제재를 하는 것은 양심의 자유를 비롯한 헌법상 기본권 보장체계와 전체 법질서에 비추어 타당하지 않을 뿐만 아니라 소수자에 대한 관용과 포용이라는 자유민주주의 정신에도 위배된다. 따라서 진정한 양심에 따른 병역거부라면, 이는 병역법 제88조 제1항의 '정당한 사유'에 해당한다.352)

대법원은 (판례 1-1)에서는 종교적 신념에 따른 병역거부의 처벌여부를 책임단계에서 기대가능성을 기준으로 검토하였다. 그리고 양심적 병역거부는 병역법 제88조 제1항에서 정한 '정당한 사유'에 해당하지 않는다고 판단하였다.353) 이에 대하여 (판례 1-2)에서는 병역법 제88조가 규정한 "정당한 사유는 구성요건해당성을 조각하는 사유이다. 이는 형법상 위법성조각사유인 정당행위나 책임조각사유인 기대불가능성과는 구별된다" 고 한다. 따라서 그에 대한 판단도 기대가능성의 관점보다는 "병역법의 목적과 기능, 병역의무의 이행이 헌법을 비롯한 전체 법질서에서 가지는 위치, 사회적 현실과 시대적 상황의 변화 등은 물론 피고인이 처한 구체적이고 개별적인 사정도 고려"하여야 한다고 한다.

---

351) 대법원 2004. 7. 15. 선고 2004도2965 전원합의체 판결.
352) 대법원 2018. 11. 1. 선고 2016도10912 전원합의체 판결.
353) 2016도10912 판결에 의하여 "양심적 병역거부가 병역법 제88조 제1항에서 정한 '정당한 사유'에 해당하지 않는다고 판단한 대법원 2004. 7. 15. 선고 2004도2965 전원합의체 판결, 대법원 2007. 12. 27. 선고 2007도7941 판결 등"은 변경되었다.

IV. 기대불가능성을 근거로 한 면책사유

1. 현행법상의 면책사유

현행 형법의 총칙에서 기대불가능성을 근거로 규정된 면책사유로는 강요된 행위(제12조), 과잉방위(제21조 제2항, 제3항), 과잉피난(제22조 제3항), 과잉자구행위(제23조 제2항) 등이 있다. 이 규정들은 모두 적법행위에 대한 기대가능성이 없는 경우를 구체화하여 법률에 규정해 놓은 것들이다.354) 이를 차례대로 살펴보면 다음과 같다.

(1) 강요된 행위

> **제12조(강요된 행위)** 저항할 수 없는 폭력이나 자기 또는 친족의 생명 신체에 대한 위해를 방어할 방법이 없는 협박에 의하여 강요된 행위는 벌하지 아니한다.

저항할 수 없는 폭력이나 방어할 방법이 없는 협박으로 인한 강제상태 하에서 범행을 한 경우 적법행위에 대한 기대가능성이 없으므로 책임이 조각된다. 제12조도 "저항할 수 없는 폭력이나 자기 또는 친족의 생명·신체에 대한 위해를 방어할 방법이 없는 협박에 의하여 강요된 행위는 벌하지 아니한다"라고 규정하고 있다. 강요에 의한 행위는 법익에 대한 현재의 위난을 피하기 위한 행위라는 점에서 책임조각적 긴급피난의 일종이라고 할 수 있다.355) 이를 강요에 의한 긴급피난(Nötigungsnotstand)이라고도 한다.

---

354) 그 외에도 형법의 각칙에 규정되어 있는 면책사유로는 친족간의 범인은닉(제151조 제2항), 증거인멸(제155조 제4항), 범인의 범인은닉과 증거인멸 등이 있다. 그리고 단순도주죄가 도주원조죄보다 법정형이 경하고 위조통화취득후의 지정행사죄(제210조)가 위조통화행사죄(제207조 제4항)보다 법정형이 경한 것은 기대가능성의 감소를 이유로 한 것이다.

355) 생명에 대한 위난을 피하기 위하여 범행을 했더라도 법익에 대한 위난을 피하기 위하여 불법의 편에 서는 것은 법의 존립을 위한 근본조건을 위태롭게 하는 것이므로 허용될 수 없으며 따라서 위법성은 조각되지 않는다. 예컨대 인질범이 수감 중인 자를 석방하지 않으면 인질을 살해하겠다는 협박에 의하여 인질을 석방하는 것은 원칙적으로 정당화적 긴급피난에 해당하지 않는다. 다만 국가는 법의 수호의무와 동시에 국민의 생명을 보호할 의무가 있으며, 국가(정부)는 정치적 판단에 의하여 국민의 생명을 보호할 의무를 위하여 법을 수호할 의무를 양보하는 판단을 할 권한이 있다. 이러한 판단에 근거한 죄수의 석방은 정당화적 긴급피난에 해당한다고 보아야 한다. 자세한 내용은 제2편 제4장 제3절 III 4 (2) (나) ⑥ 참조.

(예 1) 빈부격차 등의 사회현실에 불만을 품은 범죄조직의 일당은 甲男과 乙女를 납치한 후에 乙女로 하여금 甲男을 살해하지 않으면 죽이겠다고 협박하였다. 乙女는 자신이 살기 위하여 하는 수없이 甲男을 살해하였다. 乙女는 기회를 틈타 탈출하여 경찰에 신고하였다. 乙女의 죄책은?

乙女의 행위는 살인죄의 구성요건에 해당한다. 그녀의 살인행위는 생명에 대한 현재의 위난을 피하기 위한 행위지만 보호된 법익과 침해된 법익이 동가치이므로 정당화적 긴급피난에는 해당하지 않는다. 그러나 乙女의 행위는 자기의 생명에 대한 위해를 방어할 방법이 없는 협박으로 인하여 적법행위를 기대할 수가 없는 상태에서 이루어진 것이므로 강요된 행위(제12조)로서 책임이 조각된다.

(판례 2) 甲은 그 친구인 乙과 공모, 합동하여 5회에 걸쳐 절도행위를 하였다. 甲은 乙이 자기를 따라 다니지 않으면 때려준다는 협박에 의하여 절도한 것이다. 甲의 죄책은?

甲과 乙은 합동하여 절도하였으므로 특수절도죄(제331조)의 구성요건에 해당한다. 판례는 甲의 행위가 제12조에 규정된 "강요된 행위"에 해당하는 것이라고는 볼 수 없다고 보아 책임조각을 부정하였다.356) 제12조가 적용되기 위해서는 甲의 행위가 신체에 대한 위해를 방어할 방법이 없는 협박으로 인하여 이루어진 것으로서 甲에 대하여 적법행위를 기대할 수가 없어야 한다. 甲이 처한 상황은 적법행위에 대한 기대가 불가능한 정도는 아니므로 책임은 조각되지 않는다.

(판례 3) 甲은 경기도 강화군 연평도 근해에서 어로 작업을 하다가 북한의 무장 선박에 의하여 북한으로 납치되었다. 甲은 앞으로 대한민국으로 돌아갈 수 있을 것인지 조차 명백히 알 수 없는 상태에서 자신을 납치한 자들의 요구대로 신문에 응하고 강연을 하는 등 북한의 활동을 찬양, 고무하고 정보를 제공하였다. 甲의 죄책은?

甲이 북한을 고무, 찬양한 행위는 국가보안법 제7조의 구성요건에 해당한다.357) 판례는 甲의 행위에 대하여 "그 생명, 신체에 대한 위해를 방어할 방법이 없는 협박에 의하여 강요된 행위라 할 것이고, 피고인들 이외의 어떠한 사람도 위와 같은 입장에 놓여져 있는 때는 그 외의 다른 행동을 취할 수 있었을 것이라고는 기대할 수 없다고 봄이 상당하다 할 것인 즉, 피고인들에 대한 반국가 단체 찬양 고무의 점에 관하여 범죄가 성립될 수 없다"고 판시하였다.358)

---

356) 대법원 1968. 4. 2. 선고 68도221 판결.
357) 제7조제1항: 국가의 존립·안전이나 자유민주적 기본질서를 위태롭게 한다는 정을 알면서 반국가단체나 그 구성원 또는 그 지령을 받은 자의 활동을 찬양고무선전 또는 이에 동조하거나 국가변란을 선전·선동한 자는 7년 이하의 징역에 처한다.
358) 대법원 1971. 12. 14. 선고 71도165 판결.

(판례 4) 甲女는 북한에서 대남공작원으로 선발되어 항공기의 폭파지령을 받고 그 범행을 실행하였다. 甲女는 북한이라는 폐쇄된 사회에서 출생하고 다시 격리된 공간 등에서 약 7년 8개월 동안 무조건적인 충성심을 고취하는 사상교육을 받은 결과, 한 점의 회의도 없이 신념에 가득차 이를 수행하였다. 甲女의 죄책은?(KAL기 폭파사건)

甲女가 항행중의 항공기를 추락시켜 사람을 사망케 한 행위는 항행중항공기위험발생죄(구 항공법 제120조)359)의 구성요건에 해당한다. 판례는 甲女의 행위가 제12조의 강요된 행위로서 책임이 조각되는가에 대하여 "형법 제12조에서 말하는 강요된 행위는 저항할 수 없는 폭력이나 생명, 신체에 위해를 가하겠다는 협박 등 다른 사람의 강요행위에 의하여 이루어진 행위를 의미하는 것이지 어떤 사람의 성장교육과정을 통하여 형성된 내재적인 관념 내지 확신으로 인하여 행위자 스스로의 의사결정이 사실상 강제되는 결과를 낳게 하는 경우까지 의미한다고 볼 수는 없다"360))고 판시함으로써 책임의 조각을 부정하였다. 따라서 甲女의 행위는 구항공법 제120조의 위반죄에 해당한다.

(2) 과잉방위

(가) 의의 및 종류

과잉방위란 방위상황은 있는데 방위행위가 '상당한 이유'를 결한 경우, 즉 상당성을 초과한 경우를 말한다. 제21조 제2항은 "방위행위가 그 정도를 초과한 경우에는 정황에 따라 형을 감경 또는 면제할 수 있다"고 규정함으로써 과잉방위를 임의적 책임감면사유로 인정하고 있으며, 동조 제3항은 "야간이나 그 밖의 불안한 상태에서 공포를 느끼거나 경악하거나 흥분하거나 당황하였기 때문에 그 행위를 하였을 때에는 벌하지 아니한다"고 규정함으로써 과잉방위를 필요적 면책사유로 인정하고 있다.

방위행위가 상당성을 초과한 경우, 즉 방위범위의 초과를 내적 과잉방위라고 하고 침해의 현재성을 결한 경우, 즉 시간적 범위의 초과를 외적 과잉방위라고 한다. 과잉방위라고 하면 전자만을 말하며, 후자의 경우는 '현재의 침해', 즉 방위상황이 없으므로 과잉방위에는 해당하지 않는다. 다만 행위자가 침해의 현재성에 대하여 착오가 있는 경우에는 오상방위로서 고의책임이 조각된다.

---

359) 현행 항공안전법 제139조.
360) 대법원 1990. 3. 27. 선고 89도1670 판결.

┌ 내적 과잉방위(질적 과잉방위): 방위행위가 상당성을 초과한 경우로서 제21조 제2항 또는 제3항이 적용된다.
└ 외적 과잉방위(양적 과잉방위): 침해의 현재성을 결한 경우를 말한다. 과잉방위에 해당하지 않는다.

　과잉방위는 방위행위자가 상당성의 초과를 인식하였는가에 따라 고의적 과잉방위와 과실적 과잉방위로 분류된다. 고의적 과잉방위는 행위자가 상당성의 초과(과잉성)를 인식한 경우를 말하는데, 이 경우에는 당연히 고의범이 성립하며, 제21조 제2항에 의한 형의 감면은 인정되지 않는다. 이에 대하여 과실적 과잉방위는 상당성의 초과를 인식하지 못한 경우를 말하는데, 이 경우에는 고의범은 성립하지 않으며 과실범의 성립여부만이 문제된다. 따라서 과잉성을 인식하지 못한 점에 대하여 행위자에게 과실이 있는가에 따라서 형이 감경 또는 면제될 수 있는 것이다(제21조 제2항).

┌ 고의적 과잉방위(인식있는 과잉방위): 과잉성을 인식한 경우 - 고의범이 성립한다.
└ 과실적 과잉방위(인식없는 과잉방위): 과잉성을 인식하지 못한 경우 - 과잉성이 인식가능
　　　　　　　　　　　　　　　하면 과실범이 성립하며, 인식가능성이 없으면 무죄가
　　　　　　　　　　　　　　　된다.

(나) 법적 성질 및 효과

　과잉방위는 정당방위의 성립요건인 상당성을 결하므로 위법성조각의 효력이 없다. 다만 제21조 제2항은 "정황에 의하여 형을 감면할 수 있다"고 규정하고 있고, 동조 제3항은 "벌하지 아니한다"고 규정하고 있다. 이 규정들은 과잉방위를 책임감면사유로 인정한 것으로 이해할 수 있다. 다만 제2항의 과잉방위는 임의적 책임감면사유(형벌감면적 과잉방위)인데 대하여 제3항은 필요적 면책사유(불가벌적 과잉방위)라는 점에 차이가 있다. 과잉방위의 경우에 책임이 감면되는 실질적 근거는 기대불가능성이 책임을 조각하는 근거에 대하여 설명한 것이 그대로 타당하다.361) 즉 과잉방위의 경우에 불법·책임이 감소되어362) 당벌성의 한계에 이르지 못하였다면 면책사유로서 입법자가 형벌

---

361) 제2편 제5장 제5절 I 참조.
362) 과잉방위의 경우에 불법내용(행위불법과 결과불법)이 감소되는 이유는 행위자가 정당한 목적, 즉 법익에 대한 현재의 부당한 침해를 방어할 목적을 위하여 행위한 것이므로 행위불법이 감소되며, 행위자가 보호한 법익의 가치만큼 결과불법도 감소하기 때문이다. 그리고 책임내용이 감소하는 이유는 "야간 기타 불안스러운 상태 하에서 공포, 경악, 흥분 또는 당황" 등

을 포기한 것으로 이해할 수 있다. 그리고 불법·책임의 감소가 형벌을 포기할 정도에 이르지 못한 경우에는 불법·책임의 감소의 정도에 비례하여 형을 감경할 수 있다.

제21조 제2항에 따른 형의 감면여부는 행위자가 과잉성을 인식하였는가에 의하여 결정된다. 즉 행위자가 과잉성을 인식한 경우(고의의 과잉방위)에는 형의 감면은 인정되지 않는다. 이에 대하여 과잉성을 인식하지 못한 경우(과실의 과잉방위)에는 오상방위로서 고의범은 성립하지 않으며 과실의 성부만이 문제된다.363) 즉 착오에 대하여 회피가능성이 있는 경우에는 과실범이 성립하므로 형의 감경이 인정되며 회피가능성이 없었던 경우에는 과실도 없으므로 범죄는 성립하지 않는다.

(예 2) 甲은 乙이 열쇠를 손에 쥔 채로 자신을 폭행하려고 하자 그의 공격을 방어하기 위하여 칼을 꺼내어 乙에게 상해를 가하였다. 甲은 주먹으로 가격하여 방어를 할 수 있었음에도 불구하고, 乙이 손에 쥐고 있던 열쇠를 칼로 오인하여 자신의 방어행위가 상당성이 있다고 착오하였다. 甲의 죄책은?

甲의 방위행위는 상당성을 초과하였다. 그러나 행위의 과잉성에 대한 인식이 없으므로 오상방위로서 과실치상죄가 성립하므로 형이 감경된다. 만일 甲이 상황이 긴박하여 乙이 손에 든 것이 열쇠라는 사실을 미처 인식할 수 없었다면 과실치상죄도 성립하지 않으므로 형이 면제된다(제21조 제2항).

행위자가 방위행위의 과잉성을 인식했더라도 공포, 경악, 당황 등의 심리적 불안상태로 인하여 적법행위의 기대가능성이 없는 경우에는 책임이 조각된다(제21조 3항).

(예 3) 과수원 주인 甲은 야간에 과일을 훔치려는 절도범들을 발견하였다. 甲은 그들이 유명한 폭력범이라는 사실을 알고 두려운 나머지 총구를 아래로 향하지 않고 위로 겨누어 과일나무를 향하여 경고사격을 하였다. 그 결과 절도범 乙이 맞아 사망하였다. 甲의 죄책은?

甲의 행위는 상당성(상대적 최소침해의 원칙)을 초과하였으므로 과잉방위에 해당한다. 그러나 그의 과잉방위는 야간에 불안스러운 상태 하에서 공포로 인한 것이므로 제21조 제3

으로 인하여 행위자에게 적법행위를 기대하기가 매우 곤란하기 때문이다(김일수, 총론 하, 99면 이하, 122면 참조).

363) Sch/Sch/Lenckner/Perron, § 33 Rn. 1.

항에 의하여 책임이 조각된다.364)

(예 4) 甲은 디스코장에서 청소년 패거리가 자신의 여동생 乙을 계속하여 그러나 특별히 위험하지는 않은 방법으로 괴롭히는 것을 보았다. 甲은 패거리의 수가 많은 것을 보고 놀라서 병으로 일원인 丙의 머리를 가격하여 상해를 입혔다. 甲의 죄책은?

甲은 경미한 침해에 대하여 필요 이상의 방위를 하였으므로 그의 행위는 과잉방위에 해당한다(보호된 이익과 침해된 이익간의 현저한 불균형, 최소침해의 원리). 그러나 그의 행위는 공포와 당황으로 인한 것이므로 제21조 3항에 의하여 책임이 조각된다.365)

(판례 5) 甲男은 야간에 남자가 6명이나 되는 일행으로부터 별다른 이유 없이 갑자기 주먹으로 맞는 등 폭행을 당하고 특히 자신뿐만 아니라 자신의 처까지 위협을 당하였다. 甲男은 그 일행이 더 이상 가해행위를 하지 못하도록 겁을 주려는 목적에서 근처에 있던 빈 맥주병을 가지고 왔으나 그 일행 가운데 乙男이 甲男을 뒤에서 끌어안고 함께 넘어져 뒹굴며 옥신각신 하는 과정에서 맥주병이 깨지게 되고 그 깨진 맥주병에 乙男이 상해를 입게 되었다. 甲男의 죄책은?

甲男은 자신과 자신의 처에 대한 현재의 부당한 침해를 방어하기 위하기 위하여 행위하였다. 그의 행위가 상당성이 있는지가 문제되는데, 대법원이 제21조 제1항(정당방위)을 적용하지 않고 제21조 제3항(과잉방위)을 적용한 것으로 미루어 상당성을 부정한 것으로 보인다. 그러나 대법원은 "순간적으로 공포, 흥분 또는 당황 등으로 말미암아 위와 같은 행위에 이르게 되었다고 인정된다면 피고인의 행위는 형법 제21조 제3항에 의하여 벌할 수 없는 경우에 해당한다"366)고 함으로써 甲男에 대하여 책임조각을 인정하였다.

(판례 6) 평소에 난폭한 성격의 甲은 술에 취하여 식구들을 모두 죽이겠다며 칼을 어머니 乙에게 들이대자 乙은 놀라서 기절하였다. 이를 본 동생 丙이 칼을 빼앗으려고 하자 甲은 丙의 목을 졸랐다. 이를 본 여동생 丁이 丙의 생명을 구하기 위하여 甲에게 달려들어 목을 졸랐다. 丁은 丙이 풀려난 후에도 甲의 몸 위에 올라타 계속하여 목을 졸랐다. 간신히 풀려난 丙은 어머니 乙의 상태를 살핀 후, 丁이 甲의 목을 계속하여 조르고 있는 광경을 보고 놀라 소리치자 丁은 정신을 차린 듯 甲의 목에서 손을 놓았다. 그러나 甲은 이미 사망하였다. 丁의 죄책은?

甲은 이미 丁의 몸 아래에 깔려 침해가 곤란한 상태에 있었음에도 불구하고 丁은 계속하여 목을 졸랐으므로 이는 과잉방위라고 할 수 있다. 만일 丁이 자신의 과잉행위를 인식하지 못하였다면 이는 오상방위로서 고의에 의한 살인죄는 성립하지 않는다. 그리고 丁이 과

---

364) RG 56, 34.
365) OLG Oldenburg Nds. Rfpl. 1951, 211.
366) 대법원 2005. 7. 8. 선고 2005도2807 판결.

잉성을 인식하지 못한 것에 과실이 없으면 제21조 제2항에 의하여 과실치사죄도 성립하지 않는다. 만일 丁이 과잉성을 인식하고 있었다면 제21조 3항의 적용여부를 검토해야 한다. 이 경우에도 丁은 공포, 당황 등의 불안상태로 인하여 과잉행위를 한 것이므로 책임이 조각되어 살인죄는 성립하지 않는다.367) 따라서 丁은 무죄이다.

▶ 과잉방위의 효력

```
┌ 형벌감면적 과잉방위  ┌ 고의적 과잉방위 - 형벌감경 부정
│  (제21조 제2항)      └ 과실적 과잉방위  ┌ 상당성의 초과가 인식가능 - 형벌감경
│                                         └ 상당성의 초과가 인식불가능 - 형벌면제
└ 불가벌적 과잉방위 - 형벌면제
   (제21조 제3항)
```

(3) 오상과잉방위

(가) 의의

현재의 부당한 침해가 없는데도 존재한다고 오인하고(오상방위) 상당성을 초과하여 방위행위(과잉방위)를 한 경우를 오상과잉방위라고 한다. 이는 오상방위와 과잉방위가 결합된 형태이다.

(나) 유형 및 법적 취급

오상과잉방위는 행위자가 과잉성을 인식했는가에 따라서 달리 취급하여야 한다.368) 방위상황이 있다고 오인한 행위자가 방위행위의 과잉성을 인식한 경우를 고의의 오상과잉방위라고 하며, 과잉성을 인식하지 못한 경우를 과실의 오상과잉방위라고 한다.

고의의 오상과잉방위는 고의의 과잉방위에 준하여 취급하는 것이 타당하다.369) 즉 행위자는 방위행위의 과잉성을 인식하고 있었으므로 제21조 제2항

---

367) 대법원 1986. 11. 11. 선고 86도1862 판결.
368) 이에 대하여 오상과잉방위를 오상방위와 같이 취급하되 엄격책임설에 따라서 법률의 착오로 보는 견해(진계호, 총론 328면)와 제한적 책임설에 따라서 고의책임을 부정하고 과실범의 성립만이 가능하다고 보는 견해(이재상/ 장영민/ 강동범, 총론, 246면)가 있다.
369) 왜냐하면 오상방위는 행위자가 오인한 상황이 실제로 존재한다면 정당방위가 인정되는 경우에만 성립하는 것인데, 오상과잉방위의 경우에는 오인한 상황이 실제로 존재하더라도 과잉방위로서 정당방위가 성립하지 않기 때문에 이를 오상방위의 예에 의하여 처리할 수는 없기 때문이다. 그리고 오상과잉방위를 오상방위의 예에 따라 제한적 책임설에 의하여 과실범의 성립을 인정하는 견해에 의하면 실제로 방위상황이 존재하는 과잉방위보다도 오히려 오상과

에 의한 형의 감면은 인정되지 않는다. 다만 행위자가 방위상황이 존재하지 않는다는 것을 인식하는 것이 불가능하고(행위불법의 감소), 행위자가 공포, 경악, 당황 등의 심리적 불안상태로 인하여 적법행위의 기대가능성이 없다면 (책임내용의 감소) 제21조 제3항을 유추적용[370]하여 책임이 조각된다고 보아야 한다. 왜냐하면 이러한 경우에는 불법내용, 특히 행위불법과 책임내용이 모두 감소하여 제21조 제3항의 과잉방위와 유사하기 때문이다.

(예 5) 강도 甲은 장전되지 않은 권총을 가지고 인질극을 벌이면서 인질 乙를 살해할 듯한 동작을 취하자, 경찰 丙은 인질의 생명을 구하기 위하여 그 인질강도를 살해하였다. 丙의 죄책은?

방위행위의 필요성에 대한 판단은 객관적 사후예측의 방법(Weg der nachträglichen objektiven Prognose)에 의한다.[371] 즉 사려 깊은 관찰자가 행위당시에 객관적으로 존재했던 - 사후에 밝혀진 사실까지 포함하여 - 사정을 근거로 판단한다. 행위자가 당시의 상황을 오인한 경우에 정당방위는 성립하지 않으며, 다만 오상과잉방위로서 행위자가 과잉성을 인식하지 못하였다면 오상방위와 마찬가지로 고의범의 성립이 부정되고 과실범의 성부만이 문제된다.
행위 당시의 객관적 상황을 보면 丙은 甲을 살해하지 않고도 현재의 침해에 대한 방위가 충분히 가능했으므로 그의 행위는 최소침해의 원리에 반하여 필요성(상당성)이 없다. 그러나 丙은 행위 당시에 甲의 총에 실탄이 장전되었으며 甲이 乙을 살해하려고 한다고 오인하여 자신의 행위가 정당방위로서 상당성이 있다고 오판한 것이므로 그의 행위는 과실의 오상과잉방위에 해당한다. 따라서 丙에 대하여 살인죄는 성립하지 않으며 다만 과실치사죄의 성부만이 문제되는데, 사려 깊은 관찰자가 객관적으로 판단할 때 그 권총에 실탄이 장전되어 있지 않았다는 사실을 인식하는 것은 불가능하므로 과실치사죄도 성립하지 않는다.[372]

(예 6-1) 甲은 乙과 논쟁을 하던 중, 흥분한 乙이 갑자기 손을 들자 자기를 구타하려는 것으로 오인하여 소지하고 있던 권총을 乙에게 발사하여 상해를 가하였다. 甲의 죄책은?

잉방위가 경하게 처벌되는 결과가 되어 부당하다.
370) 제21조 제3항은 과잉방위에 대한 규정이므로 현재의 침해가 없는 오상과잉방위에 대하여 직접적용될 수는 없으나 유추적용은 가능하다(Sch/Sch/Lenckner/Perron, § 33 Rn. 8참조). 이에 대하여 고의적 오상과잉방위에 대하여는 오상방위는 물론 과잉방위도 원용할 수 없다는 견해(김일수/서보학, 총론, 299면 이하)가 있다.
371) Sch/Sch/Lenckner/Perron, § 32 Rn. 34.
372) 이 경우에 정당방위의 성립을 인정하는 견해에 대해서는 Roxin, AT I, § 15 Rn. 45 참조.

甲은 자신의 신체에 대하여 현재의 침해가 있는 것으로 오인하였다. 그러나 설령 실제로 부당한 침해가 있었다 하더라도 총을 발사한 행위는 상당성을 초과(상대적 최소침해의 원리)하였으므로 오상과잉방위에 해당한다. 甲은 과잉성을 인식하였으므로 그의 행위는 고의의 오상과잉방위로서 과잉방위에 준한다. 따라서 甲에 대하여는 상해죄가 성립한다. 다만 乙이 공격하려는 것이 아니었다는 것을 인식하는 것이 불가능하고, 甲이 공포 등의 심리적 불안상태로 인하여 과잉방위를 하였다면 제21조 제3항이 유추적용되므로 책임이 조각된다.

만일 오상과잉방위를 오상방위로 보는 견해에 의하면 상해죄는 성립하지 않으며 과실치상죄의 성립만이 가능하다. 그러나 이 사례에서 乙이 실제로 구타하려고 한 경우에도 과잉방위로서 상해죄가 성립하는 데, 실제로 구타가 없었음에도 불구하고 구타가 있었다고 오인하였다는 이유로 甲을 과실치상죄로 처벌한다면 형에 있어서 균형을 잃게 되어 타당하지 못하다.

그리고 과실의 오상과잉방위는 과실의 과잉방위에 준하여 취급한다.373) 즉 행위자는 일단 과잉성을 인식하지 못했으므로 고의범은 성립하지 않는다. 다만 과잉성이 인식가능하다면 과실범이 성립할 것이며, 인식가능성이 없다면 아무런 범죄도 성립하지 않는다(제21조 제2항의 유추적용). 과실의 오상과잉방위의 경우에도 공포, 경악, 당황 등의 심리적 불안상태로 인하여 행위자에게 적법행위의 기대가능성이 없는 경우에는 - 고의의 오상과잉방위의 경우와 마찬가지로 - 제23조 제3항이 유추적용된다.374)

(예 6-2) 만일 위의 (예 6-1)에서 乙이 손에 열쇠를 든 채로 손을 치켜 올렸는데, 甲이 이를 칼로 오인한 것이라면 甲의 죄책은?

甲은 방위행위의 과잉성을 인식하지 못했으므로 그의 행위는 과실의 오상과잉방위에 해당한다. 따라서 甲에 대해서는 상해죄는 성립하지 않으며, 다만 과잉성을 인식하는 것이 가능하였다면 과실치상죄가 성립한다. 그러나 만일 공포 등의 심리적 불안상태로 인하여 甲에 대하여 적법행위를 기대하는 것이 불가능하였다면 제21조 제3항이 유추적용되어 책임이 조각되므로 과실치상죄도 성립하지 않는다.375)

---

373) 이 견해는 과실의 오상과잉방위를 오상방위와 같이 취급하는 견해(김일수/서보학, 총론, 299면 이하)와 결론에 있어서 차이가 없다.
374) 이에 대하여 오상과잉방위의 경우에 제21조 제3항이 적용되지 않는다고 보는 견해는 이재상/장영민/ 강동범, 총론, 246면 참조.
375) BGH NJW 1968, 1885.

▶ 오상과잉방위
┌ 방위상황의 오인
└ 상당성 결여 ┌ 고의적 오상과잉방위: 범죄의 성립에 영향이 없다. 제21조 제3항의 유추적용 가능
              └ 과실적 오상과잉방위: 오상방위에 준하여 취급. 제21조 제3항의 유추적용 가능

(4) 기타 면책사유

과잉피난(제22조 제3항)과 오상과잉피난, 과잉자구행위(제23조 제2항)와 오상과잉자구행위에 대하여는 과잉방위와 오상과잉방위에 대한 설명이 그대로 타당하므로 여기에 대한 설명은 생략하기로 한다.

2. 초법규적 면책사유

(1) 면책적 긴급피난

면책적 긴급피난은 자기 또는 타인의 법익에 대한 현재의 위난을 피하기 위한 행위라는 점에서 정당화적 긴급피난과 유사하다. 다만 후자는 위법성조각사유로서 균형성이 있을 것을 요하는데 대하여, 전자는 면책사유로서 균형성이 없기 때문에 위법성이 조각되지는 않지만 적법행위에 대한 기대가능성이 없기 때문에 책임이 조각된다는 점에서 차이가 있다.

강요된 행위도 면책적 긴급피난의 일종이지만 이 경우에 대하여는 제12조에 규정이 있으므로 초과법규적 면책사유가 문제될 여지는 없다. 그러나 강요 이외에 다른 원인에 의하여 발생한 위난을 피하기 위한 행위는 적법행위에 대한 기대가능성이 없는 경우에는 초과법규적 면책사유로서 책임이 조각된다.

(예 7) 고대 그리스의 철학자 Karneades는 다음의 사례를 제시하였다. 즉 배가 난파되어 바다 위에 빠진 甲, 乙이 동시에 바다 위에 떠다니는 널빤지를 붙잡았는데, 이 널빤지는 한 명밖에 지탱할 수 없는 것이었다. 甲은 자신이 살아남기 위해서 乙을 떠밀어 익사시켰다. 甲의 죄책은?(Karneades의 사례)

甲은 자신의 생명에 대한 현재의 위난을 피하기 위하여 乙을 살해하였으므로 피난상황이 인정된다. 그러나 정당화적 긴급피난이 성립하기 위해서는 보호된 법익이 침해된 법익보다 본질적으로 우위에 있어야 하는데, 양자는 동가치이므로 균형성이 부정된다. 따라서 甲에 대하여 정당화적 긴급피난은 성립하지 않는다. 그러나 甲에 대하여 적법행위를 기대할 수는 없으므로, 즉 법이 그에게 스스로 생명을 포기하라고 요구할 수는 없으므로 그의 행

위는 면책적 긴급피난으로서 책임이 조각된다.

(예 8) 영국의 선박 미뇨네트호는 호주로 가던 중 난파되어 선원 네 명이 구명보트에 옮겨 탔다. 이들은 식량이 떨어져 20일 가량 아무것도 먹지 못하여 굶어 죽을 지경에 이르자 선장을 포함한 세 명의 선원은 자신들의 생존을 위하여 거의 죽음에 이른 소년을 살해하여 인육을 먹으며 연명하였다. 이들은 후에 다른 선박에 의하여 구조되었다. 이 선원들의 죄책은?(Mignonette호 사건)

세 명의 선원은 자신의 생명에 대한 현재의 위난을 피하기 위하여 어린 소년을 살해하였다. 세 사람의 생명이 한 사람의 생명보다 본질적으로 우위에 있지는 않으므로 그들의 피난행위는 균형성이 없다. 그러나 20일 이상 굶어 아사직전에 있는 자들에 대하여 적법행위를 기대하기는 어려울 것이므로 면책적 긴급피난으로서 책임이 조각될 여지가 있다. 영국법에 의하면 자신의 생명을 구하기 위하여 타인의 생명을 희생시키는 행위는 처벌되므로 이 사건에서 피고인들은 처음에 사형을 선고받았다가 후에 징역 6개월로 감형되었다.

(예 9) 독일의 Hitler가 집권했던 당시에 의사 甲은 자기가 근무하는 수용시설에 있는 일부의 정신이상자들을 살해하는데 협조하였다. 만일 그가 협조를 거부하여 담당자가 자기 대신 다른 자로 교체될 경우 수용시설에 있는 사람 전원이 사망할 것이기 때문에 의사는 일부의 사람이라도 살리기 위하여 불가피하게 협조한 것이었다. 甲의 죄책은?(안락사 사건)[376]

甲의 행위는 살인방조죄의 구성요건에 해당한다. 그의 행위는 정당화적 긴급피난에 해당하지 않으므로 위법하다. 왜냐하면 사람의 생명은 이익교량의 대상이 아니므로 설령 전체를 살리기 위하여 일부를 희생시킨 경우에도 균형성은 인정되지 않기 때문이다. 다만 적법행위에 대한 기대가능성이 없으므로 면책적 긴급피난으로서 책임이 조각된다.

(2) 상관의 위법명령에 의한 행위

상관의 적법한 명령은 구속력(Verbindlichkeit)이 있으므로 하관은 이를 수행해야 할 복종의무가 있다. 따라서 하관의 수행행위는 구성요건에 해당하더라도 법령[377]에 의한 행위(제20조)로서 위법성이 조각된다. 그러나 상관의 위법한 명령을 수행한 하관의 형사책임에 대하여는 견해가 일치하지 않는다. 다수설은 상관의 위법한 명령에 따른 행위는 위법하며 다만 책임이 조각이 조각될 수 있다고 한다.[378] 그러나 위법한 명령이라 하더라도 구속력이 있는 경

---

376) BGH NJW 1953, 513.
377) 국가공무원법 제57조, 검찰청법 제7조(검찰사무에 관한 지휘·감독), 동법 제53조(사법경찰관리의 의무), 군인복무규율 제23조 제1항(복종 및 실행) 참조.
378) 책임이 조각되는 근거에 대해서는 ① 절대적 구속력이 있는 위법명령을 수행한 하관의 행위

우379)에는 이에 따른 하관의 행위는 위법성이 조각된다고 보아야 한다. 즉 상관이 위법한 명령을 내린 경우 하관은 명령복종의무와 불법회피의무 사이의 충돌상황에 처하게 되는데, 만일 전자가 우위에 있다면 하관의 수행행위는 정당화적 긴급피난으로서 위법성이 조각된다.380) 일반적으로 명령의 수행행위가 질서위반행위이거나 경범에 해당하는 경우와 같이 명령의 위법성이 경미한 경우에는 복종의무가 우위에 있으므로 위법성이 조각될 것이다.381) 그러나 명령의 수행행위가 형법에 위반하거나 인간의 존엄성을 침해하는 경우와 같이 위법성이 명백·중대한 경우에는 복종의무보다 불법회피의무가 우위에 있으므로 하관의 수행행위는 위법성이 조각되지 않는다.382)

(판례 7) 중대장의 당번병인 甲은 중대장의 관사에서 집안일과 심부름 등을 해오고 있었다. 甲은 관사를 지키던 중 중대장의 처 乙로부터 밤 12시경 우산을 들고 마중을 나오라는 연락을 받고 나가 乙을 마중하여 새벽 1시경에 귀가하였다. 甲은 그가 마중을 나가는 것이 자신의 직무범위내에 속하는 것으로 오인하고 있었다. 甲의 죄책은?

甲의 행위는 군형법 제79조(무단이탈)383)의 구성요건에 해당한다. 문제는 甲의 행위가 상관의 명령에 의한 행위로서 위법성이 조각되는가이다. 이 점에 대하여 판례는 "당번병으로서 그 임무범위 내에 속하는 일로 오인하고 한 행위로서 그 오인에 정당한 이유가 있어 위법성이 없다"384)고 판시함으로써 위법성 조각을 인정하였다.

甲이 중대장의 관사에서 집안일을 해왔던 것으로 미루어보면 관사이탈에 대한 포괄적인 허가나 명령이 있었던 것으로 보이나385) 중대장이 집안일을 처리하도록 내린 명령은 위법하다. 위법한 명령은 원칙적으로 구속력이 없으므로 수행행위의 위법성을 조각하지 못하지만,

---

는 기대가능성이 없다는 견해(다수설: 예컨대 이재상/ 장영민/ 강동범, 총론, 369면), ② 강요된 행위에 해당한다는 견해(배종대, 총론, 344면), ③ 면책적 긴급피난에 해당한다는 견해(김일수/서보학, 총론, 304면) 등이 있다.
379) 상관의 명령이 적법한 경우는 물론이고 위법하더라도 적법성이 추정되는 경우에는 예외적으로 구속력이 인정된다. 구속력이 인정되기 위해서는 명령이 ① 상관의 추상적 직무권한, 즉 사물적·장소적 관할에 속해야 하며, ② 구체적 직무권한에 속하여야 한다. 즉 법질서를 명백하게 침해하는 것이 아니어야 한다.
380) 김일수, 총론 상, 605면.
381) 손동권/김재윤, 총론, 256면.
382) 김일수, 총론 상, 605면 이하.
383) 군형법 제79조(무단이탈) 허가 없이 근무장소 또는 지정장소를 일시 이탈하거나 지정한 시간 내에 지정한 장소에 도달하지 못한 자는 1년 이하의 징역이나 금고에 처한다.
384) 대법원 1986. 10. 28. 선고 86도1406 판결.
385) 신동운, 신판례백선 형법총론, 361면.

명령복종의무가 불법회피의무보다 우위에 있다면 정당화적 긴급피난에 해당하므로 위법성이 조각된다. 군대에서 상관의 명령에 대한 복종의무는 군대의 존속과 원활한 기능수행을 위한 필수적인 전제로서 관사를 이탈하지 않아야 하는 불법회피의무보다 우위에 있는 것으로 판단된다. 따라서 甲의 행위는 정당화적 긴급피난에 해당하여 위법성이 조각된다.

만일 다수설에 의하면 甲의 관사이탈은 위법한 명령에 따른 행위로서 위법성을 조각하지 못한다. 다만 甲은 위법명령이 적법하다고 오인함으로 인하여 자신의 무단이탈이 적법한 것으로 오인하였으므로 법률의 착오에 해당한다. 군대와 같은 상명하복의 체계를 갖춘 조직 내에서 상관의 명령은 위법성이 명백하지 않은 이상은 이를 적법한 것으로 신뢰할 것이 요구된다. 따라서 甲이 중대장의 명령을 적법한 것으로 오인한 것은 상당한 이유가 있다고 볼 수 있으므로 책임이 조각된다(제16조).

(판례 8) 치안본부 대공수사단 직원 甲은 그의 상관 乙의 지시에 따라 국가보안법위반 사건에 대한 참고인인 P군을 고문을 사용하여 조사하라고 지시하였다. 고문과정에서 P군은 욕조에 목이 눌려 사망하였다. 당시 대공수사단 직원은 상관의 명령에 절대복종하는 것이 불문율로 되어 있었다. 甲의 죄책은?

甲의 행위는 특가법 제4조의2(고문치사)의 구성요건에 해당한다. 고문은 인간의 존엄성을 침해하는 중대한 범죄로서 이를 지시한 명령의 위법성은 명백·중대하다. 명령의 위법성이 중대한 경우에는 복종의무보다 불법회피의무가 우위에 있으므로 이러한 명령은 구속력이 없으며 이를 수행한 행위도 위법성이 조각되지 않는다. 또한 乙의 명령의 위법성은 명백·중대하므로 법률의 착오가 적용될 여지도 없다. 변호인은 적법행위에 대한 기대가능성이 없으므로 책임이 조각된다고 주장하였다. 그러나 대법원은 "국민의 기본권인 신체의 자유를 침해하는 고문행위가 금지되어 있는 우리의 국법질서에 비추어 볼 때 절대복종의 불문율이 있었다는 점만으로는 중대하고 명백한 위법명령에 따른 행위가 정당한 행위에 해당하거나 강요된 행위(제12조)에 해당한다고 볼 수 없다"[386]고 판시하였다.

명령의 위법성이 중대하여 구속력이 부정되는 경우에도 책임이 조각될 여지는 남아 있다.

① 법률의 착오: 행위자가 명령의 위법성을 인식하지 못하였고 인식가능성도 없었다면 착오에 정당한 이유가 있으므로 법률의 착오(제16조)에 의하여 책임이 조각된다. 그러나 일반적으로 위법성이 중대하여 구속력이 부정된 경우에는 명령의 위법성이 인식가능하므로 책임이 조각될 여지는 없다.

② 강요된 행위: 하관이 상관의 명령의 위법성을 인식하였으나 자신의 생

---

386) 대법원 1988. 2. 23. 선고 87도2358 판결.

명이나 신체에 대한 피할 수 없는 협박에 의하여 불가피하게 명령을 수행한 것이라면 제12조의 강요된 행위에 해당하므로 책임이 조각된다.

③ 기대가능성(초법규적 책임조각사유): 상관의 명령에 의한 행위가 강요된 행위에 해당하지 않더라도 행위자가 처한 명령복종관계와 강제상태 등 제반사정을 고려하여 상관의 위법명령에 대한 저항을 기대할 수 없는 경우에는 면책적 긴급피난에 해당한다.

(3) 기타 초법규적 면책사유

판례는 앞에서 설명한 면책사유 이외에도 기대가능성이 없는 경우에는 일반적인 책임조각사유를 인정한다.

(판례 9) 입학시험에 응시한 수험생 甲은 자신이 부정한 방법으로 탐지한 것이 아니고 우연한 기회에 미리 출제될 시험문제를 알게 되어 그에 대한 답을 암기하였는데, 그 암기한 답에 해당된 문제가 출제되어 암기한 답을 시험 답안지에 기재하였다. 甲의 죄책은?

甲의 부정시험은 위계에 의한 업무방해죄(제314조)의 구성요건에 해당한다. 그러나 판례는 "위와 같은 경위로서 암기한 답을 그 입학시험 답안지에 기재하여서는 아니된다는 것을 그 일반 수험생에게 기대한다는 것은 보통의 경우 도저히 불가능하다"[387]고 판시하여 기대가능성을 부정함으로써 책임조각을 인정하였다.

(판례 10) 나이트클럽을 경영하는 甲은 수학여행을 온 대학교 3학년생 34명이 지도교수의 인솔 하에 甲 경영의 나이트클럽에 찾아와 단체입장을 원하므로 위 학생대표자 4명의 학생증을 제시받아 확인하여 본즉 그들이 모두 같은 대학교 같은 학과 소속의 3학년 학생들로서 성년자임이 틀림없었으며 또한 보통 대학교 3학년이라면 현행 교육제도상 성년에 이르게 되므로 나머지 학생들의 연령을 증명서로 확인하여 보지 않아도 모두 성년자일 것으로 믿고서 나머지 학생들의 연령을 개별적, 기계적으로 일일이 증명서로 확인하지 아니하고 그들의 단체입장을 허용함으로써 그중에 섞여 있던 미성년자인 A(19세 4개월 남짓된 여학생)가 위 업소에 입장하게 되었다. 甲의 죄책은?

---

387) 대법원 1966. 3. 22. 선고 65도1164 판결.

> 구 식품위생법 제46조(동전) 다음 각호의 1에 해당하는 자는 30만원이하의 벌금 또는 구류에 처한다. (중간생략)
> 3. 제20조 제1항, 제33조 또는 제38조제1항(제40조에서 준용하는 경우를 포함한다)의 규정에 위반한 자
> 구 식품위생법 제20조(유흥영업자와 종사자) ① 대통령령으로 정하는 유흥음식점영업을 하는 업소 이외의 업소에는 유흥에 종사하는 자를 두어서는 아니된다.
> ② 제1항의 규정에 의한 유흥음식점영업을 하는 자 및 유흥에 종사하는 자의 준수사항 기타 필요한 사항은 보건사회부령으로 정한다.
> 구 식품위생법시행규칙 제19조(음식점영업자등의 준수사항) 영 제9조제1항 제1호 내지 제6호의 규정에 의한 영업의 허가를 받은 자는 다음 각호의 사항을 준수하여야 한다.
> 1. 출입자의 연령을 증명서로 확인하여 미성년자의 출입을 거부할 것
> (이하 생략)

甲이 출입자의 연령을 증명서로 확인하지 않고 출입을 허용한 행위는 구 식품위생법 제46조의 구성요건에 해당한다. 다만 대학교 3학년생이라는 사실이 확인되었는데, 일일이 증명서를 확인할 것이 요구되는가, 즉 적법행위에 대한 기대가능성이 있는가에 관하여 대법원은 다음과 같은 이유에서 이를 부정한다: "甲이 단체입장하는 위 학생들이 모두 성년자일 것으로 믿은 데에는 정당한 이유가 있었다고 할 것이고, 따라서 위와 같은 상황아래에서 甲에게 위 학생들 중에 미성년자가 섞여 있을지도 모른다는 것을 예상하여 그들의 증명서를 일일이 확인할 것을 요구하는 것은 사회통념상 기대가능성이 없다고 봄이 상당하므로 甲이 위 학생들에 대하여 모두 성년자일 것으로 믿고 위 학생들의 증명서 모두를 확인하지 아니함으로써 미성년자를 출입시킨 결과가 되었다고 해서 이를 벌할 수는 없다."[388] 따라서 甲에 대하여는 기대가능성이 없어 책임이 조각되므로 구 식품위생법 제46조 위반죄는 성립하지 않는다.

> (판례 11) 甲은 주점 앞길에서 술에 취해 귀가하는 A와 어깨를 부딪치며 시비를 걸어 동인의 멱살을 잡고 주먹으로 얼굴을 때리는 등으로 A의 지갑을 강취하여 강도상해죄로 공소가 제기되었다. 甲은 자신의 강도상해 범행을 일관되게 부인하였으나 유죄판결이 확정되었는데, 위 강도상해 사건과 관련하여 甲과 공범으로 기소된 乙에 대한 강도상해 피고사건에 증인으로 출석한 후 선서하고 증언함에 있어 "피해자 A와 어깨를 부딪친 후 멱살을 잡고 시비한 사실이 있는가요"라는 검사의 질문에 "그런 사실은 없습니다"라고 대답함으로써 기억에 반하는 허위의 진술을 하였다. 甲의 죄책은?

---

[388] 대법원 1987. 01. 20. 선고 86도874 판결.

[참조조문]

형법 제152조(위증) ① 법률에 의하여 선서한 증인이 허위의 진술을 한 때에는 5년 이하의 징역 또는 1천만원 이하의 벌금에 처한다.

형사소송법 제148조(근친자의 형사책임과 증언거부) 누구든지 자기나 다음 각호의 1에 해당한 관계있는 자가 형사소추 또는 공소제기를 당하거나 유죄판결을 받을 사실이 발로될 염려있는 증언을 거부할 수 있다.
1. 친족 또는 친족관계가 있었던 자
2. 법정대리인, 후견감독인

甲이 증인으로 출석한 후 선서하고 기억에 반하는 허위의 진술을 한 행위는 위증죄의 구성요건에 해당한다. 문제는 자신에 대한 형사사건에서 시종일관 그 범행을 부인하였던 증인 甲에 대하여 자신의 범행을 시인하는 진술, 즉 적법행위의 기대가능성이 있는가이다. 이 점에 관하여 원심법원은 기대가능성이 없다는 이유로 위증죄의 성립을 부정한 반면에, 대법원은 이를 긍정하였다. 원심법원: "이 사건의 경우 피고인(甲)은 공범이기는 하나 강도상해죄로 이미 유죄판결이 확정된 상태이어서 공동피고인의 경우와는 달리 증언거부권이 인정되지 않으므로(형사소송법 제148조에 규정하고 있는 '유죄판결을 받을 사실이 발로될 염려가 있는 경우' 등에 해당되지 않는다), 피고인(甲)으로서는 공범으로 별건 기소된 공소 외 2(乙)의 피고사건에 증인으로 채택되어 소환된 이상 증언을 거부할 수는 없는바, <u>위증죄로부터의 탈출구가 마련되어 있지 않은 피고인(甲)에게 그동안의 일관된 진술을 뒤엎고 확정된 유죄판결에서 판시하고 있는 자신의 범죄사실을 시인하는 증언을 하는 것을 기대할 수 없고</u>, 따라서 자신의 범행사실을 부인하는 증언을 한 피고인(甲)의 판시 행위는 적법행위의 기대가능성이 없어 이 사건 공소사실은 범죄가 되지 않는 경우에 해당한다."389) 대법원: "자기에게 형사상 불리한 진술을 강요당하지 아니할 권리가 결코 적극적으로 허위의 진술을 할 권리를 보장하는 취지는 아닌 점, 이미 유죄의 확정판결을 받은 경우에는 일사부재리의 원칙에 의해 다시 처벌되지 아니하므로 증언을 거부할 수 없는바, 이는 사실대로의 진술, 즉 자신의 범행을 시인하는 진술을 기대할 수 있기 때문인 점 등에 비추어 보면, 피고인은 강도상해죄로 이미 유죄의 확정판결을 받았으므로 그 범행에 대한 증언을 거부할 수 없을 뿐만 아니라 나아가 사실대로 증언하여야 하고, 설사 피고인이 자신에 대한 형사사건에서 시종일관 그 범행을 부인하였다 하더라도 이러한 사정은 이 사건 위증죄에 관한 양형참작사유로 볼 수 있음은 별론으로 하고 이를 이유로 피고인에게 사실대로의 진술을 기대할 가능성이 없다고 볼 수는 없다."390)

---

389) 부산지법 2005. 12. 14. 선고 2005노3276 판결.
390) 대법원 2008.10.23. 선고 2005도10101 판결.

제 6 장 처벌조건

I. 의의

　범죄의 성립조건으로는 구성요건해당성, 위법성, 책임 등 3가지이다. 이 조건 가운데 하나라도 결여되면 범죄는 성립하지 않으므로 법원은 무죄판결을 선고한다(형소법 제325조). 일단 범죄가 성립하면 원칙적으로 국가의 형벌권이 발생하지만 일부 범죄의 경우에는 범죄의 성립조건을 갖추더라도 형사정책상 형벌의 필요성(필벌성 또는 요벌성)이 없으면 국가의 형벌권이 발생하지 않는 경우가 있다. 이러한 범죄의 경우에는 형벌권의 발생을 위하여 불법과 책임 외에 추가적으로 요구되는 조건이 있는데, 이를 처벌조건이라고 한다. 이미 범죄가 성립되었더라도 처벌조건이 결여되면, 즉 처벌조건을 배제하는 사유가 있으면 형벌권은 발생하지 않는데, 이러한 사유를 형면제사유라고 한다.[391] 형면제사유로 인하여 처벌조건이 결여되면 형면제판결을 선고한다(형소법 제322조).[392]

II. 종류

　처벌조건(형소법 제322조의 형면제사유)에는 객관적 처벌조건(objektive Bedingungen der Strafbarkeit)과 인적 형면제사유(persönliche Strafbefreiungsgründe)가 있다.[393] 전

---

391) 처벌조건을 달리 표현하면 처벌조각사유의 부존재라고도 할 수 있다. 즉 처벌조건은 처벌조각사유(형면제사유)를 소극적으로 파악한 것이므로 이를 '처벌조각사유의 반전'이라고도 한다. 다시 말하면 객관적 처벌조각사유를 소극적으로 파악하면 객관적 처벌조건이 되며 인적 처벌조각사유를 소극적으로 파악하면 인적 처벌조건이 된다. 예컨대 친족상도례에서 직계혈족이나 배우자의 신분은 인적 처벌조각사유인데, 이를 반전(反轉)하여 표현하면 '직계혈족이나 배우자의 신분의 부존재'는 인적 처벌조건이라고 할 수 있다.
392) 이에 대하여 신동운, 총론, 462면에서는 인적 처벌조각사유와 형면제사유를 구분하고, 전자의 경우에는 무죄판결을 선고하며, 후자의 경우에는 유죄판결의 일종인 형면제판결을 선고한다고 한다.

자는 형벌권의 발생을 저지하는 객관적인 사유를 말한다. 사전수뢰죄(제129조 제2항)에서 공무원 또는 중재인이 된 사실이 여기에 해당한다. 후자는 형벌권의 발생을 저지하는 행위자의 특수한 신분관계를 말한다.

인적 형면제사유는 다시 인적 처벌조각사유(persönliche Strafausschließungsgründe)와 인적 처벌소멸사유(persönliche Strafaufhebungsgründe)로 구분된다. 전자는 행위시에 이미 존재하는 사유를 말하며, 후자는 가벌적 행위가 있은 후에 발생하여 이미 발생한 가벌성을 소급적으로 배제하는 사유를 말한다. 친족상도례(제328조 제1항)에서 직계혈족, 배우자, 동거친족, 호주, 가족 또는 그 배우자 등의 신분, 국회의원의 면책특권(헌법 제45조)에서 국회의원의 신분[394] 등이 전자에 해당하며, 후자의 예로는 중지미수(제26조)가 있다.

▶ 처벌조건
```
┌ 객관적 처벌조건
└ 인적 형면제사유 ┌ 인적 처벌조각사유
                 └ 인적 처벌소멸사유
```

III. 처벌조건과 범죄성립조건·소송조건과의 구분의 실익

① 처벌조건이 결여된 때에는 형면제판결을 선고하는 반면, 범죄성립요건을 결한 경우에는 무죄판결을 선고한다.

② 처벌조건은 불법과 책임의 영역 밖에 위치하므로 인식을 요하지 않는다. 따라서 이에 대한 착오는 범죄의 성립에 아무런 영향도 미치지 않는다.

> (예 1) 甲은 아버지 소유의 재물이라고 생각하여 이를 절취하였는데 그 재물이 아버지 친구의 소유인 경우에 행위자와 재물의 소유자 사이에는 아무런 친족관계도 없으므로 친족상도례(처벌조각사유)는 적용되지 않으며, 행위자의 착오는 범죄의 성립에 아무런 영향도 미치지 않는다.

---

393) 처벌조건의 종류에 대해서는 용어가 통일되어 있지 않다. 인적 처벌조각사유와 인적 처벌소멸사유를 구분하지 않는 견해(예컨대 이재상/ 장영민/ 강동범, 총론, 74면)는 양자를 모두 인적 처벌조각사유라고 한다.
394) 김일수/서보학, 총론, 312면.

③ 인적 처벌조각사유는 - 구성요건조각사유나 위법성조각사유와는 달리 - 공동정범이나 공범의 경우에 일정한 신분이 있는 자에 대하여만 적용되며 그러한 신분이 없는 자에 대하여는 적용되지 않는다.

(예 2) 甲은 친구 乙의 교사에 의하여 자신의 아버지 丙 소유의 도자기를 절취하였다. 이러한 경우 甲은 丙의 직계혈족이므로 친족상도례가 적용되어 형이 면제되지만, 乙은 丙과 아무런 신분관계가 없으므로 형이 면제되지 않는다.

이에 대하여 객관적 처벌조건이 결여된 경우에는 행위자는 물론, 그 범죄에 가담한 자에 대하여도 형이 면제된다. 이러한 점에서 인적 처벌조각사유와 객관적 처벌조각사유의 차이가 있다.

(예 3) 사전수뢰죄에서 공무원이 된 사실은 객관적 처벌조건이므로 수뢰자가 공무원으로 취임하지 않아 처벌되지 않는 경우에 증뢰자도 마찬가지로 처벌되지 않는다.

④ 처벌조각사유는 - 소송조건과는 달리 - 가벌성의 내용으로서 실체법인 형법에 속하므로 "의심스러운 때에는 피고인의 이익으로"의 원칙과 죄형법정주의, 특히 소급효금지의 원칙이 적용된다.

IV. 소추조건

처벌조건과 구분되는 개념으로 소추조건이 있다. 소추조건(소송조건)은 범죄를 소추하기 위하여 소송법상 요구되는 조건을 말한다. 처벌조건은 국가형벌권이 발생하기 위하여 요구되는 조건으로서 실체법상의 개념인데 대하여 소추조건은 형벌권의 발생과 관계없으며, 다만 공소제기의 유효조건으로서 절차법상의 개념이다. 전자는 국가형벌권의 발생여부를 결정하는 '범죄될 사실'(형소법 제323조)에 해당하므로 법원의 심판대상이 되는 '범죄사건'[395]에 포함된다. 이에 대하여 소추조건은 법원이 실체심판을 하기 위한 전제조건으로서 범죄사건과는 직접적으로 연관이 없다. 친족상도례에서 직계혈족이나 배우자

---
395) 여기서 '범죄사건'(Tatgeschehen)이란 형사소송법상 의미의 '사건개념'(Tatbegriff)으로서 공소제기의 물적 효력범위, 공소장변경의 한계, 기판력의 범위 등을 정하는 기준이 된다.

등의 신분, 국회의원의 면책특권, 외교사절의 외교특권 등은 범죄사건에 포함되어 법원의 실체심판의 대상이 되므로 처벌조건에 속한다. 그러나 고소, 공소시효, 사면 등은 범죄사건이 발생한 이후에 있게 되는 것으로서 범죄사건의 영역 밖에 있으므로 소송조건에 속한다. 범죄의 성립조건이나 처벌조건이 결여되면 실체재판(무죄판결 또는 형면제판결)을 하지만, 소추조건이 결여되면 공소기각과 같은 형식재판을 한다.

┌ 실체재판 ┌ 범죄의 성립조건이 결여된 경우 - 무죄판결(형소법 제325조)
│　　　　　└ 처벌조건이 결여된 경우 - 형면제판결(형소법 제322조)
└ 형식재판 - 소추조건이 결여된 경우 - 공소기각의 판결(형소법 제327조)

(판례 1) 국회의원 甲은 정기국회 본회의에서의 정치분야 대정부 질문자로 내정되어 그 질문 원고를 작성함에 있어 우리나라의 통일정책과 관련하여 '이 나라의 국시는 반공이 아니라 통일이어야 한다' '통일이나 민족이라는 용어는 공산주의나 자본주의보다 그 위에 있어야 한다'는 등 통일을 위해서라면 공산화통일도 용인하여야 한다는 취지 등을 담은 원고를 완성하고 비서인 乙로 하여금 50부를 복사하게 한 다음, 국회의사당 내 기자실에서 그 중 30부를 국회 출입기자들에게 배포하게 하였다. 검사는 국회의원 甲이 '반국가단체인 북괴의 활동에 동조하여 이를 이롭게 한 것'이 국가보안법위반이라는 이유로 공소를 제기하였다. 법원은 어떤 재판을 하여야 하는가?

1. 헌법 제45조의 적용범위

헌법 제45조는 "국회의원은 국회에서 직무상 행한 발언과 표결에 관하여 국회외에서 책임을 지지 아니한다"라고 규정하고 있는데 본회의장이 아닌 국회의사당 내 기자실에서 원고를 배부한 것도 '국회에서 직무상 행한 발언'에 해당하는지가 문제된다. 이 점에 대하여 대법원은 면책특권은 "국회의원이 국민의 대표자로서 자유롭게 그 직무를 수행할 수 있도록 보장하기 위하여 마련한 장치인 것이므로 면책특권의 대상이 되는 행위는 직무상의 발언과 표결이라는 의사표현행위 자체에 국한되지 아니하고 이에 통상적으로 부수하여 행하여지는 행위까지 포함한다"고 전제하고 이어서 "배포한 원고의 내용이 공개회의에서 행할 발언내용이고(회의의 공개성), 원고의 배포시기가 당초 발언하기로 예정된 회의시작 30분 전으로 근접되어 있으며(시간적 근접성), 원고배포의 장소 및 대상이 국회의사당 내에 위치한 기자실에서 국회출입기자들만을 상대로 한정적으로 이루어졌고(장소 및 대상의 한정성), 원고배포의 목적이 보도의 편의를 위한 것이라는(목적의 정당성) 등의 사실을 인정한 후 이와 같은 사실을 종합하여 피고인이 국회 본회의에서 질문한 원고를 위와 같이 사전에 배포한 행위는 국회의원의 면책특권의 대상이 되는 직무부수행위에 해당한다"고 판단하였다. 따라서 국회의원 甲에 대하여는 면책특권이 인정된다.

2. 면책특권의 법적 성격

다음으로 문제되는 것은 면책특권이 처벌조건(인적 처벌조각사유)과 소추조건 가운데 어디에 해당하는가이다. 만일 처벌조건이라면 법원은 형면제판결(형사소송법 제322조)을 선고할 것이며, 소추조건이라면 공소기각의 판결(형사소송법 제327조)을 선고할 것이다. 이 점에 대하여 원심법원은 형사소송법 제327조 제1호의 '피고인에 대하여 재판권이 없는 때'에 해당한다고 보고, 이를 이유로 공소기각의 판결을 선고하였다.[396] 이에 대하여 대법원[397]은 원심법원의 견해는 "국회의원의 면책특권에 해당하는 경우에는 재판권의 일부가 입법부에 속하는 것으로 파악됨을 전제로 한 것이 되어 재판권행사에 관한 현행법체계하에서는 채용할 수 없다"고 판단하고 "국회의원의 면책특권에 속하는 행위에 대하여는 공소를 제기할 수 없으며 이에 반하여 공소가 제기된 것은 결국 공소권이 없음에도 공소가 제기된 것이 되어 형사소송법 제327조 제2호의 "공소제기의 절차가 법률의 규정에 위반하여 무효인 때"에 해당된다"고 보았다. 따라서 대법원의 견해에 의하더라도 원심법원의 견해와 마찬가지로 법원은 공소기각의 판결을 선고하게 된다.

3. 면책특권을 인적 처벌조각사유로 보는 견해

그러나 본서의 입장에 의하면 국회의원의 면책특권은 법원의 심판대상이 되는 '범죄사건'으로서 법원의 실체심판의 대상이 되므로 처벌조건(인적 처벌조각사유)으로 보아야 한다. 대법원은 면책특권을 소추조건으로 파악하는 이유에 대하여 "면책특권이 인정되는 국회의원의 직무행위에 대하여 수사기관이 그 직무행위가 범죄행위에 해당하는지 여부를 조사하여 소추하거나 법원이 이를 심리한다면, 국회의원이 국회에서 자유롭게 발언하거나 표결하는 데 지장을 주게 됨은 물론 면책특권을 인정한 헌법규정의 취지와 정신에도 어긋나는 일이 되기 때문"[398]이라고 한다. 이러한 입장은 국회의원의 행위가 범죄에 해당하는가의 여부와 관계없이 검사의 공소제기나 법원의 심리자체가 허용되지 않는다고 함으로써 국회의원의 발언과 표결의 자유(헌법 제45조)를 최대한 보장하려는 취지로 보인다. 그러나 면책특권을 처벌조건으로 보는 견해에 의하면 형면제판결이 선고되는데 이는 실체재판으로서 - 형식재판인 공소기각의 판결과는 달리 - 일사부재리의 원칙과 소급효금지의 원칙이 적용되므로 오히려 이 견해가 면책특권을 인정한 취지에 더 충실하다고 볼 수도 있다.

---

396) 서울고등법원 1991.11.14. 선고 87노1386 판결.
397) 대법원 1992. 9. 22. 선고 91도3317 판결. 같은 취지: 대법원 1996. 11. 8. 선고 96도1742 판결.
398) 대법원 1996. 11. 8. 선고 96도1742 판결.

제 7 장 특수한 유형의 범죄

　지금까지 설명한 범죄의 성립요건은 전형적인 유형의 범죄, 즉 고의·작위범을 전제로 한 것이며, 이하에서 설명하는 과실범과 부작위범은 이와는 구분되는 특수한 유형의 범죄이다. 그러나 이러한 유형의 범죄에 대하여도 지금까지 설명한 범죄체계, 즉 구성요건해당성, 위법성, 책임 등은 그대로 타당하며, 다만 과실범은 객관적 구성요건요소에 대한 인식이 결여되어 있으며, 부작위범은 적극적인 신체적 거동이 아니라 작위의무의 불이행에 의하여 범죄를 행하였다는 점에서만 고의·작위범과 차이가 있는 것이므로 이하에서는 이러한 차이에서 파생되는 개별적인 차이점을 중심으로 살펴보기로 한다.

제 1 절 과실범

> 제14조(과실) 정상적으로 기울여야 할 주의를 게을리하여 죄의 성립요소인 사실을 인식하지 못한 행위는 법률에 특별한 규정이 있는 경우에만 처벌한다.

I. 서론

1. 의의

　위에서 설명한 고의범의 성립요건 가운데 주관적 구성요건요소에 대한 인식이 결여된 경우 당연히 과실범이 성립하는 것이 아니라 과실범의 성립요건을 충족하는가를 다시 검토하여야 한다. 제14조는 "정상적으로 기울여야 할 주의를 게을리하여 죄의 성립요소인 사실을 인식하지 못한 행위는 법률에 특별한 규정이 있는 경우에만 처벌한다"라고 규정하고 있다. 따라서 과실은 "정상적으로 기울여야 할 주의를 게을리하여", 즉 법질서가 요구하는 주의의무를 위반함으로써 죄의 성립요건인 사실을 인식하지 못하는 것을 말한다. 그리고 과실은 항상 처벌되는 것이 아니라 법률에 특별한 규정이 있는 경우에 한하여 처벌되는데, 이처럼 과실로 인하여 결과가 발생한 경우에 형벌이 과해지는 범죄를 과실범이라고 한다.

2. 과실범의 처벌규정

형법은 과실일수죄(제181조)를 제외한 대부분의 과실범의 경우에는 보통의 과실과 업무상과실·중과실을 구분하여 후자를 중하게 처벌하고 있다. 그리고 장물취득의 경우에는 보통의 과실은 처벌하지 않고 업무상과실·중과실만을 처벌하고 있다.

업무상 과실에서 업무란 "사람이 사회생활상의 지위에 근거하여 계속적, 반복적으로 행하는 사무"를 말한다. 과실범에서 업무자를 가중처벌하는 이유는 업무자는 고도의 주의능력과 예견가능성을 가지고 있으므로 그만큼 주의의무 위반에 대한 책임비난이 강해지기 때문이다. 그리고 중과실이란 주의의무에 대한 현저한 태만, 즉 행위자가 근소한 주의를 하였다면 결과발생을 예견할 수 있었음에도 불구하고 부주의로 이를 예견하지 못한 경우를 말한다. 보통의 과실과 중과실의 구별은 구체적인 경우에 사회통념에 의하여 결정한다.[399]

3. 과실범의 불법과 책임

앞에서 설명한 바와 같이 불법의 내용은 행위반가치와 결과반가치로 구성되어 있다.[400] 고의범에서 행위반가치의 핵심이 규범명령에 반하여 불법을 실현하고자 하는 행위의사, 즉 고의에 있다면, 과실범의 행위반가치는 주의의무 위반에 있다고 할 수 있다. 과실범의 불법내용은 결과반가치의 면에서는 고의범과 같지만, 행위반가치의 면에서 보면 전자가 후자에 비하여 경미하다고 할

---

399) 대법원 1980. 10. 14. 선고 79도305 판결.
400) 제1편 제2절 III 및 제2편 제4장 제1절 III 참조.

수 있다.

　고의범과 과실범은 불법내용에 상응하여 책임내용에서도 차이가 있다. 고의범에서 행위자는 객관적 구성요건을 실현한다는 사실을 인식했음에도 불구하고 불법을 결의했으므로, 고의범에 대한 책임비난은 법질서에 대한 적대적 태도(고의책임)에 대하여 가해진다. 이에 반하여 과실범의 경우에는 행위자가 정상의 주의를 태만히 하여 객관적 구성요건을 실현한다는 사실을 인식하지 못하고 결과를 발생시킨 것이므로, 과실범에 대한 책임비난은 법질서가 요구하는 주의의무에 대한 태만한 태도(과실책임)에 대하여 가해진다. 결국 과실범은 불법내용과 책임내용의 면에서 고의범보다 경미하다. 따라서 제14조는 법률에 특별한 규정, 즉 과실범에 대한 처벌규정이 있는 경우에만 처벌하도록 규정하고 있으며, 법정형에 있어서도 고의범보다 가볍게 처벌하고 있다.[401]

4. 과실의 범죄체계적 지위(과실범의 구조)

　① 책임요소설: 과실(주의의무위반)의 범죄체계적 지위는 고의의 범죄체계적 지위에서 설명한 것과 크게 다르지 않다. 즉 신고전적 범죄체계에 의하면 과실은 고의와 마찬가지로 책임형태(책임형식)가 된다(책임요소설).[402] 이 견해에 의하면 주의의무위반은 과실범의 책임요소로서 행위자의 주관적 기준(개인적 능력)에 의하여 결정된다.

　② 구성요건요소설: 이에 대하여 목적적 범죄체계에 의하면 과실은 책임형태가 아니라 구성요건요소가 된다(구성요건요소설). 이 견해에 의하면 주의의무위반은 과실범의 불법내용을 구성하는 행위반가치로서 객관적 기준(일반인)에 의하여 결정된다.

---

401) 형법상 과실범 처벌규정으로는 실화죄(제170, 171조), 과실폭발성물건파열죄(제173조의 2), 과실일수죄(제181조), 과실교통방해죄(제189조), 과실치사상죄(제266, 267, 268조), 업무상과실·중과실장물취득죄(제364조) 등이 있다.
402) 이와 관련하여 유의할 것은 신고전적 범죄체계가 책임요소설과 논리적으로 필연관계에 있는 것은 아니라는 점이다. 예컨대 Baumann/Weber/Mitsch, AT, § 22 Rn. 19 ff, 28 ff.는 신고전적 범죄체계를 주장하지만 주의의무위반을 객관적·주관적 주의의무위반으로 분류하여, 전자는 위법성요소로, 후자는 책임요소로 본다. 이처럼 주의의무위반을 위법성의 요소로 보는 견해를 신과실이론이라고 한다.

③ 이중적 지위설: 신고전적·목적적 합일체계에 의하면 과실은 고의와 마찬가지로 행위형태로서 구성요건요소인 동시에 책임형태로서 이중적 기능을 지닌다(이중적 지위설). 이 견해는 과실을 객관적 주의의무위반(객관적 구성요건요소)과 주관적 주의의무위반(책임형태)으로 분류하여 전자는 객관적 기준에 의하여, 후자는 주관적 기준에 의하여 판단한다. 이 견해가 우리나라의 다수설[403]이며, 본서에서도 이 견해에 따라 과실범의 성립요건을 설명하기로 한다.

II. 성립요건

```
               과실 · 작위범
        (Das fahrlässige Begehungsdelikt)

사전검토: 과실범의 처벌규정

I. 구성요건
  1. 객관적 구성요건
     (1) 인과관계
     (2) 객관적 주의의무의 위반
        (가) 예견의무(객관적 예견가능성)
        (나) 회피의무(객관적 회피가능성)
     (3) 결과의 객관적 귀속
  2. 주관적 구성요건
  객관적 구성요건에 대한 인식의 결여(인식 없는 과실)
  또는 결과불발생에 대한 신뢰(인식 있는 과실)

II. 위법성

III. 책임
  1. 책임능력
  2. 책임형태: 주관적 주의의무위반
  3. 잠재적 위법성의 인식
  4. 기대가능성
```

---

[403] 이에 대하여 객관적 주의의무위반은 객관적 귀속의 척도이며, 주관적 주의의무위반은 주관적 구성요건요소인 동시에 책임요소로서 이중적 지위를 갖는다는 견해(김일수/서보학, 총론, 315면)가 있다.

1. 인과관계

과실범이 성립하기 위해서는 행위와 구성요건적 결과의 발생이 있어야 하며,[404] 행위와 결과 사이에 인과관계가 있어야 한다. 과실범에서 인과관계는 고의범의 경우와 마찬가지로 행위와 결과 사이의 조건관계가 있으면 성립한다. 이와 관련하여 유의할 것은 과실범이 성립하기 위해서는 주의의무위반과 결과 사이의 조건관계, 즉 의무위반관련성이 있어야 하는데, 이는 인과관계의 문제가 아니라 객관적 귀속과 관련된 문제이다.[405]

2. 객관적 주의의무의 위반

(1) 내용

주의의무란 일정한 행위로부터 발생할 수 있는 보호법익에 대한 위험을 예견하고(예견의무) 결과의 발생을 방지하기 위하여 필요한 조치를 취하여야 하는 의무(회피의무)를 말한다. 즉 주의의무는 결과발생에 대한 예견의무와 회피의무를 내용으로 한다. 예컨대 운전자는 제한속도에 위반하여 과속으로 운전하는 경우에 사람이 사상하는 결과가 발생할 수도 있다는 가능성을 예견하고, 그러한 결과의 발생을 회피하기 위하여 필요한 안전조치를 취해야 할 의무가 있다. 그러나 결과의 발생에 대한 예견가능성이나 회피가능성이 없는 경우에는 주의의무위반이 없으므로 과실범은 성립하지 않는다. 예컨대 운전을 하는 도중에 보행자가 갑자기 자동차 앞으로 뛰어드는 바람에 보행자를 사망케 하였다면, 결과발생을 예견하거나 이를 회피하는 것은 불가능하므로 업무상 과실치사죄는 성립하지 않는다.

▶ 객관적 주의의무 = 위험성 예견의무(내적 의무) + 결과회피의무(외적 의무)

---

[404] 만일 주의의무에 위반하여 행위를 했더라도 결과가 발생하지 않았다면, 이는 과실미수로서 행위반가치와 결과반가치가 현저하게 감소하여 가벌적 불법에 이르지 못하므로 불가벌이다.
[405] 자세한 것은 제2편 제3장 제3절 III 3 (3) ① 참조.

(2) 판단기준

행위자가 주의의무를 위반하였는가는 행위자의 위치에 있는 사려 깊은 일반인, 즉 행위자와 '같은 업무·직무에 종사하는 일반적 평균인의 주의 정도'[406]를 기준으로 하되, 행위자의 특별한 지식과 경험도 고려하여 판단한다(객관설). 행위자의 주의능력이 부족하다는 개인적 능력이나 사정은 객관적 주의의무에서는 고려되지 않으며, 이는 주관적 주의의무, 즉 책임단계에서 고려한다.

(예 1) 운전자 甲은 차의 브레이크에서 이상한 소리가 나고 브레이크를 밟으면 차가 조금씩 밀리는 등 약간의 이상이 있음에도 불구하고 검사를 받지 않았다. 어느 날 고속도로를 운전하던 도중에 전방에 차가 정지되어 있는 것을 발견하고 브레이크를 밟았으나 브레이크가 작동하지 않아 앞차와 충돌하는 바람에 앞차의 운전자가 사망하였다. 甲의 죄책은?

甲의 행위는 업무상 과실치사죄(제268조, 교통사고처리특례법 제3조)에 해당할 가능성이 있다. 사려 깊은 일반 운전자를 기준으로 판단하면 브레이크의 이상으로 인하여 교통사고가 발생하여 사람이 사상할 가능성이 있다는 것이 예측가능하며, 브레이크를 사전에 수리하여 결과발생을 회피하는 것도 가능하므로 甲에 대하여는 객관적 주의의무위반이 인정된다. 따라서 甲에 대하여는 업무상 과실치사죄가 성립한다.

(예 2-1) 운전자 甲이 차도를 적절한 속도로 운전하던 중 골목에서 어린애가 갑자기 뛰어나오자 급히 브레이크를 밟았으나 그 아이를 충돌하여 골절상을 입혔다. 甲은 도로교통법상의 제한속도를 준수하였다. 甲의 죄책은?

일반 운전전자를 기준으로 판단하면 어린애가 갑자기 차도로 뛰어나온다는 것은 예측이 불가능하므로 객관적 주의의무위반은 부정된다. 따라서 甲에 대하여는 업무상 과실치상죄(제268조)는 성립하지 않는다.

(예 2-2) 만일 (예 2-1)에서 甲이 사고지점 부근에 초등학교가 있다는 사실과 사고시간경에 초등학교의 수업이 끝나 아이들이 많이 나온다는 사실을 알고 있었다면 甲의 죄책은?

예견가능성의 판단기준은 사려 깊은 일반운전자를 기준으로 하지만 행위자 개인의 특별한 지식을 고려하여 판단하므로 결과발생에 대한 예측가능성은 인정된다. 甲은 위험을 예견하였으므로 과속을 하지 않았다는 것만으로 주의의무를 준수하였다고 볼 수 없다. 운전자 甲은 그 시간에 어린애들이 많이 나온다는 사실을 알고 있었으므로 제한속도보다도 더 감속을 하여 결과발생을 회피하여야 할 의무가 있다. 甲은 이러한 예견의무와 회피의무를 위반하였으므로 업무상 과실치상죄가 성립한다.

---

[406] 대법원 2023. 1. 12. 선고 2022도11163 판결.

(3) 결과회피의무의 구체적 내용

행위자가 보호법익에 대한 위험을 예견하였다면, 그는 구성요건적 결과의 발생을 방지하기 위하여 필요한 조치를 취하여야 할 의무가 있다. 그 의무의 구체적 내용으로는 부작위의무, 안전조치의무, 탐색의무 등이 있다.

(가) 부작위의무

부작위의무란 행위자가 결과발생의 가능성을 예견한 경우, 위험한 행위를 중단함으로써 결과발생을 회피하여야 할 의무를 말한다. 위의 (예 1)에서 행위자가 브레이크에서 이상한 소리가 나는 등의 이상을 발견하였다면 브레이크를 수리하여야 하며 그 전에는 그 차를 운전하지 않아야 할 부작위의무가 있다.

부작위의무의 특수한 경우로서 '위험인수의 과실'(Übernahmfahrlässigkeit) 내지는 '인수책임'(Übernahmeverschulden)이 있다. 이는 행위자가 경험, 지식, 능력 등의 부족으로 인하여 자신이 감당할 수 없는 위험상황에는 들어가지 않아야 할 의무가 있음에도 불구하고 스스로 그 위험을 인수한 경우에 인정되는 과실을 말한다. 위험인수의 과실의 경우 행위자가 개인적인 능력부족으로 인하여 위험을 감당할 수 없었다는 사정은 주관적 주의의무위반의 성립에 지장이 없으며, 주관적 주의의무위반은 자신이 감당할 수 없는 위험을 인수하는 경우 결과발생의 가능성이 있다는 것을 예견할 만한 의사능력만 있으면 인정된다.

(예 3) 아직 심장이식수술을 할만한 실력과 경험이 없는 의사 甲이 심장이식수술을 시도하였으나 수술도중 실력부족으로 의학상 필요한 조치를 취하지 못하여 환자를 사망케 하였다. 의사 甲의 죄책은?

의사 甲은 심장이식수술을 감당할 능력이 없어 환자가 수술도중 사망할 가능성이 있다는 것을 인식할 수 있었으므로 객관적 예견가능성이 인정된다. 그리고 그는 수술을 감당할 만한 능력이 없음에도 불구하고 스스로 법익침해의 위험상황에 들어감으로써 수술을 시도하지 않아야 할 의무(부작위의무)를 위반했으므로 회피의무를 위반하였다. 따라서 甲에 대해서는 객관적 주의의무위반이 인정된다. 그리고 甲은 수술을 감당할 만한 능력이 없었으나 이를 이유로 주관적 주의의무위반이 부정되지는 않는다. 왜냐하면 위험인수(수술) 당시 행위자는 자신이 그 위험을 감당할 수 없음을 인식하고 이를 회피할 만한 개인적 능력이 있었기 때문이다. 위험인수과실의 경우 주관적 주의의무위반은 행위자의 의사능력만 있으면 족하다.

(예 4-1) 정년퇴직을 한 70세의 甲은 2년 전 중풍을 앓았으나 많이 회복되어 가까운 거리는 손수 운전을 하여 다녔다. 어느 날 차를 운전하여 친구 집을 다녀오던 중 앞차가 신호대기에 걸려 감속 후 정차하자, 甲은 정차를 하기 위하여 최선을 다했음에도 불구하고 乙의 차와 충돌하여 그에게 타박상을 입혔다. 일반인이었다면 그와 같은 상황에서 급정차하여 충돌을 피할 수가 있었다. 甲의 죄책은?

甲은 중풍의 후유증으로 인하여 적시에 정차할 만한 개인적인 능력은 없었으나, 이를 이유로 주관적 주의의무위반, 즉 책임이 부정되지는 않는다. 왜냐하면 甲은 자신의 개인적 능력으로는 감당할 수 없는 위험상황에 스스로 들어간 것이므로 인수책임이 인정되기 때문이다. 사려 깊은 일반 운전자라면 결과발생의 가능성을 인식하고 이에 필요한 조치, 예컨대 운전을 중단하든가 도로교통법상의 안전거리 이상의 거리를 확보하는 등의 안전조치를 취하였어야 한다. 그러나 甲은 이러한 의무를 태만하였으므로 객관적 주의의무위반이 인정된다. 그리고 甲은 위험인수와 관련하여 결과발생의 가능성을 예견하고 회피할 수 있는 개인적인 능력도 있으므로 주관적 주의의무위반도 인정된다.

위험인수의 과실은 과실의 원인에 있어 자유로운 행위와 유사하나, 전자의 경우에는 행위당시에 행위자에게 위험을 감당할 만한 개인적인 수행능력이 결여되어 있는데 대하여, 후자의 경우에는 행위당시에 행위자에게 책임능력이 결여되어 있다는 점에서 차이가 있다.[407]

(예 4-2) 甲은 술집주차장에 차를 주차한 후 술을 마시고, 만취한 상태에서 차를 운전하여 귀가하던 중 횡단보도에서 길을 건너던 행인을 미처 발견하지 못하고 그를 치어 사망케 하였다. 甲의 죄책은?

甲은 행위(사고)당시에는 책임무능력 상태였으나, 술을 마시기 전에 자신이 음주 후 차를 운전하여 귀가하리라는 것과 음주로 인한 교통사고를 예견하는 것이 가능하므로 행위당시에 책임능력이 없었더라도 과실의 원인에 있어 자유로운 행위로서 책임능력이 인정된다. 위의 (예 4-1)에서 甲은 사고당시 책임능력은 있었으며, 다만 적시에 정차할 수 있는 수행능력이 결여되어 있었다는 점에서 (예 4-2)와 차이가 있다.

(나) 안전조치의무(작위의무)

안전조치의무는 위험한 상황에서 신중한 행위를 하여야 할 주의의무를 말한다. 행위 자체가 위험하더라도 사회적 유용성 때문에 허용되는 경우도 있으

---

[407] Roxin, AT I, § 23 Rn. 111 참조.

므로(허용된 위험), 행위자에게 일률적으로 부작위의무를 부과하여 위험한 행위를 전면적으로 금지할 수는 없다. 특히 현대 기술사회에서 자동차나 공장의 위험한 기계 등의 사용은 불가피하다. 따라서 그러한 시설과 관련된 위험에 있어서 주의의무는 위험의 발생을 방지하기 위하여 요구되는 안전조치(신중, 감시, 통제 등)를 취하는 것이다. 행위자가 이러한 주의의무를 준수한 경우에는 타인도 주의의무를 준수할 것이라고 신뢰하고 행위하면 족하며, 설령 결과가 발생하더라도 객관적 주의의무위반이 부정되므로 과실범은 성립하지 않는다. 이를 허용된 위험의 이론이라고 한다.

특히 도로교통에서 운전자는 타인이 교통법규에 위반할 것까지 예견하여 방어조치를 취할 의무는 없으며, 다만 타인도 교통법규를 준수할 것이라는 신뢰 하에 자신만 교통법규를 준수하면 족하다. 이를 신뢰의 원칙이라고 한다.[408]

(판례 1) 시내버스 운전사 甲은 편도 2차선의 도로에서 직진하던 중, 반대차선에서 피해자 乙이 오토바이를 운전하고 진행하여 오는 것을 발견하였으나, 약 10미터 전방에서 乙이 갑자기 중앙선을 넘어 甲이 운행하는 차선상으로 진입하기에 이를 피하려고 우측으로 방향조정을 함과 동시에 급정차조치를 취하였으나 타력으로 전진하다가 충돌하여 乙을 사망케 하였다. 甲의 죄책은?

甲은 상대 운전자 乙이 차선을 준수하여 운전할 것이라는 신뢰 하에 운전하면 족하며, 중앙선을 침범할 것까지 예견하여 이에 대비할 의무는 없다. 따라서 甲에 대하여는 주의의무위반이 없으므로 업무상 과실치사죄는 성립하지 않는다. 판례도 "중앙선 표시가 있는 직선

---

[408] 대법원은 자동차나 자전거에 대하여는 폭넓게 신뢰의 원칙을 적용하고 있다. 예컨대 진행신호에 따라 진행하는 운전자는 신호를 무시하고 진행하는 차가 있음을 예견하고 사고를 방지하여야 할 주의의무는 없으며(대법원 1983. 2. 22. 선고 82도3071 판결; 1985. 1. 22. 선고 84도1493 판결), 자전거를 타고 도로를 횡단하려다 넘어지거나(대법원 1983. 2. 8. 선고 82도2617 판결) 야간에 무등화인 채 차도를 횡단하리라고 예견하고 사고를 방지하여야 할 의무는 없다(대법원 1984. 9. 25. 선고 84도1695 판결)고 한다.
그러나 보행자에 대하여는 신뢰의 원칙을 부분적으로만 적용하고 있으며 적용범위를 점차 확대하고 있다. 판례는 무단횡단을 하는 보행자를 사상하거나(대법원 1980. 5. 27. 선고 80도842 판결), 무단횡단하다가 중앙선 부근에 서 있던 보행자를 충돌한 운전자에 대하여 과실을 인정하고 있다(대법원 1995. 12. 26. 선고 95도715 판결). 다만 고속도로나 자동차전용도로에서 보행자를 충돌한 경우(대법원 1977. 9. 28. 선고 77도2559 판결), 육교 밑에서 차도로 뛰어드는 보행자를 충돌한 경우(대법원 1985. 9. 10. 선고 84도1572 판결), 횡단보도의 신호가 적색인 상태에서 반대차선상에 정지하여 있는 차량의 뒤로 무단횡단하는 보행자를 충돌한 경우(; 1993. 2. 23. 선고 92도2077 판결)에는 신뢰의 원칙을 적용하여 과실의 성립을 부정한다.

도로에 있어서 특별한 사정이 없는 한 그 대향차 선상의 차량은 그 차선을 유지운행하고 도로중앙선을 넘어 반대차선에 진입하지 않으리라고 믿는 것이 우리의 경험칙에 합당하다고 할 것이므로 대향차선상을 달려오는 차량을 발견하였다 하여 자기가 운전하는 차를 정지 또는 서행하거나 일일이 그 차량의 동태를 예의주시할 의무가 있다고 할 수 없다"409)는 이유로 본죄의 성립을 부정하였다.

다만 이 원칙은 ① 상대방의 법규위반을 이미 인식한 경우(예 5), ② 상대방의 규칙준수를 신뢰할 수 없는 경우(판례 2), ③ 운전자가 스스로 교통법규를 위반한 경우(예 6) 등과 같이 신뢰관계를 기대할 수 없는 특별한 사정이 있는 경우에는 적용되지 않는다. 다만 운전자가 법규위반을 한 경우에 신뢰의 원칙이 항상 배제되는 것이 아니라, 규칙위반이 사고발생에 영향을 미친 경우(판례 3)에만 이 원칙이 배제된다.410)

(예 5) 만일 (판례 1)에서 운전자 甲은 반대차선에서 도로교통법에 위반하여 중앙선을 침범하여 운전하는 乙을 발견했음에도 불구하고, 감속하지 않고 속도를 그대로 유지한 채 운전하다가 乙의 차를 충돌하였다면 甲의 죄책은?

甲은 법규를 준수하여 운전하였지만 상대 운전자 乙의 법규위반사실을 이미 인식하였으므로 신뢰의 원칙은 적용되지 않는다. 甲에 대하여는 주의의무위반이 인정되므로 업무상 과실치사죄가 성립한다.411) 만일 甲이 감속을 하지 않으면 충돌가능성이 있다는 것을 인식하고 있었음에도 불구하고 이를 감수하고 그대로 운전한 것이라면 - 물론 이러한 가능성은 현실적으로는 희박하지만 - 미필적 고의의 의한 살인까지도 인정될 여지가 있다.

(판례 2) 버스운전자 甲은 40미터 전방 우측로변에 어린아이 乙이 같은 방향으로 걸어가고 있음을 목격하였으나, 乙이 차도로 나오지 않을 것이라고 생각하여 감속하지 않고 그대로 운전하였는데, 乙이 갑자기 버스 앞으로 튀어나오는 바람에 그 아이를 충돌하여 상해를 입혔다. 甲의 죄책은?

---

409) 대법원 1984. 2. 14. 선고 83도3086 판결.
410) 이재상/ 장영민/ 강동범, 총론, 203면.
411) 대법원 2000. 9. 5. 선고 판결: "고속도로를 무단횡단하는 보행자를 충격하여 사고를 발생시킨 경우라도 운전자가 상당한 거리에서 보행자의 무단횡단을 미리 예상할 수 있는 사정이 있었고, 그에 따라 즉시 감속하거나 급제동하는 등의 조치를 취하였다면 보행자와의 충돌을 피할 수 있었다는 등의 특별한 사정이 인정되는 경우에만 자동차 운전자의 과실이 인정될 수 있다."

운전자는 신뢰의 원칙에 의하면 보행자 도로를 가고 있는 보행자가 차로 튀어나오지 않을 것이라고 신뢰하고 운전하면 족하며, 그가 차도로 튀어나올 것까지 예견하여 이에 대비해야 할 주의의무는 없다. 그러나 어린 아이와 같이 경험칙상 법규를 준수할 것이 불확실한 자에 대해서는 신뢰의 원칙이 적용되지 않는다. 따라서 甲은 자동차 운전사로서 어린아이 乙이 진행하는 버스 앞으로 갑자기 튀어나올 가능성을 예견하고 이로 인한 사고를 방지하기 위하여 속력을 줄이고 그 동태를 주시하는 등 만반의 사고에 대비할 주의의무가 있음에도 불구하고 이러한 주의의무에 위반하였으므로, 그에 대해서는 업무상 과실치상죄가 성립한다.412)

(예 6) 자동차 운전자 甲은 제한속도가 시속 60km인 도로에서 시속 100km로 질주하다가 반대편 차선에서 불법으로 좌회전하는 오토바이를 충돌하여 오토바이 운전자 乙을 사망케 하였다. 만일 운전자 甲이 제한속도를 준수하였더라면 오토바이와의 충돌을 피할 수 있었을 것이라고 인정된다면 甲의 죄책은?

甲은 과속으로 운전하여 스스로 교통법규를 위반하였으므로 타인이 법규를 준수할 것만을 신뢰하여 행위한 경우에는 주의의무위반이 부정되지 않는다. 즉 이 경우 신뢰의 원칙은 적용되지 않으므로 甲에 대하여는 업무상 과실치사죄가 성립한다. 그러나 만일 운전자 甲이 제한속도를 준수하였더라도 오토바이와의 충돌을 피할 수는 없었다고 인정되는 경우에는 주의의무위반과 충돌사고 사이에 인과관계가 없으므로 업무상 과실치사죄는 성립하지 않는다.413)

(판례 3) 화물자동차 운전자 甲은 시속 20키로의 속도로 진행하던 중, 도로전방 우측으로 손수레 3대가 일렬로 진행하고 있으므로 이를 피하여 도로 중앙선을 약간 침범하여 진행하였다. 그 화물자동차의 바로 뒤를 동일방향으로 따라오던 택시운전사 乙은 그 도로가 추월금지 구역임에도 불구하고 손수레를 피하여 중앙선을 침범하여 진행 중인 甲의 화물자동차를 좌측으로 추월하여 반대방향의 노선으로 진입하여 나아가다가 반대방향에서 자전거를 타고오던 丙을 충돌하여 넘어뜨렸다. 이로 인하여 丙은 계속 진행중인 甲의 화물자동차의 좌측 뒷바퀴에 치어 사망하였다. 甲의 죄책은?

신뢰의 원칙은 운전자가 스스로 규칙을 위반한 경우에 항상 배제되는 것이 아니라, 그 법규위반이 사고발생에 영향을 미친 경우에만 배제된다. 甲은 중앙선을 약간 침범함으로써 구도로교통법 제11조414)에 위반하였으나, 사고발생은 乙이 무모하게 甲을 추월하려고 한

---

412) 대법원 1970. 8. 18. 선고 70도1336 판결 참조.
413) 대법원 1998. 9. 22. 선고 98도1854 판결: "피고인이 제한속도를 지키며 진행하였더라면 피해자가 좌회전하여 진입하는 것을 발견한 후에 충돌을 피할 수 있었다는 등의 사정이 없는 한 피고인이 제한속도를 초과하여 과속으로 진행한 잘못이 있다 하더라도 그러한 잘못과 교통사고의 발생 사이에 상당인과관계가 있다고 볼 수는 없다 할 것이다."
414) 현행 도로교통법 제13조 제3항 참조.

과실로 인한 것이며, 甲의 법규위반은 사고발생에 영향을 미치지 않았으므로 신뢰의 원칙이 배제되지는 않는다. 판례도 "후방에서 오는 차량의 동정을 살펴 동 차량이 무모하게 추월함으로써 야기될지도 모르는 사고를 미연에 방지하여야 할 주의의무까지 있다고는 볼 수 없다"415)고 보아 甲에 대하여 주의의무위반이 없다고 보았다. 따라서 甲에 대해서 업무상과실치사죄는 성립하지 않는다.

신뢰의 원칙은 도로교통에서 뿐만이 아니라 다수인이 분업하여 공동작업을 하는 경우(분업적 공동작업)에도 적용된다. 예컨대 수술을 하는 외과의사는 수술도구가 정상적으로 소독되었다고 신뢰하여도 무방하며, 건물을 신축함에 있어서 설계자는 시공이 정상적으로 이루어질 것이라고 신뢰할 수 있다. 그리고 상급자는 하급자의 선정·감독의 의무가 있으며 특별한 사정이 없는 한 선정·감독의 의무만을 충실히 이행하는 것으로 족하며, 하급자는 자신에게 배당된 지시의 정당성을 신뢰하고 이를 수행하는 것으로 족하다.416) 판례도 도급인이 수급인에게 기계의 수리를 의뢰한 경우에 그 수리는 "수급인이 자신의 업무로서 그 책임으로 하는 것"이므로, "법령에 의하여 도급인에게 수급인의 업무에 관하여 구체적인 권리·감독의무가 부여되어 있거나 도급인이 공사의 시공이나 개별 작업에 관하여 구체적으로 지시·감독하였다는 등의 특별한 사정이 없는 한, 도급인에게는 수급인의 업무와 관련하여 사고방지에 필요한 안전조치를 할 주의의무가 없다."고 보았다.417) 이를 작업분배의 원칙(위험방지분배의 원칙)이라고 한다.

(예 7) 의사 甲은 환자 乙에게 Decholin이라는 약물을 주사하여야 하는데, 착오로 간호사 丙에게 Cholin을 주사하라고 지시하였다. 간호사 丙이 乙에게 Cholin을 주사 결과 환자 乙은 순환장애로 사망하였다. 丙의 죄책은?418)

간호사는 의사의 지시가 정당하다고 신뢰하여 그 지시에 따르면 족하며, 그 지시가 정당한가를 검토해야 할 의무는 없다. 丙은 자신의 주의의무를 다하였으므로 업무상 과실치사죄는 성립하지 않는다.

---

415) 대법원 1970. 2. 24. 선고 70도176 판결.
416) BGHSt 3, 96; 6, 286.
417) 대법원 2015. 10. 29. 선고 2015도5545 판결.
418) BGHSt 6, 286을 변형한 사례임.

(판례 4) 환자 甲은 수술실에서 마취된 상태에서 수술을 받고, 마취담당의사 乙에게서 마취회복을 위한 처치를 받고 회복실로 이송되었다. 마취환자가 의식이 회복되기 전에는 호흡이 정지될 가능성이 있음에도 불구하고, 의사 乙은 환자 甲에게 자발호흡이 있는 것만 확인하고는 의식이 회복되었는지 분명하지도 않은 상태에서 특정 간호사에게 확실한 인계조치나 구체적인 지시도 하지 않은 채 환자를 떠났다. 그 사이에 성명불상의 다른 간호사가 甲에게 부착되어 있는 심전도기를 탈착하는 바람에 甲은 무산소증 또는 저산소증으로 인한 뇌손상으로 사망하였다. 그 당시 회복실에는 회복실을 담당하던 간호사는 없었으며, 자기 환자의 회복처치에 전념하고 있던 간호사 丙이 있었다. 乙, 丙의 죄책은?[419]

판례는 간호사 丙에 대하여 "원래 회복실을 담당하던 간호사도 아니고 피해자를 감시하도록 업무를 인계받지도 않았으므로 피해자를 감시할 의무가 있다고 할 수 없다"는 이유로 업무상 과실치사죄의 성립을 부정하였다.

환자 甲에 대한 보호, 감시와 관련하여 의사 乙과 간호사 丙 사이에는 아무런 분업적 공동작업이 없었으므로 의사 乙에 대해서는 신뢰의 원칙이나 작업분배의 원칙은 적용되지 않는다. 즉 의사 乙은 간호사 丙이 환자 甲을 적극적, 계속적으로 주시, 점검을 할 것이라고 신뢰할 수는 없다. 판례도 "마취환자가 의식이 회복되기 전에는 호흡이 정지될 가능성이 적지 않으므로 피해자의 의식이 완전히 회복될 때까지 주위에서 관찰하거나 적어도 환자를 떠날 때는 피해자를 담당하는 간호사를 특정하여 그로 하여금 환자의 상태를 계속 주시하도록 하여 만일 이상이 발생한 경우에는 즉시 응급조치가 가능하도록 할 의무가 있다"고 전제하고서, 의사 乙에 대해서 주의의무위반을 인정하였다. 그리고 의무위반관련성과 관련하여 판례는 "위와 같은 주의의무를 다하였다면 다른 간호사가 함부로 심전도기를 탈착하지 못하였을 것이니 다른 간호사가 피고인이 피해자에게 부착한 심전도기를 탈착하였다고 하여 피고인의 주의의무 해태와 피해자의 사망 간에 인과관계가 중단되었다고 할 수 없다"고 보아 인과관계의 성립을 인정하였다. 따라서 의사 乙에 대하여는 업무상 과실치사죄가 성립한다.

(다) 탐색의무

행위자는 위험한 행위를 수행함에 있어서 사전에 이에 필요한 지식, 경험, 능력을 갖추어야 할 의무(준비의무 및 정보수집의무)가 있다. 특히 행위자는 특정한 위험행위에 대하여 규정하고 있는 법규나 행위규범을 습득하여야 한다. 이러한 준비의무와 정보수집의무를 총괄하여 탐색의무(Erkundigungspflicht)라고 한다. 예컨대 운전자는 도로교통법규를 모두 숙지하여야 할 의무가 있으며, 특히 이는 외국에서의 운전에서도 마찬가지다.

---

419) 대법원 1994. 4. 26. 선고 92도3283 판결.

(예 8) 영국인 甲은 우리나라 도로교통법상 자동차는 우측 차도로 통행하여야 한다는 것을 모르고 좌측 차도에서 직진하다가 마주 오는 乙의 자동차와 충돌하였다. 그 결과 그 차의 운전자 乙이 골절상을 입었다면 甲의 죄책은?

영국인이 우리나라에서 운전을 하려는 경우에는 우리나라의 도로교통법을 숙지해야 할 탐색의무가 있으며, 이러한 의무를 태만히 하여 자동차가 우측통행이라는 사실을 모르고 좌측 차도에서 운전하다가 사고가 발생하였다면 주의의무위반이 인정된다. 따라서 甲에 대해서는 업무상 과실치상죄가 성립한다.

3. 결과의 객관적 귀속

과실범에서 결과의 객관적 귀속에 대하여는 고의범에서 설명한 것이 그대로 적용된다. 다만 객관적 귀속의 판단기준 가운데 의무위반관련성은 고의범의 경우에는 문제되지 않으며, 과실범에 대해서만 적용된다.[420]

4. 주관적 구성요건

고의범의 주관적 구성요건은 고의로서 확정적 고의와 미필적 고의가 있듯이, 과실범의 주관적 구성요건은 객관적 구성요건에 대한 인식의 결여(인식 없는 과실) 또는 결과불발생에 대한 신뢰(인식 있는 과실)이다. 사례를 검토함에 있어서 구성요건적 고의가 부정되면 과실범의 주관적 구성요건은 아무런 문제없이 성립하므로 이에 대한 별도의 검토는 필요하지 않다.

5. 위법성

과실범의 위법성도 고의범과 마찬가지로 위법성조각사유에 의하여 조각될 수 있다. 위법성조각사유가 성립하기 위해서는 고의로 법익을 침해했더라도 위법성이 조각될 수 있는 상황(정당화상황)이 있어야 하며, 정당화상황에 대한 인식(주관적 정당화 요소)이 있어야 한다. 고의범에서 위법성조각사유의 주관적 요건은 정당화상황의 인식과 정당화의사가 있을 것을 요하지만[421] 과실범의 경우에는 정당화상황의 인식만으로도 족하다. 예컨대 정당방위의 경우

---

420) 의무위반관련성에 대해서는 제2편 제3장 제3절 III 3 (3) ① 참조.
421) 제2편 제4장 제1절 V 3 (1) 참조.

방위상황에 대한 인식(일반적 방위의사 또는 일반적 방위경향)이 있으면 족하며[422] 구체적인 행위결과에 대한 인식까지 있어야 하는 것은 아니다.

(예 9) 甲은 乙을 살해할 목적으로 乙에게 칼을 들고 다가서고 있다. 乙은 총을 발사하여 甲을 상해함으로써 자신을 방어할 수 있었음에도 불구하고 뒤로 물러섰다. 乙은 뒷걸음을 하다가 균형을 잃고 넘어지면서 실수로 방아쇠를 당기게 되었다. 그로 인하여 甲은 어깨에 총상을 입었다. 乙의 죄책은?

乙이 甲에게 고의로 총을 발사하여 상해하더라도 정당방위에 의하여 위법성이 조각될 수 있었으므로 정당방위의 객관적 요건은 충족된다. 과실범에 있어서 주관적 정당화요소는 일반적 방위의사만으로 족하며 구체적인 행위결과에 대한 인식까지 요하지는 않는다. 乙은 방위상황을 인식했으므로 총이 발사되어 피해자가 상해를 입을 것이라는 결과는 인식하지 못했더라도 정당방위의 주관적 요건은 성립한다. 따라서 乙의 행위는 정당방위로서 위법성이 조각된다.

(예 10) 甲은 乙과 말다툼을 하던 중, 乙이 흥분하여 칼을 들고 달려들자 甲은 그의 칼을 떨어뜨릴 생각으로 칼을 든 손을 향해 골프채를 휘둘렀다. 그러나 甲이 실수로 乙의 턱을 가격하여 골절상을 입혔다. 甲의 죄책은?

만일 甲이 고의로 乙의 턱을 가격하였더라도 방위행위의 상당성이 인정되는 상황이었다면 甲의 행위는 정당방위로서 위법성이 조각된다. 甲은 정당화의사, 즉 乙의 턱을 가격하여 자신의 법익에 대한 현재의 부당한 침해를 방위하겠다는 의사는 없었지만 방위상황을 인식하고 있었으므로 정당방위의 성립에 지장이 없다.

(판례 5) 甲은 골프장에서 골프경기를 하던 중 자신의 등 뒤 8m 정도 떨어져 있던 경기보조원(캐디) 乙을 골프공으로 맞혀 상해를 입혔다. 甲의 죄책은?

운동경기에 참가한 자의 과실로 다른 사람에게 상해의 결과를 발생케 한 경우에 형사책임이 문제된다. 대법원은 "운동경기에 참가하는 자가 경기규칙을 준수하는 중에 또는 그 경기의 성격상 당연히 예상되는 정도의 경미한 규칙위반 속에 상해의 결과를 발생시킨 것으로서 사회적 상당성의 범위를 벗어나지 아니하는 행위라면 과실치상죄가 성립하지 않는다"고 한다. 그러나 "골프경기를 하던 중 골프공을 쳐서 아무도 예상하지 못한 자신의 등 뒤편으로 보내어 등 뒤에 있던 경기보조원에게 상해를 입힌 경우에는 주의의무를 현저히 위반한 사회적 상당성의 범위를 벗어난 행위로서 과실치상죄가 성립한다"고 판시하였

---

[422] 김일수/서보학, 총론, 330면 이하. 이에 대하여 이재상/ 장영민/ 강동범, 총론, 206면은 과실범의 위법성조각사유에 있어서는 주관적 정당화사유의 존재는 요하지 않으며, 행위자가 객관적인 정당화상황 아래에서 행위하면 족하다고 한다.

다.423) 판례는 운동경기에 참가한 자의 경미한 규칙위반으로 인하여 상해의 결과가 발생한 경우에도 '사회적 상당성의 범위'를 벗어나지 않은 경우에는 과실범이 성립하지 않는다고 한다. 사회적 상당성이론424)에 따라 구성요건해당성이 부정된다는 의미인지 제20조의 정당행위에 해당한다는 의미인지는 분명하지 않다.

6. 책임

과실범에 있어서 책임요소는 고의범의 경우와 마찬가지로 책임능력, 책임형태, 위법성의 인식, 기대가능성 등이다. 다만 과실범의 책임형태는 과실책임(주관적 주의의무위반)이라는 점에서만 고의범과 차이가 있다.425)

과실에 대한 책임비난은 행위자가 위험의 발생을 예견하고 결과의 발생을 방지하기 위한 방어조치를 취할 수 있는 개인적 능력이나 경험, 지식 등이 있어야 가능하다. 이러한 개인적 능력을 갖추면 주관적 주의의무위반이 인정된다.

(예 11) 지금까지 건강하게 살아 왔던 甲은 어느 날 승용차를 운전하여 부산으로 출장을 가던 중 갑자기 심장마비 증세를 일으켜 더 이상 몸을 가눌 수 없게 되었다. 그는 중앙선을 침범하면서 마주 오던 승용차와 충돌을 하여 운전수 乙이 사망하였다. 甲의 죄책은?

일반 운전자를 기준으로 판단하면 중앙선을 침범하면 사고가 나서 상대 운전자가 사상할 수 있다는 것은 예견이 가능하였으므로 객관적 주의의무위반은 인정된다. 그러나 甲은 심장발작증세로 인하여 중앙선을 준수할 수 있는 개인적 능력이 없었으므로 주관적 주의의무위반이 부정된다. 또한 그는 운전당시 자신에게 심장질환이 있었는지 모르고 있었으므로 위험인수의 과실도 인정될 여지가 없다. 따라서 甲에 대해서 업무상 과실치사죄는 성립하지 않는다.

(예 12) 전철이 개통된 지 얼마 되지 않아 할머니가 자신의 손자를 데리고 전철을 탔는데, 전철문이 자동문인지 모르는 할머니는 손자가 문에 손을 대고 있는 것을 방치하였다. 문이 닫히는 바람에 아이가 넘어져서 다친 경우 그 할머니의 죄책은?

객관적 주의의무위반은 인정되지만 그 할머니는 전철의 위험성에 대하여 전혀 모르고 있었으므로 결과발생을 예견할 만한 개인적인 능력이 없다. 따라서 주관적 주의의무위반이

---

423) 대법원 2008. 10. 23. 선고 2008도6940 판결.
424) 제2편 제3절 III 3 (1) ① 참조.
425) 위법성의 인식에 있어서는 고의범과 과실범의 차이는 없다. 일반적으로 고의범의 경우에는 현실적 위법성의 인식이, 인식 없는 과실범의 경우에는 잠재적 위법성의 인식이 인정된다. 그러나 격정범과 같은 고의범의 경우에는 잠재적 위법성의 인식이 인정된다.

없으므로 과실치상죄는 성립하지 않는다.

III. 관련문제

1. 과실범의 미수

과실범의 미수란 주의의무위반은 있었으나 결과가 발생하지 않은 경우를 말한다. 미수범은 주관적 구성요건요소로서 범행의 결의, 즉 고의를 요하므로 과실범의 미수는 이론상 성립할 수 없다. 뿐만 아니라 과실범의 미수는 행위반가치와 결과반가치가 모두 감소되어 가벌적 불법에 이르지 못하므로 형사정책의 면에서 보더라도 이를 처벌하는 것은 부당하다.

(예 13) 운전자 甲은 야간에 신호에 위반하여 과속으로 질주하다가 신호에 따라 횡단보도를 건너는 乙을 발견하고 급제동하였다. 다행히 乙도 재빨리 피하는 바람에 사고는 면할 수 있었다. 甲의 죄책은?

甲은 신호위반과 과속으로 주의의무에 위반하였으나 결과는 발생하지 않았다. 甲은 미수범의 성립요건 가운데 결과발생에 대한 범죄의 결의가 없었으므로 업무상 과실치사죄의 미수는 성립할 수 없으며, 다만 도로교통법위반죄로만 처벌될 뿐이다.

2. 과실범의 공범

공동정범이 성립하기 위해서는 행위지배, 즉 고의에 의한 구성요건적 사건진행의 장악이 있어야 하므로 과실범의 공정정범은 성립할 수 없으며, 과실범의 동시범이 성립할 수 있을 뿐이다.[426]

협의의 공범(교사, 방조)이 성립하기 위해서는 교사자 또는 방조자에게 공범의 고의, 즉 교사 또는 방조에 대한 고의가 있을 것을 요하므로 과실에 의한 공범이란 성립할 수 없으며, 다만 과실범의 정범이 성립할 수 있다.[427] 그리고 협의의 공범이 성립하기 위해서는 정범의 행위가 고의범일 것을 요하므로 과실범에 대한 공범은 성립하지 않으며, 간접정범의 성립이 가능하다.

---

426) 제2편 제9장 제3절 II 1 (4) 참조.
427) 제2편 제9장 제4절 II 2 (2) (나) 참조.

제 2 절 결과적 가중범

> **제15조(사실의 착오)** ② 결과 때문에 형이 무거워지는 죄의 경우에 그 결과의 발생을 예견할 수 없었을 때에는 무거운 죄로 벌하지 아니한다.

I. 서론

1. 의의

제15조 제2항은 "결과 때문에 형이 무거워지는 죄의 경우에 그 결과의 발생을 예견할 수 없었을 때에는 무거운 죄로 벌하지 아니한다"라고 규정하고 있다. 여기서 "결과 때문에 형이 무거워지는 죄"를 결과적 가중범이라고 한다. 즉 결과적 가중범이란 고의에 의한 기본범죄에 의하여 중한 결과가 발생하여 형이 가중되는 범죄를 말한다.[428] 예컨대 상해치사죄(제259조)는 고의에 의한 상해죄와 과실치사가 결합한 형태로 되어 있는데, 과실치사죄(제267조)가 2년 이하의 금고로 처벌되는데 대하여 상해치사죄는 3년 이상의 징역으로 중하게 처벌된다. 상해치사죄를 상해죄와 과실치사죄의 상상적 경합으로 처벌하지 않고, 이보다 중하게 처벌하는 이유는 상해치사죄가 상해죄와 과실치사죄의 상상적 경합과 결과불법의 면에서는 동일하지만, 결과적 가중범의 경우에는 기본범죄와 전형적으로 결합되어 있는 위험이 결과로 실현됨으로써 행위불법이 현저하게 가중되었기 때문이다.

---

[428] 형법에 규정되어 있는 결과적 가중범으로는 특수공무방해치사상죄(제144조 제2항), 현주건조물방화치사상죄(제164조 제2항), 연소죄(제168조), 현주건조물일수치사상죄(제177조 제2항), 중상해죄(제258조), 상해치사죄(제259조), 폭행치사죄(제262조), 낙태치사상죄(제269조 제3항, 제270조 제3항), 유기치사상죄(제275조), 체포·감금치사상죄(제281조), 강간치상죄(제301조), 강간치사죄(제301조의 2), 강도치상죄(제337조), 강도치사죄(제338조), 교통방해치사상죄(제188조) 등이 있다.

2. 종류

결과적 가중범의 전형적인 형태는 고의에 의한 기본범죄와 과실에 의한 중한 결과의 결합형태이다(고의와 과실의 결합형식). 이처럼 중한 결과가 과실에 의하여 발생하는 전형적인 형태의 결과적 가중범을 진정결과적 가중범이라고 한다. 이에 대하여 중한 결과가 과실은 물론 고의에 의하여 발생한 경우에도 성립하는 결과적 가중범을 부진정결과적 가중범이라고 한다. 결과적 가중범은 원칙적으로 중한 결과가 과실에 의하여 발생한 경우에 성립한다. 그러나 고의에 의하여 중한 결과가 발생한 경우가 과실에 의하여 발생한 경우보다 가볍게 처벌되는 경우에는 형의 불균형을 피하기 위하여 예외적으로 부진정결과적 가중범을 인정한다(통설 및 판례). 현행 형법상 부진정결과적 가중범으로는 특수공무방해치상죄(제144조 제2항), 현주건조물방화치사상죄(제164조 제2항), 현주건조물일수치사상죄(제177조 제2항), 교통방해치상죄(제188조), 중상해죄(제258조) 등이 있다.[429]

▶ 결과적 가중범의 종류
  ┌ 진정결과적 가중범 = 고의에 의한 기본범죄 + 과실에 의한 중한 결과
  └ 부진정결과적 가중범 = 고의에 의한 기본범죄 + 고의 또는 과실에 의한 중한 결과

(예 1) 상해치사죄(제259조)는 진정 결과적 가중범이다. 왜냐하면 상해에 의하여 고의로 살인한 경우(사형, 무기, 5년 이상의 징역)는 상해치사죄(3년 이상의 징역)보다 중하게 처벌되어 형의 불균형 없으므로 상해치사죄의 성립을 인정할 필요가 없기 때문이다.

(예 2) 현주건조물방화치사죄(제164조 제2항 2문)는 부진정결과적 가중범이다. 왜냐하면 방화에 의하여 고의로 살인한 행위가 방화에 의한 과실치사보다 형이 경하여 불균형이 발생하기 때문이다. 즉 현주건조물방화치사죄(현주건조물방화 + 과실치사)는 사형 무기, 7년 이상의 징역에 해당하는데, 현주건조물방화에 의하여 고의로 살해한 경우에는 상상적 경합범으로서 가장 무거운 죄, 즉 살인죄에 정한 형으로 처벌되므로(제40조) 사형 무기 또는 5년 이상의 징역에 해당한다. 따라서 이러한 경우에는 부진정결과적 가중범(현주건조물방화치사죄)과 중한 결과에 대한 고의범(살인죄)의 상상적 경합을 인정하여 무거운 죄에 정한 형으로 처벌한다.

---

[429] 현주건조물방화치사상죄에서는 치상과 치사의 경우 모두 부진정결과적 가중범이나, 특수공무방해치상죄, 현주건조물일수치사상죄, 교통방해치사상죄 등에서는 치상의 경우만 부진정결과적 가중범이다.

판례도 이러한 경우 부진정결과적 가중범의 성립을 인정하지만, 살인죄와 현주건조물방화치사죄의 상상적 경합을 인정하는 것이 아니라 현주건조물방화치사죄의 성립만을 인정한다. 다만 중한 결과가 결과적 가중범보다 법정형이 무거운 경우에는 양죄의 상상적 경합을 인정한다.430) 예컨대 현주건조물방화에 의하여 직계존속을 살해한 경우 1995년 개정전의 형법에 의하면 존속살해죄(사형 또는 무기징역)는 현주건조물방화치사죄(사형, 무기, 7년 이상의 징역)보다 법정형이 중하였으므로 판례는 양죄의 상상적 경합이 성립한다고 보았다. 그러나 현행형법에 의하면 존속살해죄와 현주건조물방화치사죄는 법정형이 같다.

현행 형법을 보면 기본범죄와 과실 또는 고의에 의한 중한 결과가 결합된 형태의 규정이 있다.431) 이 가운데 기본범죄와 고의에 의한 중한 결과가 결합된 형태는 부진정결과적 가중범에 해당하지 않는다. 왜냐하면 부진정결과적 가중범은 고의에 의하여 중한 결과를 발생시킨 경우가 과실에 의하여 발생시킨 경우보다 가볍게 처벌되는 경우에 형의 불균형을 피하기 위하여 예외적으로 인정한 것이므로, 기본범죄와 고의에 의한 중한 결과의 결합형태를 법률에 규정한 경우에는 형의 불균형이 없으므로 부진정결과적 가중범을 인정할 필요가 없다. 이 규정들은 고의범과 고의범의 결합범이라고 할 수 있다.

(예 3) 강간치상죄(제301조)는 부진정결과적 가중범이 아니다. 왜냐하면 강간치상죄(무기 또는 5년 이상의 징역)는 강간범이 고의로 상해한 경우(강간상해죄)와 법정형이 같으므로 형의 불균형이 없기 때문이다. 강간상해죄가 신설(1995년)되기 전의 형법에 의하면 강간범(3년 이상의 징역)이 고의로 상해(7년 이하의 징역)한 경우 3년 이상의 징역에 해당하므로 과실로 상해에 이르게 한 경우(무기 또는 5년 이상의 징역)보다도 오히려 법정형이 가벼웠다. 이러한 형의 불균형을 시정하기 위하여 강간치상죄를 부진정결과적 가중범으로 보았다. 그러나 현행 형법 제301조는 "강간의 죄를 범한 자가 사람을 상해하거나 상해에 이르게 한 때에는 무기 또는 5년 이상의 징역에 처한다"고 규정함으로써 강간상해죄와 강간

---

430) 대법원 1996. 4. 26. 선고 96도485 판결: "형법 제164조 후단이 규정하는 현주건조물방화치사상죄는 그 전단이 규정하는 죄에 대한 일종의 가중처벌 규정으로서 과실이 있는 경우뿐만 아니라, 고의가 있는 경우에도 포함된다고 볼 것이므로 사람을 살해할 목적으로 현주건조물에 방화하여 사망에 이르게 한 경우에는 현주건조물방화치사죄로 의율하여야 하고 이와 더불어 살인죄와의 상상적 경합범으로 의율할 것은 아니며, 다만 존속살인죄와 현주건조물방화치사죄는 상상적 경합범 관계에 있으므로, 법정형이 중한 존속살인죄로 의율함이 타당하다."
431) 예컨대 강간상해·치상(제301조), 강간살인·치사(제310조의2), 인질살해·치사죄(제324조의3)와 인질상해·치상죄(제324조의4), 강도상해·치상죄(제337조), 강도살인·치사죄(제338조) 그리고 강간등상해·치상죄(성폭력범죄의 처벌 등에 관한 특례법 제8조) 및 강간등살인·치사죄(동법 제9조) 등이 이에 해당한다.

치상죄의 법정형을 같이 규정하고 있다. 따라서 현행 형법에 의하면 형의 불균형이 발생하지 않으므로 더 이상 강간치상죄를 부진정결과적 가중범으로 볼 필요가 없게 되었다.

II. 성립조건

```
                    결과적 가중범
              (Das erfolgsqualifizierte Delikt)

    I. 기본범죄
       1. 구성요건
       2. 위법성
       3 책임

    II. 가중결과
       1. 기본범죄와 가중결과 사이의 인과관계
       2. 예견가능성
       3. 객관적 귀속
```

1. 기본범죄

기본범죄는 미수, 기수를 불문한다. 즉 기본범죄가 미수에 그쳤더라도 이로 인하여 중한 결과가 발생한 때에는 결과적 가중범의 미수가 성립하는 것이 아니라 결과적 가중범의 기수가 성립한다.

(판례 1) 甲은 乙을 강간하려고 하였으나, 乙이 저항하자 그녀의 목을 졸랐다. 성관계를 갖기 전에 乙은 질식사하였다. 甲의 죄책은?

강간치사죄나 강간살인죄는 강간행위로 인해 사망의 결과가 발생하는 경우 성립하며 강간이 기수에 이르렀는가, 미수에 그쳤는가의 여부는 불문한다.[432] 甲에게 중한 결과, 즉 피해자 乙의 사망에 대한 고의가 있었는지가 분명하지 않다. 甲에게 미필적 고의가 있었다면 강간살인죄가 성립할 것이며, 과실이 있었다면 강간치사죄가 성립한다. 일반적으로 피해자의 목을 조르는 경우 사망의 가능성을 인식할 수 있으며, 피해자가 사망하지 않을 것이라는 신뢰가 있었다고 보기 어렵다. 그보다는 甲은 乙의 반항을 억압할 목적으로 피해자의 사망결과를 감수하였다고 볼 수 있다. 따라서 甲에 대하여는 강간살인죄(제301조의2)가 성립한다.

---

432) 대법원 1988. 8. 23. 선고 88도1212 판결.

2. 가중결과

결과적 가중범이 성립하기 위해서는 ① 기본범죄와 중한 결과 사이에 인과관계, ② 중한 결과에 대한 과실(예견가능성) 그리고 ③ 객관적 귀속 등이 있어야 한다. 인과관계와 객관적 귀속에 대한 판단은 과실에서 설명한 것이 그대로 타당하다. 중한 결과에 대한 과실의 판단은 결과에 대한 예견가능성만 검토하면 족하다.433) 왜냐하면 그 이외의 과실요건들은 기본범죄를 실현한 행위 자체에 의하여 이미 충족되기 때문이다.434)

> (예 4) 甲은 술에 취한 乙과 다투다가 주먹으로 그의 얼굴을 심하게 가격하였다. 이로 인하여 乙은 의식을 잃고 쓰러지면서 얼굴을 바닥에 부딪쳤다. 그는 병원으로 실려 가던 도중에 사망하였다. 사망의 원인은 심한 폭행과 바닥에 넘어지면서 받은 충격으로 의식을 잃고 쓰러진 상태에서 음주로 인한 구토로 음식물이 기도를 막았기 때문인 것으로 판명되었다. 甲의 죄책은?

술에 취한 자를 심하게 폭행함으로 인하여 피해자가 의식을 잃은 상태에서 음식물이 기도에 막혀 사망한다는 사실은 일반인의 지식경험상 예측가능한 범위에 있다고 할 수 있으므로 甲에 대해서는 폭행치사죄기 성립한다.435)

다수설436)은 결과적 가중범에 있어서 객관적 귀속의 척도로 직접성의 원리를 제시한다. 즉 결과적 가중범을 중하게 처벌하는 이유는 기본범죄와 연결되어 있는 전형적인 위험이 실현되었다는 점에 있으므로, 중한 결과가 기본범죄의 직접적 결과라고 인정되는 경우에만 객관적 귀속이 인정된다고 한다(직접성의 원칙). 따라서 중한 결과가 제3자의 행위나 피해자 자신의 행위에 의하여 발생한 때에는 객관적 귀속이 부정되어 결과적 가중범이 성립하지 않는다고 본다. 결론에는 찬성하나 이러한 사안의 경우에는 객관적 귀속이 부정되기 이전에 이미 중한 결과에 대한 예견가능성이 부정되므로 직접성의 원칙이 적용될 여지는 없을 것으로 보인다.437) 판례(상당인과관계설)는 이러한 경우

---

433) 판례는 상당인과관계설을 취하고 있으므로 예견가능성을 인과관계의 단계에서 검토한다.
434) BGHSt 24, 213.
435) BGHSt 24, 213 참조.
436) 예컨대 이재상/ 장영민/ 강동범, 총론, 212면 참조.
437) 신동운, 총론, 250면 참조.

상당성이 없으므로 인과관계를 부정한다.

(판례 2) 甲女는 乙男에 의하여 강간을 당함으로 인하여 생긴 수치심과 장래에 대한 절망감 등으로 인하여 음독자살하였다. 乙男의 죄책은?

결과적 가중범이 성립하기 위해서는 중한 결과에 대한 예견가능성이 있어야 하는데, 강간의 피해자 甲女가 강간으로 인한 수치심으로 자살하리라는 것을 예견하기는 곤란하므로 강간치사죄는 성립하지 않는다. 직접성의 원칙에 의하면 피해자 甲女의 사망결과는 강간범죄에 내포된 전형적인 위험이 실현된 것이라고 할 수 없으므로 객관적 귀속이 부정된다. 판례도 "그 자살행위가 바로 강간행위로 인하여 생긴 당연의 결과라고 볼 수는 없으므로 강간행위와 피해자의 자살행위 사이에 인과관계를 인정할 수는 없다"고 보아 강간치사죄의 성립을 부정하였다.438) 결국 어느 견해에 의하더라도 乙男에 대해서는 강간치사죄는 성립하지 않으며, 기본범죄, 즉 강간죄만이 성립한다.

III. 관련문제

1. 결과적 가중범의 미수

우리 형법에는 결과적 가중범에 대해서는 원칙적으로 미수범 처벌규정이 없으므로 결과적 가중범의 미수는 성립하지 않는다. 결과적 가중범에서 기본범죄가 미수에 그쳤더라도 이로 인하여 중한 결과가 발생한 때에는 결과적 가중범의 기수가 성립하며, 중한 결과가 발생하지 않은 경우에는 기본범죄만 성립한다.

그런데 문제는 일부 미수범 처벌규정의 적용대상에 결과적 가중범이 포함되어 있는 경우이다. 예컨대 제182조는 현주건조물일수치사상죄(제177조 제2항)에 대하여 그리고 제324조의5는 인질살해·치사죄(제324조의3) 및 인질상해·치상죄(제324조의4)에 대하여 미수범을 처벌한다고 규정하고 있다.439) 진정결과적 가중범의 경우에는 미수가 불가능하며, 결합범의 경우에는 미수의 성립

---

438) 대법원 1982. 11. 23. 선고 82도1446 판결.
439) 그 외에도 제342조는 강도상해·치상죄(제337조) 및 강도살인·치사죄(제338조)에 대하여, 그리고 성폭력범죄의 처벌 등에 관한 특례법 제14조는 강간등상해·치상죄(동법 제8조) 및 강간등살인·치사죄(동법 제9조)에 대하여 미수범을 처벌한다고 규정하고 있다. 다만 이 가운데 중한 결과에 대하여 고의가 있는 경우는 부진정결과적 가중범이 아니라 고의와 고의의 결합범이다.

이 가능하다. 문제는 부진정결과적 가중범에서 중한 결과가 고의에 의하여 발생한 경우에 미수범의 성립이 가능한가이다. 여기서 문제가 되는 유형을 보면 ① 기본범죄는 미수이나 중한 결과가 발생한 경우, ② 기본범죄는 기수이나 고의에 의한 중한 결과가 발생하지 않은 경우, ③ 기본범죄도 미수이고 고의에 의한 중한 결과도 발생하지 않은 경우 등이다. ①의 경우 기본범죄가 미수이더라도 중한 결과가 발생한 이상은 결과적 가중범이 성립하므로 본죄의 미수는 성립할 여지가 없다.440) 그리고 고의에 의한 중한 결과가 발생하지 않은 경우, 즉 ②, ③의 경우에도 부진정결과적 가중범의 미수는 성립하지 않는다.

(예 5) 불량학생 甲男은 같은 반의 乙男을 인적이 없는 곳으로 불러내어 각목을 들고 돈을 내놓으라고 협박했다. 乙男이 돈이 없다고 하자 甲男이 주머니를 뒤졌는데 돈이 나오지 않자 화를 내며 乙男을 향하여 각목을 휘둘렀다. 甲男은 乙男 가격하려고 한 것이 아니라 다만 겁을 주려고 각목을 휘두른 것인데, 乙男이 놀라 각목을 팔목으로 막는 바람에 골절상을 입었다. 甲男의 죄책은?

甲男이 乙男을 협박하여 재물을 강취하려고 한 행위는 강도미수죄에 해당한다. 그리고 상해의 고의 없이 乙男에게 상해를 입힌 행위는 과실치상죄에 해당한다. 기본범죄가 미수에 그치더라도 중한 결과가 발생한 때에는 결과적 가중범이 성립하므로 甲男에 대해서는 강도치상죄가 성립한다. 이에 대하여 기본범죄가 미수에 그쳤고 미수범 처벌규정도 있는 경우에는 결과적 가중범의 미수가 성립한다는 견해441)는 甲男에 대해서 강도치상죄의 미수(제342조)의 성립을 인정한다. 그러나 제342조의 적용대상에 강도치상죄와 강도치사죄가 포함된 것은 "조문 편집상의 부주의"442)에 기인한 것이므로 제342조는 고의의 결합범, 즉 강도상해·살인의 경우에만 적용되는 것으로 제한하여 해석하여야 한다. 따라서 강도미수로 인하여 중한 결과가 발생했다면 결과적 가중범의 기수가 성립한다고 보는 다수설이 타당하다.

(예 6) 제182조는 "제177조 내지 제179조 제1항의 미수범은 처벌한다"라고 규정하여 현주건조물일수치사상죄(제177조 제2항)가 미수범 처벌규정에 포함되어 있다. 만일 행위자에게 중한 결과에 대하여 고의가 있었으나 미수에 그친 경우 현주건조물일수치사상죄의 미수범의 성립을 인정할 수 있는가?

---

440) 부정설(다수설): 예컨대 이재상/ 장영민/ 강동범, 총론, 389면. 이에 대하여 긍정설은 기본범죄가 미수인 경우, 즉 ①, ③의 경우 결과적 가중범의 미수를 인정한다(손동권/김재윤, 총론, 384면).
441) 손동권/김재윤, 총론, 384면.
442) 신동운, 총론, 540면.

현주건조물일수치사죄는 부진정결과적 가중범이 아니므로 본죄의 미수는 성립할 여지가 없으며, 다만 현주건조물일수죄와 살인미수의 상상적 경합이 성립한다. 문제는 부진정결과적 가중범인 현주건조물일수치상죄의 미수가 성립하는가인데, 이를 부정하는 다수설의 견해에 찬성한다. 제182조의 적용대상에 현주건조물일수치사상죄(제177조 제2항)가 포함되어 있으나 이 규정도 제342조와 마찬가지로 입법상의 실수이며 부진정결과적 가중범을 인정하려는 취지는 아니므로, 제177조 제2항은 제182조의 적용대상에서 제외되는 해석하여야 한다.

고의와 고의의 결합범,[443] 예컨대 인질살해죄나 강도살인죄에서 고의에 의한 중한 결과가 미수에 그친 경우에는 미수범처벌규정이 있는 경우에는 본죄의 미수가 성립한다. 현행 형법상 고의와 고의의 결합범의 미수가 처벌되는 경우로는 인질상해·살인죄(제324조의 5), 강도상해·살인죄(제342조), 특수강간상해·살인죄(성폭력범죄의 처벌 등에 관한 특례법 제14조) 등이 있다. 그러나 강간상해·살인죄와 같이 미수범 처벌규정이 없는 경우에는 기본범죄와 중한 결과에 대한 미수범의 실체적 경합이 성립한다.

(예 7-1) 甲男은 乙女를 강간한 후에 살해할 목적으로 칼로 찌르고 달아났으나 다행이 乙女는 사망하지 않았다. 甲男의 죄책은?

甲男이 흉기를 휴대하고 乙女를 강간한 행위는 특수강간죄에 해당한다. 甲男은 乙女를 살해할 목적으로 칼로 찔렀으나 미수에 그쳤으므로 특수강간살인죄의 미수범(성폭력범죄의 처벌 등에 관한 특례법 제15조, 제4조 제1항)이 성립한다.

(예 7-2) 만일 위의 (예 7-1)에서 강간범 甲男이 흉기를 휴대하지 않고 乙女를 살해할 목적으로 3층의 옥상에서 떠밀었는데, 乙女가 사망하지 않았다면 甲男의 죄책은?

甲男의 행위는 강간, 살인미수에 해당하므로 그에 대하여는 강간살인의 미수(성폭력범죄의 처벌 등에 관한 특례법 제15조, 제9조, 형법 제297조)가 성립한다.

2. 결과적 가중범과 공범

(1) 결과적 가중범과 공동정범

기본범죄의 공동정범 가운데 한 사람이 중한 결과를 실현한 경우에 다른

---

[443] 제2편 제7장 제2절 I 2 참조.

공범자에 대해서도 결과적 가중범의 공동정범이 성립하는가에 대하여는 견해가 일치하지 않는다. 과실범에 대해서는 공동정범의 성립은 불가능하므로444) 결과적 가중범의 공동정범도 성립하지 않는다(다수설).445) 다만 다른 공동정범자에게 중한 결과에 대한 예견가능성이 있는 경우에는 그 자도 결과적 가중범의 죄책을 진다. 이러한 경우에는 기본범죄에 대해서만 공동정범이 성립하고 중한 결과에 대해서는 동시범이 성립한다.

(판례 3) 甲, 乙은 A, B와 패싸움을 하던 중 甲이 A를 칼로 찔러 사망케 하였다. 만일 甲에게 A의 사망에 대한 미필적 고의가 없다면 甲, 乙의 죄책은?

甲에 대해서는 상해치사죄가 성립한다. 문제는 乙에 대하여 상해치사죄의 공동정범이 성립하는가이다. 이 점에 대하여 대법원은 "결과적 가중범인 상해치사죄의 공동정범은 폭행 기타의 신체침해행위를 공동으로 할 의사가 있으면 성립되고 결과를 공동으로 할 의사는 필요 없다고 할 것이므로 패싸움 중 한사람이 칼로 찔러 상대방을 죽게 한 경우에 다른 공범자가 그 결과인식이 없다 하여 상해치사죄의 책임이 없다고 할 수 없다"고 함으로써 결과적 가중범의 공동정범을 인정한다.446) 이 견해에 의하면 乙에 대하여는 상해치사죄의 공동정범이 성립한다.
그러나 과실범의 공동정범의 성립을 부정하는 견해에 의하면 乙에 대하여 상해치사죄의 공동정범은 성립하지 않는다. 이 견해에 의하면 甲과 乙에 대하여 기본범죄인 상해죄의 공동정범은 성립하지만 중한 결과에 대해서는 乙의 과실 여부에 따라 상해치사죄의 성립여부를 검토하면 된다. 乙에게 중한 결과에 대한 예견가능성이 인정된다면 상해치사죄가 성립한다. 甲과 乙에 대하여 각자 성립한 과실치사죄는 동시범이다.

(2) 결과적 가중범과 협의의 공범

과실범에 대한 교사, 방조는 불가능하지만, 결과적 가중범에 대한 교사, 방조는 가능하다. 공범이 고의의 기본범죄를 교사 또는 방조하였는데, 정범이 중한 결과를 실현한 경우에 공범에게 그 결과에 대한 과실(예견가능성)이 있다면 공범은 결과적 가중범의 죄책을 진다. 정범이 중한 결과를 고의, 과실 또는 책임 없이 실현하였는가는 공범이 결과적 가중범의 죄책을 지는가에 대

---

444) 제2편 제9장 제3절 II 1 (4) 참조.
445) 예컨대 김일수/서보학, 총론, 343면. 이에 대하여 소수설(이재상/ 장영민/ 강동범, 총론, 215면)과 판례(대법원 1991. 11. 12. 선고 91도2156 판결)는 중한 결과에 대한 공동의 과실이 있는 때에는 결과적 가중범의 공동정범을 인정한다.
446) 대법원 1978. 1. 17. 선고 77도2193 판결.

하여 아무런 영향이 없다.

(판례 4) 甲은 乙이 자신의 사업을 방해하자 보복을 하기 위하여 乙과 사이가 나쁜 丙을 고용하여, 乙에게 중상해를 가하여 활동하지 못하도록 교사하였다. 그런데 丙은 乙의 온몸을 칼로 찔러 살해하였다. 甲의 죄책은?

교사자가 정범에게 상해를 교사했는데 정범이 이를 초과하여 살인을 실행한 경우, 일반적으로 상해죄의 교사범이 된다. 그러나 교사자에게 피해자의 사망 결과에 대한 예견가능성이 있었다면 상해치사죄의 교사범이 성립한다.447) 甲은 丙이 乙과 사이가 나쁘다는 사실을 알고 있었다는 점으로 미루어 丙이 乙을 살해한다는 것을 예견하는 것이 가능하였다면 甲에 대하여는 상해치사죄의 교사범이 성립한다.

---

447) 대법원 1993. 10. 8. 선고 93도1873 판결.

제 3 절 부작위범

I. 서론

1. 의의

범죄는 일반적으로 적극적인 행위(작위)를 통하여 실행되지만, 경우에 따라서는 요구되는 일정한 행위를 하지 않음(부작위)으로써 실행되기도 한다. 요구되는 일정한 행위를 하지 않음으로써 범죄를 실행하는 경우를 부작위범이라고 한다.

> (예 1) 주거권자가 자신의 주거에서 퇴거하라고 요구하는 데도 이에 응하지 않은 경우 퇴거불응죄(제319조 제2항)가 성립하는데, 이 죄는 요구되는 일정한 행위, 즉 퇴거행위를 하지 않음으로써 성립하므로 부작위범에 해당한다.
> (예 2) 아버지가 위험에 처한 자식을 의도적으로 방치하여 사망케 했다면 아버지는 요구되는 구조행위를 하지 않음으로써 자식을 사망하게 했으므로 부작위에 의한 살인죄가 성립한다.

2. 종류

법규범에는 금지규범과 명령규범이 있다. 금지규범은 작위를 금지하는 것이며, 명령규범은 작위를 명령하는 것이다. 예컨대 제250조(살인죄)는 "사람을 살해한 자는 사형, 무기 또는 5년 이상의 징역에 처한다"고 규정함으로써 살인행위를 금지하고 있으므로 금지규범이다. 금지규범은 작위에 의하여 위반하게 되는데, 여기서 금지규범에 위반함으로써 성립하는 범죄를 작위범이라고 한다. 이에 대하여 제116조(다중불해산죄)는 "폭행, 협박 또는 손괴의 행위를 할 목적으로 다중이 집합하여 그를 단속할 권한이 있는 공무원으로부터 3회 이상의 해산명령을 받고 해산하지 아니한 자는 2년 이하의 징역이나 금고 또는 300만원 이하의 벌금에 처한다"고 규정함으로써 3회 이상 해산명령을 받은 자는 해산하라고 명령하고 있으므로 명령규범이다. 명령규범은 부작위에 의하여 위반하는데, 여기서 명령규범을 위반함으로써 성립하는 범죄를 부작위범이라고 한다.

부작위범은 진정부작위범과 부진정부작위범으로 분류된다. 진정부작위범이란 부작위에 의한 명령규범의 위반을 말한다. 즉 명령규범의 형태로 규정되어 있는 구성요건448)을 부작위에 의하여 실현하는 경우가 진정부작위범이다. 예컨대 공무원이 3회 이상 해산명령을 내었음에도 불구하고 다중이 해산하지 않았다면 이는 부작위에 의하여 명령규범(다중불해산죄)을 위반했으므로 진정부작위범에 해당한다. 이에 대하여 금지규범의 형태로 규정되어 있는 구성요건을 부작위에 의하여 실현하는 경우를 부진정부작위범(부작위에 의한 작위범)이라고 한다. (예 2)에서 아버지가 위험에 처한 자식을 구조하지 않음으로써 사망케 했다면 이는 부작위에 의하여 금지규범(살인죄)을 위반한 것이므로 부진정부작위범이다.

▶ **작위범과 부작위범**

```
┌ 작위범: 작위에 의한 금지규범의 위반
└ 부작위범 ┌ 진정부작위범: 부작위에 의한 명령규범의 위반
          └ 부진정부작위범: 부작위에 의한 금지규범의 위반(부작위에 의한 작위범)
```

3. 부작위범의 가벌성

형법은 진정부작위범에 대해서는 독자적인 구성요건(예컨대 제116조, 제319조 제2항)을 두고 있으므로 형법에 규정된 구성요건요소만 충족하면 구성요건해당성이 인정된다. 따라서 진정부작위범의 성립요건을 검토함에 있어서는 특별한 문제는 발생하지 않는다. 그러나 형법은 부진정부작위범에 대해서는 독자적인 구성요건을 두고 있지 않으므로 제18조와 개별 금지규범의 해석에 의하여 범죄의 성립요건을 정하여야 한다. 부진정부작위범은 작위범과는 달리 적극적인 거동을 통하여 범죄를 행한 것이 아니기 때문에 작위범과 동

---

448) 대부분의 형벌규정은 금지규범이며, 명령규범은 형법 제116조 이외에 퇴거불응죄(제319조 제2항), 전시군수계약불이행죄(제103조 제1항), 전시공수계약불이행죄(제117조 제1항), 근로기준법 제36조(금품청산) 등이 있다.
근로기준법 제36조: "사용자는 근로자가 사망 또는 퇴직한 경우에는 그 지급사유가 발생한 때로부터 14일 이내에 임금보상금 기타 일체의 금품을 지급하여야 한다."
동법 제112조(벌칙) "제36조, … 의 규정에 위반한 자는 3년 이하의 징역 또는 2,000만원 이하의 벌금에 처한다."

등하게 평가할 수 없다. 부진정부작위범을 작위범과 같이 처벌하기 위해서는 부작위를 작위와 동등하게 평가할 수 있어야 한다. 이를 부작위의 동가치성(동가성)이라고 한다.

> (예 3) 甲이 乙을 강물에 밀어 익사시킨 경우와 물에 빠져 살려달라고 도움을 청하는 乙을 그대로 방치한 경우를 비교해 보자. 전자의 경우에는 작위범으로서 구성요건적 결과가 발생하면 살인죄의 구성요건해당성이 인정된다. 그러나 후자의 경우 乙이 사망하였다는 사정만으로 甲의 행위를 작위에 의한 살인죄와 동등하게 평가할 수는 없다. 甲의 부작위가 살인죄의 구성요건해당성이 있다고 인정하기 위해서는 乙을 강물에 떠민 작위와 동일하게 평가할 수 있어야 한다. 이를 위해서는 최소한 甲이 乙을 구조해야 하는 보증인지위에 있어야 한다.
> (예 4) 청년 甲이 동네의 강가로 애인과 데이트를 나왔다가 자기가 세 들어 사는 집주인의 아들 乙이 물에 빠져 위험에 처한 것을 보고도 구조하지 않아 그 아이가 사망한 경우 甲의 부작위를 적극적인 살해행위와 동일하게 평가할 수는 없다. 甲이 乙을 구조해야 할 의무가 있어야, 즉 보증인지위에 있어야 비로소 그의 부작위를 작위에 의한 살인과 동일하게 평가할 수 있을 것이다.

부작위의 동가치성이 있기 위해서는 다음과 같은 두 가지의 동가치성의 기준이 요구된다.

① 부작위범이 결과의 발생을 방지해야 하는 보증인지위(제1의 동가치성의 기준)에 있어야 한다. 보증인지위에 있는 자가 작위의무를 이행하지 않음으로써 결과의 발생을 방지하지 않은 경우에 비로소 부작위는 작위와 동등한 가치를 가지게 되는 것이다. 제18조는 부진정부작위범에 대해서 "위험의 발생을 방지할 의무가 있거나 자기의 행위로 인하여 위험발생의 원인을 야기한 자가 그 위험발생을 방지하지 아니한 때에는 그 발생된 결과에 의하여 처벌한다"고 규정하고 있는데, 이는 부작위의 동가치성(보증인지위)이 있어야 부진정부작위범의 구성요건해당성이 인정된다는 취지로 이해할 수 있다.

② 부작위가 작위에 의한 구성요건의 실현과 동일하게 평가될 수 있는 행위정형의 동가치성(제2의 동가치성의 기준)이 있어야 한다.[449] 자세한 내용은 후술한다.[450]

---
449) 보증인지위와 행위정형의 동가치성은 형법각칙의 조문에 기술되어 있지는 않지만 부진정부작위범의 구성요건요소이다. 이를 기술되지 아니한 구성요건요소 또는 불문의 구성요건요소라고 한다.

II. 부진정부작위범의 성립조건

> **제18조(부작위범)** 위험의 발생을 방지할 의무가 있거나 자기의 행위로 인하여 위험발생의 원인을 야기한 자가 그 위험발생을 방지하지 아니한 때에는 그 발생된 결과에 의하여 처벌한다.

부진정부작위범의 성립조건은 구성요건해당성, 위법성, 책임 등으로서 작위범의 성립조건과 기본적으로 같으며, 작위범에 관한 이론의 상당부분은 부작위범에 대해서도 그대로 타당하다. 다만 부진정부작위범은 성립조건에서 작위범과 몇 가지 차이가 있는데, 이하에서는 그 차이점을 중심으로 살펴보기로 한다.

기수·고의부진정부작위범
(Das vollendete vorsätzliche unechte Unterlassungsdelikt)

사전검토: ① 작위와 부작위의 구분
② 부작위의 행위성(일반적 행위가능성)

I. 구성요건
 1. 객관적 구성요건
  (1) 구성요건적 상황
  (2) 부작위
  (3) 개별적 행위가능성
  (4) 결과, 준인과관계, 객관적 귀속
  (5) 보증인 지위
  (6) 행위정형의 동가치성
 2. 주관적 구성요건
보증인지위에 대한 인식(고의)

II. 위법성
보증인의무(위법성의 요소)
의무의 충돌(위법성조각사유)

III. 책임
보증인의무의 인식(위법성의 인식)

---

450) 제2편 제7장 제3절 II 2 (6) 참조.

1. 사전검토

우선 구성요건해당성을 판단하기 전에 사전검토의 단계에서 ① 작위와 부작위의 구분, ② 부작위의 행위성에 대하여 살펴보아야 한다. 물론 이것이 전혀 문제되지 않는 사안의 경우에는 별도로 이 문제에 대하여 언급할 필요는 없다.

(1) 작위와 부작위의 구분

작위범과 부작위범은 범죄의 성립요건에서 차이가 있으므로 범죄의 성립요건을 검토하기 전에 행위가 작위인가, 부작위인가의 구분이 선행되어야 한다. 작위와 부작위는 일반적으로 외부적인 현상형태, 즉 적극적인 신체적 거동이 있었는가의 여부에 따라 쉽게 구분된다(자연적 관찰방법). 그러나 행위에 작위와 부작위의 요소가 모두 포함되어 있는 복합적 행태(다의적 행태)의 경우에는 구분이 곤란하다. 특히 과실범은 주의의무에 위반하여 행위한 경우에 성립하므로 대부분의 과실범에는 작위와 부작위(주의의무위반)가 포함되어 있다. 이러한 경우에는 법적 비난의 중점이 작위와 부작위 가운데 어느에 있는가에 의하여 판단하여야 한다(평가적 관찰방법). 그 판단이 쉽지는 않지만 일반적으로 작위에 의하여 결과를 실현하는 것이 불법내용의 면에서 부작위에 의한 것보다 더 중하다고 할 수 있으므로,[451] 예외사유에 해당하지 않는 이상은 법적 비난의 중점은 작위에 있다. 따라서 사례를 검토함에 있어서도 작위인지, 부작위인지 의심스러운 때에는 작위를 출발점으로 삼으면 된다. 이를 작위우선의 원칙(Grundsatz vom Vorrang des Tuns)이라고 한다. 이러한 의미에서 부작위는 작위에 대하여 보충관계에 있다고 할 수 있다.[452]

> (예 5) 중국에서 염소털을 수입하여 붓을 만드는 공장의 주인 甲은 소독을 하지 않은 염소털을 여공들에게 주고 그들로 하여금 가공하도록 하였는데, 그 중 4명의 여공이 병균에 감염되어 사망하였다. 그러나 소독과정을 거쳤더라도 여전히 감염의 가능성은 있었다는 사실이 밝혀졌다. 甲의 죄책은?

---

451) 이러한 이유에서 독일형법 제13조 제2항은 부작위를 형의 임의적 감경사유로 규정하고 있다.
452) 이재상/ 장영민/ 강동범, 총론, 125면.

甲의 행위가 업무상 과실치사죄에 해당하는가를 검토하기 위해서는 먼저 그의 행위가 작위인가, 부작위인가를 판단하여야 한다. 甲이 염소털을 나누어 준 행위는 작위이며, 소독을 하지 않은 행위는 부작위이다. 과실범에서 주의의무위반행위는 주의의무에 합당한 행위의 부작위를 포함하고 있으므로 대부분의 경우 작위와 부작위가 동시에 존재한다. 이러한 경우에는 아래에서 설명한 예외사유에 해당하지 않으면 작위의 성립을 인정하면 된다. 사례의 경우도 예외사유에 해당하지 않으므로 작위범을 전제로 업무상 과실치사죄의 성립여부를 검토하면 된다. 甲에게 주의의무위반이 인정되며, 그가 여공들에게 염소털을 나누어주지 않았다면 여공들이 감염으로 인하여 사망하는 결과는 발생하지 않았을 것이므로 인과관계도 성립한다. 그러나 주의의무를 다하였더라도 결과발생의 가능성을 배제할 수 없으므로 "의심스러운 때에는 피고인의 이익으로"의 원칙에 의하면 의무위반관련성이 부정되므로 결과의 객관적 귀속이 부정된다.453) 따라서 甲에 대하여는 업무상 과실치사죄는 성립하지 않는다.

작위우선의 원칙에 대해서는 다음의 3가지 예외사유가 있다. 이 사유는 법적 비난의 중점이 부작위에 있는 경우이다. 작위와 부작위의 구분이 문제되는 경우에는 4가지 예외사유에 해당하는가를 검토하여 해당사유가 없으면 작위범으로 보면 된다.

① 작위가 구성요건해당성이 없거나 위법성 또는 책임이 조각되는 경우

(예 6) 甲이 짐차를 운전하던 중에 차의 기름배출구 마개의 나사(Ölablaßschraube)가 느슨해져서 기름이 새고 있었다. 甲이 이러한 사실을 나중에 알아차리고 정차하여 살펴보니 100m 가량 기름이 흘러 있었다. 그러나 그는 경고표시를 하거나 기름을 치우지 않고 계속하여 운전하였다. 뒤에 오던 오토바이 운전자 乙이 기름에 미끄러져 넘어지면서 사망하였다. 甲의 죄책은?

甲에 대하여 업무상 과실치사죄가 성립하는가를 검토하기 전에 甲의 행위가 작위인가, 부작위인가를 먼저 검토해야 한다. 甲이 기름을 흘리면서 운전한 행위는 작위이며, 경고표시를 하거나 기름을 치우는 등의 조치를 취하지 않은 것은 부작위이다. 사려깊은 일반 운전자의 경우 기름배출구 나사가 느슨해져 기름이 새는 것을 예측할 수는 없으므로 객관적 주의의무위반(구성요건해당성)이 부정된다. 따라서 사례의 경우에는 부작위를 대상으로 범죄의 성립여부를 검토하여야 한다. 기름이 도로에 100m 가량이나 흘러 있어서 이로 인하여 오토바이 운전자가 사고를 당할 수 있다는 것을 예견할 수 있었음에도 불구하고 甲은 아무런 안전조치도 취하지 않았으므로 부작위에 의한 업무상 과실치사죄가 성립한다.454)

---

453) 제2편 제3장 제2절 III. 3. 3) ① 참조.

② 결과가 과실에 의한 작위 및 고의에 의한 부작위에 의하여 야기된 경우

(예 7) 甲男은 여자친구 乙女와 보트를 타다가 실수로 乙女를 밀어 강물에 빠뜨렸다. 甲男 아무런 구조조치도 취하지 않았으며, 그 결과 그녀는 익사하였다. 甲男의 죄책은?

甲男이 실수로 乙女를 민 행위는 과실에 의한 작위이며, 그녀를 구조하지 않은 행위는 고의에 의한 부작위이다. 과실에 의한 작위는 고의에 의한 부작위에 대하여 보충관계에 있으므로 부작위에 의한 살인죄의 성립여부를 검토하면 된다. 甲男은 선행행위로 인한 구조의무가 있으므로 부작위에 의한 살인죄가 성립한다.

③ 자신의 구조행위를 중단한 경우

구조행위의 효과가 나타나지 않은 상태, 즉 구조에 필요한 행위가 아직 종료되지 않은 상태에서 구조행위를 중단하는 행위는 부작위에 해당한다. 그러나 이미 구조에 필요한 행위를 종료한 상태에서 이를 다시 무효로 만드는 행위는 작위에 해당한다.

(예 8-1) 甲이 물에 빠진 乙을 구조하기 위하여 밧줄을 던져주었으나, 乙이 이를 잡기도 전에 다시 줄을 거두어들인 결과 乙은 익사하였다. 甲의 죄책은?

甲이 구조를 중단한 행위는 부작위이며, 줄을 거두어들인 행위는 작위이다. 甲은 구조행위의 효과가 나타나기도 전에 구조를 중단하였으므로 부작위에 해당한다. 甲은 乙을 구조하여야 하는 보증인 지위에 있지 않으므로 부작위에 의한 살인죄는 성립하지 않는다.

(예 8-2) 만일 (예 8-1)에서 乙이 밧줄을 잡았으나, 甲이 끌어당기다가 다시 놓은 결과 乙이 익사하였다. 甲의 죄책은?

이 경우에도 구조에 필요한 행위를 아직 종료하지 못한 상태에서 구조행위를 중단하였으므로 甲의 행위는 부작위에 해당한다. 따라서 甲에 대해서는 부작위에 의한 살인죄가 성립하지 않는다.

(예 8-3) 만일 (예 8-2)에서 甲이 그 밧줄을 기둥에 묶어 놓았는데, 乙이 그 밧줄을 잡고 나오려고 하자 다시 이를 풀어버렸다면 甲의 죄책은?

이 경우에는 이미 구조에 필요한 행위를 종료하여 그 효과가 나타난 상태에서 이를 다시 작위에 의하여 무효로 만들었으므로 甲의 행위는 작위에 해당한다. 따라서 甲은 乙을 구조해야 할 보증인지위에 있는가와 관계없이 작위에 의한 살인죄가 성립한다.

---

454) 이 사건에서 오스트리아 대법원(OGH ZVR 1968, 106)도 부작위범의 성립을 인정하였다.

자신의 구조행위를 중단한 경우와는 달리 행위자가 타인의 구조행위를 적극적으로 저지하는 행위는 작위에 해당한다.

(예 9-1) 甲은 물에 빠진 乙을 구조하기 위하여 밧줄을 던져주려고 하였으나 丙이 구조행위를 중단하라고 甲을 설득하는 바람에 乙이 사망하였다. 甲, 丙의 죄책은?

甲의 행위는 부작위에 해당한다. 그러나 甲은 구조의무가 없으므로 부작위에 의한 살인죄의 구성요건해당성이 부정된다. 그러나 丙의 행위는 작위에 해당하므로 乙에 대한 구조의무의 유무와 관계없이 살인죄의 구성요건에 해당한다.

(예 9-2) 甲은 물에 빠진 乙을 구조하기 위하여 丙에게 밧줄을 빌려달라고 하였으나 丙이 이를 거절하여 甲은 乙을 구조하지 못하였다. 丙의 죄책은?

丙이 밧줄을 빌려 달라는 甲의 요구를 거절한 행위는 부작위에 해당한다. 丙이 乙을 구조해야 할 작위의무가 없는 이상 丙에 대하여는 부작위에 의한 살인죄는 성립하지 않는다.

소극적 안락사의 경우, 즉 의사가 인공심폐기의 스위치를 내리는 작위를 통하여 의식의 회복이 불가능한 환자의 치료행위를 중단한 경우 법적 비난의 중점은 치료행위의 중단에 있으므로 부작위에 해당한다. 그러나 회복이 가능한 상태의 환자의 치료행위를 작위를 통하여 중단한다면 이는 작위에 해당한다.

(예 10) 의사 甲은 뇌에 중대한 손상을 입은 환자 乙이 의식을 회복될 가능성이 전혀 없으므로 치료를 포기하고 환자의 보호자의 동의 하에 인공호흡기의 작동을 정지시켰다. 甲의 죄책은?

이 사례에서는 소극적 안락사의 형사책임이 문제된다. 치료행위를 중단한 것은 부작위이며, 인공호흡기의 작동을 정지시킨 행위는 작위이다. 법적 비난의 중점은 단순히 스위치를 내린 작위가 아니라 치료행위를 포기한 부작위에 있다고 할 수 있다. 따라서 의사 甲의 죄책은 부작위를 전제로 하여 검토한다. 의사 甲에게는 환자를 계속하여 치료하여야 할 작위의무가 없으므로 부작위에 의한 살인죄는 성립하지 않는다.

(판례 1) 의사 甲은 술을 마시고 넘어져 머리를 다친 乙을 성공적으로 수술하였다. 乙은 수술을 받은 후 중환자실로 옮겨져 의식이 회복되고 있었으나 자가호흡을 할 수 없는 상태였으므로 인공호흡기를 부착한 상태로 치료를 받고 있었다. 그러나 甲은 乙의 처 丙女가 수회에 걸쳐 乙을 퇴원시켜 달라고 요구하자 하는 수 없이 치료를 중단하고 퇴원에 필요한 조치를 취하였다. 그 결과 乙은 사망하였다. 의사 甲과 丙女의 행위는 작위인가, 부작위인가?(소위 보라매병원사건)

대법원은 의사 甲의 행위를 작위로 보고 그에 대하여 작위에 의한 살인방조죄의 성립을 인정하였으며, 丙女의 행위는 부작위로 보고 그녀에 대하여 부작위에 의한 살인죄를 인정하였다.[455]

乙은 회복이 가능한 상태였으므로 치료를 중단한 행위는 소극적 안락사에 해당하지 않는다. 사례의 경우 작위우선의 원칙에 대한 예외를 인정할 만한 사유는 없으므로 甲이 치료를 중단하고 퇴원에 필요한 조치를 취한 복합적 행태는 작위에 해당한다. 丙女가 의사 甲에게 적극적으로 퇴원을 요구한 행위는 작위이며, 퇴원 후에 甲에 대한 보호의무를 이행하지 않은 부작위는 작위에 대하여 보충관계에 있을 뿐이므로 丙女의 복합적 행태는 작위이다.

④ 원인에 있어서 자유로운 부작위

원인에 있어 자유로운 부작위(omissio libera in causa)란 보증인지위에 있는 자가 적극적인 작위에 의하여 자신의 구조행위를 불가능하게 만든 경우를 말한다. 이 경우 구조행위를 불가능하게 만든 작위와 구조의무를 이행하지 않은 부작위 가운데 법적 비난의 중점이 어디에 있는지가 문제된다. 행위자가 금지규범에 위배한 작위는 명령규범을 이행하지 않으려는 부작위를 위한 목적에서 행한 것이므로 법적 비난의 중점은 명령규범의 불이행, 즉 부작위에 있다고 보이야 한다.

(예 11) 건널목지기 甲은 술을 마시면서 자신이 차단기를 내리지 않으면 건널목에서 기차와 자동차가 충돌하여 사람이 사망할지도 모르지만 상관없다고 생각하고 계속하여 술을 마시고 잠이 들었다. 그가 잠든 사이에 운전자 乙은 건널목을 건너다 기차와 충돌하여 사망하였다. 甲의 죄책은?

甲이 술을 마시고 잠이 든 행위는 작위이며 차단기를 내리지 않은 행위는 부작위이다. 甲이 음주하지 않아야 할 의무, 즉 금지규범에 위배한 행위는 차단기를 내려야 할 작위의무에 위배하기 위한 것이므로 법적 비난의 중점은 부작위에 있다. 甲이 부작위 당시에는 작위가능성과 책임능력이 없었으나 원인행위시, 즉 음주 당시에는 작위가능성과 책임능력이 있었으며 결과발생에 대하여 최소한 미필적 고의가 있었으므로 고의의 원인에 있어 자유로운 부작위로서 乙에 대한 살인죄가 성립한다.

(예 12) 해안가에서 근무하는 구조원 甲은 술에 취하여 물에 빠진 사람을 구조하지 않을 목적으로 자신의 구명보트를 손괴하였다. 후에 물에 빠진 乙은 구조를 요청하였으나 乙이 해안가에서 너무 멀리 떨어져 있어서 그를 구조할 수가 없었다. 乙이 사망한 경우

---

455) 대법원 2004. 6. 24. 선고 2002도995 판결.

甲의 죄책은?

甲은 위난에 처한 사람을 구조하지 않을 목적으로 구명보트를 손괴함으로써 구조를 불가능하게 만들었으므로 그의 행위는 원인에 있어 자유로운 부작위에 해당한다. 따라서 甲에 대하여는 부작위에 의한 살인죄가 성립한다.

(2) 부작위의 행위성

부작위범이 성립하기 위해서는 부작위가 행위에 해당해야 한다. 이를 위해서는 일반적 행위능력이 있을 것을 요한다. 일반적 행위능력이란 일반인이 구성요건적 상황, 즉 결과발생의 위험이 있는 상황에서 요구되는 행위를 할 수 있는 가능성(일반적 행위가능성)을 말한다.[456] 일반적 행위능력이 없으면 부작위는 행위에 해당하지 않으므로, 더 이상 구성요건해당성을 검토할 필요 없이 범죄의 성립은 부정된다.

(예 13-1) 서울에 있는 甲이 낙동강에 빠진 乙을 구조하지 못한 경우 일반적 행위가능성이 부정되므로 甲의 부작위는 행위에 해당하지 않는다.

(예 13-2) 위의 (예 13-1)에서 甲이 물에 빠진 乙의 옆에 있었지만 의식을 잃고 쓰러져 있었기 때문에 乙을 구조하지 못한 경우 甲의 부작위에는 유의성이 없으므로 위의 예와 마찬가지로 행위에 해당하지 않는다.

(예 13-3) 만일 甲이 물에 빠져 도와달라고 소리치는 乙을 보았지만 자신은 수영을 못하고 다른 구조수단도 없었기 때문에 乙을 구조하지 못했다면 甲의 죄책은?

일반인은 위험에 처한 乙을 구조할 수 있는 가능성이 있으므로 일반적 행위능력은 인정되며 따라서 甲의 부작위는 행위에 해당한다. 그러나 甲은 요구되는 행위를 할 수 있는 개인적인 능력(수영), 즉 개별적 행위능력이 없으므로 부작위범의 구성요건해당성이 부정된다.

(예 13-4) 甲이 수영을 하여 乙을 구조하려고 하였는데, 丙이 만일 구조행위를 하면 죽이겠다고 협박하여 구조하지 못했다면 甲의 죄책은?

甲에 대하여 일반적, 개별적 행위능력은 인정되지만 적법행위에 대한 기대가능성이 없으므로(제12조) 책임이 조각된다.

---

[456] 일반적 행위가능성은 부작위의 행위개념에 포함되는 요소로서 구성요건요소인 개별적 행위가능성이나 책임요소인 기대가능성과는 구분되는 개념이다(이재상/ 장영민/ 강동범, 총론, 127면 이하).

2. 객관적 구성요건

부작위범의 객관적 구성요건요소에는 ① 구성요건적 상황, ② 부작위, ③ 개별적 행위가능성, ④ 준인과관계, 객관적 귀속, ⑤ 보증인지위, ⑥ 행위정형의 동가치성 등이 있다. 사례를 검토할 때에도 이러한 순서에 따르면 된다. 다만 보증인지위가 부정되는 사례의 경우에는 이 점에 대해서 우선적으로 검토한다.

(1) 구성요건적 상황

구성요건적 상황이란 작위의무가 발생하는 상황을 말한다. 부진정부작위범에서 구성요건적 상황은 구성요건적 결과발생의 위험이 있으면 인정된다.

(2) 부작위

부작위는 요구되는 행위를 하지 않는 것, 즉 작위의무의 불이행을 말한다. 행위자가 작위의무를 다하려고 노력했음에도 불구하고 결과가 발생한 때에는 고의에 의한 부작위는 성립하지 않는다. 다만 행위자가 주의의무 위반으로 인하여 부적절한 수단을 사용하여 결과가 발생하였다면 과실에 의한 부작위는 성립할 여지가 있다.

(3) 개별적 행위가능성

개별적 행위가능성(개별적 행위능력)이란 행위자가 구성요건적 상황에서 요구되는 행위를 할 수 있는 개인적인 능력을 말한다. 개별적 행위가능성이 없어서 작위의무의 이행이 불가능한 경우 부작위범의 구성요건해당성은 부정된다.

(예 14) 부부 甲男과 乙女는 드라이브를 하던 도중 乙女의 실수로 수심 2.5m 깊이의 물에 빠졌다. 수영을 잘 하지 못하는 甲男은 자신도 간신히 수영을 하여 살아 나왔으나 乙女는 차안에서 빠져 나오지 못해 익사하였다. 甲男의 죄책은?

구조에 필요한 능력을 갖춘 일반인은 乙女를 구조할 능력이 있으므로 일반적 행위능력은 인정된다. 그러나 甲男은 개인적 능력의 부족으로 乙女를 구조할 수 없었으므로 개별적 행위능력을 갖추지 못했다. 따라서 甲男에 대해서는 부작위에 의한 살인죄나 과실치사죄는 성립하지 않는다.

(판례 2-1) 상업은행의 은행장 甲은 A 주식회사가 부도위기에 처하여 있음을 알면서도 기존대출금의 상환조치를 취하지 않았다. 결국 그 회사는 어음을 결제하지 못하여 도산하였다. 甲의 죄책은?

제356조(업무상 배임)는 "타인의 사무를 처리하는 자가 업무상의 임무에 위배하여 재산상의 이득을 취득하거나 제3자로 하여금 이를 취득하도록 함으로써 본인에게 손해를 가한 때에는 처벌한다"고 규정하고 있다. 甲의 행위는 일견 업무상 배임죄의 구성요건을 충족한 것으로 보이나 사안의 경우에는 부작위에 의한 업무상 배임이 문제되므로 반드시 작위가능성을 검토하여야 한다. A 주식회사는 이미 경제능력을 상실하여 자체자금으로 상환할 수 있는 능력을 상실하였으므로 甲이 상환조치를 취하는 것은 불가능하였다. 즉 甲에게는 개별적 행위가능성이 없으므로 부작위에 의한 업무상 배임죄는 성립하지 않는다.[457]

(판례 2-2) 어느 업체의 사장 甲은 자금사정의 악화로 인하여 도산위기에 처해 있었다. 이러한 소문을 들은 종업원들은 단기간 내에 퇴직하였으며 그로 인하여 甲은 퇴직금을 지급하지 못하였다. 근로기준법 제36조에 의하면 사용자는 근로자의 사망 또는 퇴직 후 14일 이내에 임금, 보상금, 퇴직금 등을 지급하여야 하며 이를 위반한 경우 3년 이하의 징역에 처하도록 규정되어 있다. 甲의 죄책은?

근로기준법 제36조 위반죄는 진정부작위범이다. 이 범죄의 성립을 위하여도 작위가능성이 있을 것을 요한다. 甲에게는 퇴직금을 14일 이내에 지불할 경제능력이 없었으므로 작위가능성은 부정되며 따라서 근로기준법 제36조 위반죄의 구성요건해당성은 부정된다.[458]

(4) 준인과관계

부작위범에서 인과관계의 판단공식은 작위범의 조건공식을 수정하여 도출하면 된다. 작위범의 조건공식에서 행위를 부작위로 대치하면 '요구되는 행위를 하였더라면, 그러한 결과는 발생하지 않았을 것이다'라는 공식이 도출된다. 그런데 부작위의 인과관계는 요구되는 행위를 하였다는 가설을 전제로 한 판단이므로 작위범의 인과관계에 대한 판단과 같은 정도의 절대적 확실성을 요구할 수는 없다. 따라서 부작위의 인과관계는 요구되는 행위를 하였더라면 결과가 발생하지 않았을 것에 대한 확실성에 근접한 정도의 개연성(mit an

---

457) 대법원 1983. 3. 8. 선고 82도2873 판결.
458) 대법원 1993. 7. 13. 선고 92도2089 판결.

Sicherheit grenzender Wahrscheinlichkeit)이 있으면 족하다고 보아야 한다. 따라서 앞에서 도출한 부작위범의 인과관계의 공식을 다시 수정하여 "요구되는 행위를 하였더라면, 그러한 결과가 발생하지 않았을 것이 거의 확실시된다"459)고 인정되면 부작위범의 인과관계가 성립한다. 부작위범의 인과관계는 "요구되는 행위를 하였더라면"이라는 가설을 근거로 "결과가 발생하지 않았을 것이다"라는 점에 대한 개연성을 판단하는 것이라는 의미에서 이를 준인과관계(Quasikausalität)라고 한다.460)

(예 16) 甲이 乙을 칼로 찔러 살해한 경우에 인과관계, 즉 甲이 乙을 칼로 찌르지 않았다면 乙은 사망하지 않았을 것이라는 것은 절대적 확실성을 가지고 판단할 수 있다. 그러나 甲이 물에 빠져 익사의 위험에 처한 乙을 구조하지 않아 사망한 경우, 과연 甲이 구조행위를 하였다면 乙이 사망하지 않았을 것이라고 100% 확신할 수는 없다. 다만 甲이 구조하였다면 乙이 생존하였을 것이 거의 확실시된다면 준인과관계는 성립한다.

만일 결과의 발생여부가 불확실하다면 '의심스러운 때에는 피고인의 이익으로'의 원칙에 따라 인과관계는 부정된다고 보아야 한다. 이러한 경우에는 부작위에 의힌 미수의 성립만이 문제된다.

(예 17) 甲은 자동차를 운전하던 중, 국도 위에 누워 있는 취객 乙을 역과(轢過)하여 치명상을 입혔다. 甲이 정차 후 乙을 살펴보니 아직 사망하지는 않았다. 甲은 처벌이 두려워 乙을 그대로 방치하고 도주하였으며 乙은 약 15분-2시간 후에 사망하였다. 甲이 사고당시 즉시 구조조치를 취하였더라도 乙이 생존할 가능성은 희박한 것으로 판명되었다. 甲의 죄책은?

甲이 乙을 구조하기 위해 요구되는 행위를 하였더라도 乙이 사망하지 않았을 것이 확실시되지는 않으므로 부작위와 결과 사이의 준인과관계는 성립하지 않으며 따라서 부작위에 의한 살인죄는 성립하지 않는다. 그러나 사고 후 甲은 乙의 사망에 대하여 미필적 고의가 있었으며 선행행위로 인한 작위의무도 인정되므로 살인미수죄가 성립한다. 그리고 甲이 사고를 내고 도주한 후에 피해자가 사망했으므로 특정범죄 가중처벌 등에 관한 법률 제5조의 3 제1항 1호의 죄461)가 성립한다. 그리고 양죄는 실체적 경합관계에 있다.462)

---

459) 독일의 판례(예컨대 RGSt 75, 49; BGHSt 6, 1; 7, 211; BGH NJW 1979, 1258; NStZ 1981, 218 m. Anm. Wolfslast; NStZ 1985, 26; NStZ 1986, 217; NJW 1987, 2940)도 이 공식에 의하여 준인과관계를 판단하고 있다.
460) 준인과관계를 반전된 조건공식관계(하태훈, 총론, 471면) 또는 가설적 인과관계라고도 한다.

(예 18) 甲은 운전 중 과실로 보행자 乙을 충돌하였다. 甲은 乙을 구조하지 않으면 사망할지도 모른다고 생각했지만 처벌을 면하기 위해 그를 구조하지 않고 도주하였으며, 그 결과 乙은 4시간 후에 출혈로 사망하였다. 만일 甲이 구조조치를 취했더라면 乙이 사망하지 않았을 것이 거의 확실하다면 甲의 죄책은?

甲이 구조조치를 취했더라면 乙은 사망하지 않았을 것이 거의 확실시되므로 부작위와 乙의 사망 사이에 인과관계는 성립한다. 따라서 甲에 대해서는 부작위에 의한 살인죄가 성립한다.[463] 그리고 특정범죄 가중처벌 등에 관한 법률 제5조의 3 제1항 1호의 죄는 살인죄와 실체적 경합관계에 있다.

(5) 보증인 지위[464]

제18조에서 "위험의 발생을 방지하여야 할 의무"를 작위의무 또는 보증인의무라고 하며, 그러한 의무가 있는 자를 보증인이라고 한다. 그리고 보증인으로서의 위치(예컨대 아버지, 남편, 경찰, 의사 등)를 보증인지위라고 한다. 부진정부작위범은 보증인에 의해서만 실현될 수 있으므로 진정신분범으로서의 성격을 갖는다고 할 수 있다.

보증인은 부진정부작위범의 주체에 해당하므로 객관적 구성요건요소라고 할 수 있다(보증인설 또는 구성요건설). 이에 대하여 보증인지위로부터 발생하는 보증인의무는 위법성요소이다.

(예 19) 아버지 甲이 위험에 처한 아들 乙을 방치하여 乙이 사망한 경우, 甲이 乙의 아버지라고 하는 사실은 보증인적 지위로서 구성요건요소가 되고 아버지라고 하는 사실로부

---

461) 특정범죄 가중처벌 등에 관한 법률 제5조의3 (도주차량운전자의 가중처벌) ① 도로교통법 제2조에 규정된 자동차 원동기장치자전거 또는 궤도차의 교통으로 인하여 형법 제268조의 죄를 범한 당해 차량의 운전자(이하 "사고운전자"라 한다)가 피해자를 구호하는 등 도로교통법 제50조 제1항의 규정에 의한 조치를 취하지 아니하고 도주한 때에는 다음의 구분에 따라 가중처벌한다.
  1. 피해자를 치사하고 도주하거나, 도주 후에 피해자가 사망한 때에는 무기 또는 5년 이상의 징역에 처한다.
  2. 피해자를 치상한 때에는 1년 이상의 유기징역 또는 500만원 이상 3천만원 이하의 벌금에 처한다.
462) BGHSt 7, 287 참조.
463) 실제 사건에서는 구조조치를 취했더라도 피해자의 생존가능성이 높지는 않았다. 따라서 독일의 연방대법원(BGHSt 7, 288)은 과실치사죄와 살인미수죄의 실체적 경합을 인정하였다.
464) 만일 주어진 사례에서 보증인지위가 부정되는 경우에는 사례를 검토할 때 이 점에 대해서 우선적으로 언급하여 부작위범의 성립을 부정하면 된다.

터 발생하는 자식에 대한 구조의무는 보증의무로서 위법성요소가 된다.

보증인지위의 발생근거로는 법령, 계약, 선행행위, 조리 등이 있다(형식설). 이러한 의무를 기능에 따라 실질적으로 구분하면 보호의무와 감시의무(안전의무)로 분류할 수 있다(실질설 또는 기능설). 보호의무란 위험에 처한 법익을 보호하여야 할 의무로서, 예컨대 부모가 자식의 생명과 신체 등의 법익을 보호하여야 할 의무가 이에 해당한다. 감시의무란 자신의 보호, 감독 하에 있는 사람이나 시설로 인하여 타인의 법익이 침해당하지 않도록 감독하여야 할 의무로서, 예컨대 자신의 자식이나 부하직원이 타인의 법익을 침해하거나 자신이 감독하는 시설물로 인하여 다른 사람들이 피해를 입지 않도록 감독하여야 할 의무가 이에 해당한다.

사례를 검토할 때는 일단 형식설에 따라서 작위의무의 발생근거를 정하고, 그 내용과 한계는 실질설이 제시하는 보호의무와 감시의무를 고려하여 정하면 된다(결합설). 특히 조리를 근거로 작위의무를 인정함에 있어서는 실질적 관점에서 그 내용을 명확히 함으로써 인정범위가 지나치게 확대되는 것을 방지하여야 한다. 이하에서는 형식설이 제시하는 순서에 따라 작위의무의 발생근거를 설명하기로 한다.

(가) 법령에 의한 작위의무

① 보호의무: 부부간의 부양의무(민법 제826조), 친권자의 보호의무(민법 제913조), 직계혈족 및 그 배우자 사이의 부양의무(동법 제974조 제1호), 생계를 같이하는 친족 사이의 부양의무(동법 제974조 제3호), 의사의 진료의무(의료법 제15조)[465], 응급의료의무(응급의료에 관한 법률 제6조)[466], 경찰관의 보

---

465) 의료법 제15조(진료거부 금지등) 제1항: "의료인 또는 의료기관 개설자는 진료나 조산 요청을 받으면 정당한 사유 없이 거부하지 못한다." 그리고 동법 제89조는 "제15조 제1항 ……의 규정에 위반한 자는 1년 이하의 징역 또는 1천만원 이하의 벌금에 처한다"고 규정하고 있다.
466) 응급의료에 관한 법률 제6조(응급의료의 거부금지 등): " ② 응급의료종사자는 업무 중에 응급의료를 요청받거나 응급환자를 발견하면 즉시 응급의료를 하여야 하며 정당한 사유 없이 이를 거부하거나 기피하지 못한다." 그리고 동법 제60조 제3항 1호는 "제6조제2항을 위반하여 응급의료를 거부 또는 기피한 응급의료종사자"를 3년 이하의 징역 또는 3천만원 이하의 벌금에 처한다고 규정하고 있다.

호조치의무(경찰관직무집행법 제4조), 운전자의 보호의무(도로교통법 제50조).

(판례 3) 항해 중이던 선박의 선장 甲, 1등 항해사 乙, 2등 항해사 丙이 배가 좌현으로 기울어져 멈춘 후 침몰하고 있는 상황에서 피해자인 승객 등이 안내방송 등을 믿고 대피하지 않은 채 선내에 대기하고 있음에도 아무런 구조조치를 취하지 않고 퇴선함으로써, 배에 남아있던 피해자들을 익사하게 하였다. 甲, 乙, 丙의 죄책은?〈세월호 사건〉[467]

[참조조문]
선원법 제11조(선박 위험 시의 조치) ① 선장은 선박에 급박한 위험이 있을 때에는 인명, 선박 및 화물을 구조하는 데 필요한 조치를 다하여야 한다.
② 선장은 제1항에 따른 인명구조 조치를 다하기 전에 선박을 떠나서는 아니 된다.
③ 제1항 및 제2항은 해원에게도 준용한다. <신설 2015.1.6.>

침몰하는 선박의 승객에 대하여 구조조치를 취하지 않음으로서 승객들을 익사하게한 행위가 부작위에 의한 살인죄에 해당하는지가 문제된다. 대법원은 그 요건으로서 ① 부작위행위자에게 법익에 대한 침해위협으로부터 법익을 보호해 주어야 할 법적 작위의무가 있을 것(보증인지위), ② 부작위행위자가 보호적 지위에서 법익침해를 일으키는 사태를 지배하고 있어 그 작위의무의 이행으로 결과발생을 쉽게 방지할 수 있을 것(작위가능성), 즉 그 부작위로 인한 법익침해가 작위에 의한 법익침해와 동등한 형법적 가치가 있는 것으로서 범죄의 실행행위로 평가될 수 있을 것(작위와 부작위의 동가치성), ③ 작위의무자가 그 의무를 이행함으로써 그 결과발생을 쉽게 방지할 수 있었음을 예견하고도 결과발생을 용인하고 이를 방관한 채 그 의무를 이행하지 아니한다는 인식(미필적 고의), ④ 부작위와 사망의 결과 사이에 인과관계 등이 요구된다고 보았다.

1. 선장 甲의 죄책
① 선장 甲은 승객 등의 구조를 위한 가장 핵심적인 역할을 수행하여야 할 선장으로서, 퇴선명령 등을 통하여 적극적으로 선내 대기 상태에 있는 승객 등의 사망 결과를 방지하여야 할 의무(선원법 제11조)가 있다(보증인지위).
② 승객 등은 선장 甲의 지시에 의한 선내 대기 안내방송에 따라 기울어져 가는 세월호 선내에서 해경 등 구조세력을 기다리며 마냥 대기하고 있었으므로, 당시 사태의 변화를 지배하고 있었다(행위지배). 또한 선장 甲은 적절한 시점의 퇴선에 대비한 대피명령이나 퇴선명령만으로도 승객 등이 선내 대기 안내방송에 따라 침몰하는 세월호 선내에 계속 대기하다가 탈출 자체에 실패하여 사망에 이르게 되는 상황만큼은 쉽게 방지할 수 있었다(작위가능성). 따라서 선장 甲의 이러한 퇴선조치의 불이행은 승객 등을 적극적으로 물에 빠뜨

---
[467] 대법원 2015. 11. 12. 선고 2015도6809 전원합의체 판결.

려 익사시키는 행위와 다름없다고 할 것이다(작위와 부작위의 동가치성).
③ 선장 甲은 구조조치를 지체할 경우 자신의 명령에 따라 선내 대기 중인 승객 등이 세월호에서 빠져나오지 못하고 익사할 수밖에 없다는 것을 충분히 예상하였음에도 불구하고 승객의 안전에 관하여 아무런 논의나 설명도 없이 승객 등을 선실 내에 계속 대기하도록 내버려 둔 채 해경 경비정이 도착하자 승객 등보다 먼저 퇴선하는 등 승객 등의 안전에 대하여 무관심한 태도로 일관하였다(미필적 고의).
④ 선장 甲은 퇴선 대피 안내방송을 실시하고 승객 등을 퇴선하기 좋은 외부 갑판으로 유도하거나 구호장비를 작동시키는 등 승객 등에 대한 구조조치를 하였다면, 적어도 승객 등이 사망에 이르지는 아니하였을 것이다(부작위와 사망의 결과 사이에 인과관계).

2. 乙, 丙의 죄책
① 1등 항해사 乙, 2등 항해사 丙은 비록 간부 선원이기는 하나 나머지 선원들과 마찬가지로 선박침몰과 같은 비상상황 발생 시 각자 비상임무를 수행할 현장에 투입되어 선장의 퇴선명령이나 퇴선을 위한 유보갑판으로의 대피명령 등에 대비하다가 선장의 실행지휘에 따라 승객들의 이동과 탈출을 도와주는 임무를 수행하는 자로서, ⋯ 따라서 승객 등의 퇴선을 위한 선장의 아무런 지휘·명령이 없는 상태에서 乙, 丙 단순히 비상임무 현장에 미리 가서 추가 지시에 대비하지 아니한 채 선장과 함께 조타실에 있었다는 사정만으로, 선내 대기 중인 승객 등의 사망 결과나 그에 이르는 사태의 핵심적 경과를 계획적으로 조종하거나 저지·촉진하는 등 사태를 지배하는 지위에 있었다고 보기 어렵다(행위지배 부정).
② 乙, 丙이 승객등의 사망에 대하여 고의가 있었는가에 대하여 대법원은 '유기의 고의를 넘어 살인의 미필적 고의'를 가지고 甲의 범행에 가담하였다고 단정하기 어렵다고 판단하였다.
3. 대법원이 선장에 대하여만 보증인지위와 행위지배를 인정하고 1등 항해사 乙, 2등 항해사 丙에 대하여는 이를 부정하였는데, 이는 선장의 작위의무와 선원의 작위의무를 그 성격과 내용면에서 달리 파악하였기 때문인 것으로 보인다. 즉 선장은 '선박의 안전에 관한 포괄적이고 절대적인 권한'을 가지고 있었으므로 이 사건 사고 이후의 사태 변화를 주도하거나 조종하고 있었다고 판단하였다. 이에 대하여 乙, 丙은 '선장의 실행지휘에 따라 승객들의 이동과 탈출을 도와주는 임무를 수행'하는 자로서 선장 甲의 전문적인 판단과 지휘명령체계를 무시하면서까지 결과책임이 따를 수 있는 퇴선조치를 독단적으로 강행할 수 있는 위치에 있지 않다고 판단하였다.

② 감독의무: 책임무능력자의 감독자의 책임(민법 제755조), 사용자의 감독책임(민법 제756조), 공작물의 점유자, 소유자의 관리책임(민법 제758조), 동물의 점유자의 관리책임(민법 제759조)

(나) 계약, 사무관리로 인한 작위의무

피해자를 자의에 의하여 사실상 인수한 경우에는 인수인과 피해자간에는 보호관계가 발생하므로 인수인은 피해자를 보호하여야 할 의무가 있다. 이를 보호기능의 인수에 의한 작위의무라고 한다. 보호기능의 인수는 주로 계약에 의하여 이루어진다. 예컨대 유치원의 보모가 유아의 생명이나 신체를 보호하여야 할 의무 또는 의사나 간호원이 입원환자를 돌보아야 할 의무 등이 여기에 해당한다.

(예 20) 의사 甲은 중병에 걸려 있는 자신의 환자 乙에게 아직 효력이 밝혀지지 않은 약물을 주사하지 않았다. 만일 그 약물을 주사하였다면 그가 살아날 가능성도 있었다. 甲의 죄책은?

甲이 약물을 투여하였더라도 乙이 생존하였을 것이 거의 확실시되지는 않으므로 부작위와 乙의 사망 사이에 인과관계가 없다. 또한 설령 인과관계가 긍정된다고 가정하더라도 甲은 효력이 밝혀지지 않은 약물을 사용하여야 할 의무는 없으므로 작위의무도 부정된다.

계약 이외에도 사무관리에 의한 보호기능의 인수가 있다. 사무관리란 의무 없이 타인을 위하여 사무를 관리하는 것을 말한다(민법 제734조). 이러한 경우에도 사무관리로 인하여 타인에 의한 구조의 가능성이 배제되었거나 새로운 위험이 발생된 때에는 작위의무가 인정된다.

(예 21-1) 甲은 강에 빠져 구조를 요청하는 A를 발견하고 강물에 뛰어 들어 A를 향하여 수영을 하여 가까이 다가가서 보니 A가 자신과 원한관계에 있는 자임을 알고 구조하지 않고 도중에 다시 돌아왔다. 그 결과 A는 익사하였다. 甲의 죄책은?

甲이 구조행위를 함으로 인하여 타인에 의한 구조의 가능성이 배제되었거나 새로운 위험이 발생한 것은 아니므로 甲에게 보호기능의 인수에 의한 작위의무는 없다. 따라서 甲에 대하여 부작위에 의한 살인죄는 성립하지 않는다.

(예 21-2) 만일 위의 (예 21-1)에서 甲의 옆에 있었던 乙이 구조하려고 하였으나, 甲이 먼저 강물에 뛰어들자, 乙은 甲을 믿고 구조를 하지 않았다면 甲의 죄책은?

甲이 먼저 구조를 시작함으로 인하여 乙에 의한 구조의 가능성이 배제되었으므로 甲은 사무관리에 의하여 A에 대한 보호기능을 인수하였다고 볼 수 있다. 甲은 A에 대한 구조의무를 이행하지 않음으로써 乙을 사망하게 하였으므로 부작위에 의한 살인죄가 성립한다.

(다) 선행행위로 인한 작위의무

제18조는 "자기의 행위로 인하여 위험발생의 원인을 야기한 자"는 작위의무가 있다고 규정하고 있는데, 여기서 위험발생의 원인을 야기한 행위를 선행행위라고 한다. 자신의 선행행위로 인하여 타인의 법익에 위험을 야기한 자는 그 법익을 보호할 의무가 있는데, 이를 선행행위로 인한 작위의무라고 한다.

(판례 4-1) 체육교사 甲은 중학생 乙을 아파트로 유인하여 감금하였다. 평소에 몸이 약했던 乙이 탈진상태에 빠지자 乙을 그대로 방치하고 출근하였다. 甲이 퇴근 후 집으로 돌아와 보니 乙은 이미 사망하였다. 甲의 죄책은?

甲은 乙을 납치하여 생명에 대한 위험을 야기했으므로 선행행위로 인한 작위의무가 있다. 그리고 그는 乙의 사망에 대하여 미필적 고의가 있으므로 약취살인죄(특가법 제5조의 2 제2호)가 성립한다.[468]

(판례 4-2) 삼촌 甲은 조카 乙, 丙을 살해하기로 마음먹고 그들을 유인하여 저수지 쪽으로 데리고 갔다. 저수지부근의 제방은 경사가 급하고 미끄러지기가 쉬운 길이었다. 乙이 미끄러져 저수지에 빠지자 甲은 그를 구조하지 않고 익사하게 방치하였으며, 丙을 저수지에 밀어 익사시켰다 甲의 죄책은?

[참조조문]
민법 제974조(부양의무) 다음 각호의 친족은 서로 부양의 의무가 있다.
1. 직계혈족 및 그 배우자간
2. 삭제 <1990.1.13>
3. 기타 친족간(생계를 같이 하는 경우에 한한다.)

甲이 丙을 떠밀어 익사시킨 행위는 작위에 의한 살인죄에 해당한다. 그리고 乙을 구조하지 않아 사망하게 한 행위는 부작위에 의한 살인죄에 해당한다. 판례[469]는 작위의무의 근거로 甲이 乙의 삼촌이라는 점과 선행행위, 즉 乙을 위험한 곳으로 데리고 나왔다는 점을 들고 있다. 그러나 민법 제974조 제3호가 규정한 친족간의 부양의무는 생계를 같이하는 친족 사이에서만 인정되므로 甲과 乙이 동거친족이 아닌 경우에는 친족관계를 근거로 작위의무를 인정하기는 곤란하다. 다만 선행행위로 인한 작위의무는 인정되므로 부작위에 의한 살인죄의 성립에는 영향이 없다.

---

468) 대법원 1982. 11. 23. 선고 82도2024 판결.
469) 대법원 1992. 2. 11. 선고 91도2951 판결.

선행행위는 ① 법익에 대한 직접적인 침해의 위험을 발생시켜야 하며 ② 위법하여야 하며 ③ 그 법익을 보호하기 위한 규범을 침해하는 것이어야 한다.

(예 22-1) 甲은 자신을 살해하려는 乙에게 반격을 가하여 중상을 입혔다. 乙이 중상을 입고 쓰러졌으나 甲은 그를 구조하지 않고 그냥 가버렸다. 그 결과 乙은 출혈로 사망하였다. 甲의 행위가 정당방위에 해당하는 경우 甲의 죄책은?

甲에게 선행행위로 인한 작위의무가 있기 위해서는 그의 선행행위가 위법할 것을 전제로 한다.[470] 그런데 甲이 乙에게 중상을 가한 행위는 정당방위로서 위법성이 조각되므로 그는 선행행위로 인한 작위의무가 없다. 따라서 부작위에 의한 살인죄는 성립하지 않는다.

(예 22-2) 만일 위의 (예 22-1)에서 甲의 행위가 과잉방위였다면?

과잉방위의 경우 위법성은 조각되지 않으므로 甲은 선행행위로 인한 작위의무가 있다. 따라서 甲에 대해서는 부작위에 의한 살인죄가 성립한다.

(예 22-3) 만일 위의 (예 22-1)에서 乙이 甲의 형이었다면 甲의 죄책은?

甲의 행위가 정당방위로서 위법성이 조각되어 선행행위로 인한 작위의무가 없더라도[471] 甲은 乙과 가족적 혈연관계에 있으므로 민법 제974조(생계를 같이하는 친족간의 부양의무)에 의하여 작위의무가 있다. 따라서 甲에 대해서는 부작위에 의한 살인죄가 성립한다.

(예 23) 화물차 운전자 甲은 안개가 낀 야간에 고속도로를 제한속도를 준수하여 시속 50km로 운전하던 중 우측에서 술에 취한 상태에서 자전거를 타고 가던 乙이 비틀거리며 왼쪽으로 들어오는 바람에 그와 충돌하였다. 그가 내려서 주위를 살펴보니 아무도 없으므로 그는 그대로 도주하였다. 乙은 의식을 잃고 차도 위에 쓰러져 있다가 다른 화물차에 치어 사망하였다. 甲의 죄책은?

피해자 乙의 사망에 대하여 甲에게 미필적 고의가 인정된다면 부작위에 의한 살인죄가 성립할 가능성이 있으며, 고의가 없는 경우에는 특가법 제5조의 3 제1항 제1호의 죄가 성립할 가능성이 있다. 그러나 甲은 주의의무를 준수하여 운전하였으므로 피해자의 일방적 과실로 인하여 사고가 난 경우에 그를 구조하여야 할 법적 의무는 없다. 따라서 부작위에 의한 살인죄는 성립하지 않는다.[472] 그리고 甲은 주의의무를 다하였으므로 제268조의 죄에 해당하지 않으며 따라서 특가법 제5조의 3 제1항 제1호의 죄도 성립하지 않는다. 다만 도

---

470) BGHSt 23, 327; 25, 221.
471) 보증관계에 있는 자의 침해에 대한 정당방위의 제한에 대해서는 제4장 제3절 III 4 (2) (다) 참조.
472) BGHSt 25, 218.

로교통법 제54조 제1항473)의 위반죄로 처벌된다.

(라) 조리에 의한 작위의무

조리에 의하여 작위의무가 인정될 수 있는가에 대하여 통설은 이를 긍정한다. 다만 보호의무와 감독의무가 인정되는 범위 내에서만 제한적으로 작위의무를 인정하는 것이 타당하다. 이에 해당하는 것으로는 긴밀한 자연적 결합체나 위험공동체(특별한 연대관계)에 근거한 작위의무가 있다. 법률에 보호의무가 명시적으로 규정되어 있지 않더라도 사실혼관계에 있는 부부, 약혼자, 형제자매 등과 같이 긴밀한 자연적 결합체의 관계에 있는 경우에는 보호의무가 인정된다. 그리고 산악등반이나 탐험과 같이 모험의 위험성을 극복하기 위한 목적으로 여러 사람이 공동체를 형성한 경우에는 소속대원은 위험에 처한 상대방을 보호해야 하는 보증인지위에 있게 된다.

그러나 자신에 대한 위험 없이 구조가 가능한 자에 대하여는 위에서 열거한 사유에 해당하지 않는 이상 작위의무가 인정되지 않는다. 따라서 노상에 취객을 방치하여 교통사고로 사망한 경우, 겨울에 유기된 갓난아이를 방치하여 동사한 경우 이를 방치한 자는 작위의무가 없으므로 부작위범은 성립하지 않는다.474)

(6) 행위정형의 동가치성

부작위가 작위와 동일하게 평가될 수 있기 위해서 보증인적 지위 외에 행위정형의 동가치성이 요구되는 경우가 있다. 행위정형의 동가치성이란 부작위가 구성요건에 규정된 행태(수단, 방법)와 동가치성 내지 상응성을 갖는 것을 말한다. 살인죄, 상해죄, 손괴죄 등 대다수의 범죄의 경우에는 행위의 수단이

---

473) 도로교통법 제54조 제1항(사고발생시의 조치): 차의 교통으로 인하여 사람을 사상하거나 물건을 손괴(이하 "교통사고"라 한다)한 때에는 그 차의 운전자 그 밖의 승무원(이하 "운전자 등"이라 한다)은 곧 정차하여 사상자를 구호하는 등 필요한 조치를 하여야 한다.
동법 제148조: 제54조 제1항의 규정에 의한 교통사고 발생시의 조치를 하지 아니한 사람은 5년 이하의 징역이나 1천500만원 이하의 벌금의 형으로 벌한다.
474) 경범죄 처벌법 제3조 제1항 6호(도움이 필요한 사람 등의 신고불이행)는 "자기가 관리하고 있는 곳에 도움을 받아야 할 노인, 어린이, 장애인, 다친 사람 또는 병든 사람이 있거나 시체 또는 사산아가 있는 것을 알면서 이를 관계 공무원에게 지체 없이 신고하지 아니한 사람"을 10만원 이하의 벌금, 구류 또는 과료의 형으로 처벌한다"고 규정하고 있다.

나 방법을 불문하고 결과만 발생하면 구성요건해당성이 인정되므로 행위정형의 동가치성이 특별한 의미를 갖지 못한다. 그러나 행태의존적 범죄, 즉 결과가 구성요건에 규정된 일정한 수단이나 방법에 의하여 행하여질 것을 요하는 범죄의 경우에는 부작위범이 성립하기 위해서는 행위정형의 동가치성이 요구된다. 예컨대 사기죄는 기망을 수단으로 하여 재물을 교부받거나 재산상의 이익을 취득하여야 성립하므로 행태의존적 범죄에 해당하는데, 부작위에 의한 사기죄가 성립하기 위해서는 단순히 재산상의 이득을 취하였다는 사정만으로는 족하지 않으며 그 외에 부작위가 불법과 책임의 면에서 작위에 의한 사기에 상응하는 것이어야 한다. 따라서 단순히 상대방의 착오를 방치함으로써 재산상의 이득을 취하는 것은 부작위에 의한 사기죄에 해당하지 않는다. 행위자가 자신의 과실로 인하여 상대방의 착오를 유발하였거나 상대방과 특별히 밀접한 신뢰관계에 있음에도 불구하고 상대방의 착오를 그대로 방치하여 재산상의 이득을 취하여야 부작위에 의한 사기죄가 성립한다.

(예 24-1) 화랑을 운영하는 甲은 유명한 화가인 乙의 제자 丙의 그림을 매입하였다. 화랑의 고객 A가 丙의 그림을 乙의 그림으로 착오하여 그 그림을 매입할 의사를 나타내자, 甲은 A의 착오를 알고 있었음에도 불구하고 그 그림이 乙의 작품이 아니라 제자인 丙의 작품이라는 사실을 말하지 않고 A에게 정당한 가격에 매각하였다. 甲의 죄책은?

A의 착오는 甲에 의하여 야기된 것이 아니라 A가 스스로 초래한 것이므로 甲이 사실을 고지하지 않은 부작위는 작위에 의한 기망과 동가치라고 할 수 없다. 따라서 甲에 대하여는 부작위에 의한 사기죄는 성립하지 않는다.

(예 24-2) 만일 위의 (예 24-1)에서 甲이 그 그림에 대하여 설명하면서 고의 없이 A로 하여금 그 작품이 乙의 그림이라는 착오를 초래하였다면 甲의 죄책은?

甲은 고의로 A의 착오를 야기하지는 않았지만 그림에 대한 설명 과정에서 실수로 A의 착오를 초래하였으므로 A에게 사실을 고지해야 할 작위의무가 있으며, 이러한 착오를 이용하여 그림을 매각한 행위는 작위에 의한 기망에 상응하므로 행위정형의 동가치성도 인정된다. 따라서 甲에 대하여는 부작위에 의한 사기죄가 성립한다.

(판례 5) A는 甲과 토지 지상에 창고를 신축하는 데 필요한 형틀공사 계약을 체결한 후 그 공사를 완료하였는데, 甲이 공사대금을 주지 않는다는 이유로 위 토지에 쌓아 둔 건축자재를 치우지 않고 공사현장을 막는 방법으로 甲의 창고 신축 공사 업무를 방해하였다. A의 죄책은?475)

[참조조문]
제314조(업무방해) ① 제313조의 방법 또는 위력으로써 사람의 업무를 방해한 자는 5년 이하의 징역 또는 1천500만원 이하의 벌금에 처한다.

업무방해죄는 '허위사실의 유포, 위계 또는 위력'에 의한 방법으로 업무를 반해함으로써 성립하는 범죄로서 '행태의존적 범죄'에 해당한다. 따라서 부작위에 의한 업무방해죄가 성립하기 위해서는 부작위, 즉 건축자재를 치우지 않은 부작위가 작위에 의한 위력행사에 상응하는 정도가 되어야 한다. 이 점에 대하여 대법원은 "A가 자신의 공사를 위하여 쌓아 두었던 건축자재를 공사 완료 후에 단순히 치우지 않은 행위가 위력으로써 甲의 추가 공사 업무를 방해하는 업무방해죄의 실행행위로서 甲의 업무에 대하여 하는 적극적인 방해행위와 동등한 형법적 가치를 가진다고 볼 수 없는데도 …"라는 이유로 부작위에 의한 업무방해죄의 성립을 부정하였다.

3. 주관적 구성요건

부작위범의 주관적 구성요건은 객관적 구성요건요소에 대한 고의이다. 여기서 특히 문제되는 것은 보증인 지위와 보증의무에 대한 인식이다. 보증인 지위는 객관적 구성요건요소이므로 이에 대한 인식이 결여되는 경우, 이는 사실의 착오에 해당한다. 이에 대하여 보증의무는 위법성요소이므로 이에 대한 인식이 결여되면 사실의 착오가 아니라 법률의 착오가 문제된다. 따라서 보증의무에 대한 착오는 책임의 단계에서 검토해야 한다.

(예 25) 甲이 물에 빠진 아들 乙을 구조하지 않은 결과 乙이 사망하였는데, 甲은 그 아이가 자신의 아들이라는 사실을 몰랐다. 甲의 죄책은?

甲은 乙이 자신의 아들임을 인식하지 못함으로 인하여 보증인지위에 대하여 착오하였다. 보증인지위는 구성요건요소이므로 이에 대한 착오는 사실의 착오로서 고의를 조각한다. 따라서 부작위에 의한 살인죄는 성립하지 않는다. 다만 甲이 정상의 주의를 다하였다면 乙이 자신의 아들이라는 것을 인식하는 것이 가능하였다면 과실치사죄가 성립한다.

(예 26) 甲은 자신의 입양자 乙이 물에 빠졌다는 사실을 알면서도 입양자에 대하여는 구조의무가 없다고 생각하고 乙을 구조하지 않았다. 乙이 사망한 경우 甲의 죄책은?

---
475) 대법원 2017. 12. 22. 선고 2017도13211 판결.

甲은 작위의무에 대하여 착오하였다. 작위의무는 위법성요소이므로 이에 대한 착오는 법률의 착오에 해당하며 따라서 고의의 성립에는 영향이 없다. 甲의 착오에는 정당한 이유가 없으므로 책임은 조각되지 않는다. 따라서 甲에 대해서는 부작위에 의한 살인죄가 성립한다.

4. 위법성(의무의 충돌)

작위범에 대하여 적용되는 위법성조각사유는 부작위범에 대하여도 그대로 적용된다. 다만 부작위범에 대하여만 적용되는 위법성조각사유로서 의무의 충돌이 있다.

(1) 의의

의무의 충돌은 행위자가 상충하는 둘 이상의 작위의무 가운데 하나의 의무밖에 이행할 수 없는 경우를 말한다. 이 경우 행위자는 둘 이상의 작위의무 가운데 하나의 의무를 선택해서 이행해야 하는 행위강제상황에 처하게 된다. 예컨대 두 아들이 물에 빠져 익사의 위험에 처하여 있는데, 아버지는 한명의 아들밖에 구조할 수 없는 경우가 이에 해당한다. 의무의 충돌은 서로 다른 두 개의 작위의무가 충돌하는 것으로서 부작위범의 경우에만 문제되며 작위범의 경우에는 의무의 충돌은 문제되지 않는다. 작위의무와 부작위의무가 충돌하는 것은 긴급피난이지 의무의 충돌은 아니다.[476]

> (예 27) Nazis시대의 의사 甲은 수용소의 정신이상자들 가운데 일부 환자의 명단을 국가기관에 제출함으로써 그들에 대한 살인을 방조하였다. 왜냐하면 이를 거부하는 경우에는 정부의 앞잡이에 의하여 수용소의 환자들이 전부 살해될 것이기 때문이다. 여기서 전체환자의 구조에 대한 작위의무와 일부 환자의 살인에 대한 부작위의무가 상충하는 데, 이를 의무의 충돌로 보는 견해도 있다. 그러나 그 의사는 전체 환자의 생명에 대한 위난을 피하기 위하여 일부 환자의 생명을 희생시킨 것이므로 그의 행위는 책임조각적 긴급피난에 해당하며 이를 의무의 충돌이라고 볼 수 없다.

(2) 종류 및 성질

① 해결할 수 있는 충돌 : 이는 상충하는 의무 사이의 형량이 가능한 경우, 즉 상위의 의무와 하위의 의무가 충돌하는 경우를 말한다. 이 경우 의무

---

[476] 이재상/ 장영민/ 강동범, 총론, 258면.

의 충돌은 정당화적 긴급피난의 적용례 내지 특수한 경우로서 긴급피난에 준하여 해결하면 된다.477) 상위의 의무와 하위의 의무가 충돌하는 경우에 상위의 의무를 이행함으로써 하위의 의무를 이행하지 않은 경우에는 위법성이 조각된다.

(예 28) 박물관의 경비원이 박물관에 화재가 발생하자 고가의 명화를 포기하고 어린아이를 구조하였다면 신체가 재산보다 우위에 있으므로 부작위에 의한 손괴의 위법성은 조각된다.

② 해결할 수 없는 충돌: 이는 상충하는 의무 사이의 형량이 불가능한 경우, 즉 동가치의 의무가 충돌하는 경우를 말한다. 동가치의 의무가 충돌하는 경우 행위자가 하나의 의무를 이행함으로써 다른 의무를 이행하지 못한 경우에 위법성이 조각된다는 견해478)와 책임만이 조각된다는 견해479)가 있다.

동가치의 의무가 상충하는 경우 작위의무자는 양자택일을 하는 수밖에 없다. 법질서가 어느 행위에 대하여 위법하다는 평가를 내리기 위해서는 우선 무엇이 정당한 것이며 이행되어야 하는가가 먼저 정해져야 한다. 만일 어느 것이 법적으로 정당한 것인지를 결정하는 것이 불가능하다면 작위의무자의 자유로운 판단에 의한 선택을 적법하다고 평가하여야 한다. 따라서 해결할 수 없는 충돌은 부작위의 위법성을 조각한다고 하여야 할 것이다.

(예 29) 의사 甲은 생명이 위험한 응급환자 乙과 丙 모두를 구조하는 것이 불가능하자 乙을 먼저 구조하였으며, 그 결과 丙은 사망하였다. 이러한 경우 의사 甲이 丙을 구조하지 않아 사망케 한 부작위는 해결할 수 없는 충돌에 해당하므로 위법성이 조각된다.

해결할 수 없는 충돌은 위법성조각사유이지만 이를 정당화적 긴급피난의 적용례라고 할 수는 없다. 왜냐하면 정당화적 긴급피난에 대해서는 균형성의 원리가 적용되는데, 동가치의 이익이 충돌하는 경우에는 균형성이 결여되므로 위법성은 조각되지 않으며 다만 면책적 긴급피난에 해당하는 경우 책임만이

---

477) 이재상/ 장영민/ 강동범, 총론, 259면.
478) 이재상/ 장영민/ 강동범, 총론, 259면.
479) 배종대, 총론, 397면은 해결할 수 없는 의무의 충돌은 면책적 의무충돌로서 책임을 조각한다고 본다.

조각될 뿐이기 때문이다. 따라서 해결할 수 없는 충돌은 독자적인 위법성조각사유로서 제20조(정당행위)의 '사회상규에 위배되지 아니하는 행위'에 해당한다고 보아야 한다.[480]

(3) 성립요건

① 의무의 충돌: 둘 이상의 작위의무가 충돌하여야 한다. 여기서 충돌이란 하나의 의무를 이행함으로써 다른 의무를 이행하는 것이 불가능한 상황을 말하므로 의무를 모두 이행하는 것이 가능한 경우는 의무의 충돌에 해당하지 않는다. 그리고 의무는 법적 의무이며 도덕적·종교적 의무는 이에 해당하지 않는다.

② 상당한 이유 : 해결할 수 있는 충돌의 경우 상당성은 긴급피난의 상당성(보충성의 원칙과 균형성의 원칙 등)과 같은 기준에 의하여 판단한다. 따라서 의무의 교량(형량)은 - 이익교량과 마찬가지로 - 의무와 관련된 법익의 가치, 법익에 대한 침해와 위험의 정도 등 제반사정을 종합적으로 고려하여 판단하여야 한다. 다만 의무의 교량에서는 상위의 의무가 하위의 의무보다 본질적 우위에 있을 것을 요하지는 않는다. 왜냐하면 행위자는 의무의 충돌의 경우에 행위강제상황에 처하여 상위의 의무와 하위의 의무 가운데 하나를 반드시 이행해야 하기 때문이다. 그러나 해결할 수 없는 충돌의 경우에는 의무의 형량이 불가능하므로 균형성의 원리는 적용되지 않는다.

(예 30) 환자 甲은 중태에 빠져 생명이 위험하며 다른 환자 乙은 수술을 지체하는 경우에 신체에 중대한 침해가 발생할 위험에 처해 있다. 의사는 누구를 먼저 치료하여야 하는가?

동가의 법익이 충돌하는 때에는 침해의 정도에 의하여 이익교량을 하여야 하며 따라서 甲에 대한 구조의무가 乙에 대한 구조의무에 우선한다. 따라서 甲을 우선적으로 구조함으로 인하여 乙의 신체에 중대한 침해가 발생하였다면 부작위에 의한 중상해의 위법성은 조각된다.

---

480) 정당행위는 정형적인 위법성조각사유에 해당하지 않는 경우 최종적으로 적용되는 것이다. 독일형법에는 이러한 규정이 없기 때문에 해결할 수 없는 충돌과 같은 비정형적 위법성조각사유를 초과법규적 위법성조각사유로 취급하고 있다. 그러나 우리 형법은 이러한 초과법규적 위법성조각사유를 제20조(정당행위)에 명문화한 것이라고 할 수 있으므로 해결할 수 없는 충돌을 초과법규적 위법성조각사유로 보아야 할 필요는 없다.

(예 31) 아이 엄마 甲이 아들 乙과 동반자살을 시도하였으나 미수에 그쳤다. 의사는 응급실로 후송된 두 사람 가운데 누구를 우선적으로 구조하여야 하는가?

위난을 초래한 甲이 피해자 乙과는 달리 생명의 위험에 처해 있다면 甲을 먼저 구조하여야 한다. 그러나 두 사람이 모두 같은 정도의 위험에 처해 있다면 피해자 乙의 이익이 우위에 있다. 왜냐하면 법익의 가치와 위험의 정도가 같은 경우 피해자의 이익이 위난을 유발한 자의 이익보다 우위에 있기 때문이다.481) 따라서 의사는 乙을 우선적으로 구조하여야 한다.

③ 주관적 정당화사유: 주관적 정당화사유가 성립하기 위해서는 행위자는 의무의 충돌상황을 인식하고, 상위의 가치 또는 동가치의 의무를 이행한다는 의사가 있어야 한다.

5. 책임

부작위범의 책임요소는 작위범의 경우와 마찬가지로 책임능력, 책임형태, 위법성의 인식, 기대가능성 등이며 작위범에 대한 설명이 그대로 타당하다. 다만 부작위범에서 보증의무는 위법성의 요소이므로 이에 대한 인식이 결여된 경우는 법률의 착오에 해당한다는 점을 유의하여야 한다.

(예 32-1) 甲女는 성탄절 전날 친구들과 놀다가 밤늦게 귀가하던 중 자신이 사는 아파트 화단 옆에 어떤 남자 乙이 술에 취하여 쓰러져 있는 것을 보았으나 자신과 상관없는 일이라고 생각하고 집으로 돌아왔다. 그 남자는 동사하였다. 甲女의 죄책은?

甲女는 乙을 구조해야 할 작위의무가 없으므로 부작위에 의한 살인죄는 성립하지 않는다.

(예 32-2) 만일 위의 (예 32-1)에서 그 남자가 甲女의 남편이었으나 그녀가 이를 몰랐다면 甲女의 죄책은?

甲女는 乙이 자신의 남편이라는 사실을 인식하지 못했으므로 보증인지위에 대한 인식이 결여되어 있다. 보증인지위는 부작위범의 객관적 구성요건요소이므로 여기에 대한 인식 결여된 경우는 사실의 착오에 해당한다. 따라서 甲女에 대하여 부작위에 의한 살인죄는 성립하지 않는다. 다만 그 남자가 자신의 남편이라는 사실을 인식하는 것이 가능하였다면 과

---

481) Roxin, AT I, § 16 Rn. 109. 이에 대하여 Sch/Sch/Lenckner, vor § 32 Rn. 74는 가해자와 피해자 가운데 누구를 먼저 구조해도 위법성이 조각된다고 한다.

실치사죄가 성립한다.

(예 32-3) 만일 위의 (예 32-2)에서 甲女는 쓰러져 있는 남자가 자신의 남편이라는 사실은 알고 있었으나, 자신은 乙과 곧 이혼할 사이이므로 그를 구조할 법적 의무가 없다고 생각하고 그를 구조하지 않았다. 甲女의 죄책은?

보증인 지위에 대한 인식은 있었으나 보증의무에 대한 착오가 있었다. 보증의무는 위법성요소이므로 여기에 대한 착오는 법률의 착오에 해당한다. 그러나 착오에 정당한 이유가 없으므로 책임은 조각되지 않는다. 따라서 甲女에 대해서는 부작위에 의한 살인죄가 성립한다.

(예 33-1) 수영장관리인 甲은 자신과 원한관계에 있는 乙이 이른 새벽 아무도 없는 수영장에서 혼자 수영하던 도중 다리에 쥐가 나서 물속으로 가라앉는 것을 발견하고도 구조를 하지 않았다. 그 결과 乙은 익사하였다. 甲의 죄책은?

甲은 수영장관리인으로서 수영장에서 위험에 처한 자를 구조해야 할 감시의무(민법 제758조)가 있음에도 불구하고, 그 의무를 이행하지 않음으로써 乙을 사망케 하였으므로 부작위에 의한 살인죄가 성립한다.

(예 33-2) 만일 위의 (예 33-1)에서 甲이 급히 수영장에 뛰어들어 乙을 구조하여 인공호흡을 하였으나 乙은 사망하였다. 甲의 죄책은?

甲은 구조조치를 취하였으므로 작위의무를 이행하였다. 따라서 甲에 대해서 부작위범은 성립하지 않는다.

(예 33-3) 만일 위의 (예 33-1)에서 甲이 乙을 구조하려고 하였으나 다리에 쥐가 나는 바람에 乙을 구조하지 못하였다. 甲의 죄책은?

甲은 乙을 구조할 수 있는 개인적 능력(개별적 행위가능성)이 없었으므로 부작위범의 구성요건해당성이 없다. 따라서 甲에 대하여 부작위범은 성립하지 않는다.

(예 33-4) 만일 위의 (예 33-1)에서 乙의 사망 후 부검결과 그는 수영도중 심장마비를 일으켰으며 물 속으로 가라앉을 때에는 이미 죽었을 가능성이 있었음이 밝혀졌다. 甲의 죄책은?

甲이 구조행위를 하였더라도 乙이 생존할 것이 확실시되지는 않으므로 부작위와 결과 사이에 인과관계가 없다. 따라서 부작위에 의한 살인죄는 성립하지 않으며, 다만 살인미수죄가 성립한다.

(예 33-5) 만일 위의 (예 33-1)에서 甲이 乙을 수영선수인 丙으로 오인하여, 그가 잠수를 하는 것으로 생각하였다면 甲의 죄책은?

甲은 乙이 구조를 요한다는 사실을 인식하지 못하였으므로 보증인적 지위에 관하여 착오하였다. 보증인적 지위에 관한 착오는 사실의 착오로서 고의를 조각하므로 부작위에 의한 살인죄는 성립하지 않는다. 다만 甲이 정상의 주의를 다하였다면 乙이 구조를 요한다는 사실을 인식하는 것이 가능했다면 업무상과실치사죄가 성립한다.

III. 관련문제

1. 부작위범의 미수

부진정부작위범의 착수시기는 구조행위를 지체함으로써 피해자에게 직접적인 위험을 발생케 하거나 기존의 위험이 증대되었을 때이다.[482] 그러나 행위자가 사건의 진행과정(인과과정)에 대한 지배영역으로부터 벗어난 경우에는 피해자에게 아직 직접적인 위험이 발생하지 않았더라도 구성요건의 실현에 착수하였다고 볼 수 있다.

(예 34-1) 부부 甲男과 乙女는 자신의 유아를 살해하기로 합의하고 그 아이에게 아무것도 먹이지 않았나. 甲男과 乙女의 죄책은?

유아를 살해할 목적으로 아이를 굶겼으나 아직 아이의 생명에 대하여 위험이 발생하지 않았다면 살인음모죄가 성립한다. 그러나 아이를 장시간 굶겨 생명에 대하여 직접적인 위험이 발생하기 시작하였다면 살인미수죄가 성립한다.

(예 34-2) 만일 위의 (예 34-1)에서 甲男과 乙女가 아이가 사망하도록 방치하고 장기간 집을 떠나 있었는데, 다행히 유아의 생명에 대하여 직접적인 위험이 발생하기 전에 乙女의 친정어머니가 아이를 발견하여 구조하였다면 甲男과 乙女의 죄책은?

아이의 생명에 대하여 직접적인 위험이 발생하지 않았더라도 인과과정은 이미 행위자의 지배영역을 벗어났으므로 살인의 실행에 착수하였다고 볼 수 있다. 따라서 甲男과 乙女에 대하여는 살인미수죄가 성립한다.[483]

---

[482] 다수설: 예컨대 이재상/ 장영민/ 강동범, 총론, 384면.
[483] Roxin, AT II, § 29 Rn. 271 ff.

2. 부작위범에서 정범과 공범

정범과 공범의 구분은 지배범(일반범)의 경우에는 행위지배가 기준이 된다. 그러나 의무범(신분범)의 경우에는 행위지배와 관계없이 신분자(의무부담자)는 정범이 되며, 비신분자는 공범이 된다. 보호의무에 위반한 부진정부작위범은 의무범이고 감독의무에 위반한 부진정부작위범은 지배범이므로[484] 정범 또는 공범의 성립여부는 각자의 기준에 의하면 된다.[485] 즉 행위자가 피해자에 대하여 보호의무가 없이 단순히 감독의무만 있는 경우는 지배범에 해당하므로 행위지배의 여부에 의하여 정범의 성립여부를 판단하면 된다. 이에 대하여 보호의무가 있는 경우는 의무범에 해당하므로 행위지배와 관계없이 보호의무의 위배 여부에 의하여 정범의 성립여부를 판단하면 된다.

(1) 부작위범에 대한 가담

① 소위 '부작위범을 이용한 간접정범'

행위자가 보증인지위에 있는 자를 강요 또는 기망하여 그로 하여금 위험에 처한 자를 구조하지 못하도록 한 경우에 부작위범을 이용한 간접정범이 성립하는지가 문제된다. 이 문제에 대하여는 간접정범의 성립을 인정하는 견해[486]와 직접정범의 성립을 인정하는 견해[487]가 있다. 행위자는 강요 또는 기망의 방법으로 범행을 직접 실행지배하였으므로 직접정범이 성립한다고 보아야 한다.

(예 35) 甲男은 乙女의 아들 A가 익사하려고 하려는 것을 보고 구조를 시도하는 乙女를 폭행하여 구조행위를 저지함으로써 A를 사망케 하였다. 甲男의 죄책은?

甲男은 A에 대한 보호의무가 없으므로 정범과 공범의 구분은 행위지배에 의한다. 甲男이 A를 살해할 목적으로 乙女의 구조행위를 저지한 행위를 우월적 의사에 근거하여 乙女를 도구로 이용한 간접정범으로 파악하는 것보다는 살인행위 자체를 직접 지배(실행지배)하

---

484) Sch/Sch/Cramer/Heine, StGB, vor § 25 Rn. 84 f., 104 ff. 이에 대하여 다수설은 이러한 구분 없이 부진정부작위범을 의무범으로 본다.
485) 제2편 제9장 제1절 II 1 (2) 참조.
486) 이재상/ 장영민/ 강동범, 총론, 140면.
487) 손동권/김재윤, 총론, 424면.

였다고 보아 직접정범의 성립을 인정하는 것이 타당하다.

② 부작위범에 대한 공동정범

다수설은 부작위범 사이에 공동의 의무위반이 있는 때에는 공동정범의 성립이 가능하다고 본다.488) 그 근거로는 부작위범의 경우에는 행위지배설은 타당하지 않으므로 의무범이론에 따라 정범성의 표지가 의무위배에 있다는 점을 든다.

그러나 공동의 의무위반이 있는 경우 항상 부진정부작위범의 공동정범이 성립한다고 볼 수는 없다. 왜냐하면 보호의무에 위반한 부진정부작위범은 의무범이고 감독의무에 위반한 부진정부작위범은 지배범이므로 각자 다른 기준에 의하여 공범과 공범을 구분하여야 하기 때문이다. 즉 의무범의 경우에는 보호의무를 이행하지 않으면 행위지배와 관계없이 정범이 성립하지만 지배범의 경우에는 부작위(감시의무를 이행하지 않은 것)만으로는 행위지배를 하였다고 볼 수 없으므로 방조범이 성립한다.

(예 36-1) 甲男이 입양자 A가 물에 빠져 위험에 치하지 A를 살해하기로 결의하고 A가 사망하는 것을 방관하였다. 甲男의 죄책은?

甲男의 부작위는 보호의무에 위반한 부진정부작위범으로서 의무범에 해당하므로 행위지배와 관계없이 살인죄의 정범이 성립한다.

(예 36-2) 만일 (예 36-1)에서 부부 甲男과 乙女가 A가 물에 빠져 사망하는 것을 방관하였다면 甲男과 乙女의 죄책은?

甲男과 乙女는 丙을 살해하기로 공동으로 결의하고 각자 A에 대한 보호의무를 이행하지 않음으로써 丙을 사망케 하였으므로 부작위에 의한 살인죄의 공동정범으로 처벌된다.

작위에 의하여 부작위범에 가담한 경우에도 범행에 대한 의사합치가 있는 때에는 공동정범이 성립할 수 있다.

(예 37) 甲男과 乙女는 乙女의 전남편 사이에서 태어난 A를 살해하기로 합의하고, 甲男은 A를 직접 살해했으며 乙女는 이를 방관하였다. 甲男과 乙女의 죄책은?

---

488) 김일수/서보학, 총론, 464면.

甲男과 乙女는 A를 살해하기로 공동으로 결의하고 그 결의한 바에 따라 甲男은 A를 직접 살해하였고(작위범) 乙女는 병에 대한 보호의무를 이행하지 않았으므로(부작위범) 甲男과 乙女는 살인죄의 공동정범으로 처벌된다.

③ 부작위범에 대한 협의의 공범

부작위범에 대한 교사와 방조는 모두 가능하다. 이 경우 공범은 작위범이므로 보증인지위에 있을 것을 요하지 않는다.

(예 38-1) 甲은 乙이 익사하려고 하는 A를 구조하려고 하자 그를 설득하여 구조를 포기하도록 하였다. 그 결과 A는 사망하였다. 만일 甲, 乙이 A를 구조해야 할 의무가 없는 제3자라면 甲의 죄책은?

甲은 의무범이 아니므로 정범의 성립여부는 행위지배설에 의한다. 甲에게는 행위지배가 없으므로 정범은 성립하지 않는다. 그리고 乙의 부작위는 구성요건해당성이 없으므로, 乙을 교사한 甲도 공범의 종속성에 의하여 불가벌이 된다.[489]

(예 38-2) 만일 (예 38-1)에서 甲이 제3자이고, 乙은 A의 어머니였다면 甲의 죄책은?

乙이 보증인지위에 있으므로 乙에 대하여는 부작위에 의한 살인죄가 성립한다. 甲은 보증인지위에 있지 않으며 행위지배도 하지 않았으므로 정범은 성립하지 않으며, 다만 살인죄의 교사범이 성립한다.

(2) 부작위에 의한 범죄가담

① 부작위에 의한 간접정범: 다수설은 보증인적 지위에 있는 자가 도구의 범행을 저지하지 않음으로써 결과발생방지의무를 이행하지 않은 경우 부작위에 의한 직접정범이 성립한다고 본다.[490] 그러나 보호의무에 위반한 부진정부작위범은 의무범이고 감독의무에 위반한 부진정부작위범은 지배범이므로 정범 또는 공범의 성립여부는 각자의 기준에 의하여야 한다.

(예 39-1) 정신병동에서 정신병자의 보호 및 감시위탁을 받은 간호사 甲은 정신병자 乙이 병문안을 온 방문객 A를 상해하는 것을 보고도 이를 저지하는 것이 가능했음에도 불구하고 그대로 방치하였다. 만일 甲이 乙의 범행을 저지하는 것이 가능하였다면 甲의 죄책은?

---

489) 손동권/김재윤, 총론, 420면.
490) 김일수/서보학, 총론, 439면.

甲의 부작위는 감독의무에 위반한 부진정부작위범으로서 지배범에 해당하므로 정범과 공범의 구분은 행위지배에 의한다. 甲이 乙에 대한 감독의무가 있다는 사실만으로는 정범의 근거가 되지 못하므로, 甲이 정범이 되기 위해서는 행위지배가 있을 것을 요한다. 甲은 책임능력이 없는 도구 乙을 이용하여, 즉 우월적 의사에 근거하여 구성요건적 사건의 진행을 장악했으므로, 상해의 간접정범이 성립한다. 甲은 간접정범으로서 "방조의 예에 의하여 처벌"(제34조 제1항)되므로 형의 필요적 감경(제32조 제2항)이 인정된다.

(예 39-2) 만일 (예 39-1)에서 A가 같은 정신병동에 있는 환자였다면 甲의 죄책은?

甲은 乙에 대한 감독의무와 동시에 환자 A에 대한 보호의무를 부담한다. 甲이 A의 부상을 방치한 부작위는 보호의무에 위반한 부진정부작위범으로서 의무범에 해당하므로 행위지배와 관계없이 의무위배 자체만으로 바로 상해죄의 직접정범이 된다. 甲은 직접정범이므로 형의 감경은 인정되지 않는다.

② 부작위에 의한 공동정범과 협의의 공범

다수설은 부작위범이 작위범의 범죄에 관여한 경우에는 부작위범에게 행위지배가 없다는 이유로 정범의 성립을 부정하고 방조범의 성립만을 인정한다.[491] 그러나 의무범의 경우, 즉 보호의무 있는 자가 자신의 보호 하에 있는 자에 대한 범행을 방치한 때에는 정범이 성립하며, 보호의무 있는 자와 작위범 사이에 의사의합치가 있는 때에는 부작위에 의한 공동정범의 성립이 가능하다고 보아야 한다.

이에 대하여 지배범의 경우, 즉 감시의무 있는 자가 자신의 감독 하에 있는 자의 범행을 방치한 때에는 부작위에 의한 방조죄가 성립한다. 교사는 타인으로 하여금 범죄를 결의케 하는 행위이므로 부작위에 의한 교사죄는 성립할 여지가 없다.

(예 40) 부모 甲, 乙은 丙이 자신의 아들 A를 살해하는 것을 그대로 방관하였다. 甲, 乙의 죄책은?

甲의 부작위는 보호의무에 위반한 부진정부작위범으로서 의무범에 해당하므로 행위지배와 관계없이 살인죄의 정범이 성립한다. 즉 甲과 乙은 공동하여 보호의무에 위반하였으므로 살인죄의 공동정범이 된다. 그리고 甲, 乙과 丙 사이에는 아무런 의사연락이 없었으므로 甲, 乙의 살인죄와 丙의 살인죄는 동시범이 된다.

---

491) 이재상/ 장영민/ 강동범, 총론, 140면.

(예 41) 부모 甲, 乙은 자신의 아들 丙(만 17세)이 A를 살해하는 것을 그대로 방관하였다. 甲, 乙의 죄책은?

甲은 감독의무에 위반한 부진정부작위범으로서 지배범이므로 정범의 성립여부는 행위지배설에 의한다. 즉 丙은 만 17세로서 책임능력자이므로 甲에게는 행위지배가 없으며 따라서 甲에 대해서는 살인죄의 방조범이 성립한다.

(예 42) 甲과 乙은 장물을 차의 좌석 아래에 숨겨 운반을 하고 있었으며, 그 차에는 丙女가 같이 타고 있었다. 丙女는 甲과 乙의 범행을 비난하였으나, 경찰의 검문을 받을 당시에는 甲, 乙의 범행에 대하여 경찰에게 아무런 말도 하지 않았다. 甲, 乙의 범행은 경찰의 검문에 발각되지 않았으며, 그들은 계속 운전하여 목적지에 도착했다. 丙女의 죄책은?

甲, 乙의 행위는 장물운반죄(제362조)에 해당한다. 丙女는 甲, 乙의 범행을 저지해야 할 보증의무가 없으므로 부작위에 위한 방조범은 성립하지 않는다.

(판례 6) 甲은 전기통신사업자인 주식회사 A의 인터넷 포털서비스 사이트의 오락채널에 내 만화사업을 책임지고 운영하는 직원으로서 그 수익사업의 일환으로 성인만화방을 개설하였다. 甲은 콘텐츠 제공업체들이 그 성인만화방에 게재하는 만화 콘텐츠를 관리·감독할 권한과 능력이 있음에도 불구하고 음란만화들을 지속적으로 게재한 콘텐츠 제공업체들에게 그 삭제를 요구하지 않고 그대로 방치하였다. 甲의 죄책은?

콘텐츠 제공업체가 성인만화방에 음란만화를 게재한 행위는 구 전기통신기본법 제48조의2 위반죄[492])에 해당한다. 甲이 콘텐츠 제공업체들에게 게재되어 있는 음란만화들을 삭제할 것을 요구하지 않고 그대로 방치한 것이 부작위에 의한 방조에 해당하는지가 문제된다. 대법원은 "법익침해의 결과발생을 방지할 법적인 작위의무를 지고 있는 자가 그 의무를 이행함으로써 결과발생을 쉽게 방지할 수 있었음에도 불구하고 그 결과의 발생을 용인하고 이를 방관한 채 그 의무를 이행하지 아니한 경우"에 부작위에 의한 방조가 성립하며, "작위의무는 법령, 법률행위, 선행행위로 인한 경우는 물론, 기타 신의성실의 원칙이나 사회상규 혹은 조리상 작위의무가 기대되는 경우에도 인정된다"고 보았다. 이어서 甲에게는 음란만화를 게재한 콘텐츠 제공업체들에게 그 삭제를 요구할 조리상의 의무가 있으므로 甲은 구 전기통신기본법 제48조의2 위반 방조죄로 처벌된다고 판시하였다.[493])

---

492) 현행 정보통신망 이용촉진 및 정보보호 등에 관한 법률 제74조 제1항 제2호: "전기통신역무를 이용하여 음란한 부호·문언·음향 또는 영상을 반포·판매 또는 임대하거나 공연히 전시한 자는 1년 이하의 징역 또는 1천만원 이하의 벌금에 처한다."
493) 대법원 2006. 4. 28. 선고 2003도4128 판결.

제 8 장 미수론

제 1 절 미수범

I. 서론

1. 범죄의 실현단계

지금까지 설명한 범죄의 성립요건은 전형적인 형태의 범죄, 즉 기수범에 관한 것이다. 기수범이란 구성요건을 완전히 실현하여 범죄가 완성된 경우를 말한다. 그러나 형법은 범죄가 완성에 이르지 못한 경우에도 일정한 범죄에 대하여는 처벌규정을 두고 있다. 범죄의 실현단계를 보면 일단 행위자가 범죄를 결의하고(범죄의사) 그 결의를 실행하기 위하여 준비행위를 하고(예비·음모) 범죄의 실행에 착수하여(착수미수) 범죄의 완성에 필요한 행위를 다하여(실행미수) 구성요건이 완전히 실현(기수)되면 행위자는 범죄목표를 달성하게 된다(종료).

범죄가 실현되는 단계에서 실행의 착수는 있었으나 구성요건을 완전히 실현하지 못한 경우를 미수라고 하며, 구성요건을 완전히 실현하여 범죄가 완성된 경우를 기수라고 한다. 기수는 구성요건의 형식적 실현이라는 점에서 범죄의 실질적 종료와 구분된다.[494] 살인죄와 같은 즉시범[495]의 경우에는 범죄가

---

494) 기수와 종료를 구별하는 실익은 ① 공소시효의 기산점은 범죄의 실질적 종료시를 기준으로 하며, ② 범죄의 기수 이후에도 실질적 종료 이전까지는 정당방위가 가능하며, ③ 기수 이후에도 실질적 종료 이전까지는 공범의 성립이 가능하며, ④ 기수 이후 실질적 종료 이전에 형의 가중사유가 실현된 때에도 가중적 구성요건이 성립할 수 있다는 점 등에 있다. 예컨대 타인의 주거에 침입하여 재물을 절취한 후에 달아나려는 순간, 사람소리가 들리자 부엌에 들어가 칼을 꺼내든 경우 특수절도죄(제331조 제2항)가 성립한다.

기수에 이르면 동시에 범죄가 종료되지만, 체포감금죄나 주거침입죄와 같은 계속범의 경우에는 범죄가 기수에 이르더라도 행위가 계속되면 범죄도 종료되지 않고 계속된다. 그리고 절도죄와 같은 상태범의 경우에도 범죄가 기수에 이르더라도 동시에 종료되지는 않으며, 행위자가 범죄목표를 달성하여야 비로소 종료된다. 절도죄는 통상 행위자가 피해자의 지배범위를 벗어난 때에 종료된다.

▶ 범죄의 실현단계

범행의 결의 → 준비행위 → 실행의 착수 → 행위의 종료 → 결과발생 → 범죄의 종료
      (예비, 음모) (착수미수) (실행미수) (기수)

2. 의의 및 종류

(1) 의의

미수란 구성요건의 실행에 착수하여 행위를 종료하지 못하였거나(착수미수 또는 미종료미수), 행위는 종료하였는데 결과가 발생하지 않은 경우(실행미수 또는 종료미수)를 말한다.

▶ 착수미수와 실행미수
 ┌ 착수미수: 범죄의 실행에 착수하였으나, 범죄의 완성을 위하여 필요한 행위를 종료하지 못한 경우
 └ 실행미수: 범죄의 완성을 위하여 필요한 행위를 종료하였으나, 결과가 발생하지 않은 경우

---

495) 즉시범이란 범죄가 기수에 이름과 동시에 종료되는 범죄를 말한다. 예컨대 살인죄는 피해자의 사망과 동시에 범죄가 종료되므로 즉시범이다. 이에 대하여 **계속범**은 범죄가 기수에 이르더라도 행위가 계속되면 위법상태가 계속되어 범죄가 종료되지 않으며, 위법상태가 종료되어야 범죄도 종료되는 경우를 말한다. 예컨대 체포·감금죄는 피해자를 감금하면 기수가 되며 피해자가 석방되어야 비로소 종료된다. **상태범**은 범죄가 기수에 이르더라도 위법상태는 계속되지만 행위자가 피해자의 지배범위를 벗어나면 종료되는 경우를 말한다. 예컨대 절도죄는 타인의 재물을 절취하면 기수가 되지만 피해자가 추적해 오는 경우에는 아직 피해자의 지배범위를 아직 벗어나지 못하였으므로 아직 종료된 것이 아니다. 범죄가 기수와 동시에 종료되지 않는다는 점에서 즉시범과 구분되며, 범죄의 종료는 행위의 계속과 관계가 없다는 점에서 계속범과 구분된다(김일수/서보학, 총론, 96면 이하. 이에 대하여 즉시범과 상태범을 동의어로 보고 양자를 구분할 필요가 없다는 견해는 이재상/ 장영민/ 강동범, 총론, 77면 참조).

(2) 종류

> **제25조(미수범)** ① 범죄의 실행에 착수하여 행위를 종료하지 못하였거나 결과가 발생하지 아니한 때에는 미수범으로 처벌한다.
> ② 미수범의 형은 기수범보다 감경할 수 있다.
> **제26조(중지범)** 범인이 실행에 착수한 행위를 자의로 중지하거나 그 행위로 인한 결과의 발생을 자의로 방지한 경우에는 형을 감경하거나 면제한다.
> **제27조(불능범)** 실행의 수단 또는 대상의 착오로 인하여 결과의 발생이 불가능하더라도 위험성이 있는 때에는 처벌한다. 단, 형을 감경 또는 면제할 수 있다.
> **제29조(미수범의 처벌)** 미수범을 처벌할 죄는 각칙의 해당 죄에서 정한다.

미수에는 장애미수와 중지미수가 있다. 장애미수는 범죄자의 의사에 반하여 범죄가 기수에 이르지 못한 경우를 말한다. 이에 대하여 중지미수(제26조)는 행위자가 자신의 의사에 의하여 스스로(자의로) 범죄를 중지하여 범죄가 기수에 이르지 못한 경우를 말한다. 그리고 장애미수에는 협의의 장애미수와 불능미수가 있다. 협의의 장애미수(제25조)는 결과발생은 가능하였으나 외부적 장애요인으로 인하여 범죄가 기수에 이르지 못한 경우를 말하며, 불능미수(제27조)는 처음부터 결과발생 자체가 불가능하여 범죄가 기수에 이르지 못하였으나 결과발생의 위험성이 있는 경우를 말한다.

▶ 미수범의 종류
　　┌ 장애미수 ┌ 협의의 장애미수: 형의 임의적 감경사유(제25조)
　　│　　　　　└ 불능미수: 형의 임의적 감면사유 ↔ 불능범: 불가벌(제27조)
　　└ 중지미수: 형의 필요적 감면사유(제26조)

3. 미수범의 처벌 및 처벌근거

형법은 대부분의 범죄의 경우에 미수범 처벌규정을 두고 있으며, 미수범의 형은 기수범보다 임의적으로 감경할 수 있도록 규정하고 있다(제25조 제2항). 미수범의 경우 결과가 발생하지 않았음에도 불구하고 처벌하는 근거가 무엇인가에 대하여 주관설은 미수의 처벌근거를 법적대적 의사[496]로 보는 반면에 객관설은 법익에 대한 위험으로 본다. 절충설(통설)은 처벌근거는 주관설에

---
496) 여기서 법적대적 의사란 고의의 행위반가치에 상응하는 책임형태(고의책임)를 말한다.

의하되 객관적 기준에 의하여 처벌범위를 제한하고 있다.

미수의 불법내용을 보면 절충설이 타당하다. 앞에서 설명한 바와 같이 불법 = 행위반가치 + 결과반가치이다. 미수범에서는 결과의 발생이 없으므로 미수의 주된 불법내용은 고의의 행위반가치에 있다고 할 수 있다. 다만 미수범으로 인하여 법익침해의 결과는 없었지만 법익에 대한 위험이 발생하였으므로 결과반가치가 감경되었다고 할 수 있다.

절충설은 우리 형법의 입장과도 일치한다. 형법이 대다수의 범죄의 경우에 미수범의 처벌규정을 두고 있고, 미수범의 법정형을 따로 규정하지 않고 기수범의 법정형을 그대로 적용하는 이유는 미수범과 기수범은 행위반가치의 면에서 동일하므로 처벌에서도 양자를 동일하게 취급하였기 때문이다(주관설). 다만 형을 임의적으로 감경할 수 있도록 한 이유는 미수범의 경우 결과반가치가 감소하였기 때문이다(객관설). 그리고 불능미수의 경우에도 법적대적 의사는 기수범과 동일하므로 처벌을 원칙으로 하되(주관설), 위험성이 없는 경우, 즉 불능범의 경우에는 결과반가치가 완전히 배제되므로 처벌하지 않는 것이다(객관설). 이는 형법이 절충설의 입장에서 주관설을 원칙으로 하되 다만 객관적 기준에 의하여 형을 제한한 것으로 이해할 수 있다.

II. 성립요건

```
                미수 · 고의 · 작위범

사전검토
① 범죄의 미완성
② 미수범 처벌규정의 확인

I. 구성요건
   1. 주관적 구성요건
      (1) 범행의 결의
      (2) 초과주관적 불법요소
   2. 객관적 구성요건: 실행의 착수

II. 위법성, III. 책임은 기수범과 동일
```

1. 구성요건

미수범은 각칙에 해당 죄에 대한 처벌규정이 있는 경우에만 처벌이 가능하므로(제29조) 구성요건을 검토하기 전에 먼저 미수범 처벌규정을 확인하여야 한다.

(1) 주관적 구성요건

미수범의 경우에는 주관적 구성요건을 객관적 구성요건보다 먼저 검토하여야 한다. 왜냐하면 행위자가 어떠한 범죄의사로 행위했는지가 먼저 확인되어야 해당구성요건(적용법조)을 판단할 수 있기 때문이다.

(예 1) 甲은 시가 5천만원의 도자기를 손질하고 있는 乙에게 달려들었다. 이를 알아챈 乙은 甲의 공격을 피하여 아무런 피해도 입지 않았다. 乙의 죄책은?

미수범의 경우에는 주관적 구성요건(범죄의 결의)부터 검토하여야 한다. 왜냐하면 미수의 경우에는 결과가 발생하지 않으므로 행위만으로는 관련구성요건을 알 수 없기 때문이다. 甲이 손괴의 의사로 달려든 것이라면 손괴미수가 성립할 것이며, 절도의 의사로 달려든 것이라면 절도미수가 성립할 것이다.

일부 범죄는 고의 외에도 초과주관적 불법요소를 요구한다. 예컨대 절도죄의 주관적 구성요건은 타인의 재물을 절취한다는 사실에 대한 인식 외에도 불법영득의사가 있어야 한다. 따라서 절도미수의 주관적 구성요건도 타인의 재물의 절취에 대한 결의와 불법영득의사가 있어야 성립한다.

(예 2) 법대생인 甲은 학기말시험을 보려고 하는데, 모르고 법전을 가져오지 않았다. 그는 시험을 치른 후에 제자리에 갖다놓을 생각으로, 도서관에서 자신의 옆자리에 앉아 있는 乙의 법전을 집으려는 순간 乙에게 발각되었다. 甲의 죄책은?

甲은 乙의 재물을 절취할 것을 결의하였으므로 고의는 성립한다. 그러나 불법영득의사가 성립하기 위해서는 권리자를 영구적으로 배제하고(소극적 요소) 소유권자와 유사한 지위를 취득(적극적 요소)하려는 의사가 있어야 하는데, 甲은 법전을 잠시 사용하고 다시 가져다 놓으려고 한 것이므로 乙의 재물에 대한 지배를 영구적으로 배제하려는 의사가 없었다. 따라서 甲에 대하여 절도미수는 성립하지 않는다.

미수범에서 고의는 기수의 고의이지 미수의 고의는 이에 해당하지 않는다. 따라서 행위자가 처음부터 기수의 의사가 없이 미수에 그치겠다는 생각으로 행위를 한 경우에는 미수범은 성립하지 않는다. 미수의 고의로만 행위하여 미수범이 성립하지 않는 전형적인 사례가 소위 함정수사이다.497)

(2) 객관적 구성요건

실행의 착수가 미수의 성립시점이다. 예비는 중대한 범죄의 경우를 제외하고는 처벌되지 않으므로 예비와 미수의 구별은 처벌여부를 결정하는 중요한 의미를 지닌다. 실행의 착수의 판단기준에 대하여는 학설이 일치하지 않으나498) 여기서는 다수설(주관적 객관설 또는 개별적 객관설)의 견해499)만을 설명하기로 한다. 이 견해에 의하면 실행의 착수시기는 "행위자의 범죄계획에 의하면 구성요건의 실행을 직접적으로 개시한 때"이다. 여기서 '직접적'의 의미는 행위와 구성요건의 실현행위 사이에 본질적인 중간개입행위가 없는 것을 말한다. 따라서 구성요건의 일부를 실행한 경우는 물론이고, 그 이전 단계에서도 어떤 행위가 본질적인 중간행위의 개입 없이도 구성요건의 실행으로 이어질 수 있다면 실행의 착수에 해당한다.500)

(판례 1-1) 甲은 노상에 세워놓은 자동차 안에 있는 물건을 훔칠 생각으로 자동차의 유리창을 통하여 그 내부를 손전등으로 비추어 보다가 경찰관에게 검거되었다. 그는 자동차의 유리창을 따기 위하여 면장갑을 끼고 칼을 소지하고 있었다. 甲의 죄책은?

행위자의 범죄계획을 보면 범행은 절도의 결의 → 준비행위(손전등, 면장갑, 칼) → 손전등으로 재물물색 → 자동차의 유리창 따기 → 구성요건의 실현(재물의 접촉)등의 순으로 이

---

497) 함정수사에 대해서는 제2편 제4절 II 2 (2) (가) 참조.
498) 실행의 착수에 관한 학설
┌ 객관설 ┌ 형식적 객관설: 구성요건의 일부를 실행한 때
│ └ 실질적 객관설: 구성요건적 행위와 필연적으로 결합되어 있는 행위 또는
│ 법익침해에 밀접한 행위가 있는 때(밀접설: 판례)
├ 주관설: 행위를 통하여 범의가 확정적으로 나타난 때 또는 범의의 비약적 표동이 있는 때
└ 주관적 객관설(개별적 객관설)
499) 예컨대 이재상/ 장영민/ 강동범, 총론, 374면 이하.
500) 판례는 절도미수를 판단함에 있어서 밀접행위설(실질적 객관설)을 적용하고 있는데, 여기서 말하는 '밀접한 행위'의 의미가 명확하지 않으므로, 주관적 객관설이 제시한 기준에 따라 '직접적'이라는 의미로 이해하는 것이 타당하지 않을까 생각한다.

루어진다. 여기서 손전등으로 재물을 물색한 행위가 절도의 실행의 착수에 해당하기 위해서는 물색행위가 구성요건의 실현(재물의 접촉)에 직접적으로 개시한 행위이어야 한다. 즉 물색행위와 재물에 대한 접촉 사이에 본질적인 중간행위의 개입이 없어야 한다. 그러나 사례에서는 잠긴 자동차문을 열어야 하는 중간행위가 개입되어야 비로소 구성요건의 실행으로 이어질 수 있다. 따라서 甲의 물색행위는 절도의 실행의 착수라고 할 수 없으며, 다만 절도예비로서 불가벌이다. 판례도 자동차 내부를 손전등으로 비추어 본 행위는 타인의 재물에 대한 지배를 침해하는데 밀접한 행위를 한 것으로 볼 수 없다는 이유로 미수의 성립을 부정하였다.501)

(판례 1-2) 甲은 야간에 소지하고 있던 손전등과 노상에서 주운 박스 포장용 노끈을 이용하여 노상에 주차된 차량의 문을 열고 그 안에 들어있는 현금 등을 절취할 것을 마음먹고 그 대상을 물색하기 위해 돌아다니다가 승합차량을 발견하고 먼저 차량의 문이 잠겨 있는지 확인하기 위해 양손으로 운전석 문의 손잡이를 잡고 열려고 하던 중 순찰중인 경찰관에게 발각되었다. 甲의 죄책은?

원심법원은 "야간에 노상에 주차된 차량은 통상 잠금장치가 되어 있을 가능성이 농후하므로 그 차량 안에 들어있는 물건 등을 훔치기 위해서는 그 잠금장치 등을 해제하고 들어가야 하는데 이러한 잠금장치를 해제하는 것이 용이하지 않다는 점을 감안하면 … 먼저 차량의 문이 잠겨 있는지 확인하기 위해 양손으로 운전석 문의 손잡이를 잡고 열려고 하던 중 순찰중인 경찰관에게 발각되어 멈춘 행위만으로는 위 차량 안의 재물에 대한 소유자의 사실상의 지배를 침해하는 데에 밀접한 행위에 해당한다고 보기 어려우므로"502) 절도범행의 실행에 착수하였다고 볼 수 없다는 이유로 절도미수를 부정하였다. 이에 대하여 대법원은 甲의 행위가 "승합차량 내의 재물을 절취할 목적으로 승합차량 내에 침입하려는 행위에 착수한 것으로 볼 수 있고, 그로써 차량 내에 있는 재물에 대한 피해자의 사실상의 지배를 침해하는 데에 밀접한 행위가 개시된 것으로 보아 절도죄의 실행에 착수한 것으로 봄이 상당하다"고 함으로써 절도미수의 성립을 인정하였다.503)

대법원은 어떤 이유에서 (판례 1-1)에서는 실행의 착수는 부정한 반면에 (판례 1-2)에서는 실행의 착수를 인정하였는지가 문제된다. 대법원은 판단의 근거로서 '타인의 재물에 대한 지배를 침해하는데 밀접한 행위'를 제시하고 있으나 '밀접한 행위'의 의미나 판단기준에 대하여는 언급하지 않고 있다. 두 사례에서 차이점을 굳이 찾는다면 전자의 사례에서는 甲이 재물을 물색하기 위하여 차안을 손전등으로 비추어보는 단계에 있었고, 후자의 사례에서는 재물을 물색하기 위하여 먼저 차량의 문이 잠겨 있는지 확인하려고 차문의 손잡이를 잡고 열려고

---

501) 대법원 1985. 4. 23. 선고 85도464 판결. 이 판례에 대한 평석은 신동운, 新판례백선 형법총론, 492면 참조.
502) 광주지법 2009. 5. 29. 선고 2009노830 판결 .
503) 대법원 2009. 9. 24. 선고 2009도5595 판결.

하였다는 점이다. 두 사례 모두 甲의 행위가 재물을 물색하는 단계에 있었고, 차량의 문이 잠겨있었다는 점에서 일치한다는 점에서 보면 그 죄책에 대한 판단은 동일하여야 할 것으로 생각된다. 판례가 말하는 '밀접한 행위'가 '구성요건의 실행을 직접적으로 개시한 행위'를 의미하는 것으로 해석한다면 두 사례에서 甲의 죄책은 같은 결론에 이르게 된다. 즉 (판례 1-2)에서도 甲이 차문의 손잡이를 잡은 행위가 구성요건의 실현(재물의 접촉)에 이르기 위해서는 중간개입행위, 즉 문을 따는 행위가 있을 것을 요하므로 甲의 행위는 절도의 실행에 착수하였다고 할 수 없다. 따라서 甲의 행위는 (판례 1-1)과 마찬가지로 절도예비로서 무죄가 된다. 이러한 점에서 보면 원심법원의 견해가 (판례 1-1)의 취지에 부합한다고 생각한다.

(판례 1-3) 甲과 乙은 A 소유의 자동차 안에 있는 밍크코트를 발견하고 이를 절취할 생각으로 甲은 차 옆에서 망을 보고 乙은 차의 앞문을 열려고 손잡이를 잡아당기다가 A에게 발각되었다. 자동차의 문이 잠기어 있지 않았다면 甲, 乙의 죄책은?[504]

甲과 乙은 합동하여 A의 밍크코트를 절취하려고 하였으므로 특수절도의 미수가 문제된다. 이 사례에서는 (판례 1-1)의 경우와는 달리 차문이 열려 있었으므로, 乙이 자동차의 손잡이를 잡은 행위는 아무런 중간행위의 개입 없이도 재물의 접촉으로 이어질 수 있다. 따라서 甲, 乙의 행위는 특수절도의 미수(제331조 제2항)에 해당한다.

(판례 2) 甲은 2011. 2. 중순경 乙로부터 필로폰을 구해 달라는 부탁을 받고 그 대금 명목으로 200만 원을 송금받았다. 甲의 죄책은?〈필로폰 매매 사건〉[505]

[참조조문]
마약류 관리에 관한 법률 제60조(벌칙) ① 다음 각 호의 어느 하나에 해당하는 자는 10년 이하의 징역 또는 1억원 이하의 벌금에 처한다.
2. 제4조제1항을 위반하여 제2조제3호나목 및 다목에 해당하는 향정신성의약품 또는 그 물질을 함유하는 향정신성의약품을 매매, 매매의 알선, 수수, 소지, 소유, 사용, 관리, 조제, 투약, 제공한 자 또는 향정신성의약품을 기재한 처방전을 발급한 자
③ 제1항과 제2항에 규정된 죄의 미수범은 처벌한다.

甲이 필로폰(향정신성의약품)을 판매하기로 약속하고 그 대금을 받은 행위가 마약류 관리에 관한 법률 제60조 제1항 제2호, 제3항(구 마약류 관리에 관한 법률(2011. 6. 7. 법률 제10786호로 개정되기 전의 것) 제60조 제1항 제3호 제3항) 소정의 마약류 매매 미수에 해당하는지가 문제된다.

---
504) 대법원 1986. 12. 23. 선고 86도2256 판결의 사건을 변형한 사례임.
505) 대법원 2015. 3. 20. 선고 2014도16920 판결.

대법원은 다음과 같은 이유에서 미수의 성립을 부정하였다: "필로폰을 매수하려는 자에게서 필로폰을 구해 달라는 부탁과 함께 돈을 지급받았다고 하더라도, 당시 필로폰을 소지 또는 입수한 상태에 있었거나 그것이 가능하였다는 등 매매행위에 근접·밀착한 상태에서 대금을 지급받은 것이 아니라 단순히 필로폰을 구해 달라는 부탁과 함께 대금 명목으로 돈을 지급받은 것에 불과한 경우에는 필로폰 매매행위의 실행의 착수에 이른 것이라고 볼 수 없다."

甲이 마약류 판매의 실행에 착수하였다고 하기 위해서는 구성요건 실현에 직접적으로 개시하는 행위가 있을 것을 요한다. 이를 위해서는 甲이 대금을 받은 행위와 필로폰을 乙에게 건네는 행위 사이에는 본질적인 중간행위가 없어야 한다. 만일 甲이 필로폰을 소지하고 있어서 이를 따로 구할 필요가 없었다면 본질적인 중간행위의 개입 없이 필로폰을 乙에게 건네게 되므로 마약류 판매 미수가 성립하였을 것이다.

(예 3) 甲은 돈이 필요하여 乙의 집에 침입하여 절도를 하기로 결심하였다. 그는 사전에 乙의 집 구조를 파악하고 열쇠를 준비하였다. 오후 2시경에 甲은 계획을 실행하기 위해 乙의 집으로 향하였다. 甲은 열쇠로 乙의 집 대문을 열고 정원을 가로질러 현관문을 열고 거실에 들어갔다. 물건을 찾던 중 乙에게 발각되어 그냥 달아났다. 언제 실행의 착수가 있었다고 볼 수 있는가?

甲은 '주간에' 乙의 재물을 절취할 목적으로 그의 주거에 침입하여 재물을 물색하였다. 절도의 구성요건의 실행에 직접적으로 개시한 행위는 재물에 대한 물색행위이다.[506] 왜냐하면 물색행위와 구성요건의 실현행위(물건의 접촉) 사이에는 아무런 중간행위도 개입되어 있지 않기 때문이다.

(판례 3-1) 만일 위의 (예 3)에서 범행시간이 새벽 2시였다면?

야간주거침입절도죄(제330조)의 경우에는 "야간에 사람의 주거에 침입하여"가 구성요건의 요소이므로, 주거에 침입하면 이미 구성요건의 일부가 실현된다. 따라서 주거에 침입하면 이미 야간주거침입의 실행의 착수가 있다고 볼 수 있다.[507]

(판례 3-2) 2인 이상이 합동하여 야간이 아닌 주간에 절도의 목적으로 타인의 주거에 침입하였다 하여도 아직 절취할 물건의 물색행위를 시작하기 전이라면 특수절도죄의 실행에는 착수한 것으로 볼 수 없는 것이어서 그 미수죄가 성립하지 않는다(대법원 1992. 9. 8. 선고 92도1650, 92감도80 판결 참조).

위 법리에 비추어 보면, 원심이 주간에 피해자의 아파트 출입문 시정장치를 손괴하다가

---

506) 대법원 1992. 9. 8. 선고 92도1650,92감도80 판결.
507) 대법원 1970. 4. 28. 선고 70도507 판결; 1983. 3. 8. 선고 83도145 판결; 1984. 12. 26. 선고 84도2433 판결.

> 마침 귀가하던 피해자에게 발각되어 도주한 피고인들에 대하여 형법 제331조 제2항에 정한 특수절도죄의 실행의 착수가 없었다는 이유로 무죄를 선고한 조치는 옳고, 주장과 같은 법리오해의 위법이 없다.[508]

> (판례 3-3) 야간에 다세대주택에 침입하여 물건을 절취하기 위하여 가스배관을 타고 오르다가 순찰 중이던 경찰관에게 발각되어 그냥 뛰어내렸다면, 야간주거침입절도죄의 실행의 착수에 이르지 못했다.[509]

> (판례 3-4) 야간에 아파트에 침입하여 물건을 훔칠 의도하에 아파트의 베란다 철제난간까지 올라가 유리창문을 열려고 시도하였다면 야간주거침입절도죄의 실행에 착수한 것으로 보아야 한다.[510]

2. 위법성, 책임, 처벌조건

미수범의 위법성과 책임은 고의범에서 설명한 것이 그대로 타당하다. 다만 중지미수는 형을 면제하는 경우에는 형벌소멸사유에 해당하므로 범죄의 성립조건에 대한 검토 이후에 처벌조건의 단계에서 언급하여야 한다.

III. 관련문제

1. 간접정범의 착수시기

간접정범의 실행의 착수시기에 대해서는 ① 도구를 이용하는 행위가 시작된 시점이라는 견해,[511] ② 선의의 도구의 경우에는 이용자의 이용행위시이고, 악의의 도구의 경우에는 도구의 실행행위시라는 견해,[512] ③ 도구가 실행행위에 착수한 시점을 기준으로 하되, 이용자가 행위지배를 완전히 끝낸 경우에는 실행행위의 착수 이전의 단계에서도 실행의 착수를 인정하는 견해[513]가 있다. 간접정범의 실행의 착수시기도 주관적 객관설에 의하여 판단하는 것이

---

508) 대법원 2009. 12. 24. 선고 2009도9667 판결.
509) 대법원 2008. 3. 27. 선고 2008도917 판결.
510) 대법원 2003. 10. 24. 선고 2003도4417 판결.
511) 다수설: 예컨대 이재상/ 장영민/ 강동범, 총론, 384면.
512) 배종대, 총론, 360면 이하.
513) 이형국, 총론, 277면.

타당하며, 이러한 점에서 ③설에 찬성한다. 즉 간접정범의 실행의 착수시기는 일반적으로 도구가 실행에 착수한 시점이다. 그러나 이용자가 자신의 범죄계획에 의하면 범죄의 완성을 위해 필요한 행위를 다하여 더 이상의 중간행위가 없더라도 도구에 의하여 범죄가 완성될 수 있도록 행위지배를 다한 경우에는 도구가 실행에 착수하지 않더라도 간접정범의 실행의 착수가 인정된다.

(예 4-1) 가족 없이 혼자 사는 70세 고령의 甲은 평소에 자신에게 친절했던 주치의 乙에게 자신의 재산을 상속하여 주기로 하였다. 乙은 상속을 앞당기기 위해 독극물을 준비한 후, 자신이 고용한 간호원 丙에게 주사약을 받아 가라고 전화를 하였다. 丙은 甲으로부터 주사약을 받았으나 집에 와서 본 결과 독극물임을 알아채고 경찰서에 신고하였다. 언제 실행의 착수가 있었는가?

간접정범의 실행의 착수시기를 도구의 이용행위시점으로 보는 견해에 의하면 甲에 대하여 살인미수(제254조)의 성립을 인정한다. 이에 대하여 도구의 실행행위의 착수시점으로 보는 견해는 살인예비(제255조)의 성립을 인정한다. 생각건대 간접정범의 실행의 착수기기는 도구의 실행행위 착수시로 보되 간접정범이 도구에 대한 행위지배를 더 이상 하지 않는 경우, 즉 범죄의 실행을 위해 필요한 행위를 다한 때에는 도구의 이용행위가 있으면 실행의 착수가 있다고 본다. 乙은 자신의 범죄계획에 의하면 간호사에게 독약을 건네줌으로써 범죄의 실행을 위하여 필요한 행위를 다하였으므로 설령 간호사가 아직 실행에 착수하지 않았더라도 간접정범에 의한 살인미수죄로 처벌된다.

2. 공범의 착수시기

공동정범의 실행의 착수시기는 공동정범 가운데 한 사람이 공동의 범죄계획에 따라 실행에 착수한 때이다. 그리고 협의의 공범(교사범과 방조범)의 실행의 착수시기는 공범의 종속성으로 인하여 정범이 실행에 착수한 때이다. 정범을 교사하였으나 정범이 실행에 착수하지 않은 경우에는 기도된 교사로서 교사미수가 성립하지 않는다.

(예 4-2) 만일 (예 4-1)에서 乙이 간호사 丙에게 거액을 제공하면서 독극물을 주사하라고 건네주었고, 丙은 이 제의를 수락하였으나 丙에게 독극물을 주사하지 않았다. 乙, 丙의 죄책은?

丙은 乙의 교사를 받고 살인의 실행을 승낙하였으나 실행의 착수는 하지 않았으므로 예비 또는 음모에 준하여 처벌한다(제250조, 제255조, 제31조 제2항).

교사범의 실행의 착수시기는 피교사자가 실행에 착수한 때, 즉 丙이 주사를 놓으려고 한 때이다. 丙이 乙의 제의를 수락하였으나 실행에는 착수하지 않았으므로 乙에 대하여 살인미수교사는 성립하지 않는다. 다만 乙에 대하여는 효과 없는 교사가 성립하므로 예비 또는 음모에 준하여 처벌한다(제250조, 제255조, 제31조 제3항).

3. 원인에 있어서 자유로운 행위의 착수시기

원인에 있어서 자유로운 행위의 실행의 착수시점은 행위자가 심신장애의 상태에서 구성요건의 실현에 직접적으로 개시한 때이다.[514]

4. 부진정부작위범의 착수시기

부진정부작위범의 착수시기는 구조행위를 지체함으로써 피해자에게 직접적인 위험을 발생케 하거나 기존의 위험이 증대되었을 때이다.[515]

5. 결과적 가중범과 미수

결과적 가중범에서 기본범죄가 미수에 그쳤더라도 이로 인하여 중한 결과가 발생한 때에는 결과적 가중범의 미수가 성립하는 것이 아니라, 결과적 가중범이 성립한다. 다만 부진정결과적 가중범에서 중한 결과가 발생하지 않은 경우에는 미수범 처벌규정이 있는 경우에 한하여 결과적 가중범의 미수가 성립한다.[516]

---

514) 제2편 제5장 제2절 III 4 참조.
515) 제2편 제7장 제3절 III 1 참조.
516) 제2편 제8장 제4절 III 1 참조.

제 2 절 중지미수

> **사전검토**
> I. 구성요건
> II. 위법성
> III. 책임
> 이상은 장애미수와 동일
> IV. 처벌조건
> 중지미수(형벌소멸사유)
>   1. 객관적 요건
>   착수미수: 실행의 중지
>   실행미수: 결과의 방지
>   2. 주관적 요건: 자의성

I. 개념 및 법적 성격

1. 개념

 제26조(중지범)는 "범인이 실행에 착수한 행위를 자의로 중지하거나 그 행위로 인한 결과의 발생을 자의로 방지한 때에는 형을 감경 또는 면제한다"라고 규정하고 있다. 여기서 범죄의 실행에 착수하였으나 자의로 이를 중지하거나 결과의 발생을 방지한 경우를 중지미수라고 한다. 중지미수는 행위자의 자의에 의하여 범죄가 완성에 이르지 못했다는 점에서 행위자의 의사에 반하여 범죄가 완성에 이르지 못한 장애미수와 구분된다.

2. 법적 성격

 제26조는 중지미수를 형의 필요적 감면사유로 규정하고 있다.[517] 형을 감

---

517) 이에 대하여 독일형법 제24조는 중지미수를 형의 필요적 면제사유, 즉 인적 처벌소멸사유(persönlicher Strafaufhebungsgrund)로 규정하고 있다.

면하는 근거에 대하여는 견해가 일치하지 않는다. 종래의 다수설(형사정책적 책임감소설)에 의하면 중지미수는 형을 면제하는 경우는 인적 처벌조각사유에 해당하며, 형을 감경하는 경우는 책임감경사유에 해당한다고 한다. 그러나 형벌목적설에 의하면 중지미수는 형벌감면사유이다. 어느 견해에 의하건 형이 면제되는 경우에는 형면제판결(형소법 제322조)을 선고하여야 한다.518)

▶ 형의 감면의 근거에 관한 학설
① 형사정책설: 이 견해는 중지미수에 대하여 형을 면제하는 이유는 범죄의 실행에 착수한 행위자로 하여금 범행을 중지하도록 동기를 부여하여 범죄의 발생을 방지하려는 형사정책적 취지에 있다고 한다. 즉 중지미수는 이미 불법의 세계에 발을 들여놓은 행위자에게 적법의 세계로 복귀하는 황금의 다리를 만들어 준 것이라고 할 수 있다. 따라서 이 견해를 황금의 다리이론이라고도 한다.
② 책임감소소멸설(법률설): 이 견해는 행위자가 범행을 중지한 것은 자기행위의 가치를 부정하는 규범의식의 각성이라고 볼 수 있으며 따라서 책임이 감소·소멸되므로 형을 감면하는 것이라고 한다.
③ 형벌목적설: 이 견해는 일반예방이나 특별예방 등의 형벌목적에 비추어 처벌의 필요성이 없거나 감소되었기 때문에 형이 감면되는 것이라고 한다.519) 이 견해가 타당하다.
④ 형사정책설과 책임감소소멸설의 결합설(형사정책적 책임감소설): 이 견해는 형의 면제는 형사정책설에 의하고, 형의 감경은 책임감소설에 의한다. 우리나라의 다수설이다.
⑤ 형벌목적론적 책임감소설: 이 견해는 자의성으로 인하여 책임이 감소되면 처벌의 필요성도 약화되어 형벌을 근거지울 벌책성이 소멸하여 무죄가 된다고 한다.520)

형이 감면되는 근거는 행위자가 자의로 범죄의 중지를 통하여 법의 세계로 돌아온 경우에는 미수를 통하여 표현된 행위자의 행위반가치와 법적대적 의사는 범죄의 완성에 이를 정도로 강력하지 못하므로(불법과 책임의 현저한 감소) 형벌목적, 즉 일반예방과 특별예방의 면에서 보면 형벌의 필요성이 감소 또는 소멸되기 때문이다. 행위자는 자의적인 중지를 통하여 법의 세계로

---

518) 그러나 책임감소·소멸설이나 형벌목적론적 책임감소설에 의하면 이 경우 무죄판결(형소법 제325조)을 선고하여야 한다.
519) 손동권/김재윤, 총론, 445면 이하. 독일의 연방대법원(BGHSt 9, 52; 14, 78)도 형벌목적설을 취하고 있다.
520) 김일수/서보학, 총론, 397면

돌아 왔으므로 그를 형벌을 통하여 재사회화할 필요성(특별예방)도 감소 또는 소멸된다. 또한 형벌은 법질서를 침해한 범죄자에게 제재를 가함으로써 법질서의 존립에 대한 일반인의 신뢰를 유지하는 기능(적극적 일반예방)을 하는데, 행위자가 자의로 범죄를 중지한 경우에는 미수로 인하여 야기된 법질서의 교란을 원상회복시켰다고 볼 수 있으므로 그만큼 형벌의 필요성도 감소 또는 소멸된다. 요컨대 중지미수의 경우에 형이 감경 또는 면제되는 근거는 불법·책임이 현저하게 감소하여 형벌의 필요성이 감경 또는 소멸되기 때문이다.

II. 성립요건

중지미수는 형의 감면사유이므로 먼저 미수범의 성립요건을 검토한 후에 처벌조건의 단계에서 검토하여야 한다. 그리고 사전검토로서 범죄의 미완성과 미수범 처벌규정의 확인이 있어야 함은 물론이다.

(예 1) 甲은 乙을 살해할 목적으로 그에게 총을 발사하여 명중시켰으나 즉시 이를 뉘우치고 乙을 병원으로 데려갔다. 그러나 乙은 과다한 출혈로 사망하였다. 甲의 죄책은?

미수범의 성립에 대한 사전검토로서 범죄의 미완성과 처벌규정을 확인하여야 한다. 사례의 경우에는 이미 범죄가 완성되어 기수에 이르렀으므로, 甲의 중지행위와 관계없이 중지미수는 성립할 여지가 없다.

중지미수가 성립하기 위해서는 범인이 실행에 착수한 행위를 중지하거나 그 행위로 인한 결과를 방지할 것(객관적 요건)과 자의로 중지하였을 것(주관적 요건)을 요한다.[521]

1. 객관적 요건

(1) 착수미수와 실행미수의 구분

중지미수의 객관적 요건은 착수미수와 실행미수에 따라 다르다. 즉 착수미

---

521) 미수범의 구성요건해당성을 검토함에 있어서는 예외적으로 주관적 구성요건을 먼저 검토한 후에 객관적 구성요건을 검토하였지만, 처벌조건의 단계에서 중지미수의 성립요건에 대한 검토는 통상의 경우와 마찬가지로 객관적 요건을 먼저 검토한다.

수의 중지는 실행의 중지만 있으면 족하며, 실행미수의 중지는 결과의 방지가 있어야 한다. 그렇다면 중지미수의 객관적 성립요건을 검토하기 위해서는 먼저 착수미수와 실행미수의 구별이 선행되어야 한다.522) 착수미수와 실행미수는 행위자가 결과발생을 위하여 필요한 행위를 다하였는가에 의하여 구분된다. 즉 행위자가 범죄의 완성을 위하여 필요한 행위를 종료하지 못한 때에는 착수미수가 될 것이고, 종료하였으나 결과가 발생하지 않은 경우에는 실행미수가 성립된다. 범죄의 완성을 위하여 필요한 행위를 종료하였는가의 여부는 중지시의 행위자의 주관적 의사를 기준으로 판단한다(주관설).523)

(예 2) 甲은 자신의 의붓딸 乙을 살해하기 위하여 손수건으로 감은 쇠파이프로 뒤에서 머리를 세게 1회 가격하였으나 乙은 사망하지 않았다. 그는 범행을 결의할 당시에는 1회의 가격으로 乙을 살해할 수 있다고 생각하였다. 甲은 乙이 살아 있는 것을 알고도 더 이상 가격하지는 않았으나 乙을 구조하기 위하여 필요한 조치는 취하지 않았다. 甲의 죄책은?

甲이 범행을 중지했던 당시에 인식한 내용(중지당시의 행위자의 주관적 의사)에 의하면 그는 살인을 위하여 필요한 행위를 종료하지 못하였으므로 그의 행위는 착수미수에 해당한다. 따라서 실행의 중지, 즉 더 이상의 가격을 포기함으로써 중지미수는 성립하며, 결과발생의 방지를 위한 진지한 노력은 요하지 않는다. 독일의 연방대법원도 "甲은 가격 직후에 그 것만으로는 자신의 목적이 달성되지 않았음을 인식한 후에도 더 이상의 가격을 중지하였으므로 중지미수에 해당한다. 甲이 1회의 가격이 효력이 없다는 것을 인식한 직후에 같은 장소에서 같은 흉기로 계속하여 가격하려고 하였던 것은 이미 실패한 장애미수의 반복이 아니라 이미 시작된 살인미수의 계속이라고 할 것이다"라고 판시하였다.524) 따라서 甲에 대해서는 살인의 중지미수가 성립한다.

(2) 착수미수의 중지

착수미수는 행위자가 결과발생에 필요한 행위를 아직 종료하지 못한 경우이므로 중지미수가 성립하기 위해서는 실행행위의 중지로서 족하며 결과발생의 방지를 위한 진지한 노력은 요하지 않는다. 그리고 착수미수의 중지는 실행행위의 중지로 족하며525) 범의 자체를 종국적으로 포기하여야 하는 것은

---

522) 착수미수와 실행미수의 구별실익은 중지미수의 성립요건에 있어서 착수미수의 경우는 실행의 중지로 족한 반면, 실행미수의 경우는 결과발생의 방지와 이를 위한 진지한 노력이 있어야 한다는 점에 있다.
523) 독일의 연방대법원(BGHSt 14, 75; 22, 176)도 주관설에 의하고 있다.
524) BGHSt 22, 176.

아니다.526) 따라서 행위자가 보다 유리한 상황에서 범죄를 실행하기 위해 실행시기를 연기한 경우에도 실행행위의 중지를 인정한다.

(예 3) 甲은 乙을 살해할 목적으로 총을 조준하여 발사하였으나 빗나갔다. 아직 총탄이 여러 발 남았지만 甲은 범행을 포기하고 달아났다. 甲의 죄책은?

甲의 범죄계획에 의하면 그는 살인에 필요한 행위를 다하지 않았으므로 착수미수가 성립한다. 착수미수의 중지는 실행행위의 중지로 족하므로 甲에 대해서는 살인의 중지미수가 성립한다.

(3) 실행미수의 중지

실행미수의 경우 결과발생을 위하여 필요한 행위는 이미 다하였으므로 중지미수가 성립하기 위해서는 단순한 소극적 부작위로는 족하지 않으며 결과발생을 방지하기 위한 적극적 행위가 있어야 한다. 따라서 결과가 발생하지 않았다는 사정만으로 중지미수가 성립하는 것이 아니라 행위자의 적극적 행위로 인하여 결과의 발생이 방지되어야 한다. 따라서 방지행위와 결과의 불발생 사이에 인과관계가 있어야 한다. 즉 적극적 행위가 없었더라면 결과가 발생하였을 것이라는 관계가 인정되어야 한다.

(예 4) 甲은 乙을 살해하기 위하여 독약을 먹였다. 甲은 이를 후회하고 乙에게 구토제를 먹이고 달아났다. 그러나 구토제는 별다른 효과가 없었다. 다행히 丙이 나중에 乙을 발견하고 119에 전화를 하여 乙은 구조되었다. 甲의 죄책은?

실행미수의 중지가 인정되기 위해서는 적극적 행위와 결과의 불발생 사이에 인과관계가 있어야 한다. 甲이 구조된 것은 甲이 구토제를 먹였기 때문이 아니라 丙이 구조했기 때문이다. 甲이 구토제를 먹이지 않았더라도 乙은 丙의 구조로 인하여 사망하지 않았을 것이므로 그의 방지행위와 乙의 생존 사이에는 인과관계가 없다. 따라서 중지미수는 성립하지 않는다.

(4) 불능미수의 중지

불능미수의 경우에도 중지미수가 성립할 수 있는지가 문제된다. 왜냐하면

---

525) 독일의 다수설은 목표달성 자체를 종국적으로 포기할 것을 요구하나 중지미수가 형벌소멸사유가 아닌 형의 감면사유로 되어 있는 우리 형법에서는 중지미수의 요건을 엄격히 해석할 이유가 없다.
526) 통설: 예컨대 이재상/ 장영민/ 강동범, 총론, 401면.

결과발생이 처음부터 불가능한 경우에는 행위자의 적극적 행위로 인하여 결과의 발생이 방지된 것이 아니므로 방지행위와 결과의 불발생 사이에 인과관계가 없기 때문이다. 우리 형법은 이에 관한 명문규정527)을 두고 있지는 않으나 결과발생의 위험성이 있는 경우에 중지미수를 인정하고 있으므로 위험성이 전혀 없는 경우에도 당연히 중지미수의 규정을 적용하는 것이 형의 균형의 면에서 타당하다.528) 다만 이를 위해서는 행위자가 결과발생의 방지를 위하여 진지한 노력을 다할 것을 요한다.

(예 5) 甲은 乙을 살해할 목적으로 乙이 아침에 마시는 우유에 독약을 넣었다. 甲이 넣은 독약은 치사량에 미달하는 것이었으나 그는 독약의 양이 乙을 살해하기에 충분하다고 생각했다. 다음날 아침 乙이 甲의 예상대로 우유를 마시고 쓰러졌다. 甲은 이를 후회하고 乙에게 구토제를 먹이고 달아났다. 乙은 치사량의 독약을 마시지는 않았기 때문에 사망하지 않았다. 甲의 죄책은?

甲은 자신의 범죄계획에 의하면 乙을 살해하기 위하여 필요한 행위를 다하였으나(실행미수) 독약이 치사량미달(수단의 불능)이어서 기수에 이르는 것이 불가능하므로 불능미수가 성립한다. 따라서 중지미수가 성립하기 위해서는 결과발생의 방지를 위한 진지한 노력이 있어야 한다. 그러나 甲이 구토제만 먹이고 달아난 것만으로는 결과발생의 방지를 위한 진지한 노력이라고 할 수 없으므로 중지미수는 성립하지 않는다. 따라서 甲에 대해서는 살인의 불능미수가 성립한다.

결과는 발생하였으나 객관적 귀속이 부정되는 경우에도 방지행위에 의하여 결과발생의 방지가 가능하였다고 인정되면 결과의 방지가 의제된다고 보아 역시 중지미수를 인정하여야 한다.529)

(예 6) 만일 위의 (예 5)에서 甲이 치사량의 독약을 넣었고, 乙은 그 우유를 마시고 쓰러졌는데, 甲은 자신의 소행을 즉시 후회하고 구급차를 불렀다. 그런데 乙이 구급차에 실려 병원으로 가던 도중 교통사고로 사망하였다. 甲의 죄책은?

乙의 사망은 甲이 야기한 위험에 의하여 실현된 결과가 아니므로 객관적 귀속이 부정된다.

---

527) 독일형법 제24조 제1항 2문은 "방지행위 없이도 결과가 발생하지 않는 경우에는 결과발생의 방지를 위한 자의적이고 진지한 노력만 있으면 처벌되지 않는다"고 규정함으로써 불능미수의 중지를 인정하고 있다.
528) 다수설: 예컨대 이재상/ 장영민/ 강동범, 총론, 411면.
529) 이재상/ 장영민/ 강동범, 총론, 398면 이하.

이러한 경우에도 결과발생의 방지를 위한 진지한 노력이 있으면 중지미수는 인정된다. 방지행위는 행위자가 직접 하지 않고 제3자의 도움을 받아 행하여도 무방하므로 병원에 전화하여 구급차를 부른 행위도 진지한 노력이라고 볼 수 있다. 따라서 甲에 대해서는 살인의 중지미수가 성립한다.

2. 주관적 요건(자의성)

(1) 의의

자의성이란 중지가 자율적 동기에 의하여 이루어진 경우를 말한다. 여기서 '자율적'이란 행위자가 외적인 강제상황이나 심리적 압박이 없이 "의사결정의 주체"(Herr seiner Entschließung)[530]로서 스스로 범행을 중지한 경우를 말한다. 즉 사회통념상 범죄에 장애가 될만한 사유가 있으면 장애미수이고, 그러한 강제적 장애사유가 없음에도 불구하고 자율적 동기에 의하여 중지한 때에는 중지미수가 된다(절충설: 판례 및 다수설).[531] 이를 Frank의 공식에 따라 표현하면 범인이 "나는 하기를 원하지만 할 수가 없다"라고 생각한 경우는 장애미수이며, "나는 할 수 있지만 원하지 않는다"라고 생각한 경우는 중지미수이다.[532]

> (예 7) 甲男은 피해자 乙女를 강간하려고 하였으나 잠자던 피해자의 어린 딸이 깨어 우는 바람에 도주하였고, 또 다른 피해자 丙女를 강간하려고 하였으나 피해자가 시장에 간 남편이 곧 돌아온다고 하면서 임신 중이라고 말하자 도주하였다. 甲男의 죄책은?

어린 아이가 울거나 시장에 간 남편이 곧 돌아올 것이고 피해자가 임신 중이라는 사정은 사회통념상 범죄에 장애가 될 만한 사유에 해당하므로 "피고인이 자의로 강간행위를 중지하였다고 볼 수는 없을 것"[533]이다. 따라서 甲男에 대하여는 강간미수가 성립하며, 중지미수는 성립하지 않는다.

자의성은 순수한 심리학적 사실이므로 심리학적 기준, 즉 중지가 자율적 동기에 의하여 이루어졌는가에 의하여 판단한다. 이에 대하여 자의성의 범위

---

530) BGHSt 7, 299.
531) 1985.11.12, 85도2002; 1997.6.13, 97도957; 이재상/ 장영민/ 강동범, 총론, 397면.
532) 자의성을 자율적 동기로 이해하는 견해는 Frank의 공식에 의하여 자의성을 판단하는 견해와 다르지 않다.
533) 대법원 1993. 4. 13. 선고 93도347 판결.

를 윤리적 기준이나 규범적 기준에 의하여 제한하는 견해534)가 있다. 그러나 이 견해는 제24조의 '자의로'의 개념을 '언어의 가능한 의미의 한계'를 넘어서 축소해석하였다는 문제점이 있다.535) 따라서 자의성은 동정, 후회 등의 윤리적 동기에 국한되지 않고 그 외에 공포536), 처벌에 대한 두려움, 범죄의욕의 상실 등도 포함한다고 보아야 한다. 왜냐하면 이러한 경우에도 행위자의 행위반가치와 법적대적 의사는 범죄의 완성에 이를 정도로 강력하지 못하여 형벌의 필요성이 감소 또는 소멸되기 때문이다(형벌목적설).

(예 8) 甲은 장롱 안에 있는 옷가지에 불을 놓아 건물을 소훼하려 하였으나 불길이 치솟는 것을 보고 겁이 나서 물을 부어 불을 껐다. 甲의 죄책은?

판례는 "치솟는 불길에 놀라거나 자신의 신체안전에 대한 위해 또는 범행 발각시의 처벌 등에 두려움을 느끼는 것은 일반 사회통념상 범죄를 완수함에 장애가 되는 사정에 해당"537)하므로 자의에 의한 중지미수라고는 볼 수 없다고 한다. 만일 甲이 치솟는 불길을 보고 자신의 신체안전에 대한 위해로 인하여 두려움을 느껴 범행을 중단하였다면 장애미수에 해당하지만, "범행에 통상 수반되는 단순한 두려움"538)으로 인하여 중단하였다면 중지미수의 성립을 인정하여야 한다.539)

(판례 1) 甲은 피해자 乙을 살해하려고 그의 목 부위와 왼쪽 가슴 부위를 칼로 수 회 찔렀으나 피해자의 가슴 부위에서 많은 피가 흘러나오는 것을 발견하고 겁을 먹고 그만두는 바람에 미수에 그쳤다. 甲의 죄책은?

대법원은 "피가 흘러나오는 것에 놀라거나 두려움을 느끼는 것은 일반 사회통념상 범죄를 완수함에 장애가 되는 사정에 해당한다"는 이유로 살인죄의 중지미수를 인정하지 않고 장애미수가 성립한다고 보았다.540) 그러나 甲이 겁을 먹고 그만둔 것은 '범행에 통상 수반되

---

534) 자의성을 윤리적 동기에 국한하는 견해를 주관설(국내에는 주장하는 학자가 없음)이라고 하며, 규범적 기준에 의하여 판단하는 견해를 규범설(규범적 이론)이라고 한다. 규범설은 범행의 중지가 합법성으로의 회귀(김일수/서보학, 총론, 400면)로 평가될 수 있거나, 보상의 가치(박상기, 총론, 347면)가 있을 때에 자의성을 인정한다. 이 견해는 자의성의 개념을 법규범의 취지를 고려하여 목적론적으로 축소해석함으로써 부당한 형의 감면을 제한할 수 있다는 장점이 있다.
535) BGHSt 35, 187.
536) 그러나 대법원 1997. 6. 13. 선고 97도957 판결은 공포에 의한 중지의 경우 자의성을 부정한다.
537) 대법원 1997. 6. 13. 선고 97도957 판결.
538) 임웅, 총론, 385면.
539) 이재상/ 장영민/ 강동범, 총론, 397면.
540) 대법원 1999. 4. 13. 선고 99도640 판결.

는 단순한 두려움'으로 인한 것이므로 자의성이 인정된다고 보는 것이 중지미수를 인정한 취지에 부합하는 것으로 생각된다.

그리고 범행의 중지가 합법성으로의 회귀로 평가될 수 없더라도 자율적 동기에 의한 것이라면 자의성이 인정된다. 따라서 범의를 종국적으로 포기하지 않고 다음 기회로 미루더라도 자의성이 인정된다.

(판례 2) 甲男은 피해자 乙女를 강간하려고 하였으나 乙女가 다음번에 만나 친해지면 응해 주겠다고 간곡하게 부탁하자 범행을 중단하고 乙女를 차에 태워 집에까지 데려다 주었다. 그러나 甲男은 만일 乙女가 약속을 지키지 않으면 강간하겠다는 범죄의사는 포기하지 않았다. 甲男의 죄책은?

甲男의 행위는 강간미수의 구성요건에 해당한다. 甲男에 대하여 중지미수가 성립하는가에 대하여 판례는 "피해자가 다음에 만나 친해지면 응해 주겠다는 취지의 간곡한 부탁은 사회통념상 범죄실행에 대한 장애라고 여겨지지는 아니하므로" 甲男의 행위는 중지미수에 해당한다고 보았다.[541] 이에 대하여 규범설에 의하면 甲男은 범의를 종국적으로 포기하지는 않았으므로 범행의 중지가 합법성으로의 회귀로 평가되거나 보상의 가치가 있다고 볼 수 없으므로 중지미수는 성립하지 않을 것이다. 그러나 甲男은 강간을 할 수 있었음에도 불구하고 자율적 동기에 의하여 중지한 것이므로 범의를 종국적으로 포기하지 않고 다음 기회로 미루었더라도 중지미수가 성립한다고 보아야 한다.

그러나 강제적 장애사유로 인하여 범죄의 실행이 곤란하거나 불이익하다고 판단하여 중단한 경우, 예컨대 범행발각의 우려[542] 또는 실망으로 인한 중단의 경우에는 자의성이 부정된다.

(예 9) 甲男은 강간의 목적으로 乙女에게 달려들었으나 뜻밖에도 그 여자와 면식이 있는 사이였으므로 처벌이 두려워 강간을 중도 포기하였다. 甲男의 죄책은?

甲男은 상황이 현저하게 불리하게 되어 범행을 계속하는 것이 불이익하다고 판단하여 중단한 것이므로 자율적 동기에 의하여 중단한 것이라고 할 수 없다. 따라서 甲男에 대해서는 중지미수가 인정되지 않으며, 강간미수가 성립한다.[543]

---

541) 대법원 1993. 10. 12. 선고 93도1851 판결. 독일의 연방대법원(BGHSt 7. 296)도 강간을 하려던 자가 피해자로부터 성교의 약속을 받고 피해자를 놓아준 경우 자의성 인정하여 중지미수가 성립한다고 본다.
542) 대법원 2011. 11. 10. 선고 2011도10539 판결.
543) BGHSt 9, 48.

(예 10) 甲은 음식점에서 술을 마시다가 20만원 정도의 현금을 강취할 목적으로 음식점 주인 乙을 칼로 협박한 후에 금고를 열어 보았으나 2만원 정도의 현금밖에 없자 그대로 두고 도주하였다. 甲의 죄책은?

甲이 2만원을 절취하지 않은 것의 자의에 의한 것이나 이를 이유로 중지미수를 인정할 수는 없다. 왜냐하면 자의성에 대한 판단은 행위자의 범죄계획, 즉 그가 기대했던 목적물의 가치를 기준으로 하여야 하기 때문이다. 그가 현금 20만원에 대한 강취를 포기한 것은 범행의 실현이 현저하게 곤란하거나 불가능했기 때문이지 자율적 동기에 의한 것은 아니다. 요컨대 목적물이 예상과는 달리 가치가 적은 물건이어서 실망하여 범행을 중지한 경우에는 자의성이 부정된다. 따라서 甲에 대해서는 강도미수가 성립한다.[544]

(2) 판단기준

자의성은 주관적 객관설(절충설)에 따라 행위자가 인식한 사정을 기초로 객관적으로(사회통념에 따라) 판단한다. 즉 행위자가 실제로 장애사유가 없음에도 불구하고 그러한 사유가 있다고 오인하여 중지한 경우에는 자의성이 부정되므로 장애미수가 성립한다. 반대로 그러한 장애사유가 있었으나 행위자가 그러한 사실을 모르고 스스로 범행을 중지한 경우에는 자의성이 인정되므로 중지미수가 성립한다.

(예 11) 甲은 재물을 절취할 목적으로 야간에 乙의 주거에 침입하였다. 재물을 물색하던 중에 바람이 불어 현관문이 닫히자 甲은 주인이 돌아 온 것으로 오인하여 도주하였다.
(1) 甲의 죄책은?
甲의 행위는 야간주거침입절도미수에 해당한다. 중지미수에 있어서 자의성에 대한 판단은 행위자가 인식한 사정을 기초로 판단하므로 실제로 주인이 돌아오지 않았더라도 중지의 자의성은 부정된다. 따라서 중지미수는 성립하지 않는다.
(2) 만일 위의 사례와 반대로 甲이 주인이 귀가하는 것을 모른 상태에서 자신의 범행을 후회하고 중도에 포기하였다면 甲의 죄책은?
행위자가 인식한 사정을 기초로 판단하므로 판단하면 자의성이 인정되므로 중지미수가 성립한다.

---

544) BGHSt 4, 56.

III. 관련문제

1. 예비의 중지

예비의 중지란 예비의 단계에서 자의로 범행을 중지한 경우를 말한다. 형법은 중지미수에 대하여는 형을 감면하고 있으나 범죄의 실행에 착수하기 이전의 예비행위를 중지하는 경우에 대하여는 아무런 규정도 두고 있지 않다. 만일 예비의 중지에 대하여 형의 감면을 인정하지 않는다면 미수의 중지보다도 중하게 처벌되는 경우도 발생할 수 있다. 따라서 예비의 형이 중지미수의 형보다 무거운 때에는 형의 불균형을 시정하기 위하여 중지미수의 규정을 준용하는 것이 타당하다(다수설).

> (예 12) 甲은 乙을 살해하려고 총을 마련하였다. 그러나 乙의 집으로 향하던 중 자신의 계획에 대하여 후회를 하여 범행을 포기하고 총을 강물에 던져 버렸다. 甲의 죄책은?

甲은 아직 살인의 실행에 착수하지 않았으므로 살인미수는 성립하지 않으며, 다만 살인을 위하여 총을 준비하였으므로 살인예비가 성립한다. 중지미수는 실행의 착수가 있어야 가능한데, 예비의 경우 실행의 착수가 없으므로 원칙적으로 예비의 중지는 성립되지 않는다. 다만 중지미수를 이유로 형이 면제되는 경우와 같이 예비의 형이 중지미수의 형보다 무거운 경우에는 형의 불균형을 시정하기 위하여 중지미수의 규정을 예비에 준용하여야 한다(다수설). 따라서 甲에 대하여는 중지미수의 규정(제26조)을 준용하여 형을 면제하여야 한다.

2. 공범과 중지미수

(1) 공동정범의 중지미수

공동정범의 중지미수는 다른 공동정범자가 실행에 착수할 것을 전제로 하므로 예비·음모의 단계, 즉 다른 공동정범자가 아직 실행에 착수하기 전에 범행을 포기(공모관계의 이탈)한 때에는 그 후에 다른 공모자가 범죄의 실행에 착수하였거나 기수에 이르더라도 공동정범은 성립하지 않는다. 다만 공모공동정범의 경우, 즉 범죄의 주모자가 범죄계획을 수립하고 그 일원들을 지휘한 경우에는 주모자가 수립한 범죄계획은 그 일원들의 실행행위에 계속하여 영향을 미치게 되므로 주모자가 공모관계에서 단순히 이탈한 것만으로는 불가벌이 될 수 없으며, 자신이 행사한 영향력을 제거함으로써 범죄를 저지하여야 중지미수가 성립한다고 보아야 한다.545)

(판례 3) 甲, 乙, 丙은 A를 저수지에 던져 살해하기로 모의하였으나 甲은 범행계획을 실행하기 전에 범행을 포기하였다. 乙과 丙은 A의 팔, 다리를 묶어 저수지 안으로 던져 살해했다. 甲의 죄책은?

대법원은 甲이 "살해모의에는 가담하였으나 다른 공모자들이 실행행위에 이르기 전에 그 공모관계에서 이탈하였다 할 것이고 그렇다면 피고인이 위 공모관계에서 이탈한 이후의 다른 공모자의 행위에 관하여는 공동정범으로서의 책임을 지지 않는다"고 판시하였다.546) 따라서 甲에 대해서는 살인죄의 공동정범은 성립하지 않으며, 다만 살인음모죄(제255조)만 성립한다.

(예 13-1) 범죄단체조직인 '시라소니'파의 조직원 甲, 乙, 丙은 자신의 조직원 A가 반대파 조직 '파라다이스'파의 조직원들에게 칼에 찔려 피해를 입자 이에 대한 보복을 하기 위하여 집결한 후 '파라다이스'파 조직원들을 공격하여 상해를 가하거나 살해할 것을 결의하였다. 그러나 甲은 乙, 丙이 보복을 위하여 차를 타고 출발하려는 순간 사태의 심각성을 실감하고 범행에 휘말리기 싫어서 그곳에서 택시를 타고 집으로 왔다. 乙, 丙은 반대파 조직원 B, C를 칼로 찔러 살해하였다. 甲의 죄책은?547)

대법원은 甲의 죄책에 대하여 "다른 조직원들(乙, 丙)이 각 이 사건 범행에 이르기 전에 그 공모 관계에서 이탈한 것이라 할 것이므로 피고인(甲)은 위 공모 관계에서 이탈한 이후의 행위에 대하여는 공동정범으로의 책임을 지지 않는다"고 함으로써 살인죄의 공모공동정범이 성립하지 않는다고 보았다. 다만 甲은 살인을 모의했으므로 살인음모죄가 성립한다.

(예 13-2) 만일 위의 (예 13-1)에서 甲이 범죄조직의 두목으로서 범행을 결의하고 계획을 수립하는데 주도적인 역할을 하였는데, 乙, 丙이 B, C를 살해하기 위하여 차를 타고 가는 도중에 범행을 포기하고 핸드폰으로 전화를 걸어 범행을 중지하라고 지시하였으나 乙, 丙이 지시에 따르지 않고 범죄를 실행하였다면 甲의 죄책은?

甲의 주도에 의하여 수립한 범죄계획은 乙, 丙의 실행행위에 계속하여 영향을 미치게 되므로 甲이 공모관계에서 단순히 이탈한 것만으로는 불가벌이 될 수 없으며, 자신이 행사한 영향력을 제거함으로써 범죄를 저지하여야 중지미수가 성립한다고 보아야 한다. 甲이 범행을 중지하라고 지시한 것만으로는 자신이 행사한 영향 범행기여를 다 제거했다고 할 수 없으므로 甲에 대해서는 살인죄의 공모공동정범이 성립한다.

---

545) 이재상/ 장영민/ 강동범, 총론, 492면 이하.
546) 대법원 1986. 1. 21. 선고 85도2371 판결.
547) 이 사례는 대법원 1996. 1. 26. 선고 94도2654 판결의 사실관계를 변형한 것임.

(판례 5) 甲(21세)은 범행 전날 밤 11시경에 乙, 丙(14세 또는 15세)과 강도 모의를 하였는데 이때 甲이 삽을 들고 사람을 때리는 시늉을 하는 등 주도적으로 그 모의를 하였으며, 甲은 乙, 丙과 이 사건 당일 새벽 4시 30분경 일대를 배회하면서 강도 대상을 물색하다가 乙, 丙이 피해자 A를 발견하고 쫓아가자 甲은 "어?"라고만 하고 자신은 비대한 체격 때문에 乙, 丙을 뒤따라가지 못하고 범행현장에서 200m 정도 떨어진 곳에 앉아 있었다. 결국 위 乙, 丙은 피해자 A를 쫓아가 폭행하여 그의 뒷주머니에서 지갑을 강취하고 그에게 상해를 입혔다. 甲의 죄책은?

乙, 丙은 A를 폭행하여 재물을 강취하고 상해하였으므로 그들에 대하여는 강도상해죄(제337조)가 성립한다. 甲은 乙, 丙과 강도를 모의하였지만 乙, 丙이 범행을 할 당시에는 현장에서 200m 정도 떨어진 곳에 앉아 있었다. 이를 공모관계의 이탈로 볼 수 있는지가 문제된다. 대법원은 "공모관계에서의 이탈은 공모자가 공모에 의하여 담당한 기능적 행위지배를 해소하는 것이 필요하므로 공모자가 공모에 주도적으로 참여하여 다른 공모자의 실행에 영향을 미친 때에는 범행을 저지하기 위하여 적극적으로 노력하는 등 실행에 미친 영향력을 제거하지 아니하는 한 공모관계에서 이탈되었다고 할 수 없다."고 공모관계의 이탈이 인정되기 위한 요건을 제시하였다. 그리고 이 기준에 따라 甲은 강도상해죄의 공모관계에 있는 乙, 丙이 '강도상해죄의 실행에 착수하기까지 범행을 만류하는 등으로 그 공모관계에서 이탈하였다고 볼 수도 없으므로, 강도상해죄의 공동정범으로서의 죄책을 면할 수 없다'[548]고 판단하였다.

착수미수에서 단독범의 중지미수는 실행행위의 중지로 족하다. 그러나 공동정범의 중지미수가 성립하기 위해서는 실행미수의 경우는 물론 착수미수의 경우에도 결과발생의 방지를 위한 진지한 노력에 의하여 결과의 발생을 방지하여야 한다. 다른 공범의 범행을 중지하게 하지 않고 자기만의 범의를 철회·포기한 것만으로는 중지미수가 인정되지 않는다.[549]

공동정범이나 공범의 경우에 중지미수의 요건이 엄격한 이유는 2인 이상이 협력하여 범죄를 행하는 공동정범이 단독범보다 위험성이 더 높으며 중지미수의 취지가 형의 감면을 인정함으로써 범죄의 완성을 저지하는 데에 있으므로, 공동정범의 중지미수에서도 다른 공동정범자의 범죄를 저지하여야 형의 감면을 인정하는 것이 그 취지에 부합하기 때문이다.

---

548) 대법원 2008. 4. 10. 선고 2008도1274 판결.
549) 대법원 2005. 2. 25. 선고 2004도8259 판결.

(예 13-1) 甲과 乙은 야간에 합동하여 A의 주거에 침입하여 절취하기로 공모한 후, A의 주거에 침입하였다. 그러나 재물을 절취하기 전에 乙은 범죄에서 손을 씻기로 결심하였는데 다시 죄를 범할 수 없다고 생각하여 중도에 포기하고 돌아갔다. 甲은 하는 수 없이 혼자 들어가 재물을 절취하였다. 甲, 乙의 죄책은?

甲은 乙과 합동하여 A의 주거에 침입하여 재물을 절취하였으므로 특수절도죄(제331조 제2항)가 성립한다. 乙은 착수미수의 단계에서 범행을 중단하였다. 단독범의 경우에는 실행의 중지만으로도 중지미수가 성립하나 공동정범의 경우에는 다른 공범의 범행을 저지하여야만 중지미수가 성립한다. 따라서 乙에 대하여도 특수절도죄(제331조 제2항)가 성립한다.

(예 13-2) 위의 (예 13-1)에서 乙이 A의 주거에 침입하기도 전에 중도에 범행을 포기하자 甲은 단독으로 A의 주거에 침입하였으나 A가 집으로 귀가하자 甲도 범행을 포기하고 도주하였다면 甲, 乙의 죄책은?

공동정범의 중지미수는 공모자 가운데 1인이 실행에 착수할 것을 전제로 하는데 乙은 실행에 착수하기도 전에 범행을 포기함으로써 공모관계에서 이탈하였으므로 중지미수는 성립하지 않는다. 乙은 甲과 절도를 공모하였으나, 절도음모는 처벌규정이 없으므로 불가벌이다. 甲은 야간에 단독으로 타인의 주거에 침입하였으나 절도가 완성에 이르지 못했으므로 야간주거침입절도미수가 성립한다.

(2) 협의의 공범의 중지미수

교사범의 중지미수가 성립하기 위해서는 공동정범의 중지미수와 마찬가지로 실행미수의 경우는 물론 착수미수의 경우에도 결과발생의 방지를 위한 진지한 노력에 의하여 결과의 발생을 방지하여야 한다. 그러나 방조범의 경우에는 방조행위를 철회함으로써, 즉 자신의 행위기여를 제거함으로써 족하며 정범의 실행행위까지 저지하여 결과의 발생을 방지할 것을 요하지는 않는다.

(예 14-1) 甲은 새벽에 A의 집에 침입하여 절도를 하려고 결심하였다. 이를 알고 있는 乙은 甲에게 열쇠를 마련해 주었다. 그러나 A에게 평소에 신세를 많이 진 乙은 자신의 잘못을 뉘우치고 甲으로부터 열쇠를 되돌려 받았다. 甲은 후에 다른 곳에서 열쇠를 마련하여 A의 집에 잠입하여 물건을 절취하였다. 乙의 죄책은?

乙은 열쇠를 마련하여 줌으로써 甲의 절도를 방조하였다. 그러나 乙은 그 열쇠를 돌려받음으로써 자신의 행위기여(물질적 기여 및 정신적 기여)를 완전히 제거했다. 甲은 乙의 기여행위와 무관하게 별도의 범죄를 실행하였으므로 甲의 범죄와 乙의 기여행위 사이에는 인과관계가 없다. 따라서 乙에 대하여 야간주거침입절도방조죄는 성립하지 않는다. 다만 乙은

甲의 절도예비에 대하여 방조를 하였다. 예비에 대한 방조가 처벌되는가에 대하여는 긍정설과 부정설이 대립되나550) 절도죄의 예비에 대하여는 처벌규정이 없으므로 어느 견해에 의하더라도 甲은 불가벌이다.

(예 14-2) 만일 (예 14-1)에서 甲이 사전에 乙의 열쇠를 몰래 복사해 두었는데, 乙이 열쇠의 반환을 요구하자 이를 돌려주고 복사해 놓은 열쇠로 A의 집에 침입하여 절도를 한 경우 乙의 죄책은?

乙은 자신의 행위기여를 완전히 제거하지 못하였으므로 그의 행위기여와 결과발생 사이에는 인과관계가 인정된다. 따라서 중지미수는 성립하지 않으므로 乙에 대해서는 야간주거침입절도방조죄가 성립한다.

(예 14-3) 위의 (예 14-1)에서 乙이 甲으로부터 열쇠를 돌려받았으나 이미 甲이 문을 연 후였다. 乙은 최선을 다해 甲의 범행을 저지하려고 노력하였으나 소용이 없었다. 乙의 죄책은?

乙은 자신의 행위기여를 완전히 제거하지 못했으므로 그의 행위기여와 결과발생 사이에는 인과관계가 성립한다. 乙이 결과발생의 방지를 위하여 진지한 노력을 하였더라도 결과가 발생한 이상은 중지미수는 성립되지 않는다. 따라서 乙에 대해서는 야간주거침입절도방조죄가 성립한다.

---

550) 예비죄의 공범에 대해서는 제2편 제8장 제4절 IV 1 참조.

제 3 절 불능미수

사전검토

I. 구성요건
  1. 주관적 구성요건: 범죄의 결의
  2. 객관적 구성요건
    (1) 실행의 착수
    (2) 결과발생의 불가능
    (3) 위험성(부정되면 불능범으로서 불가벌)
II. 위법성, III. 책임은 기수범과 동일

I. 의의

불능미수란 처음부터 결과발생 자체가 불가능하여 범죄가 기수에 이르지 못하였으나 결과발생의 위험성이 있는 경우를 말한다. 제27조는 "실행의 수단 또는 대상의 착오로 인하여 결과의 발생이 불가능하더라도 위험성이 있는 때에는 처벌한다"라고 규정하고 있다. 형법은 결과발생 자체가 불가능한 경우 일률적으로 이를 불가벌로 보는 것이 아니라 결과발생의 위험성이 있는 때에는 처벌하되 형을 감면하고, 결과의 발생의 위험성이 없는 때에만 불가벌로 본다. 강학상 전자를 불능미수, 후자를 불능범이라고 한다.

▶ **불능범과 불능미수**
  ┌ 불능범: 결과의 발생이 불가능하고 위험성도 없는 경우 – 불가벌
  └ 불능미수: 결과의 발생이 불가능하나 위험성이 있는 경우 – 형의 임의적 감면사유

II. 성립요건

불능미수도 미수범의 일종이므로 일단 ① 범죄의 결의와 ② 실행의 착수가 있어야 한다. 그 외에도 ③ 결과발생의 불가능, ④ 위험성 등의 요건이 요구된다. 범죄의 결의와 실행의 착수에 대하여는 기술하였으므로 여기서는 결

과발생의 불가능과 위험성에 대하여만 설명하기로 한다.

1. 결과발생의 불가능

불능미수는 ① 수단의 불능 또는 ② 대상의 불능으로 인하여 결과발생이 불가능함에도 불구하고 행위자가 이를 인식하지 못하여 결과발생이 가능하다고 오인한 경우이다.551)

> (예 1) 甲은 乙의 집에 잠입하여 침대에 누워 있는 乙의 심장을 향해 총을 쏘아 명중시켰다. 그러나 乙은 이미 甲이 총을 발사하기 이전에 심장마비로 사망해 있었다. 甲의 죄책은?
>
> 乙은 이미 사망하여 살인의 객체가 될 수 없으므로 객체의 불능에 해당한다. 객체의 불능으로 인하여 결과발생이 불가능하더라도 구성요건 실현의 위험성이 있는 경우에는 처벌된다(제27조).

> (예 2) 甲은 乙을 살해하기 위해 그가 자고 있는 사이에 가스밸브를 열어놓고 달아났는데, 사실은 가스통이 비어 있었던 경우 甲의 죄책은?
>
> 가스통이 비어 있었으므로 수단의 불능에 해당한다. 수단의 불능으로 인하여 결과발생이 불가능하더라도 구성요건 실현의 위험성이 있는 경우에는 처벌된다(제27조).

주체의 불능(주체의 착오)의 경우에도 불능미수가 성립하는가에 대하여 제27조는 아무런 언급도 하고 있지 않으며 학설도 일치하지 않는다. 주체의 불능이란 진정신분범의 성립을 위하여 요구되는 신분을 갖추지 못한 자가 신분이 있는 것으로 오인하여 진정신분범을 범한 경우를 말한다. 이 경우 불능미수는 성립하지 않으므로 불가벌이다. 왜냐하면 신분범에서 신분은 행위불법의 내용을 이루고 있으므로 이러한 신분이 없는 자에게는 행위불법이 결여되기 때문이다. 행위자가 비신분자로서 진정신분범의 주체가 될 수 없음에도 불구하고 신분의 착오로 인하여 자신의 행위가 죄가 되는 것으로 오인한 것이므

---

551) 이러한 의미에서 불능미수도 착오의 일종이라고 할 수 있다. 다만 사실의 착오는 구성요건요소가 존재함에도 불구하고 이를 인식하지 못한 것이고(소극적 착오), 불능미수는 존재하지도 않는 구성요건요소를 존재한다고 오인한 것이다(적극적 착오). 불능미수는 구성요건적 착오와 반대되는 경우이므로 반전된 구성요건적 착오라고 할 수 있다.
　⌈ 구성요건적 착오 ↔ 반전된 착오 = 불능미수 또는 불능범
　⌊ 금지착오 ↔ 반전된 착오 = 환각범(불가벌)

로 환각범으로서 불가벌이다.

(예 3) 甲은 이웃집에 사는 초등학생 乙이 물에 빠져 익사의 위험에 처해 있는 것을 보고도 구조하지 않았다. 만일 甲이 乙을 구조할 의무가 있다고 오인하였다면 甲의 죄책은?

甲은 乙을 구조해야 할 보증의무가 없으므로 부작위에 의한 살인죄의 주체가 되지 않는다. 甲이 乙에 대한 구조의무가 있다고 오인하여 자신의 부작위가 범죄에 해당한다고 착오한 것은 환각범으로서 불가벌이다. 따라서 甲에 대해서는 부작위에 살인죄의 불능미수는 성립하지 않는다.

2. 위험성

불능미수가 성립하기 위해서는 구성요건실현의 가능성, 즉 결과발생의 위험성이 있어야 한다. 위험성은 불능미수의 객관적 구성요건요소이므로 위험성이 없는 때에는 불능범으로서 구성요건해당성이 없으므로 불가벌이다.

▶ 위험성의 판단기준에 관한 학설

① 구객관설: 결과발생의 불능을 절대적 불능과 상대적 불능으로 구분하여 전자의 경우에는 위험성이 없으므로 불능범으로서 불가벌이며, 후자의 경우에는 위험성이 있으므로 불능미수가 된다고 본다. 절대적 불능이란 결과발생이 개념적으로 불가능한 경우를 말하며, 상대적 불능이란 일반적으로 결과발생이 가능하지만 구체적인 특수한 경우에만 결과발생이 불가능한 경우를 말한다. 우리나라 판례의 원칙적인 입장이다.

② 구체적 위험설(신객관설): 이 견해는 행위자가 인식한 사실과 일반인이 인식가능하였던 사실을 기초로 일반인의 입장에서 일반적 경험법칙에 따라 위험성을 판단한다. 따라서 행위자가 행위 당시의 상황을 경솔하게 잘못 인식한 경우에도 일반인이 인식가능했던 사정을 기초로 하여 위험성을 판단한다. 우리나라의 다수설과 일본의 판례 및 다수설의 입장이다.

③ 추상적 위험설(주관적 객관설): 이 견해는 행위자가 인식한 사실을 기초로 일반인의 입장에서 위험성을 판단한다.

④ 주관설: 이 견해는 행위자가 인식한 사실을 기초로 행위자의 입장에서 위험성을 판단한다. 범죄의사가 명확하게 표현된 이상 원칙적으로 처벌되며, 다만 미신범과 같이 행위자가 중대한 무지로 인하여 결과발생의 불가능성을 인식하지 못한 경우에만 불가벌로 본다(독일형법 제32조 제3항).

주관적 객관설에 의하면 미수범의 처벌근거는 주관적 기준, 즉 행위자의 범죄의사에 있는 것이며, 다만 객관적 기준에 의하여 처벌범위가 제한된다. 불능미수의 경우에도 처벌의 근거는 행위자의 범죄의사에 있으므로 결과발생이 불가능하더라도 처벌하는 것이 원칙이며, 다만 객관적 기준(결과발생의 위험성)에 의하여 처벌의 범위가 제한된다. 주관설이나 추상적 위험설에 의하면 처벌의 범위가 지나치게 넓다는 문제가 있다. 구체적 위험설이 처벌의 범위를 합리적으로 제한한다는 점에서 타당하다.552)

(예 4) 위의 (예 1)과 (예 2)의 경우 대상의 착오 또는 수단의 착오로 인하여 결과발생이 불가능하지만 일반인이 인식가능하였던 사실을 기초로 일반인의 입장에서 일반적 경험법칙에 따라 판단하면 乙이 사망할 위험성이 있으므로 甲에 대해서는 살인죄의 불능미수가 성립한다(제250조, 제254조, 제27조). 주관설에 의하면 甲이 乙의 사망가능성을 인식하지 못한 것은 중대한 무지로 인한 것이 아니므로 위험성이 인정된다. 따라서 이 견해에 의하더라도 甲에 대해서는 살인죄의 불능미수가 성립한다.

(예 5) 甲은 乙女를 살해하기 위하여 乙女의 정맥에 공기 30-40cc를 주사하였으나 치사량(70-300cc)에 이르지 못하여 乙女는 사망하지 않았다. 甲의 죄책은?

구객관설에 의하면 "정맥에 주사한 공기량이 치사량 이하일지라도 피주사자의 신체적 조건 기타의 사정 여하에 따라서는 사망의 결과발생의 위험이 절대로 없다고 할 수 없으므로" 상대적 불능에 해당한다. 따라서 甲에 대해서는 살인죄의 불능미수가 성립한다.553) 일반인의 입장에서 보더라도 乙女가 사망할 위험성이 있으므로 구체적 위험설이나 추상적 위험설에 의하더라도 甲에 대해서는 살인의 불능미수가 성립한다.

(예 6) 甲은 연초 깡통에 다이나마이트를 채우고 거기에 공업용뇌관과 도화선을 접착제로 결합하여 수제폭탄을 제조하였다. 그는 이를 살인의 의사로 수제폭탄을 기동대에 투척하였으나 도화선의 끝부분에 묻은 접착제로 인하여 화약이 젖거나 고화되어 폭발하지 않았다. 甲의 죄책은?

구객관설에 의하면 폭탄은 절대로 폭발될 수 없으므로 甲이 수제폭탄을 던진 행위는 절대적 불능으로서 불능범에 해당하므로 甲에 대하여는 살인죄의 불능미수죄가 성립하지 않는다. 이에 대하여 구체적 위험설에 의하면 폭탄의 구조·성질을 보면 "행위자는 물론 일반인도 당연히 폭발한다고 믿는 상황"에 있었으므로 "구성요건을 실현할 위험성이 있다고 평가"된다.554) 따라서 甲에 대해서는 살인죄의 불능미수가 성립한다.

---

552) 김일수/서보학, 총론, 394면 이하; 이재상/ 장영민/ 강동범, 총론, 418면 이하.
553) 日最判 1962. 3. 23(刑集 16-3, 305).
554) 日最判 1976. 3. 16(刑集 30-2, 146).

(판례 1-1) 甲은 乙을 살해할 목적으로 요구르트 한 병마다 농약 1.6씨씨를 섞었다. 그런데 그 농약을 쥐에 대하여 실험하여 산출한 치사추정량에 의하면 甲이 섞은 농약의 양의 그 치사량에 약간 미달한다. 甲의 죄책은?

"치사추정량은 쥐에 대한 것을 인체에 대하여 추정하는 극히 일반적, 추상적인 것이어서 마시는 사람의 연령, 체질, 영양 기타의 신체상황 여하에 따라 상당한 차이가 있을 수 있어서 이 사건에 있어 피고인이 요구르트 한병마다 섞은 농약 1.6씨씨가 그 치사량에 약간 미달한다 하더라도 이를 마시는 경우 사망의 결과 발생의 가능성을 배제할 수는 없다"555)고 판단하였다. 대법원의 견해에 의하면 甲의 행위에 의하여 사망의 결과발생이 불가능한 것은 아니므로 그에 대하여는 살인죄의 장애미수가 성립할 것이다.

(판례 1-2) 甲女는 남편 乙男을 살해할 것을 결의하고 배추국 그릇에 농약인 종자소독약 유제3호 8미리리터 가량을 탄 다음 위 남편에게 먹게하였으나 이를 먹던 남편이 그 국물을 토함으로써 그 목적을 이루지 못하였다. 그런데 그 농약유제 3호는 동물에 대한 경구치사량에 있어서 엘.디 (LD) 50이 키로그램당 1.590미리그램이라고 되어 있어서 피고인이 사용한 위의 양은 그 치사량에 현저히 미달한 것이다. 甲女의 죄책은?

원심법원은 甲女에 대하여 살인죄의 장애미수가 성립한다고 보았다. 이에 대하여 대법원은 "형법은 범죄의 실행에 착수하여 결과가 발생하지 아니한 경우의 미수와 실행수단의 착오로 인하여 결과발생이 불가능하더라도 위험성이 있는 경우의 미수와는 구별하여 처벌하고 있으므로 원심으로서는 이 사건 종사소독약유 제3호의 치사량을 좀더 심리한 다음 피고인의 소위가 위의 어느 경우에 해당하는지를 가렸어야 할 것"556)이라는 이유로 원심판결을 파기하여 원심법원에 환송하였다. 결과발생이 불가능하므로 결과발생의 위험성이 있는 때에는 불능미수가, 그 위험성이 없는 때에는 불능범으로서 불가벌이 되는데 이 사건에서 대법원은 '위험성이 있는 경우의 미수', 즉 불능미수로 보는 것 같다.

(판례 2) 甲은 乙女와 공모하여 일정량 이상을 먹으면 사람이 사망에 이를 수도 있는 '초우뿌리' 또는 '부자' 달인 물을 乙女의 남편 A에게 마시게 하여 그를 살해하려고 하였으나 A가 이를 토해버림으로써 미수에 그쳤다. 甲과 乙女의 죄책은?

대법원은 기존의 구객관설에 따라 "불능범은 범죄행위의 성질상 결과발생 또는 법익침해의 가능성이 절대로 있을 수 없는 경우를 말하는 것이다"라는 입장을 확인하고 이어서 "초우뿌리나 부자는 만성관절염 등에 효능이 있으나 유독성 물질을 함유하고 있어 과거 사약(死藥)으로 사용된 약초로서 그 독성을 낮추지 않고 다른 약제를 혼합하지 않은 채 달인 물을 복용하면 용량 및 체질에 따라 다르나 부작용으로 사망의 결과가 발생할 가능성을

---

555) 대법원 1984. 2. 28. 선고 83도3331 판결.
556) 대법원 1984. 2. 14. 선고 83도2967 판결.

배제할 수 없는 사실을 알 수 있는바 …"라는 이유로 불능범에는 해당하지 않는다고 판단하였다.557) 다만 대법원은 장애미수와 불능미수 가운데 어디에 해당하는지에 대하여는 명시적으로 언급하고 있지는 않다. 판결문 가운데 참조조문에 제27조가 포함되어 있는 것으로 미루어 보면 불능미수를 인정한 것으로 볼 수도 있다. 그러나 만일 남편 A가 마신 '부자 달인 물'의 양이 (판례1-1)에서와 같이 '치사량에 약간 미달' 한 정도라면 장애미수의 가능성도 배제할 수는 없다.

판례는 원칙적으로 구객관설의 입장을 취하고 있지만 추상적 위험설을 취한 판례도 있다.

(판례 3-1) 甲은 향정신성의약품인 메스암페타민(속칭 히로뽕)을 제조하기 위하여 그 제조원료인 염산에 페트린 및 수종의 약품을 교반하여 히로뽕 제조를 시도하였으나 그 약품배합 미숙으로 그 완제품을 제조하지 못하였다. 甲의 죄책은?

히로뽕을 제조하는 행위는 향정신성의약품제조죄(구향정신성의약품관리법 제4조, 제42조)558)에 해당한다. 판례는 구객관설에 따라 甲이 약품배합 미숙으로 그 완제품을 제조하지 못한 행위는 "성질상 결과발생의 위험성이 있다"는 이유로 '습관성의약품제조미수범'의 성립을 인정하였다.559) 대법원이 甲에 대하여 불능범의 성립을 부정한 것은 분명하나, 그의 행위가 장애미수와 불능미수 가운데 어디에 해당하는지에 대하여는 넝시으로 언급하고 있지 않다. 판결문 가운데 "피고인의 위 소위는 그 성질상 결과발생의 위험성이 있다"라는 부분과 참조조문에 제27조가 포함되어 있는 점으로 미루어 보면 불능미수를 인정한 것으로 보인다.

(판례 3-2) 甲은 에페트린과 빙초산등 화공약품을 혼합하고 섭씨 80-90도로 가열하면 메스암페타민(속칭 히로뽕)을 제조할 수 있다고 생각하여 제조에 착수하였으나 그의 제조기술과 경험부족으로 히로뽕 완제품이 아닌 염산메칠에페트린을 생성시켰다. 염산메칠에페트린으로 메타암페타민을 생성하기 위해서는 염산에페트린을 원료로 사용하여야 하는데, 염산에페트린은 염산메칠에페트린에 화학작용을 일으켜 메칠기를 빼면 생성될 수 있다. 甲의 죄책은?

히로뽕을 제조하는 행위는 습관성의약품제조죄(구습관성의약품관리법 제38조)560)에 해당한다. 甲이 에페트린과 빙초산등 화공약품을 혼합하고 섭씨 80-90도로 가열하여 히로뽕을

---

557) 대법원 2007. 7. 26. 선고 2007도3687 판결.
558) 현행 마약류관리에 관한 법률 제3조, 제58조.
559) 대법원 1985. 3. 26. 선고 85도206 판결; 1984. 10. 10. 선고 84도1793 판결.
560) 현행 마약류관리에 관한 법률 제3조, 제58조.

제조하는 것은 불가능하므로 그의 행위가 불능미수와 불능범 가운데 어디에 해당하는지가 문제된다. 결과발생이 불가능하더라도 위험성이 있으면 불능미수가 성립하므로 범죄의 성립여부는 염산메칠에페트린을 생성한 행위가 결과발생의 위험성, 즉 히로뽕의 원료가 되는 염산에페트린을 제조할 위험성이 있는가에 달려 있다.

이 점에 대하여 원심법원은 "염산에페트린은 위의 염산메칠에페트린에 의하여 생성될 가능성이 있음을 인정"할 수 있다는 이유로 불능미수범의 성립을 인정하였다.561)

이에 대하여 대법원은 甲의 행위의 위험성을 판단하려면 甲이 행위당시에 인식한 사정, 즉 에페트린에 빙초산을 혼합하여 80-90도의 가열하는 그 사정을 놓고 이것이 객관적으로 제약방법을 아는 일반인(과학적 일반인)의 판단으로 보아 결과발생의 가능성이 있는가를 밝혀야 한다고 판시하고 이어서 그리고 원심이 "위험성이 있다고 판단한 조치에는 이유불비의 위법 아니면 불능범 내지는 위험성의 법리를 오해한 잘못이 있다"고 판단하였다.562) 대법원은 결과발생의 위험성을 행위자가 인식한 사실을 기초로 일반인의 입장에서 위험성을 판단함으로써 추상적 위험설을 채택하고563) 이를 근거로 불능범이 성립할 가능성이 있다고 보았다.

설령 에페트린과 빙초산등 화공약품을 혼합하고 섭씨 80-90도로 가열함으로써 염산메칠에페트린을 생성한 행위만으로는 히로뽕을 제조하는 것이 자연과학적 법칙에 의하면 불가능하다고 가정하더라도 일반인의 입장에서는 결과발생의 위험성이 있다고 판단되므로 구체적 위험설에 의하면 甲에 대하여는 습관성의약품제조의 불능미수가 성립할 것으로 생각된다.

> (판례 4) 甲은 피해자 乙女가 심신상실 또는 항거불능의 상태에 있다고 인식하고 그러한 상태를 이용하여 간음할 의사를 가지고 간음하였으나, 실행의 착수 당시부터 乙女는 실제로는 심신상실 또는 항거불능의 상태에 있지 않았다. 甲의 죄책은?

> **[참조조문]**
> **형법 제299조(준강간, 준강제추행)** 사람의 심신상실 또는 항거불능의 상태를 이용하여 간음 또는 추행을 한 자는 제297조, 제297조의2 및 제298조의 예에 의한다.

준강간죄가 성립하기 위해서는 피해자가 심신상실 또는 항거불능의 상태에 있을 것을 요하는데, 피해자 乙女는 실행의 착수 당시부터 심신상실 또는 항거불능의 상태에 있지 않았으므로 본죄의 기수는 불가능하다. 다만 대상의 착오로 준강간죄의 기수에 이를 가능성이 없

---

561) 서울고등법원 1977. 12. 9. 선고 77노1291 판결.
562) 대법원 1978. 3. 28. 선고 77도4049 판결.
563) 김일수/서보학, 총론, 393면; 이재상/ 장영민/ 강동범, 총론, 420면. 이에 대하여 신동운, 총론, 530면은 이 판례에서 대법원은 구체적 위험설을 채택한 것으로 본다. 다만 위험성을 평균적 일반인이 아닌 "과학적 일반인"의 입장에서 판단하였다는 점이 기존의 추상적 위험설이나 구체적 위험설과 차이가 있다.

더라도 甲이 "이 행위 당시에 인식한 사정을 놓고 일반인이 객관적으로 판단"하여 보았을 때 정신적·신체적 사정으로 인하여 성적인 자기방어를 할 수 없는 사람의 성적 자기결정권을 침해하여 준강간의 결과가 발생할 위험성이 있었으므로 본죄의 불능미수가 성립한다.564)

(판례 5) 甲은 베트남에 거주하는 A가 국내로 향정신성의약품인 메트암페타민(이하 '필로폰'이라고 한다)을 발송하면 甲이 국내에서 이를 수령하여 판매하기로 하고, A는 2017. 10. 21.경 베트남에서 '워터볼' 장난감 안에 필로폰 30g을 넣고 물을 부어 용해하는 방법으로 이를 은닉한 다음 항공기를 이용해 국제우편으로 발송하고, 甲은 2017. 10. 23.경 인천국제공항을 통하여 국내로 반입된 필로폰이 은닉된 워터볼을 그 무렵 국내에서 수령함으로써 A와 공모하여 필로폰 30g을 수입하였다.565)

[참조조문]
마약류 관리에 관한 법률 제4조(마약류취급자가 아닌 자의 마약류 취급 금지) ① 마약류취급자가 아니면 다음 각 호의 어느 하나에 해당하는 행위를 하여서는 아니 된다.
1. 마약 또는 향정신성의약품을 소지, 소유, 사용, 운반, 관리, 수입, 수출, 제조, 조제, 투약, 수수, 매매, 매매의 알선 또는 제공하는 행위
제58조(벌칙) ① 다음 각 호의 어느 하나에 해당하는 자는 무기 또는 5년 이상의 징역에 처한다.
6. 제4조제1항을 위반하여 제2조제3호나목에 해당하는 향정신성의약품 또는 그 물질을 함유하는 향정신성의약품을 제조 또는 수출입하거나 그러할 목적으로 소지·소유한 자
③ 제1항과 제2항에 규정된 죄의 미수범은 처벌한다.

(1) 甲의 죄책은?
甲이 A로부터 국제우편을 통하여 필로폰 30g을 수령한 행위는 향정신성의약품 수입죄(마약류 관리에 관한 법률 제4조 제1항 제1호, 제58조 제1항 제6호)에 해당한다.

(2) 만일 A가 보낸 워터볼에 필로폰이 용해되어 있지 않았다면 甲의 죄책은?
원심법원은 'A가 보낸 워터볼에 필로폰이 들어 있지 않아 미수에 그쳤고, 만약 A가 실제로 필로폰을 보냈다면 필로폰 수입이라는 결과가 발생할 위험성이 있었으므로, 결국 甲의 행위는 필로폰 수입죄의 불능미수에 해당한다"고 판단하였다.566)

---
564) 대법원 2019. 3. 28. 선고 2018도16002 전원합의체 판결.
565) 대법원 2019. 5. 16. 선고 2019도97 판결.
566) 서울고법 2018. 12. 13. 선고 2018노2129 판결.

(3) 만일 甲이 A와 필로폰이 용해되어 있는 워터볼을 국제우편으로 반입한 다음 이를 판매하기로 공모하고 A에게 국제우편을 받을 주소를 알려주었고, A가 필로폰이 들어 있는 우편물을 발신국의 우체국 등에 제출하여 선박이나 항공기로부터 양륙 또는 지상에 반입 된 후 甲에게 전달되었다면 향정신성의약품 수입죄(마약류 관리에 관한 법률 제4조 제1항 제1호)의 미수와 기수 시점은?

미수시점: "국제우편 등을 통하여 향정신성의약품을 수입하는 경우에는 국내에 거주하는 사람이 수신인으로 명시되어 발신국의 우체국 등에 향정신성의약품이 들어 있는 우편물을 제출할 때에 범죄의 실행에 착수하였다고 볼 수 있다. 따라서 피고인이 공소외인에게 필로폰을 받을 국내 주소를 알려주었다고 하더라도 공소외인이 필로폰이 들어 있는 우편물을 발신국의 우체국 등에 제출하였다는 사실이 밝혀지지 않은 이상 피고인 등의 이러한 행위는 향정신성의약품 수입의 예비행위라고 볼 수 있을지언정 이를 가지고 향정신성의약품 수입행위의 실행에 착수하였다고 할 수는 없다."

기수시점: "마약류 관리에 관한 법률에서 정한 향정신성의약품 수입행위로 인한 위해 발생의 위험은 향정신성의약품의 양륙 또는 지상반입에 의하여 발생하고 그 의약품을 선박이나 항공기로부터 양륙 또는 지상에 반입함으로써 기수에 달한다."[567]

(4) 만일 甲이 A에게 국제우편을 받을 주소를 알려주었으나, A가 아직 필로폰이 들어 있는 우편물을 발신국의 우체국 등에 제출하지는 않았으며 A가 보낸 워터볼은 필로폰이 용해되어 있지 않았다면 甲의 죄책은?

甲에 대하여 향정신성의약품 수입죄의 불능미수가 성립하기 위해서는 향정신성의약품 수입행위의 실행에 착수할 것을 요한다. 이를 위해서는 "국제우편 등을 통하여 향정신성의약품을 수입하는 경우에는 국내에 거주하는 사람이 수신인으로 명시되어 발신국의 우체국 등에 향정신성의약품이 들어 있는 우편물을 제출"할 것을 요한다. A가 아직 필로폰이 들어 있는 우편물을 발신국의 우체국 등에 제출하지는 않았으므로 甲의 "이러한 행위는 향정신성의약품 수입의 예비행위라고 볼 수 있을지언정 이를 가지고 향정신성의약품 수입행위의 실행에 착수하였다고 할 수는 없다."[568] 따라서 향정신성의약품 수입죄의 불능미수는 성립하지 않는다.

---

567) 대법원 1994. 3. 11. 선고 93도3416 판결; 대법원 1998. 11. 27. 선고 98도2734 판결.
568) 대법원 2019. 5. 16. 선고 2019도97 판결.

제 4 절 예비죄

> **제28조(음모, 예비)** 범죄의 음모 또는 예비행위가 실행의 착수에 이르지 아니한 때에는 법률에 특별한 규정이 없는한 벌하지 아니한다.

I. 의의

범죄의 실현과정을 보면 우선 행위자는 범행을 결의하는데, 범죄의사가 아직 외부에 표현되지 않은 이상은 "누구도 생각만으로 처벌되지 않는다"는 법의 일반원칙에 따라 범행의 결의는 처벌의 대상이 되지 않는다. 행위자가 범행를 결의하면 범죄실현을 위하여 물질적·정신적 준비를 한다. 범죄실현을 위한 외적 준비행위를 예비라고 하며, 정신적 준비행위를 음모라고 한다. 음모는 일정한 범죄를 실행할 목적으로 2인 이상이 합의를 할 것을 요하므로 단순히 범죄의사를 표명하거나 교환한 행위는 음모에 해당하지 않는다. 예비·음모의 단계에서는 범의가 명확히 드러나지 않고 법익침해의 위험성도 경미하므로 법률에 특별한 규정이 없는 한 처벌되지 않는다(제28조). 다만 형법은 내란죄·간첩죄·이적죄·폭발물사용죄·방화죄·일수죄·교통방해죄·통화위조죄·살인죄·강도죄 등과 같이 중대한 법익에 대한 범죄의 경우에는 예외적으로 예비·음모를 처벌한다. 형법은 원칙적으로 예비·음모를 같이 취급하고 있지만, 예비만을 처벌하고 음모에 대하여는 처벌규정이 없는 경우도 있다.

(판례 1) 甲은 일본으로 밀항하고자 乙에게 도항비로 일화 100만엔을 주기로 약속하였으나 그 후 이 밀항을 포기하였다. 甲의 죄책은?

밀항단속법 제3조 제3항은 밀항을 목적으로 예비를 한 자를 처벌한다고 규정하고 있으므로 음모는 처벌되지 않는다. 甲이 밀항비를 乙에게 주기로 약속한 행위는 밀항의 음모에 지나지 않으며 밀항의 예비정도에는 이르지 않았으므로 甲의 행위는 밀항예비죄의 구성요건에 해당하지 않는다.[569]

---

[569] 대법원 1986. 6. 24. 선고 86도437 판결.

II. 법적 성격

예비죄가 독립된 범죄유형이라는 견해(독립범죄설)가 있으나 예비는 기본범죄(기수범)의 발현형태이므로 예비죄는 미수범과 마찬가지로 기본범죄의 수정적 구성요건이라고 보아야 한다(발현형태설, 다수설). 범죄단체조직죄(제114조), 아편등소지죄(제198조), 음화등소지죄(제244조)는 일정한 범죄를 범할 목적으로 행한 준비행위를 독립된 범죄로 규정하고 있는데, 이는 예비죄를 규정한 것이 아니라 독립된 별개의 범죄를 규정한 것이다. 예컨대 절도를 목적으로 범죄단체를 조직한 행위는 범죄단체조직죄에 해당하는데, 이 범죄는 절도예비죄를 규정한 것이 아니라 절도죄와는 완전히 독립된 별개의 범죄를 규정한 것이다.

III. 성립요건

```
                        예비죄

사전검토
① 실행의 착수가 없을 것
② 예비죄 처벌규정의 확인

I. 구성요건
   1. 주관적 구성요건
      (1) 예비의 고의
      (2) 기본범죄를 범할 목적
   2. 객관적 구성요건: 예비행위
II. 위법성,
III. 책임은 기수범과 동일
```

예비죄의 구성요건에는 주관적 요건과 객관적 요건이 있다. 그리고 주관적 요건에는 예비의 고의와 기본범죄를 범할 목적이 있다. 미수범의 구성요건에서 설명한 것과 같은 이유에서 예비죄의 경우에도 주관적 요건을 객관적 요

건보다 먼저 검토하여야 한다.570)

1. 주관적 구성요건

(1) 예비의 고의

예비의 고의란 기본범죄를 실행하기 위한 준비행위에 대한 고의를 말한다.571) 따라서 과실에 의한 예비나 과실범의 예비는 성립할 수 없다.

(2) 기본범죄를 범할 목적

형법은 예비죄의 주관적 구성요건을 "…죄를 범할 목적으로"라고 규정하고 있다. 예컨대 제255조는 살인의 죄를 범할 목적으로 예비 또는 음모한 자를 처벌한다고 규정하고 있다. 여기서 목적이란 살인의 죄, 즉 기본범죄를 범할 목적을 말하므로 예비죄는 목적범이다.572) 따라서 기본범죄를 범할 목적은 확정적 인식이 있어야만 인정되며, 미필적 인식만 있는 경우에는 인정되지 않는다.573)

2. 객관적 구성요건

예비죄의 객관적 구성요건은 예비행위, 즉 범죄실현을 위한 외적 준비행위이다. 외적 준비행위란 심리적 준비행위 이외의 인적·물적 준비행위를 말한다. 예컨대 알리바이를 조작하기 위하여 대인접촉을 하거나 범죄실행을 위하여 필요한 사람들을 사전에 확보는 행위가 인적 준비행위에 해당하며, 범행도구를

---

570) 제2편 제8장 제1절 II (1) 참조.
571) 예비의 고의를 준비행위에 대한 고의로 보는 견해(예비고의설)와 실행의 고의, 즉 기본범죄에 관한 고의로 보는 견해(실행고의설)가 있으나 양자는 사실상 다르지 않으며 구분의 실익도 없는 것으로 보인다.
572) 목적범이란 주관적 구성요건이 성립하기 위하여 구성요건적 고의 이외에 추가로 일정한 목적을 필요로 하는 범죄를 말한다. 예컨대 절도죄의 주관적 구성요건이 성립하기 위해서는 절도에 대한 고의 이외에 추가로 불법영득의사가 있을 것을 요하는데, 여기서 불법영득의사가 목적에 해당한다. 고의는 미필적 인식만 있으면 성립하지만 목적은 확정적 인식이 있어야 한다는 점에서 차이가 있다.
573) 이재상/ 장영민/ 강동범, 총론, 427면.

준비하거나 범행장소를 물색, 답사하는 행위 등이 물적 준비행위에 해당한다.

예비행위의 수단, 방법에는 제한이 없으므로 그 양태도 다양하다. 이러한 의미에서 예비행위는 무한정·무정형적이라고 할 수 있다. 그러나 예비행위는 특정한 범죄의 실현을 위한 준비행위라는 것이 객관적으로 명확해야 하므로 그 범죄를 실현하기에 적합한 행위일 것을 요한다. 예비행위가 범죄를 실현하기에 부적합하여 결과발생이 불가능한 경우는 불능예비로서 불가벌이다.

IV. 관련문제

1. 예비죄의 공범

2인 이상이 범죄의 실현을 위하여 예비행위를 했는데 실행의 착수에 이르지 못한 때에는 예비죄의 공동정범이 성립한다. 정범을 교사하였는데 정범이 실행의 착수에 이르지 않아 예비에 그친 경우에 교사자를 예비에 준하여 처벌하는 규정(제31조 제2항)[574])이 있으므로 예비죄의 교사범도 성립한다. 그러나 정범을 방조였는데 정범이 실행의 착수에 이르지 않아 예비에 그친 경우에 대하여는 처벌규정이 없으므로 예비죄의 방조범은 불가벌이다.[575])

> (판례 2) 甲은 은행강도를 결의하고 계획 중인 乙에게 기술적인 조언을 해주고, 범행에 사용할 수 있는 도구도 제공하였으나 乙은 강도의 실행에 미처 이르지 못하고 예비의 단계에 그쳤다. 甲, 乙의 죄책은?

乙에 대하여는 강도예비죄(제343조, 제333조)가 성립한다. 甲에 대하여 강도예비방조죄가 성립하는가에 대하여 대법원은 "형법 제32조 제1항의 타인의 범죄를 방조한 자는 종범으로 처벌한다는 규정의 타인의 범죄란 정범이 범죄를 실현하기 위하여 착수한 경우를 말하는 것이라고 할 것이므로 종범이 처벌되기 위하여는 정범의 실행의 착수가 있는 경우에만 가능하고 정범이 실행의 착수에 이르지 아니한 예비의 단계에 그친 경우에는 이에 가공하는 행위가 예비의 공동정범이 되는 경우를 제외하고는 이를 종범으로 처벌할 수 없다"고 판시함으로써 예비죄의 방조범을 불가벌로 보았다.[576]) 예비죄의 교사범(제31조 제2항)에

---

574) 제31조 제2항은 교사미수에 관한 처벌규정인데, 예비죄의 교사범은 교사미수의 일종이다. 교사미수에 대해서는 제2편 제8장 제4절 II 2 (1) (가)참조.
575) 이재상/ 장영민/ 강동범, 총론, 430면 이하. 이에 대하여 예비죄의 방조범이 처벌된다고 보는 견해는 김일수/서보학, 총론, 413면.

대하여는 처벌규정이 있으나 예비죄의 방조범에 대하여는 처벌규정이 없으므로 이를 불가벌로 보는 판례의 견해가 타당하다.

2. 예비죄의 미수

예비는 미수의 전단계로서 처벌규정이 있는 경우에만 예외적으로 처벌되며, 예비죄의 미수는 예비의 전단계로서 처벌규정이 없으므로 불가벌이며, 이에 대한 처벌규정을 둔다면 형벌의 범위가 지나치게 확대되므로 타당하지 않다.

3. 예비죄의 죄수

예비는 미수에 대하여 미수는 기수에 대하여 불가벌적 사전행위(경과범죄)로서 보충관계에 있으므로 미수 또는 기수가 성립한 때에는 미수범은 성립하지 않는다.[577]

---

576) 대법원 1976. 5. 25. 선고 75도1549 판결; 1979. 11. 27. 선고 79도2201 판결.
577) 자세한 내용은 제3편 제1장 제2절 II 2 참조.

정범과 공범의 이론

제 1 절 기초이론

I. 범죄참가형태

> **제30조(공동정범)** 2인 이상이 공동하여 죄를 범한 때에는 각자를 그 죄의 정범으로 처벌한다.
> **제31조(교사범)** ① 타인을 교사하여 죄를 범하게 한 자는 죄를 실행한 자와 동일한 형으로 처벌한다.
> ② 교사를 받은 자가 범죄의 실행을 승낙하고 실행의 착수에 이르지 아니한 때에는 교사자와 피교사자를 음모 또는 예비에 준하여 처벌한다.
> ③ 교사를 받은 자가 범죄의 실행을 승낙하지 아니한 때에도 교사자에 대하여는 전항과 같다.
> **제32조(종범)** ① 타인의 범죄를 방조한 자는 종범으로 처벌한다.
> ② 종범의 형은 정범의 형보다 감경한다.
> **제34조(간접정범, 특수한 교사, 방조에 대한 형의 가중)** ① 어느 행위로 인하여 처벌되지 아니하는 자 또는 과실범으로 처벌되는 자를 교사 또는 방조하여 범죄행위의 결과를 발생하게 한 자는 교사 또는 방조의 예에 의하여 처벌한다.
> ② 자기의 지휘, 감독을 받는 자를 교사 또는 방조하여 전항의 결과를 발생하게 한 자는 교사인 때에는 정범에 정한 형의 장기 또는 다액에 그 2분의 1까지 가중하고 방조인 때에는 정범의 형으로 처벌한다.

지금까지 설명한 범죄들은 한사람이 단독으로 범죄를 행하는 경우를 전제로 한 것이다. 이를 단독정범(단독범)이라고 한다. 이에 대하여 2인 이상이 범죄를 행하는 경우를 다수인의 범죄참가형태(광의의 공범)라고 하는데, 이는 정범과 공범으로 구분된다.[578] 정범이란 구체적인 범죄사건의 중심인물, 즉 "하나의 범죄실현에 여러 사람이 관여할 때 주도적 위치에 있는 사람"[579]을 말하며, 공범은 정범에 종속된 주변인물(주변형상)을 말한다. 형법은 제30조부터 제34조까지 다수인의 범죄참가형태에 대하여 규정하고 있는데, 그 가운데 공동정범(제30조)과 간접정범(제34조)은 정범에 해당하며, 교사범(제31조)과 종범(제32조)은 공범(협의의 공범 또는 고유한 의미의 공범)에 해당한다.580) 그리고 형법 제19조와 제263조는 동시범에 관한 규정인데, 이는 정범에 속한다. 정범과 공범의 분류를 보면 아래의 도표와 같다.

▶ 정범과 공범

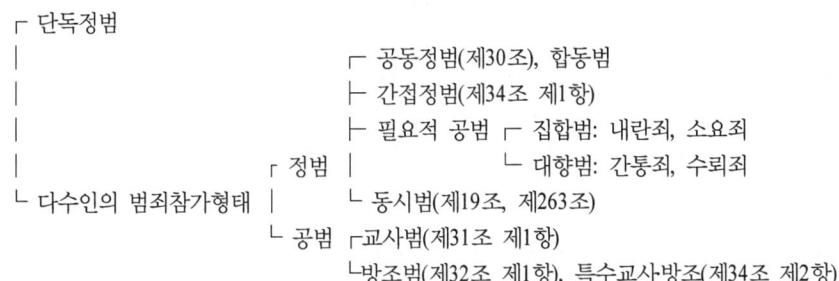

위의 도표에서 보는 바와 같이 1인이 단독으로 범죄를 행하는 경우에는 범죄참가형태는 문제되지 않는다. 2인 이상의 행위자가 가담하여 구성요건을 실행한 경우에는 우선 행위자가 정범과 공범 가운데 어디에 해당하는가를 판단한 후에, 구체적인 형태를 정하여야 한다. 정범과 공범의 구체적인 형태에 대하여 간략히 개념만 익혀 두도록 하자.

---

578) 범죄참가형태를 어떻게 처벌할 것인가에 대한 입법방식으로는 정범과 공범을 구분하지 않는 일원적 체계(단일정범체계)와 정범과 공범을 구분하는 이원적 체계(분리방식)가 있는데, 우리 형법은 후자의 입법방식에 의하여 정범과 공범을 구분하여 규정하고 있다. 다만 이러한 구분은 고의범에 대해서만 타당하며 과실범에 대해서는 적용되지 않는다. 따라서 2인 이상이 각자 주의의무위반에 의하여 구성요건의 실현에 기여한 경우 각 행위자는 과실범의 정범으로서 동시범이 성립한다(Baumann/Weber/Mitsch, AT, § 22 Rn. 73, § 28 Rn. 13). 이러한 의미에서 과실범은 단일정범개념이라고 할 수 있다. 제2편 제9장 제4절 II 2 (2)) (나) 참조.
독일의 형법도 이원적 체계를 채택하고 있으며, 다만 질서위반법은 일원적 체계에 따라서 정범과 공범을 구분하지 않고 있다(동법 제14조 제1항).
579) 신동운, 총론, 565면. 김일수/서보학, 총론, 420면은 이를 "구체적인 행위사상의 중심체"라고 표현한다.
580) 다수인의 범죄참가형태를 광의의 공범이라고 하며, 교사범과 방조범을 협의의 공범이라고 한다. 일반적으로 공범이라고 하면 협의의 공범을 의미한다.

① 단독정범: 1인이 스스로 범죄를 실행하는 것이다. 범행을 직접 행한다는 의미에서 직접단독정범(unmittelbare Alleintäterschaft)이라고도 한다.

(예 1) 의사 甲이 환자 乙에게 독약을 주사하여 사망케 하였다. 이 경우 甲은 살인죄의 단독정범이다.

② 공동정범: 2인 이상이 공동하여 범죄를 실행하는 것이다. 공동정범의 특수한 경우로서 합동범이 있다. 합동범이란 2인 이상이 시간적·장소적으로 합동하여 범죄를 실현하는 것을 말한다.581)

(예 2) 의사 甲과 간호사 乙은 환자 A를 살해하기로 결의하였다. 甲이 범죄계획을 수립한 후에 그 계획에 따라 그는 밖에서 망을 보고, 乙은 병실에 침입하여 A에게 독약을 주사하여 A를 살해하였다. 이 경우 甲과 乙은 살인죄의 공동정범이다.

(예 3) 특수절도죄(제331조 제2항)나 특수강도죄(제334조 제2항)와 같이 "2인 이상이 합동하여" 실행한 경우에는 단독으로 실행한 경우보다 가중처벌되는데, 이를 합동범이라고 한다.

③ 간접정범: 타인을 도구로 이용하여 범죄를 실행하는 것이다. 간접정범은 1인이 단독으로 범죄를 실행하는 경우도 있지만, 2인 이상이 공동하여 실행하는 경우도 있다. 전자를 간접단독정범(mittelbare Alleintäterschaft), 후자를 간접공동정범(mittelbare Mittäterschaft)이라고 할 수 있다.

(예 4-1) 의사 甲이 간호사 乙에게 주사약을 주면서, 환자 A를 위한 영양제이므로 그에게 이 영양제를 주사하라고 지시하였다. 그런데 乙이 주사한 약은 독약이었으며, 이로 인하여 A는 사망하였다. 이 경우 甲은 乙을 도구로 이용하여 살인을 행하였으므로 살인죄의 간접정범이다.

(예 4-2) 위의 (예 4-1)에서 의사 甲과 그의 동료 丙이 공동하여 간호사 乙을 이용하여 A를 살해하였다면 甲과 丙은 살인죄의 간접공동정범에 해당한다.

④ 필요적 공범(필요적 범죄참가형태): 구성요건이 2인 이상의 가담에 의

---

581) 다수설: 예컨대 이재상/ 장영민/ 강동범, 총론, 469면. 이에 대하여 임웅, 총론, 414면은 합동범을 필요적 공범으로 본다.

해서만 실현될 수 있도록 규정되어 있는 범죄를 말한다. 집합범, 대향범이 이에 해당한다. 집합범(집단범, 다중범)이란 2인 이상의 가담자의 의사가 같은 방향에서 같은 목표를 향하여 작용하는 범죄를 말한다.582) 대향범은 가담자의 의사가 같은 목표를 향하여 있지만 서로 다른 방향에서 작용하는 범죄를 말한다.

(예 5) 다중불해산죄(제116조)가 성립하기 위해서는 "폭행, 협박 또는 손괴의 행위를 할 목적으로 다중이 집합"할 것을 전제로 하므로 집합범에 해당한다. 그 외에도 내란죄(제87조), 소요죄(제115조) 등이 이에 해당한다. 그리고 간통죄(제241조), 음화판매죄(제243조), 뇌물죄(제129조, 제133조)는 각 가담자가 같은 목표를 향하여 서로 다른 방향에서 작용하므로 대향범에 해당한다.

필요적 공범에 관여한 자에 대한 처벌이 형법각칙에 모두 규정되어 있는 경우에는 내부참가자는 각자 각칙의 규정에 의하여 처벌되므로 형법총칙의 공범규정(제30조 내지 제32조)이 적용될 여지가 없다. 그러나 외부에서 필요적 공범에 관여한 자에 대하여는 공범규정이 적용된다.

(예 6) 집단의 구성원이 아닌 자가 소요죄나 내란죄의 구성원에게 자금이나 정보를 제공하거나 다른 사람에게 범죄에 가담하도록 권유한 경우에는 소요죄나 내란죄의 방조나 교사가 성립한다. 그러나 구성원 아닌 자에 대하여 공동정범은 성립하지 않는다.583)

문제는 대향자의 일방만을 처벌하고 다른 일방에 대하여는 처벌규정이 없는 경우, 즉 소위 편면적 대향범의 경우에 정범으로 처벌되지 않는 대향자에 대하여 공범규정이 적용되는가이다. 다수설584)과 판례585)는 필요적 공범인 내부참가자 사이에는 임의적 공범을 전제로 하는 공범규정이 적용될 여지가 없다고 본다. 이 견해에 의하면 각칙에 의하여 처벌되지 않는 대향자는 정범(처

---

582) 집합범은 필요적 공범으로서의 집합범과 포괄일죄로서의 집합범 등 두 가지 의미로 사용된다. 후자에 대해서는 제2편 제10장 제2절 II 1 (2) 참조.
583) 이재상/ 장영민/ 강동범, 총론, 435면 이하.
584) 이재상/ 장영민/ 강동범, 총론, 436면.
585) 대법원 1985. 3. 12 선고 84도2747 판결; 대법원 2001. 1. 25 선고 2000도90 판결; 대법원 2001. 12. 28 산고 2001도5158 판결; 대법원 2007. 10. 25. 선고 2007도6712 판결; 대법원 2009. 6. 23. 선고 2009도544 판결; 대법원 2011. 4. 28. 선고 2009도3642 판결; 대법원 2011. 10. 13. 선고 2011도6287 판결.

벌되는 대향자)의 범행에 대한 교사범 또는 방조범으로도 처벌되지 않는다고 한다. 이에 대하여 소수설586)에 의하면 乙은 구성요건의 실현에 필요한 최소한의 정도를 초과하여 적극적으로 정범의 범행에 관여한 경우에는 교사범이 성립한다고 한다.

다수설과 판례는 편면적 대향범의 경우에 대향자의 행위는 당연히 예정되어 있는데, 그 자의 관여행위를 처벌하는 규정이 없다면 그를 공범으로도 처벌할 수 없다고 보는 것이 입법자의 의사에 부합한다는 점이다. 그러나 이러한 논거가 모든 대향범에 대하여 전면적으로 타당하다고 할 수는 없다. 대향범이 성립하기 위하여 최소한 당연히 요구되는 대향자의 행위에 대하여 처벌규정이 없다면 입법자가 그 대향자의 행위를 불가벌로 보겠다는 의사를 표현한 것이라고 이해할 수 있다. 그러나 대향범이 성립하기 위하여 반드시 요구되는 정도를 넘어선 행위는 입법자가 입법 당시 예상하고 있던 불가벌의 범위를 초과한 것이므로 공범의 성립이 가능하다고 보아야 할 것이다. 이처럼 처벌규정이 없는 대향자가 대향범의 구성요건의 실현을 위하여 최소한 요구되는 행위의 범위 내에서 행위한 경우에는 공범규정의 적용이 배제되고, 그 정도를 초과한 경우에만 공범규정이 적용된다는 원칙을 '최소관여의 원칙'이라고 한다.

(예 7-1) 서점을 운영하는 甲은 기존에 판매하던 음화가 불법이라는 사실을 알고 더 이상 판매하지 않기로 하였으나, 乙이 찾아와 자신에게 그 음화를 판매하라고 적극적으로 요구하자 이를 판매하였다. 乙의 죄책은?

음란물을 매수하는 행위에 대하여는 처벌규정이 없으므로 乙이 음화를 매수한 행위 자체는 불가벌이다. 문제는 乙이 음화의 판매의사가 없는 甲을 교사하여 음란물을 판매하게 한 행위가 음화판매죄(제243조)의 교사범에 해당하는가이다. 다수설과 판례에 의하면 처벌규정이 없는 대향자에 대한 공범규정의 적용은 전면적으로 부정되므로 乙에 대하여 음화판매교사는 성립하지 않는다. 그러나 소수설에 의하면 乙은 음화판매죄의 구성요건의 실현에 필요한 최소한의 정도, 즉 甲이 판매하는 음화를 단순히 매입하는 행위에 그친 것이 아니라 적극적으로 甲의 판매행위에 관여함으로써 그 정도를 초과하였으므로 음화판매죄의 교사범이 성립한다.

---

586) 김일수서보학, 앞의 책, 482면.

(예 7-2) 대향범은 구성요건 자체에서 2인 이상의 서로 대향적 행위의 존재를 필요로 하는 경우를 말하므로 구성요건상으로는 단독으로 실행할 수 있는 형식으로 되어 있는데 단지 구성요건이 대향범의 형태로 실행되는 경우는 대향범에 해당하지 않는다.[587] 예컨대 판례는 '불법수익 등의 출처 또는 귀속관계를 숨기거나 가장'하는 행위(마약류 불법거래방지에 관한 특례법 제7조 제1항)는 처벌규정의 구성요건 자체에서 2인 이상의 서로 대향된 행위의 존재를 필요로 하지 않으므로 정범의 이러한 행위에 가담하는 행위에는 형법총칙의 공범 규정이 적용된다고 한다.

(판례 1) 제약회사의 간부 甲은 乙이 약국개설자도 아니고 의약품도소매허가도 없어 의약품을 판매하거나 판매목적으로 취득할 수 없음에도 불구하고,[588] 마약대용물로 남용되고 있는 전문의약품인 염산날부핀 100,000 앰플을 乙에게 판매하였다. 乙은 甲으로부터 매수한 염산날부핀을 일반인들을 상대로 판매하였으며, 甲은 乙에게 염산날부핀을 판매할 당시에도 이러한 사실을 알고 있었다. 甲, 乙의 죄책은?

약국개설자가 아닌 乙이 일반인에게 전문의약품인 염산날부핀을 판매한 행위는 약사법 제35조 제1항 위반죄에 해당한다. 甲은 의약품판매업의 허가가 있으므로 그가 乙에게 염산날부핀을 판매한 행위는 약사법 제35조 제1항 위반죄에 해당하지 않는다. 문제는 甲에게 乙의 약사법위반의 방조범이 성립하는가이다. 이 점에 대하여 대법원은 "매도, 매수와 같이 2인 이상의 서로 대향된 행위의 존재를 필요로 하는 관계에 있어서는 공범이나 방조범에 관한 형법총칙 규정의 적용이 있을 수 없고, 따라서 매도인에게 따로 처벌규정이 없는 이상 매도인의 매도행위는 그와 대향적 행위의 존재를 필요로 하는 상대방의 매수범행에 대하여 공범이나 방조범관계가 성립되지 아니한다"[589]고 판시함으로써 甲에 대하여 약사법위반의 방조범의 성립을 부정하였다. 즉 대법원은 필요적 공범인 내부참가자 사이에는 임의적 공범을 전제로 하는 공범규정이 적용될 여지가 없으므로 각칙에 의하여 처벌되지 않는 대향자는 정범(처벌되는 대향자)의 범행에 대한 교사범 또는 방조범으로도 처벌되지 않는다고 본 것이다.

(판례 2) 신문사 기자인 甲은 취재과정에서 상장법인인 A 주식회사에서 무세제 세탁장치를 개발하여 시연회를 한다는 사실을 알고 그 기사가 보도되기 전날 동생 乙에게 전화를 걸어 그 사실을 알려주었다. 乙은 그 다음날 A 주식회사의 주식 34,280주를 매수하였다가 그 후 무세제 세탁장치 개발사실이 언론에 보도되어 주가가 급상승한 후에 매수한 주식을 주당 15,450원 내지 21,000원에 매도하여 464,445,950원의 매매차익을 취득하였다. 乙의 죄책은?

---

587) 대법원 2022. 6. 30. 선고 2020도7866 판결.
588) 약사법 제35조 제1항: "약국개설자(당해 약국에 근무하는 약사 또는 한약사를 포함한다. 제38조·제39조 및 제41조에서도 이와 같다)가 아니면 의약품을 판매하거나 판매의 목적으로 취득할 수 없다."
589) 대법원 2001. 12. 28. 선고 2001도5158 판결.

내부자로부터 미공개 내부정보를 수령한 제1차 정보수령자 甲이 A 주식회사가 발행한 유가증권의 매매 기타 거래와 관련하여 그 정보를 제2차 정보수령자인 乙로 하여금 이용하게 한 행위는 증권거래법 제188조의2 제1항(미공개정보 이용행위의 금지) 위반죄에 해당한다. 문제는 처벌규정이 없는 대향자 乙을 처벌규정이 있는 대향자 甲에 대한 공범으로 처벌할 수 있는가이다.

이 점에 관하여 대법원은 "법 제188조의2 제1항의 금지행위 중의 하나인 내부자로부터 미공개 내부정보를 수령한 제1차 정보수령자가 다른 사람에게 유가증권의 매매 기타 거래와 관련하여 당해 정보를 이용하게 하는 행위에 있어서는 제1차 정보수령자로부터 당해 정보를 전달받는 제2차 정보수령자의 존재가 반드시 필요하고, 제2차 정보수령자가 제1차 정보수령자와의 의사 합치 하에 그로부터 미공개 내부정보를 전달받아 유가증권의 매매 기타 거래와 관련하여 당해 정보를 이용하는 행위가 당연히 예상되는바, 그와 같이 제1차 정보수령자가 미공개 내부정보를 다른 사람에게 이용하게 하는 법 제188조의2 제1항 위반죄가 성립하는데 당연히 예상될 뿐만 아니라, 그 범죄의 성립에 없어서는 아니 되는 제2차 정보수령자의 그와 같은 관여행위에 관하여 이를 처벌하는 규정이 없는 이상 그 입법 취지에 비추어 제2차 정보수령자가 제1차 정보수령자로부터 제1차 정보수령 후에 미공개 내부정보를 전달받은 후에 이용한 행위가 일반적인 형법 총칙상의 공모, 교사, 방조에 해당된다고 하더라도 제2차 정보수령자를 제1차 정보수령자의 공범으로서 처벌할 수는 없다"590)고 함으로써 필요적 공범에 대하여는 공범에 관한 형법총칙 규정의 적용이 있을 수 없다는 기존의 입장을 유지하였다.

소수설에 의하더라도 乙의 정보이용행위는 증권거래법 제188조의2 제1항 위반죄가 성립하기 위하여 반드시 요구되는 최소한의 범위 내에서 이루어진 행위이므로 乙에 대하여 공범은 성립하지 않는다. 그러나 만일 乙이 단순히 甲으로부터 내부정보를 전달받아 이용한 정도를 넘어서 범죄의사가 없는 甲에게 내부정보를 전달하여 줄 것을 적극적으로 요구하여 이를 증권거래 등에 이용하였다면 그의 행위는 본죄가 성립하기 위하여 반드시 요구되는 최소한의 정도를 넘어선 행위로서 본죄의 공범(교사범)으로 처벌된다고 보아야 할 것이다.

⑤ 동시범(독립행위의 경합): 2인 이상이 공동의 의사가 없이, 즉 서로 독립하여 같은 범죄에 가담하는 것을 말한다. 이는 정범이라는 점에서 공동정범과 같지만, 공동의 의사가 없다는 점에서 '공동하여', 즉 서로 의사의 연락하에 범죄를 실행하는 공정정범과 구분된다.

(예 8) 자동차 운전자 甲과 乙은 서로 충돌하는 바람에 乙의 뒤에 타고 있던 丙이 상해를 입었다. 사고의 원인은 甲의 과속과 乙의 신호등 위반 때문이었다. 여기서 甲과 乙은

---

590) 대법원 2001. 1. 25 선고 2000도90 판결.

서로 의사의 연락도 없이 업무상 과실치상죄를 범하였으므로 동시범에 해당한다.

(예 9) 의사 甲은 A를 살해할 목적으로 독약을 주사하였는데, 이러한 사실을 모르는 간호사 乙도 그에게 독약을 주사하였다. 그 결과 A는 사망하였다. 여기서 甲과 乙은 서로 의사의 연락도 없이 독립하여 A에 대한 살인에 가담했으므로 동시범에 해당한다.

⑥ 교사범: 타인으로 하여금 범죄를 결의하여 실행하도록 하는 것이다.

(예 10) 의사 甲은 간호사 乙에게 독약을 주사하여 A를 살해하라고 설득하자, 乙은 A를 살해하였다. 이 경우 의사 甲은 乙로 하여금 살인을 결의하여 실행하게 하였으므로 살인죄의 교사범이다.

⑦ 방조범: 이미 범죄를 결의한 자로 하여금 범죄의 실행을 용이하게 하거나 강화하는 것이다.

(예 11) 의사 甲은 간호사 乙이 A를 살해하려는 사실을 알고 독약을 마련해 주었다. 乙은 그 약을 A에게 주사하여 살인하였다. 이 경우 甲은 이미 살인을 결의한 乙의 범행을 용이하게 하였으므로 살인죄의 방조범에 해당한다.

II. 정범과 공범의 구분

정범과 공범이 문제되는 사안을 검토함에 있어서는 다음의 사항을 유의하여야 한다.

① 정범과 공범의 구분은 구성요건해당성의 문제이므로 객관적 구성요건의 단계에서 검토한다.

② 정범의 죄책을 공범보다 우선적으로 검토한다. 왜냐하면 후술하는 바와 같이 공범의 종속성으로 인하여 공범의 성립은 정범의 성립을 전제로 하며, 형벌이 가벼운 범죄보다는 무거운 범죄를 먼저 검토하는 것이 순서이기 때문이다. 이처럼 정범의 개념이 정해짐에 따라서 공범의 개념이 정해지는 것을 정범개념의 우위성 또는 공범개념의 종속성이라고 한다.[591]

③ 정범이라고 생각되는 자의 죄책을 검토하기 전에 먼저 문제된 범죄의

---

591) 김일수/서보학, 총론, 416면.

특성상 정범적격(Tätereigenschaft)이 배제되는지 확인하여야 한다. 정범적격이 문제되는 범죄로는 의무범과 자수범이 있다. 이러한 범죄들의 경우에는 정범의 자격(정범적격)이 제한되어 있으므로 행위자에게 이러한 자격이 없는 경우에는 행위지배와 관계없이 정범의 성립이 부정되며 공범의 성립만이 가능하다.

1. 정범개념

정범이란 위에서 정의한 바와 같이 구체적인 범죄사건의 중심인물을 말한다.592) 이에 대한 판단기준은 지배범, 의무범, 자수범 등 범죄유형에 따라 다르다.

(1) 지배범(일반범)

일반범이란 누구나가 행위주체(정범)가 될 수 있는 범죄를 말한다. 살인죄, 절도죄 등과 같은 대다수의 범죄가 이에 해당한다. 일반범의 처벌근거는 행위자가 구성요건적 행위를 통하여 타인의 법익을 침해하였다는 점에 있다. 따라서 일반범에서 정범은 범죄의 실현에 있어서 구성요건에 해당하는 사건진행을 장악(행위지배)한 자이다.593)

---

592) 정범개념에 대해서는 제한적 정범개념과 확장적 정범개념이 있다. 제한적 정범개념에 의하면 구성요건적 행위를 스스로 실행한 자만이 정범이며, 그 이외의 행위(교사나 방조)에 의하여 결과발생에 조건을 제공한 자가 공범이라고 한다. 이 견해에 의하면 정범은 구성요건적 행위를 스스로 실행한 자로서 그 이외의 행위를 한 교사범이나 방조범과는 객관적으로 구별이 가능하므로 정범과 공범의 구별에 있어서 형식적 객관설을 취한다. 이에 대하여 확장적 정범개념에 의하면 결과발생에 조건을 제공한 자가 정범이라고 한다. 이 견해에 의하면 결과발생에 조건을 제공한 자는 모두 정범이 되므로 '구성요건적 행위를 스스로 실행했는가'라는 객관적 기준에 의해서는 정범과 공범의 구별이 불가능하므로 행위자의 의사방향에 의하여 정범과 공범을 구별하는 주관설을 취한다.
제한적 정범개념에 의하면 공범은 구성요건의 영역 밖에 있는 행위를 한 자로서 원칙적으로 처벌되지 않는데, 공범규정(제31조, 제32조)에 의하여 처벌되는 것이므로 이 규정은 형벌확장사유가 된다. 이에 대하여 확장적 정범개념에 의하면 교사범이나 방조범은 결과발생에 조건을 제공한 자로서 본래 정범으로 처벌되어야 하는데, 공범규정에 의하여 처벌범위가 제한되므로 이 규정은 형벌축소사유가 된다.

[정범개념]

정범개념	공범규정	정범과 공범의 구별
제한적 정범개념	형벌확장사유	객관설
확장적 정범개념	형벌축소사유	주관설

593) 이러한 의미에서 일반범을 지배범이라고도 한다.

(2) 의무범

의무범이란 "구성요건에 앞서 존재하는 형법 외적인 특별의무를 침해할 수 있는 자만이 정범이 될 수 있는 구성요건"[594], 즉 행위주체(정범)에 일정한 신분을 요하는 범죄를 말한다.[595] 일정한 신분이 있는 자만이 정범이 될 수 있다는 의미에서 그 신분을 정범적격이라고 한다. 예컨대 수뢰죄와 같은 공무원범죄가 의무범에 해당하며, 여기서 공무원 신분은 정범적격이다.

의무범의 처벌근거는 행위자가 자신에게 부과된 특별의무에 위배하여 법익을 침해하였다는 점에 있다. 예컨대 수뢰죄의 경우 공무원을 처벌하는 이유는 뇌물을 받는 행위 자체보다는 공무원으로서 준수해야 할 청렴의무를 위배하였다는 점에 있다. 이러한 범죄에 있어서 정범은 일정한 신분(특별의무)이 있는 자이다. 즉 행위지배와는 관계없이 의무부담자는 정범이 되며, 그러한 의무가 없는 자는 공범이 된다. 이처럼 의무위반이 정범성의 표지가 된다는 견해를 의무범이론이라고 한다.

의무범에 있어서 '특별의무'는 불법요소이므로 일단 책임신분은 여기에 해당하지 않는다. 그리고 '특별의무'는 형벌의 근거가 되거나 형벌을 가중하는 신분만을 의미하므로, 감경적 신분이나 소극적 신분은 여기서 배제된다. 결국 의무범에 있어서 '특별의무'는 불법요소로서 구성적 신분과 가중적 신분만을 의미하므로 신분범에 있어서 '신분'보다 좁은 개념이다. 이러한 의미에서 의무범은 신분범의 특수형태라고 할 수 있다.[596]

(예 12) 甲은 공무원 乙과 결탁하여 丙, 丁 등으로부터 뇌물을 받아 공평하게 나눌 것을 약속하고, 丙, 丁 등을 만나 그들의 청탁을 들어주는 것을 조건으로 乙에게 뇌물을 제공할 것을 요구하였다. 甲의 죄책은?

수뢰죄는 신분범으로서 공무원의 신분을 가진 자만이 정범이 될 수 있으며, 행위지배의 기준은 적용되지 않는다. 甲은 수뢰사건에서 주도적인 역할을 했지만 정범적격이 결여되므로 수뢰죄의 정범이 될 수는 없으며 다만 수뢰교사죄(제129조)의 성립만이 가능하다.

---

594) 김일수/서보학, 총론, 412면.
595) 신분범에 대해서는 제2편 제9장 제5절 I 참조.
596) 김일수/서보학, 총론, 422면 이하는 진정신분범을 행위자관련신분범과 결과관련신분범으로 분류하고 전자만이 의무범에 해당한다고 한다.

행위지배와 관계없이 특별의무를 침해한 자를 정범으로 처벌할 수 있기 위해서는 '특별의무'를 타인의 법익을 보호해야 할 적극적 보호의무에 국한하는 것이 타당하다.597) 따라서 구성요건의 행위주체가 신분자에 국한되더라도 그 신분자가 타인의 법익을 침해하지 않아야 하는 소극적 의무만을 부담하는 경우에는 그 범죄는 의무범이 아니라 지배범에 해당한다. 간단히 말하면 지배범은 소극적 회피의무에 대한 위반을, 의무범은 적극적 보호의무에 대한 위반을 말한다.598) 앞에서 설명한 바와 같이 보호의무에 위반한 부진정부작위범은 의무범이고 감독의무에 위반한 부진정부작위범은 지배범이라는 설명은 이러한 의미에서 이해할 수 있다.599)

(3) 자수범

자수범은 자수에 의하여, 즉 행위자 자신이 직접 실행행위를 해야 정범이 성립할 수 있는 범죄를 말한다. 예컨대 준강간죄나 준강제추행죄(제299조), 간통죄(폐지), 위증죄(제152조) 등이 이에 해당한다. 자수범은 행위주체와 실행행위가 밀접하게 관련되어 있기 때문에 행위자가 직접 실행행위를 해야 정범이 된다. 자수범에서 정범은 실행지배를 한 자에 국한되므로 직접 실행행위를 하지 않은 자에 대하여 정범(공동정범, 간접정범)의 성립은 불가능하다.

(예 13) 甲은 乙에게 법정에서 자기가 요구하는 내용대로 허위의 진술을 하면 거액을 주겠다고 제의하였다. 乙은 甲에게 매수되어 그가 시키는 대로 위증을 하였다.
(1) 甲의 죄책은?
위증죄는 자수범이므로 행위자가 직접 법률에 의하여 선서한 후에 허위의 진술을 하여야 정범이 성립한다. 따라서 甲이 위증을 주도하였고 乙은 甲이 시키는 대로 증언한 것에 불과하지만 乙이 위증죄의 정범이며, 甲은 공범(교사범)에 불과하다.
(2) 만일 甲이 위증을 하지 않으면 乙을 살해하겠다고 협박하여 그로 하여금 위증을 하도록 강요했다면?
乙의 행위는 강요된 행위(제12조)로서 책임이 조각된다. 그리고 甲이 乙을 책임 없는 도구로 이용했더라도 위증죄는 자수범이므로 본죄의 간접정범은 성립하지 않는다. 다만 위증교사죄(제152조, 제21조 제1항)와 강요죄(제324조)의 상상적 경합이 성립한다.

---

597) Herzberg, Grundfälle zur Lehre von Täterschaft und Teilnahme, JuS 1975, 172.
598) 타인의 법익을 보호해야 할 적극적 의무를 Herzberg, JuS 1975, 171 ff.는 "보호보증인의무"라고 하며, 타인의 법익을 침해하지 않아야 할 소극적 의무를 "감독보증인의무"라고 한다.
599) 제2편 제7장 제3절 III 2 참조.

(판례 3) 甲은 협박으로 겁을 먹은 피해자 乙女로 하여금 스스로 가슴 사진, 성기 사진, 가슴을 만지는 동영상을 촬영하도록 한 다음, 그와 같이 촬영된 사진과 동영상을 전송받았다. 甲의 죄책은?

강제추행죄는 사람의 성적 자유 내지 성적 자기결정의 자유를 보호하기 위한 죄로서 정범 자신이 직접 범죄를 실행하여야 성립하는 자수범이 아니다. 따라서 甲이 강제추행죄로 처벌되지 않는 피해자 乙女를 도구로 삼아 피해자의 신체를 이용하여 추행행위를 한 것이므로 그에 대하여는 하는 강제추행죄의 간접정범이 성립한다."600)

2. 지배범에서 정범과 공범의 구별기준

▶ 정범과 공범의 구별에 관한 학설

- 객관설
  - 형식적 객관설 - 구성요건적 행위를 스스로 실행한 자는 정범, 그 이외의 행위를 한 자는 공범
  - 실질적 객관설(필요설) - 범죄의 수행에 필요불가결한 행위기여를 한 자는 정범, 단순가담자는 공범
- 주관설 - 정범의사 또는 범행결과에 대한 자기의 이익을 가진 자는 정범, 공범의사를 가진 자는 공범
- 행위지배설 - 행위지배가 있는 자는 정범, 없는 자는 공범

(1) 객관설

제한적 정범개념에 근거하고 있는 객관설은 처음에는 구성요건적 행위를 직접 실행하였는가 아니면 그 이외의 방법으로 결과발생에 단순히 조건만을 제공하였는가에 따라서 공범과 정범을 구별하였다(형식적 객관설). 그러나 이 견해에 의하면 타인을 도구로 이용하여 범죄를 조종하는 간접정범이나 범죄단체의 배후에서 범죄를 실질적으로 조종하는 자가 공범이 되며,

공동으로 범죄를 실행한 경우에도 구성요건에 해당하는 행위를 한 자만이 정범이 되므로 정범의 성립범위를 지나치게 제한하는 문제점을 가지고 있다.

(예 14) 甲은 자신의 주도 하에 乙과 공모하여 A를 살해하기로 결의하였다. 그들은 계획대로 甲이 A와 말을 거는 사이에 乙은 커피에 독약을 넣었다. A는 그 커피를 마시고 사망하였다. 형식적 객관설에 의하는 경우 甲, 乙의 죄책은?

---

600) 대법원 2018. 2. 8. 선고 2016도17733 판결.

만일 형식적 객관설에 따라 행위자의 주관적인 면을 고려하지 않고 구성요건적 행위를 누가 직접 실행했는가에 따라 정범과 공범을 구별한다면 직접 독약을 넣은 乙이 정범이 될 것이며, 범죄를 주도한 甲은 공범에 불과하다는 부당한 결과가 된다.

이러한 문제를 해결하기 위해서 실질적 객관설은 기존의 형식적 기준을 포기하고 행위기여의 객관적 의미(실질적 기준), 특히 결과발생에 필요불가결한 행위를 했는가에 따라 정범과 공범을 구별하려고 시도하였다(필요설). 그러나 이 견해도 행위의 주관적 요소를 고려하지 않았다는 점에서 형식적 객관설이 가지고 있는 근본적인 문제를 그대로 가지고 있다.

(예 15) 甲은 乙에게 커피에 독약을 넣으라고 지시한 후에 그 커피를 직접 A에게 가져다주었다. A는 그 커피를 마시고 사망하였다.

(1) 실질적 객관설에 의하는 경우 甲, 乙의 죄책은?
甲은 A의 살인에 대한 필요불가결한 행위를 했으므로 살인의 정범, 乙은 甲의 지시에 따라 독약을 섞었으므로 살인에 대한 방조범이 성립한다.

(2) 만일 위의 (1)에서 乙이 커피에 독약을 섞은 사실을 甲이 전혀 모르고 A에게 커피를 가져다주었다면?
乙의 주관을 고려하지 않고 사건의 객관적인 면만 보면 (1)과 다르지 않음에도 불구하고 乙은 살인죄의 간접정범이 된다. 乙에 대하여 간접정범의 성립을 인정하기 위해서는 행위자의 주관을 고려하지 않을 수 없다.

(2) 주관설

확장적 정범개념에 근거하고 있는 주관설은 행위자의 의사방향에 따라 정범과 공범을 구별한다. 주관설은 독일의 제국재판소[601]가 채택한 이후 지금까지도 연방대법원이 취하고 있는 이론으로서 처음에는 정범의사를 가지고 행위한 자는 정범, 공범의사를 가지고 행위한 자는 공범이라고 보았다(고의설 또는 의사설). 즉 "자기의 범죄를 실현할 의사를 가지고 있는 자는 정범, 타인의 범죄를 실현할 의사를 가지고 있는 자는 공범"이라는 소위 고의공식(animus- Formel)에 의하여 판단한다. 그러나 이 공식은 명확하지 못하여 결국 공범과 정범의 구별을 법관의 자의에 맡기게 된다는 비판이 제기되었다. 이로

---
[601] RGSt 2, 162; 3, 182.

인하여 제국재판소602)는 기존의 고의설을 보충하여 범죄결과에 대한 이익이 있는가에 따라 정범의사와 공범의사를 판단하게 되었다(이익설 또는 목적설).

(예 16) 미혼모 甲은 신생아를 살해하고자 하였으나 몸을 움직일 수가 없어 언니 乙에게 살해를 부탁하였다. 이익설에 의하면 甲과 乙의 죄책은?(욕조사건)

이익설에 의하면 甲은 범죄결과에 대하여 자신의 이익을 가지고 있으므로 살인의 정범이라는 점에 의심이 없다. 문제는 살인을 직접 수행한 乙도 정범으로 볼 수 있는가이다. 이 점에 대하여 독일의 제국재판소는 乙이 구성요건적 행위를 직접 실행했더라도 범죄결과에 대해 자기의 이익이 없다는 이유로 살인에 대한 방조범의 성립만을 인정하였다.603)

이익설에 의하면 행위자가 직접 범죄를 실행한 경우에도 범죄결과에 대한 이익이 없으면 방조범이 성립하는 결과가 된다는 점에서 타당하지 못하다. 따라서 주관설을 취하는 일부 학설은 기존의 이익설을 수정하여 정범의사를 판단함에 있어서 범죄결과에 대한 이익 이외에도 행위지배의사(Wille zur Tatherrschaft)도 함께 고려하고 있다(제한적 주관설).604) 이 견해에 의하면 범죄결과에 대하여 이익이 있는 자는 물론 이러한 이익이 없더라도 행위지배의사가 있는 자에 대해서도 정범의사가 인정된다고 한다. 연방대법원도 제국재판소가 취하던 이익설을 원칙적으로 받아들이되 다만 기존의 극단적 주관설605)을 수정하여 제한적 주관설을 취하고 있다.606)

(예 17) 남편과 불화가 있었던 甲女는 乙男에게 여러 차례에 걸쳐 자신의 남편 A男을 살해하라고 부탁하였다. 乙男은 처음에는 거절하였으나 결국 甲女의 집요한 부탁을 거절하지 못하고 A男을 살해하였다. 주관설에 의하면 甲女, 乙男의 죄책은?

이익설에 의하면 甲女는 살인의 정범, 乙男은 살인방조범이 된다. 이에 대하여 제한적 주관설에 의하면 甲女는 범죄결과에 대하여 이익이 있으므로 살인정범이 되며, 乙男은 그러한 이익은 없으나 살인을 직접 수행한 자로서 행위지배의사가 있으므로 정범의사가 인정되며 따라서 살인죄의 정범이 된다. 결국 甲女와 乙男은 살인의 공동정범이다.

---

602) RGSt 74, 84.
603) RGSt 74, 85.
604) Baumann/Weber/Mitsch, AT, § 29 Rn. 44 ff.
605) 이러한 제한적 주관설에 대하여 기존의 고의설이나 이익설을 극단적 주관설이라고도 한다.
606) 예컨대 BGHSt 8, 396.

이 사건에서 독일의 연방대법원607)은 범죄결과에 자신의 이익이 없더라도 범죄를 직접 실행하였다는 이유로 乙男에 대하여 정범의사를 인정하였다. 그러나 연방대법원이 기존의 이익설을 포기한 것은 아니다. 왜냐하면 범죄를 직접 실행하지 않은 甲女는 남편 A男의 사망에 대하여 이익이 있다는 이유로 역시 정범의사를 인정했기 때문이다. 이 판례는 제한적 주관설에 따른 것으로 볼 수 있다.

(예 18) 구소련의 공작원 스타신스키는 KGB 요원의 지령에 따라 2명의 정치망명객을 독총으로 살해하였다. 그 지령에는 살해대상, 장소, 무기 등 제반사항이 구체적으로 명기되어 있었다. 주관설에 의하는 경우 스타신스키의 죄책은?(Staschynskij사건)

KGB 요원은 살인결과에 대하여 자신의 이익을 가지고 있으므로 정범의사가 인정되며 따라서 살인의 정범이 된다. 문제는 스타신스키도 정범으로 볼 수 있는가이다. 극단적 주관설에 의한다면 스타신스키는 범죄결과에 대하여 자기의 이익이 없으므로 KGB 요원의 살인에 대한 방조범이 성립할 것이다. 그러나 이 사건은 독일의 연방대법원이 제한적 주관설을 취한 이후에 발생한 사건이다. 이 사건에 대한 판결에서 연방대법원은 제한적 주관설의 입장에서 구성요건을 직접 실행한 경우 정범이 성립한다는 원칙을 확인하면서 여기에는 예외가 있다는 입장을 밝혔다.608) 즉 스타신스키는 직접 살인을 수행했지만, 지령을 내린 자가 범죄의 여부와 방법 등 세부적인 사항까지도 주도하였으며 스타신스키는 단지 범죄의 도구에 불과했다는 점, 스타신스키는 감수성이 예민한 청소년 시절부터 주입식 사상교육을 받았다는 점, KGB에 의하여 감시당하고 있는 상황에서 지령에 따르지 않는 경우 반역자로서 보복을 당할 것이라고 생각하고 있었다는 점 등을 이유로 살인에 대한 정범의사가 없었다고 보아 살인방조죄의 성립만을 인정하였다.609)

(3) 행위지배설

구성요건적 행위는 객관적·주관적 의미통일체이므로 정범개념을 파악하거나 정범과 공범을 구별함에 있어서도 행위의 객관적 요소와 주관적 요소를 종합적으로 고려하여야 한다. 이러한 점에서 객관설이나 주관설은 일면성을 면할 수 없으며 합리적인 결과를 기대하기도 어렵다. 이러한 문제를 해결하기 위해 객관설과 주관설을 종합한 절충설로서 행위지배설이 있다. 이 견해가 우리나라의 통설로서 타당하다.

---

607) BGHSt 8, 396, 399.
608) 이러한 입장은 연방대법원이 기존의 극단적 주관설을 수정하는데 필요한 경우에만 행위지배를 고려하겠다는 취지로 이해할 수 있다.
609) BGHSt 18, 87.

행위지배설에 의하면 정범은 '사건의 중심인물'로서 행위지배를 한 자이며, 공범은 '사건의 주변인물'로서 행위지배를 하지 않고 단지 정범의 범행을 야기하거나 촉진한 자이다. 여기서 행위지배는 행위의 객관적·주관적 요소의 결합에 의하여 형성된 개념으로서 "고의에 의한 구성요건적 사건진행의 장악"이라고 정의할 수 있다. 여기서 "구성요건적 사건진행의 장악"이란 행위자가 범죄의 진행 여부와 방법을 결정할 수 있는 경우를 말한다.

행위지배를 위해서는 ① 주관적 요소로서 범죄에 적합한 수단을 계획적으로 조종하려는 조종의사(의사가담)가 있어야 하며 ② 객관적 요소로서 객관적 행위기여가 있어야 한다. 요컨대 행위자가 자신의 의사가담과 객관적 행위기여에 근거하여 범죄의 진행 여부와 방법을 지배함으로써 범죄결과가 행위자의 조종의사의 작품이라고 볼 수 있는 경우에 정범이 된다. 이에 대하여 행위지배를 하지 않고 단지 타인의 범죄를 야기하거나 촉진한 경우에는 공범이 성립한다.

행위지배의 객관적 요소가 미약하거나 없더라도 주관적 요소의 강화를 통하여 그 부족되는 부분이 보충된다면 기능적 행위지배는 인정될 수 있다. 따라서 범죄조직의 두목과 같이 범죄를 직접 실행하는데 전혀 가담하지 않았더라도 범죄결과에 대한 자기의 이익이나 행위지배의사가 강화된 경우에는 행위지배가 인정된다. 역으로 범죄결과에 대한 이익이 미약하여 주관적 요소가 약하더라도 객관적 요소가 주관적 요소의 부족되는 부분을 보충할 수 있는 경우에는 행위지배가 인정된다. 따라서 범죄에 대한 이익이 전혀 없더라도 범죄를 직접 실행한 경우에는 행위지배가 인정되므로 정범이 성립한다.

▶ 행위지배의 요소

행위지배 ┌ 객관적 요소: 객관적 행위기여의 종류와 정도
　　　　　└ 주관적 요소: 의사가담

(예 19) 행위지배설에 의하면 (예 16)의 욕조사건에서 직접 살해행위를 한 乙은 의심의 여지없이 정범이 된다. 문제는 실행행위에 직접 가담하지 않은 미혼모 甲이다. 행위지배의 객관적 요소가 미약하거나 없더라도 주관적 요소의 강화를 통하여 그 부족되는 부분이 보충된다면 기능적 행위지배는 인정될 수 있다. 甲은 실행행위에 대하여 객관적 행위기여는 없었지만 범죄계획의 수립을 주도했으므로 아기의 사망결과는 그녀의 조종의사의 작품이

라고 평가할 수 있다. 즉 甲에 대하여는 기능적 행위지배가 인정되므로 살인죄의 공동정범이 된다.

(예 20) (예 18)의 스타신스키사건도 마찬가지다. 스타신스키는 피해자를 직접 살해했으므로 살인에 대한 정범이 된다. 그리고 지령을 내린 자도 살해행위를 직접 수행하지는 않았지만 범죄계획을 구체적으로 수립하여 스타신스키에게 지시를 하였으므로 기능적 행위지배를 했다고 볼 수 있다. 따라서 스타신스키와 지령을 내린 자는 살인의 공동정범이 된다.

록신(Roxin)은 행위지배의 유형을 실행지배, 의사지배, 기능적 행위지배 등 3가지로 유형화하였으며,[610] 이 유형은 우리나라의 다수설이 타당한 것으로 받아들이고 있다.

▶ 행위지배의 유형
- ① 실행지배: 범죄를 직접 실행한 경우 - 직접정범.
- ② 의사지배: 우월적 의사에 근거하여 타인을 도구로 이용하여 범죄를 실행한 경우 - 간접정범.
- ③ 기능적 행위지배: 2인 이상이 공동으로 범죄계획을 수행함에 있어서 각자가 역할분담에 따라서 범죄수행에 필요한 부분을 분업적으로 수행함으로써 공동으로 행위지배를 하는 경우 - 공동정범

---

[610] Roxin, Täterschaft und Tatherrschaft, 5. Aufl., S. 126.

제 2 절 간접정범

I. 의의

1. 개념

간접정범이란 "어느 행위로 인하여 처벌되지 아니하는 자 또는 과실범으로 처벌되는 자를 교사 또는 방조하여 범죄행위의 결과를 발생케 하는 것"(제34조 제1항)을 말한다. 여기서 '교사 또는 방조'란 공범에서 말하는 교사, 방조가 아니라 이용한다는 의미이다. 다시 말하면 간접정범은 우월한 의사지배에 의하여 타인을 하나의 인간도구로 이용하여 범죄를 행하는 것을 말한다. 예컨대 정신이상자를 부추겨 재물을 손괴하거나 의사가 간호원에게 독극물을 영양제라고 속여 주사하게 하는 경우가 여기에 해당한다. 여기서 인간을 도구로 이용한 자를 이용자(배후자)라고 하며 도구로 이용된 자를 피이용자(행위매개자, 도구)라고 한다.

2. 본질

배후자는 우월한 의사 내지는 피이용자의 하위지위에 근거하여 구성요건적 사건의 진행을 장악(행위지배)하였다고 할 수 있다. 즉 배후자는 범행을 직접 실행하지는 않았으나 의사지배(우월한 의사에 근거한 행위지배)를 하였으므로 정범에 해당한다(정범설).[611] 제34조 제1항은 간접정범을 "교사 또는 방조의 예에 의하여 처벌한다"라고 규정하고 있는데, 이를 근거로 간접정범이 공범이라고 할 수는 없다.

---

[611] 통설: 예컨대 이재상/ 장영민/ 강동범, 총론, 452면 이하. 이에 대하여 간접정범을 공범으로 보는 견해(공범설)에 대하여는 신동운, 총론, 663면 이하 참조.

II. 성립요건

제34조 제1항은 "① 어느 행위로 인하여 처벌되지 아니하는 자 또는 과실범으로 처벌되는 자를 ② 교사 또는 방조하여 범죄행위의 결과를 발생케 할 것"을 요구하고 있다. 따라서 간접정범이 성립하기 위해서는 ① 피이용자의 행위와 ② 이용행위가 있어야 한다.

간접정범이 성립하기 위해서는 피이용자의 행위가 있을 것을 요하므로 피이용자의 신체적 거동이 행위가 아닌 경우, 즉 유의성이 없는 경우에는 간접정범이 성립하는 것이 아니라 직접정범이 성립한다.

(예 1) 甲이 乙의 도자기를 손괴할 목적으로 丙을 떠밀었는데, 丙이 도자기 위로 넘어지는 바람에 도자기가 깨진 경우 甲, 丙의 죄책은?

丙의 거동은 형법상 행위에 해당하지 않으므로 불가벌이다. 그리고 甲이 丙을 떠밀어 乙의 도자기를 손괴한 행위는 丙을 도구로 이용한 것이 아니라 직접 범죄를 실행한 것이므로 손괴죄의 직접정범에 해당한다. 간접정범이 성립하기 위해서는 피이용자의 행위가 있을 것이 요구되는데, 丙의 신체적 거동은 행위가 아니므로 甲에 대하여 간접정범은 성립할 수 없다.

1. 피이용자의 행위유형

피이용자는 "어느 행위로 인하여 처벌되지 아니하는 자 또는 과실범으로 처벌되는 자"이어야 한다. 여기서 "어느 행위로 인하여 처벌되지 아니하는 자"란 범죄의 성립요건 가운데 하나가 결여되어 처벌되지 않는 자를 말한다.

(1) 구성요건해당성이 없는 경우

① 객관적 구성요건해당성이 없는 경우: 배후자가 피이용자를 강요 또는 기망하여 그로 하여금 자상(自傷) 또는 자살하도록 하는 경우가 여기에 해당한다.

(예 2-2) 도살업자 甲은 그의 훈련생 乙에게 칼을 들이대고 강제로 방금 도축한 소의 내장을 먹게 하였다. 그 결과 乙이 배탈이 났다면 甲의 죄책은?[612]

乙이 내장을 먹고 배탈이 난 행위는 상해에 해당하지만 상해죄의 구성요건은 타인을 상해한 경우에만 성립하므로 乙의 행위는 상해죄의 구성요건해당성이 없다. 그러나 甲이 乙을 협박하여 내장을 먹게 한 행위는 상해의 구성요건해당성이 없는 피이용자 乙을 도구로 이용하여 스스로 상해를 하도록 한 행위로서 상해죄의 간접정범에 해당한다.

그 외에도 다수설은 진정신분범에서 신분 없는 고의 있는 도구를 이용하는 경우에도 간접정범의 성립을 인정한다. 간접정범이 성립하기 위해서는 배후자에게 의사지배가 있어야 하는데, 신분 없는 자에게 고의가 있는 경우에는 배후자가 우월한 의사지배에 근거해서 신분 없는 자를 도구로 이용하였다고 보기 어렵다. 따라서 다수설은 '규범적·심리적 행위지배'(사회적 행위지배)를 근거로 간접정범의 성립을 인정한다.613) 그러나 이 견해는 행위지배를 의제적으로 인정하였다는 점에서 채택하기 어렵다.

의무범이론614)에 의하면 신분범(의무범)의 경우 행위지배와 관계없이 일정한 신분(특별의무)이 있는 자는 정범이며, 비신분자는 공범이 된다.615)

(예 2-2) 공무원 甲이 운전기사 乙로 하여금 약소장소에 나가서 丙이 건네주는 뇌물을 받아오도록 심부름을 시켰다. 乙은 丙이 제공하는 것이 뇌물이라는 사실을 알고 있으면서도 甲의 지시에 따랐다. 甲과 乙의 죄책은?

다수설에 의하면 甲은 신분이 없는 도구 乙을 이용하여 뇌물을 수수하였으므로 수뢰죄의 간접정범이 성립한다. 그리고 乙에게는 이러한 신분이 없으므로 수뢰죄의 정범이 성립하지는 않으며, 다만 乙은 뇌물을 대신 받음으로써 정범 甲의 범행을 용이하게 하였으므로 수뢰죄의 방조범으로 처벌된다.
그러나 의무범이론에 의하면 수뢰죄는 신분범으로서 공무원의 신분을 가진 자만이 정범이 될 수 있으며 행위지배는 정범의 기준이 아니므로 공무원 甲은 수뢰죄의 정범으로 처벌되며 그러한 신분이 없는 乙은 정범인 甲의 범행을 용이하게 하였으므로 그에 대하여는 수뢰죄의 방조범이 성립한다.

② 주관적 구성요건해당성이 없는 경우: 피이용자를 고의 없는 도구로 이

---

612) RGSt 26, 242.
613) 예컨대 이재상/ 장영민/ 강동범, 총론, 454면 참조.
614) 제2편 제9장 제1절 II 1 (2).
615) 김일수/서보학, 총론, 424면.

용하는 경우, 예컨대 '과실범으로 처벌되는 자'(제34조 제2항) 또는 사실의 착오로 인하여 고의가 조각되는 자를 이용한 경우가 여기에 해당한다. 피이용자에게 고의가 없으면 족하며, 그가 과실범으로 처벌되는가의 여부는 간접정범의 성립에 영향을 미치지 않는다.

(예 3) 사냥꾼 甲은 숲 뒤에 있는 乙을 살해할 목적으로 동료사냥꾼 丙에게 "숲 뒤에 사슴이 있으니 도망가기 전에 발사하라"고 하면서 자신의 총을 건네주었다. 丙은 다급한 나머지 숲 뒤에 있는 것이 사슴인지의 여부도 확인하지 않고 총을 발사하여 乙을 사망케 하였다. 甲, 丙의 죄책은?

丙이 사람을 사슴으로 착오한 것은 객체의 착오에 해당하므로 그에 대하여는 과실치사죄가 성립한다. 그리고 甲은 과실범으로 처벌되는 자를 이용하여 乙을 살해하였으므로 살인죄의 간접정범이 성립한다.

(판례 1) 경찰서 보안과장 甲은 乙의 음주운전을 눈감아주기 위하여 그에 대한 음주운전자 적발보고서를 찢어버리고, 부하로 하여금 일련번호가 동일한 가짜 음주운전 적발보고서에 丙에 대한 음주운전 사실을 기재케 하여 그 정을 모르는 담당 경찰관 丁으로 하여금 주취운전자 음주측정처리부에 丙에 대한 음주운전 사실을 기재하여 비치하도록 하였다. 甲, 丁의 죄책은?

[참조조문]
제227조(허위공문서작성등) 공무원이 행사할 목적으로 그 직무에 관하여 문서 또는 도화를 허위로 작성하거나 변개한 때에는 7년 이하의 징역 또는 2천만원 이하의 벌금에 처한다.

丁이 乙에 대한 음주운전자 적발보고서와 일련번호가 동일한 난에 丙에 대한 음주운전 사실을 기재하여 비치한 행위는 허위공문서작성 및 동 행사죄의 객관적 구성요건에 해당한다. 그러나 丁에게는 고의가 없으므로 본죄는 성립하지 않는다.
甲은 丁의 착오를 이용하여, 즉 丁을 고의 없는 도구로 이용하여 허위공문서작성 및 동 행사죄를 행하였으므로 본죄의 간접정범이 성립한다.[616]

그 외에도 다수설은 신분 없는 고의 있는 도구를 이용한 경우와 마찬가지로 목적 없는 고의 있는 도구를 이용하는 경우에도 규범적·심리적 행위지배를 근거로 간접정범의 성립을 인정한다. 그러나 이 견해는 행위지배를 의제적으로

---

616) 대법원 1996. 10. 11. 선고 95도1706 판결.

인정하였다는 점에서 채택하기 어렵다. 그 보다는 목적범의 구성요건이 요구하는 목적과 행위지배(실행지배)가 모두 있으면 직접정범이 성립하고 그러한 목적 또는 행위지배가 없으면 공범의 성립이 가능하다고 보는 견해[617)가 타당하다.

> (예 4) 甲은 乙에게 丙 소유의 도자기를 절취해 달라고 부탁하였다. 평소에 甲에게 신세를 많이 진 乙은 甲의 부탁을 거절하지 못하고 丙의 도자기를 절취하여 甲에게 가져다주었다. 甲, 乙의 죄책은?

다수설에 의하면 乙에게는 불법영득의사가 없으므로 절도죄의 정범이 성립하지 않는다. 甲은 불법영득의사, 즉 목적 없는 고의 있는 도구 乙을 이용하여 丙의 재물을 절취하였으므로 규범적·심리적 행위지배가 인정되며 따라서 절도죄의 간접정범이 성립한다. 그리고 乙은 정범인 甲의 범행을 용이하게 하였으므로 절도죄의 방조범이 성립한다.

그러나 규범적·심리적 행위지배는 기존의 행위지배의 개념과 부합하지 못한다는 점에서 타당하지 않다. 소위 '목적 없는 고의 있는 도구'를 이용한 간접정범은 성립하지 않는다고 보아야 한다. 따라서 목적과 행위지배(실행지배)가 모두 있으면 직접정범이 성립하고 그러한 목적 또는 행위지배가 없으면 공범의 성립여부를 검토하면 된다.

乙은 재물을 직접 절취하였으므로 실행지배가 인정된다. 문제는 그에게 불법영득의사가 있는가이다. 불법영득의사에서 말하는 이용의사는 재물을 마치 자기의 소유물과 같이 이용하려는 의사로서 일시적이면 족하며 그 재물을 최종적으로 누가 영득하는가는 중요하지 않다. 乙이 재물을 절취하여 그 재물을 甲에게 건네주려는 의사(제3자를 위한 영득의사) 속에는 그 재물을 마치 자기의 소유물인 것처럼 이용하려는 의사가 포함되어 있으므로[618) 乙에게는 불법영득의사가 인정된다. 따라서 乙에 대하여는 절도죄의 직접정범이 성립한다. 그리고 甲은 정범인 乙로 하여금 丙의 재물을 절취하도록 교사하였으므로 절도죄의 교사범이 성립한다.

(2) 위법성이 없는 경우

배후자가 적법하게 행위하는 피이용자를 도구로 이용하는 경우에 간접정범이 성립한다. 여기서 피이용자를 적법하게 행위하는 도구라고 한다.

> (판례 2) 경찰 甲은 상해죄만으로는 구속되기 어려운 乙에 대하여 허위의 진술조서를 작성하고, 乙의 혐의없음이 입증될 수 있는 유리한 증거를 구속영장신청기록에 누락시키는 한편, 乙에게 사문서위조 및 동행사, 사기, 공갈 등의 혐의가 인정된다는 허위내용의

---

617) 김일수/서보학, 총론, 434면 이하.
618) 김일수/서보학, 각론, 435면.

범죄인지보고서를 작성하여 구속영장을 신청하였다. 그 정을 모르는 담당 검사 A는 구속영장을 청구하였고, 수사서류 등이 허위작성된 사실을 모르는 영장전담판사 B는 구속영장을 발부하였다. 이로 인하여 乙은 구속·수감되었다. 甲의 죄책은?

> [참조조문]
> **제124조(불법체포, 불법감금)** ① 재판, 검찰, 경찰 기타 인신구속에 관한 직무를 행하는 자 또는 이를 보조하는 자가 그 직권을 남용하여 사람을 체포 또는 감금한 때에는 7년 이하의 징역과 10년 이하의 자격정지에 처한다.

검사 A가 영장을 청구한 행위나 판사 B가 영장을 발부한 행위는 '법령에 의한 행위'(제20조)로서 위법성이 조각된다. 경찰 甲이 A, B를 적법하게 행위하는 도구로 이용하여 乙을 구속·감금한 행위는 직권남용감금죄(제124조 제1항)의 간접정범에 해당한다. 대법원도 "감금죄는 간접정범의 형태로도 행하여질 수 있는 것이므로, 인신구속에 관한 직무를 행하는 자 또는 이를 보조하는 자가 피해자를 구속하기 위하여 진술조서 등을 허위로 작성한 후 이를 기록에 첨부하여 구속영장을 신청하고, 진술조서 등이 허위로 작성된 정을 모르는 검사와 영장전담판사를 기망하여 구속영장을 발부받은 후 그 영장에 의하여 피해자를 구금하였다면 형법 제124조 제1항의 직권남용감금죄가 성립한다고 할 것이다."[619]라고 판단하였다.

(3) 책임이 없는 경우

배후자가 ① 책임능력 없는 도구, ② 회피불가능한 법률의 착오 하에 있는 도구, ③ 자유 없는 도구를 이용한 경우에 간접정범이 성립한다.

(예 5) 甲女는 지존파라는 범죄조직원들에게 납치된 상태에서 乙을 살해하지 않으면 甲女를 죽이겠다는 조직원 丙의 협박에 의하여 하는 수 없이 함께 납치된 乙을 총으로 살해하였다(지존파살인사건). 甲女와 丙의 죄책은?

甲女의 행위는 살인죄의 구성요건에 해당하고 위법하지만 생명에 대한 저항할 수 없는 협박에 의한 것으로서 강요된 행위(제12조)에 해당하므로 책임이 조각된다. 丙은 甲女를 자유 없는 도구로 이용하여 乙을 살해하였으므로 살인죄의 간접정범이 성립한다.

공범의 종속성에 관하여 제한적 종속형식에 의하면 피이용자의 행위가 구성요건해당성이나 위법성이 없으면 간접정범이 성립하며, 공범이 성립할 여지는 없다. 그러나 피이용자에게 책임이 없는 때에는 간접정범과 공범의 성립이

---

619) 대법원 2006. 5. 25. 선고 2003도3945 판결.

모두 가능하다. 이 경우에 간접정범과 공범의 구분은 행위지배(의사지배)에 의한다. 배후자에게 우월한 의사지배가 인정되기 위해서는 정신이상자나 미성년자가 선악의 판별능력이 없어야 한다. 만일 피이용자에게 옳고 그름에 대한 변별능력이 있다면 우월한 의사지배가 있다고 할 수 없으므로 간접정범이 성립하는 것이 아니라 교사범이 성립한다.

(예 6) 甲은 만6세의 아이 乙에게 창고 옆에 쌓아둔 볏짚에 불을 놓으라고 부추겼다. 乙은 甲의 말에 유혹되어 불을 놓아 창고가 전소되었다. 甲의 죄책은?

乙은 6세의 아이로서 아직 방화의 시비에 대한 변별능력이 없다. 甲은 乙을 책임능력 없는 도구로 이용하여 창고에 불을 놓았으므로 일반건조물방화죄(제166조 제1항)의 간접정범이 성립한다.

(예 7) 만일 위의 (예 6)에서 乙이 만 13세의 미성년자라면 甲의 죄책은?

乙은 만 14세 미만의 자로서 형사미성년자이므로 책임이 조각되어 범죄는 성립하지 않는다. 그러나 乙은 방화가 중대한 범죄라는 사실을 충분히 변별할 수 있는 연령이므로 甲은 우월한 의사지배에 근거하여 乙을 도구로 이용하였다고 볼 수 없다. 따라서 甲에 대하여 간접정범은 성립하지 않으며, 다만, 乙로 하여금 방화를 결의하게 하였으므로 일반건조물방화죄의 교사범이 성립한다.

(4) 인적 처벌조각사유가 있는 경우

간접정범이 성립하기 위해서는 피이용자가 범죄의 성립요건 가운데 하나가 결여되어 처벌되지 않을 것을 요한다. 따라서 인적 처벌조각사유가 있는 피이용자를 이용한 경우에는 그의 행위가 구성요건에 해당하고 위법, 유책한 이상은 간접정범은 성립하지 않으며, 다만 공범의 성립이 가능하다.

(5) 소위 '정범배후의 정범'

피이용자의 행위가 구성요건에 해당하고 위법, 유책한 이상은 간접정범은 성립하지 않는 것이 원칙이다. 다만 피이용자의 행위가 이러한 범죄의 성립조건을 갖추어 정범으로 처벌되는 경우에도 배후자가 우월한 의사지배에 근거하여 피이용자를 이용한 때에는 간접정범이 성립한다. 이처럼 정범을 도구로 이용한 배후자를 정범배후의 정범이라고 한다.[620] 여기에는 다음의 3가지 유형이 있다.

① 회피가능한 법률의 착오를 이용: 피이용자의 법률의 착오가 회피불가능한 경우는 물론이고 회피가능한 경우에도 피이용자가 자기 행위의 위법성을 인식하지 못하였다는 점에서는 차이가 없으므로 이 경우에도 배후자가 우월한 의사지배에 근거해서 피이용자를 도구로 이용한 때에는 간접정범의 성립이 가능하다. 배후자에게 의사지배가 있는가는 피이용자의 착오의 종류 및 범위 그리고 배후자의 영향력의 정도에 따라 판단하여야 한다.[621]

착오의 종류 및 범위와 관련해서는 피이용자가 자기 행위의 반사회성(실질적 위법성)에 대하여 착오가 있어야 한다.[622] 만일 피이용자가 자기의 행위가 반사회적이라는 것은 인식하였으나 법적으로 금지된 것은 아니라고 착오하였다면 배후자에게 의사지배는 인정되지 않는다. 왜냐하면 피이용자는 자신의 행위가 반사회적이라는 것을 인식하고 있으므로 그가 범죄를 실행할 것인가는 스스로의 자유로운 의사결정에 달려 있기 때문이다.

(예 8) 甲은 乙의 명예를 훼손할 목적으로 丙에게 헌법상 의사표현의 자유가 보장되므로 설령 허위의 사실을 적시하여 사람의 명예를 훼손하더라도 법적으로는 아무런 책임도 없다고 허위로 조언하였다. 丙이 甲의 말을 믿고 乙의 명예를 훼손한 경우에 甲, 丙의 죄책은?

丙이 허위사실을 적시하여 乙의 명예를 훼손한 행위는 허위사실적시 명예훼손죄(제307조 제2항)에 해당하며 위법성이나 책임은 조각되지 않는다. 丙은 자신의 행위가 적법하다고 오인하였으나 이는 형식적 위법성에 대한 착오에 불과하므로 책임의 감경도 인정되지 않는다.

甲은 丙으로 하여금 형식적 위법성에 대한 착오를 유발하여 乙의 명예를 훼손케 하였다. 그러나 丙은 자신의 행위의 실질적 위법성은 인식하고 있었으며 乙의 명예를 훼손할 것인가는 그의 자유로운 의사결정에 의한 것이므로 甲을 우월한 의사지배에 의하여 丙을 도구로 이용하였다고 할 수 없다. 따라서 甲에 대하여는 간접정범이 성립하지 않는다. 甲은 丙으로 하여금 범죄를 결의케 하였으므로 그에 대하여는 허위사실적시 명예훼손죄의 교사범이 성립한다.

---

620) 정범배후의 정범이론을 긍정하는 견해는 김일수/서보학, 총론, 437면 이하. 간접정범의 성립을 부정하고 공범의 성립만을 인정하는 반대견해는 이재상/ 장영민/ 강동범, 총론, 460면 이하.
621) BGHSt 35, 354 참조.
622) Roxin, AT II, § 25 Rn. 84 ff.

배후자의 영향력의 정도와 관련해서는 배후자가 피이용자의 착오를 의식적으로 야기할 것을 요한다.623) 배후자가 이미 스스로 착오에 빠져 범죄를 결의한 피이용자를 이용한 것에 불과하다면, 배후자가 의사지배를 하였다고 인정할 만한 영향력을 행사하였다고는 할 수 없으므로 간접정범은 성립하지 않으며 다만 방조범의 성립이 가능하다.

② 행위의 구체적 의미에 대한 착오를 이용: 배후자가 피이용자의 구체적 사실에 관한 객체의 착오를 유발한 경우 또는 피이용자로 하여금 경한 불법의 범죄를 행하는 것으로 오인하도록 착오를 유발한 경우가 여기에 해당한다.

(예 9) 甲은 乙이 자기를 살해하기 위하여 기다리고 있다는 사실을 알고, 자기와 적대관계에 있는 丙을 乙이 잠복하고 있는 장소로 유인하였다. 乙은 丙을 甲으로 오인하여 살해하였다. 甲, 乙의 죄책은?(Dohna의 사례)

乙의 착오는 구체적 사실에 관한 객체의 착오이므로 고의의 성립에 영향이 없다. 따라서 그에 대하여는 살인죄가 성립한다. 甲은 우월한 의사지배에 근거하여 착오에 빠진 乙을 도구로 이용하여 丙을 살해하였으므로 살인죄의 간접정범이 성립한다. 이에 대하여 정범배후의 정범이론을 부정하는 견해는 甲에 대하여 살인죄의 방조범이 성립한다고 본다.

(예 10) 甲은 乙에게 丙소유의 고가의 도자기를 모조품이라고 속여 그로 하여금 그 도자기를 손괴하게 하였다. 甲, 乙의 죄책은?

乙은 도자기의 가치에 대하여 착오하였으나 손괴죄의 성립에는 영향이 없다. 甲은 乙로 하여금 경한 불법의 범죄를 행하는 것으로 착오하게 함으로써 범죄를 실행할 것인가에 대한 乙의 자유로운 의사결정을 약화시켰다. 따라서 甲은 우월한 의사지배에 근거하여 乙을 도구로 이용하여 고가의 도자기를 손괴하였으므로 손괴죄의 간접정범이 성립한다. 이에 대하여 정범배후의 정범이론을 부정하는 견해는 甲에 대하여 손괴죄의 교사범이 성립한다고 본다.

③ 조직적 권력장치를 이용: 과거 나치스 정권의 권력자나 조직범죄의 두목이 조직의 절대적인 상하명령체계 내에 있는 구성원을 도구로 이용하여 범죄를 범하는 경우에도 의사지배를 인정하여 간접정범이 성립한다고 보는 견해가 있다. 이러한 경우의 의사지배를 조직지배라고 하며, 배후자를 책상정범

---

623) Roxin, AT II, § 25 Rn. 88 ff.

이라고도 한다.624) 그러나 기능적 행위지배설의 입장에서 공모공동정범을 인정하는 견해625)에 의하면 조직적 권력장치를 이용하여 범죄를 행한 자에 대하여 공동정범이 성립한다. 어느 견해에 의하더라도 조직범죄의 수괴는 특수간접정범으로서 가중처벌(제34조 제2항)되므로 결과에서는 차이가 없다.

2. 이용행위

① 사주 또는 이용: 제34조 제1항은 이용행위에 관하여 "교사 또는 방조하여 범죄행위의 결과를 발생하게 할 것"이라고 규정하고 있으나, 여기서 말하는 교사·방조는 교사범·방조범에서 의미하는 그것이 아니라 우월한 의사지배에 의하여 피이용자를 한다는 사주(使嗾) 또는 이용한다는 의미로 해석하여야 한다.

② 결과의 발생: 배후자가 이용행위를 시작하였으나 결과가 발생하지 않은 때에는 간접정범의 미수범이 성립한다.

III. 간접정범의 처벌

1. 간접정범의 기수

간접정범은 "교사 또는 방조의 예"에 의하여 처벌된다. 따라서 이용행위가 외관상 교사에 해당하면 정범과 동일한 형으로 처벌하며(제31조 제1항), 외관상 방조에 해당하면 정범의 형보다 감경한다(제32조 제1항).

2. 간접정범의 미수

간접정범의 기수는 교사 또는 방조의 예에 의하여 처벌하지만 간접정범의 미수는 정범의 미수로서 처벌한다(다수설). 만일 간접정범의 미수를 교사, 방조의 미수로 처벌한다면 외형상 교사의 경우에는 예비 또는 음모에 준하여 처벌되며, 외형상 방조의 경우에는 불가벌이 되어 처벌의 공백이 발생하므로

---

624) 손동권/김재윤, 총론, 518면.
625) 제2편 제9장 제3절 II 2 참조.

부당하다.

3. 특수간접정범

제34조 제2항은 "자기의 지휘·감독을 받는 자를 교사, 방조하여 전항의 결과를 발생하게 한 자는 교사인 때에는 정범에 정한 형의 장기 또는 다액에 2분의 1까지 가중하고 방조인 때에는 정범의 형으로 처벌한다"고 규정하고 있다. 타인을 지휘, 감독할 지위에 있는 자가 그 지위를 남용하여 자신의 수하에 있는 자를 교사, 방조한 행위는 비난가능성이 더욱 크기 때문에 가중처벌하는 것이다. 이 규정은 특수공범(특수교사방조범)과 특수간접정범에 모두 적용된다.[626]

IV. 관련문제

1. 간접정범과 착오

(1) 피이용자의 성질에 대한 착오

간접정범이 성립하기 위해서는 객관적 요건으로서 행위지배의 사실, 즉 피이용자를 도구로 이용한 사실이 있어야 하며, 주관적 요건으로서 행위지배의 의사, 즉 피이용자를 도구로 이용한다는 고의가 있어야 한다. 따라서 ① 배후자가 피이용자에게 고의 또는 책임능력이 없다고 오인하였으나 사실은 피이용자가 고의와 책임능력이 있는 자인 경우에는 객관적 요건이 결여되므로 간접정범은 성립하지 않는다. 다만 배후자에게 공범의 고의는 인정되므로 공범의 성립이 가능하다.

(예 11-1) 甲은 乙이 정신이상자라고 생각하고, 乙에게 丙을 살해하라고 사주하였다. 乙은 정신이상자는 아니지만 평소에 丙과 사이가 좋지 않은 터라 甲의 말을 듣고 병을 살해하였다. 甲의 죄책은?

---

626) 이재상/ 장영민/ 강동범, 총론, 468면. 이에 대하여 특수간접정범에만 적용된다는 견해는 김일수/서보학, 총론, 444면.

甲이 乙을 도구로 이용하려는 의사는 있었지만 객관적으로 그러한 행위지배의 사실은 인정되지 않으므로 살인죄의 간접정범은 성립하지 않는다. 다만 그의 정범의사는 공범의사를 포함하므로 그에 대하여는 살인죄의 교사범이 성립한다.

(예 11-2) 의사 甲은 간호사 乙에게 독약을 건네주면서 환자 병에게 주사하라고 지시하였다. 乙은 그 주사약을 丙에게 주사하여 丙을 사망하게 하였다. 甲은 자신이 건네준 주사약이 독약이라는 사실을 간호사 乙이 모르고 있을 것이라고 생각하였으나, 乙은 그 약이 독약이라는 사실을 알면서도 丙에게 주사하여 그를 살해하였다. 甲의 죄책은?

위의 (예 11-1)에서 설명한 것이 그대로 타당하다. 의사 甲은 행위지배를 하지 않았으므로 살인죄의 간접정범은 성립하지 않으며, 다만 살인죄의 교사범이 성립한다.

이와는 반대로 ② 배후자가 피이용자에게 고의 또는 책임능력이 있다고 오인하였으나 사실은 피이용자에게 고의 또는 책임능력이 없는 경우에는 주관적 요건이 결여되므로 역시 간접정범은 성립하지 않는다. 배후자에게 공범의 성립이 가능한가는 피이용자에게 고의가 있다고 오인한 경우와 피이용자에게 책임능력이 있다고 오인한 경우로 나누어 살펴보아야 한다. 후자의 경우에 배후자에 대하여 공범이 성립한다는 점에 대하여는 견해가 일치한다. 문제는 전자, 즉 피이용자에게 고의가 없는 경우이다.

(예 12-1) 위의 (예 11-1)과는 달리 甲은 乙이 책임능력이 있다고 생각하였는데, 사실은 乙은 정신이상자였다. 甲의 죄책은?

甲이 객관적으로 乙을 도구로 이용한 사실은 인정되지만 그에게는 행위지배의 의사가 없으므로 간접정범은 성립하지 않는다. 다만 甲은 살인의 의사가 없는 乙로 하여금 살인을 결의하게 하였으므로 살인죄의 교사범이 성립한다.

(예 12-2) 위의 (예 11-2)와는 달리 의사 甲은 자신이 건네준 주사약이 독약이라는 사실을 乙이 알고 있었다고 생각하였는데, 사실은 乙은 그 주사약이 독약이라는 사실을 모르고 있었다. 甲, 乙의 죄책은?

乙은 살인의 고의가 없으므로 살인죄는 성립하지 않으며, 다만 과실이 인정되는 경우 과실치사죄가 성립한다.

甲이 객관적으로 乙을 도구로 이용한 사실은 인정되지만 그에게는 행위지배의 의사가 없으므로 간접정범은 성립하지 않는다. 그리고 살인죄의 교사범도 성립하지 않는다. 왜냐하면 제한적 종속형식에 의하면 교사범이 성립하기 위해서는 정범의 행위가 구성요건에 해당하고 위법할 것을 요하는데, 乙에게는 고의가 없기 때문이다. 다만 甲의 행위는 교사미수(실패한 교사)에 해당하므로 살인죄의 예비·음모에 준하여 처벌된다(제31조 제3항).

(2) 피이용자의 실행행위에 대한 착오

피이용자가 배후자가 의도한 범위를 초과하여 실행한 경우에는 배후자는 초과한 부분에 대하여는 고의가 없으므로 간접정범이 성립하지 않는다. 다만 초과된 결과가 결과적 가중범에 해당하는 경우에는 배후자가 중한 결과를 예견하는 것이 가능하였다면 결과적 가중범의 간접정범이 성립한다.627)

(3) 피이용자의 객체·방법의 착오

피이용자의 방법의 착오는 배후자에게도 방법의 착오가 된다는 점에 대하여는 견해가 일치한다. 그러나 피이용자의 객체의 착오가 배후자에게 객체의 착오가 되는가628) 아니면 방법의 착오가 되는가629)에 대하여는 견해가 일치하지 않는다. 피이용자의 객체의 착오는 배후자의 입장에서 보면 행위방법의 잘못으로 인하여 배후자가 인식한 객체가 아닌 다른 객체에 대하여 결과가 발생한 것이므로 방법의 착오가 된다고 보는 견해가 타당하다.

(예 13) 甲은 정신이상자 乙에게 丙을 살해하라고 사주하였다. 그러나 乙은 丁을 丙으로 착오하여 丁을 살해하였다. 甲, 乙의 죄책은?

乙은 객체의 착오를 하였으므로 丁에 대한 살인죄가 성립한다. 乙의 객체의 착오는 甲의 입장에 보면 행위방법의 잘못으로 인하여 배후자가 인식한 객체가 아닌 다른 객체에 대하여 결과가 발생한 것이므로 방법의 착오가 된다. 법정적 부합설에 의하면 甲에 대하여도 살인죄가 성립한다. 그러나 구체적 부합설에 의하면 甲에 대하여는 丙에 대한 살인미수죄630)와 丁에 대한 과실치사죄의 상상적 경합이 성립한다.

---

627) 이재상/ 장영민/ 강동범, 총론, 463면.
628) 이재상/ 장영민/ 강동범, 463면.
629) 김일수/서보학, 총론, 441면.
630) 간접정범의 실행의 착수시기를 도구가 실행행위에 착수한 시점을 기준으로 하되, 이용자가 행위지배를 완전히 끝낸 경우에는 실행행위 이전의 단계에서도 실행의 착수를 인정하는 견해(제2편 제8장 제1절 III 1 참조)에 의하면 甲은 乙에 대한 행위지배를 다하였으므로 丙에 대한 살인미수죄가 성립한다.

(예 14) 의사 甲은 주사약이 독약이라는 사실을 모르는 간호사 乙에게 주사약을 건네주면서 丙에게 주사하라고 지시하였다. 乙은 丙을 丁으로 착오하여 丁에게 주사하여 그를 사망케 하였다. 甲, 乙의 죄책은?

乙은 객체의 착오를 하였으므로 주사약이 독약이라는 사실이 예견가능하였다면 丁에 대한 과실치사죄가 성립할 것이며 예견이 불가능하였다면 불가벌이 된다. 甲은 위의 (예 13)와 같은 이유에서 방법의 착오를 하였으므로 구체적 부합설에 의하면 丙에 대한 살인미수죄[631]와 丁에 대한 과실치사죄의 상상적 경합으로 처벌된다.

2. 간접정범의 한계

(1) 의무범(신분범)과 간접정범

의무범에서 특별의무(신분)는 정범적격이므로 그러한 특별의무가 없는 자에 대하여는 간접정범은 성립할 수 없다(다수설).[632] 이에 대해서 소수설은 제34조 제1항이 간접정범을 "교사 또는 방조의 예에 의하여 처벌"하고 있으므로 제33조 본문도 간접정범에 적용된다고 보아 비신분자에 대하여 간접정범의 성립을 인정한다.[633]

(판례 3-1) 징집해당자 甲은 징집을 면할 목적으로 도민증 용지에 징집해당자가 아닌 동생 乙의 성명과 생년월일을 쓴 후 그 사진란에 자신의 사진을 부쳐서 도민증발급신청을 하여 그 정을 모르는 도지사 A로부터 도민증을 발급받았다. 甲의 죄책은?

허위공문서작성죄는 의무범으로서[634] 공문서 내용의 진실성을 준수해야 하는 특별의무를 가진 자, 즉 공문서의 작성권한을 가진 공무원만이 정범이 될 수 있다. 비신분자 甲은 신분자 A의 착오를 이용하여 공문서 내용의 진실성을 침해했지만 비의무자로서 정범적격을 결하므로 허위공문서작성죄의 간접정범은 성립하지 않는다. 또한 A에게는 허위공문서작성에 대한 고의가 없으므로 甲은 본죄의 교사범에도 해당하지 않는다. 따라서 甲은 불가벌이다. 대법원은 "공무원이 아닌 자가 허위의 공문서 위조의 간접정범이 되는 때에는 제228조의 경우 이외에는 이를 처벌하지 아니하는 취지로 해석"하여 甲에 대하여 무죄를 인정하였다.[635]

---

631) 이에 대하여 손동권/김재윤, 총론, 526면은 丙에 대한 살인예비죄를 인정한다.
632) 이재상/ 장영민/ 강동범, 총론, 457면.
633) 신동운, 총론, 708면 이하.
634) 다수설(예컨대 김일수/서보학, 총론, 443면)은 허위공문서작성죄를 자수범으로 보고 있으나, 의무범으로 보는 견해(이재상/ 장영민/ 강동범, 총론, 468면)가 타당하다.
635) 대법원 1961. 12. 14. 선고 4292형상645 판결. 이 판례에 대한 평석은 손동권, '간접정범의 성

(판례 3-2) 甲은 향토예비군훈련을 받은 사실이 없음에도 불구하고 소속 예비군동대 방위병인 乙에게 예비군훈련을 받았다는 내용의 확인서를 발급하여 달라고 부탁하였다. 乙은 작성권자인 예비군 동대장 A에게 그 사실을 보고하여 그로부터 甲이 예비군훈련에 참가한 여부를 확인한 후 확인서를 발급하도록 지시를 받고, 미리 예비군 동대장의 직인을 찍어 보관하고 있던 예비군훈련확인서용지에 甲의 성명 등 인적사항과 훈련일자 등을 기재하여 甲에게 교부하였다. 甲, 乙의 죄책은?

대법원은 甲, 乙의 죄책에 대하여 "공문서의 작성권한이 있는 공무원의 직무를 보좌하는 자가 그 직위를 이용하여 행사할 목적으로 허위의 내용이 기재된 문서 초안을 그 정을 모르는 상사에게 제출하여 결재하도록 하는 등의 방법으로 작성권한이 있는 공무원으로 하여금 허위의 공문서를 작성하게 한 경우에는 간접정범이 성립되고 이와 공모한 자 역시 그 간접정범의 공범으로서의 죄책을 면할 수 없는 것이고, 여기서 말하는 공범은 반드시 공무원의 신분이 있는 자로 한정되는 것은 아니라고 할 것이다"라고 판시함으로써 乙에 대하여 허위공문서작성죄의 간접정범의 성립을, 甲에 대하여는 허위공문서작성죄의 간접정범의 공범의 성립을 인정하였다.636)

판례가 甲에 대하여 인정한 '허위공문서작성죄의 간접정범의 공범'에서 공범이 협의의 공범과 공동정범 가운데 어느 것을 의미하는지는 명확하지 않다. 허위공문서작성죄는 의무범으로서 공무원만이 정범이 될 수 있으므로 비신분자인 甲은 공동정범은 될 수 없으며, 다만 협의의 공범이 될 수 있다. 따라서 甲에 내해서는 허위공문서작성죄의 간접정범이 교사범, 즉 허위공문서작성교사죄가 성립한다.

(2) 자수범과 간접정범

자수범은 실행지배가 있어야, 즉 행위자 자신이 직접 실행행위를 해야 정범이 성립할 수 있는 범죄이므로 타인을 이용하여 범죄를 실행하는 경우 정범(공동정범, 간접정범)은 성립하지 않는다.

립상 문제점', 고시연구, 1997년 3월호, 40면 이하 참조.
636) 대법원 1992. 1. 17. 선고 91도2837 판결.

제 3 절 공동정범

I. 의의 및 본질

1. 의의

제30조는 "2인 이상이 공동하여 죄를 범한 때에는 각자를 그 죄의 정범으로 처벌한다"고 규정하고 있다. 여기서 2인 이상이 공동하여 죄를 범하는 경우를 공동정범이라고 한다. 공동정범의 존재의의는 일부실행·전부책임,[637] 즉 각 가담자가 범죄의 일부를 실행함으로써 공동으로 실행한 범죄 전부에 대하여 죄책을 진다는 데에 있다. 일부실행·전부책임의 근거는 기능적 행위지배에 있다. 즉 각 가담자는 공동으로 범행계획을 수립하고 그 계획을 실행하기 위하여 각자가 범죄실행에 필요한 부분을 역할분담을 통하여 분업적으로 실행함으로써 범죄 전체에 대하여 행위지배를 하였다고 평가할 수 있으므로 범죄 전부에 대하여 정범으로서 책임을 지는 것이다.

(예 1) 甲, 乙은 강도를 공모한 후, 甲은 A에게 폭행을 가하고 乙은 A의 지갑을 빼앗은 경우에 甲과 乙은 각자 자신의 행위기여를 통하여 전체 범행을 지배하였으므로 공동정범으로서 각자 특수강도죄(제334조 제2항)의 정범으로 처벌된다.

2. 본질

'공동정범은 무엇을 공동으로 하는가'의 문제에 대한 논의를 공동정범의 본질론이라고 한다. 이 문제에 대해서는 범죄공동설과 행위공동설이 대립하고 있다. 그러나 이 학설의 대립은 점차 그 의의를 잃어가고 있으며, 지금은 과실범의 공동정범을 인정할 것인가의 문제와 관련하여 논의되고 있다. 오늘날 논의의 초점은 '공동정범은 무엇을 공동으로 하는가'의 문제에서 '공동정범은 어떠한 조건에서 성립하는가'라는 문제로 옮겨왔다고 할 수 있다.

공동정범의 성립조건은 공동정범의 구조를 어떻게 파악하는가에 의하여

---

637) 임웅, 총론, 434면.

정하여진다. 기능적 행위지배의 관점에서 보면 공동정범은 각 가담자가 분업적 범죄실행을 통하여 범죄 전체를 지배하는 것이므로 공동정범이 성립하기 위해서는 ① 공동의 범행계획(공동가공의 의사)과 ② 공동의 실행행위(공동가공의 사실)가 있어야 한다.

II. 성립요건

1. 주관적 요건

(1) 공동의 범행계획

공동정범의 주관적 요건은 공동의 범행계획이다. 이는 2인 이상이 공동으로 범죄를 실현한다는 의사의 연락을 말한다. 이러한 의사연락이 없이 각 행위자가 동일한 범죄를 행한 경우에는 동시범이 성립한다. 행위자의 일방만이 공동실행의 의사를 가지고 행위하는 소위 편면적 공동정범도 행위자 사이에 의사연락이 없으므로 공동정범이 아니라 동시범에 해당한다.

(예 2) 甲의 절도현장에서 乙이 대가를 바라고 일방적으로 甲을 위하여 망을 봐주고 후에 甲으로부터 그에 대한 대가로 절취한 재물의 일부를 받았다. 乙의 죄책은?

공동정범은 주관적 요건으로서 공동가공의사, 즉 2인 이상이 공동으로 범죄를 실현하려는 의사가 있을 것을 요한다. 따라서 상호 의사연락이 없는 편면적 공동정범은 공동정범의 주관적 요건을 결하여 성립하지 않는다. 甲과 乙 사이에는 의사의 연락이 없었으므로 절도죄의 공동정범은 성립하지 않는다. 다만 乙은 甲의 범행을 용이하게 하였으므로 절도죄의 방조범이 성립한다. 방조범은 공동정범과는 달리 정범과 종범 사이의 의사의 연락을 요건으로 하지 않는다. 정범이 종범의 방조행위를 인식하지 못한 경우를 편면적 종범이라고 한다. 그리고 乙은 절취한 재물을 취득하였으므로 장물취득죄가 성립한다. 절도방조죄와 장물취득죄는 실체적 경합의 관계에 있다.

(2) 의사연락의 방법

공동실행의 의사는 범죄자 전원이 한 장소에 모여 모의하는 경우는 물론, 순차적·간접적으로 의사연락이 있거나 묵시적인 의사연락만 있어도 인정된다. 즉 자신이 다른 범죄자와 공동으로 죄를 범한다는 인식만 있으면 족하다.[638]

(3) 의사연락의 시기

공동정범은 공동의사의 성립시기에 따라 공모공동정범, 우연적 공동정범, 승계적 공동정범으로 구분된다. 즉 공동의사가 실행행위 이전에 성립한 경우에는 공모공동정범, 실행행위시에 성립한 경우에는 우연적 공동정범, 실행행위의 일부를 종료한 후 기수에 이르기 이전에 성립한 경우에는 승계적 공동정범이 성립한다.

```
공동의 범행결의: 실행의 착수 이전 ───▶ 실행행위시 ───▶ 실행행위의 일부가 종료
              공모공동정범              우연적 공동정범         승계적 공동정범
```

공모공동정범이나 우연적 공동정범의 경우에는 실행행위의 일부를 종료하기 전에 공동의사가 성립하였으므로 전체범죄에 대하여 주관적 요건(공동의사)이 인정된다. 그러나 승계적 공동정범의 경우에는 선행자가 실행에 착수하여 실행행위의 일부를 종료한 이후에 후행자가 선행자와 의사의 연락이 있었으므로 후행자에게 전체범죄에 대하여 공동의사가 있었다고 할 수 없다. 이러한 경우에는 후행자가 기능적 행위지배를 한 부분, 즉 후행자가 선행자의 범행에 가담한 후에 이루어진 행위에 대하여만 공동정범이 성립한다고 보아야 한다(소극설).639)

(예 3) 甲이 강도의 목적으로 乙을 폭행하려고 하자 이를 우연히 본 甲의 친구 丙이 같이 폭행하여 재물을 강취하였다. 甲, 丙의 죄책은?

丙은 甲이 실행행위에 착수할 당시에 가담하였으므로 우연적 공동정범이 성립한다. 甲과 乙은 전체 범행에 대하여 기능적 행위지배를 하였으므로 특수강도죄(제334조 제2항)가 성립한다.

(예 4) 만일 위의 (예 3)에서 甲이 강도의 목적으로 乙을 폭행한 후에 丙이 이러한 사실을 알고 甲과 함께 乙의 재물을 강취하였다면 丙의 죄책은?

丙은 甲의 폭행이 종료된 후에 가담하였으므로 승계적 공동정범으로서 가담 이후의 행위에 대하여만 죄책이 인정된다. 따라서 丙이 乙의 재물만 절취하였다면 특수절도죄(제331조 제2항)가 성립할 것이며 특수강도죄(제334조 제2항)는 성립하지 않는다.

---

638) 대법원 1994. 3. 8. 선고 93도3154 판결; 1994. 9. 9. 선고 94도1831 판결.
639) 우리나라의 다수설 및 판례의 입장이다.

(예 5)   甲은 야간에 점포에 침입하여 재물을 절취하기 위하여 점포의 문을 부수고 들어갔다. 후에 이를 우연히 알게 된 친구 乙이 그에게 가세하여 함께 점포의 물건을 차에 싣고 달아났다. 甲, 乙의 죄책은?

甲이 야간에 점포의 문을 손괴하고 점포에 침입하여 재물을 절취한 행위는 특수절도죄(제331조 제1항)의 구성요건에 해당한다. 乙은 甲이 이미 점포문을 부수고 침입한 후에 가담하였으므로 승계적 공동정범이 문제된다. 乙은 甲이 이미 실현한 범행을 인식, 인용한 상태에서 가담하기는 하였으나 그것만으로 전체범행에 대한 공동의 범행결의가 있다고 할 수는 없으므로 점포의 문을 손괴한 부분에 대하여는 공동정범이 성립하지 않으며, 가담한 이후의 행위에 대하여만 죄책을 지게 된다. 乙은 甲과 합동하여 재물을 절취하였으므로 특수절도죄(제332조 제2항)가 성립된다.

(판례 1)   甲은 1981.1월 초순경부터 향정신성의약품(히로뽕) 제조행위를 계속하였는데 도중인 1981.2.9경 乙은 甲의 제조행위를 알고 그에 가담하였다. 乙의 죄책은?

乙은 선행자 甲이 향정신성의약품 제조행위의 일부를 종료한 이후에 가담하였으므로 향정신성의약품제조죄(구향정신성의약품관리법 제4조, 제42조)[640]의 승계적 공동정범에 해당한다. 대법원에 의하면 "연속된 제조행위 도중에 공동정범으로 범행에 가담한 자는 비록 그가 그 범행에 가담할 때에 이미 이루어진 종전의 범행을 알았다 하더라도 그 가담 이후의 범행에 대하여만 공동정범으로 책임을 지는 것"이므로 그 제조행위 전체가 포괄하여 하나의 죄가 된다 할지라도 乙에게 그 가담 이전의 제조행위에 대하여까지 유죄를 인정할 수는 없다.[641]

(판례 2)   甲은 미성년자 乙을 유인하여 아파트에 감금한 후에 여고생 丙女에게 乙을 유인한 사실을 알리고 앞으로 그 부모로부터 금품을 갈취하는데 도와줄 것을 권유하자 丙女는 이를 승낙하고 乙의 부모에게 전화하여 4천만원을 요구하였다. 甲, 丙女의 죄책은?

[참조조문]
특정범죄 가중처벌 등에 관한 법률 제5조의2(약취·유인죄의 가중처벌) ② 「형법」 제287조의 죄를 범한 사람이 다음 각 호의 어느 하나에 해당하는 행위를 한 경우에는 다음 각 호와 같이 가중처벌한다.
1. 약취 또는 유인한 미성년자의 부모나 그 밖에 그 미성년자의 안전을 염려하는 사람의 우려를 이용하여 재물이나 재산상의 이익을 취득하거나 이를 요구한 경우에는 무기 또는 10년 이상의 징역에 처한다.

---

640) 현행 마약류관리에 관한 법률 제3조, 제58조.
641) 대법원 1982. 6. 8. 선고 82도884 판결.

甲은 미성년자를 유인하고 미성년자의 부모에게 재물을 요구했으므로 그의 행위는 특정범죄 가중처벌 등에 관한 법률 제5조의2 제2항 제1호 위반죄의 구성요건에 해당한다.
丙女는 甲이 이미 乙을 유인한 사실을 알고 가담하였으나, 乙을 유인한 이후에 가담하였으므로 전체범행에 대하여 공동의 결의가 있었다고 할 수 없다. 따라서 丙女에 대하여 특정범죄 가중처벌 등에 관한 법률 제5조의2 제2항 제1호 위반죄의 공동정범은 성립하지 않는다. 그러나 종범은 실행행위가 종료되어도 범죄가 종료되지 않은 이상은 성립이 가능하므로 甲이 乙을 이미 유인하여 감금한 이후에 방조한 경우에도 특정범죄 가중처벌 등에 관한 법률 제5조의2 제2항 제1호 위반죄의 종범이 성립한다.
대법원도 "특정범죄 가중처벌 등에 관한 법률 제5조의 2 제2항 제1호 소정의 죄는 형법 제287조의 미성년자 약취유인행위와 약취 또는 유인한 미성년자의 부모 기타 그 미성년자의 안전을 염려하는 자의 우려를 이용하여 재물이나 재산상의 이익을 취득하거나 이를 요구하는 행위가 결합된 단순일죄의 범죄라고 봄이 상당하므로 비록 타인이 미성년자를 약취, 유인한 행위에는 가담한 바 없다 하더라도 사후에 그 사실을 알면서 약취, 유인한 미성년자의 부모 기타 그 미성년자의 안전을 염려하는 자의 우려를 이용하여 재물이나 재산상의 이익을 취득하거나 요구하는 타인의 행위에 가담하여 이를 방조한 때에는 단순히 재물 등 요구행위의 종범이 되는데 그치는 것이 아니라 결합범인 위 특정범죄 가중처벌 등에 관한 법률 제5조의 2제2항 제1호 위반죄의 종범"이 성립한다고 보았다.642)

(4) 과실범의 공동정범

과실범의 공동정범이란 2인 이상이 공동의 과실로 과실범의 구성요건적 결과를 발생시킨 경우를 말한다. 과실범의 공동정범을 인정할 것인가에 대해서는 견해가 일치하지 않는다.

(가) 긍정설

판례는 행위공동설의 입장에서 과실범의 공동정범을 인정하고 있다. 행위공동설에 의하면 공동정범은 수인이 고의행위이든 과실행위이든 불문하고 행위를 공동으로 한다는 인식만 있으면 성립하므로 고의범과 과실범의 공동정범 또는 과실범의 공동정범도 성립할 수 있다고 본다.643)

---

642) 대법원 1982. 11. 23. 선고 82도2024 판결.
643) 그 외에도 과실범의 공동정범을 인정한 판례로는 1978. 9. 26. 선고 78도2082 판결; 1982. 6. 8. 선고 82도781 판결; 1994. 3. 22. 선고 94도35 판결(청주우암상가아파트붕괴사건); 1997. 11. 28. 선고 97도1740 판결(성수대교붕괴사건); 1996. 8. 23. 선고 96도1231 판결(삼풍백화점붕괴사건); 대법원 2009. 6. 11. 선고 2008도11784 판결 등이 있다.
이재상/ 장영민/ 강동범, 총론, 483면은 주의의무위반의 공동과 구성요건실행행위의 공동이

(판례 3-1) 甲은 乙이 운전하는 화물차에 장작을 반출증 없이 싣고 오다가 검문소 전방 50m 지점에서 경찰 A가 정지 신호를 하자 乙은 감속을 하면서 정차하려고 하였고, A는 甲, 乙이 알지 못하는 사이에 이미 검문을 위하여 화물차에 올라탔다. 乙이 정차하려는 순간 甲은 검문을 피할 목적으로 乙에게 "그대로 가자"고 말하였고 乙은 그대로 속력을 내어 달렸다. A는 150여 미터 가량 화물차에 매달려 가다가 떨어져 그 화물차의 뒷바퀴에 치어 사망하였다. 甲, 乙의 죄책은?

대법원은 "형법 제30조에 「공동하여 죄를 범한 때」의 「죄」는 고의범이고 과실범이고를 불문한다고 해석하여야 할 것이고 따라서 공동정범의 주관적 요건인 공동의 의사도 고의를 공동으로 가질 의사임을 필요로 하지 않고 고의 행위이고 과실 행위이고 간에 그 행위를 공동으로 할 의사이면 족하다고 해석하여야 할 것이므로 2인 이상이 어떠한 과실 행위를 서로의 의사연락 아래 하여 범죄되는 결과를 발생케 한 것이라면 여기에 과실범의 공동정범이 성립되는 것이다"라고 함으로써 과실범의 공동정범의 성립을 인정하고 이어서 甲과 乙은 "서로 의사를 연락하여 경관의 검문에 응하지 않고 트럭을 질주케 하였던 것임을 충분히 인정할 수 있음이 명백하므로 피고인은 본건 과실치사죄의 공동정범이 된다"고 보았다.644)

(나) 부정설

범죄공동설에 의하면 공동정범은 수인이 특정한 범죄를 공동으로 한다는 고의가 있어야 성립하므로 고의범과 과실범의 공동정범 또는 과실범의 공동정범은 성립하지 않는다. 기능적 행위지배설에 의하더라도 공동정범은 주관적 요건으로서 공동의 범행계획이 있을 것을 요하는데, 과실에 의한 범행계획이라는 것은 있을 수 없으므로 과실범의 공동정범은 인정되지 않는다.645)

공동정범이 성립하기 위해서는 주관적 요건으로서 공동의 범행계획, 즉 2인 이상이 공동으로 범죄를 실현한다는 의사의 연락이 있어야 하며, 단순히 행위를 공동으로 한다는 인식만으로는 족하지 않다. 따라서 기능적 행위지배설의 입장에서 과실범의 공동정범의 성립을 부정하는 견해가 타당하다.

(다) 긍정설과 부정설의 차이

부정설에 의하더라도 행위자가 항상 불가벌이 되는 것은 아니다. 아래의

있으면 과실범의 공동정범이 성립한다고 한다(과실공동·행위공동설).
644) 대법원 1962. 3. 29. 선고 4294형상598 판결.
645) 다수설: 예컨대 손동권/김재윤, 총론, 544면. 이에 대하여 기능적 행위지배설의 입장에서 예외적으로 과실범의 공동정범의 성립을 인정하는 견해는 김일수/서보학, 총론, 460면.

(예 6), (예 7-1), (예 7-2)에서 보는 바와 같이 행위자 각자에 대하여 과실범이 성립하는 경우에는 동시범이 되므로 긍정설과 결론에서는 차이가 없다. 다만 긍정설에 의하면 행위자 전원의 공동행위와 결과 사이의 인과관계만 입증되면 족한 반면에, 부정설에 의하면 각 행위자의 행위와 결과 사이의 인과관계와 객관적 귀속을 개별적으로 검토하여야 한다. 다수의 행위자의 과실행위가 누적되어 결과를 발생시킨 경우, 즉 누적적 인과관계[646]의 경우에도 아래의 (판례 4)에서 보는 바와 같이 인과관계와 객관적 귀속이 인정되는 경우에는 행위자를 과실범으로 처벌하는데 문제가 없다.

(예 6) 위의 (판례 3)의 경우 부정설에 의하더라도 甲에 대하여 과실치사죄의 성립이 가능하다. 왜냐하면 甲은 乙에게 "그대로 가자"고 말함으로써 乙의 과실행위를 야기하여 A를 사망케 했기 때문이다. 여기서 甲과 乙은 과실치사죄의 공동정범이 아니라 동시범이다.

(예 7-1) 甲과 乙은 산비탈 아래에 아무도 없을 것이라고 생각하고, 바위를 산비탈 아래로 굴러 보내기로 하고 각자 하나씩 굴러 내렸다. 이로 인하여 등산객 A가 乙이 굴러 내린 바위에 맞아 사망하였다. 甲, 乙의 죄책은?

乙은 바위를 굴러 내리면 등산객이 맞아 사망할 수도 있다는 것을 예견할 수 있었으므로 과실치사죄가 성립한다. 甲은 A가 자신이 굴린 바위에 맞아 사망하지는 않았지만 (예 6)의 경우와 마찬가지로 乙과 함께 바위를 산비탈 아래로 굴러 보내기로 약속함으로써 乙의 과실행위를 야기하여 A를 사망케 했으므로 과실치사죄가 성립한다. 그리고 甲과 乙은 과실치사죄의 공동정범이 아니라 동시범이다.

(예 7-2) 만일 위의 (예 7-1)에서 A가 위에서 굴러 내려오는 바위 가운데 하나에 맞아 사망하였는데, 그 가운데 어느 것에 맞았는지는 판명되지 않았다면 甲, 乙의 죄책은?

스위스 연방대법원은 긍정설의 입장에서 甲과 乙에 대하여 과실치사죄의 공동정범의 성립을 인정하였다.[647] 그러나 부정설에 의하면 甲과 乙은 서로 상대방의 과실행위를 야기했으므로 과실치사죄의 동시범이 성립한다.[648] 누가 굴린 돌에 맞아 A가 사망했는지는 판명되지 않았지만 A의 사망의 원인된 행위가 돌을 굴린 행위와 상대방의 과실행위를 야기한 행위 가운데 하나임은 확실하므로 甲과 乙에 대하여 각자 과실치사죄를 인정하더라도 "의심스러운 때에는 피고인의 이익으로"의 원칙에 반하지 않는다.

---

[646] 누적적 인과관계에 대해서는 제2편 제3장 제3절 Ⅰ 1 참조.
[647] BEG 113 Ⅳ, 54.
[648] 이에 대하여 부정설의 입장에서 과실치사죄의 성립을 부정하는 견해는 이정원, 형사법연구 제16호, 120면 이하.

(예 7-3) 만일 위의 (예 7-2)에서 甲과 乙이 아무런 약속 없이 각자 바위를 하나씩 굴려 내렸는데, A가 어느 바위에 맞아 사망하였는지 판명되지 않았다면 甲, 乙의 죄책은?

甲, 乙의 행위 가운데 어느 행위가 A의 사망의 원인이 되었는지 판명되지 않았으므로 독립행위의 경합이 문제된다. 제19조는 각 행위를 미수로 처벌한다고 규정하고 있는데, 과실범의 미수는 불가벌이므로 긍정설과 부정설 어느 견해에 의하더라도 甲, 乙에 대하여는 아무런 범죄도 성립하지 않는다.

(판례 3-2) 같은 공장에 근무하는 甲, 乙은 분리수거장 옆에서 담배를 피우고 담배꽁초를 분리수거장을 향해 던졌는데, 그 담배꽁초의 불씨로 인하여 재활용 박스에 붙은 불이 번져 공장동이 전소되었다. 다만 甲, 乙 가운데 누가 던진 담배꽁초로 인하여 화재가 발생하였는지는 입증되지 않았다. 甲, 乙의 죄책은?[649]

(1) 부작위에 의한 실화
담배꽁초의 불씨로 인하여 화재를 발생시킨 자에 대하여는 작위에 의한 실화죄가 성립한다. 그리고 그 불씨가 살아있는지를 확인하고 이를 완전히 제거하는 등의 조치를 취하지 않은 상대방에 대하여 부작위에 의한 실화죄가 성립하는지가 문제된다. 판례는 "상대방의 담뱃불로 인하여 화재가 발생할 수 있음을 충분히 예견할 수 있어 상호 간에 담배꽁초 불씨가 남아 있는지를 확인하고 이를 완전히 제거할 주의의무"를 게을리한 것은 부작위에 의한 과실에 해당한다고 보았다.

(2) 실화죄의 공동정범
원심법원[650]은 과실범의 공동정범이 성립하기 위해서는 행위자들 사이에 "공동의 목표와 의사연락"이 있어야 하는데(판례4 참조), 甲, 乙은 함께 담배를 피웠을 뿐이므로 '공동의 목표'가 있었다고 보기 어려워 실화죄의 공동정범은 성립하지 않는다고 한다.

(3) 실화죄의 동시범
甲, 乙에 대하여 실화죄의 공동정범은 성립하지 않더라도 본죄의 동시범이 성립할 수 있다. 다만 이 경우 제19조(독립행위의 경합)는 적용되지 않는다. 본조가 적용되기 위해서는 '결과발생의 원인된 행위가 판명'되지 않아야 한다. 만일 본조가 적용된다면 甲, 乙에 대하여는 실화죄는 성립하지 않을 것이다. 그러나 이 사안의 경우에는 甲, 乙 중 한 명은 이 사건 화재 발생의 직접적 원인이 되는 행위를 한 과실(작위)이 있고, 다른 한 명은 그 불씨가 살아있는지를 확인하고 이를 제거하는 등의 조치를 취하여야하는 작위의무를 불이행한 과실(부작위)이 있으며, 각자의 과실이 경합하여 이 사건 화재를 일으킨 것이므로 제19조는 적용되지 않는다. 이러한 이유에서 대법원은 "실화죄에 있어서 공동의 과실이 경합되어

---

649) 대법원 2023. 3. 9. 선고 2022도16120 판결.
650) 대구지방법원 2022. 11. 18. 선고 2020노3595 판결.

화재가 발생한 경우 적어도 각 과실이 화재의 발생에 대하여 하나의 조건이 된 이상은 그 공동적 원인을 제공한 사람들은 각자 실화죄의 책임을 면할 수 없다"고 판단하였다.[651]

(판례 4) 성수대교의 시공을 맡은 교량 건설회사의 트러스 제작 책임자 甲은 트러스를 설계도대로 정밀하게 제작하도록 지휘·감독할 의무가 있음에도 불구하고 무리하게 트러스 제작 공기 단축을 독려하고 감독을 소홀히 하여 부실용접을 방치하였다. 교량공사 현장소장 乙은 자신에게 요구되는 통상의 주의를 기울였다면 트러스의 제작상의 잘못을 발견할 수 있었음에도 불구하고, 이를 교량가설에 사용토록 하는 등의 시공상의 잘못을 방치하였다. 교량건설에 대한 발주청인 서울특별시의 현장감독공무원 丙은 용접공의 자격확인, 방사선검사 등을 통한 용접공사, 가조립공사, 시공과정에서의 철저한 현장확인 등의 주의의무를 이행하지 않았다. 이러한 甲, 乙, 丙의 과실이 겹쳐져서 교각 사이의 트러스 연결 부분에 있는 수직재의 용접 부분이 떨어져 나갔고, 그것이 원인이 되어 트러스를 포함한 상판 일체가 한강으로 떨어지면서 때마침 그 곳을 지나던 자동차 6대도 한강으로 떨어져 수십 명이 사상하였다. 甲, 乙, 丙에 대하여 업무상과실치사상죄가 성립하는가?[652]

甲, 乙, 丙 등이 업무상과실로 인하여 교량을 손괴하여 자동차의 교통을 방해한 행위는 업무상과실일반교통방해죄(제189조 제2항, 제185조)가, 그 결과 자동차를 추락시킨 행위는 업무상과실자동차추락죄(제189조 제2항, 제187조)가 사람을 사상케 한 행위는 업무상과실치사상죄가 성립할 수 있다. 甲, 乙, 丙 등에 대하여 과실범의 공동정범이 성립하는지가 문제된다.

甲, 乙, 丙 각자의 과실만으로는 교량붕괴의 원인이 될 수 없지만 그 과실이 합쳐져 교량이 붕괴된 것이므로 누적적 인과관계가 문제된다. 이 경우에도 인관관계가 성립하는가에 대하여 대법원은 "… 위 각 단계에서의 과실 그것만으로 붕괴원인이 되지 못한다고 하더라도, 그것이 합쳐지면 교량이 붕괴될 수 있다는 점은 쉽게 예상할 수 있고, 따라서 위 각 단계에 관여한 자는 전혀 과실이 없다거나 과실이 있다고 하여도 교량붕괴의 원인이 되지 않았다는 등의 특별한 사정이 있는 경우를 제외하고는 붕괴에 대한 공동책임을 면할 수 없다"고 판시함으로써 인과관계의 성립을 인정하였다. 그리고 과실범의 공동정범과 동시범 가운데 어느 것이 성립하는가에 대하여 대법원은 행위공동설에 근거하여 "피고인들은 이 사건 성수대교를 안전하게 건축되도록 한다는 공동의 목표와 의사연락이 있었다고 보아야 할 것이므로, 피고인들 사이에는 이 사건 업무상과실치사상등죄에 대하여 형법 제30조 소정의 공동정범의 관계가 성립된다"고 판시함으로써 긍정설의 입장을 취하였다.

부정설에 의하더라도 甲, 乙, 丙의 과실이 인정되고 그 과실행위가 누적되어 결과가 발생한 이상은 甲, 乙, 丙 각자에 대하여 업무상과실치사상죄가 성립한다. 이 경우에 甲, 乙, 丙이 각자 야기한 위험은 법률상 허용된 위험에 해당하지 않으며, 비전형적 인과관계에도 해당하

---

651) 같은 취지: 대법원 1983. 5. 10. 선고 82도2279 판결.
652) 대법원 1997. 11. 28. 선고 97도1740 판결(성수대교붕괴사건).

지 않으므로 객관적 귀속도 부정되지 않는다.653) 결국 부정설에 의하더라도 결론에 있어서는 긍정설과 차이가 없다. 각 행위자에 대하여 성립한 업무상과실치사상죄가 공동정범이 아니라 동시범이라는 점에서만 차이가 있을 뿐이다.

다수자가 협의회에서 다수결에 의한 의사결정(Gremienentscheidung)을 함에 있어서 과반수가 잘못된 의사결정을 하여 법익침해의 결과가 발생한 경우에 그 다수결에 찬성한 구성원 전체에 대하여 형사책임을 인정할 수 있는가에 대해서는 논란의 여지가 있다. 긍정설은 주의의무위반의 공동과 실행행위의 공동이 있으면 의사결정에 참여한 전체 구성원에 대하여 과실범의 공동정범이 성립한다고 한다. 그리고 그 형사정책적 근거로서 현대사회에서 집단에 의한 공동과실사례가 증가하고 있으므로 '조직적 무책임'이 일어나는 현상을 방지하기 위해서는 과실범의 공동정범을 인정할 필요가 있다는 점을 든다.654) 그러나 이 견해는 개인책임, 개별책임을 원칙으로 하는 형법의 기본원칙에 반하며, 형사정책적 필요성이 연대책임을 정당화할 수는 없다. 따라서 협의회를 통한 의사결정의 경우에도 부정설에 따라 각 구성원에 대하여 과실범이 성립하는가를 개별적으로 검토하는 견해가 타당하다.

2. 객관적 요건

(1) 공동의 실행행위

공동정범의 객관적 요건은 공동의 실행행위이다. 여기서 각 가담자의 범행기여는 분업에 의한 범죄실행에서 본질적 기능을 갖는 것(본질적 범행기여, 기능적 역할분담)이어야 한다. 이를 위해서는 그 범행기여가 범죄실행에서 필요불가결한 것으로서 그 범행기여가 없이는 범죄실행이 불가능하거나 현저하게 곤란하게 되는 것일 것을 요한다.

공동의 실행행위는 반드시 구성요건에 해당하는 행위에 국한되는 것은 아니다. 따라서 범죄현장에서 망을 보는 행위 또는 다른 가담자를 범죄현장에 차로 태워다 주고 데려오는 행위 등도 범죄실행에서 본질적 기능을 하였다면

---

653) 누적적 인과관계의 경우 객관적 귀속에 대하여는 제2편 제3장 제3절 3 (3) ③ 참조.
654) 김일수/서보학, 총론, 461면.

공동정범이 될 수 있다. 그리고 그 실행행위가 반드시 범죄현장에서 이루어질 것을 요하지 않는다. 행위자가 범죄 현장에서 구성요건에 해당하는 행위의 일부를 실행한 경우는 물론, 그 현장에서 떨어진 장소에서 전화를 통하여 범행을 지시한 경우에도 공동정범이 성립할 수 있다.

(판례 5) 甲은 乙, 丙과 함께 강도범행을 저지른 후, 乙, 丙이 A女의 신고를 막기 위하여 묶여있는 A女를 옆방으로 끌고가 강간범행을 할 때에 甲은 자녀들을 감시하고 있었다. 甲, 乙, 丙의 죄책은?

乙, 丙에 대하여는 강도강간죄(제339조)가 성립한다. 직접 강간행위를 하지 않고 자녀들을 감시한 甲에 대하여도 강간죄가 성립하는가에 대하여 대법원은 "비록 피고인이 직접 강간행위를 하지 않았다 하더라도 강도강간의 공동죄책을 면할 수 없다"는 이유로 그에 대하여도 강도강간죄의 성립을 인정하였다.655) 甲이 감시하는 행위가 없었다면 乙, 丙의 강간범행이 현저하게 곤란하였을 것이므로 그는 분업에 의한 범죄실행에서 본질적 범행기여 내지는 기능적 역할분담을 하였다고 할 수 있다. 즉 甲에 대하여는 기능적 행위지배가 인정되므로 강도강간죄의 공동정범이 성립한다.

(판례 6) 甲과 乙은 공모하여 A소유의 창고에 보관되어 있는 천막을 절취하기로 하였다. 甲은 계획대로 야간에 A의 창고에 들어가 천막을 절취하였으며 乙은 현장에 같이 있다가 이를 운반하여 보관하였다. 甲, 乙의 죄책은?

판례는 "甲과 乙이 공모하여 甲은 창고에 침입하여 물건을 절취하고 乙은 절취한 물건을 운반하여 양여 또는 보관한 경우 乙의 소위는 甲과 같이 야간건조물침입절도의 죄책을 져야 할 것이지 장물죄로 문죄할 수 없다"고 함으로써 야간건조물침입절도죄의 공동정범이 성립을 인정하였다.656) 乙은 직접 창고에 들어가 천막을 절취하지는 않았으나 甲과 공동으로 범죄계획을 수립하였다. 그리고 그 계획에 따라 乙이 천막을 운반하여 보관하는 행위가 없었다면 甲의 범행은 현저하게 곤란하였을 것이므로 그는 범죄실행에서 본질적 기능을 하였다고 볼 수 있다. 따라서 乙에 대하여는 기능적 행위지배가 인정되므로 야간건조물침입절도죄의 공동정범이 성립한다. 만일 甲이 재물을 절취하여 나오다가 우연히 乙을 발견하고 도움을 요청하고 乙이 천막을 운반해 준 것이라면 乙에 대하여 공동정범은 성립하지 않으며 다만 방조범만이 성립할 것이다.

---

655) 대법원 1986. 1. 21. 선고 85도2411 판결.
656) 대법원 1961. 11. 9. 선고 4294형상374 판결.

(2) 공모공동정범

(가) 의의

공모공동정범이란 실행의 착수 이전 단계, 즉 예비·음모의 단계에서 범죄의 공모에만 관여하고 실행행위를 분담하지 않은 가담자에 대하여 공동정범을 인정하는 경우를 말한다. 공모공동정범을 인정할 것인가에 대하여는 견해가 일치하지 않는다.

▶ 공모공동정범에 관한 학설

```
┌ 긍정설 ┌ 공동의사주체설: 판례의 견해
│       ├ 간접정범유사설: 판례의 견해
│       ├ 적극이용설: 대법원 1980. 5. 20. 선고 80도 306 판결의 소수의견
│       └ 기능적 행위지배설: 소수설
└ 부정설 – 기능적 행위지배설: 다수설
```

(나) 판례 및 학설

대법원은 공동의사주체설이나 간접정범유사설을 근거로 공모공동정범의 성립을 인정하고 있다. 공동의사주체설에 의하면 2인 이상이 일정한 범죄를 실현하려는 공동목적을 가지고 공모하면 공동의사주체가 형성되므로 그 중의 일부가 범죄의 실행행위를 하면 이는 공동의사주체의 행위로서 실행행위를 분담하지 않은 자도 정범의 죄책을 진다고 한다. 간접정범유사설에 의하면 "두 사람 이상이 공동의 의사로 특정한 범죄행위를 하기 위하여 일체가 되어 서로가 다른 사람의 행위를 이용하여 각자 자기의 의사를 실행에 옮기는 것을 내용으로 하는 모의를 하여 그에 따라 범죄를 실행"하면 직접 실행행위를 하지 않은 다른 공모자도 공동정범의 죄책을 진다고 한다.[657]

> (판례 7) 甲과 乙은 부산미국문화원에 방화할 것을 모의하였으며, 그 범행계획은 순차로 丙, 丁 등에게 연락되어 丙, 丁 등은 방화용 휘발유를 구입운반하고 이 휘발유를 부산미국문화원 출입문 내부에 살포하여 이에 방화하였다. 甲, 乙의 죄책은?

丙, 丁 등이 부산미국문화원에 휘발유를 살포하여 불을 놓은 행위는 현주건조물방화죄의 구성요건에 해당한다. 甲, 乙에 대하여 공모공동정범이 성립하는가에 대하여 대법원은 "공

---

[657] 대법원 1988. 4. 12. 선고 87도2368 판결.

동정범의 성립에 있어서 공동자간의 공모와 범죄의 실행에 관하여는 범인 전원의 동일일시, 동일장소에서 모의하지 아니하고 순차적으로 범의의 연락이 이루어짐으로써 그 범의 내용에 대하여 포괄적 또는 개별적 의사의 연락이나 인식이 있었으면 범인 전원의 공모관계가 있다"고 함으로써 甲, 乙, 丙, 丁 등 범인 전원의 공모관계가 있다고 인정하고 이어서 "공모공동정범은 공동범행의 인식으로 범죄를 실행하는 것으로 공동의사주체로서의 집단전체의 하나의 범죄행위의 실행이 있음으로써 성립하고 공모자 모두가 그 실행행위를 분담하여 이를 실행할 필요가 없고 실행행위를 분담하지 않아도 공모에 의하여 수인 간에 공동의사주체가 형성되어 범죄의 실행행위가 있으면 실행행위를 분담하지 않았다고 하더라도 공동의사주체로서 정범의 죄책을 면할 수 없다"[658]라고 판시하고 甲, 乙에 대하여 공모공동정범의 성립을 인정하였다.

이에 대하여 기능적 행위지배설을 주장하는 견해 가운데 다수는 공동의 실행행위는 범죄의 실행단계에서 이루어질 것을 요하므로 예비·음모의 단계에서 공모를 한 것만으로는 공동정범이 성립하지 않으며 다만 공범의 성립만이 가능하다고 한다.[659]

그러나 기능적 행위지배설에 의하더라도 공모공동정범의 성립이 가능하다고 본다.[660] 범죄의 실행단계에서 객관적 범행기여 부분이 부족하더라도 그 부족한 부분이 주관적 요건의 강화를 통하여, 즉 공동의 범행계획의 수립단계에서 중요한 역할을 수행함으로써 보충되었다면 기능적 행위지배는 인정될 수 있다. 따라서 객관적 범행기여 없이 단순히 공모에 참여한 것만으로는 공동정범이 성립하지 않지만, 공모단계에서의 범행기여가 본질적인 때에는 이것만으로도 공동정범의 성립이 가능하다고 본다. 예컨대 범죄를 조직하고 지휘한 자는 범죄의 실행단계에서는 실행행위를 분담하지 않았더라도 실행행위도 그의 계획에 따라 진행되는 것이므로 범죄실행에서 필요불가결한 기능을 담당했다고 볼 수 있다.[661] 대법원도 근래에 판례에서 "공모자 중 구성요건 행위 일부를 직접 분담하여 실행하지 않은 자라도 경우에 따라 이른바 공모공동정범으로서의 죄책을 질 수도 있는 것이기는 하나, 이를 위해서는 전체 범

---

658) 대법원 1983. 3. 8. 선고 82도3248 판결.
659) 김일수/서보학, 총론, 455면.
660) 이재상/ 장영민/ 강동범, 총론, 484면; Sch/SchCramer/Heine, § 25 Rn. 66.
661) 이 경우 범죄조직의 수괴는 특수간접정범으로서 가중처벌된다(제2편 제9장 제2절 II 1 (5) ③ 참조).

죄에서 그가 차지하는 지위, 역할이나 범죄 경과에 대한 지배 내지 장악력 등을 종합해 볼 때, 단순한 공모자에 그치는 것이 아니라 범죄에 대한 본질적 기여를 통한 기능적 행위지배가 존재하는 것으로 인정되는 경우여야 한다"[662]라고 판시하고 있는데, 이는 기능적 행위지배설의 입장에서 공모공동정범을 인정한 것으로 보인다.

(판례 8) 甲은 乙에게 만일 황소를 훔쳐오면 팔아주겠다고 제의하였다. 이 말을 듣고 乙은 A의 황소를 절취하였다. 甲의 죄책은?

甲에게는 乙과 공동하여 황소를 절취하겠다는 공동의사가 결여되며, 절취행위를 직접 실행하지는 않았으므로 본질적 범행기여도 없었다. 따라서 甲에게는 기능적 행위지배가 없었으므로 공동정범은 성립하지 않으며 다만 절도교사가 성립한다.[663]

(예 8) 범죄조직에서 두목 甲이 범행을 계획, 지시하여 부하 乙, 丙이 야간에 타인의 주거에 침입하여 주인을 폭행, 재물을 강취하고 그 동안에 甲은 술집에서 술을 마시고 있었다. 甲의 죄책은?

판례는 공동의사주체설에 근거하여 공모공동정범의 성립을 인정한다. 즉 "공모에 의하여 수인 간에 공동의사주체가 형성되어" 실행행위를 분담하지 않은 자에 대하여도 공동의사주체로서 정범의 죄책을 인정한다. 따라서 甲에 대하여는 특수강도죄의 공모공동정범이 성립한다. 이에 대하여 다수설은 공모공동정범을 인정하지 않는다. 그 근거로서 실행행위에 가담하지 않은 자에게는 기능적 행위지배가 없다는 점을 든다. 따라서 두목 甲에 대하여는 특수강도교사죄가 성립한다.
공동정범의 객관적 요건이 약화 또는 결여되더라도 주관적 요건이 이를 보충할 수 있을 정도로 강화되어 있는 경우에는 기능적 행위지배가 인정된다. 두목 甲은 범죄현장에는 없었으므로 객관적 요건은 현저하게 약화 또는 결여되어 있으나 범죄계획을 수립하고, 부하 乙, 丙에게 이를 지시한 것이므로 주관적 요건은 강화되어 부족되는 객관적 요건을 보충하기에 충분하다고 할 수 있다. 따라서 공모공동정범의 개념을 굳이 인정하지 않고 기능적 행위지배설에 의하더라도 甲은 특수강도죄의 공동정범의 죄책을 진다고 할 수 있다.

(판례 9) 전국노점상총연합회(이하 '전노련'이라 한다)의 주도 하에 전국 회원 약 3,300명이 2007. 10. 16. 15:00경부터 도로를 막고 행진하여 고양시청으로 진입하는 과정에서 시위대는 경찰관 등에게 위험한 물건인 돌과 유리병 등을 던지거나 각목을 휘둘렀는데, 이로

---

[662] 대법원 2007. 4. 26. 선고 2007도235 판결; 대법원 2009. 2. 12. 선고 2008도6551 판결; 대법원 2009. 6. 23. 선고 2009도2994 판결.
[663] 대법원 1975. 2. 25. 선고 74도2228 판결.

인해 전투경찰 A가 2007. 10. 16. 15:30경 시위대가 던진 유리병에 오른손을 맞아 약 2주간의 치료를 요하는 상해를 입었다. 사복경찰관이 시위대 전열에서 각목을 휘두르는 사람을 체포하려고 하자 시위에 직접 참여한 甲은 경찰관의 몸을 잡고 밀쳐내면서 폭력을 행사하였고, 이 과정에서 2007. 10. 16. 17:22경 사법경찰관 B에 의해 체포되었다. 甲이 체포된 2007. 10. 16. 17:22경 이후에 이루어진 시위참가자들의 범행에 의하여 경찰관 12명이 피해를 입었다. 甲은 단순한 시위가담자이며, 전노련의 집회 계획·공모에 가담하지는 않았다. 甲의 죄책은?

[참조조문]
제144조(특수공무방해) ① 단체 또는 다중의 위력을 보이거나 위험한 물건을 휴대하여 제136조, 제138조와 제140조 내지 전조의 죄를 범한 때에는 각조에 정한 형의 2분의 1까지 가중한다.
② 제1항의 죄를 범하여 공무원을 상해에 이르게 한 때에는 3년 이상의 유기징역에 처한다. 사망에 이르게 한 때에는 무기 또는 5년 이상의 징역에 처한다.

① 전투경찰 A에게 상해를 입힌 행위: 시위대가 돌이나 각목 등의 위험한 물건을 휴대하여 경찰을 폭행한 행위는 특수공무집행방해죄(제136조, 제144조 제1항)에 해당하며 그 과정에서 경찰이 상해를 입었으므로 결과적 가중범인 특수공무집행방해치상죄(제144조 제2항)가 성립한다. 대법원은 甲의 죄책에 대하여 "피고인은 위 각 범행의 단순한 공모자에 그치는 것이 아니라 범죄에 대한 본질적 기여를 통한 기능적 행위지배가 존재하는 자로 인정"되므로 공동정범이 성립한다고 판단하였다. 즉 甲은 시위대에 가담하여 폭력을 행사하였으며, 시위과정에서 경찰 A가 시위대의 누군가에 의하여 상해를 입을 것이라는 것이 예견가능하므로 그에 대하여는 특수공무집행방해치상죄의 공동정범이 성립한다.

② 경찰관 12명에게 상해를 입힌 행위: 경찰관 12명은 甲이 체포된 이후에 계속된 시위과정에서 상해를 입은 것인데, 여기에 대하여도 甲이 죄책을 부담하는지가 문제된다. 만일 甲에게 공모공동정범이 성립한다면 甲이 실행행위에 가담하지 않은 부분에 대하여도 죄책을 인정할 수 있다. 대법원은 공모공동정범을 인정하기 위해서는 "전체 범죄에 있어서 그가 차지하는 지위, 역할이나 범죄 경과에 대한 지배 내지 장악력 등을 종합해 볼 때, 단순한 공모자에 그치는 것이 아니라 범죄에 대한 본질적 기여를 통한 기능적 행위지배가 존재하는 것으로 인정되는 경우여야 한다"고 판시함으로써 기능적 행위지배설을 근거로 단순가담자에 대하여는 공모공동정범이 성립하지 않는다는 점을 밝혔다. 이어서 이 기준을 근거로 甲의 죄책에 대하여 "피고인이 주최자인 전노련의 집회 계획·공모에 가담하였다거나 전노련 집행부를 통하여 이 사건 집회를 지배 내지 장악하는 등 영향력을 미쳤다고 인정할 만한 증거는 찾아보기 어렵다. 그렇다면 2007. 10. 16. 17:22경 이후에 이루어진 시위참가자들의 범행 즉, 같은 날 17:30경부터 23:00경까지 이루어진 경찰관 등에 대한 특수공

무집행방해 행위에 대하여는 피고인에게 각 범행에 대한 본질적 기여를 통한 기능적 행위지배가 존재한다고 보기 어려우므로 이 부분에 대하여는 공모공동정범의 죄책을 인정할 수 없다"664)고 판시하였다.

(판례 10-1) 甲, 乙, 丙은 황소를 절취하기로 공모하고, 甲은 공모한 내용대로 국도상에서 트럭에서 대기하고 있고 乙과 丙은 마을에서 황소를 절취하여 대기하던 트럭에 실었다. 甲, 乙, 丙의 죄책은?

乙, 丙은 공동하여 소를 절취하였으므로 특수절도죄(제331조 제2항)가 성립한다. 甲의 죄책에 대하여 판례는 "황소를 대기하던 트럭에 싣고 운반한 행위는 시간적으로나 장소적으로 절취행위와 협동관계가 있다고 할 수 없어 합동절도죄로 문의할 수는 없으나 공동정범에 있어서 범죄행위를 공모한 후 그 실행행위에 직접 가담하지 아니하더라도 다른 공범자의 죄책을 면할 수 없으니 ⋯ 甲은 일반 절도죄의 공동정범 또는 합동절도방조로서의 죄책을 면할 수 없다"고 보아 절도죄의 공동정범과 합동절도방조죄의 상상적 경합이 성립한다고 보았다.665)

(판례 10-2) 甲, 乙, 丙, 丁은 신용카드를 강취한 후 현금자동지급기에서 현금을 인출하여 서로 분배하기로 공모하였다. 甲 등 4인은 피해자 A를 폭행하여 상해를 입히고 신용카드를 강취였다. 甲이 A를 계속 붙잡아 두고 감시하는 동안 乙, 丙, 丁은 신용카드의 비밀번호를 알아낸 후 현금자동지급기에서 인출하였다. 甲, 乙, 丙, 丁의 죄책은?

1. A를 폭행하여 상해를 입히고 신용카드를 강취한 행위
甲, 乙, 丙, 丁이 A를 폭행하여 상해를 입히고 신용카드를 강취한 행위는 강도상해죄(제337조)에 해당한다.

2. 현금인출기에서 현금을 인출한 행위
(1) 乙, 丙, 丁의 죄책
강취한 신용카드로 현금인출기에서 현금을 인출하는 행위는 절도죄에 해당한다. 乙, 丙, 丁은 합동하여 현금인출기에서 현금을 인출하였으므로 특수절도죄의 공동정범(제331조 제2항)이 성립한다. 따라서 乙, 丙, 丁에 대하여는 강도상해죄의 공동정범과 특수절도죄의 공동정범의 실체적 경합이 성립한다.
(2) 甲의 죄책
甲의 죄책에 대하여 판례는 "甲이 범행 현장에 간 일이 없다 하더라도 乙, 丙, 丁과 공모한 것만으로서도 그들의 행위를 자기 의사의 수단으로 하여 합동절도의 범행을 하였다고 평

---

664) 대법원 2009. 6. 23. 선고 2009도2994 판결.
665) 대법원 1976. 7. 27. 선고 75도2720 판결. 이 판례는 후술하는 대법원 1998. 5. 21. 선고 98도321 판결에 의하여 변경되었다.

가될 수 있는 합동절도 범행의 정범성의 표지를 갖추었다고 할 것이고, 따라서 위 합동절도 범행에 대하여 공동정범으로서의 죄책을 면할 수 없다"고 보았다.666) 따라서 甲에 대해서도 강도상해죄의 공동정범과 특수절도죄의 공모공동정범의 실체적 경합이 성립한다.

(판례 10-3) 丙은 '싸워서라도 돈을 받아내라', 乙은 '무조건 고개를 낮추고 싸워', '영상으로 찍을 거니까 너가 이겨야 돼'라는 등의 말을 甲에게 하였고, 범행 당일 甲, 乙, 丙 모두 피해자 A와의 싸움 현장에 나가 甲이 직접 피해자를 폭행하자, 乙은 그 모습을 휴대전화기로 촬영하고, 丙은 이를 옆에서 지켜보았다. 乙, 丙의 죄책은?667)

[참조조문]
폭력행위 등 처벌에 관한 법률 제2조(폭행 등) ② 2명 이상이 공동하여 다음 각 호의 죄를 범한 사람은 「형법」 각 해당 조항에서 정한 형의 2분의 1까지 가중한다.
1. 「형법」 제260조제1항(폭행), 제283조제1항(협박), 제319조(주거침입, 퇴거불응) 또는 제366조(재물손괴 등)의 죄

甲, 乙, 丙에 대하여 폭력행위처벌법 제2조 제2항 제1호 위반(공동폭행)죄가 성립하는지가 문제된다. 대법원은 "乙, 丙은 이 사건 현장에서 甲의 폭행을 인식하고 이를 이용하여 피해자의 신체에 대한 유형력을 행사하는 폭행의 실행행위에 가담한 것이 아니라 단지 甲이 피해자를 폭행하는 모습을 지켜보거나 이를 동영상으로 촬영하였다는 것에 불과하다. 따라서 甲의 단독범행에 의한 폭행과 乙, 丙의 폭행 교사 또는 방조로 인한 죄책 유무는 별론으로 하고, 乙, 丙에게 2명 이상이 공동하여 피해자를 폭행한 경우 성립하는 폭력행위처벌법 위반(공동폭행)죄의 죄책을 물을 수는 없다."고 판단하였다.

甲, 乙, 丙에 대하여는 공동폭행죄의 공모공동정범도 성립하지 않는다. 본죄가 성립하기 위해서는 2인 이상이 현장에서 피해자를 폭행할 것을 요하는데, (판례 10-2)에서와는 달리 甲이 단독으로 폭행하였으므로 본죄는 성립하지 않는다. 따라서 甲에 대하여는 단순폭행죄가 성립하며, 乙, 丙에 대해서는 판례에 의하면 '폭행 교사 또는 방조'가 성립할 수 있다. 그러나 만일 甲, 乙, 丙이 범행 전날 피해자에 대한 폭행을 공모하였다면 乙, 丙에 대하여는 단순폭행죄의 공모공동정범이 성립할 여지도 있다.

III. 공동정범의 처벌

공동정범은 각자를 그 죄의 정범으로 처벌한다(제30조). "그 죄의 정범으로

---
666) 대법원 1998. 5. 21. 선고 98도321 판결.
667) 대법원 2023. 8. 31. 선고 2023도6355 판결.

처벌한다"는 말은 공동정범은 범죄의 일부만을 실행하였더라도 전체범죄에 대하여 책임을 진다는 의미이다. 따라서 공동정범이 각자의 역할분담에 따라서 범죄를 실행한 경우 각 행위자가 행한 전체범죄에 대하여 죄책을 진다.

> (예 9) 甲과 乙은 丙을 살해하기로 공모하고 각자 다른 장소에서 丙에게 총을 발사하였는데 丙이 甲과 乙 가운데 누가 발사한 총탄에 맞아 사망하였는지는 판명되지 않았다. 甲, 乙의 죄책은?

甲과 乙은 공동정범으로서 전체범죄에 대하여 죄책이 인정되므로 丙이 누구 총에 맞아 사망했는지가 입증되지 않더라도 살인죄의 공동정범이 성립한다.

IV. 관련문제

1. 공동정범과 신분

공동정범과 신분에 대하여는 후술한다.[668]

2. 공동정범과 착오

공동정범의 착오란 범행계획과 실행행위의 불일치를 말한다. 공동정범의 착오가 있는 경우 공동정범자의 죄책은 사실의 착오에 관한 일반이론에 의하여 판단하면 된다.

> (예 10) 甲과 乙은 상점의 금고를 털기로 계획하고 발각되는 경우에 대비하여 총을 각자 소지하고 경비원이 나타나면 살해하기로 약속하였다. 甲과 乙은 현금을 절취하여 나오다가 경비원에게 발각되어 추적을 당하였다. 甲은 뒤따라오던 乙을 경비원으로 오인하여 경비원 A를 향하여 총을 발사하여 상해를 입혔다. 甲, 乙의 죄책은?

甲과 乙은 총을 휴대하고 합동하여 재물을 절취하고 재물의 탈환에 항거하기 위하여 총을 발사하였으므로 특수강도의 준강도죄(특수강도죄)의 공동정범이 성립한다.[669] 문제는 甲,

---

668) 제2편 제9장 제5절 참조.
669) 흉기휴대절도와 합동절도는 특수절도죄의 행위유형에 불과하므로 흉기를 휴대하고 합동하여 절도한 경우 흉기휴대절도와 합동절도의 상상적 경합이 성립하는 것이 아니라 단일의 법규위반, 즉 하나의 특수절도죄가 성립한다. 특수강도죄는 특수절도죄에 상응하는 규정이므로 이 경우에도 마찬가지다.

乙에 대하여 강도살인미수죄670)의 공동정범이 성립하는가이다. 甲에게는 뒤따라오는 자를 살해하려는 고의 또는 최소한 미필적 고의가 인정되며, 甲이 乙을 경비원으로 오인한 것은 객체의 착오로서 고의의 성립에 영향이 없다. 따라서 甲이 재물의 탈환을 항거하고 체포를 면탈하기 위하여 뒤따라오는 자에게 총을 발사하여 상해를 입힌 행위는 강도살인미수죄(제335조, 제338조, 제342조)에 해당한다.

형법상 자살미수는 불가벌이므로 甲이 乙에 대하여 총을 발사한 경우에도 乙에 대하여 강도살인미수죄의 공동정범이 성립하는가에 대하여는 논란의 여지가 있다. 생각건대 乙이 甲과 공동으로 수립한 범죄계획에는 살인이 포함되어 있으므로 乙은 甲이 고의로 실행한 행위 전부에 대하여 책임을 져야 한다. 따라서 乙에 대하여도 강도살인미수죄의 공동정범이 성립한다. 강도살인죄의 주체인 강도에는 특수강도가 포함되므로 특수강도죄는 강도살인미수죄에 대하여 법조경합의 관계(특별관계)에 있다. 따라서 甲, 乙에 대하여는 강도살인미수죄의 공동정범만 성립한다.

공동정범의 착오에서 주로 문제되는 것은 공동정범자 가운데 한사람이 범행계획을 초과하여 범죄를 실행한 경우이다. 이러한 경우를 공동정범의 과잉이라고 한다. 공동정범의 과잉에는 질적 과잉과 양적 과잉이 있다. 전자는 공범자 가운데 한 사람이 공동으로 계획한 범죄와 성질상 전혀 다른 범죄를 실행하는 경우를 말하며, 후자는 실행한 범죄가 계획한 범죄와 질적으로는 같지만 실행한 범죄가 법익침해의 정도에서 범죄계획을 초과한 경우를 말한다.

공동정범이 성립하기 위해서는 공동의 범행계획이 있어야 하므로 초과부분에 대해서는 공동정범은 성립하지 않으며, 공동정범 각자가 책임을 진다. 초과범행을 한 자는 초과부분에 대하여 고의가 있는 경우에는 고의범으로, 과실이 있는 경우에는 과실범으로 처벌된다. 초과범행을 하지 않은 자는 초과부분에 대하여 예견가능성이 있는 경우에 한하여 과실범으로 처벌된다. 즉 질적 과잉의 경우에는 예견가능성이 없으므로 초과부분에 대하여 아무런 범죄도 성립하지 않으며, 양적 과잉의 경우에는 통상 예견가능성이 인정되므로 초과부분에 대하여 과실범이 성립한다.

기본범죄의 공동정범 가운데 한 사람이 중한 결과를 실현한 경우에 다른 공동정범에 대해서도 결과적 가중범의 공동정범이 성립하는가에 대하여는 앞에서 설명하였다.671)

---

670) 상해는 살인에 대하여 법조경합관계(보충관계)에 있으므로 강도살인미수죄가 성립하면 강도상해죄는 별도로 성립하지 않는다.

(판례 11) 甲, 乙, 丙은 등산용 칼을 이용하여 노상강도를 하기로 공모하고, 그 공모내용대로 甲은 범행 당시 차안에서 망을 보고 있었고, 乙은 등산용 칼을 휴대하고 있던 丙과 함께 차에서 내려 피해자 A, B, C를 협박하여 그들로부터 금품을 강취하려고 하였다. 그 순간, A, B, C가 도망을 가자 乙은 A를 뒤따라가서 그를 폭행하였으며, 丙은 B, C를 뒤따라가서 등산용 칼로 B, C를 살해하였다. 甲, 乙, 丙의 죄책은?

甲, 乙, 丙은 강도하기로 공모하고 그 공모한 내용대로 乙, 丙이 A, B, C를 협박하였으므로 A, B, C에 대해서는 강도미죄의 공동정범이 성립한다. 丙이 강도의 실행에 착수하여 도망하는 B, C를 살해한 행위는 강도살인죄에 해당한다. 丙이 살인한 행위는 공동의 범죄계획에 포함되지 않으므로 B, C는 그 초과부분에 대하여 고의범의 죄책을 지지 않는다. 따라서 B, C에 대하여 강도살인죄의 공동정범은 성립하지 않는다. 다만 甲, 乙은 丙이 살인한다는 것을 예상할 수 있었으므로 B, C의 사망에 대하여 과실범의 죄책을 진다. 따라서 甲, 乙에 대해서는 강도치사죄가 성립한다.672)

(판례 12) 甲은 乙과 공모하여 술취한 사람을 상대로 금품을 강취할 것을 마음먹고, 승용차를 운전하고 가다가 밤 12시경에 술에 취한 피해자 A를 집까지 데려다 주겠다고 속여 그를 승용차에 태워 가다가 폭행과 협박을 하여 금품을 강취하였다. 乙은 A를 승용차 밖으로 끌어내어 부근에 있는 사람 머리 크기의 돌멩이로 뒤통수를 때려 살해하였다. 甲, 乙의 죄책은?

乙에 대하여는 강도살인죄가 성립한다. 문제는 甲의 죄책이다. 강도살인죄는 고의범이므로 강도살인죄의 공동정범이 성립하기 위해서는 강도와 살인에 관하여 고의의 공동이 필요한데, 甲은 乙 살인의 공모까지 하지는 않았으므로 강도살인죄는 성립하지 않는다. 다만 甲이 乙의 살해행위나 치사의 결과를 예견할 수 있었다면 甲에 대해서는 강도치사죄가 성립한다.673)

판례도 "강도의 공범자 중 1인이 강도의 기회에 피해자에게 폭행 또는 상해를 가하여 살해한 경우, 다른 공모자가 살인의 공모를 하지 아니하였다고 하여도 그 살인행위나 치사의 결과를 예견할 수 없었던 경우가 아니면 강도치사죄의 죄책을 면할 수 없다"고 본다.

(판례 13) 甲, 乙은 강도하기로 공모하고 피해자 A女의 집 안방에 들어갔다. 甲은 장롱 등을 뒤져 여자 손목시계와 현금 150,000원을 가지고 나왔다. 그 사이에 乙은 A女에게 과도를 들이대고 전화선으로 A女의 손발을 묶어 반항을 억압하고 강간하였다. 甲, 乙의 죄책은?

---

671) 제2편 제7장 제2절 III 2 (1).
672) 대법원 1990. 11. 27. 선고 90도2262 판결.
673) 대법원 1991. 11. 12. 선고 91도2156 판결.

甲, 乙은 흉기를 휴대하고 합동하여 A女를 협박하여 재물을 강취하였으므로 특수강도죄(제334조 제2항)의 공동정범이 성립한다. 乙은 강도의 실행에 착수하여 A女를 강간했으므로 강도강간죄(제339조)가 성립한다. 문제는 甲에 대하여도 강도강간죄의 공동정범이 성립하는가이다. 乙이 강간한 행위는 공동의 범죄계획에 포함되지 않으므로 甲은 그 초과부분에 대해서는 아무런 죄책을 지지 않는다. 따라서 甲에 대해서는 강도강간죄의 공동정범은 성립하지 않는다.674)

3. 공동정범의 중지미수

공동정범의 중지미수에 대해서는 앞에서 설명하였다.675)

---

674) 대법원 1988. 9. 13. 선고 88도1114 판결.
675) 제2편 제8장 제2절 III 2 (1).

제 4 절 공 범

I. 서론

1. 공범의 개념

형법학에서 통상 공범은 교사범과 방조범만을 의미하는데, 이를 협의의 공범이라고 한다.[676] 정범이 구체적인 범죄사건의 '중심인물'이라면, 협의의 공범은 정범에 종속된 '주변인물', 즉 행위지배 없이 정범의 범죄를 교사 또는 방조하여 정범으로 하여금 죄를 실행하게 하는 자를 말한다.

2. 공범의 종속성

(1) 공범종속성설과 공범독립성설

형법 제31조 및 제32조는 정범의 범죄를 교사 또는 방조하여 정범으로 하여금 죄를 실행하게 하는 자를 공범으로 처벌한다고 규정함으로써 공범의 성립은 정범의 존재를 전제로 하며, 정범이 없는 공범은 있을 수 없다는 입장을 바탕으로 하고 있다. 이처럼 공범은 정범의 존재를 전제로 정범에 종속하여 성립한다는 견해를 공범종속성설이라고 한다. 그리고 공범의 성립이 정범에 종속하는 것을 공범의 종속성이라고 한다. 이 견해에 의하면 공범이 성립하기 위해서는 정범이 실행에 착수하거나 기수에 이를 것을 요한다. 정범이 미수에 그친 경우에는 공범에 대하여도 미수범이 성립하며, 정범이 기수에 이르러야 공범도 기수범으로 처벌된다. 정범이 실행에 착수하지 않은 경우에는 공범은 원칙적으로 불가벌이다.[677]

이에 대하여 공범은 독립한 범죄로서 정범에 종속하여 성립하는 것이 아

---

676) 이에 대하여 형법총칙 제2장 제3절에는 공범이라는 제목으로 교사범과 방조범 이외에도 공동정범과 간접정범이 규정되어 있는데, 이를 광의의 공범이라고 한다.
677) 다만 제31조는 교사의 미수, 즉 정범이 실행에 착수하지 않은 경우에 공범을 예비·음모에 준하여 처벌한다고 규정하고 있는데, 이 규정은 공범종속성의 당연한 귀결이 아니라 예비·음모의 처벌에 관한 특별규정으로 이해하여야 한다. 제2편 제9장 제4절 I 3 (4) 참조.

니라는 견해(공범독립성설)가 있다. 이 견해에 의하면 공범은 타인의 행위를 이용하여 자기의 범죄를 행하는 단독정범으로서 교사·방조행위 자체가 실행행위이므로 정범의 실행행위가 있는가와 관계없이 독립하여 성립한다고 한다. 따라서 공범의 교사행위가 있으면 정범이 실행에 착수하지 않더라도 미수범이 성립한다고 한다. 이 견해는 범죄를 행위자의 반사회적 성격의 징표로 이해하여, 교사행위만 있으면 범죄의사가 외부에 표출되었으므로 구성요건의 실현과 관계없이 범죄의 성립을 인정함으로써 구성요건적 행위의 정형성을 무시한다는 점에서 타당하지 않다.

(2) 공범의 종속형식

공범의 종속형식, 즉 공범이 정범에 어느 정도 종속되는가에 대하여는 4가지 유형이 있는데,[678] 그 가운데 제한적 종속성설(통설 및 판례)이 타당하다. 왜냐하면 공범의 처벌근거[679]는 정범의 불법을 야기·촉진한 데 있으므로 공범이 성립하기 위해서는 정범의 불법행위(구성요건해당성 및 위법성)가 있으면 족하며 책임까지 있을 것을 요하지는 않기 때문이다. 따라서 정범에게 책임이 없는 경우에도 행위자에게 행위지배가 없는 경우에는 공범의 성립이 가능하다. 그러나 행위지배가 있는 경우에는 공범이 성립하는 것이 아니라 간접정범이 성립한다.

3. 공범의 처벌근거

(1) 순수야기설

공범의 처벌근거에 관한 논의의 중점은 공범의 불법이 정범으로부터 나오

---

678) 독일의 M. E. Mayer는 공범의 종속형식을 다음의 4가지로 분류하였다.
① 최소종속형식: 공범이 성립하기 위해서는 정범의 행위가 구성요건에 해당하여야 한다.
② 제한종속형식: 공범이 성립하기 위해서는 정범의 행위가 구성요건에 해당하고 위법하여야 한다.
③ 극단종속형식: 공범이 성립하기 위해서는 정범의 행위가 구성요건에 해당하고 위법·유책하여야 한다.
④ 초극단종속형식: 공범이 성립하기 위해서는 정범의 행위가 구성요건에 해당하고 위법·유책하고 처벌조건을 갖추어야 한다.
679) 공범의 처벌근거에 대해서는 제2편 제9장 제4절 I 3 참조.

는 것인가 아니면 독립적인가에 있다. 순수야기설은 공범의 불법은 정범의 불법에서 독립하여 스스로 법익을 침해한 데에 있다고 한다.[680] 이 견해에 의하면 공범의 불법은 법익을 침해하려는 의사활동, 즉 행위반가치에 있다고 한다. 이 견해는 공범독립성설과 입장을 같이 한다.

(2) 종속적 야기설

이에 대하여 종속적 야기설[681]은 공범의 처벌근거는 정범의 불법행위를 야기하거나 촉진하였다는 점에 있으며, 공범에 의하여 야기, 촉진된 정범의 불법이 공범에게 귀속되는 것이라고 한다. 이 견해는 공범이 성립하기 위해서는 정범의 불법행위가 있을 것을 전제로 하므로 공범종속성설과 일치한다. 공범의 독립성을 부정하고 종속성에 따라 기존의 순수야기설을 수정한 견해라는 의미에서 수정된 야기설이라고도 한다.

(3) 혼합적 야기설

혼합적 야기설은 순수야기설과 종속적 야기설을 절충한 학설이다. 혼합적 야기설에는 종속적 법익침해설과 행위반가치·결과반가치 구별설이 있다. 종속적 법익침해설에 의하면 공범의 불법 가운데 일부는 정범의 불법에서 나오므로 종속적이지만, 다른 일부는 공범 자신의 법익침해행위에서 나오는 것이므로 독립적이라고 한다.[682] 이러한 의미에서 공범은 종속적 법익침해라고 정의할 수 있다. 이 견해는 공범의 종속성을 원칙으로 한다는 점에서 종속적 야기설과 일치하지만, 공범이 성립하기 위해서는 공범 자신의 법익침해행위가 추가로 요구된다고 보는 점에서 종속적 야기설과 차이가 있다.

행위반가치·결과반가치 구별설에 의하면 공범의 불법 중 행위반가치는 공범 자신의 교사·방조행위에서 독립적으로 인정되고 결과반가치는 정범의 법익침해에서 종속적으로 인정된다고 한다.[683] 이 견해는 정범의 법익침해를 결과

---

680) 독일의 소수설로서 우리나라에서는 주장되지 않는 견해이다. 예컨대 Lüderssen, Zum Strafgrund der Teilnahme, 1967, S. 119 ff.
681) 다수설: 예컨대 이재상/ 장영민/ 강동범, 총론, 451면.
682) 김일수/서보학, 총론, 476면 이하.
683) 임웅, 총론, 430면 이하.

반가치로 파악하였다는 점에서 슈미트호이져의 순수야기설과 일치하지만 이를 가벌성의 요건이 아니라 공범의 불법내용으로 파악했다는 점에서 그의 견해와 차이가 있다.

(4) 결론

순수야기설은 공범독립성설과 입장을 같이 한다는 점에서 공범의 종속성과 부합하기 어렵다는 비판을 피하기 어렵다. 종속적 야기설은 공범의 종속성에 부합한다는 점에서 타당하다. 그러나 공범이 성립하기 위해서는 정범의 불법을 야기한 것만으로는 족하지 않으며, 그 외에 공범 자신의 법익침해행위가 있을 것을 요한다고 보아야 공범의 성립범위를 적절히 제한할 수 있다. 이러한 점에서 종속적 법익침해설에 찬성한다.

(예 1) 甲은 보험금을 타기 위해서 乙에게 자신의 손가락을 절단하게 해 달라고 부탁하였다. 乙은 甲의 요구대로 그의 손가락을 절단하였다. 甲, 乙의 죄책은?

乙은 피해자 甲의 승낙에 의하여 중상해를 입혔으나 그 행위는 사회윤리에 반하는 행위로서 위법성이 조각되지 않는다. 따라서 乙에 대해서는 중상해죄가 성립한다. 문제는 甲에 대하여 중상해죄의 교사범이 성립하는가이다. 종속적 야기설에 의하면 甲은 乙을 교사하여 그로 하여금 중상해죄를 범하게 하였으므로 甲에 대하여는 중상해죄의 교사죄가 성립한다는 결론에 이른다. 그러나 종속적 법익침해설에 의하면 공범이 성립하기 위해서는 정범의 불법을 야기하고 형법이 보호하는 법익을 침해할 것을 요하는데, 甲은 자신의 법익을 침해하였을 뿐이며, 형법이 금지하는 법익침해행위를 하지는 않았으므로 중상해죄의 교사범은 성립하지 않는다.

(예 2) 불치병에 걸려 고통을 받고 있는 甲은 자살을 결의하고 자신의 친구 乙에게 자살할 수 있도록 도와달라고 부탁하였다. 乙은 甲의 처지를 이해하고 그에게 독약을 마련해 주었다. 甲은 그 독약을 먹었으나 다행히 사망하지 않았다. 甲, 乙의 죄책은?

乙은 甲의 자살을 방조하였으나, 甲의 자살이 미수에 그쳤으므로 자살방조미수(제252조 제2항, 제254조)가 성립한다. 문제는 甲에 대하여 자살방조미수의 교사범이 성립하는가이다. 종속적 야기설에 의하면 甲은 乙을 교사하여 불법을 야기하였으므로 자살방조미수의 교사범이 성립한다. 그러나 종속적 법익침해설에 의하면 甲은 형법이 금지하는 법익침해행위를 하지 않았으므로 자살방조미수의 교사범은 성립하지 않으며 따라서 불가벌이다.

공범의 처벌근거와 관련하여 가장 많이 논의되는 문제 가운데 하나가 실패한 교사(제31조 제3항)의 처벌근거이다. 제31조 제3항은 "교사를 받은 자가 범죄의 실행을 승낙하지 아니한 때"에는 교사자를 음모 또는 예비에 준하여 처벌한다고 규정하고 있다. 종속적 야기설이나 혼합야기설의 입장에서 공범의 종속성을 인정하는 견해(공범종속성설)에 의하면 공범이 성립하기 위해서는 정범의 범행이 미수 또는 기수에 이를 것을 요하는데, 실패한 교사의 경우에는 정범이 범죄의 실행에 착수하지 않았으므로 실패한 교사는 불가벌이 된다.[684] 순수야기설의 입장에서 공범의 종속성을 부정하는 견해(공범독립성설)에 의하면 교사행위 자체가 실행 착수에 해당하므로 실패한 교사의 경우 교사자는 미수로 처벌된다. 이상에서 살펴본 바와 같이 어느 견해도 실패한 교사를 예비·음모에 준하여 처벌하는 현행 형법의 입장과 정확히 맞지 않는다. 결국 실패한 교사를 예비·음모에 준하여 처벌하는 근거를 공범의 처벌근거를 가지고 합당하게 설명할 수는 없다. 실패한 교사에 관한 처벌규정은 교사에 관한 특별규정도, 미수에 관한 특별규정도 아니다. 제31조 제3항의 취지는 타인으로 하여금 - 예비·음모의 경우에도 처벌되는 - 중대한 범죄를 실행하도록 교사하려고 시도한 행위의 위험성을 이유로 처벌하려는 데에 있으므로 이 규정은 예비·음모의 처벌에 관한 특별규정으로 이해하여야 할 것이다.[685]

II. 교사범

1. 의의

제31조 제1항은 "타인을 교사하여 죄를 범하게 한 자는 죄를 실행한 자와

---

[684] 일부 견해(김일수/서보학, 총론, 476면 이하)는 형법이 공범종속성설을 원칙으로 하지만 제31조 제3항은 공범독립성설의 입장을 고려한 것이므로 혼합야기설(종속적 법익침해설)이 실패한 교사의 처벌근거를 가장 합당하게 해명할 수 있다고 한다. 그러나 종속적 법익침해설에 의하더라도 정범의 불법은 공범성립의 필요조건이므로 실패한 교사는 불가벌일 수밖에 없다. 공범의 법익침해행위를 독립적이라고 한 취지는 공범이 성립하기 위해서는 정범의 불법 이외에 공범 자신의 법익침해행위가 추가로 요구된다고 함으로써 공범의 성립범위를 종속적 야기설보다도 더욱 제한하려는데 있는 것이다. 실패한 교사의 처벌은 처벌범위를 오히려 확장한다는 점에서 이 학설이 의도하는 바가 아니다.

[685] Roxin, AT II, § 28 Rn. 2 참조.

동일한 형으로 처벌한다"라고 규정하고 있다. 여기서 교사란 범의가 없는 자로 하여금 범죄를 결의하게 하는 것을 말한다. 따라서 교사범이란 타인으로 하여금 범죄를 결의하여 실행하게 함으로써 성립하는 범죄를 말한다. 여기서 교사한 자를 교사자, 교사를 받아 범죄를 실행한 자를 피교사자라고 한다. 피교사자는 범죄를 직접 실행함으로써 행위지배를 하였으므로 정범이 되며, 교사자는 행위지배 없이 정범의 범행을 야기한 것에 불과하므로 공범에 해당한다.

2. 성립요건

제한적 종속성설에 의하면 공범이 성립하기 위해서는 정범의 불법행위가 있을 것을 요하므로 공범에 관한 사례를 검토하는 경우에는 반드시 정범의 죄책을 먼저 검토한 후에 공범의 성립여부를 검토하여야 한다. 따라서 교사범의 경우에도 정범(피교사자)의 실행행위를 먼저 검토한 후에 교사행위를 검토하여야 한다.

교사범

I. 구성요건
1. 객관적 구성요건
　(1) 정범의 실행행위
　(2) 교사행위
　(3) 교사행위와 정범의 실행행위 사이의 인과관계
2. 주관적 구성요건
　(1) 정범의 실행행위에 대한 고의
　(2) 교사행위에 대한 고의
II. 위법성, III. 책임

(1) 객관적 구성요건

(가) 정범의 실행행위

여기서 실행행위란 불법행위, 즉 구성요건에 해당하는 위법한 행위를 말한다(제한적 종속성). 따라서 피교사자의 행위가 객관적 구성요건요소나 주관적 구성요건을 결하거나 위법성이 조각되는 때에는 교사범은 성립하는 것이 아니라 간접정범이 성립한다. 정범의 실행행위는 불법이면 족하므로 정범에게 책임이나 가벌성이 있을 것을 요하지는 않는다.

피교사자의 실행행위는 미수 또는 기수에 이르러야 한다. 정범이 실행행위를 하였으나 미수에 그친 경우에는 미수죄의 교사범(좁은 의미의 교사의 미수)이 성립한다. 그러나 피교사자의 실행행위가 없는 경우, 즉 피교사자가 실행에 착수하지 않은 경우에는 공범의 종속성으로 인하여 교사범은 성립하지 않으며 다만 기도된 교사로서 예비·음모에 준하여 처벌된다(제31조 제2항, 제3항).[686]

(나) 교사행위

교사행위란 범의가 없는 자로 하여금 범죄를 결의하게 하는 것을 말한다. 교사는 범의가 없는 자로 하여금 범의를 결의하게 할 것을 요하므로 이미 범죄를 결의한 자에 대한 교사는 불가능하며 다만 방조 또는 기도된 교사의 성립이 가능하다. 그러나 이미 범죄를 결의한 자에게 다른 무거운 범죄나 가중적 구성요건을 실현하도록 교사한 때에는 전체범죄에 대한 교사범이 성립한다.[687]

(예 3) 甲은 절도를 결의한 乙에게 흉기를 가지고 가라고 조언하였다. 乙은 甲의 조언대로 흉기를 소지하고 재물을 절취하였다. 甲, 乙의 죄책은?

乙은 흉기를 휴대하고 재물을 절취하였으므로 특수절도죄(제331조 제2항)가 성립한다. 甲은 乙이 이미 절도를 결의하였지만 그로 하여금 특수절도를 결의하게 하였으므로 특수절도죄의 교사범이 성립한다.

---

[686] 기도된 교사에 대해서는 제2편 제9장 제4절 II 4 (3) 참조.
[687] 다수설: 예컨대 이재상/ 장영민/ 강동범, 총론, 497면.

교사는 교사자가 의사소통에 의한 영향력(예컨대 범행을 권유하거나 요구하는 행위)을 통하여 피교사자로 하여금 일정한 범죄를 실행할 결의를 생기게 하는 것이어야 한다.[688] 그 밖에 행위교사의 방법에는 제한이 없다. 따라서 교사는 명시적·직접적 방법에 국한되지 않으며, 묵시적·간접적 방법[689]에 의하여도 가능하다. 그러나 부작위에 의한 교사[690]나 과실에 의한 교사는 성립하지 않는다.

(예 4) 상점의 주인 甲은 재고품을 사람의 눈에 잘 뜨이지 않는 구석에 놓아둠으로써 상점의 손님으로 하여금 그 물건을 절취하기 쉽도록 하였다. 그의 의도는 이러한 방법으로 재고품을 처리하고 보험금을 타려는 것이었다. 상점에서 물건을 고르던 乙은 주인의 눈에 뜨이지 않는 장소에 물건이 놓여 있는 것을 보고 절취할 마음이 생겨 이를 절취하였다. 甲, 乙의 죄책은?

甲은 절취에 대하여 동의를 하였으므로 乙에 대하여 절도죄는 성립하지 않으며, 다만 절도미수죄가 성립한다.[691] 甲에 대하여 절도죄의 교사미수가 성립하는가에 대하여는 견해가 일치하지 않는다. 타인으로 하여금 일정한 범죄를 실행할 결의를 생기게 하는 행위가 있으면 교사가 성립한다는 견해(순수야기설)[692]에 의하면 단순히 범행을 유발하는 상황을 야기한 행위도 교사에 해당하므로 甲에 대해서는 절도교사의 미수죄가 성립한다. 그러나 교사는 의사소통에 의한 영향력을 통하여 피교사자로 하여금 일정한 범죄를 실행할 결의를 생기게 할 것을 요한다는 견해(정신적 접촉설 또는 의사소통설)[693]에 의하면 甲의 직접적인 권유에 의하여 乙이 범행을 결의한 것이 아니므로 甲이 단순히 범행을 유발하는 상황을 야기한 행위는 교사에 해당하지 않는다. 따라서 甲은 불가벌이다.

(판례 1) 甲은 乙, 丙이 절취하여 온 장물을 상습으로 매수하여 취득하여 오다가, 乙에게 일제 드라이버 1개를 사주면서 "丙이 구속되어 도망 다니려면 돈도 필요할 텐데 열심히 일을 하라"고 말하였다. 乙은 계속하여 재물을 절취하다가 체포되었다. 甲의 죄책은?

甲이 乙에게 "열심히 일을 하라"고 말한 것은 종전에 丙과 같이 하던 범위의 절도를 다시

---

688) 교사범은 교사자와 정범 사이에 의사소통이 있을 것을 요하므로 편면적 교사범은 성립할 수 없다.
689) 간접적 방법에 의한 교사를 교사의 교사라고 한다. 자세한 것은 제2편 제9장 제4절 III 4 (2) 참조.
690) 부작위에 의한 공범에 대해서는 제2편 제7장 제3절 III 2 (2) ② 참조.
691) 제2편 제4장 제6절 III (예 6) 참조.
692) Baumann/Weber/Mitsch, AT, § 30 Rn. 63.
693) 박상기, 총론, 432면; Roxin, AT II, § 26 Rn. 74 ff; Sch/Sch/Cramer/Heine, § 26 Rn. 4.

계속하면 그 장물은 매수하여 주겠다는 취지로서 절도의 교사가 있었다고 볼 수 있다.[694] 따라서 甲에 대해서는 절도죄의 교사범이 성립한다.

(다) 교사행위와 피교사자의 실행행위 사이의 인과관계

교사행위와 피교사자의 실행행위 사이에 인과관계가 결여되는 경우에는 교사범은 성립하지 않는다. 다만 피교사자가 범죄의 실행을 승낙하였으므로 효과 없는 교사가 성립한다.

(예 5) 甲은 乙에게 丙을 살해하라고 지시하였다. 乙은 丙을 살해하기 위하여 그의 집에 찾아갔다가 丙의 친구 丁과 시비가 붙어 丁을 살해하였다. 甲의 죄책은?

甲이 丙을 살해하라고 교사한 행위와 丁을 살해한 행위 사이에는 인과관계가 없으므로 丁의 살인에 대한 교사범은 성립하지 않는다. 다만 甲은 乙에게 살인을 교사하였고 乙은 살인을 승낙하였으므로 효과 없는 교사로서 살인예비·음모(제250조, 제255조, 제30조 제2항)에 준하여 처벌된다.

(2) 주관적 구성요건

교사범의 주관적 구성요건은 이중의 고의, 즉 정범의 기수에 대한 고의와 교사행위에 대한 고의이다.

(가) 정범의 실행행위에 대한 고의

교사범의 고의는 정범의 기수에 대한 고의이어야 한다. 따라서 미수의 교사, 즉 교사자가 정범의 미수에 대한 고의만 있는 경우에는 교사범은 성립하지 않는다. 왜냐하면 앞에서 설명한 바와 같이[695] 공범은 종속적 법익침해로서 공범이 성립하기 위해서는 공범 자신의 법익침해행위가 있을 것을 요하는데, 교사자가 단순히 정범이 미수에 그치게 할 의사만을 가지고 있는 경우에는 법익침해의사가 없기 때문이다.

미수의 교사의 전형적인 예가 소위 함정수사이다. 함정수사란 수사기관의 비밀정보원[696]이 범죄의사가 없는 자에게 범죄를 교사하여 범죄가 기수에 이

---

694) 대법원 1991. 5. 14. 선고 91도542 판결.
695) 제2편 제9장 제4절 I 3 (3), (4) 참조.
696) 비밀정보원을 불어로는 아쟝 쁘로보까퇴르(agent provocateur), 독일어로는 록스핏첼(Lockspitzel)이라고 한다.

르기 전에 체포하는 수사방법을 말한다.697) 함정수사는 주로 밀수범이나 마약범을 적발하기 위하여 이용되고 있다. 이 경우 비밀정보원은 정범의 기수에 대한 고의(법익침해의사)가 없으므로 교사미수는 성립하지 않는다. 비밀정보원이 의도와는 달리 정범이 기수에 이른 경우에 이른 경우에도 정범의 기수에 대한 고의는 없으므로 교사범은 성립하지 않으며, 다만 과실이 있는 경우에는 발생한 결과에 대하여 과실범이 성립한다.

(예 6) 경찰 甲은 청부살인업자 乙의 혐의를 잡기 위하여 乙로 하여금 A를 살해하도록 교사하여 살해하기 직전에 현장에서 체포할 목적으로 살인을 교사하였는데 甲이 乙의 살인행위를 미처 저지하지 못하여 살인이 기수에 이르렀다면 甲의 죄책은?

甲은 살인기수에 대한 고의가 없으므로 살인 교사는 성립하지 않으며 다만 A의 사망에 대하여 과실치사죄의 죄책을 지게 된다.

함정수사와 관련하여 가장 논란이 되는 문제는 비밀정보원에게 기수에 대한 고의가 있는 경우이다. 이 경우 일반적으로 기수에 대한 교사범이 성립하지만, 추상적 위험범이나 목적범의 경우에는 정범이 기수에 이르렀더라도 교사자 자신의 법익침해행위가 없는 때에는 교사범은 성립하지 않는다고 보아야 한다.698)

추상적 위험범에서 법익에 대한 위험의 발생은 구성요건요소가 아니므로 구성요건에 해당하는 행위만 있으면 범죄가 기수에 이르지만, 법익에 대한 위험이 절대적으로 배제되는 경우에는 추상적 위험범은 성립하지 않는다.699) 따라서 정범이 기수에 이르렀더라도, 교사범이 법익에 대한 위험성을 완전히 배제시킨 경우에는 교사범 자신의 법익침해행위가 없으므로 교사범은 성립하지

---

697) 범의가 없는 자로 하여금 범의를 유발한 경우를 범의유발형 함정수사라고 하며, 이미 범의가 있는 자에게 범행의 기회를 제공하거나 용이하게 한 경우를 기회제공형 함정수사라고 한다. 전자의 경우가 미수의 교사이며, 후자의 경우에는 정범에게 이미 범의가 있으므로 비밀정보원의 행위는 교사에 해당하지 않으므로 미수의 교사가 아니라 미수의 방조라고 보아야 할 것이다. 이 경우에도 비밀정보원은 법익침해의사가 없으므로 불가벌이다. 대법원(대법원 2004. 5. 14. 선고 2004도1066 판결)은 전자만이 함정수사이며, 후자는 함정수사에 해당하지 않는다고 한다.
698) Roxin, AT II, § 26 Rn. 157 ff.
699) Roxin, AT II, § 26 Rn. 157.

않는다.700) 목적범이 기수에 이른 경우에도 목적의 실현가능성이 없는 경우에는 교사범의 법익침해행위는 없으므로 교사범은 성립하지 않는다.

(판례 2) 수사기관의 정보원 甲은 마약밀수의 의사가 없는 乙에게 히로뽕 100g을 구해달라는 부탁을 하였다. 乙은 甲의 부탁을 거절할 수가 없어서 마약밀수를 결의하고 중국에서 히로뽕을 구입하여 인천국제공항 출입국 및 세관검색대를 통과하여 나오다가 경찰에 의하여 체포되었다. 甲, 乙의 죄책은?

(1) 乙의 죄책
乙이 히로뽕을 중국에서 매입하여 밀수한 행위는 마약류 관리에 관한 법률 제58조 제1항 제1호위반죄에 해당한다. 乙은 수사기관의 적극적인 권유에 의하여 마약밀수를 결의하여 실행한 것이므로 "공소제기의 절차가 법률에 위반하여 무효인 때"에 해당한다.701) 따라서 乙에 대해서는 공소기각의 판결(형소법 제327조 제2호)이 선고된다(통설: 공소기각설).

(2) 甲의 죄책
甲은 乙로 하여금 범죄를 결의하여 실행하게 하였으며, 乙의 범행은 기수에 이르렀으므로 미수의 교사는 문제되지 않는다. 甲에게 정범의 기수에 대한 고의는 있지만, 甲은 밀수된 마약이 소비자에게 거래되지 않도록 조치를 취하였으므로 법익침해행위가 없다. 따라서 甲에 대해서는 마약밀수의 교사범은 성립하지 않는다.

(예 7) 수사기관의 정보원 甲은 근래에 계속하여 발생하는 보석상 절도가 동일범 乙의 소행이라는 정보를 입수하고, 乙에게 접근하여 A가 경영하는 보석상이 경비가 소홀하다고 귀띔을 해 주었다. 乙은 그 말을 믿고 A의 보석상에 침입하여 보석을 절취한 후 차에 타려다가 미리 잠복해 있던 경찰에게 체포되었다. 甲의 죄책은?

乙이 재물을 절취하여 자동차에 타려는 때에는 이미 절도죄는 기수에 이르렀다. 그러나 절도죄의 주관적 구성요건인 불법영득의사가 성립하기 위해서는 재물을 영구적으로 배제하려는 의사가 있어야 하는데, 甲이 乙을 교사할 당시에 이미 甲에게는 이러한 의사가 없었으므로 법익침해행위도 없다고 보아야 한다. 따라서 甲에 대해서는 절도죄의 교사범은 성립하지 않는다.

(나) 교사행위에 대한 고의

교사자는 교사행위, 즉 범의가 없는 자로 하여금 특정 범죄를 결의하게 하는 것에 대한 고의가 있을 것을 요한다(고의의 특정성). 따라서 막연히 범죄

---

700) 손동권/김재윤, 총론, 584면.
701) 대법원 2004. 5. 14. 선고 2004도1066 판결.

를 저지르라고 말하는 것은 교사에 해당하지 않는다.

(판례 3) 甲은 15세의 乙에게 나가서 **밥값을 구하여 오라고** 말하자 乙은 재물을 절취하여 왔다. 甲의 죄책은?

甲에 대하여 절도교사가 성립하는지의 여부가 문제된다. 교사는 특정 범죄를 결의하게 하는 것을 말하며 막연히 일반범죄를 행하라고 지시하는 것은 교사에 해당하지 않는다. 甲이 밥값을 구해 오라고 말한 것이 절도를 교사한 것이라고 할 수 없다. 따라서 甲에 대해서 절도교사가 성립하지 않는다.[702]

교사자는 정범의 불법에 대한 고의, 즉 정범의 행위가 구성요건에 해당하고 위법하다는 것에 대한 인식만 있으면 족하면, 정범의 책임[703]이나 가벌성에 대한 인식을 요하지는 않는다. 신분범에서 신분은 구성요건요소이므로 교사자는 정범의 신분에 대한 인식이 있어야 한다.

과실에 의한 교사는 성립하지 않으며, 다만 과실로 타인으로 하여금 범죄를 결의하여 실행하게 한 경우에는 과실범의 정범이 성립한다. 왜냐하면 과실범은 단일정범개념으로서 주의의무위반이 있으면 정범이 성립하며 과실에 의한 공범은 존재하지 않기 때문이다.[704]

3. 처벌

교사범은 정범과 동일한 형으로 처벌한다(제31조 제1항). 여기서 동일한 형이란 법정형을 말하므로 교사범과 정범의 선고형은 다를 수 있다. 교사범을 정범과 동일한 법정형으로 처벌하는 이유는 교사범이 범행을 직접 실행하지는 않았지만, 정범에 대하여 동기를 제공하고 추진력이 되었기 때문이다. 특수교사는 정범에 정한 형의 장기 또는 다액의 2분의 1까지 가중한다(제34조 제2항).[705]

---

702) 대법원 1984. 5. 15. 선고 84도418 판결.
703) 피교사자의 책임능력에 대한 착오에 대해서는 제2편 제9장 제4절 II 4 (1) (나) 참조.
704) 제2편 제9장 제1절 I의 각주 1) 참조.
705) 제2편 제9장 제2절 III 3 참조.

4. 관련문제

(1) 교사의 착오

교사의 착오란 교사자의 인식과 피교사자의 실행행위가 일치하지 않는 경우를 말한다. 다만 교사자가 피교사자의 범행의 세부사항까지 인식하여야 하는 것은 아니므로 피교사자의 실행행위의 방법, 일시, 장소 등이 교사자가 인식한 것과 일치하지 않더라도 이는 교사의 착오에 해당하지 않으므로 고의의 성립에 지장이 없다. 교사의 착오에는 실행행위의 착오와 피교사자에 대한 착오가 있다.

(예 8) 甲은 乙에게 A를 살해하라고 지시하면서, 월요일 저녁에 A의 집 근처에 잠복하고 있다가 그가 퇴근하면 칼로 살해하라고 조언하였다. 그러나 乙은 수요일 새벽 A가 산으로 운동을 하러 나가자 숲에서 그에게 총을 발사하여 살해하였다. 甲의 죄책은?

甲에 대하여 살인죄의 교사범이 성립하기 위해서는 정범의 실행행위에 대한 고의, 즉 乙의 살인에 대한 고의가 있을 것을 요한다. 甲이 교사한 내용과 乙의 실행행위 방법, 일시, 장소 등이 일치하지 않으므로 교사의 착오가 문제된다. 그러나 고의가 성립하기 위해서 피교사자의 범행의 세부사항까지 인식할 것을 요하지는 않으므로 고의의 성립에 지장이 없다. 따라서 甲에 대해서는 살인죄의 교사범이 성립한다.

(가) 실행행위의 착오

① 교사내용보다 적게 실행한 경우

실행행위의 착오란 교사자의 교사내용과 피교사자의 실행행위가 일치하지 않는 경우를 말한다. 교사자가 교사한 것보다 피교사자가 실행한 것이 적은 때에는 피교사자가 실행한 범위에서 교사범이 성립한다. 그리고 교사한 범죄에 대한 예비·음모의 처벌규정이 있는 경우에는 효과 없는 교사가 성립한다. 피교사자가 실행한 범죄와 효과 없는 교사는 법조경합 또는 상상적 경합의 관계에 있다.

(예 9) 甲은 乙에게 A의 재물을 절취하라고 교사하면서 만약에 대비하여 흉기를 휴대하라고 조언을 해주었다. 乙은 甲의 제의를 받아들였으나 흉기를 휴대하지 않고 A의 재물을 절취하였다. 甲의 죄책은?

甲에 대해서는 乙이 실행한 단순절도죄의 교사범이 성립한다. 甲은 乙에게 특수절도를 교사하였으나 乙은 이를 실행하지 않았으므로 효과 없는 교사가 문제된다. 특수절도에 대해서는 예비·음모의 처벌규정이 없으므로 효과 없는 교사는 성립하지 않는다. 따라서 甲에 대해서는 단순절도죄의 교사범만이 성립한다.

(예 10) 甲은 乙에게 A를 폭행하여 그의 재물을 강취하라고 교사하면서 만약에 대비하여 흉기를 휴대하라고 조언을 해주었다. 乙은 甲의 제의를 받아들였으나 흉기를 휴대하지 않고 A의 재물을 강취하였다. 甲의 죄책은?

甲에 대해서는 乙이 실행한 단순강도죄의 교사범이 성립한다. 甲은 乙에게 특수강도를 교사하였으나 乙은 이를 실행하지 않았으므로 효과 없는 교사가 문제된다. 특수강도에 대해서는 예비·음모의 처벌규정이 있으나 단순강도의 예비·음모와 같은 규정(제343조)이 적용된다. 이러한 경우 예비·음모는 미수나 기수에 대하여 보충관계(법조경합)에 있으므로 甲에 대해서는 단순강도죄의 교사범만이 성립한다.

(예 11) 甲은 乙에게 A를 폭행하여 그의 재물을 강취하라고 교사하였으나 乙은 A를 폭행하지 않고 재물을 절취하였다. 甲의 죄책은?

甲에 대해서는 절도죄(6년 이하의 징역)의 교사범과 강도예비·음모죄(7년 이하의 징역)의 상상적 경합이 성립하므로 甲은 강도예비·음모죄에 정한 형으로 처벌된다(제40조).

② 교사내용을 초과하여 실행한 경우

교사자의 교사내용과 피교사자의 실행행위가 일치하는 범위 내에서만 교사범의 고의가 성립하므로, 피교사자가 교사내용을 초과하여 실행행위를 한 경우 그 초과부분에 대해서는 교사범이 성립하지 않는다. 따라서 질적 착오, 즉 피교사자가 교사받은 범죄와 전혀 다른 범죄를 실행한 경우 교사범은 성립하지 않는다. 다만 교사자에 대하여는 효과 없는 교사가 성립하므로 교사한 범죄에 관하여 예비·음모의 처벌규정이 있는 경우에만 예비·음모에 준하여 처벌된다(제31조 제2항).

양적 착오, 즉 교사내용과 실행행위가 공통의 요소를 포함하고 있지만 실행행위가 그 정도를 초과한 경우에도 공통되는 부분에 대해서만 교사범이 성립하며, 초과부분에 대해서는 교사범은 성립하지 않는다. 교사자에게 초과부분에 대하여 과실이 있는 경우에는 결과적 가중범이 성립한다. 이 경우 피교사자에게 결과에 대하여 고의 또는 과실이 있는가의 여부는 문제되지 않는다.

(판례 4-1) 甲이 乙의 집으로 전화를 하여 "A라는 애가 행패를 부려서 망신을 당했는데 나이먹고 챙피해 죽겠다. 네가 알아서 혼을 내주어라"고 말함으로써 A에게 상해를 가할 것을 교사하였는데, 乙은 A가 자신 두목 B의 사주를 받고 甲에게 행패를 부린 것으로 생각하고, 甲의 교사의 취지는 A의 두목 B를 정점으로 하는 패거리들에 대하여 보복조치를 취하라는 뜻으로 알아들었다. 乙은 자신의 휘하 조직원인 丙에게 A의 두목 B를 상해할 것을 지시하였고, 丙은 그 지시에 따라 B를 상해하여 사망케 하였다. 甲, 乙, 丙의 죄책은?

丙에 대하여는 상해치사죄가 성립하며, 그에게 상해할 것을 지시한 乙은 공모공동정범으로서 상해치사죄의 공동정범으로 처벌된다. 문제는 A에 대한 상해를 교사하였는데, B를 상해하여 사망케 한 경우 甲에 대하여도 상해치사죄의 교사범이 성립하는가이다.
대법원은 "甲이 위와 같이 교사할 때에는 A가 소속된 집단에 속해 있는 피해자 B가 공격의 대상이 될 수 있다는 것을 알고 이를 용인한 것이므로, 甲의 교사행위와 B의 사망 사이에는 인과관계"가 있으며, "甲이 乙에게 위와 같이 보복조치를 취하도록 교사함에 있어서 B에게 상해의 결과가 발생 할 수 있음을 인식하고도 이를 용인하였음을 인정하기에 충분하고, 이 사건과 같은 조직폭력배들에 의한 보복폭행의 경우 그로 인한 상해의 결과 피해자가 사망에 이르게 될 수 있음은 교사자인 甲으로서도 이를 예견할 수 있었다고 보여지므로 …"706) 甲에 대하여는 상해치사죄의 교사범이 성립할 것이다.

(판례 4-2) 만일 위의 사례에서 乙이 丙에게 B를 상해하라고 교사했는데, 丙은 B를 고의로 살해하였다면 甲, 乙의 죄책은?

甲, 乙이 B의 사망에 대하여 예견이 가능한 이상은 피교사자 丙에게 결과에 대하여 고의 또는 과실이 있는가의 여부을 불문하고 상해치사죄의 교사범이 성립한다. 대법원도 "교사자가 피교사자에 대하여 상해 또는 중상해를 교사하였는데 피교사자가 이를 넘어 살인을 실행한 경우에, 일반적으로 교사자는 상해죄 또는 중상해죄의 죄책을 지게 되는 것이지만 이 경우에 교사자에게 피해자의 사망이라는 결과에 대하여 과실 내지 예견가능성이 있는 때에는 상해치사죄의 죄책을 지울 수 있는 것이다"라고 함으로써 교사자에 대하여 상해치사죄의 교사범의 성립을 인정한다.707)

③ 피교사자의 객체의 착오 또는 방법의 착오

피교사자가 방법의 착오를 한 경우, 이는 교사자에게도 방법의 착오가 된다. 문제는 피교사자가 객체의 착오를 한 경우 교사자에게도 객체의 착오가 있는가708) 아니면 방법의 착오가 있는가709)이다. 피교사자의 객체의 착오는

---
706) 대법원 1992. 2. 25. 선고 91도3192 판결.
707) 대법원 2002. 10. 25. 선고 2002도4089 판결.

교사자의 입장에서 보면 교사자가 인식한 객체가 아닌 다른 객체에 대하여 결과가 발생한 것이므로 방법의 착오가 된다.

(예 12) 甲은 乙에게 자신의 양부 A를 살해할 것을 부탁하자, 乙은 甲의 부탁을 받고 A를 살해하기 위하여 총을 발사하였는데, 나중에 알고 보니 자신이 살해한 사람은 A가 아니라 A와 모습이 비슷한 B였다. 甲, 乙의 죄책은?

乙의 착오는 객체의 착오 가운데 구체적 사실의 착오로서 고의의 성립에 지장이 없으므로 乙에 대해서는 B에 대한 살인죄가 성립한다.
피교사자의 객체의 착오는 교사자에게는 방법의 착오가 되므로 구체적 부합설에 의하면 A에 대한 살인죄의 교사미수와 B에 대한 과실치사죄의 상상적 경합이 성립한다. 이에 대하여 법정적 부합설을 주장하는 견해는 甲의 착오를 객체의 착오로 이해하므로 甲에 대해서는 B에 대한 살인죄의 교사범이 성립한다.

(나) 피교사자에 대한 착오

피교사자에 대한 착오란 주로 피교사자의 책임능력에 대한 착오를 말한다. 제한적 종속설에 의하면 정범의 실행행위는 불법, 즉 구성요건에 해당하고 위법하면 족하므로 교사범의 고의(정범의 실행행위에 대한 고의)도 정범의 불법에 대한 인식만 있으면 족하며 정범의 책임능력에 대한 인식은 요구되지 않는다. 교사자가 피교사자를 책임무능력자로 생각했는데 책임능력자이거나, 반대로 피교사자를 책임무능력자로 생각했는데 책임능력자인 경우에는 교사범이 성립한다.710)

(2) 교사의 교사

교사자를 교사한 행위를 교사의 교사라고 한다. 교사자가 직접 정범을 교사한 것이 아니라 제3자를 통하여 교사했다는 점에서 간접교사라고도 한다. 그리고 교사가 수인을 거쳐 순차적으로 이루어지는 경우를 연쇄교사(재간접교사)라고 한다. 교사의 방법에는 제한이 없으므로 교사자가 직접 교사를 했건 제3자를 통하여 교사를 했건 불문하고 교사범이 성립한다. 최초의 교사자와

---

708) 손동권/김재윤, 총론, 588면.
709) 김일수/서보학, 총론, 488면.
710) 제2편 제9장 제2절 IV 1 (1) 참조.

실행행위를 한 정범 사이에 몇 명의 교사자가 개입되었는가는 중요하지 않으므로 연쇄교사의 경우에도 최초의 교사자와 중간에 개입된 교사자 모두 교사범으로 처벌된다.

(판례 5) 甲은 乙에게 비용을 교부하면서 환자로 가장하여 의사 A에게 가서 치료를 받고 A로 하여금 허위진단서를 작성하게 하여 이것을 받아오라고 말하였다. 乙은 甲이 말한 대로 A에게 가서 진료를 받고 허위 진단서를 작성하여 달라고 부탁하자 A는 허위진단서를 작성하여 주었다. 甲, 乙의 죄책은?

乙에 대해서는 허위진단서작성죄의 교사죄가 성립한다. 문제는 甲이 乙을 통하여 간접적으로 허위진단서의 작성을 교사한 경우에도 허위진단서작성죄의 교사죄가 성립하는가이다. 대법원은 "甲이 A를 직접이건 간접이건 면담한 사실이 없다손 치더라도 甲으로부터 교사를 받은 乙이 甲이 교사한 대로 의사 A와 공모하여 허위진단서를 작성하였다면 甲은 허위진단서작성의 교사죄의 죄책을 면할 길 없다"고 함으로써 간접교사의 경우에도 교사범의 성립을 인정하였다.711)

교사자가 타인을 도구로 이용하여 교사하는 경우도 간접교사에 해당한다. 이 경우에도 교사자에 대해서는 간접정범의 규율이 그대로 적용되므로 간접교사자에 대해서는 교사범이 성립한다.

(예 13) 여권을 발급받을 수 없는 甲은 乙로부터 丙이 불법으로 여권을 발급받은 적이 있다는 말을 듣고 乙에게 여권을 발급받아 달라고 부탁하면서 여권사진과 여권발급에 필요한 인적 사항을 기재한 서류를 주었다. 乙은 그 서류에서 甲의 이름을 변경하여 丙에게 건네주었고 그 서류는 다시 丁을 경유하여 여권발급업무를 담당하는 공무원 A에게로 전달되었다. A는 인적 사항이 허위임을 알면서도 丁의 부탁을 받고 여권을 발급하여 주었다. 甲, 乙, 丁은 그 서류가 여권을 허위로 발급받기 위한 것이라는 사실을 알고 있었으나 丙은 그러한 사실을 모르고 있었다. 甲, 乙, 丙, 丁, A의 죄책은?712)

A에 대해서는 허위공문서작성죄(제227조)가 성립하며, 丁에 대해서는 허위공문서작성죄의 교사범이 성립한다. 丙에게는 고의가 없으므로 교사범은 성립하지 않는다.

乙의 죄책은 그가 丙에게 고의가 없다는 사실을 인식하고 있었는가에 따라 다르다. 만일 乙이 丙에게 고의가 없다는 사실을 알고 있었다면 그는 고의가 없는 丙을 도구로 이용하여 허위공문서작성을 교사한 것이다. 교사자가 타인을 도구로 이용하여 교사하는 경우 간

---

711) 대법원 1967. 1. 24. 선고 66도1586 판결.
712) 이 사례는 BGHSt 8, 137의 사실관계를 변형한 것이다.

접정범의 규율이 그대로 적용되므로 乙에 대해서는 허위공문서작성죄의 교사범이 성립한다. 그러나 乙이 丙에게 고의가 있다고 오인한 경우에는 행위지배의 의사가 없으므로 丙을 도구로 이용한 교사범은 성립하지 않으며, 乙에게는 고의가 없으므로 교사범을 교사한 경우에도 해당하지 않는다. 따라서 乙에 대해서는 허위공문서작성죄의 교사범은 성립하지 않는다. 다만 甲의 행위는 실패한 교사에 해당하지만[713] 허위공문서작성죄에 대해서는 예비·음모의 처벌규정이 없으므로 불가벌이다.

甲은 피교사자 乙의 행위가 구성요건에 해당하지 않으므로 乙과 마찬가지로 불가벌이다.

(3) 교사의 미수

교사의 미수에는 협의의 교사의 미수와 기도된 교사가 있다. 협의의 교사의 미수란 피교사자가 실행에 착수하였으나 미수에 그친 경우를 말한다. 이 경우 교사범은 피교사자와 마찬가지로 미수범으로 처벌된다. 기도된 교사에는 실패한 교사와 효과 없는 교사가 있다. 전자는 교사행위를 하였으나 피교사자가 범죄의 실행을 승낙하지 않은 경우, 즉 교사자가 교사행위에 실패한 경우를 말한다. 이미 범죄를 결의한 자(omnimodo facturus)를 교사하려고 한 경우도 실패한 교사에 해당한다. 교사자의 교사행위가 정범의 범행결의를 강화한 경우에는 실패한 교사와 방조의 상상적 경합이 성립한다. 후자는 피교사자가 범죄의 실행을 승낙하였으나 실행에 착수하지 않은 경우를 말한다. 형법은 실패한 교사의 경우에는 교사자를 예비·음모에 준하여 처벌하며(제31조 제3항), 효과 없는 교사의 경우에는 교사자와 피교사자를 모두 예비·음모에 준하여 처벌한다(제31조 제2항).

▶ 교사의 미수
  ┌ 협의의 교사의 미수
  └ 기도된 교사 ┌ 실패한 교사
              └ 효과 없는 교사

기도된 교사는 공범종속성설에 의하면 불가벌이며, 공범독립성설에 의하면 협의의 교사의 미수로 처벌된다. 그러나 제31조는 기도된 교사를 예비·음모에 준하여 처벌하므로 공범종속성설과 공범독립성설을 절충한 규정으로 이해할

---

[713] 제2편 제9장 제2절 IV 1 (1) (예11-2) 참조. 같은 견해: Roxin, AT II § 26 Rn. 175. 이에 대하여 교사범의 성립을 인정하는 견해는 박상기, 총론, 448면; BGHSt 8, 137.

수 있다.714)

III. 종범

1. 의의

제32조 1항은 "타인의 범죄를 방조한 자는 종범으로 처벌한다"라고 규정하고 있다. 여기서 방조란 타인의 범행을 용이하게 하거나 강화하는 행위를 말한다. 따라서 종범(방조범)이란 타인의 범죄를 용이하게 하거나 강화함으로써 성립하는 범죄를 말한다. 방조범은 이미 범행을 결의한 자의 실행행위를 도와주는 행위이므로 범죄의 결의가 없는 자로 하여금 범행을 결의하도록 한 교사범보다는 가볍게 처벌된다. 이러한 이유에서 제32조 제2항은 "종범의 형은 정범의 형보다 감경한다"라고 규정하고 있다(필요적 감경).

2. 성립요건

```
I. 구성요건
    1. 객관적 구성요건
        (1) 정범의 실행행위
        (2) 방조행위
        (3) 방조행위와 정범의 실행행위 간의 인과관계
    2. 주관적 구성요건
        (1) 정범의 실행행위에 대한 고의
        (2) 방조행위에 대한 고의
II. 위법성,
III. 책임
```

---

714) 자세한 내용은 제2편 제9장 제4절 I 3 (4) 참조.

(1) 객관적 구성요건

(가) 정범의 실행행위

　방조범은 공범이므로 공범의 종속성에 의하면 정범의 실행행위가 있어야 성립한다. 여기서 실행행위란 불법행위, 즉 구성요건에 해당하는 위법한 행위를 말한다(제한적 종속성). 따라서 정범의 행위가 구성요건해당성이 없거나 위법성이 조각되는 때에는 방조범은 성립하지 않는다. 정범의 실행행위는 불법이면 족하므로 정범에게 책임이나 가벌성이 있을 것을 요하지는 않는다.

　정범의 실행행위는 미수 또는 기수에 이르러야 한다. 정범이 실행에 착수하였으나 기수에 이르지 못한 때에는 공범의 종속성에 의하여 방조자는 방조의 미수범으로 처벌된다. 그러나 정범의 실행행위가 없는 경우에는 방조범은 성립하지 않으며 다만 기도된 방조로서 불가벌이다. 기도된 교사는 제31조 제2항 및 제3항에 의하여 예비·음모에 준하여 처벌되지만 기도된 방조에 대하여는 아무런 처벌규정이 없으므로 불가벌이다.

(나) 방조행위

　방조의 방법에는 정신적 방조(지적 방조, 언어방조, 무형적 방조)와 물질적 방조(거동방조, 유형적 방조)가 있다. 전자는 범죄방법에 대하여 조언을 하거나, 물건을 절취하면 그 장물을 자기가 팔아 주겠다고 제의하거나 범죄에 대한 두려움을 없애는 등의 무형적 방법으로 정범의 범죄의사에 영향을 주는 행위를 말한다. 후자는 범행도구 또는 자금의 제공, 망을 보아주는 행위 등의 유형적 방법으로 정범의 실행행위에 영향을 주는 행위를 말한다.

　방조행위의 시기는 정범이 범행을 결의한 때부터 범죄가 종료에 이르기 전의 사이에 이루어져야 한다. 따라서 범죄가 종료한 이후에는 방조가 성립할 수 없다. 정범이 범행의 결의를 하였다면 아직 실행의 착수에 이르지 않은 경우에도 방조가 가능하므로 예비행위를 방조한 경우에도 방조행위에 해당한다. 그리고 범죄가 기수에 이른 경우에도 아직 종료되지 않은 경우에는 방조가 가능하다(사후공범).

(예 14) 甲은 길을 가다가 자신의 친구 乙이 재물을 절취하였다가 발각이 되어 A에게 추적을 당하는 것을 보고 뒤쫓아 가는 A의 다리를 걸어 넘어뜨렸다. 乙의 죄책은?

甲의 범행은 기수에 이르렀지만 아직 종료되지 않았으므로 乙이 A를 넘어뜨려 甲의 도주를 용이하게 하는 행위는 절도죄의 방조에 해당한다.

(판례 6-1) 甲은 성명불상자들이 해외에 서버가 있는 동영상 공유사이트인 'A 사이트' 등에 저작권자의 영상저작물인 드라마·영화 등을 임의로 업로드하고 계속하여 이를 게시하여 이용에 제공하고, 위 게시물에 접근한 이용자들이 이 사건 영상저작물을 클릭하면 개별적으로 송신이 이루어지게 하는 방법으로 저작권자의 공중송신권(전송권)을 침해하고 있다는 사실을 알고 있었다. 그런데도 甲은 2015. 7. 25.부터 2015. 11. 24.까지 총 450회에 걸쳐, 자신이 개설하여 운영하면서 광고 수익을 얻는 이른바 '다시보기 링크 사이트'인 'B 사이트' 게시판에 이 사건 영상저작물과 연결되는 링크를 게시하고, 'B 사이트'를 이용하는 사람들이 이 링크를 클릭하면 성명불상자들이 이용제공 중인 이 사건 영상저작물의 재생 준비화면으로 이동하여 개별적으로 송신이 이루어지게 하였다.

(1) 甲의 죄책은?[715]

(2) 만일 甲이 링크를 게시할 당시 인터넷 검색을 통해 링크행위가 불법이 아니라는 정보를 얻었으며, 그의 링크 행위가 시작된 이후에 '링크를 하는 행위만으로는 공중송신권 침해의 방조행위에 해당하지 않는다'는 대법원 2015. 3. 12 선고 2012도13748 판결이 선고되었다면 甲의 죄책은?[716]

[참조조문]
저작권법 제2조(정의) 이 법에서 사용하는 용어의 뜻은 다음과 같다.
7. "공중송신"은 저작물, 실연·음반·방송 또는 데이터베이스(이하 "저작물등"이라 한다)를 공중이 수신하거나 접근하게 할 목적으로 무선 또는 유선통신의 방법에 의하여 송신하거나 이용에 제공하는 것을 말한다.
저작권법 제136조(벌칙) ① 다음 각 호의 어느 하나에 해당하는 자는 5년 이하의 징역 또는 5천만원 이하의 벌금에 처하거나 이를 병과할 수 있다.
1. 저작재산권, 그 밖에 이 법에 따라 보호되는 재산적 권리를 복제, 공연, 공중송신, 전시, 배포, 대여, 2차적 저작물 작성의 방법으로 침해한 자
(이하 생략)

(1) 성명불상자들이 'A 사이트' 등에 드라마·영화 등의 영상저작물을 저작권자의 이용허락을 받지도 않고 업로드하고 계속하여 이를 게시하여 이용에 제공한 행위는 저작권자의

---

715) 대법원 2021. 9. 9. 선고 2017도19025 전원합의체 판결.
716) 대법원 2021. 11. 25. 선고 2021도10903 판결.

전송권(공중송신권) 침해(저작권법 제136조 제1항 제1호)의 구성요건에 해당한다. 그러나 甲이 링크 사이트인 'B 사이트' 게시판에 공중송신권을 침해하는 게시물(침해 게시물)에 연결되는 링크를 게시한 행위는 영상저작물로 연결되는 통로에 해당할 뿐이지 그 영상저작물을 이용에 제공하는 것은 아니므로 '공중송신'(저작권법 제2조 제7호), 즉 전송권 침해에는 해당하지 않는다.717) 다만 침해 게시물 등에 연결되는 링크를 게시한 행위가 공중송신권 침해의 방조(사후공범)에 해당할 여지가 있다. 이 점에 관하여 원심법원은 '링크를 하는 행위만으로는 어떠한 경우에도 공중송신권 침해의 방조행위에 해당하지 않는다'는 종전의 대법원 판례718)의 견해에 따라 甲의 링크 행위는 단지 공중송신권이 침해되고 있는 상태를 이용한 것에 지나지 않으므로 공중송신권 침해의 방조행위에 해당하지 않는다고 판단하였다.719)

이에 대하여 대법원은 기존의 입장을 다음과 같이 변경하였다: "저작권 침해물 링크 사이트에서 침해 게시물에 연결되는 링크를 제공하는 경우 등과 같이, 링크 행위자가 정범이 공중송신권을 침해한다는 사실을 충분히 인식하면서 그러한 침해 게시물 등에 연결되는 링크를 인터넷 사이트에 영리적·계속적으로 게시하는 등으로 공중의 구성원이 개별적으로 선택한 시간과 장소에서 침해 게시물에 쉽게 접근할 수 있도록 하는 정도의 링크 행위를 한 경우에는 침해 게시물을 공중의 이용에 제공하는 정범의 범죄를 용이하게 하므로 공중송신권 침해의 방조범이 성립한다." 이 판례에서 대법원은 인터넷 사이트에 '영리적·계속적으로 게시'한 링크 행위의 경우에는 방조범의 인과관계가 인정된다고 판단하였다.

(2) 법률의 착오에서 '정당한 이유'가 인정되기 위해서는 행위자가 조회의무를 준수하거나 법원의 판결을 신뢰한 경우와 같이 위법성의 인식이 불가능할 것, 즉 착오가 회피불가능할 것을 요한다. 甲이 링크를 게시할 당시 인터넷 검색을 통해 링크행위가 불법이 아니라는 정보를 얻은 것만으로는 조회의무를 준수하였다고 볼 수 없다. 그리고 甲의 링크 행위가 시작된 이후에 '링크 행위는 공중송신권 침해의 방조행위에 해당하지 않는다'는 판결이 선고된 것이므로 甲이 이 판례를 신뢰하여 자신의 행위가 적법하다고 판단한 것은 아니므로 착오에 정당한 이유가 있다고 할 수 없다. 대법원도 "법률 위반 행위 중간에 일시적으로 판례에 따라 그 행위가 처벌대상이 되지 않는 것으로 해석되었던 적이 있었다고 하더라도 그것만으로 자신의 행위가 처벌되지 않는 것으로 믿은 데에 정당한 이유가 있다고 할 수 없다"720)고 판단하였다.

---

717) 대법원 2009. 11. 26. 선고 2008다77405 판결; 대법원 2010. 3. 11. 선고 2009다4343 판결; 대법원 2021. 9. 9. 선고 2017도19025 전원합의체 판결.
718) 대법원 2015. 3. 12. 선고 2012도13748 판결.
719) 서울중앙지법 2017. 11. 3. 선고 2017노2303 판결.
720) 대법원 2021. 11. 25. 선고 2021도10903 판결.

(다) 방조행위의 인과관계와 객관적 귀속

① 인과관계

방조범이 성립하기 위해서는 방조행위와 정범의 실행행위 사이에 인과관계가 있어야 한다(필요설).721) 인과관계가 없으면 기도된 방조로서 불가벌이 된다. 방조범의 인과관계는 절대적 제약공식에 따른 조건관계,722) 즉 방조행위가 없었더라면 정범의 실행행위도 없었을 것이라는 관계를 의미하는 것은 아니라, 수정된 인과관계, 즉 "방조행위가 없었더라면 구체적인 정범의 범행도 없었을 것이다"라는 관계만 있으면 족하다. 따라서 방조행위가 없었더라도 어차피 정범은 다른 방법으로 실행행위를 했을 것(가설적 대체원인)이라고 인정되더라도 방조행위가 없었다면 실제로 발생한 '구체적인' 정범의 범행은 없었을 것이므로 인과관계는 성립한다. 결국 방조행위가 정범의 실행행위에 영향을 주었다면 방조범의 인과관계는 인정되며, 가설적 대체원인은 인과관계의 성립에 영향이 없다. 판례는 인과관계가 인정되기 위해서는 방조행위가 정범의 범죄 실현에 현실적인 기여를 하였다고 평가할 수 있을 것을 요한다고 한다(판례 6-2).

(판례 6-2) 방조범이 성립하려면 방조행위가 정범의 범죄 실현과 **밀접한 관련**이 있고 정범으로 하여금 구체적 위험을 실현시키거나 범죄결과를 발생시킬 기회를 높이는 등으로 정범의 범죄 실현에 **현실적인 기여**를 하였다고 평가할 수 있어야 한다. 정범의 범죄 실현과 밀접한 관련이 없는 행위를 도와준 데 지나지 않는 경우에는 방조범이 성립하지 않는다.723)

---

721) 이에 대하여 독일 연방대법원(BGH MDR 1972. 16; BGH NJW 1996, 2517; BGH NStZ 2001, 354)은 "방조행위가 정범의 실행행위를 용이하게 하거나 촉진"시키면 족하며 인과관계를 요하지는 않는다고 한다. 이러한 견해를 불요설(촉진설)이라고 한다.
대법원(대법원 1982. 9. 14 선고 80도2566 판결; 대법원 1995. 9. 29 선고 95도456 판결; 대법원 2008. 3. 13 선고 2006도3615 판결)은 방조에 대하여 "정범이 범행을 한다는 정을 알면서 그 실행행위를 용이하게 하는 직접·간접의 모든 행위"라고 정의하는데, '실행행위를 용이하게'라는 표현문구를 보고 판례가 촉진설의 입장에 있다고 보는 견해가 있다. 그러나 촉진설은 정범이 기수에 이르기는 했지만 방조행위가 정범결과에 까지 영향력을 행사하지 못하고 실행행위를 용이하게 하는데 그친 경우에도 기수범에 대한 방조의 성립을 인정한다는 점에서 미수범에 대한 방조의 성립만을 인정하는 필요설과 차이가 있는 것이므로 판례의 표현문구만을 보고 촉진설의 입장에 있다고 단정하기는 어렵다. (판례 6-2)로 미루어 보면 대법원은 후술하는 '기회증대설'(인과적 위험증대설)을 채택한 것으로 보인다.
722) 제2편 제3장 제3절 II 참조.
723) 대법원 2021. 9. 9. 선고 2017도19025 전원합의체 판결; 대법원 2021. 9. 16. 선고 2015도12632

(예 15-1) 甲은 乙이 낮에 丙의 주거에 침입하여 재물을 절취하려는 계획을 가지고 있는 사실을 알고 乙에게 丙의 집 현관문 열쇠를 건네주었다. 乙은 甲이 건네준 열쇠를 받았으나 丙의 집 창문이 열려있어서 창문을 통하여 주거에 침입하여 재물을 절취하였다. 甲의 죄책은?

甲의 방조행위는 乙의 실행행위에 아무런 영향을 미치지 못하였으므로 방조행위와 실행행위 사이에 인과관계는 부정된다. 따라서 甲에 대하여 절도에 대한 방조범은 성립하지 않는다.

(예 15-2) 위의 예에서 甲은 乙이 준 열쇠로 현관문을 열고 들어가 재물을 절취하는데 성공하였는데, 열쇠가 없더라도 창문을 통하여 주거에 쉽게 침입할 수 있었다. 甲의 죄책은?

甲의 방조행위가 없었다면 乙의 구체적인 범행, 즉 열쇠를 사용하여 주거에 침입하여 재물을 절취한 행위는 없었을 것이므로 乙의 실행행위와 인과관계가 인정된다. 甲의 방조행위가 없었더라도 乙은 다른 방법으로 실행행위를 하였을 것이라는 가설적 대체원인은 인과관계의 성립에 영향이 없다.724) 따라서 甲에 대하여는 절도의 방조범이 성립한다.

(예 15-3) 위의 예에서 甲은 乙이 준 열쇠를 자물쇠에 넣어 돌렸는데, 열쇠가 부러지는 바람에 창문을 통하여 주거에 침입하여 재물을 절취하였다. 甲의 죄책은?

甲의 방조행위가 정범 乙이 범죄의 실행에 착수할 때에는 영향을 미쳤으나 정범결과에는 영향을 미치지 못하였으므로 절도미수에 대한 방조범이 성립한다. 이에 대하여 촉진설에 의하면 甲의 방조행위가 정범의 실행행위를 용이하게 한 이상 정범결과에 영향을 미쳤는가를 불문하고 절도기수에 대한 방조범의 성립을 인정한다.725)
이 사례에서 보는 바와 같이 촉진설은 방조행위가 정범결과에 영향을 미치지 못한 경우에도 정범의 실행행위를 촉진하였다는 이유로 방조기수범의 성립을 인정함으로써 방조미수나 미수에 대한 방조와 방조기수의 구분을 불명확하게 하고 방조범의 처벌범위를 부당하게 확대시킨다는 점에서 타당하지 못하다.

정신적 방조 가운데 범행방법에 대한 조언은 정범의 범죄의사를 강화할 뿐만 아니라 범죄의 실행을 용이하게 하게 하므로 인과관계를 입증하는데 별다른 어려움이 없다. 이에 대하여 단순히 정범의 범죄의사를 강화하는 행위의 경우에는 인과관계의 입증이 용이하지 않다. 정범에게 범행에 대한 추가적 동기를 부여하거나 정범의 범행에 대한 불안감을 없애는 행위는 정범의 범죄의

판결; 대법원 2023. 10. 18. 선고 2022도15537 판결.
724) 제2편 제3장 제3절 I 3 참조.
725) 독일 제국재판소(RGSt 6, 169)의 견해이다.

사를 강화함으로써 실행행위에 영향을 주었으므로 인과관계가 성립한다.[726] 그러나 단순히 범행을 용인하는 태도를 보이는 것만으로는 정범의 실행행위에 영향을 줄 수 있는 정도로 범의를 충분히 강화하였다고 할 수 없으므로 인과관계는 부정된다.[727]

(판례 6-3) 이미 스스로 입영기피를 결심하고 집을 나서는 위 공소외인에 대하여 이별을 안타까워하는 뜻에서 잘 되겠지 몸조심하라 하고 악수를 나눈 동 피고인의 행위를 입영기피의 범죄의사를 강화시킨 방조행위에 해당한다고 볼 수 없다.[728]

(예 16) 甲은 친구 乙이 대낮에 타인의 주거에 침입하여 재물을 절취하는 것을 범행현장에서 아무런 행위도 하지 않고 지켜보고만 있었다. 甲의 죄책은?

甲이 범행을 방관한 경우에도 그가 범죄현장에 乙과 함께 함으로써 그에게 심적인 안정감을 주었다면 범죄의사를 강화하였다고 할 수 있으므로 방조범이 성립한다. 예컨대 甲이 필요한 경우에는 乙을 도와주기 위하여 현장에 나와 있었다면 甲에 대해서는 방조범이 성립한다. 그러나 그러한 특별한 사정이 없이 단순히 甲이 乙의 범행을 지켜본 것에 불과한 경우에는 설령 乙이 甲으로 인하여 심리적 안정감을 얻었더라도 乙의 범의를 충분히 강화하였다고 보기는 어려우므로 방조범은 성립하지 않는다.[729]

부작위에 의한 방조의 인과관계도 수정적 인과관계, 즉 '작위가 있었다면 정범의 구체적인 범행은 없었을 것'이라고 판단되면 인정된다.[730] 독일의 판례는 작위의무자가 '정범의 범행을 곤란하게 만들 수 있는 위치'에 있으면 부작위에 의한 방조가 성립한다고 한다.[731] 작위에 의하여 '정범의 범행을 곤란'하게 하였다면 '정범의 구체적인 범행은 없었을 것'이므로 독일 판례의 촉진설(불요설)과 수정적 인과관계를 요구하는 견해(필요설)는 결론에서 차이가 없다.[732]

---

726) 손동권/김재윤, 총론, 596면.
727) Roxin, AT II, § 26 Rn. 202; Sch/Sch/Cramer/Heine, § 27 Rn. 12.
728) 대법원 1983. 4. 12. 선고 82도43 판결.
729) Roxin, AT II, § 26 Rn. 204.
730) Joecks, MünchKomm-StGB, § 27, Rn. 86.
731) RG 71, 173; BGH NJW 53, 1838.
732) Joecks, MünchKomm-StGB, § 27, Rn. 86.

(예 17) 경비원 甲은 친구 乙이 자신이 근무하는 회사에 침입하여 재물을 절취할 것이라는 계획을 알고 있음에도 불구하고 그의 범행을 도우려는 의도로 출입문을 잠그지 않았다. 乙은 열려있는 출입문을 통하여 회사에 잠입하여 절도에 성공하였다. 만일 甲이 출입문을 잠갔더라도 출입문의 높이는 2m정도로서 乙은 아무런 어려움 없이 그 위로 넘어 갈 수 있었다. 경비원 甲의 죄책은?

경비원 甲이 출입문을 잠금으로써 작위의무를 이행했더라도 乙은 그 문 위로 넘어가 재물을 절취하였을 것으로 판단되지만, '구체적'인 범행, 즉 출입문을 통하여 회사에 침입하여 재물을 절취하는 범행은 없었을 것이므로 수정적 인과관계가 인정된다. 출입문 위로 넘어가서 재물을 절취하였을 것이라는 가설적 대체원인은 작위범에서 설명한 것과 마찬가지로 인과관계의 성립에 지장이 없다. 따라서 甲에 대하여는 절도죄에 대한 부작위에 의한 방조범이 성립한다.

② 객관적 귀속

종속적 법익침해설에 의하면 방조범의 처벌근거는 방조범이 정범의 불법을 촉진함과 동시에 독자적으로 법익침해행위를 하였다는 점에 있으므로[733] 방조범의 불법이 성립하기 위해서는 인과관계 외에도 객관적 귀속이 추가로 요구된다. 따라서 방조범이 성립하기 위해서는 방조행위가 정범의 실행행위에 영향을 주어야 함은 물론 법적으로 허용되지 않은 위험을 증대시킴으로써 정범의 실행행위의 기회를 증대시킬 것을 요한다(기회증대설 또는 인과적 위험증대설).[734]

(예 18) 甲은 절도를 결의한 乙에게 범행에 필요한 열쇠를 제공하였다. 乙은 그 열쇠를 받았으나 주거의 문이 잠겨있지 않았으므로 사용하지는 않았다. 甲의 죄책은?

甲이 乙에게 열쇠를 제공한 방조행위는 乙의 범행방법에 영향을 주었으므로 乙이 이를 사용하지 않았더라도 인과관계는 인정된다. 그러나 甲의 방조행위로 인하여 乙의 범행의 기회가 증대되지는 않았으므로 객관적 귀속은 부정된다. 따라서 甲의 행위는 효과 없는 방조로서 불가벌이다(기회증대설).

이에 대하여 방조범이 성립하기 위해서는 인과관계만 있으면 족하며 객관적 귀속은 요구되지 않는다는 견해(결과야기설)에 의하면 甲에 대해서는 절도죄의 방조범이 성립한다.[735] 결과야기설에 의하더라도 방조행위에는 범행의 기회증대가 당연히 내포되어 있다고 보는

---

733) 제2편 제9장 제4절 I 3 (3).
734) 김일수/서보학, 총론, 495면.
735) 이재상/ 장영민/ 강동범, 총론, 512면은 甲의 물질적 방조는 벌할 수 없지만, 범행도구를 제공함으로써 범의를 강화하였다면 정신적 방조로서 처벌이 가능하다고 한다.

견해에 의하면 甲의 행위는 乙의 범행을 용이하게 하거나 강화하지는 않았으므로 인과관계가 부정되어 불가벌이 되므로736) 기회증대설과 같은 결론에 이른다.

방조행위로 인하여 법익에 대한 위험, 즉 정범의 실행행위의 기회가 증대되었더라도 그 방조행위가 일상적으로 또는 업무상 전형적으로 행해지는 소위 중립적 행위(일상적 행위)인 경우에 방조범이 성립하는가에 대하여는 논란의 여지가 있다. 이 경우 방조행위가 범죄적 의미연관성(deliktischer Sinnbezug)을 가지고 있는 때에는 방조범이 성립한다. 범죄적 의미연관성은 정범의 범행이 없다면 방조행위도 정범에게 아무런 의미가 없는 경우에 인정되며, 만일 정범의 범행이 없더라도 방조행위가 정범에게 여전히 의미가 있는 경우에는 부정된다.

(예 19) 원료 판매상 甲은 공장을 운영하는 乙이 그 원료를 가공하는 과정에서 환경을 오염시킨다는 사실을 알면서도 乙과 매매계약을 체결하여 그에게 계속하여 원료를 제공하였다. 甲의 죄책은?

甲의 방조행위는 乙의 범행을 용이하게 하였으므로 인과관계가 인정되며, 乙의 실행행위의 기회를 증대시켰다. 그러나 이로써 방조범이 성립하는 것은 아니다. 甲이 원료를 제공한 행위는 중립적 행위로서 범죄적 의미연관성이 있어야 방조범이 성립한다. 甲이 乙에게 원료를 제공한 행위는 乙의 적법행위, 즉 제품의 생산을 촉진하였으며, 그 자체만으로도 정범에게는 의미가 있으므로 범죄적 의미연관성이 없다.737) 따라서 甲에 대하여 환경범죄의 방조범은 성립하지 않는다.

(예 20-1) 복사기 판매상을 운영하는 甲은 통화위조의 전과가 있는 乙이 칼라복사기를 구입하려고 하자, 乙이 그 복사기로 통화를 위조할 것이라는 사실을 알면서도 복사기를 팔았다. 甲의 죄책은?

甲의 방조행위는 乙의 범행을 용이하게 하였으므로 인과관계가 인정되며, 乙의 실행행위의 기회를 증대시켰다. 그리고 甲이 복사기를 판매한 행위는 정범 乙의 통화위조행위가 없다면 乙에게는 아무런 의미가 없으므로 범죄적 의미연관성을 갖는다. 따라서 甲에 대하여는 통화위조죄(제207조)의 방조범이 성립한다.

(예 20-2) 만일 위의 (예 20-1)에서 乙이 복사집을 운영하려고 칼라복사기를 구입하려고 하는데, 甲은 乙이 그 복사기를 이용하여 지폐를 위조할지도 모른다고 생각하면서도 그

---

736) 임웅, 총론, 498면 이하.
737) Roxin, AT II, § 26 Rn. 224.

복사기를 乙에게 팔았다. 甲의 죄책은?

甲이 복사기를 판매한 행위는 정범 乙의 통화위조행위가 없더라도 乙은 그 복사기를 이용하여 적법한 사업을 운영할 것이므로 정범 乙에게는 의미가 있다. 즉 甲의 방조행위는 범죄적 의미연관성이 없으므로 그에 대하여 통화위조죄의 방조범은 성립하지 않는다.

(2) 주관적 구성요건

방조범의 주관적 구성요건은 이중의 고의, 즉 정범의 기수에 대한 고의와 방조행위에 대한 고의이다.[738]

(가) 정범의 실행행위에 대한 고의

방조범의 고의는 교사범의 고의와 마찬가지로 정범의 기수에 대한 고의이어야 한다. 정범의 범행에 대한 미필적 고의로 족하며,[739] 정범이 누구인지 확정적으로 인식할 필요도 없다.[740] 과실에 의한 방조는 성립하지 않으며, 만일 과실로 인하여 타인의 범행을 용이하게 하거나 강화하였다면 과실범의 정범이 성립이 성립할 수 있다.[741] 그리고 미수의 방조, 즉 방조자가 정범의 미수에 대한 고의만 있는 경우에는 방조범은 성립하지 않는다.

(예 21) 甲은 乙이 A의 우리에서 소를 끌고 나오는 것을 보고 乙을 도와줬다. 그러나 甲은 乙이 A로부터 소를 사서 가지고 나오는 것으로 알고 있었다. 甲의 죄책은?

甲은 정범 乙이 타인의 재물을 절취한다는 사실을 인식하지 못하였으므로 과실에 의한 방조로서 불가벌이다.

(판례 7) 甲은 MP3 파일 공유를 위한 P2P 프로그램인 소리바다 프로그램을 개발하고 서버를 설치, 운영하면서 인터넷 웹사이트를 통하여 위 소리바다 프로그램을 무료로 널리 제공하였으며, 그 서버를 통하여 乙 등의 이용자들이 음악 MP3 파일을 다운로드할 수 있게 해주었다. 乙 등의 이용자들은 그 파일들을 자신들의 컴퓨터 공유폴더에 저장하여 다른 이용자들이 다운로드 받을 수 있도록 하였다. 甲, 乙의 죄책은?

---

738) 대법원 2021. 9. 9. 선고 2017도19025 전원합의체 판결; 대법원 2022. 6. 30. 선고 2020도7866 판결.
739) 대법원 2005. 4. 29. 선고 2003도6056 판결; 대법원 2007. 12. 14. 선고 2005도872 판결.
740) 대법원 2007. 12. 14. 선고 2005도872 판결.
741) 제2편 제9장 제4절 II 2 (2) (나) 참조.

음악 CD로부터 변환한 MP3 파일을 Peer-To-Peer(P2P) 방식으로 전송받아 자신의 컴퓨터 하드디스크에 전자적으로 저장하는 행위는 구저작권법 제2조 제14호[742] 및 제97조의5[743]에서 말하는 '유형물에 고정하는 것'에는 해당한다. 따라서 소리바다 이용자 乙의 행위는 구 저작권법 제2조 제14호의 복제에 해당한다.

甲이 P2P 프로그램인 소리바다 프로그램을 개발하고 서버를 설치, 운영한 행위가 구 저작권법상 복제권 침해행위의 방조에 해당하는지가 문제된다. 대법원은 ① '정범의 복제권 침해행위 중에 이를 방조하는 경우는 물론, 복제권 침해행위에 착수하기 전에 장래의 복제권 침해행위를 예상하고 이를 용이하게 해주는 경우'도 방조에 해당하며, ② '정범에 의하여 실행되는 복제권 침해행위에 대한 미필적 고의가 있는 것으로 충분하고', ③ '정범의 복제권 침해행위가 실행되는 일시, 장소, 객체 등을 구체적으로 인식할 필요가 없으며, 나아가 정범이 누구인지 확정적으로 인식할 필요도 없다'고 전제하고, 소리바다 서비스 운영자 甲의 행위는 구 저작권법상 복제권 침해행위의 방조에 해당한다고 판단하였다.[744]

(나) 방조행위에 대한 고의

방조자는 정범의 불법에 대한 고의만 있으면 족하면, 정범의 책임이나 가벌성에 대한 인식을 요하지는 않는다. 방조범의 고의는 이중의 고의만 있으면 족하며, 방조범과 정범 사이에 의사소통이 있을 것을 요하지는 않는다. 따라서 방조범이 일방적으로 정범의 범행을 방조한 경우, 즉 정범이 방조행위를 인식하지 못한 경우에도 방조범의 성립이 가능하다. 이를 편면적 종범이라고 한다.

(예 22) 甲은 乙이 A의 주거에 침입하여 절취하려고 한다는 것을 알고, 乙과 아무런 약속도 없었는데도 그를 돕기 위하여 범죄현장에 나와 망을 보아 주었다. 甲의 죄책은?

甲에게는 이중의 고의, 즉 乙의 절취행위에 대한 인식과 자신의 방조행위에 대한 인식이 있으므로 방조범의 고의는 인정된다. 乙이 甲이 자신의 범행을 방조하였다는 사실을 알고 있었는가는 고의의 성립에 영향을 미치지 않는다. 따라서 甲에 대해서는 절도죄의 방조범이 성립한다(편면적 종범).

---

[742] 현행 저작권법 제2조 제22호에 의하면 "복제는 인쇄·사진촬영·복사·녹음·녹화 그 밖의 방법에 의하여 유형물에 고정하거나 유형물로 다시 제작하는 것"을 말한다.

[743] 현행 저작권법 제136조 제1항: "저작재산권 그 밖에 이 법에 따라 보호되는 재산적 권리를 복제·공연·공중송신·전시·배포·대여·2차적 저작물 작성의 방법으로 침해한 자는 5년 이하의 징역 또는 5천만원 이하의 벌금에 처하거나 이를 병과할 수 있다."

[744] 대법원 2007. 12. 14. 선고 2005도872 판결.

3. 종범의 처벌

종범의 형은 정범의 형보다 감경한다(제32조 제2항). 즉 방조범은 필요적 감경사유이다. 자기의 지휘감독을 받는 자를 방조하여 결과를 발생하게 한 자(특수종범)는 정범의 형으로 처벌한다(제24조 제2항).

4. 관련문제

(1) 종범의 착오

종범의 착오에 관하여는 교사의 착오에 관한 설명이 그대로 타당하다. 즉 실행행위가 방조내용을 초과한 경우 공통되는 부분에 대해서만 종범이 성립하며, 초과부분에 대해서 종범은 성립하지 않는다. 종범에게 초과부분에 대하여 과실이 있는 경우에는 결과적 가중범이 성립한다. 다만 실행행위의 착오 가운데 질적 착오의 경우, 즉 정범이 전혀 다른 범죄를 저지른 경우 방조는 기도된 방조로서 불가벌이 된다.[745]

(2) 종범의 종범, 교사의 종범, 종범의 교사

종범을 방조한 종범의 종범은 간접방조 내지 연쇄방조로서 정범에 대한 종범으로 처벌된다. 교사범을 방조한 교사의 종범과 종범을 교사한 종범의 교사도 정범에 대한 종범으로 처벌된다.

> (판례 8) "형법이 방조행위를 종범으로 처벌하는 까닭은 정범의 실행을 용이하게 하는 점에 있으므로 그 방조행위가 정범의 실행에 대하여 간접적이거나 직접적이거나를 가리지 아니하고 정범이 범행을 한다는 점을 알면서 그 실행행위를 용이하게 한 이상 종범으로 처벌함이 마땅하며 간접적으로 정범을 방조하는 경우 방조자에 있어 정범이 누구에 의하여 실행되어지는가를 확지할 필요가 없다".[746]

(3) 부작위에 의한 방조

부작위에 의한 방조에 대해서는 앞에서 설명하였다.[747]

---

[745] 질적 착오의 경우 기도된 교사의 처벌에 대해서는 제2편 제9장 제4절 II 4 (1) (가) ② 참조.
[746] 대법원 1977. 9. 28. 선고 76도4133 판결.
[747] 제2편 제7장 제3절 III 2 (2) ②.

제 5 절 공범과 신분

> **제33조(공범과 신분)** 신분이 있어야 성립되는 범죄에 신분 없는 사람이 가담한 경우에는 그 신분 없는 사람에게도 제30조부터 제32조까지의 규정을 적용한다. 다만, 신분 때문에 형의 경중이 달라지는 경우에 신분이 없는 사람은 무거운 형으로 벌하지 아니한다.

I. 신분의 연대성과 개별화

공범과 신분의 문제는 신분자와 비신분자가 신분범의 공범관계에 있는 경우에 이들을 어떻게 처벌할 것인가에 관한 논의를 말한다. 이 문제에 관하여 제33조는 "신분이 있어야 성립되는 범죄에 신분 없는 사람이 가담한 경우에는 그 신분 없는 사람에게도 제30조부터 제32조까지의 규정을 적용한다. 다만, 신분 때문에 형의 경중이 달라지는 경우에 신분이 없는 사람은 무거운 형으로 벌하지 아니한다."고 규정하고 있다. 제33조는 신분범을 '신분이 있어야 성립되는 범죄', 즉 진정신분범과 '신분 때문에 형의 경중이 달라지는 경우', 즉 부진정신분범으로 나누어 규정하고 있다. 진정신분범의 경우에는 정범이 신분자인 경우에 비신분자도 공범으로 처벌함으로써 신분의 연대성(공범의 종속성)을 인정하고 있으며(제33조 본문), 부진정신분범의 경우에는 신분자에 대하여만 형의 가중을 인정하고 비신분자에 대하여는 형을 가중하지 않음으로써 신분의 개별화(연대성완화 또는 종속성완화)를 인정하고 있다(제33조 단서).

(예 1) 공무원 甲의 처 乙이 남편의 심부름으로 타인으로부터 뇌물을 받은 경우 공무원의 신분이 없는 乙을 수뢰죄로 처벌할 수 있는가?

수뢰죄는 "신분관계로 인하여 성립될 범죄"로서 이 범죄에 가공한 행위는 신분관계가 없는 자에 대하여도 공범의 성립을 인정하므로(제33조 본문) 乙은 공무원이 아니더라도 수뢰죄의 방조범으로 처벌된다.

(예 2) 甲은 乙을 교사하여 乙의 아버지 A를 살해하도록 하였다. 甲의 죄책은?

존속살해죄는 "신분 때문에 형의 경중이 달라지는 경우"로서 이 범죄에 가공한 행위는 신분관계가 없는 자에 대하여는 무거운 형으로 벌하지 않으므로(제33조 단서) 신분이 없는 甲은 존속살해교사로 처벌되는 것이 아니라 보통살인교사로 처벌된다.

제33조는 비신분자가 신분자의 범죄에 가담한 경우에 대하여만 규정하고 있으나 신분자가 비신분자의 범죄에 가담한 경우도 공범과 신분의 문제에서 논의하여야 한다. 이 문제를 이해하기 위해서 먼저 신분범의 개념과 종류에 대하여 살펴보기로 한다.

II. 신분범의 의의

1. 신분범의 개념 및 종류

신분범이란 신분이 범죄의 성립이나 형의 가감에 영향을 미치는 범죄를 말한다. 신분이 범죄의 성립에 영향을 미치는 범죄, 즉 신분이 있어야 성립되는 범죄를 진정신분범(제33조 본문)이라고 하며, 신분이 없어도 범죄는 성립하지만 신분 때문에 형의 경중이 달라지는 범죄를 부진정신분범(제33조 단서)이라고 한다.

▶ 신분범의 종류
  ┌ 진정신분범: 신분관계로 인하여 성립되는 범죄
  └ 부진정신분범: 신분관계로 인하여 형의 가감이 있는 범죄.

2. 신분의 개념 및 종류

(1) 신분의 개념

신분범에서 말하는 신분이란 범죄의 성립이나 형의 가감에 영향을 미치는 인적 성질·관계·상태를 말한다. 인적 성질이란 성별·연령·친족관계와 같은 인간의 정신적·육체적·법적 본질요소를 말하며, 인적 관계란 공무원, 의사와 같은 사람의 사회적 지위를 말한다. 그리고 인적 상태는 인적 성질과 인적 관계를 제외한 나머지 상황으로서 업무성·상습성 등이 여기에 해당한다. 신분은 계속성을 요하지 않으므로 일시적인 인적 상태도 신분이 될 수 있다.

여기서 '인적'이란 일신전속적 성질(일신성)을 말한다. 따라서 신분은 행위자와 관련된 요소(행위자관련적 요소)에 국한되며, 행위에 관련된 요소(행위관련적 요소)는 신분에 해당하지 않는다.[748] 고의, 불법영득의사, 목적, 동기와 같은 주관적 불법요소는 행위관련적 요소이므로 신분에 해당하지 않는다. 그러나 목적이나 동기가 책임요소인 경우에는 행위자관련적 요소이므로 신분에 해당한다. 예컨대 모해위증죄에서 모해목적은 행위자 개인의 심정반가치를 나타내는 책임요소이므로 행위자관련적 요소로서 가중적 신분에 해당한다.[749]

(판례 1) 甲은 A를 모해할 목적으로 乙에게 위증을 교사하였다. 乙은 A를 모해할 목적은 없었으나 甲이 교사한 대로 위증을 하였다. 甲의 죄책은?

대법원은 "위증을 한 범인이 형사사건의 피고인 등을 '모해할 목적'을 가지고 있었는가 아니면 그러한 목적이 없었는가 하는 범인의 특수한 상태의 차이에 따라 범인에게 과할 형의 경중을 구별하고 있으므로, 이는 바로 형법 제33조 단서 소정의 "신분관계로 인하여 형의 경중이 있는 경우"에 해당한다"[750]고 보아 甲에 대하여 모해위증교사죄(제152조 제2항)의 성립을 인정하였다. 이에 대하여 다수설은 모해목적은 행위관련적 요소로서 신분에 해당하지 않으므로 제33조는 적용되지 않는다고 한다. 이 견해에 의하면 乙에 대해서는 위증죄가 성립하므로 공범의 종속성에 의하면 甲에 대해서도 위증교사죄(제152조 제1항)가 성립한다. 모해목적은 인적 상태로서 행위자관련적 요소이므로 가중적 신분에 해당한다. 따라서 신분이 없는 乙에 대하여는 위증죄가 성립하고 신분이 있는 甲에 대하여는 모해위증교사죄가 성립한다고 보는 판례의 견해가 타당하다.

(2) 신분의 종류

범죄의 성립에 영향을 미치는 신분을 구성적 신분, 형의 가감에 영향을 미치는 신분을 가감적 신분이라고 한다. 구성적 신분은 객관적 행위자요소로서 행위반가치의 내용에 포함되므로 불법요소이다.[751] 이러한 의미에서 구성적 신분은 불법신분(위법신분)이라고 할 수 있다. 이에 대하여 가감적 신분은 불

---

748) 다수설: 예컨대 이재상/ 장영민/ 강동범, 총론, 518면.
749) 손동권/김재윤, 총론, 610면.
750) 대법원 1994. 12. 23. 선고 93도1002 판결.
751) 제1편 제2절 II의 각주4) 참조.

법신분인 경우도 있지만 행위자의 심정반가치를 나타내는 책임요소인 경우(책임신분)도 있다.

(예 3-1) 위의 (예 1)에서 수뢰죄(제129조)는 공무원의 신분을 가진 자만이 주체가 될 수 있으므로 진정신분범이다. 그 외에 위증죄(제152조), 횡령죄(제355조) 등이 진정신분범에 해당한다. 여기서 공무원, 법률에 의하여 선서한 증인, 타인의 재물을 보관하는 자 등의 신분은 구성적 신분이다. 이에 대하여 (예 2)에서 존속살해죄는 직계비속의 신분으로 인하여 형이 가중되는 범죄이므로 부진정신분범이다. 여기서 직계비속의 신분은 가중적 불법신분이다.[752]

(예 3-2) (판례 1)에서 모해위증죄는 모해목적을 이유로 형을 가중하는 범죄이므로 부진정신분범이다. 여기서 모해목적은 가중적 책임신분이다. 영아살해죄는 직계존속의 신분으로 인하여 형이 감경되는 범죄이므로 부진정신분범이다. 여기서 직계존속의 신분은 감경적 책임신분이다.

(예 3-3) 보호자가 아동학대범죄를 범하여 그 아동을 사망에 이르게 하는 것을 내용으로 하는 아동학대처벌법 제4조(아동학대치사)는 형법 제33조 본문의 '신분관계로 인하여 성립될 범죄'에 해당한다. 따라서 피해아동의 친모인 甲女가 보호자의 신분이 없는 乙男과 공모하여 본죄를 범한 경우 甲女와 乙男에 대하여는 아동학대치사죄의 공동정범이 성립한다.[753]

소극적 신분이란 신분으로 인하여 범죄의 성립이 부정되거나 형벌이 조각되는 경우의 신분을 말한다. 소극적 신분에는 불구성적 신분, 책임조각적 신분, 형벌조각적 신분 등이 있다. 불구성적 신분(불법조각신분)이란 구성요건해당성이나 위법성을 조각하는 신분을 말한다. 의료법위반에서 의사, 변호사법위반에서 변호사 등이 불구성적 신분에 해당한다. 책임조각적 신분이란 책임을 조각하는 신분을 말한다. 만 14세 미만의 형사미성년자, 범인은닉죄(제151조 제2항)나 증거인멸죄(제155조 제4항)에서 친족·호주·동거의 가족 등의 신분이 여기에 해당한다. 형벌조각적 신분이란 범죄의 성립 자체를 조각하지는 않지만 형벌을 조각하는 신분을 말한다. 친족상도례에서 직계혈족·배우자·동거친족·호주·가족 또는 그 배우자 등의 신분이 여기에 해당한다.

---

752) 김일수/서보학, 각론, 28면. 이에 대하여 다수설(예컨대 이재상, 각론, 24면)은 책임신분으로 본다.
753) 대법원 2021. 9. 16. 선고 2021도5000 판결.

(예 4) 변호사법 제109조 제1호조는 변호사가 아니면서 금품을 받고 법률사건에 관하여 법률사무를 취급한 자를 처벌하고 있다. 그리고 의료법 제25조는 무면허의료행위를 금지하고 제66조 제3호는 이를 위반한 행위를 처벌하고 있다. 여기서 변호사나 의사의 신분은 구성요건해당성을 조각하므로 불구성적 신분이다.

▶ 신분의 종류
```
┌ 구성적 신분: 불법신분
├ 가감적 신분 ┌ 불법신분
│            └ 책임신분
└ 소극적 신분 ┌ 불구성적 신분
             ├ 책임조각적 신분
             └ 형벌조각적 신분
```

III. 제33조의 해석

1. 제33조의 취지

제33조 본문은 진정신분범의 경우에 신분의 연대성(공범의 종속성)을 규정하고 있으며, 제33조 단서는 부진정신분범의 경우에 신분의 개별화(종속성의 완화)에 대하여 규정하고 있다.[754] 공범의 종속성에 의하면 공범은 정범의 불법에 종속되므로 공범에게 구성적 신분(불법신분)이 없더라도 정범에게 신분이 있으면 당연히 성립한다. 이러한 의미에서 제33조 본문은 당연한 규정이다. 그리고 책임개별화의 원칙[755]이나 공범의 제한적 종속성에 의하면 공범은 정범의 책임에는 종속되지 않으므로 책임신분에 의한 형의 가감은 신분자에게만 인정되고 비신분자에게는 인정되지 않는다. 따라서 책임신분의 경우 제33조 단서는 당연한 규정이다. 그러나 불법신분의 경우 제33조 단서는 당연규정이 아니라 신분의 개별화 내지는 신분의 연대성완화를 규정한 것으로 이해하여야 한다.[756] 왜냐하면 위법신분은 연대성이 있음에도 불구하고 제33조 단

---

754) 제2편 제9장 제5절 I 참조.
755) 책임개별화의 원칙이란 다수의 가담자는 타인의 책임과 관계없이 각자 자기의 책임에 따라 처벌된다는 원칙을 말한다.
756) 이에 대하여 다수설(예컨대 이재상/ 장영민/ 강동범, 총론, 518면 이하)은 구성적 신분은 불법신분으로 가감적 신분은 책임신분으로 보고, 제33조 본문은 불법신분의 연대성을, 단서는 책

서는 위법신분이 있는 자에게만 형의 가감을 인정하고 비신분자에게는 형의 가감을 인정하지 않기 때문이다. 제33조 단서가 위법신분의 경우에 신분의 개별화를 규정한 취지는 가감적 불법신분은 행위자 일신과 밀접하게 연관되어 있기 때문에 형의 가감을 신분자에 대하여만 인정함으로써 비신분자의 처벌이 신분의 연대성으로 인하여 부당하게 가중 또는 감경되는 것을 방지하려는 데에 있다.

2. 제33조 본문

(1) "신분관계로 인하여 성립될 범죄"

제33조 본문은 "신분관계로 인하여 성립될 범죄에 가공한 행위는 신분관계가 없는 자에게도 전3조의 규정을 적용한다"고 규정하고 있다. 여기서 "신분관계로 인하여 성립될 범죄"는 진정신분범을 말한다.[757] 이 견해에 의하면 제33조 본문은 진정신분범의 성립과 과형에 관한 규정이며, 제33조 단서는 부진정신분범의 성립과 과형에 관한 규정으로 이해한다. 이에 대하여 판례[758]와 소수설[759]은 제33조 본문은 진정신분범과 부진정신분범의 성립근거에 대한 규정이며 제33조 단서는 부진정신분범의 과형에 대한 규정이라고 한다.

> (판례 2) 은행원이 아닌 甲은 은행원 乙, 丙 등과 공모하여 업무상 배임죄를 저질렀다. 甲의 죄책은?

배임죄의 주체는 "타인의 사무를 처리하는 자"로서 진정신분범이다. 다수설에 의하면 비신분자가 신분자와 공동하여 신분범을 범한 경우에 비신분자에 대하여도 신분범의 공동정범이 성립하므로 甲에 대해서는 배임죄의 공동정범이 성립한다. 그러나 업무상 배임죄는 신분관계로 인하여 형이 가중되는 부진정신분범이므로 가중적 신분이 없는 甲은 무거운 형으로 처벌되지 않는다. 따라서 甲에 대하여 업무상 배임죄가 성립하지는 않는다.

임신분의 개별화를 규정한 것으로 이해한다. 이 견해는 가감적 신분 가운데 불법신분이 있다는 점을 인정하지 않는다. 그러나 우리 형법에 규정되어 있는 가감적 신분 가운데 행위반가치의 내용이 되는 불법신분이 존재한다는 점을 전면적으로 부정하기는 어려울 것으로 보인다.
757) 다수설: 예컨대 이재상/ 장영민/ 강동범, 총론, 521면.
758) 대법원 1961. 8. 2. 선고 4294형상284 판결; 대법원 1986. 10. 28. 선고 86도1517 판결.
759) 신동운, 총론, 701면

이에 대하여 판례에 의하면 제33조 본문은 가중적 신분에 대하여도 적용되므로 비신분자인 甲과 신분자인 乙, 丙에 대해서는 업무상 배임죄의 공동정범(제356조)이 성립하며, 다만 신분관계가 없는 甲은 제33조 단서에 의하여 무거운 죄로 벌하지 않고 배임죄(제355조 제2항)에 정한 형으로 처벌한다.760)

(판례 3) 甲女는 아들 乙과 공동하여 남편 A를 살해하였다. 甲女의 죄책은?

다수설에 의하면 제33조 본문은 진정신분범에 대하여만 적용되므로 가중적 신분범인 존속살해에 대하여는 적용되지 않는다. 따라서 비신분자인 甲女에 대하여는 보통살인죄의 공동정범이 성립하고 신분자인 乙에 대하여는 제33조 단서가 적용되므로 존속살해죄가 성립한다. 이에 대하여 판례에 의하면 제33조 본문은 진정신분범, 부진정신분범에 대하여 모두 적용되므로 비신분자 甲女와 신분자 乙에 대하여는 존속살인죄의 공동정범이 성립하고, 다만 직계비속의 신분이 없는 甲女는 제33조 단서에 의하여 무거운 죄로 벌하지 않고 보통살인죄에 정한 형으로 처벌한다.761)

(2) "전 3조를 적용한다"

"전 3조"는 제30조(공동정범), 제31조(교사범), 제32조(종범)를 말한다. 공범의 종속성에 의하면 비신분자가 신분자를 교사 또는 방조한 경우에 제31조 또는 제32조를 적용하여 협의의 공범의 성립을 인정하는 것은 당연하다.

(예 5) 가정주부인 甲女는 가정형편이 어려워지자 공무원인 남편 乙男에게 건설업자 丙이 제공한 뇌물을 거절하지 말고 받으라고 설득하였다. 乙男은 甲女의 부탁을 거절하지 못하고 丙으로부터 뇌물을 받았다. 甲女의 죄책은?

제33조 본문에 의하면 정범을 교사하여 진정신분범을 범하게 한 경우에는 비신분자에 대하여도 교사범에 관한 규정(제31조)이 적용된다. 甲女는 공무원의 신분이 없지만 공무원 乙男을 교사하여 수뢰죄를 실행하게 하였으므로 수뢰죄의 교사범이 성립한다.

그러나 비신분자에 대하여 제30조를 적용하여 공동정범의 성립을 인정할 것인가에 대하여는 논란의 여지가 있다. 진정신분범에 있어서 구성적 신분은 구성요건요소로서 정범적격이므로 이러한 신분이 없는 자는 정범이 될 수 없다.762) 그럼에도 불구하고 제33조 본문은 진정신분범에 가담한 비신분자에 대

---

760) 대법원 1986. 10. 28. 선고 86도1517 판결; 대법원 1999. 4. 27. 선고 99도883 판결.
761) 대법원 1961. 8. 2. 선고 4294형상284 판결.
762) 제2편 제9장 제1절 II 1 (2).

하여 제30조(공동정범)를 적용한다고 규정하고 있다. 다수설은 이 규정이 공동정범이 될 수 없는 비신분자를 예외적으로 공동정범이 될 수 있도록 한 특별규정이라고 한다.763) 그러나 의무범이론에 의하면 신분범 가운데 의무범의 경우에 '특별의무'는 정범적격이므로 그러한 의무가 없는 자는 정범이 될 수 없다고 본다. 따라서 제33조 본문은 공동정범의 경우에는 의무범을 제외한 나머지 진정신분범, 즉 비의무범의 경우에만 적용된다고 해석하여야 한다.764)

(예 6) 외국에 여행 중인 甲은 자신의 재산이 강제집행을 당할 위험에 처해 있다는 소식을 듣게 되었다. 甲은 자신의 친구 乙과 이 문제에 대하여 상의한 결과 자신의 재산을 은닉하여 강제집행을 면탈하기로 하고, 乙은 甲과 협의한 대로 甲의 재산을 은닉하였다. 甲, 乙의 죄책은?

[참조조문]
제327조(강제집행면탈) 강제집행을 면할 목적으로 재산을 은닉, 손괴, 허위양도 또는 허위의 채무를 부담하여 채권자를 해한 자는 3년 이하의 징역 또는 1천만원 이하의 벌금에 처한다.

강제집행면탈죄(제327조)는 행위주체가 "강제집행의 위기에 처한 채무자"에 국한되므로 진정신분범에 해당하지만765) 의무범은 아니다. 왜냐하면 본죄에서 채무자의 의무는 채권자의 권리실현을 방해하지 않아야 하는 소극적 의무에 불과하며, 적극적으로 채권자의 권리를 보호해야 하는 의무는 아니기 때문이다. 제33조 본문은 비의무범의 경우에는 공동정범에 대하여도 적용되므로 비신분자인 乙에 대해서도 강제집행면탈죄의 공동정범의 성립한다.

비신분자가 신분자를 도구로 이용하는 경우에 간접정범이 성립할 수 있는가에 대하여 논란이 있으나, 비신분자는 정범적격을 결하므로 간접정범이 될 수 없다.766)

---

763) 이재상/ 장영민/ 강동범, 총론, 521면.
764) 김일수/서보학, 총론, 503면도 제33조 본문은 공동정범의 경우에는 의무범(행위자관련신분범)을 제외한 나머지 진정신분범, 즉 결과관련신분범에 대하여만 적용되는 것으로 본다.
765) 김일수/서보학. 각론, 520면. 이에 대하여 판례(대법원 1983. 5. 10. 선고 82도1987 판결)와 다수설(예컨대 이재상, 각론, 411면)은 본죄를 일반범으로 본다.
766) 자세한 내용은 제2편 제9장 제2절 IV 2 (1) 참조.

3. 제33조 단서

제33조 단서는 "신분 때문에 형의 경중이 달라지는 경우에 신분이 없는 사람은 무거운 형으로 벌하지 아니한다."고 규정하고 있다. 여기서 "신분 때문에 형의 경중이 달라지는 경우"란 부진정신분범을 말한다. 그리고 "무거운 형으로 벌하지 아니한다"는 말은 가중적 신분이 없는 비신분자는 통상의 형으로 벌한다는 의미이다. 이 규정은 가감적 신분이 불법신분이건 책임신분이건 불문하고 적용되며, 협의의 공범은 물론, 공동정범에 대하여도 적용된다.

> (예 7) 甲이 乙과 공모하여 乙의 아버지 丙를 살해한 경우에 丙과 신분관계가 없는 甲을 존속살해죄로 처벌할 수 있는가?

존속살해죄는 신분관계로 인하여 형의 경중이 있는 부진정신분범으로서 이 범죄에 가공한 행위는 신분관계가 없는 자에 대하여는 무거운 형으로 벌하지 않으므로(제33조 단서) 직계비속의 신분이 없는 甲은 존속살해죄로 처벌되는 것이 아니라 보통살인죄로 처벌된다.

제33조 단서는 가중적 신분에 대하여만 규정하고 있으나, 이 규정의 그 취지는 신분의 개별화, 즉 가중적 신분이선, 감경직 신분이긴 불문하고 신분자에 대해서는 형의 가감을 인정하고 비신분자에 대해서는 신분자와 관계없이 형의 가감을 인정하지 않고 통상의 형으로 벌하려는 것이므로 이 규정은 감경적 신분의 경우에도 적용된다고 해석하여야 한다. 따라서 감경적 신분의 경우에도 신분자에 대하여만 형을 감경하고 비신분자에 대하여는 형을 감경하지 않고 통상의 형으로 벌한다.

> (예 8) 산모 甲女는 자신의 언니 乙女와 공동하여 분만 직후의 영아를 살해하였다. 甲女와 乙女의 죄책은?

영아살해죄(제251조)는 직계존속의 신분관계를 이유로 형이 감경되는 부진정신분범이다. 따라서 직계존속인 甲女는 영아살해죄로 처벌되며, 그러한 신분이 없는 乙女는 통상의 형, 즉 살인죄로 처벌된다.

IV. 신분자가 비신분자의 범행에 가공한 경우

1. 진정신분범에 가공한 경우

제33조는 비신분자가 신분자의 범죄에 가담한 경우에 대하여만 규정하고 있다. 신분자가 비신분자의 진정신분범에 가담한 경우란 있을 수 없으므로 제33조 본문은 적용될 여지가 없다. 왜냐하면 공범이 성립하기 위해서는 정범의 불법이 있어야 하는데, 진정신분범에서 구성적 신분은 구성요건요소이므로 비신분자의 행위는 진정신분범의 구성요건해당성이 없기 때문이다. 이 경우 의무범이론에 의하면 신분자에 대하여는 정범이 성립하며 비신분자에 대하여는 공범이 성립한다.767) 이에 대하여 다수설은 신분자가 비신분자를 이용하여 진정신분범을 범한 경우 신분 없는 고의 있는 도구를 이용한 간접정범이 성립한다고 한다.

2. 부진정신분범에 가공한 경우

신분자가 비신분자의 부진정신분범에 가공한 경우에는 공범의 성립이 가능하며, 신분자와 비신분자는 신분개별화의 원칙(종속성완화의 원칙)에 의하여 각자의 신분에 따라 처벌된다. 따라서 제33조 단서는 비신분자가 신분자의 범행에 가공한 경우는 물론, 신분자가 비신분자의 범행에 가공한 경우에도 적용된다.

(예 9) 甲은 乙을 교사하여 甲의 아버지 A를 살해하도록 하였다 甲, 乙의 죄책은?

존속살해죄는 부진정신분범이므로 甲과 乙은 각자의 신분에 따라서 처벌된다. 따라서 비신분자 乙은 보통살인죄로 처벌되며, 신분자 甲은 존속살해죄의 교사범으로 처벌된다.

V. 소극적 신분과 공범

제33조는 구성적 신분과 가감적 신분에 대하여만 규정하고 있으며, 소극적

---
767) 자세한 내용은 제2편 제9장 제2절 II 1 (1) ① 참조.

신분에 대하여는 아무런 규정이 없다. 따라서 소극적 신분과 공범의 문제는 공범에 관한 일반이론에 의하여 해결하여야 한다.

1. 불구성적 신분과 공범

비신분자가 불구성적 신분자를 교사 또는 방조한 경우에 신분자의 행위는 구성요건해당성이 없으므로 비신분자에 대하여 공범은 성립하지 않는다. 그러나 불구성적 신분자가 비신분자를 교사 또는 방조한 경우에는 비신분자는 정범으로, 불구성적 신분자는 공범으로 처벌된다. 그리고 불구성적 신분자와 비신분자가 공동하여 범죄를 행한 경우 다수설에 의하면 제33조 본문에 의하여 신분자와 비신분자 모두 공동정범으로 처벌된다.

(판례 4) 의사 甲은 의사가 아닌 乙과 공모하여 의료기관 개설행위를 하였다. 甲의 죄책은?

[참조조문]
의료법 제33조 제2항: 다음 각 호의 어느 하나에 해당하는 자가 아니면 의료기관을 개설할 수 없다.
  1. 의사, 치과의사, 한의사 또는 조산사
  이하 생략
의료법 제87조 제1항: 다음 각 호의 어느 하나에 해당하는 자는 5년 이하의 징역이나 2천만원 이하의 벌금에 처한다.
  1. 면허증을 대여한 자
  2. … 제33조 제2항 … 을 위반한 자

乙이 의료인 아닌 자로서 의료기관을 개설한 행위는 의료법 제33조 제2항, 제87조 제1항 제2호 위반죄[768])에 해당한다. 의료인의 본죄의 주체가 되지 않으므로 의사로서의 신분은 불구성적 신분에 해당한다. 불구성적 신분자인 의사 甲이 비신분자인 乙과 공동하여 구의료법 제66조 제3호, 제30조 제2항 위반죄를 범한 경우 판례에 의하면 제33조 본문이 적용되므로 甲에 대하여도 乙과 마찬가지로 본죄의 공동정범이 성립한다. 대법원은 "의료인이 의료인이나 의료법인 아닌 자의 의료기관 개설행위에 공모하여 가공하면 의료법 제66조 제3호, 제30조 제2항 위반죄의 공동정범에 해당된다"고 판단하였다.[769])

---

768) 구 의료법 제66조 제3호, 제30조 제2항.
769) 대법원 2001. 11. 30. 선고 2001도2015 판결. 같은 취지: 대법원 1986. 2. 11. 선고 85도448 판결.

(판례 5) 치과의사 甲은 환자의 대량유치를 위해 같은 치과병원에 치과기공사로 근무하였던 乙에게 내원환자들에게 진료행위를 하도록 지시하였고, 乙은 그의 지시에 따라 독자적으로 진료행위를 하였다. 甲의 죄책은?

[참조조문]
현행 의료법 제27조 ① 의료인이 아니면 누구든지 의료행위를 할 수 없으며 의료인도 면허된 것 이외의 의료행위를 할 수 없다.
　　제87조 ① 다음 각 호의 어느 하나에 해당하는 자는 5년 이하의 징역이나 2천만원 이하의 벌금에 처한다.
　　(생략)
　　2. … 제27조제1항, 제33조제2항 … 을 위반한 자

乙이 의료인이 아님에도 불구하고 의료행위를 한 행위는 무면허의료행위(의료법 제27조 제1항, 제87조 제1항 제2호)770)에 해당한다. 乙에게 이를 지시한 甲에 대하여는 무면허의료행위의 교사범이 성립한다.771)

(판례 6) 변호사 아닌 자 甲이 변호사 乙을 고용하여 법률사무소를 개설·운영하였다. 乙의 죄책은?

[참조조문]
변호사법 제34조(변호사 아닌 자와의 동업금지등) ④ 변호사가 아닌 자는 변호사를 고용하여 법률사무소를 개설·운영하여서는 아니된다.
제109조(벌칙) 다음 각 호의 어느 하나에 해당하는 자는 7년 이하의 징역 또는 5천만원 이하의 벌금에 처한다. 이 경우 벌금과 징역은 병과할 수 있다.
2. 제33조 또는 제34조(제57조, 제58조의16 또는 제58조의30에 따라 준용되는 경우를 포함한다)를 위반한 자

甲이 변호사가 아님에도 불구하고 변호사를 고용하여 법률사무소를 개설·운영한 행위는 변호사법 제109조 제2호, 제34조 제4항 위반죄에 해당한다. 불구성적 신분자인 乙에 대하여 본죄의 방조범이 성립하는지가 문제된다. 이 점에 대하여 대법원은 "변호사법 제109조 제2호, 제34조 제4항은 변호사 아닌 자가 변호사를 고용하여 법률사무소를 개설·운영하는 행위를 처벌하도록 규정하고 있으므로, 변호사 아닌 자에게 고용된 변호사에 대하여 위 법조항을 바로 적용하여 처벌할 수 없음은 명백하고, 변호사 아닌 자에게 고용되어 법률사무소의 개설·운영에 관여한 변호사의 행위가 일반적인 형법총칙상의 공모, 교사 또는 방조에

---

770) 구 의료법 제66조 제3호, 제25조 제1항.
771) 대법원 1986. 7. 8. 선고 86도749 판결.

해당된다고 하더라도 변호사를 변호사 아닌 자의 공범으로 처벌할 수도 없다."772)고 판시하였다.

변호사법 제109조 제2호, 제34조 제4항 위반죄는 변호사이 아닌 자만이 주체가 될 수 있으므로 변호사의 신분은 불구성적 신분이다. 불구성적 신분을 가진 자(변호사)가 비신분자(변호사 아닌 자)에게 고용되어 법률사무소의 개설·운영에 관여한 경우 판례는 위의 (판례 4, 5)의 경우와는 달리 공범의 성립을 부정한다. 그 이유는 변호사법 제109조 제2호, 제34조 제4항 위반죄는 대향범으로서 형법총칙의 공범규정이 적용되지 않기 때문이다.773)

2. 책임조각적 신분 또는 형벌조각적 신분과 공범

책임조각적 신분이나 형벌조각적 신분의 경우에는 비신분자가 신분자의 범행에 가공한 경우는 물론 신분자가 비신분자의 범행에 가공한 경우에도 제33조 단서가 적용된다. 따라서 신분자에 대하여는 책임 또는 형벌이 조각되고 비신분자에 대하여는 책임 또는 형벌은 조각되지 않는다. 이는 공범의 제한적 종속성의 당연한 결론이다. 다만 비신분자가 의사지배를 통하여 책임조각적 신분자를 도구로 이용한 경우에는 간접정범이 성립한다.

(예 10) 甲은 자신의 동생 乙이 죄를 짓고 도피 중에 있다는 사실을 알고 시골에 살고 있는 자신의 친구 丙에게 동생을 도피할 수 있도록 도와달라고 부탁을 하였다. 丙은 甲의 부탁을 거절하지 못하여 乙을 자신의 집에 숨겨주었다. 甲, 丙의 죄책은?

[참조조문]
제151조(범인은닉과 친족간의 특례) ① 벌금 이상의 형에 해당하는 죄를 범한 자를 은닉 또는 도피하게 한 자는 3년 이하의 징역 또는 500만원 이하의 벌금에 처한다. <개정 1995.12.29>
② 친족 또는 동거의 가족이 본인을 위하여 전항의 죄를 범한 때에는 처벌하지 아니한다.

친족이 본인을 위하여 범인은닉죄를 범한 때에는 벌하지 않는다(제151조 제2항). 다수설은 친족간의 특례를 책임조각사유로 본다. 책임조각적 신분은 신분자에 대하여만 책임을 조각하므로 신분자인 甲의 책임은 조각된다.774) 그러나 비신분자인 丙의 책임은 조각되지

---

772) 대법원 2004. 10. 28. 선고 2004도3994 판결.
773) 대향범에 관하여는 제2편 제9장 제1절 I ④ 참조.
774) 이재상, 각론, 771면. 이에 대하여 甲에 대하여 범인은닉교사범이 성립한다고 보는 견해는 대법원 1996. 9. 24. 선고 95도1382 판결.

않으므로 그에 대하여는 범인은닉죄가 성립한다.

(예 11) 甲과 乙은 합동하여 甲의 아버지 A의 도자기를 절취하였다. 甲, 乙의 죄책은?

甲, 乙에 대하여는 특수절도죄(제제331조 제2항)가 성립한다. 직계혈족간의 절도죄는 그 형을 면제하므로(제328조, 제344조) 직계혈족의 신분은 형벌조각적 신분이다. 형벌조각적 신분에 대해서는 제33조 단서가 적용되므로 신분자 甲에 대하여는 형이 면제되지만, 비신분자인 乙에 대하여는 형이 면제되지 않으므로 乙은 절도죄로 처벌된다.

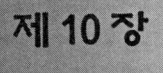

제 10 장 죄 수 론

제 1 절 서 론

I. 죄수론의 의의

죄수론은 한 사람이 여러 개의 구성요건을 실현한 경우 일죄인가 수죄인가, 그리고 수죄인 경우 행위자를 어떻게 처벌할 것인가에 대한 문제를 말한다. 행위자가 1개의 행위로 1개의 구성요건을 실현한 경우에는 1개의 범죄가 성립하므로 죄수론에서 문제될 것이 없다. 그러나 행위자가 1개 또는 수 개의 행위를 통하여 같은 구성요건을 수회 충족하거나 또는 수 개의 구성요건을 충족한 경우에 몇 개의 범죄가 성립하는지가 문제된다. 그리고 수죄가 성립하는 경우에 어떠한 방식에 의하여 형량을 산정할 것인지가 문제된다.

일죄인가 수죄인가를 결정하는 것은 실체법에서 뿐만이 아니라 소송법상으로도 중요한 의미가 있다. 예컨대 甲이 일주일동안 5회에 걸쳐서 乙의 창고에서 쌀 5가마니를 훔친 경우를 생각해 보자. 甲의 죄가 일죄라면 수사기관에서 의견서나 공소장을 작성하는 경우 범죄의 일시, 장소, 전체피해액수, 범행방법 등을 적시함으로써 범죄사실을 특정하는 것으로 족하다. 그러나 수죄라면 개별 범죄사실을 구체적으로 기재해야 한다.

(판례 1) 간통죄는 각 성행위마다 1개의 간통죄가 성립되는 것이므로 공소장에 "피고인은 1978.5.말경부터 같은 해 9.말경까지 사이에 상 피고인과 수회 간음하여 각 간통하였다"라는 기재는 추상적인 범죄구성 요건의 문구만이 적시되어 있을 뿐 구체적 범죄사실의 기재가 없어 공소제기로서는 유효요건을 갖추지 못한 것이다.[775] 따라서 공소장의 범죄사실에는 수회의 간통행위의 일시와 장소를 개별적으로 기재하여 특정하여야 한다.

---

775) 대법원 1980. 7. 22. 선고 79도2246 판결.

또한 甲의 행위가 일죄인 경우에는 범행의 일부분이 누락된 경우에도 일단 판결이 확정되면 누락된 범죄에 대하여는 다시 기소할 수 없게 된다(일사부재리의 원칙). 예컨대 甲이 6회에 걸쳐 쌀 6가마니를 절취했는데 5회의 절취사실만 기소하고 1회의 절취사실은 기재하지 않아 5회의 절취에 대한 유죄판결이 확정된 경우 누락된 1회의 절취사실에 대해서는 기소할 수 없다. 그러나 甲의 범행이 수죄라면 판결의 확정 후에 누락된 범죄에 대하여 기소하더라도 일사부재리의 원칙에 반하지 않는다.

II. 일죄와 수죄의 종류

▶ 일죄와 수죄

```
            ┌ 일행위일죄: 자연적 의미의 단일행위
  ┌ 일죄 ├ 포괄일죄 ┌ 사회적 의미의 단일행위: 접속범, 집합범
  │      │          └ 법적 의미의 단일행위: 결합범, 계속범, 연속범
  │      └ 법조경합: 특별관계, 보충관계, 흡수관계
  └ 수죄 ┌ 상상적 경합
         └ 실체적 경합: 동시적 경합범, 사후적 경합범
```

III. 죄수결정의 기준

죄수를 어떠한 기준에 의하여 결정하는가에 대하여 행위표준설, 법익표준설, 의사표준설, 구성요건표준설, 종합고려설 등 5가지가 있다. 판례는 이 가운데 하나의 기준에 의하여 죄수를 판단하는 것이 아니라 범죄의 종류에 따라 기준을 달리하고 있다.

1. 학설 및 판례

(1) 행위표준설

① 자연적 행위표준설

이 견해는 자연적·전법률적 의미의 행위를 표준으로 죄수를 정한다. 여기서

자연적 의미의 행위란 하나의 의사에 의하여 실현된 하나의 거동을 말한다. 따라서 행위가 하나이면 하나의 범죄가 성립하며, 행위가 다수이면 다수의 범죄가 성립한다. 이 견해에 의하면 결합범(강도죄, 강간죄)과 같이 다수의 행위로 하나의 범죄를 실현하는 경우에 다수의 범죄가 성립하는 결과가 되어 부당하다. 판례는 정조에 관한 죄의 죄수는 원칙적으로 행위표준설에 의하고 있다.

> (판례 2) 미성년자 의제강간죄 또는 미성년자 의제강제추행죄는 행위시마다 1개의 범죄가 성립하므로 각 강간 또는 강제추행시마다 일시를 특정하여 공소사실을 기재하여야 한다는 전제하에, 원심이 이 사건 공소사실중 "피고인이 1980.12.일자 불상경부터 1981.9.5 전일 경까지 사이에 피해자를 협박하여 약 20여회 강간 또는 강제추행(택일적 공소사실) 하였다"는 부분은 그 범행일시가 명시되지 아니하여 공소사실을 특정할 수 없어 위 공소사실부분에 대한 공소를 기각하는 판결을 선고한 원심의 조처는 정당하다.[776]

② 사회적·형법적 행위표준설

이 견해는 사회적·형법적 의미의 행위를 표준으로 죄수를 정한다.[777] 이 견해에 의하면 물리적·개별적 동작들은 사회적 의미로 볼 때 하나의 통일체를 형성하므로 ① 다수의 물리적 동작이 단일의 결의에 의하여 계속적·반복적으로 동일한 구성요건을 실현한 경우나 ② 비전속적·개인적 법익에 있어서 동일한 기회에 다수의 동작으로 다수의 법익이 침해된 경우도 하나의 사회적 의미의 행위로 평가된다. 그리고 결합범이나 계속범의 경우에 형법상의 구성요건이 수 개의 자연적 행위를 법적인 의미에서 단일한 것으로 평가한 것이므로 하나의 형법적 의미의 행위가 인정된다.

(2) 법익표준설

이 견해는 법익을 표준으로 죄수를 정한다. 따라서 침해된 법익이 하나이면 하나의 범죄가 성립하며, 침해된 법익이 다수이면 다수의 범죄가 성립한다. 이 견해는 법익을 전속적 법익과 비전속적 법익을 구분하여, 전자의 경우에는 법익주체의 수에 따라 죄수를 결정하고, 후자의 경우에는 - 특히 재산범의 경우 - 관리의 수에 따라 죄수를 결정한다. 전속적 법익이란 생명, 신체,

---

776) 대법원 1982. 12. 14. 선고 82도2442 판결.
777) 임웅, 총론, 589면 이하.

자유, 명예와 같이 피해자의 인격과 결부된 법익을 말하며, 비전속적 법익이란 방화죄에 있어서 공공의 안전과 같은 사회적 법익, 재산죄에서 재물이나 재산적 이익 등과 같은 개인적 법익 등을 말한다. 이 견해도 행위표준설과 마찬가지로 결합범과 같이 수 개의 법익을 침해하여 하나의 범죄를 실행하는 경우에 다수의 범죄가 성립하는 결과가 되어 부당하다.

판례는 포괄일죄 특히 연속범의 경우 이외에는 원칙적으로 법익표준설에 의하여 죄수를 판단한다. 예컨대 방화로 수 개의 건조물을 연소시킨 경우에도 법익(공공의 안전)은 하나만 침해됐으므로 하나의 방화죄가 성립한다. 판례가 재산범의 경우 관리의 수에 상응하여 범죄가 성립한다고 한 것도 법익표준설에 근거한 것이다.

(판례 3) 甲은 乙이 경영하는 음식점에 침입하여 그곳 방안 방바닥에 놓여 있던 A 소유의 전축 1대와 음판 7장을 절취한 후, 그 방벽에 걸려 있던 B 소유의 옷 호주머니 속에서 그 사람 소유 손목시계 1개, 현금 350원을 꺼내어 이를 절취하였다. 甲의 죄책은?

甲은 단일범의로서 절취한 시간과 장소가 접착되어 있고 같은 관리인의 관리 하에 있는 방안에서 A와 B 소유의 물건을 절취한 것으로서 이러한 경우에는 일개의 절도죄가 성립된다.[778]

(판례 4) 절도범이 甲의 집에 침입하여 그 집의 방안에서 그 소유의 재물을 절취하고 그 무렵 그 집에 세들어 사는 乙의 방에 침입하여 재물을 절취하려다 미수에 그쳤다면 위 두 범죄는 그 범행장소와 물품의 관리자를 달리하고 있어서 별개의 범죄를 구성한다.[779]

(판례 5) 상해를 입힌 행위가 동일한 일시, 장소에서 동일한 목적으로 저질러진 것이라 하더라도 피해자를 달리하고 있으면 피해자별로 각각 별개의 상해죄를 구성한다고 보아야 할 것이고 1개의 행위가 수 개의 죄에 해당하는 경우라고 볼 수 없다.[780]

(판례 6) 통화위조죄에 관한 규정은 공공의 거래상의 신용 및 안전을 보호함을 목적으로 하고 있고, 사기죄는 개인의 재산법익에 대한 죄이어서 양죄는 그 보호법익을 달리하고 있으므로 위조통화를 행사하여 재물을 불법영득한 때에는 위조통화행사죄와 사기죄의 실체적 경합범이 성립된다.[781]

---

778) 대법원 1970. 7. 21. 선고 70도1133 판결.
779) 대법원 1989. 8. 8. 선고 89도664 판결.
780) 대법원 1983. 4. 26. 선고 83도524 판결.
781) 대법원 1979. 7. 10. 선고 79도840 판결.

(판례 7) 甲男은 乙女를 수회 폭행한 후 1시간가량 경과 후에 다시 폭행하다가 강간의 범의가 생겨 乙女를 강간하였다. 甲男의 죄책은?

폭행과 강간행위가 불과 1시간 전후에 이루어진 것이기는 하나 강간의 범의를 일으킨 것이 폭행 후의 다른 상해범행의 실행 중이었음이 인정되는 이상 폭행사실은 별개의 독립한 죄를 구성한다.[782] 따라서 甲男에 대하여는 폭행죄와 강간죄의 실체적 경합범이 성립한다.

(3) 의사표준설

이 견해는 범죄의사를 표준으로 죄수를 정한다. 따라서 범죄의사가 하나면 하나의 범죄가 성립하며, 범죄의사가 다수이면 다수의 범죄가 성립한다. 이 견해에 의하면 하나의 범죄의사를 실현하기 위하여 다수의 범죄행위를 행한 경우에도 일죄가 되는 결과가 되어 부당하다. 예컨대 甲이 乙을 살해할 목적으로 흉기를 절취한 경우 甲에게는 살인의 범죄의사 하나만 있으므로 살인죄 하나만 성립하는 결과가 되어 부당하다. 판례는 연속범의 경우 단일의 범의의 계속 하에 동종행위를 반복한 때에는 포괄일죄를 구성한다고 한다.

(판례 8) 甲은 아파트 보존등기사건을 신속히 처리해 달라는 부탁조로 乙, 丙, 丁으로부터 각각 1977. 4. 15일부터 9. 10일까지 7회에 걸쳐 금원을 교부받았다. 甲의 죄책은?

甲은 "뇌물수수의 단일한 범의의 계속 하에 일정기간 동종행위를 같은 장소에서 반복한 것이 분명하므로 피고인의 수회에 걸친 뇌물수수행위는 포괄일죄를 구성한다."[783] 대법원은 그 외의 사건에서도 수뢰의 경우에는 포괄일죄를 인정하고 있다.

(판례 9) 훼손대상 지역이 각 소유자를 달리하는 여러 필지의 임야에 걸쳐 있다 하더라도 피고인의 단일 및 계속적인 의사로서 행하여진 산림훼손행위로서 포괄되어 1죄를 구성한다.[784]

(4) 구성요건표준설

이 견해는 구성요건을 충족한 회수를 표준으로 죄수를 정한다.[785] 구성요건을 일회 실현하면 일죄이고, 구성요건을 수회 실현하면 수죄라고 한다. 이

---

782) 대법원 1983. 4. 12. 선고 83도304 판결.
783) 대법원 1982. 10. 26. 선고 81도1409 판결.
784) 대법원 1983. 3. 8. 선고 83도122 판결.
785) 이재상/ 장영민/ 강동범, 총론, 534면.

견해에 의하면 상상적 경합은 실질적으로는 수죄이지만 과형상으로는 일죄이다. 이 견해를 엄격하게 적용한다면 법조경합이나 포괄일죄도 수죄가 되는 결과가 되어 부당하다. 판례 가운데는 구성요건표준설에 입각한 것이 적지 않다.

> (판례 10) 원래 조세포탈범의 죄수는 위반사실의 구성요건 충족 회수를 기준으로 하여 예컨대, 소득세포탈범은 각 과세년도의 소득세마다, 법인세포탈범은 각 사업년도의 법인세마다, 그리고 부가가치세의 포탈범은 각 과세기간인 6월의 부가가치세마다 1죄가 성립하는 것이 원칙이다. 그러나 조세의 종류를 불문하고 1년간 포탈한 세액을 모두 합산한 금액이 특정범죄 가중처벌 등에 관한 법률 제8조 제1항 소정의 금액(5억이상 또는 2억 이상 5억 미만, 현행 10억이상 또는 5억 이상 10억 미만) 이상인 때에는 같은 항 위반의 1죄만이 성립하고, 또한 같은 항 위반죄는 1년 단위로 하나의 죄를 구성하며 그 상호간에는 경합범 관계에 있다. … 특정범죄 가중처벌 등에 관한 법률 제8조 제1항에서 말하는 '연간 포탈세액 등'은 각 세목의 과세기간 등에 관계없이 각 연도별(1월 1일부터 12월 31월까지)로 포탈한 또는 부정 환급받은 모든 세액을 합산한 금액을 의미한다.[786]

> (판례 11) 판매목적으로 향정신성의약품(히로뽕)을 제조하여 이를 판매한 경우에 그 제조행위와 제조품의 판매행위는 각각 독립된 가벌적 행위로서 별개의 죄를 구성한다고 봄이 상당하고 판매행위가 판매목적의 제조행위에 흡수되는 불가벌적 사후행위라고 볼 수 없으므로 경합범으로 처단하여야 한다.[787]

2. 죄수의 판단

(1) 행위표준설

통설에 의하면 죄수는 일죄와 수죄로 구분되며, 일죄에는 법조경합과 포괄일죄가 있고, 수죄에는 상상적 경합과 실체적 경합이 있다. 상상적 경합과 실체적 경합의 구분은 행위의 수에 의하여 구분되므로 행위표준설에 의하지 않을 수 없다. 그리고 법조경합과 포괄일죄는 자연적 의미의 행위가 다수이더라도 사회적·법적 의미에서 단일의 행위로 평가할 수 있는 경우이므로 행위표준설이 의미하는 행위는 자연적 의미의 행위만을 의미하는 것이 아니라 사회적·법적 의미의 행위도 포함하는 것으로 이해하여야 한다.

---

786) 대법원 2000. 4. 20. 선고 99도3822 판결; 1982. 6. 22. 선고 82도938 판결.
787) 대법원 1983. 11. 8. 선고 83도2031 판결.

종래에는 행위표준설이 행위의 수에 따라 범죄의 수를 결정하는 것으로 이해하였으나, 죄수를 3단계의 검토에 의하여 결정하는 입장에서 보면 행위의 수는 죄수를 결정하기 위한 하나의 단계에 불과하며, 행위의 수에 의하여 죄수가 바로 결정되는 것은 아니다. 그리고 행위의 수를 결정함에 있어서 범죄의사, 법익, 구성요건 등을 종합적으로 고려하여야 하므로 죄수의 결정에 관한 다른 학설을 배척하는 것도 아니다. 이러한 의미에서 죄수를 행위, 의사, 법익, 구성요건 등의 여러 요소를 종합적으로 고려하여 판단하는 종합고려설[788]과 입장을 같이 한다.

(2) 단일행위의 유형

죄수론에서 단일행위에는 자연적 의미의 단일행위, 사회적 의미의 단일행위, 법적 단일행위 등이 있다.

① 자연적 의미의 단일행위란 하나의 의사가 하나의 신체거동에 의하여 실현되는 경우를 말한다. 이 경우에는 당연히 행위단일성이 인정되므로 행위의 단일성과 다수성을 판단하는데 아무런 문제가 없다.

② 사회적 의미의 단일행위(자연적 행위단일성)란 하나의 의사가 다수의 신체거동(자연적 의미의 행위)에 의하여 실현되는 경우를 말한다. 시간적·장소적으로 밀접하게 연관된 동종의 신체거동이 하나의 의사에 근거하여 동일한 법익에 대하여 점진적 또는 반복적으로 이루어진 경우에 그 행위들은 사회통념상 하나의 단위로 파악할 수 있으므로 행위의 단일성을 인정하는 것이다. 이 가운데 특히 법익에 대한 침해가 반복적으로 이루어진 경우를 접속범이라고 한다. 그 외에 집합범도 사회적 의미의 단일행위가 인정되는 경우이다.

(예 1) 甲은 乙을 살해할 의사로 그를 가격하여 쓰러뜨리고 목을 졸라 의식을 잃게 한 후 벽돌로 머리를 가격하여 사망케 하였다. 이 사건에서 甲의 행위는 몇 개인가?

자연적 의미의 행위는 3개이지만 이는 하나의 살해의사를 실현하기 위하여 점진적·승계적으로 이루어진 일련의 신체활동이므로 사회통념상 행위의 단일성을 인정할 수 있다(승계적 구성요건실현).

---
788) 김일수/서보학, 총론, 513면.

(예 2) 甲은 乙의 집 앞에 차를 세워놓고 3차례에 걸쳐서 텔레비전, 냉장고, 에어컨을 차례로 들고 나왔다. 이 사건에서 甲의 행위는 몇 개인가?

甲의 행위는 자연적 의미에서 3개이나 이는 시간적·장소적으로 밀접하게 연관된 동종의 신체거동이 하나의 절취의사에 근거하여 이루어진 접속범으로서 사회적 의미의 행위단일성이 인정된다(반복적 구성요건실현).

③ 법적 의미의 단일행위(법적 행위단일성 또는 구성요건적 행위단일성)이란 다수의 자연적 신체거동이 구성요건에 의하여 단일한 것으로 평가되는 경우를 말한다. 이러한 경우로는 결합범과 계속범이 있다. 그 외에 연속범도 소송법적 이유에서 법적 의미의 단일행위가 인정되는 경우로 볼 수 있다.[789]

(예 3) 강도죄는 폭행이나 협박과 재물의 강취행위가 결합한 결합범이다. 이 경우 폭행행위와 강취행위는 자연적 의미에서 2개의 행위이지만 법적으로는 단일행위로 평가된다.

(예 4-1) 甲은 자신의 차에 타고 있는 乙이 집 앞에서 내려달라고 하자 乙을 감금할 목적으로 계속하여 차를 운전하여 자신의 아파트에 감금하였다. 이 사건에서 甲의 행위는 몇 개인가?

감금죄는 계속범으로서 피해자를 감금하면 기수가 되며 행위가 계속되면 위법상태가 계속하여 유지되며, 피해자가 석방되어야 비로소 종료된다. 위법상태를 야기한 때로부터 범죄가 종료하기 전까지 위법상태를 유지하기 위한 행위는 자연적 의미에서 다수의 행위이지만 법적 의미에서는 단일의 행위로서 포괄일죄를 구성한다.

(예 4-2) 위의 (예 4-1)에서 피해자 乙이 2일간 감금되었다가 탈출을 시도하였는데, 甲이 그 사실을 알고 다시 잡아서 4일간 계속하여 감금한 경우 2개의 감금죄가 성립하는 것이 아니라 1개의 6일간의 감금죄가 성립한다.

(3) 죄수의 판단방법

죄수는 아래의 도식에서 보는 바와 3단계의 검토과정을 거쳐 결정된다. 첫 번째 단계에서는 행위의 수, 즉 행위의 단일성과 다수성에 대하여 검토한다. 포괄일죄의 문제도 이 단계에서 검토한다. 행위의 수는 죄수의 결정을 위한 첫 번째 단계일 뿐이며, 행위의 수에 의하여 바로 일죄·수죄가 바로 결정되는

---
[789] 제2편 제10장 제2절 Ⅱ 2 (2) 참조.

것은 아니다. 두 번째 단계에서는 단일 또는 다수의 행위에 의하여 실현된 다수의 구성요건이 법조경합의 관계에 있는가를 검토하고 세 번째 단계에서 일죄 또는 수죄를 결정한다. 행위의 단일성이 인정되는 경우 다수의 구성요건이 법조경합의 관계에 있으면 일죄가 성립하며 법조경합이 부정되면 상상적 경합이 성립한다. 그리고 행위의 다수성이 인정되는 경우에는 다수의 구성요건이 법조경합의 관계에 있으면 일죄가 성립하며, 법조경합이 부정되면 실체적 경합이 성립한다.

▶ 죄수의 판단도식

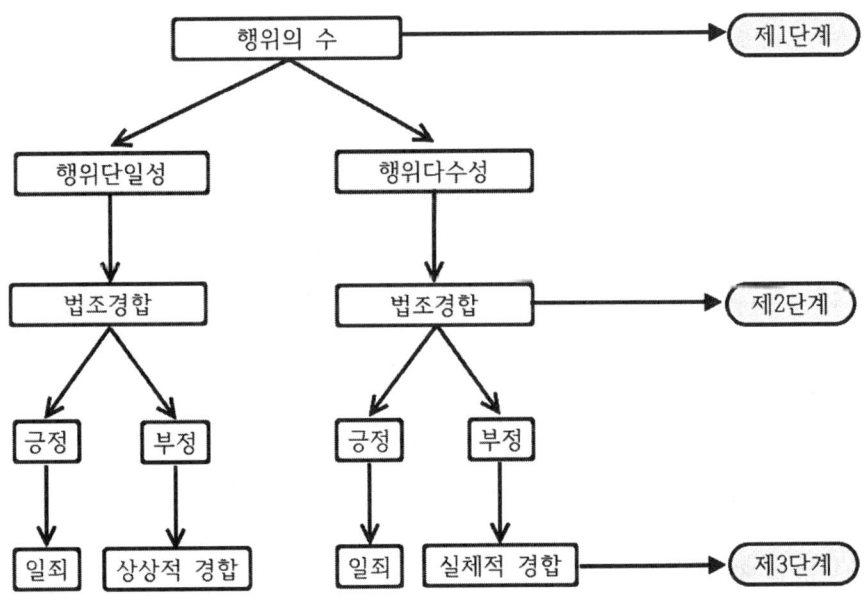

제 2 절 일 죄

I. 서론

일죄의 전형적인 형태는 일행위일죄, 즉 자연적 의미의 단일행위가 하나의 구성요건을 1회 충족한 경우이다. 그 외에 포괄일죄와 법조경합도 일죄에 해당한다. 죄수의 판단도식에서 포괄일죄는 제1단계의 행위의 수에서 검토하며, 법조경합은 제2단계에서 검토하므로 검토순서에 따라 포괄일죄와 법조경합의 순으로 살펴보기로 한다.

II. 포괄일죄

포괄일죄란 수 개의 자연적 의미의 행위가 포괄적으로 1개의 구성요건에 해당하는 것으로 평가됨으로써 일죄가 성립하는 경우를 말한다. 포괄일죄는 수 개의 자연적 의미의 행위가 사회적·법적 의미에서 하나의 행위로 평가되는 경우에 성립한다.

▶ 포괄일죄
┌ 사회적 의미의 단일행위: 접속범, 집합범
└ 법적 의미의 단일행위: 결합범, 계속범, 연속범

1. 사회적 의미의 단일행위

사회적 의미의 단일행위에 의하여 일죄가 성립하는 경우로는 접속범과 집합범이 있다.

(1) 접속범

접속범이란 ① 시간적·장소적으로 밀접하게 연관된 동종의 자연적 의미의 행위가 ② 동일한 법익에 대하여 ③ 단일의 범의에 근거하여 반복적으로 이루어지는 경우를 말한다. 다수의 행위가 시간적·장소적으로 밀접하게 연관되어 있더라도 그 행위가 별개의 범의에서 이루어지거나, 피해자를 달리하는 경우, 즉 다수의 전속적 법익이 침해된 경우에는 접속범이 성립하는 것이 아니라 실체적 경합범이 성립한다.

(예 1-1) 한 장의 문서에서 같은 사람의 명예를 훼손하는 수개의 사실을 적시한 경우는 접속범에 해당한다.

(예 1-2) 한 장의 문서로 수인의 명예(전속적 법익)를 훼손한 경우는 동일한 법익에 대하여 침해가 반복적으로 이루어진 것이 아니므로 접속범에 해당하지 않는다. 이 경우에는 하나의 행위로 다수의 법익을 침해하였으므로 상상적 경합이 성립한다.

(판례 1-1) 甲은 乙女를 협박하여 간음한 후 200m쯤 끌고 오다가 다시 1회 간음하였다. 죄수는 몇 개인가?

甲은 동일한 기회에 같은 부녀를 수회 간음한 경우 甲의 의사, 범행의 시간과 장소로 봐서 두 번째 간음행위는 첫 번째 간음행위의 계속으로 볼 수 있으므로 접속범으로서 포괄일죄가 성립한다.

(판례 1-2) 甲은 乙女를 폭행하여 상해를 입혀 항거불능하게 한후 강간하였다. 그리고 한 후 약 1시긴 후에 그녀를 피고인 집 작은방으로 끌고가 다시 1회 강간하였다. 甲의 죄책은?

판례는 "피해자를 1회 강간하여 상처를 입게 한 후 약 1시간 후에 장소를 옮겨 같은 피해자를 다시 1회 강간한 행위는 그 범행시간과 장소를 달리하고 있을 뿐만 아니라 각 별개의 범의에서 이루어진 행위로서 형법 제37조 전단의 실체적 경합범에 해당한다"[790]고 보았다. 따라서 甲에 대해서는 강간치상(구 형법)강간상해죄와 강간죄의 실체적 경합범이 성립한다.

(판례 2) 甲은 체포를 면탈하기 위해 도주 중 그를 검거하려고 추적하는 乙의 얼굴을 수도파이프로 가격하여 상해를 입히고 이어서 丙에게는 면도칼을 휘둘러 상해를 가하였다. 甲의 죄책은?

甲이 乙과 丙에게 "상해를 입힌 행위는 비록 같은 일시, 장소에서 같은 목적으로 저지른 소행이라 하더라도 피해자를 달리하고 있어 피해자별로 각각 별개의 죄(구 폭력행위 등 처벌에 관한 법률위반 제3조 제2항, 형법 제257조 제1항)[791]를 구성한다."[792] 따라서 甲에 대해서는 乙에 대한 상해죄와 丙에 대한 상해죄의 실체적 경합범이 성립한다.

---

790) 대법원 1987. 5. 12. 선고 87도694 판결.
791) 현행 형법 제258조의2 제1항(특수상해)
792) 대법원 1983. 4. 26. 선고 83도524 판결.

(판례 3) 甲은 재물을 강취할 것을 결의하고, 야간에 A은행에 침입한 뒤, 숙직원들로부터 은행 금고열쇠를 빼앗으려고 하자, 숙직원 乙, 丙이 반항을 하며 달려들자, 망치로 乙, 丙의 머리를 수회 때려서 상해를 가하고 강도의 목적은 이루지 못하고 도주하였다. 甲의 죄책은?

판례는 "강도가 한 개의 강도 범행을 하는 기회에, 수명의 피해자에게 각 폭행을 가하여 각 상해를 입힌 경우에는 각 피해자별로 수회의 강도상해죄가 성립하며 이들은 실체적 경합범의 관계에 있다"고 보았다.793)

(2) 집합범

영업범, 직업범, 상습범 등과 같이 동종의 행위가 동일한 의사적 경향에 의하여 반복되는 경우를 말한다. 영업범은 행위자가 반복된 행위로써 수입원을 삼는 범죄를 말하며, 직업범은 범죄의 반복이 직업적 활동이 되는 경우를 말한다. 그리고 상습범은 행위자의 범죄적 습벽에 의하여 행해지는 범죄를 말한다.

(판례 4) 甲은 (가) 1980.6. 중순경부터 그 해 9월 중순경까지 사이에 접속하여 A시에서 히로뽕 제조행위를 반복하였고, (나) 1981.6월 중순경부터 그해 8월말 경까지 사이에 접속하여 B시에서 히로뽕 제조행위를 반복하였다. 甲의 죄책은?

히로뽕 제조행위는 영업범으로서 시간적·장소적으로 연관되어 단일의 범의 하에 반복적으로 이루어 진 경우 포괄일죄를 구성한다. 그러나 시간적·장소적 연관성이 없어 범의의 단일성을 인정할 수 없는 경우에는 범의의 수만큼 범죄가 성립한다. 판례는 "단일하고 계속된 범의 하에 동종의 범행을 일정기간 반복하여 행하고 그 피해법익도 동일한 경우에 이를 포괄일죄로 보아야 할 것이나, 이사건 피고인의 원판시 (가)의 히로뽕 제조행위(구 향정신성의약품관리법; 현행 마약류 관리에 관한 법률)와 (나)의 히로뽕 제조행위를 서로 비교하여 보면 그 사이에 약 9개월의 간격이 있고 범행장소도 상이하여 범의의 단일성과 계속성을 인정하기 어려우므로 이들 두 죄를 포괄일죄라고 보기는 어려우니 경합가중을 한 원심조치는 정당하다"고 판시하였다.794) 따라서 甲에 대해서는 (가)의 포괄일죄와 (나)의 포괄일죄의 실체적 경합범이 성립한다.

(판례 5-1) 甲은 1982년 1월-6월까지 수회에 걸쳐 무면허의료행위를 하였으며 그 중 일부에 대하여 공소가 제기되어, 약식명령이 확정, 고지(1982. 7. 7)되었다. 기소되지 않은 다

---

793) 대법원 1987. 5. 26. 선고 87도527 판결.
794) 대법원 1982. 11. 9. 선고 82도2055 판결.

른 일부의 무면허의료행위에 대하여 기소가 가능한가?

무면허의료행위는 직업범으로서 구성요건의 성질상 동종행위의 반복이 예상되는 것이므로 반복된 수 개의 행위는 포괄일죄를 구성한다. 따라서 이전의 약식명령의 효력은 행위전부에 미치므로 다른 일부의 무면허의료행위에 대하여 기소한 경우 면소판결을 선고하여야 한다.795)

(판례 5-2) 甲은 (가) 1977. 12. 20 - 1978. 3. 29까지 충남 홍성에서, (나) 1982. 9 초순 - 1983. 3. 12까지는 서울 강동에서, 그리고 (다) 1983. 9. 14 - 1983. 10. 27까지는 서울 강동에서 무면허의료행위를 하여 보건범죄단속에 관한 특별조치법 제5조796)에 위반하였다. (나) 1982. 9초순 - 1983. 3. 12까지의 무면허의료행위에 대하여는 벌금형이 선고, 확정되었다. 기소되지 않은 나머지 (가), (다)의 무면허의료행위에 대하여 기소할 수 있는가?

원심은 (가), (나), (다)의 행위가 포괄일죄라는 이유로 면소판결을 선고하였다. 그러나 (가)와 (나)의 행위는 4년 5개월의 시간적 간격이 있으며 또한 전자는 충남 홍성에서 후자는 서울 강동에서 행하여진 것이므로 시간, 장소의 근접성이나 범의의 계속성을 인정할 수 없으므로 양자는 포괄일죄가 아니다.797) 따라서 (가)의 행위에 대하여는 기소가 가능하다. 그러나 (나)와 (다)의 행위는 시간, 장소의 근접성이나 범의의 계속성을 인정할 수 있으므로 양자는 포괄일죄를 구성한다. 따라서 (다)의 행위에 대하여는 공소를 제기할 수 없으며, 공소가 제기되면 법원은 면소판결을 선고하여야 한다.

(판례 6) 확정판결을 받은 사기죄와 그 확정판결 전에 행해진 4회에 걸친 사기행위가 모두 피고인의 사기습벽에서 이루어졌다면 위 두 범죄는 실체법상 포괄일죄인 상습사기죄의 관계에 있다 할 것이므로 위 사기죄에 대한 확정 판결의 기판력은 그 후에 상습사기죄로 공소제기된 확정판결 전의 범행에 대하여도 미치게 되는 것이므로 이에 대하여는 면소의 판결을 할 것이다.798)

(판례 7-1) 절도범인이 그 범행수단으로 주거침입을 한 경우에 어떠한 범죄가 성립하는가?

대법원은 "형법 제330조 및 제331조 제1항에 규정된 야간주거침입절도죄와 손괴특수절도죄를 제외하고 일반적으로 주거침입은 절도죄의 구성요건이 아니므로 절도범인이 그 범행수단으로 주거침입을 한 경우에 그 주거침입행위는 절도죄에 흡수되지 아니하고 별개로 주거침입죄를 구성하며 절도죄와는 실체적 경합의 관계"799)에 있다고 한다.

---

795) 대법원 1983. 6. 14. 선고 83도939 판결.
796) 현행 의료법 제25조 제1항, 제66조.
797) 대법원 1985. 10. 22. 선고 85도1457 판결.
798) 대법원 1983. 10. 11. 선고 82도402 판결.
799) 대법원 1984. 12. 26. 선고 84도1573 판결.

(판례 7-2) 특정범죄 가중처벌 등에 관한 법률(이하 특가법이라 한다) 제5조의 4제1항에 규정된 상습절도등 죄를 범한 범인이 그 범행의 수단으로 주거침입을 한 경우에 어떠한 범죄가 성립하는가?

"특정범죄 가중처벌 등에 관한 법률(이하 특가법이라 한다) 제5조의 4제1항에 규정된 상습절도등 죄를 범한 범인이 그 범행의 수단으로 주거침입을 한 경우에 주거침입행위는 상습절도등 죄에 흡수되어 위 법조에 규정된 상습절도등 죄의 1죄만이 성립하고 별개로 주거침입죄를 구성"한다.

"만일 위와 같이 보지 아니하고 특가법 제5조의 4제1항에 규정된 상습절도등죄 외에 별개로 주거침입죄가 성립한다고 본다면, 상습으로 야간에 주거침입을 하여 절도를 한 상습야간주거침입절도의 경우에는 위 법조 소정의 1죄로서 그 법정형기내에서 처단하게 되는 반면 상습으로 주간에 주거침입을 하여 절도를 한 경우에는 위 법조 소정의 죄와 주거침입죄의 경합범이 되어 경합가중을 한 형기범위 내에서 처단하게 되므로, 야간주거침입절도보다 죄질이 더 무겁다고 볼 수 없는 주간 주거침입절도에 대한 처단형이 오히려 야간주거침입절도의 경우보다 더 무겁게 되는 불합리한 결과가 된다."[800]

(판례 8) 甲은 1974. 9. 5. 03:00부터 1974. 9. 26. 22:00까지 3번의 특수절도, 2번의 동 미수, 1번의 야간주거침입절도, 1번의 절도를 행하였다. 甲의 죄책은?

원심법원은 甲에 대하여 상습특수절도, 상습특수절도미수, 상습야간주거침입절도, 상습절도의 실질적 경합범의 성립을 인정하였다. 이에 대하여 대법원은 "7가지의 사실이 상습적으로 반복된 것으로 볼 수 있다면 이러한 경우에는 그 중 법정형이 가장 무거운 상습특수절도의 죄에 나머지의 행위를 포괄시켜 하나의 죄만이 성립된다"고 보았다. 그 근거로서 대법원은 "만일 이렇게 보지 아니하고 원심의 견해와 검사의 견해대로 처리한다면 법정형에 있어서 특수절도의 죄보다 경한 죄를 범한 경우가 그것이 모두 특수절도의 죄에 해당하는 경우에 대비하여 그 처단형에 있어서 보다 중하게 되어 피차 균형이 맞지 아니하는 기이한 결과가 생기기 때문"이라는 점을 들었다. 따라서 甲에 대하여는 상습특수절도죄의 포괄일죄가 성립한다.[801]

2. 법적 의미의 단일행위

(1) 결합범과 계속범

법적 의미의 단일행위에 의하여 일죄가 성립하는 경우로는 결합범과 계속

---

800) 대법원 1984. 12. 26. 선고 84도1573 판결. 이 판결에 의하여 대법원 1983. 4. 12. 선고 83도422판결은 폐기되었다.
801) 대법원 1975. 5. 27. 선고 75도1184 판결.

범 외에 연속범이 있다. 결합범과 계속범에 대하여는 앞에서 설명하였다.[802]

(2) 연속범

(가) 연속범의 의의

연속범이란 ① 시간적·장소적으로 연관된 ② 동종의 행위(자연적 의미의 행위)가 ③ 동일한 법익에 대하여 ④ 단일의 계속적 범의에 근거하여 연속적으로 이루어지는 경우를 말한다. 연속범은 시간적·장소적 연관이 밀접하지 않다는 점에서 접속범과 구별된다. 접속범의 경우에는 동종의 행위가 시간적·장소적으로 밀접하게 연관되어 있으므로 사회적 의미의 행위단일성을 인정할 수 있으나 연속범의 경우에는 이러한 밀접성이 없으므로 사회통념상 행위의 단일성을 인정하기 어렵다. 그럼에도 불구하고 판례와 다수설[803]이 연속범을 일죄로 보는 근거는 소송경제 내지 소송법적 이유에 있다. 즉 연속범을 수죄로 보아 경합범으로 취급하는 경우에는 개개의 범죄를 확정하여야 하는데, 이는 법관에게 지나친 부담이 되기 때문에 법적 의미에서 단일행위로 취급함으로써 소송경제를 도모하려는 취지에서 연속범을 일죄로 보는 것이다.[804]

(나) 연속범의 성립요건

① 시간적·장소적 계속성

시간적·장소적 계속성은 접속범에서 요구되는 밀접한 연관성보다는 완화된 개념이다. 시간적·장소적 계속성은 주관적 요건인 계속적 범의를 판단하는 기준이 된다.

 (예 2) 절도범이 매일 저녁마다 5일 동안 같은 창고에서 5회에 걸쳐 쌀가마니를 절취한 경우 또는 점원이 1주일간 가게의 상품을 수회 절취한 경우 연속범에 해당하므로 포괄일죄가 성립한다. 그러나 행위자가 여러 도시를 여행하면서 무전취식을 한 경우에는 시간적·장소적 계속성이 없으므로 연속범이 성립하여 포괄일죄가 성립하는 것이 아니라 수죄의 실체적 경합이 성립한다.

---

802) 제2편 제10장 제1절 III 2 (2) ③ 참조.
803) 예컨대 이재상/ 장영민/ 강동범, 총론, 547면. 이에 대하여 연속범을 경합범으로 보는 견해는 신동운, 총론, 759면.
804) 이재상/ 장영민/ 강동범, 총론, 547면.

(판례 9) 단일하고 계속된 범의 하에 동종의 범행을 일정기간 반복하여 행하고 그 피해 법익도 동일한 경우에 이를 포괄일죄로 보아야 할 것이나, 이사건 피고인의 원판시 (가)의 히로뽕 제조행위와 (나)의 히로뽕 제조행위를 서로 비교하여 보면 그 사이에 약 9개월의 간격이 있고 범행장소도 상이하여 범의의 단일성과 계속성을 인정하기 어려우므로 이들 두 죄를 포괄일죄라고 보기는 어려우니 경합가중을 한 원심조치는 정당하다.[805]

(판례 10) 甲은 위험물인 유사석유제품을 제조한 석유사업법 위반 및 소방법 위반의 범행(제1 범죄행위)으로 경찰에 단속된 후 기소중지되어 1달 이상 범행을 중단하였다가 다시 위험물인 유사석유제품을 제조함으로써 석유 및 석유대체연료 사업법 위반 및 위험물안전관리법 위반의 범행(제2 범죄행위)을 하였다. 甲의 제1 범죄행위에 대하여 약식명령이 확정된 후에 제2 범죄행위에 대하여 공소가 제기된 경우 법원은 어떤 재판을 하여야 하는가?

만일 제1, 2 범죄행위가 포괄일죄를 구성한다면 제1 범죄행위에 대한 약식명령의 기판력이 제2 범죄행위에 미치므로 법원은 면소판결(형사소송법 제326조 제1호)을 하여야 할 것이다. 그러나 각 범행이 실체적 경합범에 해당한다면 법원은 제2 범죄행위에 대하여도 실체재판을 하여야 한다. 제1, 2 범죄행위의 죄수에 관하여 대법원은 제1, 2 범죄행위 사이에는 "시간적·장소적 근접성을 인정할 수 없고, 범의의 갱신이 있었다고 봄이 상당하고, 따라서 이 사건 공소사실은 확정된 위 약식명령의 범죄사실과 실체적 경합범의 관계에 있다"[806]고 보았다. 따라서 제1 범죄행위에 대한 약식명령의 기판력은 제2 범죄행위에 대하여 미치지 않으므로 법원은 제2 범죄행위에 대하여도 실체재판을 하여야 한다.

② 동일한 법익

침해된 법익이 동일하여야 한다. 주거침입죄와 절도죄, 감금죄와 상해죄 사이에는 연속범이 성립하지 않으며, 실체적 경합이 성립한다. 그리고 동일한 법익을 침해한 경우에도 그 법익이 전속적 법익인 경우에는 연속범이 성립하는 것이 아니라 법익주체의 수만큼 범죄가 성립하며, 비전속적 법익의 경우에도 관리주체의 수만큼 범죄가 성립한다.

(판례 11) 은행원 甲은 고객이 재형저축을 중도해약할 경우 사실상 해약절차를 거치지 아니하고 고객에게는 해약금만 반환하고 잔여금액을 불입하면 만기에 많은 이자소득을 얻을 수 있는 사실을 이용하여 금원을 편취할 것을 마음먹고 1987.6.초순경부터 1988.4.20까지 피해자 18명에게 재형저축 중도해약자가 있는데 그 해약금을 대납하고 만기까지의 월불입금을 납부하면 많은 이익을 볼 수 있으니 위 해약금을 대납하면 월불입금을 납부하여

---

805) 대법원 1982. 11. 9. 선고 82도2055 판결.
806) 대법원 2006. 9. 8. 선고 2006도3172 판결.

만기가 되면 피고인이 원금과 이자를 수령하여 전해 주겠다고 거짓말을 하여 이에 속은 피해자들로부터 각각 금원을 편취하였다. 甲의 죄책은?

"단일한 범의의 발동에 의하여 상대방을 기망하고 그 결과 착오에 빠져 있는 동일인으로부터 어떤 기간동안 동일한 방법에 의하여 금원을 편취한 경우에는 이를 포괄적으로 관찰하여 일죄로 처단하는 것이 상당하나, 수인의 피해자에 대하여 명도로 기망행위를 하여 각각 재물을 편취한 경우에는 비록 범의가 단일하고 범행방법이 동일하더라도 각피해자의 피해법익은 독립한 것이므로 이를 포괄일죄로 파악할 수는 없고 피해자별로 독립한 수 개의 사기죄가 성립된다".807) 따라서 甲에 대해서는 각 피해자마다 1개의 사기죄가 성립하며, 각 사기죄는 실체적 경합의 관계에 있다.

③ 계속적 범의

연속적으로 행하여진 다수의 행위는 계속적 고의에 의하여 이루어져야 한다. 계속적 고의란 개개의 행위가 앞의 행위와 심리적 관련을 갖는 경우를 말한다.

(판례 12) 공무원 甲은 乙, 丙, 丁으로부터 골재채취 허가과정에 협조해 달라는 취지의 청탁조로 제공된 금원을 20일간 3회에 걸쳐 교부받았다. 죄수는?

금품수수가 20여일에 걸쳐 이루어졌더라도 동일한 직무에 관하여 동일 수뢰자로부터 동일한 명목으로 금품을 받은 경우에는 단일범의 하에 이루어진 계속된 행위라고 볼 수 있으므로 포괄일죄가 성립한다.808)

(판례 13) 甲은 미성년자 乙(만10세라고 가정)을 유인하여 금원을 취득하기로 결의하였다. 그는 첫날 乙을 유인하려 했으나 乙의 거절로 미수에 그치고 같은 달 2회에 걸쳐 다시 유인하였으나 마음이 약해져 실행을 중지하여 미수에 그쳤다. 다음 달 甲은 乙을 인치, 살해하고 금원을 요구하는 내용의 협박편지를 乙의 부모의 집 마루에 놓고 나왔다. 죄수는?

[참조조문]
특정범죄 가중처벌 등에 관한 법률 제5조의2(약취・유인죄의 가중처벌) ② 13세 미만의 미성년자에 대하여 「형법」 제287조의 죄를 범한 사람이 다음 각 호의 어느 하나에 해당하는 행위를 한 경우에는 다음 각 호와 같이 가중처벌한다. <개정 2016.1.6>
2. 약취 또는 유인한 미성년자를 살해한 경우에는 사형 또는 무기징역에 처한다.
⑥ 제1항 및 제2항(제2항제4호는 제외한다)에 규정된 죄의 미수범은 처벌한다.

---
807) 대법원 1989. 6. 13. 선고 89도582 판결.
808) 대법원 1983. 11. 8. 선고 83도711 판결.

"동일한 법익에 속하는 범죄를 일시, 장소를 달리하여 수차에 걸쳐 실행하였으나 미수에 그치다가 그 목적을 달성한 경우에, 그 일련의 행위가 단일한 의사발동에서 나왔고 그 사이에 범의의 갱신이 없는 한 각 행위가 동일 또는 다른 일시 장소에서 행하여졌거나, 방법의 동일여부에 관계없이 기수에 이를 때까지의 행위는 모두 실행행위의 일부로서 이를 포괄적으로 보아 1죄로 처단할 것이지 경합범으로 처단할 수 없다." 그러나 甲은 "당초의 범의를 철회 내지 방기하였다가 다시 범의를 일으켜 위 마지막의 약취, 유인, 살해에 이른 것이라고 하지 않을 수 없으니, 그간에 범의의 갱신이 있어 그간의 범행이 단일한 의사발동에 인한 것이라고는 할 수 없으므로 위 각 미수죄와 기수죄를 경합범으로 의율한 원심판단은 정당하다."[809] 따라서 甲이 3회에 걸쳐 미성년자 乙을 유인하려다 미수에 그친 행위(특가법5조의 2 제6항)는 포괄일죄이며, 乙을 약취하여 살해한 행위(특가법5조의2 제2항 제2호)는 단순일죄이다. 그리고 양죄는 실체적 경합의 관계에 있다.

III. 법조경합

법조경합이란 하나 또는 다수의 행위가 외관상 수개의 구성요건에 해당하는 것 같아 보이지만 구성요건의 성질상 하나의 구성요건만 적용되고 이외의 법규는 배제되어 일죄만이 성립하는 경우를 말한다. 법조경합은 행위가 1개인 경우는 물론, 다수인 경우에도 성립할 수 있다.[810] 예컨대 절도범이 절취한 재물을 타인에게 양도한 경우에 절취행위와 양도행위 등 2개의 행위가 있는데, 장물양도죄는 불가벌적 사후행위로서 절도죄에 흡수되므로 양죄는 법조경합의 관계(흡수관계)에 있다. 법조경합에는 특별관계, 보충관계, 흡수관계 등 3가지가 있다.[811]

죄수결정의 제1단계에서 행위의 수가 결정되면, 제2단계에서는 그 행위에 의하여 실현된 구성요건이 법조경합의 관계에 있는가에 대하여 검토한다. 여기서 행위가 1개인가, 다수인가는 불문한다.

---

809) 대법원 1983. 1. 18. 선고 82도2761 판결.
810) 다수설: 예컨대 이재상/ 장영민/ 강동범, 총론, 539면.
811) 택일관계를 법조경합으로 보는 견해가 있다. 택일관계란 성질상 양립할 수 없는 구성요건 가운데 어느 하나만 적용되는 경우를 말한다. 예컨대 절도죄와 횡령죄, 강도죄와 공갈죄는 동시에 성립할 수 없으므로 택일관계에 있다. 법조경합은 행위가 외관상 수개의 구성요건에 해당하는 것처럼 보이는 경우를 말하므로 택일관계는 법조경합이 아니다.

1. 특별관계

특별관계란 하나의 구성요건이 다른 구성요건의 요소를 모두 포함하고 그 외의 다른 요소를 갖추고 있는 경우를 말한다. 이 경우 "특별법은 일반법에 우선한다"는 원칙에 의하여 특별법이 우선적으로 적용되며, 일반법의 적용은 배제된다. 특별관계에 해당하는 경우에는 ① 기본적 구성요건과 가중적 구성요건 또는 감경적 구성요건과의 관계, ② 결합범이나 결과적 가중범과 그 내용인 범죄, ③ 일반형법법규와 특별형법법규(특가법, 폭처법, 특경법 등) 사이의 관계가 이에 해당한다. 다만 특별관계가 성립하기 위해서는 특별형벌법규의 구성요건이 일반형법법규의 구성요건을 포함하는 외에 양자가 법익을 같이 해야 한다.[812]

(예 3) 존속살해죄나 영아살해죄, 촉탁·승낙에 의한 살인죄는 살인죄에 대한 특별법이며, 강도죄는 결합범으로서 폭행죄나 절도죄의 특별법이다. 그리고 폭처법 제2조나 제3조는 상해죄나 폭행죄의 특별법이다.

(판례 14) 甲은 다른 차량의 번호판을 임의로 자신의 차량에 부착하였다. 甲의 죄책은?

甲의 행위는 자동차관리법 제71조와 형법 제238조 제1항의 구성요건에 해당한다. 여기서 자동차등록번호판부정사용죄와 공기호부정사용죄가 법조경합의 관계에 있는 경우에는 일죄가 성립할 것이며 그렇지 않은 경우에는 상상적 경합이 성립한다. 양죄가 법조경합의 관계에 있는 경우에는 특별법인 자동차관리법 제71조 위반죄만 성립하므로 甲은 "10년 이하의 징역 또는 3천만 원 이하의 벌금"으로 처벌된다. 이에 대하여 양자가 상상적 경합의 관계에 있는 경우에는 상한과 하한을 각각 가장 무거운 형으로 처벌되므로 "10년 이하의 징역"으로만 처벌되며, 벌금형은 선택의 대상에서 제외된다.[813]

특별관계를 인정하기 위해서는 특별형벌법규의 구성요건이 일반형법법규의 구성요건의 모든 요소를 포함하여야 하며, 양죄의 보호법익이 같아야 한다. 양죄가 특별관계에 있는가에 대하여 대법원은 "위 형법 본조는 인장에 관한 죄의 한 태양으로서 인장·서명·기명·기호 등의 진정에 대한 공공의 신용, 즉 거래상의 신용과 안정을 그 보호법익으로 하고 있는

---

812) 이재상/ 장영민/ 강동범, 총론, 523면.
813) 자동차관리법 제71조에 의하면 "누구든지 이 법에 의한 …자동차등록번호판을 …부정사용하여서는 아니된다."고 규정하고, 같은 법 제78조에서 위 제71조의 규정에 위반한 자는 <u>10년 이하의 징역</u> 또는 3천만 원 이하의 벌금에 처하도록 규정하고 있으며, 형법 제238조 제1항은 "행사할 목적으로 …공무소의 기호를 부정사용한 자는 <u>5년 이하의 징역</u>에 처한다."고 규정하고 있다.

반면, 자동차관리법의 입법취지는 자동차를 효율적으로 관리하고 자동차의 성능과 안정을 확보함으로써 공공의 복리를 증진함을 그 목적으로 하고 있어 그 보호법익을 달리하고 있을 뿐 아니라 그 주관적 구성요건으로서 형법상의 위 공기호부정사용죄는 고의와 더불어 '행사할 목적'이 있음을 요하는 반면 위 자동차관리법은 '행사할 목적'을 그 주관적 구성요건으로 하지 아니하고 있는 점에 비추어 보면, 자동차관리법 제78조, 제71조가 형법 제238조 제1항 소정의 공기호부정사용죄의 특별법 관계에 있다고는 보여지지 아니한다"[814]고 판시하였다. 따라서 甲에 대해서는 자동차관리법위반죄와 공기호부정사용죄의 상상적 경합범이 성립한다.

2. 보충관계

▶ 보충관계의 종류
　　┌ 명시적 보충관계
　　└ 묵시적 보충관계 ┌ 불가벌적 사전행위(경과범죄)
　　　　　　　　　　　└ 가벼운 침해방법

보충관계란 어떤 형벌법규가 다른 형벌법규의 적용이 없을 때에만 보충적으로 적용되는 경우를 말한다. 여기서 보충적으로만 적용되는 형벌법규를 보충법이라고 한다. 이 경우 "기본법은 보충법에 우선한다"는 원칙에 의하여 기본법이 적용되며, 보충법의 적용은 배제된다. 보충관계가 법률에 규정되어 있는 경우를 명시적 보충관계라고 하며, 법률에는 규정이 없지만 형벌법규의 해석에 의하여 인정되는 경우를 묵시적 보충관계라고 한다.

(예 4) 일반건조물방화죄(제166조)는 현주건조물방화죄(제164조)나 공용건조물방화죄(제165조)에 대하여, 그리고 일반이적죄(제99조)는 여적죄(제93조)나 모병이적죄(제94조)에 대하여 명시적 보충관계에 있다.

묵시적 보충관계가 인정되는 경우에는 불가벌적 사전행위와 가벼운 침해방법이 있다. 불가벌적 사전행위(경과범죄)란 어떤 범죄가 그 보다 무거운 다른 범죄의 실현을 위한 앞 단계의 범죄인 경우를 말한다. 예컨대 예비는 미수와 기수에 대하여, 미수는 기수에 대하여 보충관계에 있다. 그리고 같은 법익에 대한 가벼운 침해방법은 무거운 침해방법에 대하여 보충관계에 있다. 예컨

---

814) 대법원 1997. 6. 27. 선고 97도1085 판결.

대 종범은 교사범이나 정범에 대하여, 교사범은 정범에 대하여, 부작위범은 작위범에 대하여, 과실범은 고의범에 대하여 가벼운 침해방법으로서 보충관계에 있다.

(판례 15) 甲은 乙을 살해할 목적으로 수회에 걸쳐 예비행위를 하였으며 후에 공격을 가하였으나 미수에 그치다가 마침내 목적을 달성하였다. 甲의 죄책은?

甲의 일련의 행위는 동일한 범의에서 나왔고 범의의 갱신이 없었으므로 각 행위가 다른 장소에서 다른 방법으로 행하여졌어도 이를 불문하고 포괄일죄가 성립한다.815) 그리고 예비와 미수는 경과범죄로서 기수에 대하여 보충관계에 있으므로 살인죄만이 성립한다.

3. 흡수관계

▶ 흡수관계의 종류
　┌ 불가벌적 수반행위: 전형적 수반행위
　└ 불가벌적 사후행위

흡수관계란 어떤 구성요건의 불법과 책임내용이 다른 구성요건에 통상적으로 흡수되는 경우를 말한다. 흡수관계는 흡수범의 구성요건이 피흡수법의 구성요건을 당연히 포함하는 경우가 아니라는 점에서 특별관계와 구분되며, 서로 다른 유형의 범죄 사이에서 인정된다는 점에서 보충관계와 구분된다. 흡수관계의 경우에는 "전부법은 부분법을 폐지한다"는 원칙에 의하여 전부법(흡수법)만 적용되며, 부분법(피흡수법)은 적용되지 않는다.

흡수관계에 해당하는 경우로는 불가벌적 수반행위와 불가벌적 사후행위가 있다. 불가벌적 수반행위(전형적 수반행위)는 어떤 범죄가 그 보다 무거운 다른 범죄에 전형적으로 수반되는 경우를 말한다. 이는 논리필연적으로 수반되는 것은 아니라는 점에서 보충관계와 구분된다.

(예 5) 칼로 살인한 경우에 수반되는 상해행위나는 불가벌적 수반행위이지만816) 옷에 대한 손괴행위는 살인에 필연적으로 수반되는 것은 아니지만 전형적으로 수반되므로 불가

---

815) 대법원 1965. 9. 28. 선고 65도695 판결.
816) 신동운, 총론, 748면. 이에 대하여 상해죄가 살인죄의 불가벌적 사전행위로서 보충관계에 있다고 보는 견해는 이재상/ 장영민/ 강동범, 총론, 539면.

벌적 수반행위가 된다. 그 외에도 낙태죄에 수반되는 부녀에 대한 상해행위, 감금죄에 수반되는 폭행·협박행위, 자동차의 절도에 수반되는 휘발유 소비행위, 문서위조에 수반되는 인장위조행위,[817] 도주죄에 수반되는 수의의 절취행위 등은 주된 범죄에 논리필연적으로 수반되는 것은 아니지만 일반적, 전형적으로 수반되는 것이라는 점에서 불가벌적 수반행위에 해당한다.

(판례 16) 甲은 소주병으로 乙의 머리를 1회 쳐서 상해를 가하고 또 가위로 乙을 찔러 죽인다고 협박을 하였다. 甲의 죄책은?

甲이 위험한 물건이 소주병으로 乙을 가격하여 상해한 행위는 상해죄(폭처법 제3조 제1항, 형법 제257조 제1항)에 해당하며, 흉기인 가위로 협박한 행위는 협박죄(폭처법 제3조 제1항 제2호제1목, 283조 제1항)에 해당한다. "협박사실 행위라는 것은 피고인에게 인정된 위 상해사실과 같은 시간 같은 장소에서 동일한 피해자에게 가해진 것임이 명백하여 달리 특별한 사정이 있었음을 찾아볼 수 없는 본건에 있어서는 상해의 단일범의 하에서 이루어진 하나의 폭언에 불과하여 위 상해죄에 포함되는 행위라고 봄이 상당하다"[818] 즉 폭행은 상해죄의 불가벌적 수반행위로서 상해죄에 흡수되므로 별도로 성립하지 않는다.

불가벌적 사후행위는 주된 범죄에 의하여 취득한 위법한 이익을 확보, 사용 또는 처분하는 행위를 말한다. 사후행위에 의한 법익침해는 이미 주된 범죄에 의한 법익침해에 흡수되어 독자적인 평가를 요하지 않으므로 불가벌이 된다. 그러나 불가벌적 사후행위는 주된 범죄와 보호법익을 같이 하여야 하므로 사후행위가 새로운 법익을 침해한 경우에는 주된 범죄에 흡수되지 않는다. 그리고 사후행위는 주된 범죄에 의하여 침해된 법익의 범위를 초과하지 않아야 하므로 이를 초과한 때에는 주된 범죄에 흡수되지 않고 별도의 범죄가 성립한다.

(판례 17-1) 甲은 자기앞수표를 절취하여 이를 추심의뢰에 의하여 환금하였다. 甲의 죄책?

甲이 금융기관의 직원을 기망하여 절취한 자기앞수표를 환금한 행위는 사기죄에 해당한다. "금융기관 발행의 자기앞수표는 즉시 지급받을 수 있어 현금에 대신하는 기능을 하고 있는 점에서 현금적인 성격이 강하므로 절취한 자기앞수표의 환금행위는 절취행위에 수반한 당연의 경과라 하여 절도행위에 대한 가벌적 평가에 당연히 포함되는 것으로 보는 것이 상당하다 할 것이므로 절취한 자기앞수표를 추심의뢰에 의하여 환금한 피고인의 소위

---
817) 대법원 1978. 9. 26. 선고 78도1787 판결.
818) 대법원 1967. 12. 14. 선고 76도3375 판결.

를 불가벌적 사후행위로서 사기죄가 되지 아니한다".819) 따라서 甲에 대해서는 절도죄만 성립한다.

(판례 17-2) 甲은 열차승차권을 절취하여 이를 역직원에게 자기의 소유인양 속여 현금과 교환하였다. 甲의 죄책은?

열차승차권은 그 자체에 권리가 화체되어 있는 무기명증권이므로 이를 곧 사용하여 승차하거나 권면가액으로 양도할 수 있고 매입금액의 환불을 받을 수 있는 것으로서 그 환불을 받음에 있어 비록 기망행위가 수반한다 하더라도 따로 사기죄로 평가할 만한 새로운 법익의 침해가 있다고 할 실질을 가진 것으로 볼 수 없어 절도의 사후처분행위로서 불가벌적인 것으로 볼 수 있다.820) 따라서 甲에 대해서는 절도죄만 성립한다.

(판례 18-1) 甲은 乙 소유의 은행예금 통장을 절취하여 그를 이용하여 은행원 丙을 기망하여 진실한 명의인이 예금을 찾는 것으로 오신시켜 예금의 인출명의 하의 금원을 편취하였다. 甲의 죄책은?

甲은 절도죄를 통하여 乙의 법익을 침해하고, 이어서 丙을 기망하여 금원을 편취함으로써 새로운 법익을 침해하였으므로 절취행위가 그 절도행위의 연장이라든가 또는 그에 흡수되는 것이라고도 볼 수 없다.821) 따라서 甲에 대해서는 절도죄와 사기죄의 실체적 결합이 성립한다.

(판례 18-2) 예금통장과 인장을 갈취한 후 예금인출에 관한 사문서를 위조한 후 이를 행사하여 예금을 인출한 행위는 공갈죄 외에 별도로 사문서위조, 동행사 및 사기죄가 성립한다.822)

(판례 18-3) 甲은 전당표를 절취하여 이를 전당포주인 乙에게 보이면서 누님의 것인데 이를 찾아 팔겠으니 찾아 달라고 거짓말을 하여 이를 믿은 乙로부터 금목걸이를 교부받았다. 甲의 죄책은?

"소위 장물을 처분하는 것은 재산죄에 수반되는 사실행위여서 별죄를 구성하는 것이 아니나 절취한 전당표를 전당포에 제시 기망하여 전당물을 되찾아 편취하는 것은 다시 새로운 법익을 침해하는 행위로서 사기죄를 구성한다고 봄이 상당하고 이를 절도의 사후 행위라고 본 것이 아니라 할 것"이다.823) 따라서 사기행위는 절도죄의 불가벌적 사후행위에 해당하지 않으므로 甲에 대해서는 절도죄와 사기죄의 실체적 경합이 성립한다.

---

819) 대법원 1982. 7. 27. 선고 82도822 판결.
820) 대법원 1975. 8. 29. 선고 75도1996 판결.
821) 대법원 1974. 11. 26. 선고 74도2817 판결.
822) 대법원 1979. 10. 30. 선고 79도489 판결.
823) 대법원 1980. 10. 14. 선고 80도2155 판결.

(판례 18-4) 甲은 절취한 장물을 자기의 물건인 것처럼 행세하여 乙에게 담보로 제공하고 금원을 차용하였다. 甲의 죄책은?

절도범인이 그 절취한 장물을 자기 것인 양 제3자를 기망하여 금원을 편취한 경우에는 장물에 관하여 소비 또는 손괴하는 경우와는 달리 제3자에 대한 관계에 있어서는 새로운 법익의 침해가 있다고 할 것이므로 절도죄 외에 사기죄의 성립을 인정할 것이다.[824] 乙은 자신이 취득한 재물이 장물이라는 사실을 몰랐더라도 그 재물은 도품으로서 선의취득하지 못하므로(민법 제250조) 재산상의 손해를 입었다고 볼 수 있다.

(판례 19-1) 甲은 매매목적으로 마약성분을 추출하여 소지하다가 乙에게 판매하였다. 甲의 죄책은?

마약성분추출죄와 마약목적소지죄는 실체적 경합관계에 있으나 매매행위가 성립하는 경우에는 매매목적으로 일시 소지하는 행위는 매매행위에 흡수(불가벌적 수반행위)되어 소지죄와 매매죄만이 성립한다.[825]

(판례 19-2) 甲은 乙로부터 대마 1.8그램을 매입한 후 이를 흡연할 목적으로 바지주머니에 넣고 다녔다. 甲의 죄책은?

대마 소지행위가 매매행위에 수반되는 불가분의 필연적 결과가 아닌 한은 대마소지죄는 대마매매죄에 흡수되는 것이 아니라 별도로 성립한다. 甲은 흡연을 목적으로 이를 소지한 것이므로 소지행위는 매매행위와 필연적 불가분의 관계에 있다고 할 수 없다. 따라서 甲에 대해서는 대마소지죄와 대마매매죄의 실체적 경합이 성립한다.[826]

(판례 19-3) 판매목적으로 향정신성의약품(히로뽕)을 제조하여 이를 판매한 경우에 그 제조행위와 제조품의 판매행위는 각각 독립된 가벌적 행위로서 별개의 죄를 구성한다고 봄이 상당하고 판매행위가 판매목적의 제조행위에 흡수되는 불가벌적 사후행위라고 볼 수 없으므로 경합범으로 처단하여야 한다.[827]

(판례 19-4) 대마취급자가 아닌 자가 절취한 대마를 흡입할 목적으로 소지하는 행위는 절도죄의 보호법익과는 다른 새로운 법익을 침해하는 행위이므로 절도죄의 불가벌적 사후행위로서 절도죄에 포괄흡수된다고 할 수 없고 절도죄 외에 별개의 죄를 구성한다고 할 것이며, 절도죄와 무허가대마소지죄는 경합범의 관계에 있다.[828]

---

824) 대법원 1980. 11. 25. 선고 80도2310 판결.
825) 대법원 1977. 12. 13. 선고 77도1308 판결.
826) 대법원 1990. 7. 27. 선고 90도543 판결.
827) 대법원 1983. 11. 8. 선고 83도2031 판결; 1982. 12. 28. 선고 82도2380 판결.
828) 대법원 1999. 4. 13. 선고 98도3619 판결.

(판례 20) 甲은 乙女를 살해하고 그녀 소유의 현금 등을 강취한 다음 그 범죄의 흔적을 은폐하기 위하여 그 시체를 다른 장소로 옮겨 유기하였다. 甲의 죄책은?

甲의 행위는 강도살인죄와 사체유기죄에 해당한다. 사체유기는 사회의 종교적 관념이라는 사회적 법익, 즉 새로운 법익을 침해한 것이기 때문에 살인죄의 불가벌적 사후행위가 되지 않는다. 따라서 甲에 대해서는 강도살인죄와 사체유기죄의 실체적 경합이 성립한다.[829]

---

829) 대법원 1984. 11. 27. 선고 84도2263 판결.

제 3 절 수 죄

I. 상상적 경합

> **제40조(상상적 경합)** 한 개의 행위가 여러 개의 죄에 해당하는 경우에는 가장 무거운 죄에 대하여 정한 형으로 처벌한다.

1. 상상적 경합의 의의

제40조는 "한 개의 행위가 여러 개의 죄에 해당하는 경우에는 가장 무거운 죄에 대하여 정한 형으로 처벌한다"고 규정하고 있다. 여기서 한 개의 행위가 수개의 죄에 해당하는 경우를 상상적 경합이라고 한다. 상상적 경합은 한 개의 행위로 수개의 법익을 침해한 경우이므로 실질적으로 수죄이지만, 제40조는 가장 무거운 죄에 대하여 정한 형으로 처벌한다고 규정하고 있으므로 과형상 일죄[830]이다.

2. 성립요건

하나의 행위에 의하여 다수의 구성요건이 충족되고 그 구성요건들이 법조경합의 관계에 있지 않은 경우 상상적 경합이 성립한다. 그 구성요건들이 법조경합의 관계에 있는 경우에는 단순일죄가 성립한다.

(1) 행위의 단일성과 동일성

행위의 단일성은 자연적 의미의 단일행위, 사회적 의미의 단일행위, 법적

---

[830] 일본형법 제54조는 과형상 일죄로서 상상적 경합 외에 견련범을 규정하고 있다. 견련범이란 범죄의 수단 또는 결과가 수개의 죄명에 해당하는 경우를 말한다. 예컨대 주거침입과 절도, 강도, 강간, 살인이나 문서위조와 위조문서행사, 사기 등의 관계가 이에 해당한다. 그러나 우리 형법은 이를 인정하지 않으므로 죄수에 관한 일반이론에 의하여 죄수를 판단하면 된다. 견련범의 경우 통상 행위의 다수성이 인정되므로 실체적 경합이 성립한다. 다만 행위의 단일성이 인정되는 경우에는 상상적 경합이 성립한다(이재상/ 장영민/ 강동범, 총론, 555면).

단일행위의 경우에 인정된다.831) 행위의 동일성은 다수의 구성요건을 실현한 단일의 행위가 완전히 동일한 경우(행위의 완전 동일성) 또는 부분적으로 일치하는 경우(행위의 부분적 동일성)를 말한다.

(예 1) 폭탄을 한 번 던져 甲과 乙을 살해한 경우 甲을 살해한 행위와 乙을 살해한 행위는 완전히 동일하므로 2개의 살인죄의 상상적 경합이 성립한다.

(판례 1) 甲은 乙의 재물을 강취한 후, 乙을 살해할 목적으로 현주건조물에 방화하여 乙을 사망케 하였다. 甲의 죄책은?

甲이 乙의 재물을 강취하고 살해한 행위는 강도살인죄에 해당한다. 그리고 현주건조물에 방화하여 乙을 사망케 한 행위는 현주건조물방화치사죄에 해당한다. 강도가 사람을 살해한 행위와 현주건조물에 방화하여 살해한 행위는 부분적으로 동일하므로 양죄는 상상적 경합관계에 있다.832)

(판례 2) 甲은 자신의 아버지 乙을 살해하기 위하여 두루마리 화장지를 말아 장롱 뒷면에 나 있는 구멍을 통하여 장롱 안으로 집어넣은 다음, 라이터로 화장지에 불을 붙여 장롱으로 불이 번지자 그 곳을 빠져 나옴으로써 乙을 연기로 인하여 질식사하도록 하여 이들을 살해하였다. 甲이 죄책은?

甲이 乙을 살해한 행위는 존속살해죄(제250조 제2항)에 해당하며, 집에 불을 놓아 乙을 사망케 한 행위는 현주건조물방화치사죄(제164조 제2항 후단)833)에 해당한다. "형법 제164조 후단이 규정하는 현주건조물방화치사상죄는 그 전단이 규정하는 죄에 대한 일종의 가중처벌 규정으로서 과실이 있는 경우뿐만 아니라, 고의가 있는 경우에도 포함된다고 볼 것이므로 사람을 살해할 목적으로 현주건조물에 방화하여 사망에 이르게 한 경우에는 현주건조물방화치사죄로 의율하여야 하고 이와 더불어 살인죄와의 상상적 경합범으로 의율할 것은 아니라고 할 것이고(대법원 1983. 1. 18. 선고 82도2341 판결 참조), 다만 존속살인죄와 현주건조물방화치사죄는 상상적 경합범 관계에 있으므로, 법정형이 무거운 존속살인죄로 의율함이 타당하다고 할 것이다."834) 甲이 직계존속 乙을 살해한 행위와 현주건조물방화치사행위는 부분적으로 동일하므로 양죄의 상상적 경합범이 성립한다.835)

---

831) 제2편 제10장 제1절 III 2 (2).
832) 대법원 1998. 12. 8. 선고 98도3416 판결.
833) 현주건조물방화치사죄는 부진정결과적 가중범이므로 甲이 고의로 乙을 살해한 경우에도 성립한다.
834) 대법원 1996. 4. 26. 선고 96도485 판결.
835) 현행 형법에 의하면 존속살해죄와 현주건조물방화치사죄의 법정형이 같으므로 판례의 견해에 의하면 양죄의 상상적 경합이 성립하는 것이 아니라 현주건조물방화치사죄만 성립한다고

(판례 3) 甲은 乙의 주거에 불을 놓고 불을 놓은 집에서 빠져 나오려는 乙의 딸 丙女를 방문에서 가로 막아 동녀들을 탈출 못하게 함으로써 불에 타 숨지게 하였다. 甲의 죄책은?

상상적 경합이 성립하기 위해서는 행위의 단일성을 요한다. 그러나 甲의 방화행위와 丙女를 탈출하지 못하게 저지하여 丙女를 사망케 한 행위는 별개의 행위이므로 단일행위라고 할 수 없다. 판례도 "설사 사람이 현존하는 건조물에 그 사람을 살해하기 위하여 방화한 경우라 할지라도 그것은 1개의 행위가 수개의 죄명에 해당하는 경우라고 볼 수 없고, 위 방화행위와 살인행위는 법률상 별개의 범의에 의해 별개의 법익을 해하는 별개의 행위라고 하지 않을 수 없는 바, 그렇다면 불에 타고 있는 집에서 빠져 나오려는 이 사건 피해자들을 막아 소사케 한 행위는 별개의 행위로서 살인죄를 구성한다."고 함으로써 행위의 단일성을 부정하였다.[836] 따라서 甲에 대해서는 현주건조물방화죄와 살인죄의 실체적 경합이 성립한다.

① 부진정결과적 가중범과 고의에 의한 중한 결과

판례는 부진정결과적 가중범의 법정형과 중한 결과에 대한 고의범의 법정형을 비교하여 후자가 전자보다 무거운 경우에만 상상적 경합을 인정하며, 그 이외의 경우에는 결과적 가중범만 성립한다고 본다. 그러나 전자가 후자보다 법정형이 무거운 경우에도 부진정결과적 가중범과 진정결과적 가중범의 구별을 명확히 하기 위해서 양죄의 상상적 경합을 인정하는 견해가 타당하다.[837]

(예 2) 만일 위의 (판례 2)에서 乙이 甲의 직계존속이 아니라면 甲의 죄책은?

판례는 "형법 제164조 후단이 규정하는 현주건조물방화치사상죄는 그 전단이 규정하는 죄에 대한 일종의 가중처벌 규정으로서 과실이 있는 경우뿐만 아니라, 고의가 있는 경우에도 포함된다고 볼 것이므로 사람을 살해할 목적으로 현주건조물에 방화하여 사망에 이르게 한 경우에는 현주건조물방화치사죄로 의율"한다. 현주건조물방화치사죄의 법정형(사형, 무기 또는 7년 이상의 징역)이 살인죄의 법정형(사형, 무기 또는 5년 이상의 징역)보다 중하므로 현주건조물방화치사죄만 인정하더라도 형량에서는 부당하지 않다. 그러나 현주건조물에 방화하여 고의로 사람을 살해한 경우와 과실로 사람을 사망케 한 경우의 구분을 명확히 하기 위해서는 甲에 대하여 주건조물방화치사죄와 살인죄의 상상적 경합을 인정하는 것이 타당하다.

볼 가능성이 있다.
836) 대법원 1983. 1. 18. 선고 82도2341 판결.
837) 김일수/서보학, 총론, 534면; 이재상/ 장영민/ 강동범, 총론, 556면.

(판례 4) 甲 등의 집단원은 야간에 공무집행을 방해하는 집단행위 과정에서 공무원 乙을 폭행하여 상해를 입혔다. 甲 등 집단원의 죄책은?

甲 등 집단원이 야간에 단체의 위력을 보임으로써 乙을 상해한 행위는 상해죄(구 폭처법 제3조 제2항, 형법 제257조)838)에 해당하며, 단체의 위력을 보임으로써 직무를 집행하는 공무원을 폭행한 하여 상해한 행위는 특수공무집행방해치상죄(제144조 제2항 전단, 제136조 제1항)에 해당한다. 상해행위와 특수공무집행방해행위를 통하여 공무원을 상해한 행위는 부분적으로 동일하므로 양죄는 상상적 경합의 관계에 있다. 판례도 "고의로 중한 결과를 발생케 한 경우에 무겁게 벌하는 구성요건이 따로 마련되어 있는 경우에는 당연히 무겁게 벌하는 구성요건에서 정하는 형으로 처벌하여야 할 것이고, 결과적가중범의 형이 더 무거운 경우에는 결과적가중범에 정한 형으로 처벌할 수 있도록 하여야 할 것이므로, 기본범죄를 통하여 고의로 중한 결과를 발생케 한 부진정결과적가중범의 경우에 그 중한 결과가 별도의 구성요건에 해당한다면 이는 결과적가중범과 중한 결과에 대한 고의범의 상상적 경합관계에 있다"고 본다.839) 따라서 특수공무집행방해치상죄의 법정형(3년 이상의 징역)과 구 폭처법 제3조 제2항 위반죄의 법정형(5년 이상의 징역)840) 가운데 무거운 죄에 정한 형, 즉 구 폭처법 제3조 제2항에 정한 법정형으로 처벌한다.841)

② 계속범

주거침입죄, 감금죄, 도로교통법위반(음주, 무면허 운전 등)과 같은 계속범과 위법상태의 계속 중에 행한 범죄도 부분적 동일성이 인정되면 상상적 경합이 성립한다. 그러나 실행행위의 부분적 동일성은 동시성, 즉 다수의 실행행위가 동시에 이루어졌다는 사실만으로 인정되지는 않는다. 부분적 동일성이 인정되기 위해서는 계속범과 위법상태의 계속 중에 행한 범죄가 목적과 수단의 관계에 있어야 한다.842) 예컨대 강간의 목적으로 타인의 주거에 침입한 경우에는 강간죄와 주거침입죄의 상상적 경합이 성립한다. 그러나 타인의 주거에 침입한 후에 강간을 결의한 때에는 강간의 목적으로 주거에 침입한 것이 아니므로 양죄는 실체적 경합관계에 있다.843)

---

838) 현행 형법 제258조의2 제1항.
839) 대법원 1995. 1. 20. 선고 94도2842 판결.
840) 현행 형법 제258조의2 제1항(법정형 1년 이상 10년 이하의 징역).
841) 현행법에 의하면 무거운 죄에 정한 형, 즉 특수공무집행방해치상죄에 정한 형으로 처벌한다.
842) 배종대, 총론, 673면. 이에 대하여 실행행위의 객관적 동일성이 인정되어야 상상적 경합이 성립한다고 보는 반대견해는 이재상/ 장영민/ 강동범, 총론, 557면 이하.

(판례 5) 甲은 오후 10:30경 화물차를 운전하던 중 여고생 乙女가 태워달라고 하자 운전석 옆에 태우고 가다가 강간할 마음이 생겼다. 甲은 乙女가 목적지에서 내려달라는 요구를 무시하고 계속 운행하면서 탈출불가능하게 하여 乙女를 외포케 하고, 여관방까지 데리고 가서 강간하려 하였으나 乙女가 화장실문을 잠그고 소리를 지르는 바람에 목적을 이루지 못하였다. 乙女는 甲을 강간미수로 고소하였다가 이를 취소하였다. 감금죄(폭처법 제2조 제2항: 야간에 감금죄를 범한 자)로 기소할 수 있는가?

원심법원은 감금은 강간의 수단에 불과하므로 포괄일죄가 된다고 보아 무죄를 선고하였다. 이에 대하여 대법원은 강간죄의 성립에 언제나 직접적으로 또 필요한 수단으로서 감금행위를 수반하는 것은 아니므로 감금행위가 강간미수에 흡수되어 포괄일죄를 구성하는 것은 아니라고 보았다. 그리고 ① 협박은 감금죄의 실행의 착수인 동시에 강간미수죄의 실행의 착수이며, ② 감금과 강간미수가 시간적 장소적으로 중복되고, ③ 감금행위가 강간의 수단인 협박행위를 이루고 있으므로 상상적 경합이 된다고 보았다. 상상적 경합은 사실상 수죄이나 가장 무거운 죄에 정한 형으로 처벌하는 과형상 일죄이다. 따라서 무거운 죄인 강간미수가 고소의 취소로 기소할 수 없다 하더라도 가벼운 죄인 감금죄로 기소하는 것은 가능하다.844)

(예 3) 주거침입 중에 강간을 하거나 절도를 한 경우에는 주거침입이 강간이나 절도의 수단으로 행하여진 것이 아니므로 양죄의 상상적 경합이 인정되지 않는다. 이러한 경우에는 주거침입죄와 강간죄 또는 주거침입죄와 절도죄는 실체적 경합관계에 있다고 할 수 있다.

(판례 6) 甲은 乙 등 3인과 피해자 A로부터 돈을 빼앗기로 공모하고 단란주점 앞길에서 그 주점 종업원인 A를 승용차에 태우고 가다가 주먹으로 A를 때려 반항을 억압한 다음 그로부터 현금 35만 원 등이 들어 있는 가방을 빼앗아 강취하고, 그에게 안면부타박상 등의 상해를 가하였다. 그리고 상해를 가한 뒤에도 계속하여 상당한 거리를 진행하여 가다가 교통사고를 일으켜 감금행위가 중단되었다. 甲의 죄책은?

甲과 乙 등 3인이 A를 승용차에 태우고 간 행위는 공동감금에 의한 폭력행위 등 처벌에 관한 법률 위반죄(형법 제276조 제1항, 폭처법 제2조 제1항)에 해당하며, 그를 폭행하여 가방을 강취하고 상해를 가한 행위는 강도상해죄(제337조)에 해당한다. 양죄의 관계에 대하여 원심은 감금과 강도상해는 "시간적·장소적으로 그 행위가 중복될 뿐만 아니라 감금행위가 강도의 수단이 되었던 것이므로, 양 죄는 1개의 행위가 수개의 죄에 해당하여 형법 제40조의 상상적 경합관계"에 있다고 보았다. 이에 대하여 대법원은 "감금행위가 단순히

---

843) Sch/Sch/Stree, StGB, vor §§ 52, Rn. 91 참조.
844) 대법원 1983. 4. 26. 선고 83도323 판결. 강간죄는 더 이상 친고죄가 아니므로 감금죄(폭처법 제2조 2항: 야간에 감금죄를 범한 자)와 강간미수의 상상적 경합으로 공소를 제기할 수 있다.

강도상해 범행의 수단이 되는 데 그치지 아니하고 강도상해의 범행이 끝난 뒤에도 계속된 경우에는 1개의 행위가 감금죄와 강도상해죄에 해당하는 경우라고 볼 수 없고, 이 경우 감금죄와 강도상해죄는 형법 제37조의 경합범 관계에 있다"고 보았다.[845]

(판례 7) 무면허자인 甲은 술에 취한 상태에서 오토바이를 운전하다가 사고를 내어 乙을 사망케 하였다. 음주운전(도로교통법109조 2호), 무면허운전(도로교통법111조 2호), 업무상 과실치사(교통사고처리특례법 제3조)의 죄수는?

"형법 제40조의 규정은 1개의 행위가 수개 범죄의 구성요건에 해당하여 수죄로 경합하는 경우에 처벌상 1죄로 취급한다는 취지로서 여기서 말하는 1개의 행위란 … 법적평가를 떠나 사회관념상 행위가 사물자연의 상태로서 1개로 평가되는 것을 말한다." 따라서 무면허자가 술에 취한 상태에서 오토바이를 운전한 것은 1개의 운전행위로서 상상적 경합이 성립한다.[846] 그리고 도로교통법위반죄(무면허운전 및 음주운전)와 업무상 과실치사는 동시에 이루어지기는 하였으나 양죄는 목적과 수단의 관계에 있지 않으므로 부분적 동일성이 인정되지 않으며 따라서 양죄는 실체적 경합관계에 있다.[847]

③ 연결효과에 의한 상상적 경합

'연결효과에 의한 상상적 경합'이란 2개의 독자적인 범행이 각 범행과 상상적 경합관계에 있는 제3의 범행에 의하여 연결되어 2개의 범행 사이에도 상상적 경합이 인정되는 것을 말한다. 연결효과에 의한 상상적 경합을 인정할 것인가에 대하여는 긍정설과 부정설이 있다. 긍정설은 제3의 범행이 다른 두 개의 범행보다 경하지 않을 것을 조건으로 이를 인정한다. 이에 대하여 부정설은 2개의 범행을 실체적 경합으로 가중한 형을 정한 후에 그 것과 상상적 경합관계에 있는 제3의 범행에 정한 형을 비교하여 무거운 형으로 처벌하면 된다고 한다. 대법원은 연결효과에 의한 상상적 경합을 부정하지만 처벌은 상상적 경합의 예에 의하여야 한다고 보고 있다.

(판례 8) 예비군 중대장인 甲은 乙을 1982년 1년간 예비군훈련을 받지 않게 해주는 대가로 동인으로부터 180,000원을 교부받고 1982년 1년간 동인이 예비군훈련에 불참하였음

---

845) 대법원 2003. 1. 10. 선고 2002도4380 판결.
846) 대법원 1987. 2. 24. 선고 86도2731 판결.
847) 대법원 1960. 9. 7. 선고 4293형상294 판결; 1972. 10. 31. 선고 72도2001 판결. 다만 이재상/ 장영민/ 강동범, 총론, 558면은 도로교통법위반이 동시에 과실의 내용을 이루는 때에는 부분적 동일성을 인정되므로 상상적 경합이 성립한다고 한다.

에도 불구하고 참석한 것처럼 甲 명의의 예비군 중대학급편성부(출석부)에 "참"이라는 도장을 찍고 이를 예비군중대 사무실에 비치하였다. 甲의 죄책은?

甲이 공무원이 그 직무에 관하여 뇌물을 수수하고 부정한 행위는 수뢰후 부정처사죄(제131조 제1항, 제129조 제1항)에 해당하며, 乙이 예비군훈련에 불참하였음에도 불구하고 예비군 중대학급편성부(출석부)에 "참"이라는 도장을 찍어 이를 예비군중대 사무실에 비치한 행위는 허위공문서작성 및 동행사죄(제227조 및 제229조)에 해당한다. 甲이 실행한 3개의 범죄의 관계에 관하여 대법원은 "형법 제131조 제1항의 수뢰후 부정처사죄에 있어서 공무원이 수뢰 후 행한 부정행위가 허위공문서작성 및 동행사죄와 같이 보호법익을 달리하는 별개 범죄의 구성요건을 충족하는 경우에는 수뢰후 부정처사죄 외에 별도로 허위공문서작성 및 동행사죄가 성립하고 이들 죄와 수뢰후 부정처사죄는 각각 상상적 경합관계에 있다고 할 것인바, 이와 같이 허위공문서작성죄와 동행사죄가 수뢰후 부정처사죄와 각각 상상적 경합범관계에 있을 때에는 <u>허위공문서작성죄와 동행사죄 상호간은 실체적 경합범관계에 있다고 할지라도 상상적 경합범관계에 있는 수뢰후 부정처사죄와 대비하여 가장 중한 죄에 정한 형[848]으로</u> 처단하면 족한 것이고 따로이 경합가중을 할 필요가 없다고 할 것이다"[849]라고 함으로써 연결효과에 의한 상상적 경합을 긍정하는 견해와 결론을 같이 하고 있다.

(2) 수개의 죄

상상적 경합이 성립하기 위해서는 1개의 행위가 수개의 죄에 해당해야 한다. 1개의 행위가 이종의 구성요건에 해당하는 경우(이종의 상상적 경합)에 상상적 경합이 성립한다는 점에는 의문이 없으나 동종의 구성요건에 해당하는 경우(동종의 상상적 경합)에는 피해법익에 따라 다르다. 즉 생명, 신체, 자유, 명예와 같은 전속적 법익을 침해한 경우에는 법익주체의 수에 상응하는 범죄가 성립한다. 국가적 법익이나 사회적 법익 가운데 개별적 고유가치(individueller Eigenwert)를 가진 법익을 침해한 경우도 마찬가지다.

(판례 9) 1개의 무고장으로 수인을 무고한 경우, 수인의 공무집행을 방해한 경우,[850] 수인의 공무원에게 동시에 증뢰한 경우, 수인에게 위증을 교사한 경우, 수개의 문서를 동시에 행사한 경우[851]에는 상상적 경합이 성립한다. 그러나 방화로 가옥 수채를 연소한 경우

---

848) 수뢰후 부정처사죄의 법정형(1년 이상의 징역), 허위공문서작성죄 및 동행사죄의 각 법정형(7년 이하의 징역).
849) 대법원 1983. 7. 26. 선고 83도1378 판결; 2001. 2. 9. 선고 2000도1216 판결.
850) 대법원 1961. 9. 28. 선고 4294형상415 판결.
851) 대법원 1956. 9. 7. 선고 4289형상188 판결.

에는 하나의 법익(공공의 안전)만을 침해하였으므로 하나의 방화죄만이 성립한다.

(예 4) 2인의 연명으로 된 문서를 위조한 경우 죄수는?

연명문서를 위조하는 행위는 자연적 관찰이나 사회통념상 하나의 행위이다. 그리고 문서에 2인의 작성명의인이 있을 때에는 각 명의자마다 1개의 문서가 성립하므로, 작성명의인의 수에 상응하는 2개의 문서위조죄가 성립한다. 2개의 문서위조죄는 상상적 경합의 관계에 있다.

그러나 재산과 같은 비전속적 법익의 경우에는 다수의 법익을 침해하더라도 일죄만이 성립한다. 법익주체가 수인인 경우에도 마찬가지다.[852] 그러나 재산죄 가운데 강도죄나 공갈죄와 같이 전속적 법익을 동시에 보호하는 범죄의 경우에는 동종의 상상적 경합이 성립한다.

(예 5) 甲이 각목을 휘둘러 乙의 재물을 2개 손괴한 경우는 물론, 乙, 丙의 재산을 손괴한 경우에도 손괴죄 일죄만이 성립한다.

(판례 10) 강도가 서로 다른 시기에 다른 장소에서 수인의 피해자들에게 각기 폭행 또는 협박을 하여 각 그 피해자들의 재물을 강취하고, 그 피해자들 중 1인을 상해한 경우에는, 각기 별도로 강도죄와 강도상해죄가 성립하는 것임은 물론, 법률상 1개의 행위로 평가되는 것도 아닌 바, 피고인이 여관에 들어가 1층 안내실에 있던 여관의 관리인을 칼로 찔러 상해를 가하고, 그로부터 금품을 강취한 다음, 각 객실에 들어가 각 투숙객들로부터 금품을 강취하였다면, 피고인의 위와 같은 각 행위는 비록 시간적으로 접착된 상황에서 동일한 방법으로 이루어지기는 하였으나, 포괄하여 1개의 강도상해죄만을 구성하는 것이 아니라 실체적 경합범의 관계에 있는 것이라고 할 것이다.[853]

3. 상상적 경합의 효과

(1) 실체법적 효과

상상적 경합의 경우에 가장 무거운 죄에 정한 형으로 처벌한다(제40조). 여기서 '가장 무거운 죄에 정한 형'은 법정형을 말한다. 그리고 형의 경중은 법정형의 상한과 하한 전체를 비교하여야 한다(전체적 대조주의). 따라서 무

---

852) 이재상/ 장영민/ 강동범, 총론, 560면.
853) 대법원 1991. 6. 25. 선고 91도643 판결.

거운 죄의 법정형의 하한이 경한 죄의 법정형의 하한보다 경한 경우에는 상한과 하한이 모두 무거운 형으로 처단하여야 하며, 경한 죄에 병과형이나 부가형이 있을 때에는 이를 병과하는 것이 가능하다.

> (판례 11) 甲은 乙女를 폭행하고 상해를 가하여 반항을 억압한 다음 乙女가 차고 있던 손목시계 1개를 강취하고, 이어서 乙女를 강간할 것을 결의하고 강간하려고 하였으나 乙女가 몸부림치는 바람에 목적을 이루지 못하고 미수에 그쳤으나 강간을 하려는 과정에서 乙女에게 상해를 가하였다. 강도강간미수죄를 미수감경과 작량감경을 하고 강도상해죄를 작량감경하는 경우 甲에 대한 처단형의 하한은 어떻게 되는가?
> * 강도상해죄의 법정형은 무기 또는 7년 이상의 징역, 강도강간죄의 법정형은 무기 또는 10년 이상의 징역임

甲이 乙女를 폭행하여 재물을 강취한 후 강간의 미수에 그친 행위는 강도강간미수(제342조, 제339조)에 해당한다. 그리고 폭행을 가하여 상해를 입히고 재물을 강취한 행위는 강도상해죄(제337조)에 해당한다. 그리고 강도강간미수죄와 강도상해죄는 상상적 경합의 관계에 있다. "형법 제40조가 규정하는 1개의 행위가 수개의 죄에 해당하는 경우에는 '가장 중한 죄에 정한 형으로 처벌한다' 함은 그 수개의 죄명 중 가장 중한 형을 규정한 법조에 의하여 처단한다는 취지와 함께 다른 법조의 최하한의 형보다 가볍게 처단할 수는 없다는 취지 즉, 각 법조의 상한과 하한을 모두 중한 형의 범위내에서 처단한다는 것을 포함하는 것으로 새겨야 할 것이다. 이는 그렇게 보지 아니하면 중한 죄에 정한 형으로 처벌한다 함이 무의미하게 되기 때문이다. 이 사건에 있어서와 같이 1개의 행위가 강도강간미수의 죄와 강도상해의 죄에 해당하여 무거운 강도강간미수죄에 정한 형으로 처벌하기로 하여 소정형 중 유기징역형을 선택한 다음 형법 제25조 제2항에 의한 미수감경과 형법 제53조에 의한 작량감경을 하여 그 처단형의 범위를 정함에 있어서는 먼저 강도상해죄가 기수이므로 강도상해죄 소정의 유기징역형의 하한의 범위 내에서 강도강간미수죄 소정의 유기징역을 미수감경한 다음 작량감경을 한 형기범위에 의하여야 할 것이다."[854] 강도강간죄 소정 유기징역의 하한이 징역 10년이므로 강도강간미수의 경우 미수감경과 작량감경을 하면 그 처단형의 하한이 2년 6월이며, 강도치상죄의 경우 작량감경을 하면 형의 하한은 징역 3년 6월이 된다. 따라서 甲에 대해서는 형의 하한이 무거운 징역 3년 6월 이상의 범위에서 처단하여야 한다.

(2) 소송법적 효과

상상적 경합은 과형상 일죄이므로 상상적 경합의 관계에 있는 어느 죄에

---

854) 대법원 1984. 2. 28. 선고 83도3160 판결; 대법원 2006. 1. 27. 선고 2005도8704 판결; 대법원 2008. 12. 24. 선고 2008도9169 판결.

대하여 확정판결이 있으면 나머지 범죄에 대하여도 기판력이 미친다. 따라서 검사가 나머지 범죄에 대하여 기소한 경우에는 면소판결을 선고한다(형소법 제326조 제1호).

(판례 12) 甲은 여관에서 종업원 乙을 칼로 찔러 상해를 가하고, 다른 방에서 나오는 주인 丙도 같은 방에 밀어 넣은 후 주인으로부터 금품을 강취하고 1층 안내실에서 종업원 소유의 현금을 꺼내 갔다. 丙에 대한 특수강도죄에 관하여 유죄판결이 확정되었다. 그 후 검사는 甲을 乙에 대한 강도상해죄로 기소하였다. 법원은 어떠한 판결을 선고하여야 하는가?

대법원은 "강도가 동일장소에서 동일한 방법으로 시간적으로 접착된 상태에서 수인의 재물을 강취하였다면 피해자의 수에 따라 수개의 강도죄를 구성한다. 다만 폭행, 협박행위가 사실상 공통으로 이루어진 경우에는 법률상 1개의 행위로 평가되어 상상적 경합으로 보아야 한다"고 보아 특수강도죄와 강도상해죄의 상상적 경합을 인정하였다. 특수강도죄에 대한 유죄의 확정판결의 효력은 상상적 경합에 있는 강도상해죄에 대하여도 미치므로 법원은 면소판결을 선고하여야 한다.[855]

그리고 상상적 경합은 실질적 수죄이므로 고소나 공소시효는 각 죄별로 논해야 한다. 친고죄와 비친고죄가 상상적 경합관계에 있는 경우에 친고죄에 대하여 고소가 없거나 취소된 때에도 비친고죄의 처벌에는 영향을 미치지 않는다.

II. 실체적 경합

제37조(경합범) 판결이 확정되지 아니한 수개의 죄 또는 금고 이상의 형에 처한 판결이 확정된 죄와 그 판결확정 전에 범한 죄를 경합범으로 한다.
제38조(경합범과 처벌례) ① 경합범을 동시에 판결할 때에는 다음 각 호의 구분에 따라 처벌한다.
1. 가장 무거운 죄에 대하여 정한 형이 사형, 무기징역, 무기금고인 경우에는 가장 무거운 죄에 대하여 정한 형으로 처벌한다.
2. 각 죄에 대하여 정한 형이 사형, 무기징역, 무기금고 외의 같은 종류의 형인 경우에는 가장 무거운 죄에 대하여 정한 형의 장기 또는 다액에 그 2분의 1까지 가중하되 각 죄에

---

855) 대법원 1991. 6. 25. 선고 91도643 판결.

> 대하여 정한 형의 장기 또는 다액을 합산한 형기 또는 액수를 초과할 수 없다. 다만, 과료와 과료, 몰수와 몰수는 병과할 수 있다.
> 3. 각 죄에 대하여 정한 형이 무기징역, 무기금고 외의 다른 종류의 형인 경우에는 병과한다.
> ② 제1항 각 호의 경우에 징역과 금고는 같은 종류의 형으로 보아 징역형으로 처벌한다.
> **제39조(판결을 받지 아니한 경합범, 수개의 판결과 경합범, 형의 집행과 경합범)** ① 경합범중 판결을 받지 아니한 죄가 있는 때에는 그 죄와 판결이 확정된 죄를 동시에 판결할 경우와 형평을 고려하여 그 죄에 대하여 형을 선고한다. 이 경우 그 형을 감경 또는 면제할 수 있다.
> ② 삭제 <2005.7.29>
> ③ 경합범에 의한 판결의 선고를 받은 자가 경합범중의 어떤 죄에 대하여 사면 또는 형의 집행이 면제된 때에는 다른 죄에 대하여 다시 형을 정한다.
> ④ 전3항의 형의 집행에 있어서는 이미 집행한 형기를 통산한다.

1. 실체적 경합의 의의 및 종류

실체적 경합(경합범)이란 수개의 행위로 수개의 죄를 범한 경우를 말한다. 제37조는 경합범을 "판결이 확정되지 아니한 수개의 죄 또는 금고 이상의 형에 처한 판결이 확정된 죄와 그 판결 확정 전에 범한 죄"라고 규정하고 있다. 전자를 동시적 경합범, 후자를 사후적 경합범이라고 한다.[856] 동시적 경합범은 행위자가 수개의 행위로 범한 수개의 죄를 동시에 심판하는 경우를 말하며, 사후적 경합범은 금고 이상의 형에 처한 판결이 확정된 죄와 그 판결 확정 전에 범한 죄가 동시심판의 가능성이 있었던 경우를 말한다.

2. 실체적 경합의 요건

(1) 실체법상 요건

실체적 경합이 성립하기 위해서는 수개의 행위로 수개의 죄를 범하고, 그 범죄들이 법조경합의 관계에 있지 않아야 한다. 그 범죄들이 법조경합의 관계에 있는 경우에는 일죄가 성립한다.

---

[856] 판례(대법원 2008.9.11. 선고 2006도8376 판결)는 전자를 '제37조 전단경합범', 후자를 '제37조 후단경합범'이라고 한다.

(2) 소송법상 요건

(가) 동시적 경합범의 경우

동시적 경합범이 성립하기 위해서는 ① 수개의 죄가 모두 판결이 확정되지 않아야 한다(제37조 전단). 따라서 A, B, C, D, E의 죄 가운데 C죄에 대하여 판결이 확정된 때에는 동시적 경합범은 성립하지 않는다. 그리고 ② 수개의 죄가 모두 같은 심판의 대상이 되어야 한다. 따라서 A, B, C, D, E의 죄 가운데 A, B, C의 죄만 기소된 경우 D, E의 죄는 동시적 경합범이 아니다. 다만 D죄가 추가로 기소되어 A, B, C의 죄와 병합심리되어 같은 심판의 대상이 된 때에는 동시적 경합범이 된다. 1심에서 A, B의 죄가 별도로 판결되었더라도 항소심에서 병합심리한 때에는 동시적 경합범이 된다.[857]

(나) 사후적 경합범의 경우

① 금고 이상의 형에 처한 판결이 확정된 죄와 ② 그 판결 확정 전에 범한 죄는 사후적 경합범이 된다(제37조 후단). A, B, C, D, E의 죄 가운데 C죄에 대하여 판결이 확정된 때에는 A, B, C의 죄는 사후적 경합범이며, D, E의 죄는 동시적 경합범이다. 그러나 D, E의 죄는 C죄에 대하여 판결이 확정된 후에 범한 것이므로 A, B, C의 죄와 경합범이 아니다. '금고이상에 처한' 판결의 확정전에 범한 A, B, C의 죄와 그 확정후에 범한 D, E의 죄에 대하여는 두 개의 형을 선고하여야 한다.

확정판결은 금고 이상의 형에 처하는 판결일 것을 요하므로 벌금형을 선고한 판결이 확정된 때에는 사후적 경합범이 되는 것이 아니라 동시적 경합범이 된다. 예컨대 A, B, C, D, E의 죄 가운데 C죄에 대하여 선고한 벌금형이 확정된 경우에 A, B, D, E의 죄가 같은 심판의 대상이 된 때에는 동시적 경합범이 된다. 이 경우에는 A, B, D, E의 죄에 대하여 하나의 형을 선고하여야 한다.

(판례 13) 甲은 1996.7.5. 사기죄를 범하고 1999.6.2에는 유가증권위조 및 동행사죄를 범하였다는 범죄사실로 공소가 제기되었다. 그런데 그는 1999.5.9 상해죄로 벌금 50만원의 약식명령이 확정된 사실이 있다. 법원은 甲에 대하여 몇 개의 형을 선고하여야 하는가?

---

857) 대법원 1972. 5. 9. 선고 72도597 판결.

판결요지: "2004. 1. 20. 법률 제7077호로 공포, 시행된 형법 중 개정법률에 의해 형법 제37조 후단의 '판결이 확정된 죄'가 '금고 이상의 형에 처한 판결이 확정된 죄'로 개정되었는바, 위 개정법률은 특별한 경과규정을 두고 있지 않으나, 형법 제37조는 경합범의 처벌에 관하여 형을 가중하는 규정으로서 일반적으로 두 개의 형을 선고하는 것보다는 하나의 형을 선고하는 것이 피고인에게 유리하므로 위 개정법률을 적용하는 것이 오히려 피고인에게 불리하게 되는 등의 특별한 사정이 없는 한 형법 제1조 제2항을 유추적용하여 위 개정법률 시행 당시 법원에 계속 중인 사건 중 위 개정법률 전에 벌금형에 처한 판결이 확정된 경우에도 적용되는 것으로 보아야 할 것이다. 그런데 이 사건에서 위 개정법률을 적용하는 것이 피고인에게 오히려 불리하게 된다고 볼 만한 사정은 찾아볼 수 없으므로 피고인에게는 위 개정법률을 적용하여야 할 것이고, 따라서 피고인이 각 벌금형의 확정 전후에 범한 각 죄는 형법 제37조 전단의 경합범 관계에 있으므로 그에 대하여 하나의 형을 선고하여야 할 것이다."[858]

해설: 2004. 1. 20. 법률 제7077호로 공포, 시행된 형법 중 개정법률에 의해 형법 제37조 후단의 "판결이 확정된 죄"가 "금고 이상의 형에 처한 판결이 확정된 죄"로 개정됨으로써 사후적 경합범의 범위가 축소되고, 이에 상응하여 동시적 경합범의 범위가 확대되었다. 개정전의 형법 제37조 후단, 즉 구법에 의하면 벌금형의 확정 전후에 범한 각 죄는 형법 제37조 후단의 경합범의 관계에 있다. 이에 대하여 개정형법에 의하면 벌금형의 확정 전후에 범한 각 죄는 제37조 후단의 경합범이 아니라 제37조 전단의 경합범에 해당한다.

동시적 경합범에 대하여는 하나의 형을 선고하는데 대하여 사후적 경합범에 대하여는 두 개의 형을 선고하여야 한다. 따라서 구법에 의하면 법원은 甲에 대하여 2개의 형, 즉 사기죄와 유가증권위조 및 동행사죄에 대하여 각각 형을 선고하여야 하며, 신법에 의하면 법원은 사기죄와 유가증권위조 및 동행사죄에 대하여 하나의 선을 선고한다. 개정법률 전에 벌금형에 처한 판결이 확정된 경우에도 개정법률, 즉 신법을 소급적용하는 것이 피고인에게 유리하므로 이를 소급적용하여야 한다.[859]

제37조 후단의 '그 판결확정 전에 범한 죄'에서 죄를 범한 시기는 범죄의 종료시를 기준으로 한다. 따라서 포괄일죄의 중간에 별종의 범죄에 대한 확정판결이 있는 경우 그 포괄일죄는 확정판결이 있기 전에 종료되지 않았으므로 사후적 경합범이 되지 않는다.

(판례 14) 甲은 2001. 1. 10. 교통사고처리특례법위반죄로 금고 6월에 집행유예 2년을 선고받고 같은 달 18일 확정되었다. 그리고 甲은 1998. 6.부터 2001. 4. 말경까지 乙女를 카

---

858) 대법원 2004. 1. 27. 선고 2001도3178 판결.
859) 이 점에 관하여는 본서 제1편 제4절 II 4 참조.

폐 등에 취업시키고 乙女를 기망하여 그 급여를 乙女 대신 업주로부터 교부받아 편취하였다. 甲의 죄책은?

甲의 범행은 동일한 피해자에 대하여 동일한 범행 방법으로 단일한 범의 하에 이루어진 것으로서 사기죄의 포괄일죄에 해당한다. 사기죄는 그 최종 행위시인 2001. 4. 말경에 이루어진 범죄로서 교통사고처리특례법위반죄에 대한 판결 이후에 범한 것이므로 사후적 경합범에 해당하지 않는다.860)

(판례 15) 상습범과 같은 이른바 포괄적 일죄는 그 중간에 별종의 범죄에 대한 확정판결이 끼어 있어도 그 때문에 포괄적 범죄가 둘로 나뉘는 것은 아니라 할 것이고, 또 이 경우에는 그 확정판결후의 범죄로서 다루어야 한다.861)

3. 실체적 경합범의 처분

(1) 동시적 경합범의 처분

동시적 경합범을 어떻게 처벌할 것인가에 대하여 제38조는 흡수주의, 가중주의, 병과주의 등 3가지 방식을 채택하고 있다.

(가) 흡수주의

흡수주의란 가장 무거운 죄의 형에 나머지 경합범의 형을 흡수시키는 방법이다. 제38조 제1항 제1호는 "가장 무거운 죄에 정한 형이 사형 또는 무기징역이나 무기금고인 때에는 가장 무거운 죄에 정한 형으로 처벌한다"고 규정함으로써 사형, 무기징역, 무기금고의 경우에 흡수주의를 채택하고 있다.

(예 6) 절도죄와 살인죄가 실체적 경합의 관계에 있는 경우 법원이 사형이나 무기징역을 선택하는 경우 절도죄의 형은 흡수되므로 무기징역이 선택형이 된다.

(2) 가중주의

가중주의란 가장 무거운 죄의 형에 일정 부분을 가중하여 처벌하는 방식이다. 제38조 제1항 제2호는 "각 죄에 대하여 정한 형이 사형, 무기징역, 무기

---

860) 대법원 2002. 7. 12. 선고 2002도2029 판결.
861) 대법원 1986. 2. 25. 선고 85도2767 판결.

금고 외의 같은 종류의 형인 경우에는 가장 무거운 죄에 대하여 정한 형의 장기 또는 다액에 그 2분의 1까지 가중하되 각 죄에 대하여 정한 형의 장기 또는 다액을 합산한 형기 또는 액수를 초과할 수 없다. 다만, 과료와 과료, 몰수와 몰수는 병과할 수 있다"고 규정함으로써 사형, 무기징역, 무기금고 이외의 동종의 형의 경우에 가중주의를 채택하고 있다. 이 경우 징역과 금고는 같은 종류의 형으로 간주하여 징역형으로 처벌하며(제38조 제2항), 가중된 형은 50년을 넘지 못한다(제42조 단서).

(예 7) 절도죄와 강도죄가 실체적 경합의 관계에 있는 경우 처단형은?

절도죄의 법정형은 '6년 이하의 징역 또는 1천만원 이하의 벌금'이며, 강도죄의 법정형은 '3년 이상의 유기징역'이다. 법원이 징역형을 선택하는 경우 가장 무거운 죄인 강도죄의 상한은 30년이므로(제42조 본문) 경합범가중을 하면 45년(30+30×½)이 된다. 그런데 가중한 형 45년이 각 죄에 정한 형의 장기를 합산한 형기 36년(6+30)을 초과하므로 처단형은 3년 이상 36년 이하의 징역형이 된다(제38조 제1항 제2호).

(3) 병과주의

병과주의란 각 죄에 정한 형을 선고하고 이를 순차적으로 집행하는 방식을 말한다. 제38조 제1항 제1호는 "각 죄에 정한 형이 무기징역이나 무기금고 이외의 이종의 형인 때에는 병과한다"고 규정함으로써 무기징역이나 무기금고 이외의 이종의 형의 경우에 병과주의를 채택하고 있다.

(예 8) 만일 위의 (예 7)에서 법원이 강도죄에 대해서는 유기징역형을, 절도죄에 대해서는 벌금형을 선택하였다면 징역형과 벌금형은 병과된다.

(2) 사후적 경합범의 처분

사후적 경합범의 경우에는 '판결을 받지 아니한 죄'와 '판결이 확정된 죄'를 동시에 판결할 경우와 형평을 고려하여 그 죄에 대하여 형을 선고하되, 형을 감경 또는 면제할 수 있다(제39조 제1항). 그 이유는 판결이 확정된 죄와 판결확정 전에 범한 죄는 동시심판의 가능성이 있었던 사건이고 만일 동시에 심판되었더라면 동시적 경합범으로서 제38조에 의한 감경의 혜택을 받을 수 있었는데, 그 사건이 동시에 심판되지 않았다는 이유로 수개의 형을 각자 집행한다면 형을 병과하는 결과가 되어 부당하기 때문이다. 그러나 아직 판결을 받지 아니한 죄가 이미 판결이 확정된 죄와 동시에 판결할 수 없었던 경우에는 형법 제39조 제1항에 따라 동시에 판결할 경우와 형평을 고려하여 형을 선고하거나 그 형을 감경 또는 면제할 수 없다.[862]

제39조는 '형을 감경 또는 면제할 수 있다'라고 규정하고 있으므로 후단 경합범에 대한 형을 감경 또는 면제할 것인지는 원칙적으로 그 죄에 대하여 심판하는 법원이 재량에 따라 판단할 수 있다.[863] 다만 형법 제39조 제1항에 의하여 형을 감경할 때에도 법률상 감경에 관한 형법 제55조 제1항이 적용되어 유기징역을 감경할 때에는 그 형기의 2분의 1 미만으로는 감경할 수 없다.[864]

(판례 16) 만일 위의 (예 6)에서 살인죄만 기소가 되어 무기징역을 선고받고 판결이 확정되었고, 그 후에 그 판결 확정전에 행한 절도죄에 대하여 공소가 제기되어 벌금형이 선고형으로 정하여졌다면 무기징역에 처하는 판결이 확정된 살인죄와 후단 경합범의 관계에 있는 절도죄에 대한 형은 필요적으로 면제하여야 하는가?

살인죄와 절도죄는 사후적 경합범이 되므로 '법원은 두 죄를 동시에 판결할 경우와 형평을 고려하여 후단 경합범에 대한 처단형이 범위 내에서 후단 경합범에 대한 선고형을 정한다.' '형법 제38조 제1항 제1호가 전단 경합범 중 가장 무거운 죄에 정한 처단형이 무기징역인 때에는 흡수주의를 취하였다고 하여 뒤에 공소제기된 후단 경합범에 대한 형을 필요적으로 면제하여야 하는 것은 아니다.' 결국 '후단 경합범에 대한 형을 감경 또는 면제할 것인지는 원칙적으로 그 죄에 대하여 심판하는 법원이 재량에 따라 판단할 수 있다.'[865]

(판례 17-1) 피고인이 범한 갑죄, 을죄, 병죄의 범행일시는 모두 피고인의 정직 등에 대한 판결(이하 '제1판결'이라 한다) 확정 이후이고, 그 중 갑죄와 을죄의 범행일시는 피고인의 무죄에 대한 판결(이하 '제2판결'이라 한다) 확정 전인 반면 병죄의 범행일시는 그 이후인데, 무죄의 범행일시가 제1판결 확정 전인 사안에서, 무죄와 갑죄 및 을죄는 처음부터 동시에 판결할 수 없었던 경우여서, 경합범 중 판결을 받지 아니한 죄에 대하여 형을 선고할 때는 그 죄와 판결이 확정된 죄를 동시에 판결할 경우와 형평을 고려하도록 한 형법 제39조 제1항은 여기에 적용될 여지가 없으나, 그렇다고 마치 확정된 제2판결이 존재하지 않는 것처럼 갑죄 및 을죄와 병죄 사이에 형법 제37조 전단의 경합범 관계가 인정되어 형법 제38조가 적용된다고 볼 수도 없으므로, 확정된 제2판결의 존재로 인하여 이를 전후한

---

862) 대법원 2021. 10. 14. 선고 2021도8719 판결.
863) 대법원 2008. 9. 11. 선고 2006도8376 판결.
864) 대법원 2019. 4. 18. 선고 2017도14609 전원합의체 판결.
865) 대법원 2008. 9. 11. 선고 2006도8376 판결.

갑죄 및 을죄와 병죄 사이에는 형법 제37조 전·후단의 어느 경합범 관계도 성립할 수 없고, 결국 각각의 범죄에 대하여 별도로 형을 정하여 선고할 수밖에 없다.[866]

(판례 17-2) 甲에 대하여 '정보통신망 이용촉진 및 정보보호 등에 관한 법률' 위반(이하 '이 사건 범죄'라고 한다)으로 A 법원에 공소가 제기되었다. 그런데 甲은 ① 2010. 4. 14. A 법원에서 공갈미수죄 등으로 징역 1년 6월에 집행유예 4년을 선고받아 2010. 10. 14. 그 판결이 확정되었고, ② 2011. 6. 24. 같은 법원에서 업무방해죄 등으로 징역 8월을 선고받고 2011. 10. 7. 그 판결이 확정되었다. 그런데 이 사건 범죄는 ① 전과의 판결확정일(2010. 10. 14.) 이후에 저질러진 범행이고, ② 전과의 죄는 ① 전과의 판결확정일 이전에 저질러진 범행이다.

(1) A 법원은 이 사건 범죄에 대하여 ② 전과의 판결확정 전에 범한 죄로서 형법 제37조 후단, 제39조 제1항에 의하여 ② 전과의 죄와 동시에 판결을 할 경우와의 형평을 고려하여 형을 선고하였다. 법원의 위와 같은 조치는 정당한가?
이 점에 대하여 대법원은 "한편 형법 제37조 후단 및 제39조 제1항의 문언, 입법취지 등에 비추어 보면, 아직 판결을 받지 아니한 죄가 이미 판결이 확정된 죄와 동시에 판결할 수 없었던 경우에는 형법 제39조 제1항에 따라 동시에 판결할 경우와 형평을 고려하여 형을 선고하거나 그 형을 감경 또는 면제할 수 없다"는 기존의 입장[867]을 유지하였다. 이 사건 범죄는 ① 전과의 판결확정일 이후에 저질러진 범행이고, ② 전과의 죄는 ① 전과의 판결확정일 이전에 저질러진 범행이어서, 이 사건 범죄와 판결이 확정된 ② 전과의 죄는 처음부터 동시에 판결을 선고할 수 없었다. 따라서 이 사건 범죄에 대하여 형법 제39조 제1항에 의하여 ② 전과의 죄와 동시에 판결할 경우와의 형평을 고려하여 형을 선고한 것은 위법하다.[868]

(2) 그리고 甲은 ③ 2011. 11. 11. A법원에서 '폭력행위 등 처벌에 관한 법률' 위반(공동강요)죄로 징역 2월을 선고받아 이 사건 원심판결 선고 전인 2012. 4. 26. 그 판결이 확정되었으며, 이 사건 범죄 및 ③ 전과의 죄는 모두 ① 전과의 판결확정일(2010. 10. 14.)과 ② 전과의 판결확정일(2011. 10. 7.) 사이에 저질러진 범행이다. 그리고 이 사건 범죄에 대한 공소제기 당시에 ③ 전과의 죄에 대한 항소심이 진행 중이었다. A 법원은 이 사건 범죄에 대하여 제39조 제1항을 적용하여야 하는가?
판결이 확정된 ③ 전과의 죄는 이 사건 범죄와 동시에 판결을 선고할 수 있었다고 할 것이므로 법원은 이 사건 범죄에 대하여 형법 제39조 제1항에 의하여 판결이 확정된 ③ 전과의 죄와 동시에 판결할 경우와의 형평을 고려하여 형을 선고하였어야 한다.

---

866) 대법원 2011.6.10. 선고 2011도2351 판결.
867) 대법원 2011. 10. 27. 선고 2009도9948 판결.
868) 대법원 2012.9.27. 선고 2012도9295 판결.

경합범에 의한 판결의 선고를 받은 자가 경합범 중의 어떤 죄에 대하여 사면 또는 형의 집행이 면제된 때에는 다른 죄에 대하여 다시 형을 정한다(제39조 제3항). 이 경우에 형의 집행에 있어서는 이미 집행한 형기를 통산한다(동조 제4항).

제 3 편
형사제재론

제 1 장 형 벌 론
제 2 장 보안처분론

제1장 형벌론

제1절 형사제재의 체계

범죄에 대한 법률효과로서의 형사제재에는 형벌과 보안처분이 있다. 형벌은 국가가 범죄자에 대하여 해악을 가하는 강제조치이다. 여기서 해악이란 법익의 침해 내지는 박탈을 말한다. 형벌의 종류를 침해되는 법익의 종류에 따라 분류하면 생명형, 자유형, 명예형, 재산형 등 4종이 있다. 생명형은 사형이며, 자유형에는 징역·금고·구류가 있으며, 재산형에는 벌금·과료·몰수 등이 있으며, 명예형에는 자격상실·자격정지가 있다. 따라서 현행법상 형벌의 종류에는 9종이 있다(제41조).

보안처분은 국가가 범죄자에 대하여 가하는 제재로서 형벌 이외의 조치를 말한다. 보안처분은 형벌로는 범죄자의 개선·교화 또는 사회방위의 목적을 달성할 수 없는 경우에 형벌을 대체하거나 보완하기 위하여 부과되는 제재수단이다. 형벌은 책임주의의 범위 내에서 부과되는 것임에 대하여, 보안처분은 범죄자의 사회적 위험성을 이유로 특별예방의 관점에서 부과되는 목적적 조치라는 점에서 양자의 차이가 있다.

▶ 형사제재의 체계

```
┌ 형벌  ┌ 생명형: 사형
│       ├ 자유형: 징역, 금고, 구류
│       ├ 재산형: 벌금, 과료, 몰수
│       └ 명예형: 자격상실, 자격정지
└ 보안처분 ┌ 보호감호(폐지)
           ├ 치료감호
           └ 보호관찰
```

제 2 절 형벌의 종류

> **제41조(형의 종류)** 형의 종류는 다음과 같다.
> 1. 사형, 2. 징역, 3. 금고, 4. 자격상실, 5. 자격정지6, . 벌금, 7. 구류8, . 과료, 9. 몰수

I. 사형

> **제66조(사형)** 사형은 교정시설 안에서 교수하여 집행한다.

사형은 수형자의 생명을 박탈하는 형벌이다. 사형은 ① 인간의 존엄과 가치를 중대하게 침해하며, ② 일반인이 기대하는 정도의 위하적 효력이 없으며, ③ 오판에 의하여 사형이 집행된 경우 그 잘못을 회복할 방법이 없다는 점에서 폐지되어야 마땅하다. 그러나 헌법재판소와 대법원은 사형이 위헌이 아니라고 본다.[1]

> (판례1) 사형은 무기징역형이나 가석방이 불가능한 종신형보다도 범죄자에 대한 법익침해의 정도가 큰 형벌로서, 인간의 생존본능과 죽음에 대한 근원적인 공포까지 고려하면, 무기징역형 등 자유형보다 더 큰 위하력을 발휘함으로써 가장 강력한 범죄억지력을 가지고 있다고 보아야 하고, 극악한 범죄의 경우에는 무기징역형 등 자유형의 선고만으로는 범죄자의 책임에 미치지 못하게 될 뿐만 아니라 피해자들의 가족 및 일반국민의 정의관념에도 부합하지 못하며, 입법목적의 달성에 있어서 사형과 동일한 효과를 나타내면서도 사형보다 범죄자에 대한 법익침해 정도가 작은 다른 형벌이 명백히 존재한다고 보기 어려우므로 사형제도가 침해최소성원칙에 어긋난다고 할 수 없다. 한편, 오판가능성은 사법제도의 숙명적 한계이지 사형이라는 형벌제도 자체의 문제로 볼 수 없으며 심급제도, 재심제도 등의 제도적 장치 및 그에 대한 개선을 통하여 해결할 문제이지, 오판가능성을 이유로 사형이라는 형벌의 부과 자체가 위헌이라고 할 수는 없다.[2]

---

[1] 헌법재판소 1996. 11. 28, 95헌바1 전원재판부; 헌법재판소 2010.2.25. 선고 2008헌가23 전원재판부; 대법원 1991. 2. 26. 선고 90도2906 판결.
[2] 헌법재판소 2010.2.25. 선고 2008헌가23 전원재판부; 대법원 1991. 2. 26. 선고 90도2906 판결.

II. 자유형

> **제42조(징역 또는 금고의 기간)** 징역 또는 금고는 무기 또는 유기로 하고 유기는 1개월 이상 30년 이하로 한다. 단, 유기징역 또는 유기금고에 대하여 형을 가중하는 때에는 50년까지로 한다.
> **제46조(구류)** 구류는 1일 이상 30일 미만으로 한다.
> **제67조(징역)** 징역은 교정시설에 수용하여 집행하며, 정해진 노역에 복무하게 한다.
> **제68조(금고와 구류)** 금고와 구류는 교정시설에 수용하여 집행한다.

자유형은 수형자의 신체적 자유를 박탈하는 형벌로서, 징역·금고·구류 등 3종이 있다. 징역은 수형자를 교도소에 구치하여 정역에 복무하게 하는 자유형이다. 금고는 수형자를 교도소에 구치하는 자유형으로서 정역에 복무하게 하지 않는 점에서 징역과 다르다. 징역·금고에는 유기와 무기가 있으며, 유기는 1월 이상 30년 이하이며, 형을 가중하는 경우 50년까지 가능하다(제42조).3) 구류도 수형자를 교도소에 구치하는 자유형이지만 그 기간이 1일 이상 30일 미만인 점에서 징역·금고와 다르다. 구류는 노역장유치와 구별된다. 노역장유치는 수형자가 벌금 또는 과료를 납부하지 않는 경우 일정 기간 동안 수형자를 노역장에 유치하는 환형처분(대체자유형)이다. 유치기간은 벌금의 경우 1일 이상 3년 이하이며, 과료의 경우 1일 이상 30일 미만이다(제69조 제2항).

III. 재산형

> **제45조(벌금)** 벌금은 5만원 이상으로 한다. 다만, 감경하는 경우에는 5만원 미만으로 할 수 있다.
> **제47조(과료)** 과료는 2천원 이상 5만원 미만으로 한다.
> **제69조(벌금과 과료)** ① 벌금과 과료는 판결확정일로부터 30일내에 납입하여야 한다. 단, 벌금을 선고할 때에는 동시에 그 금액을 완납할 때까지 노역장에 유치할 것을 명할 수 있다.
> ② 벌금을 납입하지 아니한 자는 1일 이상 3년 이하, 과료를 납입하지 아니한 자는 1일

---

3) 구형법(2010.4.15. 개정되기 전의 형법) 제42조에 의하면 유기는 1월 이상 15년 이하이며, 형을 가중하는 경우 25년까지 가능하였다.

이상 30일 미만의 기간 노역장에 유치하여 작업에 복무하게 한다.
제70조(노역장 유치) ① 벌금이나 과료를 선고할 때에는 이를 납입하지 아니하는 경우의 노역장 유치기간을 정하여 동시에 선고하여야 한다.
② 선고하는 벌금이 1억원 이상 5억원 미만인 경우에는 300일 이상, 5억원 이상 50억원 미만인 경우에는 500일 이상, 50억원 이상인 경우에는 1천일 이상의 노역장 유치기간을 정하여야 한다.
제71조(유치일수의 공제) 벌금이나 과료의 선고를 받은 사람이 그 금액의 일부를 납입한 경우에는 벌금 또는 과료액과 노역장 유치기간의 일수에 비례하여 납입금액에 해당하는 일수를 뺀다.

1. 벌금·과료

재산형은 범죄자로부터 일정한 재산을 박탈하는 형벌로서, 벌금·과료·몰수 등 3종이 있다. 벌금형이나 과료는 범죄자로 하여금 일정 금액을 강제적으로 지불하게 하는 재산형이다. 다만 벌금은 50,000원 이상이며, 과료는 2,000원 이상 50,000원 미만이라는 점에서 차이가 있다. 과료는 형벌로서 행정상의 제재인 과태료와 구별된다.

2. 몰수

제48조(몰수의 대상과 추징) ① 범인 외의 자의 소유에 속하지 아니하거나 범죄 후 범인 외의 자가 사정을 알면서 취득한 다음 각 호의 물건은 전부 또는 일부를 몰수할 수 있다.
1. 범죄행위에 제공하였거나 제공하려고 한 물건
2. 범죄행위로 인하여 생겼거나 취득한 물건
3. 제1호 또는 제2호의 대가로 취득한 물건
② 제1항 각 호의 물건을 몰수할 수 없을 때에는 그 가액을 추징한다.
③ 문서, 도화, 전자기록 등 특수매체기록 또는 유가증권의 일부가 몰수의 대상이 된 경우에는 그 부분을 폐기한다.
제49조(몰수의 부가성) 몰수는 타형에 부가하여 과한다. 단, 행위자에게 유죄의 재판을 아니할 때에도 몰수의 요건이 있는 때에는 몰수만을 선고할 수 있다.

(1) 의의 및 법적 성질

몰수는 범죄반복의 방지나 범죄에 의한 이득의 금지를 목적으로 범죄행위와 관련된 재산을 박탈하는 재산형이다. 몰수의 법적 성질은 몰수가 형식적으로는 재산형이지만 범죄반복의 방지나 범죄에 의한 이득의 금지를 목적으로 하므로 실질적으로는 대물적 보안처분에 속한다.4)

몰수는 다른 형에 부가하여 과하는 부가형이다(제49조 본문). 그러나 행위자에게 유죄의 재판을 아니할 때에는 몰수의 여건이 있으면 예외적으로 몰수만을 선고할 수 있다(제49조 단서). 몰수는 부가형이므로 주형을 선고유예하는 경우에 몰수나 추징의 선고유예도 가능하지만,5) 주형을 선고유예하지 않는 경우에는 몰수와 추징에 대해서만 선고를 유예할 수는 없다.6) 몰수는 임의적 몰수가 원칙이나(제48조), 뇌물에 관한 죄의 경우에는 필요적 몰수이다(제134조).

(2) 몰수의 요건

몰수의 대상은 ① 범죄행위에 제공하였거나 제공하려고 한 물건, ② 범죄행위로 인하여 생하였거나 이로 인하여 취득한 물건 또는 ③ 앞에서 설명한 물건의 대가로 취득한 물건 등이다(몰수의 대물적 요건).

(예 1) 범행에 사용한 흉기나 범행에 사용하려고 한 흉기, 도박자금으로 대여한 금원 등이 ①에 해당하며, 위조문서, 절취한 재물, 도박에 의하여 취득한 금품 등이 ②에 해당하며, 장물을 매각하여 취득한 금원이 ③에 해당한다. 그러나 그러나 범죄행위에 이용한 웹사이트는 범죄행위에 제공된 무형의 재산에 해당할 뿐 물건이 아니므로 이를 매각하여 취득한 대가는 추징(제48조 제2항)의 대상이 아니다.7)

(판례 2) 법원은 甲이 "2007. 4. 20.경부터 같은 해 7. 24.경까지 46회에 걸쳐 재정경제부장관에게 신고하지 아니하고 판시 각 금원을 중국 교통은행의 계좌로 송금하여, 당해 거래의 당사자가 아닌 거주자의 명의를 이용하여 거래의 당사자인 비거주자에게 각 지급을 하였다"라는 외국환거래법위반의 공소사실을 인정하고 유죄를 선고하였다. 甲이 2007. 7. 24. 체포될 당시 위 각 외국환거래법위반의 범행과 같은 방법으로 중국 교통은행의 계좌로 송금하려고 하였으나 미처 송금하지 못하고 소지하고 있던 각 자기앞수표 또는 현금은 압수되었는데, 법원은 이 압수물을 몰수할 수 있는가?

---

4) 다수설: 이재상/ 장영민/ 강동범, 총론, 585면 이하.
5) 대법원 1980. 3. 11. 선고 77도2027 판결.
6) 대법원 1988. 6. 21. 선고 88도551 판결.
7) 대법원 2021. 10. 14. 선고 2021도7168 판결.

판례는 이 사건 압수물에 의한 동종의 범행이 실행되었다 하더라도 이는 유죄로 인정된 판시 각 외국환거래법위반의 범행과는 별개의 범죄이므로, 이 사건 압수물은 피고인이 장차 실행하려고 한 동종의 외국환거래법위반의 범행에 제공하려고 한 물건이지 법원이 유죄로 인정한 각 외국환거래법위반의 범행에 제공하려고 한 물건이 아니므로 이 압수물을 몰수할 수 없다고 판단하였다.[8]

몰수의 대상은 ① 범인 이외의 자의 소유에 속하지 않거나, ② 범죄 후 범인 이외의 자가 정을 알면서 취득한 물건이어야 한다(몰수의 대인적 요건). 따라서 범인 소유의 물건은 물론, 무주물, 소유자불명의 물건, 소유가 금지된 물건도 몰수의 대상이 된다. 그리고 범인 이외의 자의 소유에 속하는 물건이라도 그 자가 범죄 후 정을 알면서 취득한 물건은 몰수의 대상이 된다.

(3) 추징 및 폐기

추징이란 몰수의 대상물을 몰수하기 불능인 경우 그 몰수에 갈음하여 그 가액의 납부를 명하는 사법처분을 말한다(제48조 제2항). 몰수하기 불능인 경우란 몰수의 대상물의 소비, 분실, 양도 등으로 사실상 또는 법률상 몰수할 수 없는 경우를 말한다. 따라서 수뢰자가 뇌물을 소비하거나 은행에 예금하여 몰수하기 불능하게 된 때에는 설령 그 후에 같은 액수의 금원을 증뢰자에게 반환하였더라도 수뢰자로부터 그 가액을 추징하여야 한다.

대법원은 추징의 법적 성질에 관하여 대다수의 일반 형사법상의 몰수·추징(일반적 추징)은 범인으로부터 부정한 이익의 박탈을 목적으로 하므로 이익박탈적인 성격을 지닌다고 본다.[9] 따라서 다수인이 범죄에 관여한 경우에 현존하는 이익만을 개별추징하여야 한다고 한다. 이에 대하여 관세법, 외국환관리법, 향정신성의약품관리법상의 몰수·추징(징벌적 추징)은 부정한 이익의 박탈을 넘어 징벌적 성격을 지닌다고 본다.[10] 따라서 다수인이 범죄에 관여한 경우에 각자의 이익의 유무에 관계없이 공범자 전원에 대하여 취득한 가액의

---

8) 대법원 2008.2.14. 선고 2007도10034 판결.
9) 대법원 1994. 2. 25. 선고 93도3064 판결; 1993. 12. 28. 선고 93도1569 판결; 1993. 10. 12. 선고 93도 2056 판결.
10) 대법원 1984. 2. 28. 선고 83도2470 판결; 1998. 5. 21. 선고, 95도2002 판결; 1990. 12. 26. 선고 90도2381 판결.

전부를 공동연대추징하여야 한다고 한다.

추징가액은 판결시를 기준으로 정한다(판결선고시설).[11] 몰수나 추징의 취지가 범죄에 의한 이득의 박탈을 그 목적으로 하는 것이므로, 추징하여야 할 가액은 범인이 몰수의 선고를 받았더라면 잃었을 이득상당액이다. 따라서 그 가액산정은 판결시의 가격을 기준으로 하여야 하는 것이다.

(판례 3) 수뢰죄에 있어서 수뢰자가 일단 수수한 뇌물을 소비하여 몰수하기 불능하게 되었을 때에는 그 후에 동액의 금원을 증뢰자에게 반환하였다 하여도 수뢰자로부터 그 가액을 추징하여야 한다.[12]

(판례 4) 뇌물로 받은 수표를 은행에 예금한 경우에 그 예금행위는 뇌물의 처분행위에 해당하므로 그 후 수뢰자가 수표금액에 상당한 금전을 찾아서 증뢰자에게 반환하였다 하여도 이를 뇌물 그 자체의 반환으로 볼 수 없으니 이러한 경우에는 수뢰자로부터 그 가액을 추징하여야 한다.[13]

(판례 5) "외국환관리법상의 몰수와 추징은 일반 형사법의 경우와 달리 범죄사실에 대한 징벌적 제재의 성격을 띠고 있다고 할 것이므로, 여러 사람이 공모하여 범칙행위를 한 경우 몰수대상인 외국환 등을 몰수할 수 없을 때에는 각 범칙자 전원에 대하여 그 취득한 외국환 등의 가액 전부의 추징을 명하여야 하고, 그 중 한 사람이 추징금 전액을 납부하였을 때에는 다른 사람은 추징의 집행을 면할 것이나, 그 일부라도 납부되지 아니하였을 때에는 그 범위 내에서 각 범칙자는 추징의 집행을 면할 수 없다고 해석하여야 할 것이다 (대법원 1982.11.23. 선고, 81도1737 판결 참조). 이 견해와 달리 외국환관리법상의 추징이 범인들이 당해 범죄행위로 인하여 부당하게 얻은 이익을 박탈하려는 데에 그 목적이 있다고 보아 공범들이 개별적으로 얻은 이익의 한도에서 추징하여야 한다는 견해를 표명한 바 있는 대법원 1980.4.22. 선고, 79도1847 판결과 1985.3.12. 선고, 84도2747 판결은 이를 변경하기로 한다."[14]

대법원은 종래 구외국환관리법 제33조[15] 소정의 추징의 법적 성격에 대하여 징벌적인 성격이 있다고 보아 공동연대추징으로 판시한 것[16]과 이익박탈적인 성격이 있는 것으로 보아 개별이익에 따른 추징을 한 것[17]으로 엇갈려 있었으나 전원합의체판결[18]을 통하여 징

---

11) 판례 및 다수설: 예컨대 대법원 1991. 5. 28. 선고 91도352 판결; 이재상/ 장영민/ 강동범, 총론, 589면.
12) 대법원 1986. 10. 14. 선고 86도1189 판결.
13) 대법원 1970. 4. 14. 선고 69도2461 판결.
14) 대법원 1998. 5. 21. 선고 95도2002 판결.
15) 현행 외국환거래법 제30조.
16) 대법원 1982. 11. 23. 선고 81도1737 판결.

벌적인 성격의 것으로 봄으로써 종래에 엇갈린 판례를 정리하였다.

(판례 6) 몰수의 취지가 범죄에 의한 이득의 박탈을 그 목적으로 하는 것이고 추징도 이러한 몰수의 취지를 관철하기 위한 것이라는 점을 고려하면 몰수하기 불능한 때에 추징하여야 할 가액은 범인이 그 물건을 보유하고 있다가 몰수의 선고를 받았더라면 잃었을 이득상당액을 의미한다고 보아야 할 것이므로 그 가액산정은 재판선고시의 가격을 기준으로 하여야 할 것이다.[19]

문서, 도화, 전자기록 등 특수매체물 또는 유가증권의 일부가 몰수에 해당하는 때에는 그 부분을 폐기한다(제48조 제3항).

IV. 명예형

제43조(형의 선고와 자격상실, 자격정지) ① 사형, 무기징역 또는 무기금고의 판결을 받은 자는 다음에 기재한 자격을 상실한다.
1. 공무원이 되는 자격
2. 공법상의 선거권과 피선거권
3. 법률로 요건을 정한 공법상의 업무에 관한 자격
4. 법인의 이사, 감사 또는 지배인 기타 법인의 업무에 관한 검사역이나 재산관리인이 되는 자격
② 유기징역 또는 유기금고의 판결을 받은 자는 그 형의 집행이 종료하거나 면제될 때까지 전항 제1호 내지 제3호에 기재된 자격이 정지된다. 다만, 다른 법률에 특별한 규정이 있는 경우에는 그 법률에 따른다.
제44조(자격정지) ① 전조에 기재한 자격의 전부 또는 일부에 대한 정지는 1년 이상 15년 이하로 한다.
② 유기징역 또는 유기금고에 자격정지를 병과한 때에는 징역 또는 금고의 집행을 종료하거나 면제된 날로부터 정지기간을 기산한다.

---

17) 대법원 1980. 4. 22. 선고 79도1847 판결; 1985. 3. 12. 선고 84도2747 판결.
18) 대법원 1998. 5. 21. 선고 95도2002 판결.
19) 대법원 1991. 5. 28. 선고 91도352 판결; 대법원 2008. 10. 9. 선고 2008도6944 판결; 대법원 2020. 6. 11. 선고 2020도2883 판결.

명예형은 범죄자의 명예 또는 자격을 박탈하는 형벌로서, 자격상실과 자격정지 등 2종이 있다. 자격상실이란 사형, 무기징역 또는 무기금고의 판결에 의하여 당연히 일정한 자격이 상실되는 것을 말한다. 상실되는 자격으로는 ① 공무원이 되는 자격, ② 공법상의 선거권과 피선거권, ③ 법률로 요건을 정한 공법상의 업무에 관한 자격, ④ 법인의 이사, 감사 또는 지배인 기타 법인의 업무에 관한 검사역이나 재산관리인이 되는 자격 등이다(제43조 제1항).

자격정지란 일정한 기간 동안 일정한 자격의 전부 또는 일부를 정지시키는 것을 말한다. 유기징역 또는 유기금고의 판결을 받은 자는 그 형의 집행이 종료하거나 면제될 때까지 ①, ②, ③에 열거된 자격이 당연히 정지(당연정지)된다(제43조 제2항). 그리고 유기징역 또는 유기금고에 자격정지를 병과한 때에는(판결선고에 의한 자격정지) 그 형의 집행을 종료하거나 면제된 때로부터 1년 이상 15년 이하의 기간 동안 자격이 정지된다(제44조).

제 3 절 형의 경중

I. 형의 경중의 판단의 필요성

형의 경중의 판단은 ① 범죄 후 법률의 변경이 있어서 신법과 구법 가운데 형이 가벼운 법을 적용하여야 하는 경우(제1조 제2항), ② 상상적 경합관계에 있는 범죄 가운데 가장 무거운 죄에 정한 형으로 처벌하여야 하는 경우(제40조), ③ 불이익변경금지의 원칙에 따라 상소심이 원심판결의 형보다 무거운 형을 선고하지 못하는 경우(형소법 제368조)에 필요하다.

II. 형의 경중의 판단기준

> **제50조(형의 경중)** ① 형의 경중은 제41조 각 호의 순서에 따른다. 다만, 무기금고와 유기징역은 무기금고를 무거운 것으로 하고 유기금고의 장기가 유기징역의 장기를 초과하는 때에는 유기금고를 무거운 것으로 한다.
> ② 같은 종류의 형은 장기가 긴 것과 다액이 많은 것을 무거운 것으로 하고 장기 또는 다액이 같은 경우에는 단기가 긴 것과 소액이 많은 것을 무거운 것으로 한다.
> ③ 제1항 및 제2항을 제외하고는 죄질과 범정을 고려하여 경중을 정한다.

형의 경중은 제41조 기재의 순서에 의하므로(제50조 본문), 사형, 징역, 금고, 자격상실, 자격정지, 벌금, 구류, 과료, 몰수의 순서이다(제41조). 단 무기금고와 유기징역은 금고를 무거운 것으로 하고, 유기금고의 장기가 유기징역의 장기를 초과하는 때에는 금고를 무거운 것으로 한다(제50조 단서).

같은 종류의 형은 장기의 긴 것과 다액의 많은 것을 무거운 것으로 하고 장기 또는 다액이 같은 경우에는 그 단기의 긴 것과 소액의 많은 것을 무거운 것으로 한다(제50조 제2항). 그 이외의 경우에는 죄질과 범정에 의하여 경중을 정한다(제50조 제3항).

(판례 1) "집행유예의 판결은 소정 유예기간을 특별한 사유없이 경과한 때에는 그 형의 선고의 효력이 상실되는데 형의 집행면제는 형의 집행을 면제하는데 불과하므로 전자는 후자보다 피고인에게 유리하다고 할 수 있음에도 불구하고 징역 6월에 1년간 집행유예로 변경된 제1심 판결(원래는 징역 1년, 몰수 10,000환 추징금 36,000환의 형)을 징역 8월과 그 형의 집행을 면제한다는 내용으로 변경하였음은 피고인에게 불리한 판결로서 위법이다."[20] 따라서 형의 집행유예와 집행면제 가운데 집행면제가 중한 형이다.

(판례 2) "선고유예판결(징역 6월)에 대하여 피고인만이 항소한 사건에서 항소심이 벌금형(금 10,000원)을 선고한 경우에는 불이익변경금지의 원칙에 저촉된다."[21] 따라서 형의 선고유예와 벌금형 가운데 벌금형이 중한 형이다.

(판례 3) "제1심에서 징역 6월의 선고를 받고 피고인만이 항소한 사건에서 징역 8월에 집행유예 2년을 선고한 것은 제1심 형보다 중하고 따라서 불이익변경의 금지원칙에 위반된다."[22] 따라서 집행유예된 징역형의 형기가 집행유예 없는 징역형의 형기보다 더 긴 때에는 전자가 중한 형이다.

---

20) 대법원 1963. 2. 14. 선고 62도248 판결; 1985. 9. 24. 선고 84도2972 판결.
21) 대법원 1966. 4. 6. 선고 65도1261 판결.
22) 대법원 1966. 12. 8. 선고 66도1319 판결.

제 4 절 형의 양정

I. 의의

형법은 일정한 범죄에 대하여 형의 종류와 범위를 규정하고 있으므로, 법원은 재량에 의하여 구체적인 사건에 적용될 형의 종류를 선택하고 형법에 규정된 형의 범위 내에서 형의 양을 정하여야 한다. 이처럼 법원이 구체적인 사건에 적용될 형의 종류와 양을 정하는 것을 형의 양정 또는 형의 적용이라고 한다.

II. 형의 양정의 단계

형의 양정은 법정형, 처단형, 선고형의 3단계를 거쳐 이루어진다.

법정형은 각 구성요건에 규정되어 있는 형벌을 말한다. 법정형에는 절대적 법정형과 상대적 법정형이 있다. 절대적 법정형은 일정한 범죄에 대하여 형벌의 종류와 양이 엄격하게 규정되어 법원의 재량이 없는 경우를 말한다. 법정형이 사형으로 규정되어 있는 여적죄(제93조)의 경우가 여기에 해당한다. 상대적 법정형은 구성요건에 형벌의 종류와 범위만을 규정하고, 그 범위 내에서 법원이 구체적인 형을 정하도록 하는 것이다. 형법은 상대적 법정형을 원칙으로 한다.

처단형은 처단의 범위로 구체화된 형이다. 즉 법정형에 선택할 형종이 있으면 먼저 형종을 선택하고 그 형에 법률상·재판상의 가중·감경을 한 형이 처단형이다.

선고형은 법원이 처단형의 범위 내에서 구체적으로 형을 양정하여 선고하는 형이다.

(예 1) 강도죄의 법정형은 '3년 이상의 유기징역'(제333조), 즉 단기 3년, 장기 30년의 징역이다(제42조 본문). 미수는 형의 임의적 감격사유이므로(제25조 제2항) 강도미수의 경우 법률상 감경을 하면 법정형의 2분의 1(제55조 제1항 제3호), 즉 단기 1년 6월, 장기 15년

이 된다. 여기서 단기 1년 6월, 장기 15년 이 처단형이다. 그리고 법원이 처단형의 범위 내에서 구체적으로 징역 2년을 선고한 경우에 징역 2년이 선고형이다.

III. 형의 가중·감경

```
┌ 형의 가중 ┌ 일반적 가중사유
│          └ 특수적 가중사유
└ 형의 감경 ┌ 법률상 감경 ┌ 필요적 감경사유
           │             └ 임의적 감경사유
           └ 재판상 감경
```

1. 형의 가중

처단형은 법정형에 법률상·재판상의 가중·감경을 함으로써 정해진다. 형의 가중에는 모든 범죄에 대하여 일반적으로 적용되는 일반적 가중사유와 형법각칙 본조에 의한 특수적 가중사유가 있다.

① 일반적 가중사유: 특수교사방조(제34조 제2항), 누범가중(제35조), 경합범가중(제38조)

② 특수적 가중사유: 상습범가중, 특수범죄의 가중(제144조, 제278조)

2. 형의 감경

제52조(자수, 자복) ① 죄를 지은 후 수사기관에 자수한 경우에는 형을 감경하거나 면제할 수 있다.
② 피해자의 의사에 반하여 처벌할 수 없는 범죄의 경우에는 피해자에게 죄를 자복하였을 때에도 형을 감경하거나 면제할 수 있다.
제53조(정상참작감경) 범죄의 정상에 참작할 만한 사유가 있는 경우에는 그 형을 감경할 수 있다.

형의 감경에는 법률상 감경과 재판상 감경이 있다. 법률상 감경은 법률의 특별규정에 의하여 형이 감경되는 경우이다. 재판상 감경(정상참작감경, 구 작량감경)은 법률상 감경사유가 없는 경우에도 법원이 정상에 특히 참작할 사유

(제51조)가 있는 때에 형을 감경할 수 있는 경우를 말한다(제53조).

법률상 감경에는 필요적 감경사유와 임의적 감경사유가 있다.

① 필요적 감경사유: 심신미약(제10조 제2항), 청각 및 언어 장애인(제11조), 중지미수(제26조), 종범(제32조 제2항) 등 4가지

② 임의적 감경사유: 외국에서 받은 형의 집행으로 인한 감경(제7조), 과잉방위(제21조 제2항), 과잉피난(제22조 제3항), 과잉자구행위(제23조 제2항), 미수범(제25조 제2항), 불능미수(제27조 단서), 자수 또는 자복(제52조 제1항),[23] 해방감경(제295조의 2, 제324조의 6).

3. 형의 가감례

형의 가중·감경의 순서 및 정도와 방법에 관한 준칙을 형의 가감례라고 한다.

(1) 형의 가중·감경의 순서

제54조(선택형과 정상참작감경) 한 개의 죄에 정한 형이 여러 종류인 때에는 먼저 적용할 형을 정하고 그 형을 감경한다.
제56조(가중·감경의 순서) 형을 가중·감경할 사유가 경합하는 경우에는 다음 각 호의 순서에 따른다.
1. 각칙 조문에 따른 가중
2. 제34조제2항에 따른 가중
3. 누범 가중
4. 법률상 감경
5. 경합범 가중
6. 정상참작감경

1개의 죄에 정한 형이 수종인 때에는 먼저 적용할 형을 정하고 그 형을 감경한다(제54조). 제56조는 형을 가중·감경할 사유가 경합된 경우에 형의 가

---

[23] 자복(준자수)은 피해자의 명시한 의사에 반하여 처벌할 수 없는 범죄(반의사불벌죄)의 경우 범인이 피해자에게 범죄를 고백하는 것이다. 자복은 피해자에 대한 고백이라는 점에서 범인이 자발적으로 수사기관에 대하여 자기의 범죄사실을 신고하는 자백과 구별된다.

감의 순서에 대하여 규정하고 있는데, 제56조와 실무관행에 따르면 형의 가감은 ① 각칙 본조에 의한 가중, ② 제34조 제2항의 가중, ③ 과형상 일죄(상상적 경합범)의 처리, ④ 형의 종류의 선택, ⑤ 누범가중, ⑥ 법률상 감경, ⑦ 경합범가중, ⑧ 정상참작감경 등의 순서에 의한다.

(2) 형의 가중·감경의 정도와 방법

① 형의 가중정도에 대하여는 제34조 제2항, 제35조, 제38조 등에 규정되어 있다. 제34조 제2항은 특수교사·방조의 경우 "정범에 정한 형의 장기 또는 다액에 2분의 1까지 가중"하며, 제35조는 누범의 경우 "그 죄에 정한 형의 장기의 2배까지 가중"하며, 제38조는 유기징역·금고나 벌금형의 경우 "가장 무거운 죄에 정한 장기 또는 다액에 그 2분의 1까지 가중"한다고 규정하고 있다.

② 법률상 감경에 대하여는 제55조 제1항에 규정되어 있다.

제55조(법률상의 감경) ① 법률상의 감경은 다음과 같다.
1. 사형을 감경할 때에는 무기 또는 20년 이상 50년 이하의 징역 또는 금고로 한다.
2. 무기징역 또는 무기금고를 감경할 때에는 10년 이상 50년 이하의 징역 또는 금고로 한다.
3. 유기징역 또는 유기금고를 감경할 때에는 그 형기의 2분의 1로 한다.
4. 자격상실을 감경할 때에는 7년 이상의 자격정지로 한다.
5. 자격정지를 감경할 때에는 그 형기의 2분의 1로 한다.
6. 벌금을 감경할 때에는 그 다액의 2분의 1로 한다.
7. 구류를 감경할 때에는 그 장기의 2분의 1로 한다.
8. 과료를 감경할 때에는 그 다액의 2분의 1로 한다.
② 법률상 감경할 사유가 수 개있는 때에는 거듭 감경할 수 있다.

(판례 1) 형법 제55조 제1항 제3호에 의하여 형기를 감경할 경우 여기서의 형기라 함은 장기와 단기를 모두 포함하는 것으로서 당해 처벌조항에 장기 또는 단기의 정함이 없을 때에는 형법 제42조에 의하여 장기는 15년, 단기는 1월이라고 볼 것이어서 형법 제250조의 소정형중 5년 이상의 유기징역형을 선택한 이상 그 장기는 15년(현행형법 제42조에 의하면 30년)이므로 법률상 감경을 한다면 장기 7년 6월(현행법 15년), 단기 2년 6월의 범위내에서 처단형을 정하여야 한다.[24]

---

24) 대법원 1983. 11. 8. 선고 83도2370 판결.

(판례 2-1) 형법 제55조 제1항 제6호의 벌금을 감경할 때의 「다액」의 2분의 1이라는 문구는 「금액」의 2분의 1이라고 해석하여 그 상한과 함께 하한도 2분의 1로 내려가는 것으로 해석하여야 한다.[25]

(판례 2-2) 임의적 감경사유의 존재가 인정되고 법관이 그에 따라 징역형에 대해 법률상 감경을 하는 이상 형법 제55조 제1항 제3호에 따라 상한과 하한을 모두 2분의 1로 감경한다.[26]

IV. 양형

1. 의의 및 기준

양형이란 처단형의 범위에서 구체적으로 선고할 형을 정하는 것을 말한다. 양형은 책임을 기초로 형벌의 목적을 고려하여 정한다. 책임주의에 의하면 형벌은 책임에 근거하여야 하며 또한 책임에 상응하여야 하므로 책임은 양형의 기초가 된다.[27] 그러나 책임에 상응하는 형벌을 정확하게 확정하는 것은 불가능하므로 책임을 기준으로 형벌의 상한과 하한의 범위를 정하고 그 범위 내에서 일반예방·특별예방 등의 형벌목적을 고려하여 선고형을 정하여야 한다. 이처럼 책임을 기초로 형벌의 범위를 정하고 그 범위에서 선고형을 정하는 견해를 범위이론(폭의 이론, 판단여지이론)이라고 한다.[28]

---

25) 대법원 1978. 4. 25. 선고 78도246 전원합의체 판결.
26) 대법원 2021. 1. 21. 선고 2018도5475 전원합의체 판결 〈임의적 감경 사건〉.
27) 양형의 기초가 되는 책임을 양형책임이라고 한다. 양형책임은 범죄의 성립조건으로서의 책임(형벌근거책임)과 구별되는 개념이다. 후자는 비난가능성만을 의미함에 대하여, 전자는 사회윤리적 불법판단의 결정하는 요소의 총체, 즉 책임 있는 불법을 의미한다(이재상/ 장영민/ 강동범, 총론, 598면).
28) 다수설: 예컨대 이재상/ 장영민/ 강동범, 총론, 598면. 이에 대하여 특별예방형 위가이론은 책임을 상한선으로 하고 적극적 일반예방을 하한선으로 하여 그 안에서 특별예방을 고려하여 선고형을 정한다(김일수/서보학, 총론, 578면).

2. 양형의 조건

> **제51조(양형의 조건)** 형을 정함에 있어서는 다음 사항을 참작하여야 한다.
> 1. 범인의 연령, 성행, 지능과 환경
> 2. 피해자에 대한 관계
> 3. 범행의 동기, 수단과 결과
> 4. 범행후의 정황

양형의 조건이란 양형에 있어서 고려해야 하는 조건을 말한다. 제51조가 규정하고 있는 양형의 조건으로는 ① 범인의 연령, 성행, 지능과 환경 ② 피해자에 대한 관계, ③ 범행의 동기, 수단과 결과, ④ 범행후의 정황 등이 있다. 양형의 조건 가운데 범인의 상습성(성행)이나 범행의 동기, 수단 등은 구성요건요소인 경우도 있다. 예컨대 흉기를 휴대하여 타인의 재물을 절취함으로써 성립하는 특수절도죄(제331조 제2항)의 경우 범행의 수단은 구성요건요소이다. 이처럼 구성요건요소가 되는 상황은 양형에서 이중으로 평가되어서는 안 된다. 이를 이중평가금지의 원칙이라고 한다.

제 5 절 형의 면제, 판결선고전 구금일수의 산입, 판결의 공시

I. 형의 면제

형의 면제란 범죄는 성립하지만 형벌을 과하지 않는 경우를 말한다. 따라서 형의 면제는 유죄판결의 일종이다(형소법 제322조). 형의 면제는 확정재판 전의 사유로 형을 과하지 않는 것이라는 점에서 확정판결후의 사유로 형의 집행이 면제되는 형의 집행면제와 구별된다. 형의 면제에는 임의적 면제와 필요적 면제가 있다.

① 필요적 면제사유: 중지미수(제26조)
② 임의적 면제사유: 외국에서 받은 형의 집행으로 인한 면제(제7조), 과잉방위(제21조 제2항), 과잉피난(제22조 제3항), 과잉자구행위(제23조 제2항), 불능미수(제27조 단서), 자수 또는 자복(제52조 제1항)

II. 판결선고전 구금일수의 산입

> **제57조(판결선고전구금일수의 통산)** ① 판결선고전의 구금일수는 그 전부를 유기징역, 유기금고, 벌금이나 과료에 관한 유치 또는 구류에 산입한다.
> ② 전항의 경우에는 구금일수의 1일은 징역, 금고, 벌금이나 과료에 관한 유치 또는 구류의 기간의 1일로 계산한다.

판결선고전 구금(미결구금)이란 범죄피의자를 재판이 확정될 때까지 구금하는 것을 말한다. 이는 형벌은 아니지만 신체의 자유를 제한한다는 점에서 자유형과 다르지 않다. 따라서 판결선고전의 구금일수는 그 전부를 유기징역, 유기금고, 벌금이나 과료에 관한 유치 또는 구류에 산입한다(제57조 제1항). 이 경우 구금일수의 1일은 징역, 금고, 벌금이나 과료에 관한 유치 또는 구류의 기간의 1일로 계산한다(동조 제2항).

제1장 형벌론 551

미결구금일수 중 얼마를 본형에 산입할 것인가는 판결법원의 재량에 속하지만29) 미결구금일수를 전혀 산입하지 않는 것은 위법이다.

(판례 1) "형법 제57조에 따라 판결선고 전의 구금일수는 그 전부 '또는 일부'(이 부분은 삭제됨: 저자 주)를 형사소송법 제482조에 의하여 소위 법정통산을 하는 경우를 제외하고는 반드시 유기징역, 유기금고, 벌금이나 과료에 관한 유치 또는 구류에 산입하여야 하므로 제1심판결 선고 전의 구금일수를 통산하지 아니함은 법령의 적용을 아니 하여 판결에 영향을 미친 것이 된다."30)

III. 판결의 공시

제58조(판결의 공시) ① 피해자의 이익을 위하여 필요하다고 인정할 때에는 피해자의 청구가 있는 경우에 한하여 피고인의 부담으로 판결공시의 취지를 선고할 수 있다.
② 피고사건에 대하여 무죄의 판결을 선고하는 경우에는 무죄판결공시의 취지를 선고하여야 한다. 다만, 무죄판결을 받은 피고인이 무죄판결공시 취지의 선고에 동의하지 아니하거나 피고인의 동의를 받을 수 없는 경우에는 그러하지 아니하다.
③ 피고사건에 대하여 면소의 판결을 선고하는 경우에는 면소판결공시의 취지를 선고할 수 있다.

판결공시는 피해자의 이익이나 피고인의 명예회복을 위하여 판결의 선고와 함께 그 내용의 전부 또는 일부를 관보나 일간신문 등에 게재하여 공적으로 알리는 제도이다.

---
29) 대법원 1987. 6. 9. 선고 87도691 판결.
30) 대법원 1979. 11. 13. 선고 79도443 판결.

제 6 절 누 범

> **제35조(누범)** ① 금고 이상의 형을 선고받아 그 집행이 종료되거나 면제된 후 3년 내에 금고 이상에 해당하는 죄를 지은 사람은 누범으로 처벌한다.
> ② 누범의 형은 그 죄에 대하여 정한 형의 장기의 2배까지 가중한다.
> **제36조(판결선고후의 누범발각)** 판결선고후 누범인 것이 발각된 때에는 그 선고한 형을 통산하여 다시 형을 정할 수 있다. 단, 선고한 형의 집행을 종료하거나 그 집행이 면제된 후에는 예외로 한다.

I. 서론

1. 누범의 의의

제35조 제1항은 "금고 이상의 형을 받아 그 집행이 종료되거나 면제된 후 3년 내에 금고 이상에 해당하는 죄를 범한 자"를 누범으로 처벌한다고 규정하고 있다. 여기서 앞에 행한 범죄를 전범, 후에 행한 범죄를 후범이라고 한다. 이처럼 누적적으로 반복하여 범죄를 행하는 것을 누범이라고 한다. 반복된 범죄 가운데 앞에 행한 범죄를 전범, 후에 행한 범죄를 후범이라고 한다. 그리고 전범과 후범의 죄질이 동일 또는 유사한 경우를 동종누범, 죄질이 상이한 경우를 이종누범이라고 한다.

누범과 상습범은 사실상 상당부분 중복되지만, 누범은 누적적으로 반복하여 범죄를 행하는 것이라는 점에서 범죄적 습벽에 의하여 범죄를 행하는 상습범과 개념상 구분된다. 누범은 전과를 요건으로 하지만 상습범은 전과가 있을 것을 요하지 않으며, 누범은 전과가 있으면 족하지만 상습범은 범죄적 습벽, 즉 동일죄질의 범죄의 반복을 요한다.

2. 누범가중의 근거

제35조 제2항은 "누범의 형은 그 죄에 정한 형의 장기의 2배까지 가중한

다"고 규정하고 있다. 누범가중의 근거는 행위책임의 가중에 있다. 즉 범인이 전범에 대한 형벌의 경고기능을 무시하고 다시 범죄를 저지름으로써 범죄추진력이 새로이 강화되었기 때문에 행위책임이 가중되는 것이다.[31] 이에 대하여 상습범가중은 행위자책임에 근거하고 있다. 따라서 상습범가중에 추가하여 누범가중을 하는 것은 가능하다.[32]

> (판례 1) 누범을 "가중처벌하는 취지는 범인이 전범에 대한 형벌에 의하여 주어진 기왕의 경고에 따르지 아니하고 다시 범죄를 저질렀다는 ① 잘못된 범인의 생활태도 때문에 책임이 가중되어야 하고, 범인이 전범에 대한 형벌의 경고기능을 무시하고 다시 범죄를 저지름으로써 ② 범죄추진력이 새로이 강화되었기 때문에 행위책임이 가중되어야 한다는 데 있으며 또한 ③ 재범예방이라는 형사정책이 배려된 바 있다 할 것이다."
>
> "형법 제35조 제1항이 누범을 가중처벌하는 것은 전범에 대하여 형벌을 받았음에도 다시 범행을 하였다는 데 있는 것이지, 전범에 대하여 처벌을 받았음에도 다시 범행을 하는 경우에는 전범도 후범과 일괄하여 다시 처벌한다는 것은 아님이 명백하므로, 누범에 대하여 형을 가중하는 것이 헌법상의 <u>일사부재리의 원칙에 위배하여 피고인의 기본권을 침해하는 것이라고는 볼 수 없다.</u>"
>
> 누범을 가중처벌하는 것은 "전범에 대한 형벌의 경고적 기능을 무시하고 다시 범죄를 저질렀다는 점에서 비난가능성이 많고, 누범이 증가하고 있다는 현실에서 사회방위, 범죄의 특별예방 및 일반예방이라는 형벌목적에 비추어 보아, 형법 제35조가 누범에 대하여 형을 가중한다고 해서 그것이 <u>인간의 존엄성 존중이라는 헌법의 이념에 반하는 것도 아니며</u>, 누범을 가중하여 처벌하는 것은 사회방위, 범죄의 특별예방 및 일반예방, 더 나아가 사회의 질서유지의 목적을 달성하기 위한 하나의 수단이기도 하는 것이므로 이는 합리적 근거 있는 차별이어서 헌법상의 평등의 원칙에 위배되지 아니한다."[33]

II. 누범가중의 요건

제35조 제1항은 누범가중의 요건에 대하여 ① 전범이 금고 이상의 형을 선고받을 것, ② 전범의 형집행종료 또는 면제후 3년 이내에 후범을 범할 것,

---

31) 이재상/ 장영민/ 강동범, 총론, 605면. 이에 대하여 헌법재판소(헌재 1995. 2. 23, 93헌바43 결정)는 누범가중의 근거를 ① 행위자책임과 ② 행위책임 그리고 ③ 형사정책적 배려 등의 복합적 요소에서 찾는다.
32) 대법원 1981. 11. 24. 선고 81도2564 판결.
33) 헌재 1995. 2. 23, 93헌바43 결정.

③ 후범이 금고 이상에 해당하는 죄일 것 등이다.

1. 전범이 금고 이상의 형을 선고받을 것

전범이 금고 이상의 형을 선고받을 것을 요하며, 그 형의 선고는 유효할 것을 요한다. 따라서 일반사면에 의하여 형의 선고의 효력이 상실된 경우에는 누범가중을 할 수 없다.[34] 그러나 특별사면은 형의 집행이 면제되는 효력만 있을 뿐 일반사면과 같이 형의 언도의 효력이 상실되는 것은 아니므로 누범가중이 가능하다.[35]

2. 전범의 형집행종료 또는 면제후 3년 이내에 후범을 범할 것

전범의 형집행종료 또는 면제후 3년 이내에 후범을 범할 것을 요한다. 형의 집행종료란 형기가 만료된 경우를 말하며, 형의 집행을 면제받은 경우로는 형의 시효가 완성된 때(제77조), 특별사면에 의하여 형의 집행이 면제된 때(사면법 제5조), 외국에서 형의 집행을 받았을 때(제7조) 등이 있다. 후범은 전범의 형집행종료 또는 면제후 3년 이내에 행하여져야 하는데, 여기서 3년을 누범시효라고 한다.

> (판례 2) 甲은 1982.6.25. 폭력행위등 처벌에 관한 법률 위반죄의 형의 집행을 종료하고 1985.6.25. 특수강도죄를 범하였다. 특수강도죄는 누범에 해당하는가?

"1985.6.25.에 저질러진 이 사건 범행은 위 최종형의 집행이 종료된 바로 다음날로서, 누범기간 진행의 기산점이 되는 1982.6.26.로부터 3년이 차는 날에 저질러진 범행으로서 누범에 해당한다."[36]

3. 후범이 금고 이상에 해당하는 죄일 것

후범이 금고 이상에 해당하는 죄일 것을 요한다. 여기서 '금고 이상'이란 선고형을 의미한다.[37]

---

34) 대법원 1965. 11. 30. 선고 65도910 판결.
35) 대법원 1986. 11. 11. 선고 86도2004 판결.
36) 대구고법 1986.12.10. 선고 86노1347 제1형사부판결.

(판례 2) 형법 제35조 제1항에 규정된 "금고 이상에 해당하는 죄"라 함은 유기금고형이나 유기징역형으로 처단할 경우에 해당하는 죄를 가리키는 것으로서 그 죄에 정한 형 중 선택한 형이 벌금형인 경우에는 누범가중의 대상이 될 수 없다.[38]

III. 누범의 효과

① 가중처벌: 누범의 형은 그 죄에 정한 형의 장기의 2배까지 가중한다(제35조 제2항). 따라서 형의 단기는 가중되지 않는다.

② 소송법적 효과: 누범가중의 사유가 되는 전과사실은 범죄사실이 아니므로 불고불리의 원칙이 적용되지 않는다. 따라서 전과사실이 공소장에 기재되어 있지 않더라도 법원은 이를 심리 처단할 수 있다.[39] 그러나 누범가중의 사유가 되는 전과사실은 형벌권의 범위에 관한 중요사실이므로 엄격한 증명을 요하며(통설) 누범의 시기를 판결에 명시하여야 한다.[40]

IV. 판결선고 후의 누범발각

판결선고 후 누범인 것이 발각된 때에는 그 선고한 형을 통산하여 다시 형을 정할 수 있다(제36조 본문). 제36조 본문의 취지는 피고인이 재판 당시 전과를 은폐하여 누범가중을 면하고 재판확정 후에 누범인 것이 발각된 경우에 대비하려는 데에 있다. 다만 선고한 형의 집행을 종료하거나 그 집행이 면제된 후에는 누범인 것이 발각되더라도 다시 형을 정할 수 없다(동조 단서).

확정판결 후에 누범인 사실이 발각되었다는 사정만으로 형을 다시 가중하는 것은 동일한 범죄를 거듭 처벌하는 것으로서 일사부재리의 원칙에 반한다. 따라서 제36조를 폐지하여야 한다는 견해가 유력하다.[41]

---

37) 다수설: 예컨대 이재상/ 장영민/ 강동범, 총론, 610면.
38) 대법원 1982. 7. 27. 선고 82도1018 판결.
39) 대법원 1971. 12. 21. 선고 71도2004 판결.
40) 대법원 1946. 4. 26. 선고 4279형상13 판결.
41) 김일수/서보학, 총론, 595면 이하; 이재상/ 장영민/ 강동범, 총론, 614면.

제 7 절 집행유예·선고유예·가석방

I. 집행유예

1. 집행유예의 의의 및 성질

집행유예는 형을 선고함에 있어 일정한 기간 동안 형의 집행을 유예하고 그 기간을 경과한 때에는 형의 선고의 효력을 잃게 하는 제도이다(제62조). 이 제도의 취지는 단기자유형의 폐해를 방지하고 피고인이 형의 집행을 받지 않고도 사회내 처우를 통하여 스스로 사회에 복귀할 수 있도록 하려는 데에 있다. 이러한 의미에서 집행유예의 법적 성질은 '외래적 처우라는 의미에서 특수성을 가진 형집행의 변형'이라고 할 수 있다.[42]

2. 집행유예의 요건

> 제62조(집행유예의 요건) ① 3년 이하의 징역이나 금고 또는 500만원 이하의 벌금의 형을 선고할 경우에 제51조의 사항을 참작하여 그 정상에 참작할 만한 사유가 있는 때에는 1년 이상 5년 이하의 기간 형의 집행을 유예할 수 있다. 다만, 금고 이상의 형을 선고한 판결이 확정된 때부터 그 집행을 종료하거나 면제된 후 3년까지의 기간에 범한 죄에 대하여 형을 선고하는 경우에는 그러하지 아니하다.
> ② 형을 병과할 경우에는 그 형의 일부에 대하여 집행을 유예할 수 있다.

제62조가 규정하고 있는 집행유예의 요건은 ① 3년 이하의 징역이나 금고 또는 500만원 이하의 벌금의 형을 선고할 경우일 것, ② 제51조의 사항을 참작하여 정상에 참작할 만한 사유가 있을 것, ③ 금고 이상의 형을 선고한 판결이 확정된 때부터 그 집행을 종료하거나 면제된 후 3년까지의 기간에 죄를 범하지 않을 것 등이다.

(1) 3년 이하의 징역이나 금고 또는 500만원 이하의 벌금을 선고할 경우일 것

---

42) 이재상/ 장영민/ 강동범, 총론, 615면.

여기서 '3년 이하의 징역이나 금고 또는 500만원 이하의 벌금의 형'은 선고형을 말한다.

(2) 제51조의 사항을 참작하여 정상에 참작할 만한 사유가 있을 것

'정상에 참작할 만한 사유'란 형의 선고만으로도 피고인에게 경고기능을 다하여 형을 집행하지 않아도 장래에 재범을 하지 않을 것으로 인정되는 경우를 말한다.

(3) 금고 이상의 형을 선고한 판결이 확정된 때부터 그 집행을 종료하거나 면제된 후 3년까지의 기간에 죄를 범하지 않을 것

제62조 제1항 단서에 의하면 금고 이상의 형을 선고한 판결이 확정된 때부터 그 집행을 종료하거나 면제된 후 3년까지의 기간에 죄를 범한 경우는 물론 형의 집행유예를 선고받고 그 유예기간이 경과하지 않은 경우[43]도 집행유예의 결격사유에 해당한다.[44] 따라서 금고 이상의 형이 확정되기 전에 범한 죄나 집행유예를 선고한 판결이 확정되기 전에 범한 죄에 대하여도 집행유예가 허용된다.

(판례 1-1) 2001년 5월 특수절도죄로 징역 8월을 선고받고 같은 해 7월 형집행을 종료한 甲은 2004년 9월 50cc 오토바이를 훔친 혐의로 기소되었다. 甲에 대하여 집행유예의 선고가 가능한가?

"甲은 형의 집행종료일 후 3년의 기간이 경과한 후에 절도죄를 범한 것이므로 범한 죄에 대해 그 집행종료일 후 5년을 경과하기 이전에 형의 선고를 받은 경우에 해당한다"며 "이러한 경우 개정법률에 의하면 종전과 달리 형의 집행을 유예할 수 있게 돼 더 유리하므로 甲에 대하여는 집행유예의 선고가 가능하다."[45]

'금고 이상의 형의 선고'에는 실형의 선고뿐만 아니라 집행유예의 선고도 포함된다.[46] 따라서 집행유예를 선고한 판결이 확정되어 집행유예기간 중에

---

43) 대법원 2007. 7. 27. 선고 2007도768 판결.
44) 2005.7.29. 개정전 형법에 의하면 집행유예 결격사유를 '판결선고시점'을 기준으로 판단하였으며, 그 기간은 '5년'이었으나, 개정형법에 의하면 집행유예 결격사유는 '범행시점'을 기준으로 판단하며, 그 기간도 '3년'으로 단축되었다. 따라서 금고 이상의 형이 확정되어 집행을 종료한 때로부터 3년이 경과하면 집행유예를 선고할 수 있다
45) 대법원 2005. 8. 25. 선고 2005도3995 판결.
46) 대법원 1989. 9. 12. 선고 87도2365 판결.

범한 죄에 대해서는 원칙적으로 집행유예를 할 수 없다(소극설47)). 다만 판례는 사후적 경합범에서 '아직 판결을 받지 아니한 죄(제39조 제1항), 즉 여죄(餘罪)의 경우에는 집행유예기간 중의 집행유예를 다음과 같은 이유에서 예외적으로 허용한다(제한적 긍정설 또는 여죄설).

> (판례 1-2) "형법 제37조의 경합범관계에 있는 수죄가 전후로 기소되어 각각 별개의 절차에서 재판을 받게 된 결과 어느 하나의 사건에서 먼저 집행유예가 선고되어 그 형이 확정되었을 경우 다른 사건의 판결에서는 다시 집행유예를 선고할 수 없다면 그 수죄가 같은 절차에서 동시에 재판을 받아 한꺼번에 집행유예를 선고받을 수 있었던 경우와 비교하여 현저히 균형을 잃게 되므로 이러한 불합리가 생기는 경우에 한하여 위 단서 규정의 "형의 선고를 받아"라는 의미는 실형이 선고된 경우만을 가리키고 형의 집행유예를 선고받은 경우는 포함되지 않는다고 해석함이 상당하다."48)

형의 일부에 대한 집행유예는 형을 병과할 경우에 국한되며(제62조 제2항), 하나의 자유형에 대한 일부집행유예, 즉 자유형 중 일부에 대해서는 실형을, 나머지에 대해서는 집행유예를 선고하는 것는 허용되지 않는다.49)

3. 집행유예와 보호관찰, 사회봉사명령, 수강명령

> **제62조의2(보호관찰, 사회봉사·수강명령)** ① 형의 집행을 유예하는 경우에는 보호관찰을 받을 것을 명하거나 사회봉사 또는 수강을 명할 수 있다.
> ② 제1항의 규정에 의한 보호관찰의 기간은 집행을 유예한 기간으로 한다. 다만, 법원은 유예기간의 범위내에서 보호관찰기간을 정할 수 있다.
> ③ 사회봉사명령 또는 수강명령은 집행유예기간내에 이를 집행한다.

보호관찰이란 범죄자의 재범방지와 사회복귀를 촉진하기 위하여 교정시설에 수용하지 않은 상태에서 범죄자를 지휘·감독하는 제도를 말한다. 사회봉사명령은 범죄자를 일정한 기간 내에 지정된 시간 동안 무보수로 근로에 종사

---

47) 판례(대법원 2007. 7. 27. 선고 2007도768 판결)가 이를 '원칙적 적극'이라고 표현한 것은 형의 집행유예를 선고받고 그 유예기간이 경과하지 않은 경우가 집행유예 결격사유(형법 제62조 제1항 단서)에 해당한다는 의미이므로 소극설과 같다.
48) 대법원 1989. 9. 12. 선고 87도2365 전원합의체판결; 대법원 2007. 7. 27. 선고 2007도768 판결.
49) 대법원 2007. 2. 22. 선고 2006도8555 판결.

하도록 하는 제도이다. 그리고 수강명령은 일정한 시간동안 지정된 장소에 출석하여 강의, 훈련, 상담 등을 받도록 하는 제도이다. 보호관찰, 사회봉사명령, 수강명령을 동시에 명하는 것도 가능하다.

4. 집행유예의 효과

> **제65조(집행유예의 효과)** 집행유예의 선고를 받은 후 그 선고의 실효 또는 취소됨이 없이 유예기간을 경과한 때에는 형의 선고는 효력을 잃는다.

형법 제37조 후단의 경합범 관계에 있는 죄에 대하여 하나의 판결로 두 개의 자유형을 선고하는데, 그 두 개의 자유형 중 하나의 자유형에 대하여 실형을 선고하면서 다른 자유형에 대하여 집행유예를 선고하는 경우 "그 집행유예기간의 시기(始期)는 집행유예를 선고한 판결 확정일"[50]로 하여야 하며 법원이 이를 임의로 실형의 집행종료일로 정할 수는 없다.

'형의 선고는 효력을 잃는다'는 말은 형의 선고의 법률적 효과가 장래에 향하여 없어진다는 의미이며, 형의 선고가 있었다는 기왕의 사실 자체까지 없어진다는 뜻은 아니다.

> (판례 2) 형법 제65조 소정의 "형의 선고는 효력을 잃는다"는 취의는 형의 선고의 법률적 효과가 없어진다는 것일 뿐 형의 선고가 있었다는 기왕의 사실 자체까지 없어진다는 뜻이 아니다. 따라서 형의 집행종료 후 7년 이내에 집행유예의 판결을 받고 그 기간을 무사히 경과하여 7년을 채우더라도 형법 제81조의 "형을 받음이 없이 7년을 경과"하는 때에 해당하지 아니하여 형의 실효를 선고할 수 없다.[51]

5. 집행유예의 실효와 취소

> **제63조(집행유예의 실효)** 집행유예의 선고를 받은 자가 유예기간 중 고의로 범한 죄로 금고 이상의 실형을 선고받아 그 판결이 확정된 때에는 집행유예의 선고는 효력을 잃는다.
> **제64조(집행유예의 취소)** ① 집행유예의 선고를 받은 후 제62조 단행의 사유가 발각된 때

---

50) 대법원 2002. 2. 26. 선고 2000도4637 판결; 대법원 2019. 2. 28. 선고 2018도13382 판결.
51) 대법원 1983. 4. 2. 선고 83모8 판결.

> 에는 집행유예의 선고를 취소한다.
> ② 제62조의2의 규정에 의하여 보호관찰이나 사회봉사 또는 수강을 명한 집행유예를 받은 자가 준수사항이나 명령을 위반하고 그 정도가 무거운 때에는 집행유예의 선고를 취소할 수 있다.

(1) 집행유예의 실효

제62조에서 설명한 바와 같이 '금고 이상의 형의 선고'에는 실형의 선고뿐만 아니라 집행유예의 선고도 포함된다.

(2) 집행유예의 취소

'집행유예의 선고를 받은 후'란 집행유예를 선고한 판결이 확정된 후를 의미한다. 따라서 판결확정 전에 제62조 단행의 사유가 발각된 때에는 집행유예를 취소할 수 없다. 그리고 집행유예기간이 경과하여 형의 선고가 효력을 잃은 후에 제62조 단행의 사유가 발각된 때에도 집행유예를 취소할 수 없다.[52]

> (판례 3) 형법 제64조 제1항에 의하면 집행유예의 선고를 받은 후 형법 제62조 단행의 사유가 발각된 때에는 집행유예의 선고를 취소한다고 규정되어 있는바, 여기에서 집행유예를 선고받은 후 형법 제62조 단행의 사유 즉 금고 이상의 형의 선고를 받아 집행을 종료한 후 또는 집행이 면제된 후로부터 5년을 경과하지 아니한 자인 것이 발각된 때라 함은 집행유예 선고의 판결이 확정된 후에 비로소 위와 같은 사유가 발각된 경우를 말하고 <u>그 판결확정 전에 결격사유가 발각된 경우에는 이를 취소할 수 없으며</u>, 이때 판결확정 전에 발각되었다고 함은 검사가 명확하게 그 결격사유를 안 경우만을 말하는 것이 아니라 당연히 그 결격사유를 알 수 있는 객관적 상황이 존재함에도 부주의로 알지 못한 경우도 포함된다.[53]

II. 선고유예

1. 선고유예의 의의 및 성질

선고유예는 범정이 경미한 범죄자에 대하여 일정한 기간 동안 형의 선고

---

52) 대결 1999.1.12, 98모151.
53) 대결 2001.6.27, 2001모135.

를 유예하고 그 유예기간을 경과하면 면소된 것으로 간주하는 제도이다(제59조). 이 제도의 취지는 형의 선고를 유예함으로써 피고인이 처벌을 받았다는 오점을 남기지 않음으로써 장래에 피고인의 사회복귀를 용이하게 하려는 데에 있다.

선고유예는 형의 선고를 유예함으로써 형벌을 피하기 위한 제도라는 점에서 형집행의 변형이라고 할 수 없으며, 선고할 형을 정하여 둔다는 점에서 보안처분과도 다르다. 따라서 선고유예의 법적 성질은 '형법상 고유한 종류의 제재' 내지는 '독자적인 제3의 형사제재수단'이라고 할 수 있다.[54]

2. 선고유예의 요건

> **제59조(선고유예의 요건)** ① 1년 이하의 징역이나 금고, 자격정지 또는 벌금의 형을 선고할 경우에 제51조의 사항을 고려하여 뉘우치는 정상이 뚜렷할 때에는 그 형의 선고를 유예할 수 있다. 다만, 자격정지 이상의 형을 받은 전과가 있는 사람에 대해서는 예외로 한다.
> ② 형을 병과할 경우에도 형의 전부 또는 일부에 대하여 선고를 유예할 수 있다.

제59조가 규정하고 있는 선고유예의 요건은 ① 1년 이하의 징역이나 금고, 자격정지 또는 벌금의 형을 선고할 경우일 것, ② 제51조의 사항을 참작하여 뉘우치는 정상이 뚜렷할 것, ③ 자격정지 이상의 형을 받은 전과가 없을 것 등이다.

(1) 1년 이하의 징역이나 금고, 자격정지 또는 벌금의 형을 선고할 경우일 것

여기서 선고를 유예할 수 있는 형은 주형과 부가형을 포함한 처단형 전부를 의미한다. 따라서 주형을 선고유예하는 경우에 몰수, 추징도 선고유예할 수 있으나,[55] 주형에 대하여 선고를 유예하지 않는 경우에는 부가형에 대하여도 선고유예를 할 수 없다.[56] 그러나 형을 병과할 경우에는 형의 전부 또는 일부에 대하여 그 선고를 유예할 수 있다(제59조 제2항).

---

54) 김일수/서보학, 총론, 607면; 이재상/장영민/강동범, 총론, 624면.
55) 대법원 1980. 3. 11. 선고 77도2027 판결.
56) 대법원 1979. 4. 10. 선고 78도3098 판결.

(2) 뉘우치는 정상이 뚜렷할 것

'뉘우치는 정상이 뚜렷'하다는 말은 형을 선고하지 않아도 재범의 위험이 없다고 인정되는 것을 의미하며, 반드시 죄를 깊이 뉘우치는 경우만을 의미하는 것은 아니다. 따라서 피고인이 범죄사실을 부인하는 경우에도 선고유예를 할 수 있다.

> (판례 4) 선고유예의 요건 중 '개전의 정상이 현저한 때'라고 함은, 반성의 정도를 포함하여 널리 형법 제51조가 규정하는 양형의 조건을 종합적으로 참작하여 볼 때 형을 선고하지 않더라도 피고인이 다시 범행을 저지르지 않으리라는 사정이 현저하게 기대되는 경우를 가리킨다고 해석할 것이고, 이와 달리 여기서의 '개전의 정상이 현저한 때'가 반드시 피고인이 죄를 깊이 뉘우치는 경우만을 뜻하는 것으로 제한하여 해석하거나, 피고인이 범죄사실을 자백하지 않고 부인할 경우에는 언제나 선고유예를 할 수 없다고 해석할 것은 아니며, 또한 형법 제51조의 사항과 개전의 정상이 현저한지 여부에 관한 사항은 널리 형의 양정에 관한 법원의 재량사항에 속한다고 해석되므로…57)

(3) 자격정지 이상의 형을 받은 전과가 없을 것

자격정지 이상의 형을 받은 전과가 있는 경우에는 선고유예를 할 수 없다. 따라서 벌금형 이하의 전과가 있는 경우에는 선고유예가 가능하다. 형법 제37조 후단(사후적 경합범)에 규정된 '금고 이상의 형에 처한 판결이 확정된 죄'의 형도 형법 제59조 제1항 단서에서 규정한 '자격정지 이상의 형을 받은 전과'에 포함된다.58)

3. 선고유예와 보호관찰

> **제59조의2(보호관찰)** ① 형의 선고를 유예하는 경우에 재범방지를 위하여 지도 및 원호가 필요한 때에는 보호관찰을 받을 것을 명할 수 있다.
> ② 제1항의 규정에 의한 보호관찰의 기간은 1년으로 한다.

---

57) 대법원 2003. 2. 20. 선고 2001도6138 판결.
58) 대법원 2010. 7. 8. 선고 2010도931 판결; 대법원 2018. 4. 10. 선고 2018오1 판결.

4. 선고유예의 효과

> **제60조(선고유예의 효과)** 형의 선고유예를 받은 날로부터 2년을 경과한 때에는 면소된 것으로 간주한다.

선고유예의 판결을 하는 경우에는 범죄사실과 선고할 형을 결정하여야 한다. 이러한 의미에서 선고유예도 유죄판결이라고 할 수 있다. '면소된 것으로 간주한다'는 말은 법원이 피고사건에 대하여 다시 판단하지 못한다는 의미이다. 면소판결(형사소송법 제326조)은 소송추행의 이익이 없음을 이유로 소송을 종결시키는 형식재판이라는 점에서 실체재판인 무죄판결과는 다르다.

5. 선고유예의 실효

> **제61조(선고유예의 실효)** ① 형의 선고유예를 받은 자가 유예기간중 자격정지 이상의 형에 처한 판결이 확정되거나 자격정지 이상의 형에 처한 전과가 발견된 때에는 유예한 형을 선고한다.
> ② 제59조의2의 규정에 의하여 보호관찰을 명한 선고유예를 받은 자가 보호관찰기간중에 준수사항을 위반하고 그 정도가 무거운 때에는 유예한 형을 선고할 수 있다.

형의 선고유예 판결이 확정된 후 2년을 경과한 때에는 면소된 것으로 간주하고, 그 뒤에는 실효의 대상이 되는 선고유예의 판결이 존재하지 않으므로 선고유예 실효의 결정을 할 수 없다. 이는 원결정에 대한 집행정지의 효력이 있는 즉시항고 또는 재항고로 인하여 아직 선고유예 실효 결정의 효력이 발생하기 전 상태에서 상소심 절차 진행 중에 선고유예 기간이 그대로 경과한 경우에도 마찬가지이다.[59]

선고유예가 실효된 경우 유예된 형의 선고는 검사의 청구에 의하여 그 범죄사실에 대한 최종판결을 한 법원이 한다(형소법 제336조 제1항).

---

[59] 대법원 2007. 6. 28.자 2007모348 결정; 대법원 2016. 5. 13.자 2016모799 결정; 대법원 2018. 2. 6.자 2017모3459 결정

III. 가석방

1. 가석방의 의의 및 성격

가석방이란 자유형을 집행받고 있는 자가 개전의 정이 현저하다고 인정되는 때에 형기만료 전에 조건부로 수형자를 석방하고 일정한 기간을 경과한 때에는 형의 집행을 종료한 것으로 간주하는 제도를 말한다. 이 제도는 불필요한 형집행기간을 단축함으로써 수형자의 사회복귀를 앞당기고, 행형과정에서 수형자 자신의 사회복귀를 위한 자발적이고 적극적인 노력을 촉진하려는 데에 취지가 있다.

가석방은 범죄자의 사회복귀라고 하는 특별예방사상을 실현하기 위한 제도라는 점에서 집행유예와 형사정책적 목적을 같이 한다. 그러나 가석방은 법무부장관의 행정처분에 의하여 수형자를 석방하는 것으로서 법적 성질은 형집행작용이라는 점에서 집행유예와 다르다.

2. 가석방의 요건

> **제72조(가석방의 요건)** ① 징역이나 금고의 집행 중에 있는 사람이 행상이 양호하여 뉘우침이 뚜렷한 때에는 무기형은 20년, 유기형은 형기의 3분의 1이 지난 후 행정처분으로 가석방을 할 수 있다.
> ② 제1항의 경우에 벌금이나 과료가 병과되어 있는 때에는 그 금액을 완납하여야 한다.
> **제73조(판결선고 전 구금과 가석방)** ① 형기에 산입된 판결선고 전 구금일수는 가석방을 하는 경우 집행한 기간에 산입한다.
> ② 제72조제2항의 경우에 벌금이나 과료에 관한 노역장 유치기간에 산입된 판결선고 전 구금일수는 그에 해당하는 금액이 납입된 것으로 본다.
> **형의 집행 및 수용자의 처우에 관한 법률 제121조(가석방 적격심사)** ① 소장은 「형법」 제72조제1항의 기간이 지난 수형자에 대하여는 법무부령으로 정하는 바에 따라 위원회에 가석방 적격심사를 신청하여야 한다.
> ② 위원회는 수형자의 나이, 범죄동기, 죄명, 형기, 교정성적, 건강상태, 가석방 후의 생계능력, 생활환경, 재범의 위험성, 그 밖에 필요한 사정을 고려하여 가석방의 적격 여부를 결정한다.
> **제122조(가석방 허가)** ① 위원회는 가석방 적격결정을 하였으면 5일 이내에 법무부장관에게 가석방 허가를 신청하여야 한다.

> ② 법무부장관은 제1항에 따른 위원회의 가석방 허가신청이 적정하다고 인정하면 허가할 수 있다.

가석방은 제72조에 규정된 요건이 구비된 경우에 가석방심사위원회의 신청에 의하여 법무부장관이 할 수 있다. 제72조가 규정하고 있는 가석방의 요건으로는 ① 징역 또는 금고의 집행 중에 있는 자가 무기에 있어서는 20년, 유기에 있어서는 형기의 3분의 1을 경과한 후일 것, ② 그 행상이 양호하여 개전의 정이 현저할 것, ③ 벌금 또는 과료의 병과가 있는 때에는 그 금액을 완납할 것 등이다.

(1) 징역 또는 금고의 집행중에 있는 자가 무기에 있어서는 20년, 유기에 있어서는 형기의 3분의 1을 경과한 후일 것

가석방은 징역 또는 금고의 집행중에 있는 자에 대하여만 인정되므로 자유형 이외의 형벌에 대하여는 인정되지 않는다. 다만 벌금을 납입하지 않은 경우에 인정되는 노역장유치에 대하여는 가석방이 인정된다고 보아야 한다.[60]

무기에 있어서는 20년, 유기에 있어서는 형기의 3분의 1을 경과하여야 한다. 사면 등에 의하여 감형된 경우에는 감형된 형을 기준으로 한다. 그리고 형기에 산입된 판결선고전 구금일수는 집행을 경과한 기간에 산입한다(제73조 제1항).

(2) 그 행상이 양호하여 개전의 정이 현저할 것

이는 수형자가 교도소 내에서 규율을 준수하고 죄를 뉘우치고 있으므로 그에 대하여 나머지 형기(잔형)을 집행하지 않아도 재범의 위험이 없다는 예측이 가능하다는 의미이다. 이에 대한 판단은 특별예방적 관점을 기준으로 해야 하며, 일반예방적 요소를 고려해서는 안 된다.[61]

(3) 벌금 또는 과료의 병과가 있는 때에는 그 금액을 완납할 것

이 경우 벌금 또는 과료에 관한 유치기간에 산입된 판결선고전 구금일수

---

[60] 이재상/ 장영민/ 강동범, 총론, 629면.
[61] 김일수/서보학, 총론, 612면; 이재상/ 장영민/ 강동범, 총론, 630년 이하.

는 그에 해당하는 금액이 납입된 것으로 간주한다(제73조 제2항).

3. 가석방기간과 보호관찰

> **제73조의2(가석방의 기간 및 보호관찰)** ① 가석방의 기간은 무기형에 있어서는 10년으로 하고, 유기형에 있어서는 남은 형기로 하되, 그 기간은 10년을 초과할 수 없다.
> ② 가석방된 자는 가석방기간중 보호관찰을 받는다. 다만, 가석방을 허가한 행정관청이 필요가 없다고 인정한 때에는 그러하지 아니하다.

가석방의 기간은 무기형에 있어서는 10년, 유기형에 있어서는 남은 형기로 하되, 그 기간은 10년을 초과할 수 없다(제73조의 2 제1항). 그리고 가석방된 자는 가석방을 허가한 행정관청이 필요가 없다고 인정한 경우 이외에는 가석방기간중 보호관찰을 받아야 한다(동조 제2항).

4. 가석방의 효과

> **제76조(가석방의 효과)** ① 가석방의 처분을 받은 후 그 처분이 실효 또는 취소되지 아니하고 가석방기간을 경과한 때에는 형의 집행을 종료한 것으로 본다.
> ② 전2조의 경우에는 가석방중의 일수는 형기에 산입하지 아니한다.

가석방의 처분을 받은 후 그 처분이 실효 또는 취소되지 아니하고 가석방기간을 경과한 때에는 형의 집행을 종료한 것으로 본다. 가석방기간 중에는 아직 형의 집행이 종료된 것이 아니므로 그 기간중에 죄를 범하여도 누범에 해당하지 않는다.

> (판례 5) 잔형기간 경과전인 가석방기간중에 본건 범행을 저질렀다면 이를 형법 제35조에서 말하는 형집행종료후에 죄를 범한 경우에 해당한다고 볼 수 없으므로 여기에 누범가중을 할 수 없는 이치라 할 것이다.[62]

---

62) 대법원 1976. 9. 14. 선고 76도2071 판결.

5. 가석방의 실효와 취소

> **제74조(가석방의 실효)** 가석방 기간 중 고의로 지은 죄로 금고 이상의 형을 선고받아 그 판결이 확정된 경우에 가석방 처분은 효력을 잃는다.
> **제75조(가석방의 취소)** 가석방의 처분을 받은 자가 감시에 관한 규칙을 위배하거나, 보호관찰의 준수사항을 위반하고 그 정도가 무거운 때에는 가석방처분을 취소할 수 있다.
> **제76조(가석방의 효과)** ② 전2조의 경우에는 가석방중의 일수는 형기에 산입하지 아니한다.

가석방의 실효는 그 사유가 있는 경우 필요적이나, 가석방의 취소는 법무부장관의 재량에 속하므로 임의적이다. 가석방이 실효되거나 취소된 경우 가석방 중의 일수는 형기에 산입하지 않는다(제76조 제2항). 따라서 가석방의 실효 또는 취소의 경우 가석방처분을 받았던 자는 가석방 당시의 잔형기간의 형을 집행받아야 하며, 무기형인 경우에는 다시 무기형을 집행받아야 한다.

제 8 절 형의 시효·소멸·기간

I. 형의 시효

> **제77조(형의 시효의 효과)** 형(사형은 제외한다)을 선고받은 자에 대해서는 시효가 완성되면 그 집행이 면제된다.
> **제78조(형의 시효의 기간)** 시효는 형을 선고하는 재판이 확정된 후 그 집행을 받지 아니하고 다음 각 호의 구분에 따른 기간이 지나면 완성된다.
> 1. 삭제(구:사형: 30년)
> 2. 무기의 징역 또는 금고: 20년
> 3. 10년 이상의 징역 또는 금고: 15년
> 4. 3년 이상의 징역이나 금고 또는 10년 이상의 자격정지: 10년
> 5. 3년 미만의 징역이나 금고 또는 5년 이상의 자격정지: 7년
> 6. 5년 미만의 자격정지, 벌금, 몰수 또는 추징: 5년
> 7. 구류 또는 과료: 1년
> **제79조(형의 시효의 정지)** 시효는 형의 집행의 유예나 정지 또는 가석방 기타 집행할 수 없는 기간은 진행되지 아니한다.
> **제80조(시효의 중단)** 시효는 징역, 금고 및 구류의 경우에는 수형자를 체포한 때, 벌금, 과료, 몰수 및 추징의 경우에는 강제처분을 개시한 때에 중단된다.

1. 형의 시효의 의의

형의 시효란 형의 선고를 받은 자가 재판이 확정된 후 그 형의 집행을 받지 않고 일정한 기간이 경과하면 그 집행이 면제되는 것을 말한다. 형의 시효는 확정된 형벌의 집행권을 소멸시키는 제도라는 점에서 미확정의 형벌청구권(공소권)을 소멸시키는 공소시효와 차이가 있다.

2. 형의 시효의 기간

형의 시효는 형을 선고하는 재판이 확정된 후 그 집행을 받음이 없이 일정한 기간을 경과함으로써 완성된다. 그 기간은 ① 사형의 경우 형의 시효가 폐지되었으며, ② 무기의 징역 또는 금고는 20년, ③ 10년 이상의 징역 또는

금고는 15년, ④ 3년 이상의 징역이나 금고 또는 10년 이상의 자격정지는 10년, ⑤ 3년 미만의 징역이나 금고 또는 5년 이상의 자격정지는 5년, ⑤ 5년 미만의 자격정지, 벌금, 몰수 또는 추징은 3년, ⑥ 구류 또는 과료는 1년 등이다(제78조).

3. 형의 시효의 효과

형의 시효의 완성으로 형의 집행만 면제되는 것이라는 점에서 선고 자체가 실효되는 형의 실효와 다르다.

4. 형의 시효의 정지와 중단

형의 시효는 형의 집행의 유예나 정지 또는 가석방 기타 집행할 수 없는 기간은 진행되지 않고 정지된다(제79조). '기타 집행할 수 없는 기간'이란 천재지변으로 형을 집행할 수 없는 기간을 말한다. 형의 선고를 받은 자의 도주, 소재불명의 기간은 여기에 해당하지 않는다.

형의 시효는 사형, 징역, 금고와 구류에 있어서는 수형자를 체포함으로, 벌금, 과료, 몰수와 추징에 있어서는 강제처분을 개시함으로 인하여 중단된다. 시효가 중단된 때에는 시효의 기간이 처음부터 다시 진행된다. 이에 대하여 시효가 정지된 경우에는 정지사유가 소멸하면 잔여기간이 진행된다.

II. 형의 소멸·실효·복권·사면

1. 형의 소멸

형의 소멸이란 유지판결의 확정에 의하여 발생한 형의 집행권을 소멸시키는 제도를 말한다. 형의 소멸은 형의 집행권만을 소멸시키는 것이라는 점에서 형의 선고의 법률상 효과를 소멸(재판의 실효)시키는 형의 실효와 구별된다. 전자의 경우에는 전과사실이 그대로 남지만 후자의 경우에는 전과기록(수형인명부의 해당란)을 삭제한다. 형의 소멸의 원인으로는 형집행의 종료, 가석방기간의 만료, 형집행의 면제, 시효의 완성, 범인의 사망, 사면 등이 있다.

2. 형의 실효

> **제81조(형의 실효)** 징역 또는 금고의 집행을 종료하거나 집행이 면제된 자가 피해자의 손해를 보상하고 자격정지 이상의 형을 받음이 없이 7년을 경과한 때에는 본인 또는 검사의 신청에 의하여 그 재판의 실효를 선고할 수 있다.

> **형의 실효 등에 관한 법률 제7조(형의 실효)** ① 수형인이 자격정지 이상의 형을 받지 아니하고 형의 집행을 종료하거나 그 집행이 면제된 날부터 다음 각 호의 구분에 따른 기간이 경과한 때에 그 형은 실효된다. 다만, 구류와 과료는 형의 집행을 종료하거나 그 집행이 면제된 때에 그 형이 실효된다.
> 1. 3년을 초과하는 징역·금고: 10년
> 2. 3년 이하의 징역·금고: 5년
> 3. 벌금: 2년
>
> ② 하나의 판결로 여러 개의 형이 선고된 경우에는 각 형의 집행을 종료하거나 그 집행이 면제된 날부터 가장 무거운 형에 대한 제1항의 기간이 경과한 때에 형의 선고는 효력을 잃는다. 다만, 제1항 제1호 및 제2호를 적용할 때 징역과 금고는 같은 종류의 형으로 보고 각 형기를 합산한다.

형이 소멸되어도 형선고의 법률상 효과는 그대로 존재하므로 전과사실은 그대로 남게 된다. 이로 인하여 범죄자는 형집행이 종료된 후에도 여러 가지 자격의 제한을 받고 사회생활에서 불이익을 받게 된다. 형의 실효제도는 전과사실을 말소시키고[63] 자격을 회복시킴으로써 사회복귀를 용이하게 하려는 데

---

63) 전과란 어느 사람에 대하여 형을 선고한 유죄판결이 확정된 사실을 말한다. 형을 선고한 유죄판결이 확정되면 피고인은 수형인이 된다. 형의 면제나 선고유예는 형의 선고를 내용으로 하지 않는 유죄판결이므로 전과에 해당하지 않는다. 전과기록은 검찰청에서 관리하는 수형인명부와 수형인의 본적지 시·구·읍면사무소에서 관리하는 수형인명표 그리고 수사기관이 피의자의 지문을 채취하고 필요한 사항을 기재한 표로서 경찰청에서 관리하는 수사자료표가 있다. 수형인명부나 수형인명표는 자격정지 이상의 형을 받은 수형인만을 기록대상자로 하고 있으나, 수사자료표에는 벌금 이하의 형을 받은 수형인은 물론 불기소처분이나 무죄판결에 의하여 형의 선고를 받지 않은 자도 일정기간 동안 기록으로 남게 된다(형의 실효 등에 관한 법률 제8조 제2항). 형이 실효되면 전과사실은 - 수사자료표를 제외한 - 전과기록에서 말소된다.

에 그 취지가 있다. 형의 실효 외에도 복권이나 사면도 같은 취지에서 마련된 제도이다.

징역 또는 금고의 집행을 종료하거나 집행이 면제된 자가 피해자의 손해를 보상하고 자격정지이상의 형을 받음이 없이 7년을 경과한 때에는 본인 또는 검사의 신청에 의하여 그 재판의 실효를 선고할 수 있다(제81조). 이를 재판상의 실효라고 한다. 그 외에도 형의 실효에 관한 법률 제7조에 의하면 ① 징역·금고·벌금의 경우에는 수형인이 자격정지 이상의 형을 받음이 없이 형의 집행을 종료하거나 그 집행이 면제된 날부터 일정기간이 경과한 때에는 그 형은 실효되며, ② 구류·과료의 경우에는 형의 집행을 종료하거나 그 집행이 면제된 때에 즉시 그 형이 실효된다고 규정하고 있다. 이를 당연실효라고 한다. 형이 실효되면 형의 선고의 효력은 장래를 향하여 소멸되며, 소급효는 인정되지 않는다.

> (판례 1) 형법 제81조에 의한 형의 실효선고는 형의 선고에 기한 법적 효과가 장래에 향하여 소멸한다는 취지이고, 형의 선고가 있었다는 기왕의 사실 그 자체까지 없어진다는 뜻은 아니라 할 것이며 또 소급하여 자격을 회복하는 것도 아니라 할 것이므로 …64)

3. 복권

> **제82조(복권)** 자격정지의 선고를 받은 자가 피해자의 손해를 보상하고 자격정지 이상의 형을 받음이 없이 정지기간의 2분의 1을 경과한 때에는 본인 또는 검사의 신청에 의하여 자격의 회복을 선고할 수 있다.

> **사면법 제8조(일반사면 등의 실시)** 일반사면, 죄 또는 형의 종류를 정하여 하는 감형 및 일반에 대한 복권은 대통령령으로 한다. 이 경우 일반사면은 죄의 종류를 정하여 한다.
> **제9조(특별사면 등의 실시)** 특별사면, 특정한 자에 대한 감형 및 복권은 대통령이 한다.

법원은 자격정지의 선고를 받은 자가 피해자의 손해를 보상하고 자격정지이상의 형을 받음이 없이 정지기간의 2분의 1을 경과한 때에는 본인 또는 검사의

---

64) 대결 1974.5.14, 74누2.

신청에 의하여 자격의 회복을 선고할 수 있다(제82조). 복권이 되어도 형선고의 효력은 소멸되지 않는다.

사면법에 의한 복권은 일반으로 행하는 복권과 특정한 자에 대한 복권이 있다. 전자는 대통령령으로 행하며, 후자는 대통령이 행한다(사면법 제8조, 제9조).

4. 사면

> **사면법 제5조(사면 등의 효과)** ① 사면, 감형 및 복권의 효과는 다음 각 호와 같다.
> 1. 일반사면: 형 선고의 효력이 상실되며, 형을 선고받지 아니한 자에 대하여는 공소권이 상실된다. 다만, 특별한 규정이 있을 때에는 예외로 한다.
> 2. 특별사면: 형의 집행이 면제된다. 다만, 특별한 사정이 있을 때에는 이후 형 선고의 효력을 상실하게 할 수 있다.
> 3. 일반에 대한 감형: 특별한 규정이 없는 경우에는 형을 변경한다.
> 4. 특정한 자에 대한 감형: 형의 집행을 경감한다. 다만, 특별한 사정이 있을 때에는 형을 변경할 수 있다.
> 5. 복권: 형 선고의 효력으로 인하여 상실되거나 정지된 자격을 회복한다.
> ② 형의 선고에 따른 기성(既成)의 효과는 사면, 감형 및 복권으로 인하여 변경되지 아니한다.

사면이란 국가원수의 특권에 의하여 형의 선고의 효력이나 공소권을 소멸시키는 것을 말한다(헌법 제79조). 사면에는 일반사면과 특별사면이 있다. 일반사면은 죄를 범한 자에 대하여 죄 또는 형의 종류를 정하여 대통령령으로 행하되(사면법 제8조), 국회의 동의를 얻어야 한다(헌법 제79조). 일반사면이 있는 경우 형의 선고를 받은 자에 대하여는 형의 선고의 효력이 상실되며, 형의 선고를 받지 않은 자에 대하여는 공소권이 소멸된다(사면법 제5조 제1항 제1호).

특별사면은 형의 선고를 받은 특정인에 대하여 대통령이 행한다(사면법 제9조). 특별사면은 형의 집행만을 면제하는 것이 원칙이나, 특별한 사정이 있는 경우에는 이후 형의 선고의 효력을 상실케 할 수 있다(사면법 제5조 제1항 제2호). 사면의 효력은 장래를 향하여 발생하므로 형의 언도에 의한 기존의 효과는 사면으로 인하여 변경되지 않는다(사면법 제5조 제2항).

III. 형의 기간

> 제83조(기간의 계산) 연 또는 월로 정한 기간은 연 또는 월 단위로 계산한다.
> 제84조(형기의 기산) ① 형기는 판결이 확정된 날로부터 기산한다.
> ② 징역, 금고, 구류와 유치에 있어서는 구속되지 아니한 일수는 형기에 산입하지 아니한다.
> 제85조(형의 집행과 시효기간의 초일) 형의 집행과 시효기간의 초일은 시간을 계산함이 없이 1일로 산정한다.
> 제86조(석방일) 석방은 형기종료일에 하여야 한다.
> 민법 제155조(본장의 적용범위) 기간의 계산은 법령, 재판상의 처분 또는 법률행위에 다른 정한 바가 없으면 본장의 규정에 의한다.

형법에서 연 또는 월로써 정한 기간은 연 또는 월 단위로(구 '역수에 따라') 계산한다(제83조). 따라서 월이나 연의 일수의 장단은 문제되지 않는다. 이처럼 중간의 일·시·분·초를 정산하지 않고 역(曆)에 따라 월·년을 단위로 하여 계산하는 방법을 역법적 계산방법이라고 한다. 기간의 계산에 관하여 형법 기타 법령에 특별한 규정이 없으면 민법의 규정에 의한다.

> (예 1) 징역 6월의 기간을 1월 1일부터 계산하면 6월 30일에 만료되지만, 2월 1일부터 계산하면 7월 31일에 만료된다. 1개월의 기간을 2월 1일부터 계산하면 2월 28일에 만료되지만 윤년의 경우에는 2월 29일에 만료된다.

> (판례 2) 甲은 공익근무요원 소집대상자로서 2011. 8. 4.(목요일) 13:30까지 입영하라는 인천경기지방병무청장 명의의 공익근무요원 소집통지서를 전달받았다. 그러나 그는 급성 장염 등으로 인하여 병원에 입원하여 치료받고 있어 소집기일에 입영이 어렵게 되자 병무청 담당직원에게 전화를 걸어 지정된 소집기일에 입영이 어렵다는 의사를 밝히자, 담당직원은 2011. 8. 6.(토요일) 12:00경까지 입영할 것을 당부하였다. 그런데 甲은 2011. 8. 6.이 되어도 증상이 호전되지 아니하여 2011. 8.6. 12:00까지 입영하지 않았으며, 증상이 호전된 2011. 8. 8.(월요일) 오전에 퇴원한 후 같은 날 10:49경 병무청으로 전화를 걸어 담당직원에게 지금이라도 입영하게 해달라고 말하며 입영할 의사를 밝혔다. 그러나 담당직원은 甲에게 '입영이 불가능하므로 병역법 제88조 제1항에 따라 병역법위반죄로 고발할 것임'을 안내하였을 뿐 다른 조치를 취하지 아니하였고, 이에 甲은 입영하지 못하였다. 甲의 죄책은?

[참조조문]
제88조(입영의 기피 등) ① 현역입영 또는 소집 통지서(모집에 의한 입영 통지서를 포함한다)를 받은 사람이 정당한 사유 없이 입영일이나 소집기일부터 다음 각 호의 기간이 지나도 입영하지 아니하거나 소집에 응하지 아니한 경우에는 3년 이하의 징역에 처한다.
1. 현역입영은 3일
2. 공익근무요원소집은 3일
민법 제155조(본장의 적용범위) 기간의 계산은 법령, 재판상의 처분 또는 법률행위에 다른 정한 바가 없으면 본장의 규정에 의한다.
민법 제161조(공휴일 등과 기간의 만료점) 기간의 말일이 토요일 또는 공휴일에 해당한 때에는 기간은 그 익일로 만료한다.

甲이 소집기일, 즉 2011. 8. 4.(목요일)부터 3일이 경과한 날까지 입영하지 않은 것에 대하여 '정당한 이유'가 있는지가 문제된다. 이 점에 관하여 대법원은 다음과 같은 이유에서 이를 긍정하였다. "기간 계산에 관한 민법 규정에 따라 초일은 산입하지 아니하고, 기간의 말일이 공휴일인 때에는 그 다음 날 기간이 만료되므로 2011. 8. 8.(월요일)이 지정된 소집기일부터 3일째가 되는 기간의 말일에 해당하고, 제반 사정에 비추어 피고인이 2011. 8. 8. 오전에 입영할 의사를 밝힌 이상 병무청 담당자는 피고인에게 지연입영을 시키는 등의 구제조치를 취할 의무가 있는데도 그러한 의무를 다하지 아니한 채 지연 입영기일이 경과하여 입영할 수 없다고 잘못 안내함으로써 입영하지 못하게 되었으므로, 피고인이 기간 내에 입영하지 아니한 데에는 병역법 제88조 제1항에서 정한 '정당한 사유'가 있다."[65]

---

65) 대법원 2012.12.26. 선고 2012도13215 판결.

제 2장

보안처분론

제1절 기초이론

I. 의의 및 종류

보안처분은 형벌로는 범죄자의 개선·교화 또는 사회방위의 목적을 달성할 수 없는 경우에 형벌을 보완하기 위하여 부과되는 제재수단이다. 형벌은 과거의 행위를 대상으로 책임의 범위 내에서 부과되는 것임에 대하여, 보안처분은 범죄자의 사회적 위험성을 이유로 특별예방의 관점에서 부과되는 목적적 조치라는 점에서 양자의 차이가 있다(이원주의).

보안처분에는 대물적 보안처분과 대인적 강제처분이 있다. 전자는 범죄와 법익침해의 방지를 목적으로 하는 물건에 대한 보안처분으로서 몰수(제48조 제1항)가 여기에 해당한다. 후자는 장래의 범죄행위를 방지하기 위하여 사람에 대하여 부과되는 보안처분을 말한다. 대인적 강제처분에는 자유박탈보안처분과 자유제한보안처분이 있다. 전자에는 치료감호가 있으며,[66] 후자에는 보호관찰(보호관찰 등에 관한 법률 제3조), 행위자가 피해자에게 접근하는 행위를 제한하는 보호처분(가정폭력범죄의 처벌 등에 관한 특례법 제40조 제1항 제1호) 등이 있다. 운전면허박탈은 보안처분이 아니라 행정처분이다.[67]

---

66) 자유박탈처분으로 치료감호 이외에 보호감호(구사회보호법 제5조)가 있었으나 2005.6.29. 사회보호법의 폐지와 함께 같이 폐지되었으며, 그 대체입법으로서 치료감호법이 제정되어 기존의 치료감호제도를 보완, 개선하였다.
67) 이에 대하여 독일형법 제69조는 운전면허박탈을 법원에 의하여 부과되는 보안처분으로 규정하고 있다.

▶ 보안처분의 종류
　　┌ 대물적 보안처분: 몰수
　　└ 대인적 보안처분 ┌ 자유박탈보안처분: 치료감호
　　　　　　　　　　　└ 자유제한보안처분: 보호관찰, 행위자가 피해자에게 접근하는 행위를
　　　　　　　　　　　　 제한하는 보호처분

II. 보안처분의 법적 성질

보안처분이 형벌과 법적 성질의 면에서 동일한 것인가에 대하여는 일원주의, 이원주의, 대체주의 등 3가지 입법주의가 있다.

1. 일원주의

일원주의는 형벌과 보안처분을 본질상 동일한 것으로 본다. 즉 형벌과 보안처분은 모두 범죄자의 교화와 사회복귀를 목적으로 하며, 보안처분도 형벌로서의 성격을 가지고 있다고 본다. 이 입장에 의하면 형벌과 보안처분은 서로 대립되므로 양자 가운데 하나만을 택일하여 적용하되, 보안처분은 형벌의 특별예방효과를 기대할 수 없는 경우에 선고한다.

2. 이원주의

이원주의는 형벌과 보안처분을 본질상 서로 다른 것으로 본다. 형벌은 과거의 행위를 대상으로 책임의 범위 내에서 부과되는 것임에 대하여, 보안처분은 범죄자의 사회적 위험성을 이유로 특별예방의 관점에서 부과되는 목적적 조치로서 형벌과는 목적을 달리한다. 이 입장에 의하면 형벌과 보안처분은 동시에 선고되고 중복적으로 집행된다. 이 경우 보안처분은 형벌을 보완하기 위한 제도이므로 형벌을 보안처분보다 먼저 집행한다.

3. 대체주의

대체주의는 형벌과 보안처분을 동시에 선고하되 다만 보안처분이 우선적

으로 집행되고 형벌은 보안처분에 의하여 대체되거나 보안처분의 집행 후에 집행하는 입법주의를 말한다. 대체주의는 형벌과 보안처분을 동시에 선고한다는 점에서는 이원주의와 같으나, 양자를 중복적으로 집행하는 것이 아니라 보안처분이 형벌을 대체한다는 점에서 차이가 있다.

4. 현행법의 입장

구사회보호법은 보호감호의 경우에는 이원주의의 입장에서 보호감호와 형벌이 병과된 경우에는 형벌을 보안처분보다 우선적으로 집행하되(동법 제23조 제1항), 치료감호의 경우에는 대체주의의 입장에서 치료감호를 우선적으로 집행함으로써(동법 제23조 제2항) 이원주의와 대체주의를 절충하는 입장을 취하였었다. 그러나 사회보호법의 폐지와 함께 보호감호제도가 폐지되고 치료감호제도만이 유지되고 있으므로 현행법은 대체주의의 입장에 있다고 할 수 있다.

III. 보안처분의 정당성과 요건

보안처분은 형벌 못지않게 개인의 자유를 제한하는 형사제재이다. 형벌은 범죄자의 죄책에 상응하여 부과된다는 점에서 정당성을 찾을 수 있지만, 보안처분은 행위자의 범죄적 위험성을 이유로 장래의 범죄로부터 사회를 방위하기 위하여 부과되는 것이라는 점에서 그 정당성과 합헌성에 대한 의문이 제기될 수 있다. 이러한 의문을 최소화하기 위해서는 비례성의 원칙에 따라 보안처분의 요건을 엄격하게 규정, 해석할 것이 요구된다. 보안처분은 행위자가 범한 범죄, 재범의 개연성 그리고 행위자로부터 발생하는 위험성의 정도 등과 균형을 유지하여야 한다.[68]

보안처분의 요건으로는 ① 위법행위의 존재와 ② 범죄적 위험성이 있다. 보안처분을 선고할 수 있기 위해서는 위법행위를 통하여 범죄적 위험성이 객관적으로 징표되어야 한다.[69] 따라서 치료감호처분의 선고를 위해서는 범죄의

---

68) 이재상/ 장영민/ 강동범, 총론, 638면.
69) 임웅, 총론, 698면 이하.

성립이 요구되지는 않지만, 구성요건에 해당하는 위법행위가 있을 것을 요한다(치료감호법 제2조). 그리고 보안처분은 행위자의 장래의 범죄로부터 사회를 방위하려는 목적에서 선고하는 것이므로 행위자가 장래에 범죄를 범할 위험성, 즉 재범의 개연성이 있어야 한다. 위험성의 판단은 행위자의 인격과 그가 행한 행위를 기초로 하는 종합판단이다.

제 2 절 현행법상의 보안처분

I. 개관

헌법 제12조 제1항은 누구든지 법률과 적법한 절차에 의하지 아니하고는 보안처분을 받지 아니한다고 규정함으로써 보안처분법정주의를 선언하고 있다. 형법상 보안처분으로는 집행유예시의 보호관찰·사회봉사명령·수강명령(제62조의2), 선고유예시의 보호관찰(제59조의2), 가석방시의 보호관찰(제73조의2 제2항)이 있다. 그 외에도 치료감호법상의 치료감호처분 및 보호관찰처분, 소년법상의 보호처분(소년법 제32조), 보안관찰법상의 보안관찰처분, 보호관찰 등에 관한 법률상의 보호관찰처분 등이 있다.

II. 치료감호 등에 관한 법률상의 보안처분

1. 치료감호

(1) 의의

치료감호는 심신장애 또는 마약류·알코올 그 밖에 약물중독 상태 등에서 범죄행위를 한 자로서 재범의 위험성이 있고 특수한 교육·개선 및 치료가 필요하다고 인정되는 자를 치료감호시설에 수용하여 적절한 보호와 치료를 위한 조치를 행하는 보안처분이다. 이 제도는 피치료감호자에 대하여 치료를 함으로써 재범을 방지하고 사회복귀를 촉진하는 것을 목적으로 한다(치료감호법 제1조).

(2) 요건

> **치료감호법 제2조(치료감호대상자)** ① 이 법에서 "치료감호대상자"란 다음 각 호의 어느 하나에 해당하는 자로서 치료감호시설에서 치료를 받을 필요가 있고 재범의 위험성이 있는 자를 말한다.
> 1. 「형법」 제10조제1항에 따라 벌하지 아니하거나 같은 조 제2항에 따라 형을 감경할 수 있는 심신장애인으로서 금고 이상의 형에 해당하는 죄를 지은 자
> 2. 마약·향정신성의약품·대마, 그 밖에 남용되거나 해독을 끼칠 우려가 있는 물질이나 알코올을 식음·섭취·흡입·흡연 또는 주입받는 습벽이 있거나 그에 중독된 자로서 금고 이상의 형에 해당하는 죄를 지은 자
> 3. 소아성기호증, 성적가학증 등 성적 성벽이 있는 정신성적 장애인으로서 금고 이상의 형에 해당하는 성폭력범죄를 지은 자
>
> **치료감호법 제4조(검사의 치료감호 청구)** ② 치료감호대상자에 대한 치료감호를 청구할 때에는 정신건강의학과 등의 전문의의 진단이나 감정을 참고하여야 한다. 다만, 제2조 제1항 제3호에 따른 치료감호대상자에 대하여는 정신건강의학과 등의 전문의의 진단이나 감정을 받은 후 치료감호를 청구하여야 한다.
> (중간생략)
> ⑤ 검사는 공소제기한 사건의 항소심 변론종결 시까지 치료감호를 청구할 수 있다.

치료감호는 치료감호법 제2조 제1항 각호에 해당하고 치료감호시설에서의 치료가 필요하고 재범의 위험성이 있을 때 부과된다. 사회보호법이 폐지되면서 새로이 제정된 치료보호법에 의하면 치료감호의 요건으로 '재범의 위험성' 이외에 '치료의 필요성'이 추가됨으로써(제2조 제1항) 치료감호 선고요건이 강화되었다.

그리고 검사가 치료감호를 청구할 때 반드시 정신과 등의 전문의의 진단 또는 감정을 참고하여야 한다(제4조 제2항). 치료감호청구 가능시기는 폐지된 사회보호법에 의하면 '제1심 판결의 선고 전까지'이었으나(제14조 제3항) 치료감호법에 의하여 '항소심 변론종결 시까지'로 확대되었다(제4조 제5항).

III. 기타 보안처분

1. 형법상의 보안처분

형법상 보안처분으로는 집행유예시의 보호관찰·사회봉사명령·수강명령(제62조의2), 선고유예시의 보호관찰(제59조의2), 가석방시의 보호관찰(제73조의2 제2항)이 있다. 가석방의 경우에 보호관찰처분은 필요적이며 그 이외의 경우에 보안처분은 임의적이다.

2. 소년법상의 보호처분

소년법은 반사회성이 있는 소년(19세 미만인 자)에 대한 보안처분을 규정하고 있다. 그 내용은 다음과 같다.

> **소년법 제32조(보호처분의 결정)** ① 소년부 판사는 심리 결과 보호처분을 할 필요가 있다고 인정하면 결정으로써 다음 각 호의 어느 하나에 해당하는 처분을 하여야 한다.
> 1. 보호자 또는 보호자를 대신하여 소년을 보호할 수 있는 자에게 감호 위탁
> 2. 수강명령
> 3. 사회봉사명령
> 4. 보호관찰관의 단기 보호관찰
> 5. 보호관찰관의 장기 보호관찰
> 6. 「아동복지법」에 따른 아동복지시설이나 그 밖의 소년보호시설에 감호 위탁
> 7. 병원, 요양소 또는 「보호소년 등의 처우에 관한 법률」에 따른 소년의료보호시설에 위탁
> 8. 1개월 이내의 소년원 송치
> 9. 단기 소년원 송치
> 10. 장기 소년원 송치

3. 보호관찰 등에 관한 법률상의 보호관찰처분

> **보호관찰 등에 관한 법률 제3조(대상자)** ① 보호관찰을 받을 사람(이하 "보호관찰 대상자"라 한다)은 다음 각 호와 같다.
> 1. 「형법」 제59조의2에 따라 보호관찰을 조건으로 형의 선고유예를 받은 사람
> 2. 「형법」 제62조의2에 따라 보호관찰을 조건으로 형의 집행유예를 선고받은 사람
> 3. 「형법」 제73조의2 또는 이 법 제25조에 따라 보호관찰을 조건으로 가석방되거나 임시퇴원된 사람
> 4. 「소년법」 제32조제1항 제4호 및 제5호의 보호처분을 받은 사람
> 5. 다른 법률에서 이 법에 따른 보호관찰을 받도록 규정된 사람

보호관찰법은 보호관찰처분에 관한 일반법률로서 형법·소년법·치료감호법상의 보호감호는 모두 이 법의 적용을 받는다. 이 법에 의한 보호관찰처분대상자는 형법에 의하여 집행유예, 선고유예를 받은 자, 보호관찰을 조건으로 가석방 또는 가퇴원된 자, 치료감호법 제32조 제1항에 의하여 보호관찰이 개시된 피치료감호자, 소년법 제32조 제1항 제2호, 제3호의 보호처분을 받은 소년 등이다.

4. 보안관찰법상의 보안관찰처분

보안관찰법은 사회안전법이 폐지되면서 대체입법으로서 제정된 법률이다. 이 법은 사상범에 대하여 재범의 위험성을 예방하고 건전한 사회복귀를 촉진하기 위한 목적에서 제정된 것이다(보안관찰법 제1조). 그러나 사상범에 대한 보안관찰은 '사상을 감시하고 간섭'한다는 점에서 양심의 자유(헌법 제19조)에 대한 중대한 침해라고 하지 않을 수 없으며 따라서 이 법은 폐지되어야 한다는 지적이 있다.[70]

---

70) 배종대, 총론, 630면 이하.

판례색인

대법원 1946. 4. 26. 선고 4279형상13 판결.　555
대법원 1956. 9. 7. 선고 4289형상188 판결　519
대법원 1960. 9. 7. 선고 4293형상294 판결　518
대법원 1960. 10. 31. 선고 4293형상494 판결 125
대법원 1961. 8. 2. 선고 4294형상284 판　479
대법원 1961. 8. 2. 선고 4294형상284 판결　480
대법원 1961. 9. 28. 선고 4294형상415 판결　519
대법원 1961. 11. 9. 선고 4294형상374 판결　433
대법원 1962. 3. 29. 선고 4294형상598 판결　428
대법원 1963. 2. 14. 선고 62도248 판결　543
대법원 1965. 9. 28. 선고 65도695 판결　508
대법원 1965. 11. 30. 선고 65도910 판결　554
대법원 1966. 3. 22. 선고 65도1164 판결　280
대법원 1966. 4. 6. 선고 65도1261 판결　543
대법원 1966. 6. 28. 선고 66도758 판결　79
대법원 1966. 12. 8. 선고 66도1319 판결　543
대법원 1967. 1. 24. 선고 66도1586 판결　460
대법원 1967. 12. 14. 선고 76도3375 판결　509
대법원 1968. 4. 2. 선고 68도221 판결　268
대법원 1968. 4. 30. 선고 68도400 판결　236
대법원 1968. 5. 7. 선고 68도370 판결　179, 244
대법원 1968. 8. 23. 선고 68도884 판결　116
대법원 1969. 12. 30 선고 69도2138 판결　197
대법원 1970. 2. 24. 선고 70도176 판결　299
대법원 1970. 4. 14. 선고 69도2461 판결　539
대법원 1970. 4. 28. 선고 70도507 판결　358
대법원 1970. 7. 21. 선고 70도1133 판결　491
대법원 1970. 8. 18. 선고 70도1336 판결　298
대법원 1970. 9. 22. 선고 70도1206 판결　251
대법원 1971. 4. 30. 선고 71도527 판결　179

대법원 1971. 12. 14. 선고 71도165 판결　268
대법원 1971. 12. 21. 선고 71도2004 판결　555
대법원 1972. 3. 31. 선고 72도64 판결　261
대법원 1972. 5. 9. 선고 72도597 판결　524
대법원 1974. 11. 22. 선고 74도2676 판결　251
대법원 1974. 11. 26. 선고 74도2817 판결　510
대법원 1975. 2. 25. 선고 74도2228 판결　436
대법원 1975. 5. 27. 선고 75도1184 판결　501
대법원 1975. 8. 29. 선고 75도1996 판결　510
대법원 1976. 1. 13. 선고 74도3680 판결　255
대법원 1976. 5. 25. 선고 75도1549 판결　390
대법원 1976. 7. 13. 선고 75도1205 판결　183
대법원 1976. 7. 27. 선고 75도2720 판결　438
대법원 1976. 9. 14. 선고 76도2071 판결　566
대법원 1977. 4. 12. 선고 77도611 판결　179
대법원 1977. 5. 24. 선고 77도629 판결　42
대법원 1977. 9. 28. 선고 76도4133 판결　473
대법원 1977. 9. 28. 선고 77도2559 판결　296
대법원 1977. 12. 13. 선고 77도1308 판결　511
대법원 1978. 1. 17. 선고 77도2193 판결　313
대법원 1978. 3. 28. 선고 77도4049 판결　383
대법원 1978. 4. 25. 선고 78도246 전원합의체 판결　548
대법원 1978. 9. 26. 선고 78도1787 판결　509
대법원 1978. 11. 28. 선고 78도1961 판결　77
대법원 1979. 4. 10. 선고 78도3098 판결　561
대법원 1979. 7. 10. 선고 79도840 판결　491
대법원 1979. 10. 30. 선고 79도489 판결　510
대법원 1979. 11. 13. 선고 79도443 판결　551
대법원 1980. 3. 11. 선고 77도2027 판결537, 561

대법원 1980. 4. 22. 선고 79도1847 판결　540
대법원 1980. 7. 22. 선고 79도2246 판결　488
대법원 1980. 10. 14. 선고 79도305 판결　289
대법원 1980. 10. 14. 선고 80도2155 판결　510
대법원 1980. 11. 25. 선고 80도2310 판결　511
대법원 1980. 11. 26. 선고 79도2565 판결　201
대법원 1981. 9. 8. 선고 81도53 판결　78
대법원 1981. 11. 24. 선고 81도2564 판결　553
대법원 1982. 6. 8. 선고 82도884 판결　426
대법원 1982. 7. 27. 선고 82도1018 판결　555
대법원 1982. 7. 27. 선고 82도822 판결　510
대법원 1982. 10. 26. 선고 81도1409 판결　492
대법원 1982. 11. 9. 선고 82도2055 판결499, 503
대법원 1982. 11. 23. 선고 81도1737 판결　539
대법원 1982. 11. 23. 선고 82도1446 판결89, 310
대법원 1982. 11. 23. 선고 82도2024 판결
　　　　　　　　　　　　　　　　333, 427
대법원 1982. 12. 14. 선고 82도2442 판결　490
대법원 1983. 1. 18. 선고 82도2341 판결　515
대법원 1983. 1. 18. 선고 82도2761 판결　505
대법원 1983. 2. 8. 선고 82도2617 판결　296
대법원 1983. 2. 22. 선고 81도2763 판결254, 255
대법원 1983. 2. 22. 선고 82도3071 판결　296
대법원 1983. 3. 8. 선고 82도2873 판결　326
대법원 1983. 3. 8. 선고 82도3248 판결　435
대법원 1983. 3. 8. 선고 83도122 판결　492
대법원 1983. 4. 12. 선고 83도304 판결　492
대법원 1983. 4. 2. 선고 83모8 판결　559
대법원 1983. 4. 26. 선고 83도323 판결　517
대법원 1983. 4. 26. 선고 83도524 판결 491, 498
대법원 1983. 5. 10. 선고 82도1987 판결　481
대법원 1983. 6. 14. 선고 83도939 판결　500
대법원 1983. 7. 26. 선고 83도1378 판결　519

대법원 1983. 9. 13. 선고 83도1762, 83감도315
판결　114
대법원 1983. 10. 11. 선고 82도402 판결　500
대법원 1983. 11. 8. 선고 83도2031 판결493, 511
대법원 1983. 11. 8. 선고 83도711 판결　504
대법원 1983. 11. 8. 선고 83도2370 판결　547
대법원 1984. 1. 24. 선고 83도2813 판결　116
대법원 1984. 2. 14. 선고 83도2967 판결　381
대법원 1984. 2. 14. 선고 83도3086 판결　297
대법원 1984. 2. 28. 선고 83도2470 판결　538
대법원 1984. 2. 28. 선고 83도3160 판결　521
대법원 1984. 2. 28. 선고 83도3331 판결　381
대법원 1984. 5. 15. 선고 84도418 판결　455
대법원 1984. 5. 22. 선고 84도39 판결　41
대법원 1984. 5. 22. 선고 84도545 판결　231
대법원 1984. 6. 26. 선고 83도3090 판결　178
대법원 1984. 6. 26. 선고 84도831 판결　81
대법원 1984. 9. 25. 선고 84도1611 판결　171
대법원 1984. 11. 27. 선고 84도2263 판결　512
대법원 1984. 12. 26. 선고 84도1573 판결
　　　　　　　　　　　　　　　　500, 501
대법원 1984. 12. 26. 선고 84도2582 판결　200
대법원 1985. 3. 12 선고 84도2747 판결　394
대법원 1985. 3. 26. 선고 85도206 판결　382
대법원 1985. 4. 9. 선고 85도25 판결　258
대법원 1985. 4. 23. 선고 85도464 판결　356
대법원 1985. 9. 10. 선고 84도1572 판결　296
대법원 1985. 10. 22. 선고 85도1457 판결　500
대법원 1985. 11. 26. 선고 85도1487 판결　207
대법원 1985. 12. 10. 선고 85도1892 판결　214
대법원 1986. 1. 21. 선고 85도2371 판결　373
대법원 1986. 1. 21. 선고 85도2411 판결　433
대법원 1986. 2. 11. 선고 85도448 판결　484

대법원 1986. 2. 25. 선고 85도2767 판결	526	대법원 1990. 3. 27. 선고 89도1670 판결	269
대법원 1986. 6. 24, 선고 86도403 판결	37	대법원 1990. 5. 22. 선고 90도748 판결	157
대법원 1986. 6. 24. 선고 86도437 판결	386	대법원 1990. 7. 27. 선고 90도543 판결	511
대법원 1986. 7. 8. 선고 86도749 판결	485	대법원 1990. 10. 12. 선고 90도1219 판결	27
대법원 1986. 9. 23. 선고 86도1547 판결	150	대법원 1990. 11. 27. 선고 90도2262 판결	442
대법원 1986. 10. 14. 선고 86도1189 판결	539	대법원 1990. 12. 11. 선고 90도694 판결	93
대법원 1986. 10. 28. 선고 86도 1517 판결	479, 480	대법원 1991. 2. 26. 선고 90도2856 판결	93
		대법원 1991. 2. 26. 선고 90도2906 판결	534
대법원 1986. 11. 11. 선고 86도1862 판결	273	대법원 1991. 5. 14. 선고 91도542 판결	452
대법원 1986. 11. 11. 선고 86도2004 판결	554	대법원 1991. 5. 28. 선고 91도352 판결	540
대법원 1986. 12. 23. 선고 86도2256 판결	357	대법원 1991. 6. 25. 선고 91도643 판결	520, 522
대법원 1987. 01. 20. 선고 86도874 판결	281	대법원 1991. 11. 12. 선고 91도2156 판결	442
대법원 1987.1. 20. 선고 85도221 판결	190	대법원 1992. 1. 17. 선고 91도2837 판결	422
대법원 1987. 2. 24. 선고 86도2731 판결	518	대법원 1992. 2. 11. 선고 91도2951 판결	334
대법원 1987. 5. 12. 선고 87도694 판결	498	대법원 1992. 2. 25. 선고 91도3192 판결.	458
대법원 1987. 5. 26. 선고 87도527 판결	499	대법원 1992. 5. 8. 선고 91도2825 판결	31
대법원 1987. 6. 9. 선기 87도691 판결	551	대법원 1992. 5. 22. 선고 91도2525 판결	255
대법원 1987. 9. 8. 선고 87도 1332 판결	296	대법원 1992. 7. 28. 선고 92도999 판결	240
대법원 1987. 11. 20. 선고 87도1213 판결	60	대법원 1992. 9. 8. 선고 92도1650, 92감도80 판결	358
대법원 1987. 12. 22. 선고 87도84 판결	20	대법원 1992. 9. 8. 선고 92도1650,92감도80 판결	358
대법원 1988. 2. 23. 선고 87도2358 판결	279		
대법원 1988. 4. 12. 선고 87도2368 판결	434	대법원 1992. 9. 22. 선고 91도3317 판결	153, 287
대법원 1988. 6. 21. 선고 88도551 판결	537	대법원 1992. 12. 8. 선고 92도407 판결	32
대법원 1988. 6. 28. 선고 88도650 판결	120	대법원 1992. 12. 22. 선고 92도2540 판결	162
대법원 1988. 8. 23. 선고 88도1212 판결	308	대법원 1993. 4. 13. 선고 93도347 판결	368
대법원 1988. 9. 13. 선고 88도1114 판결	443	대법원 1993. 4. 27. 선고 92도3229 판결	80
대법원 1989. 6. 13. 선고 89도582 판결	504	대법원 1993. 7. 13. 선고 92도2089 판결	326
대법원 1989. 8. 8. 선고 89도358 판결	172	대법원 1993. 7. 27. 선고 92도2345 판결	212
대법원 1989. 8. 8. 선고 89도664 판결	491	대법원 1993. 10. 12. 선고 93도1851 판결	370
대법원 1989. 9. 12. 선고 87도2365 전원합의체 판결	558	대법원 1994. 2. 25. 선고 93도3064 판결	538
대법원 1989. 9. 12. 선고 87도2365 판결	557	대법원 1994. 3. 8. 선고 93도3154 판결	425
대법원 1989. 11. 28. 선고 89도201 판결	216	대법원 1994. 3. 11. 선고 93도3416 판결	385

대법원 1994. 4. 26. 선고 92도3283 판결　300
대법원 1994. 12. 22. 선고 94도2511 판결　105
대법원 1994. 12. 23. 선고 93도1002 판결　476
대법원 1995. 1. 12. 선고 94도2781 판결　193
대법원 1995. 1. 20. 선고 94도2842 판결　516
대법원 1995. 2. 24. 선고 94도3163 판결227, 231
대법원 1995. 5. 12. 선고 95도425 판결　79
대법원 1995. 7. 11. 선고 94도1814 판결　255
대법원 1995. 8. 25. 선고 95도717 판결　262
대법원 1996. 1. 26. 선고 94도2654 판결　373
대법원 1996. 4. 26. 선고 96도485 판결　514
대법원 1996. 5. 28. 선고 96도979 판결　157
대법원 1996. 6. 11. 선고 96도857 판결　234
대법원 1996. 10. 11. 선고 95도1706 판결　411
대법원 1996. 11. 8. 선고 96도1742 판결　287
대법원 1997. 1. 24. 선고 96도524 판결　64
대법원 1997. 4. 17. 선고 96도3376 판결　24
대법원 1997. 6. 13. 선고 97도703 판결　20
대법원 1997. 6. 13. 선고 97도957 판결　369
대법원 1997. 6. 27. 선고 97도1085 판결　507
대법원 1997. 11. 14. 선고 97도2118 판결　149
대법원 1997. 11. 28. 선고 97도1740 판결　431
대법원 1998. 5. 21. 선고 95도2002 판결539, 540
대법원 1998. 5. 21. 선고 98도321 판결　439
대법원 1998. 6. 23. 선고 98도700 판결　18
대법원 1998. 9. 22. 선고 98도1854 판결　298
대법원 1998. 11. 27. 선고 98도2734 판결　385
대법원 1998. 12. 8. 선고 98도3416 판결　514
대법원 1999. 4. 13. 선고 98도3619 판결　511
대법원 1999. 4. 13. 선고 99도640 판결　369
대법원 1999. 4. 27. 선고 99도883 판결　480
대법원 2000. 3. 28. 선고 2000도228 판결　178
대법원 2000. 4. 20. 선고 99도3822 판결　493
대법원 2000. 9. 5. 선고 판결　297
대법원 2001. 1. 25 선고 2000도90 판결 394, 397
대법원 2001. 5. 15. 선고 2001도1089 판결　175
대법원 2001. 11. 30. 선고 2001도2015 판결　484
대법원 2001. 12. 28 산고 2001도5158 판결　394
대법원 2001. 12. 28. 선고 2001도5158 판결　396
대법원 2002. 2. 26. 선고 2000도4637 판결　559
대법원 2002. 5. 24. 선고 2002도1541 판결
　227, 228
대법원 2002. 5. 17. 선고 2001도4077 판결　260
대법원 2002. 7. 12. 선고 2002도2029 판결　526
대법원 2002. 10. 25. 선고 2002도4089 판결　458
대법원 2003. 1. 10. 선고 2002도4380 판결　518
대법원 2003. 2. 20. 선고 2001도6138 판결　562
대법원 2003. 9. 26. 선고 2003도3000 판결　151
대법원 2003. 10. 24. 선고 2003도4417 판결　359
대법원 2004. 1. 27. 선고 2001도3178 판결　525
대법원 2004. 3. 25. 선고 2003도3842 판결　144
대법원 2004. 4. 23. 선고 2002도2518 판결　36
대법원 2004. 5. 13. 선고 2003다57956 판결　143
대법원 2004. 5. 14. 선고 2004도1066 판결　454
대법원 2004. 6. 10. 선고 2001도5380 판결
　147, 148
대법원 2004. 6. 24. 선고 2002도995 판결　323
대법원 2004. 7. 15. 선고 2004도2965 전원합의
체 판결　266
대법원 2004. 10. 28. 선고 2004도3994 판결　486
대법원 2005. 2. 25. 선고 2004도8259 판결　374
대법원 2005. 4. 15. 선고 2004도9037 판결　31
대법원 2005. 4. 29. 선고 2003도6056 판결　471
대법원 2005. 7. 8. 선고 2005도2807 판결　272
대법원 2005. 8. 19. 선고 2005도1697 판결　257
대법원 2005. 8. 25. 선고 2005도3995 판결　557

대법원 2005. 9. 30. 선고 2005도2712 판결   214
대법원 2005. 10. 28. 선고 2005도4462 판결   27
대법원 2005. 11. 10. 선고 2004도2657 판결   64
대법원 2006. 1. 27. 선고 2005도8704 판결   521
대법원 2006. 3. 24. 선고 2005도3717 판결   257
대법원 2006. 3. 24. 선고 2005도8081 판결   221
대법원 2006. 5. 25. 선고 2003도3945 판결   413
대법원 2006. 9. 8. 선고 2006도3172 판결   503
대법원 2006. 9. 22. 선고 2006도5010 판결   39
대법원 2006. 9. 28. 선고 2006도4666 판결   257
대법원 2006. 10. 13. 선고 2006도5360 판결   228
대법원 2007. 2. 22. 선고 2006도8555 판결   558
대법원 2007. 4. 26. 선고 2007도235 판결   436
대법원 2007. 6. 28.자 2007모348 결정   563
대법원 2007. 7. 26. 선고 2007도3687 판결   382
대법원 2007. 7. 27. 선고 2007도768 판결   558
대법원 2007. 7. 27. 선고 2007도768 판결   557
대법원 2007. 10. 25. 선고 2007도6712 판결   394
대법원 2007. 10. 26. 선고 2005도8822 판결   75
대법원 2007. 12. 14. 선고 2005도872 판결
471, 472
대법원 2007. 12. 27. 선고 2007도7941 판결   266
대법원 2007. 12. 28. 선고 2007도7717 판결   200
대법원 2008.2. 14. 선고 2007도10034 판결   538
대법원 2008. 2. 28. 선고 2007도5987 판결   257
대법원 2008. 3. 27. 선고 2008도917 판결   359
대법원 2008. 4. 10. 선고 2008도1274 판결   374
대법원 2008. 7. 24. 자 2008어4 결정   20, 21
대법원 2008. 8. 21. 선고 2008도2695 판결   215
대법원 2008. 9. 11. 선고 2006도8376 판결   528
대법원 2008. 10. 9. 선고 2008도6944 판결   540
대법원 2008. 10. 09. 선고 2008도3640 판결   165
대법원 2008. 10. 23. 선고 2008도5526 판결   257

대법원 2008. 10. 23. 선고 2008도6940 판결   303
대법원 2008.10.23. 선고 2005도10101 판결
265, 282
대법원 2008.10.23. 선고 2008도5526 판결   255
대법원 2008. 12. 11. 선고 2008도3656 판결   36
대법원 2008. 12. 11. 선고 2008도4376 판결   20
대법원 2008. 12. 11. 선고 2008도9606 판결   215
대법원 2008. 12. 24. 선고 2008도9169 판결   521
대법원 2009. 2. 12. 선고 2008도6551 판결   436
대법원 2009. 2. 26. 선고 2008도9867 판결   228
대법원 2009. 5. 21. 선고 2009다17417 판결
154, 156
대법원 2009. 6. 11. 선고 2008도6530 판결   64
대법원 2009. 6. 23. 선고 2009도2994 판결
436, 438
대법원 2009. 6. 23. 선고 2009도544 판결   394
대법원 2009. 9. 24. 선고 2009도5595 판결   356
대법원 2009.10.15. 선고 2008도5259 판결   31
대법원 2009. 11. 26. 선고 2008다77405 판결   465
대법원 2009. 12. 24. 선고 2009도9667 판결   359
대법원 2010. 2. 25. 선고 2009도5824 판결   63
대법원 2010. 3. 11. 선고 2009다4343 판결   465
대법원 2010. 7. 8. 선고 2010도931 판결   562
대법원 2010. 12. 23. 선고 2010도11996, 2010전도86 판결   21
대법원 2011. 3. 17. 선고 2006도8839 전원합의체 판결   151
대법원 2011. 3. 24. 선고 2010도14393, 2010전도120 판결   21
대법원 2011. 4. 28. 선고 2009도3642 판결   394
대법원 2011. 5. 13. 선고 2009도14442 판결
152, 153
대법원 2011. 5. 26. 선고 2011도3682 판결   165

대법원 2011.6.10. 선고 2011도2351 판결 529
대법원 2011.8.25. 선고 2011도6507 판결 37, 39
대법원 2011. 9. 29. 선고 2011도6223 판결 222
대법원 2011. 10. 13. 선고 2011도6287 판결 394
대법원 2011. 10. 27. 선고 2009도9948 판결 529
대법원 2011. 11. 10. 선고 2011도10539 판결 370
대법원 2012. 3. 15. 선고 2011도17648 판결 82
대법원 2012.9.27. 선고 2012도9295 판결 529
대법원 2012.12.26. 선고 2012도13215 판결 574
대법원 2014. 6. 12. 선고 2014도3163 판결 75
대법원 2014. 7. 24. 선고 2014도6206 판결 82
대법원 2015. 3. 12. 선고 2012도13748 판결 465
대법원 2015. 3. 20. 선고 2014도16920 판결 357
대법원 2015. 10. 29. 선고 2015도5545 판결 299
대법원 2015. 11. 12. 선고 2015도6809 전원합의체 판결 330
대법원 2016. 1. 28. 선고 2014도2477 판결 185
대법원 2016. 3. 24. 선고 2015도19137 판결 19
대법원 2016. 5. 13.자 2016모799 결정 563
대법원 2016. 9. 28. 선고 2016도7273 판결 25
대법원 2016. 10. 27. 선고 2016도9954 판결 34
대법원 2017. 8. 24. 선고 2017도5977 전원합의체 판결 42
대법원 2017. 12. 22. 선고 2017도13211 판결 337
대법원 2018. 2. 6.자 2017모3459 결정 563
대법원 2018. 2. 8. 선고 2016도17733 판결 402
대법원 2018. 4. 10. 선고 2018오1 판결 562
대법원 2018. 4. 12. 선고 2013도6962 판결 63
대법원 2018. 7. 12. 선고 2015도464 판결 63
대법원 2018. 11. 1. 선고 2016도10912 전원합의체 판결 266
대법원 2019. 2. 28. 선고 2018도13382 판결 559
대법원 2019. 3. 28. 선고 2018도16002 전원합의체 판결 384
대법원 2019. 4. 18. 선고 2017도14609 전원합의체 판결 528
대법원 2019. 5. 16. 선고 2019도97 판결 384, 385
대법원 2020. 6. 11. 선고 2020도2883 판결 540
대법원 2020. 11. 12. 선고 2016도8627 판결 19
대법원 2021. 1. 21. 선고 2018도5475 전원합의체 판결 548
대법원 2021. 5. 7. 선고 2020도15812 판결 178
대법원 2021. 9. 9. 선고 2017도19025 전원합의체 판결 464, 466, 471
대법원 2021. 9. 16. 선고 2015도12632 판결 467
대법원 2021. 9. 16. 선고 2021도5000 판결 477
대법원 2021. 10. 14. 선고 2021도7168 판결 537
대법원 2021. 10. 14. 선고 2021도8719 판결 528
대법원 2021. 11. 25. 선고 2021도10903 판결 464, 465
대법원 2022. 6. 30. 선고 2020도7866 판결 396, 471
대법원 2022. 12. 22. 선고 2020도16420 34
대법원 2023. 1. 12. 선고 2022도11163 판결 94, 293
대법원 2023. 2. 23. 선고 2022도4610 판결 35
대법원 2023. 3. 9. 선고 2022도16120 판결 430
대법원 2023. 4. 27. 선고 2020도6874 판결 162
대법원 2023. 5. 18. 선고 2017도2760 판결 150
대법원 2023. 6. 29. 선고 2021도17733 판결 18
대법원 2023. 6. 29. 선고 2022도6278 판결 18
대법원 2023. 8. 31. 선고 2021도1833 판결 94
대법원 2023. 8. 31. 선고 2023도6355 판결 439
대법원 2023. 10. 12. 선고 2023도5757 판결 18
대법원 2023. 10. 18. 선고 2022도15537 판결 467

하급심 판례

부산지방법원 1965. 1. 12 선고 64고6813 판결 172

서울고등법원 1977. 12. 9. 선고 77노1291 판결 383

대구고등법원 1986. 12. 10. 선고 86노1347 제1 형사부판결 554

서울고등법원 1991. 11. 14. 선고 87노1386 판결 287

광주지방법원 2005. 2. 17. 선고 2005고단20, 2005고단39(병합) 판결 75

광주지방법원 2005. 10. 27. 선고 2005노486 판결 75

부산지방법원 2005. 12. 14. 선고 2005노3276 판결 282

부산지방법원 2011. 5. 27. 선고 2011고합93 판결 38

부산고등법원 2011. 12. 7. 선고 2011노342 판결 81

서울중앙지방법원 2017. 11. 3. 선고 2017노2303 판결 465

서울고등법원 2018. 12. 13. 선고 2018노2129 판결 384

대구지방법원 2022. 11. 18. 선고 2020노3595 판결 430

헌법재판소 판례

헌법재판소 1992. 12. 24, 92헌가8 결정 29
헌법재판소 1995. 2. 23, 93헌바43 결정 553
헌법재판소 1996. 11. 28, 95헌바1 전원재판부 534
헌법재판소 2000. 6. 1, 99헌바73 결정 62
헌법재판소 2000. 6. 29, 99헌가16 결정 15
헌법재판소 2000. 7. 20, 99헌가15 결정 15
헌법재판소 2006. 3. 30, 2005헌마186 결정 144
헌법재판소 2007. 11. 29. 2005헌가10 결정 62
헌법재판소 2009. 7. 30. 2008헌가16 결정 63
헌법재판소 2009. 7. 30. 2008헌가17 결정 62, 63
헌법재판소 2010. 2. 25. 선고 2008헌가23 전원재판부 534
헌법재판소 2010. 12. 28, 2010헌가94 결정 62
헌법재판소 2015. 5. 28. 선고 2013헌바129 결정 41

사항색인

ㄱ

가감적 신분	476
가석방	564
가설적 인과관계	68
가중적·감경적 구성요건의 착오	111, 122
가중주의	526
간접교사	459
간접정범	408
감경적 신분	482
감수설	103
강요에 의한 긴급피난	194, 267
객관적 구성요건	53
객관적 귀속	84
객관적 귀속론	83
객관적 사후예측	76
객체의 착오	111, 112
격정범	250
결과반가치	6, 133
결과범	65
결과불법	133
결과적 가중범	305
결합범	307, 495
경과범죄	507
경합범	523
계속범	351, 495
계속위난	162, 183
고의 없는 도구	410
고의불법	241, 243
고의설	262
고의의 이중적 기능	99
고의책임	241, 243
공격적 긴급피난	180
공동정범	393, 423
공모공동정범	425, 434
공범	474
공범독립성설	445
공범의 종속성	398, 444, 474
공범종속성설	444
과실범	288
과실범의 공동정범	427
과실책임	241
과잉방위	167, 269
과형상 일죄	513
교사범	449
교사의 교사	459
구성요건요소	54
구성요건적 고의	98, 99, 241
구성요건적 착오	110
구성요건표준설	492
구성요건해당성	54
구성적 신분	476
구체적 부합설	112, 115
구체적 사실의 착오	111, 113
규범의 보호목적	88
규범적 구성요건요소	120, 121

규범적 구성요건의 착오	111
규범적·심리적 행위지배	410
금지착오	110, 252
기국주의	36
기능적 행위지배	407, 423
기도된 교사	450, 461
긴급구조	166
긴급피난	180

ㄴ

누 범	552
누범가중	553
누적적 인과관계	96
누적적 인과관계(중첩적 인과관계)	68

ㄷ

단독정범	391
대물적 보안처분	537
대체주의	576
대향범	394
독립행위의 경합	73, 397
동기설	33
동시범	397, 424
동시적 경합범	524, 526
동의	203
동종누범	552
등가설	66

ㅁ

면책사유	264, 267
면책적 긴급피난	180, 276, 280

명시적 보충관계	507
명예형	540
명확성의 원칙	16
목적 없는 고의 있는 도구	411
목적적 범죄체계	98
목적적 행위론	47
목적형주의	11
몰수	537
묵시적 보충관계	507
묵인설	103
미결구금	550
미수범	350
미필적 고의	101

ㅂ

반전된 구성요건적 착오	378
방법의 착오	111, 114
방어적 긴급피난	180, 183
방위의사	160, 178
방조범	462
백지형법	14, 32
범죄론	43
범죄이론	8
범죄체계	44
법률상 감경	545, 547
법률의 착오	110, 252
법률주의	14
법익표준설	490
법인의 범죄능력	58
법정적 부합설	112, 115
법정형	544

법조경합	505	불법조각신분	477
법질서 통일의 원칙	131, 141	불확정적 고의	101
병과주의	527	비전속적 법익	491
보안관찰처분	584	비전형적 인과관계	72, 95, 96
보안처분	533, 575, 579		
보안처분법정주의	579	**ㅅ**	
보증인의무	328	사면	572
보증인지위	317, 329	사실의 착오	110
보충관계	507	사형	534
보충성의 원리	185	사회상규	139, 141, 149
보호관찰	581	사회적 행위론	47
보호관찰처분	584	사후공범	463
보호주의	37	사후적 경합범	524
복권	571	상당인과관계설	76
복합적 책임개념	226	상대적 부정기형	17
부작위	325	상대적 최소침해의 원리	168
부작위범	315	상대적 폭력	51
부작위의 동가치성	317	상상적 경합	513
부진정결과적 가중범	306	상태범	351
부진정부작위범	316	선고유예	560
부진정신분범	475, 482, 483	선고형	544
불가벌적 사전행위	507	선행행위	333
불가벌적 사후행위	509	세계주의	40
불가벌적 수반행위	508	소극적 신분	483
불구성적 신분	477, 484	소극적 안락사	154, 322
불능미수	377	소극적 일반예방	11
불능범	377	소극적 저항행위	157
불법	131	소극적 착오	128, 378
불법고의	110, 241	소급효금지의 원칙	19
불법구성요건	53	소송조건	285
불법신분	476, 478	소추조건	44, 285

속인주의	36	예비	386
속지주의	36	예비죄	386
순수한 규범적 책임론	226	오상과잉방위	273
승계적 공동정범	425	오상방위	135, 242
신고전적 범죄체계	98	우연방위	134
신고전적·목적적 합일체계	45, 99	우연적 공동정범	425
신뢰의 원칙	296	원인에 있어 자유로운 부작위	323
신분	474	원인에 있어서 자유로운 행위	231
신분 없는 고의 있는 도구	410	위법성	131
신분범	58, 344	위법성의 착오	110, 252
실체적 경합	523	위법성조각사유	138
실패한 교사	448, 461	위법성조각사유의 전제사실의 착오	110, 242, 253
실행미수	350, 351, 365	위법성조각적 긴급피난	180
실행지배	407	위법신분	476
심리적 책임론	226	위험감소의 원칙	86
심신상실자	229	위험방지분배의 원칙	299
심신장애	230	위험인수의 과실	294
심정반가치	224	유추해석금지의 원칙	18
		응보형주의	9, 11

ㅇ

		의무범	344, 400, 481
안락사	153	의무위반관련성	91, 292
양벌규정	60	의무의 충돌	338
양심범	225, 248	의무합치적 심사	222
양심적 심사	222	의사지배	407
양해	203	의사표준설	492
엄격고의설	263	이원주의	575, 576
엄격책임설	263	이종누범	552
연결효과에 의한 상상적 경합	518	이중적 금지착오	249
연속범	495, 502	이중적 인과관계(택일적 인과관계)	67
연쇄교사	459	이중평가금지의 원칙	549
예방적 정당방위	162, 183		

인과관계	65, 292		전속적 법익	490
인과관계의 중단	71		전형적 수반행위	508
인과관계의 착오	111, 118		절대적 부정기형	17
인과적 행위론	46		절대적 부정기형금지의 원칙	17
인수책임	294		절대적 제약공식	66, 67
인식 있는 과실	101		절대적 폭력	51
인용설	102		접속범	494, 497
일반범	58, 344, 399		정당방위	159
일반사면	572		정당화적 긴급피난	180, 278, 339
일원주의	576		정범배후의 정범	414
			정범적격	400, 480
■ ㅈ ■			제한적 고의설	263
자격상실	541		제한적 정범개념	399, 402
자격정지	541		제한적 종속성설	445
자구행위	197		제한적 책임설	243, 263
자기위태화의 원칙	89		조건부 고의	101
자기유책성의 원칙	89		조건설	66
자동화된 행위	49		조직지배	416
자수범	401		종범	462
자유형	535		죄수론	488
자의성	368		죄형법정주의	13
자초위난	192		주관적 구성요건	53
작량감경	545		주관적 주의의무위반	303
작업분배의 원칙	299		주의의무위반	292
작위우선의 원칙	319		주의의무위반관계	91
작위의무	328		준인과관계	327
재산형	535		중지미수	362
재판상 감경	545		즉시범	350
적극적 일반예방	11		지배범	344, 399
적극적 착오	125, 378		직접성의 원칙	309
적정성의 원칙	28		직접적 고의	101

진정결과적 가중범	306	추징	538
진정부작위범	316	치료감호	579
진정소급입법	23	치료행위	148
진정신분범	475, 483		
집합범	394, 494, 499	▎ㅌ▎	
집행유예	556	타격의 착오	111
징계행위	146	택일적 고의	107
		특별관계	506
▎ㅊ▎		특별사면	572
착수미수	350, 351, 364	특수간접정범	417, 418
착오	110	특수종범	473
책상정범	416		
책임	223	▎ㅍ▎	
책임고의	99	판결선고전 구금	550
책임능력	227	편면적 공동정범	424
책임무능력자	229	편면적 종범	472
책임배제사유	264	포괄일죄	497
책임설	263	포섭	55
책임신분	477	포섭의 착오	252
책임요소로서의 고의	99	피난의사	181
책임조각사유	264	피해자의 승낙	203
책임조각적 긴급피난	180, 267	필요적 공범	393
책임조각적 신분	477, 486		
책임주의	223	▎ㅎ▎	
처단형	544, 545	한시법	32
처벌조건	43, 283, 359	한정책임능력자	229
초법규적 면책사유	276	함정수사	452
추급효	33	합동범	393
추상적 사실의 착오	111, 113	합법칙적 조건설	66
추월적 인과관계	69	행위론	46
추정적 승낙	149, 217	행위반가치	6, 133

행위불법	133	형사미성년자	229
행위시법주의	30	형사법	4
행위정형의 동가치성	317, 336	형의 면제	550
행위지배설	405	형의 소멸	569
행위표준설	489, 493	형의 시효	568
허용구성요건의 착오	110	형의 실효	570
허용된 위험의 원칙	84, 85	형의 양정	544
허용된 위험의 이론	296	형의 집행면제	550
협의의 공범	444	확신범	248
형벌론	533	확장적 정범개념	399, 403
형면제사유	283	확정적 고의	101
형벌	533	환각범	379
형벌불소급의 원칙	19	효과 없는 교사	461
형벌조각적 신분	477, 486	흡수관계	508
형법의 보충성의 원칙	29	흡수주의	526

| 저자 소개 |

원형식

건국대학교 법학과 졸업, 동대학원 졸업(법학석사)
독일 뷔르츠부르그(Würzburg)대학교 졸업(법학박사)
사법시험, 변호사시험, 행정고시, 5급 군무원채용시험,
경찰공무원시험, 7·9급 공무원시험 출제위원
현재 공주대학교 법학과 교수

판례중심 형법총론 [개정판]

초판 발행 / 2024. 1. 20.
지 은 이 / 원 형 식
펴 낸 이 / 조 형 근
펴 낸 곳 / 도서출판 동방문화사
　　　　　 서울시 서초구 방배로 16길 13 지층
　　　　　 전 화 : (02) 3473-7294
　　　　　 팩 스 : (02) 587-7294
　　　　　 메 일 : 34737294@hanmail.net
　　　　　 등 록 : 서울 제22-1433호

파본은 바꿔 드립니다.　　　본서의 무단복제행위를 금합니다.
정 가 : 39,000원　　　　　ISBN 979-11-89976-68-3　93360